A Coletividade Armênia do Brasil

A Coletividade Armênia do Brasil

Informações históricas e cronológicas
De 1860 ao fim de 1947
Ilustrado

Padre Yeznig Vartanian

Tradução Yervant Tamdjian

São Paulo - Brasil
2020

EDITORA
Labrador

Copyright © 2020 de Diocese da Igreja Apostólica Armênia do Brasil e Coordenador do projeto e edição.

Գրեց

ԵՉՆԻԿ ՔԱՀԱՆԱՅ ՎԱՐԴԱՆԵԱՆ
ՍԱՆ ԲԱՒԼՕ—ՊՐԱԶԻԼ

Todos os direitos desta edição reservados à Editora Labrador.

Dados Internacionais de Catalogação na Publicação (CIP)
Angélica Ilacqua – CRB–8/7057

Vartanian, Yeznig

A coletividade armênia do Brasil : informações históricas e cronológicas : de 1860 ao fim de 1947 / Padre Yeznig Vartanian. – São Paulo : Labrador, 2020.
720 p. : il.
Tradução Yervant Tamdjian.

ISBN: 978-65-5625-009-0

1. Armênios – Brasil – História 2. Instituições religiosas armênias – Brasil 3. Instituições sociais armênias – Brasil 4. Armênios – Personalidades 5. Armênios – Biografias I. Título

20-1589   CDD 939.55

Índice para catálogo sistemático:
1. Armênios – Brasil – História

Esta edição teve o patrocínio da Fundação Calouste Gulbenkian.
As opiniões expressas nesta publicação não refletem necessariamente as opiniões da Fundação Calouste Gulbenkian. O apoio ao projeto não implica que a Fundação subscreva o seu conteúdo ou partilhe das opiniões e das propostas nela contidas.

Coordenação editorial: Erika Nakahata **Copidesque:** Maurício Katayama
Projeto gráfico, diagramação e capa: Felipe Rosa **Revisão:** Fausto Barreira Filho
Assistência editorial: Gabriela Castro

EDITORA Labrador

FUNDAÇÃO CALOUSTE GULBENKIAN

Editora Labrador
Diretor editorial: Daniel Pinsky
Rua Dr. José Elias, 520 – Alto da Lapa
05083-030 – São Paulo – SP
+55 (11) 3641-7446
contato@editoralabrador.com.br
www.editoralabrador.com.br
facebook.com/editoralabrador
instagram.com/editoralabrador

A reprodução de qualquer parte desta obra é ilegal e configura uma apropriação indevida dos direitos intelectuais e patrimoniais do coordenador.

A editora não é responsável pelo conteúdo deste livro. O coordenador conhece os fatos narrados, pelos quais é responsável, assim como se responsabiliza pelos juízos emitidos.

Sumário

Primeiro prefácio – *Por André Jafferian Neto* 9
Segundo prefácio – *Por Antranik Manissadjian* 11
Terceiro prefácio – *Por Arcebispo Datev Karibian* 13
Quarto prefácio – **Considerações do
coordenador do projeto** – *Por Hagop Kechichian* 15

A COLETIVIDADE ARMÊNIA NO BRASIL 21

À minha saudosa mãe, sra. Iskuhi Vartanian 25
 Por que escrevi este livro e que roteiro tenho seguido 29
 Um dever de gratidão 31
Devo confessar 33
O Brasil como um enorme assimilador de raças 38

PRIMEIRO PERÍODO 45
O Brasil como local de migração dos armênios 45
 Data da fundação desta coletividade 46
 Tentativa de volta e os primeiros estabelecimentos comerciais 65

SEGUNDO PERÍODO 75
O sangue armênio começa a se movimentar 75
 Os armênios do Rio de Janeiro e suas atividades 95

TERCEIRO PERÍODO 107
A chegada de um padre e a organização eclesiástica 107
A primeira missa 120
 Primeira comunicação com a diocese da América do Norte 121
 A revolução de São Paulo e a renúncia do padre 124
 Apresentação da artista Emma Abrahamova 128

  O primeiro fruto das discordâncias 129
 O dilema dos 108 imigrantes 133
  Rumores na Síria sobre a vinda de armênios ao Brasil 143
 Exposição de pensamentos 147

ENTIDADES **169**
 Associação Armênia de Cultura Física 169
 União dos Jovens Armênios 185
 Sociedade da Coletividade Armênia 194
  Associação das Mulheres Progressistas Armênias 202
  União dos Compatriotas de Marach e adjacências 228
 Sociedade Compatriota de Marach 231
  Reorganização da União Compatriota de Marach 234
 União Mista dos Jovens Armênios 249
 Período conturbado 258
  A intervenção da Associação Compatriota de Marach 266
  A escola complica a atividade do Conselho 283
 Iniciativas isoladas 304
  À véspera da transformação das coletividades
  armênias da América do Sul em diocese distinta 308
 A igreja armênia de São Paulo é fechada 311

PARTIDOS POLÍTICOS **317**
 Partido Social Democrata Hentchakian 317
 Hay Heghapokhagan Tachnagtsutiun
 (Federação Revolucionária Armênia) 328
  União dos Órfãos Adultos (Tchom) 333
  União da Juventude Armênia 335
 Cruz Vermelha Armênia 350
 Associação das Moças 353
  Associação Salnó-Tsor dos Armênios de Presidente Altino 356
  União Geral Armênia de Beneficência 373

ESCOLAS **379**
 Pré-escola armeno-brasileira 379
  Escola da Associação Compatriota de Marach e adjacências 380
  Escola Yeghiché Turian 381

QUARTO PERÍODO **399**

No limiar da construção da igreja São Jorge 399
    Consagração das pedras fundamentais da igreja São Jorge 401
Às vésperas da inauguração da igreja São Jorge 406
    Inauguração da igreja armênia São Jorge 409
Doações 415
    Atividade do conselho paroquial recém-nomeado 416
    À véspera de transformar a América do Sul numa diocese separada 425
    Primeira visita do Legado Catholicossal aos armênios do Brasil 438
    A consagração da igreja São Jorge e a atuação do legado patriarcal 441
    A segunda visita do arcebispo aos armênios do Brasil 446
A demolição da igreja São Jorge 458

QUINTO PERÍODO 465
A escolha de um novo padre 465
    Período indefinido e tumultuado 478
O papel desempenhado no evento de chá 481
    Trabalhos preliminares e a campanha de arrecadação 492
    Solenidade de fundação da igreja São Jorge, da escola e
    dos prédios adjacentes 509
    Mais algumas palavras sobre a forma de arrecadação 537
Os armênios do distrito de Sant'Anna 542

ENTIDADES COMPATRIOTAS 549
Associação dos Compatriotas de Zeitun 549
Associação dos Compatriotas de Sis 555
Associação dos Compatriotas de Hadjin 563
Associação dos Compatriotas de Adana 570
Associação dos Compatriotas de Aintab 573
Associação Compatriota de Urfá 576
Associação Cultural Armênia 578

COMUNIDADES 583
A comunidade católica armênia 583
A comunidade evangélica armênia 587
Outras religiões ou seitas difundidas entre os armênios do Brasil 595
A eleição do Catholicós de todos os armênios e a coletividade
armênia do Brasil 601
    Armênios residentes no estado do Rio Grande do Sul 621
    Armênios residentes no estado de Minas Gerais 624

    Armênios residentes no estado do Ceará 626
    Armênios residentes no estado de Mato Grosso 628
    Armênios residentes no estado de São Paulo 628
    Armênios residentes na cidade de São José do Rio Preto 632
    Armênios residentes na cidade de Jaú 643
O mensário *Ararat* 645
Voz da Armênia 651
Revista Cultural Brasil-Armênia 654
    Armênios residentes em Casa Branca 657
Comissão de Apoio à Repatriação (Nerkaght) 661
Sinopse 667

Índice onomástico 675

ANEXOS 679

Homenagem – Dr. Chucri Zaidan 680
    Dr. Chucri Zaidan – O médico 680
    Homenagem ao Dr. Chucri Zaidan 682
    Nosso adeus ao Dr. Chucri Zaidan 682
Como obituário – Homenagem – Por ocasião do passamento
de Sua Eminência Arcebispo Datev Karibian – Primaz 684
Biografia – Hampartsun Kiulhtzian (1929-2000) 687
Biografia – Assadur Jr. Kiulhtzian 690
Biografia – Yervant Kissajikian Patriarca (1898-1974) 692
Biografia – Família Kissajikian – Nova geração 694
Biografia – Antranig Guerekmezian (1909-2005) 697
Biografia – Dicranui Guerekmezian (1922-2015) 700
Biografia – Zaven Der Haroutiounian (1924-2006) 704
Biografia – Karnik Karabet Bogiatzian (1947-2002) 705
Homenagem – Hildalea Gaidzakian (1930-2016) 707
Homenagem – Olga Burjakian (1925-2010) 708
Homenagem – Zabel Vartanian 709
Homenagem – Iskouhie Dadian (1943-2016) 711
Homenagem – Nelly Nalbandian – De professor para professora 713
Homenagem – Igreja Evangélica Irmãos Armênios 715

Primeiro prefácio

Transmitir as tradições e história de um povo, de geração em geração, é obrigação de todos que se importam com suas raízes.

Foi com essa motivação que patrocinei a tradução do livro *A Coletividade Armênia do Brasil: informações históricas e cronológicas – De 1860 ao fim de 1947*, de autoria do Arcipreste Yeznig Vartanian, publicado em 1948, contando-nos dos primórdios da emigração dos armênios ao Brasil.

Os descendentes dos armênios que viveram na época descrita devem conhecer a história de seus antepassados e se orgulhar de sua caminhada em uma terra distante, com tradições e língua totalmente diferentes da sua.

Grande orgulho tenho por meu avô paterno André Jafferian, que viveu para ajudar a comunidade e os emigrantes que aqui chegavam.

Por fim, não tenho como descrever os esforços dos professores Hagop Kechichian e Yervant Tamdjian para que este trabalho de tradução se completasse.

A eles o meu muito obrigado.

André Jafferian Neto
São Paulo, 29 de setembro de 2014

Segundo prefácio

Prefaciar a tradução de uma obra – *A Coletividade Armênia do Brasil: informações históricas e cronológicas – De 1860 ao fim de 1947* – a cuja elaboração assisti quando jovem, desde o início até sua publicação, muito me emociona e gratifica.

O Arcipreste Yeznig Vartanian, com quem tive o privilégio de conviver, fez uma pesquisa exaustiva que revelou que os armênios, em pequeno número, já aportavam no Brasil desde 1860.

Mostrou enfaticamente para a posteridade a evolução da Comunidade Armênia no Brasil e, principalmente, em São Paulo. Salientou a colaboração de armênios, desde o tempo do Império de Dom Pedro II, com a atividade do engenheiro Mihran Latif na construção da Estrada de Ferro de Rio de Janeiro a Petrópolis. Mostrou exaustivamente para a posteridade o papel da Comunidade Armênia em outros estados da Federação. Salientou o papel da Igreja Apostólica Armênia e de outras igrejas, das escolas, das associações políticas, culturais e beneficentes que os nossos antepassados nos legaram, tendo o cuidado de citar personalidades que, de maneira direta ou indireta, colaboraram para isso, e os tradutores, mui justamente, tiveram o cuidado de adicionar entidades e personalidades que se destacaram após a publicação original.

Esta tradução se deve aos esforços e abnegação do Prof. Hagop Kechichian, que, sem os apoios financeiro de André Jafferian Neto e logístico de Yervant Tamdjian, não se converteria em realidade. A eles, parabéns pelo esforço despendido, e principalmente a André Jafferian Neto, por ter vislumbrado o quanto é importante, principalmente para os jovens, terem conhecimento de como os emigrantes armênios fugitivos do Primeiro GENOCÍDIO DO SÉCULO XX – até hoje não admitido pelo governo da Turquia – chegaram a esta Pátria Bendita, como foram acolhidos, como progrediram e, principalmente, como contribuíram para o Progresso, Engrandecimento e Pujança do Brasil, em todos os ramos da atividade humana.

Tenho certeza de que a leitura do livro *A Coletividade Armênia do Brasil* irá enriquecer o cabedal dos conhecimentos de todos a respeito da pujança e contribuição desta pequena Coletividade Armênia desde os tempos idos de 1860.

Professor Antranik Manissadjian

Terceiro prefácio

O volume que ora se publica é a tradução da obra *A Coletividade Armênia do Brasil*, publicada em idioma armênio no ano de 1948, de autoria de um dos eclesiásticos e grandes intelectuais desta coletividade, o saudoso Padre Yeznig Vartanian.

Na época, este livro logrou o merecido elogio dos armênios do Brasil, bem como dos historiadores, pesquisadores, intelectuais e os leitores que se interessam pela história da Diáspora Armênia. Foi também amplamente difundido nas bibliotecas da Armênia e nas demais coletividades coirmãs.

Este volume, singular no seu gênero, reflete especificamente sobre a formação da Coletividade e da Diocese Armênia no Brasil; descreve minuciosamente fatos relevantes daqueles tempos, bem como as figuras relevantes que marcaram época, além das instituições e organizações que surgiram aos poucos e suas respectivas atividades.

A edição, completamente esgotada há muito tempo, permanece na lista de livros muito requisitados. Existem apenas alguns raros exemplares com membros da velha geração ainda vivos, nas bibliotecas de suas residências, aguardando, talvez, um destino incerto. É doloroso afirmar que, em muitas ocasiões, mudanças domiciliares ou faxinas em residências fizeram com que esses raros exemplares fossem sacrificados, por descuido ou imprudência, junto com outros objetos.

Para sermos justos, devemos afirmar, no entanto, que vários compatriotas tiveram a generosidade e a clarividência de doar os exemplares deste livro que se encontravam em seus lares para a biblioteca da nossa Diocese, onde esta rara obra encontraria o seu destino seguro, isento de ser destruído ou abandonado.

Principalmente a partir da segunda década do século 20, assim como aconteceu nas demais Coletividades Armênias, dezenas de centenas de armênios começaram a se estabelecer no Brasil e começaram o trabalho inadiável de organizar sua comunidade.

Felizmente, graças à ajuda da Providência e à incansável dedicação dos membros da Coletividade, os projetos começaram a alcançar o êxito esperado, e os armênios do Brasil puderam erguer sua igreja e a escola, seus clubes e muitas outras instituições que arregimentariam os armênios ao seu redor.

E eis que, no limiar do vigésimo aniversário da estruturação das atividades da Coletividade Armênia do Brasil, o destacado professor e intelectual

Padre Yeznig Vartanian, natural da cidade de Van, desenvolveu um trabalho gratificante e, paralelamente a outras iniciativas de sua autoria, preparou esta grande obra, que, além de trazer as fotografias dos grandes beneméritos Sr. e Sra. Jorge e Zekie Rizkallah Tahanian e outros benfeitores, estampa também as fotografias e biografias de destacados profissionais, universitários, intelectuais, comerciantes, dirigentes comunitários e da Diocese.

O livro *A Coletividade Armênia do Brasil* é fruto de um trabalho meticuloso e incansável que o saudoso Padre Yeznig Vartanian legou para esta Coletividade, que, por sua vez, reverencia, hoje, a sua memória inesquecível com sentimentos de gratidão.

Infelizmente, existe uma lacuna de aproximadamente sessenta anos de história desta Coletividade, uma vez que, depois da publicação da obra do Padre Yeznig, não surgiram outros que dessem continuidade ao seu trabalho, para evitar que o registro dos fatos fosse interrompido e tantos anos de história caíssem ao esquecimento.

Desde os primeiros anos do exercício da nossa atividade nesta Coletividade, tivemos a preocupação de tentar diminuir e sanar esse vazio, ao menos parcialmente, ao assumirmos o lançamento da publicação do periódico *Sipan*, que tornar-se-ia o órgão oficial da nossa Diocese, sabendo que ele poderia talvez servir como fonte de pesquisa para os historiadores e pesquisadores.

E vemos, hoje, que o conhecido intelectual e historiador Prof. Dr. Hagop Kechichian, fruto da primeira geração dos armênios aqui aportados, teve a brilhante ideia de preparar e lançar a tradução em idioma português deste livro singular do saudoso Padre Vartanian, visando o grande interesse que esta obra poderia suscitar. Convém relembrar que o Professor Kechichian já traduzira várias outras publicações em idioma português sobre os armênios, tornando-as acessíveis às novas gerações armeno-brasileiras. Quanto ao denso trabalho de tradução, o mesmo foi realizado com muito zelo por um conhecido intelectual da nossa Coletividade, o Prof. Yervant Tamdjian.

Temos a certeza de que esta vasta obra suscitará grande curiosidade, principalmente entre os filhos da nossa nova geração, e também no público brasileiro em geral, o qual terá a rara oportunidade de conhecer melhor a história desta Coletividade, desde os primeiros armênios que aqui chegaram e que conseguiram, com muito esforço e enormes sacrifícios, estruturar a vida eclesiástico-nacional desta pujante Coletividade Armênia do Brasil, legando às gerações futuras o dever de manutenção e preservação da fé, cultura e belas tradições milenares dos seus antepassados.

Arcebispo Datev Karibian, Primaz dos Armênios do Brasil
São Paulo, abril de 2014

Quarto prefácio – Considerações do coordenador do projeto

> "Perder a memória é perder a batalha das batalhas. Sem memória não há identidade e sem identidade não há civilização que resista."
>
> ***Derderian***

> "[...] sem identidade não há civilização que resista. Cada povo deve aceitar o seu passado [...] pois sem memória não há identidade."
>
> ***João Pereira Coutinho***

Na coordenação da nova edição do livro de autoria do Padre Yeznig Vartanian, *A Coletividade Armênia do Brasil: informações históricas e cronológicas – De 1860 ao fim de 1947*, editado pela primeira vez em 1948, eu assumi a incumbência de realizar algumas considerações sobre as razões pelas quais levamos adiante o projeto de tradução para o português e reedição desta obra.

Em primeiro lugar, a edição original está em língua armênia, limitando assim o acesso à obra pelas novas gerações da coletividade armênia do Brasil, as quais necessitam conhecer a história de suas famílias e antepassados.

Segundo, mesmo entre as gerações mais velhas, o idioma armênio é um obstáculo. Ainda que, antigamente, fosse um hábito de grande parte das famílias armênias de São Paulo possuir um exemplar deste livro a fim de prestigiar o autor e honrar a memória de algum antepassado que, por ventura, tivesse sido biografado pelo Padre Vartanian, a maior parte dos imigrantes que vieram a constituir a diáspora armênia no Brasil não possuía amplo domínio do armênio, pois, em sua terra natal, as autoridades otomanas restringiam o uso da língua ancestral em benefício do turco.

Em terceiro lugar, este livro é um documento, fonte primária no estudo da imigração armênia no Brasil. A iconografia realizada por Vartanian é um retrato das estruturas social, administrativa, política e religiosa das comunidades armênias no Brasil no final dos anos 1940.

Este trabalho hercúleo do autor está alicerçado em outros gigantes. Em 1938, o ex-clérigo Kud Mekhitarian publicou em Paris um pequeno livro sobre as origens da coletividade armênia do Brasil do qual o nosso autor lançou mão para iniciar seu trabalho. Antes de Vartanian e Mekhitarian, não havia nenhuma obra de cunho histórico que lançasse luzes sobre a instalação dos primeiros imigrantes armênios no Brasil e que estabelecesse os antecedentes da coletividade armênia da diáspora.

Neste último aspecto, não havia nenhum trabalho de pesquisa histórica de fonte primária que se referisse à instalação dos primeiros imigrantes armênios no Brasil. Sobre a chegada dos armênios na América do Sul, é necessário destacar o trabalho do jornalista e historiador Ashot Artzruni no *Anuário da Coletividade Armênia na América do Sul*, publicado em Buenos Aires, em 1943, também em idioma armênio. Ali, Artzruni dá uma pequena contribuição ao tema da comunidade armênia do Brasil.

O autor tinha como objetivo perenizar a história dos armênios que chegaram nesta hospitaleira nação entre o final do século XIX e início do século XX, a qual os aceitou de forma amigável e fraterna, e esse acolhimento é lembrado com bastante entusiasmo, gratidão e oração até os nossos dias.

Memorialista e protagonista da história dos armênios do Brasil, a vivência de Vartanian no seio desta coletividade inspirou-o a deixar um legado para seus compatriotas, homens e mulheres dedicados a manter suas raízes. Portanto, o intuito da publicação desta obra em língua portuguesa é permitir que tanto pesquisadores brasileiros quanto as atuais e futuras gerações de descendentes dos sobreviventes do genocídio armênio possam ter conhecimento da origem de seus ancestrais.

A História é a base dos nossos atos. Quando dela temos consciência, podemos evitar erros do passado e acrescentar o que falta para atingirmos o que almejamos. É a História que ajuda a pavimentar o caminho dos passos futuros, e para nós, armênios, não é possível trilhar tal caminho sem reconhecer as pessoas que participaram de sua construção, os imigrantes que vieram a constituir a diáspora armênia no Brasil.

Portanto, eu, como filho de imigrantes, membro da primeira geração de armênios nascidos no Brasil, sinto-me recompensado e muito orgulhoso de ser idealizador e coordenador da presente edição do livro do saudoso Padre Yeznig Vartanian. Estando essa missão cumprida, cabe agora às gerações mais novas darem sequência à história e à memória dos nossos ancestrais, que viveram e ainda vivem no Brasil, e daqueles que pereceram no Império Otomano ou no caminho para o Novo Mundo e para uma nova vida.

Gostaria de prestar minha homenagem e oferecer meus agradecimentos e reconhecimento a André Jafferian Neto, pelo seu empenho e apoio à tradução deste livro em memória do seu avô paterno, André Jafferian; à tradução profissional de Yervant Tamdjian, sobre quem recai a responsabilidade pela complexa tarefa de manter a fidelidade ao texto original. Agradeço ainda as palavras introdutórias a esta edição redigidas pelo Prof. Antranik Manissadjian e pelo saudoso Primaz Arcebispo Datev Karibian, também incentivadores deste projeto editorial. Gostaria ainda de agradecer à minha estimada filha Zilda Vartuhi pela colaboração na pesquisa, preparação e digitação dos textos. Em tempo, gostaria de lembrar a minha amada e saudosa esposa Zilda Diniz Lopes Kechichian por ter sido capista do livro de autoria de Ashot Artzruni *História do Povo Armênio*.

"A história é êmula do tempo, repositório dos fatos, testemunha do passado, exemplo do presente, advertência do futuro."
Miguel de Cervantes

Prof. Dr. Hagop Kechichian
São Paulo, setembro de 2019

Atas do Conselho Representativo de 22 de novembro de 2005 e 11 de dezembro de 2007, nas quais constam a manifestação do conselheiro Prof. Hagop Kechichian sobre a proposta de tradução do livro do Arcipreste Yeznig Vartanian intitulado *A Coletividade Armênia do Brasil.*

22/11/2005
O Conselheiro Hagop Kechichian solicitou a palavra para sugerir que fosse feita a tradução do idioma Armênio para o Português, do livro escrito pelo Arcipreste Yeznig Vartanian intitulado *A Coletividade Armênia do Brasil*, publicado em 1948, eis que considera ser de suma importância como material didático e de divulgação. Sugeriu que fosse formado um grupo de trabalho para viabilizar a empreitada, sabidamente difícil e dispendiosa. O Sr. Presidente cumprimentou o Conselheiro Hagop Kechichian pela ideia e ressaltou que, efetivamente, o livro do Padre Yeznig é assaz importante para conhecimento da História dos Membros da Coletividade Armênia do Brasil, em especial daqueles radicados em São Paulo. O Sr. Presidente concorda com a formação de um grupo de trabalho, do qual ele próprio poderia fazer parte, sugerindo que a titularidade ficasse com o Prelado da Diocese, Arcebispo Datev Karibian. Indagado acerca da sugestão, o Arcebispo Datev Karibian, comprometeu-se a estudar a questão e agendar uma reunião com o Prof. Hagop Kechichian para discutirem as diretrizes de trabalho.

11/12/2007
Dando início aos trabalhos, com relação ao 1º item da Ordem do Dia, o Sr. Presidente, a pedido dos Srs. Conselheiros, procedeu à leitura da Ata da Assembleia realizada no dia 13 de março de 2007. Após a leitura, o Sr. Presidente colocou em discussão a Ata. O Conselheiro Hagop Kechichian solicitou a palavra para ressaltar que na Assembleia realizada no dia 13/03/2007, havia feito algumas colocações referentes ao trabalho de tradução do idioma Armênio para o Português, do livro escrito pelo Arcipreste Yeznig Vartanian intitulado *A Coletividade Armênia do Brasil*, que não foram consideradas na Ata e que considerava serem importantes. Pelo Sr. Presidente, após consulta à Assembleia, foi recomendado que se fizesse um adendo à Ata da Assembleia de 13/3/2007, consignando as questões arguidas pelo Conselheiro Hagop Kechichian. Esclarecendo a questão, o Conselheiro Hagop Kechichian enfatizou que na Assembleia de 13/3/2007, havia informado que *"a ideia da tradução do citado livro havia sido aprovada e que haviam sido feitas algumas reuniões entre ele, o Prelado Titular da Diocese e o Prof. Yervant Tamdjian; destacou que o principal problema era o financeiro o que impediu a evolução dos trabalhos. O Conselheiro Hagop Kechichian sugeriu algumas opções para efetivação dos trabalhos".*

Ata da assembleia ordinária do conselho representativo da Igreja Apostólica Armênia do Brasil, realizada em 22 de outubro de 2013.

8º item da Ordem do Dia ("Assuntos diversos") O Prof. Dr. Antranik Manissadjian parabenizou o Prof. Hagop Kechichian pela iniciativa de traduzir para a língua portuguesa o livro do Padre Yeznig Vartanian, tradução esta que contou com a colaboração do Prelado Titular da Diocese Arcebispo Datev Karibian, do Prof. Yervant Tamdjian e o apoio financeiro do Sr. André Jefferian Neto. Recomendou que fosse lavrado um voto de louvor. O Sr. Presidente colocou em votação a proposta, tendo sido aprovada por unanimidade. O Prelado Titular da Diocese Arcebispo Datev Karibian teceu considerações sobre o livro do Padre Yeznig Vartanian, lembrando que a ideia da tradução havia sido aprovada e que haviam sido feitas algumas reuniões entre ele, o Prelado Titular da Diocese e o Prof. Yervant Tamdjian; destacou que o principal problema era o financeiro o que impedia a evolução dos trabalhos. Por fim, em conversa com o Sr. André Jafferian Neto, este se sensibilizou com a iniciativa e abraçou a causa, dispondo-se a financiar a empreitada que consumiu vários anos, enfrentou vários obstáculos até que, finalmente logrou-se concluir com grande êxito, tratando-se, efetivamente, de obra assaz importante para a Coletividade Armênia do Brasil, pois abrange parte substancial de sua história e de seus membros. O Prof. Hagop entende que melhor seria que a publicação do livro na língua portuguesa fosse feita através de uma editora para que tenha grande divulgação e penetração dada a sua importância. Feitas estas considerações, o Sr. Presidente recomendou que fosse lavrado um voto de louvor ao Prof. Hagop Kechichian, o que foi prontamente aprovado pela Assembleia seguindo-se uma salva de palmas. O Prelado Titular da Diocese, Arcebispo Datev Karibian enfatizou e parabenizou o Prof. Hagop Kechichian pela iniciativa de traduzir o livro do Padre Yeznig Vartanian, empreitada que realmente consumiu vários anos e reuniões, mas que, finalmente, graças a Deus e à contribuição do Prof. Yervant Tamdjian e ao apoio financeiro do Sr. André Jafferian Neto, foi concluída com pleno êxito.

A coletividade armênia do Brasil

O QUE DIZIAM NO PASSADO

"Quem me dera que eu vos anunciasse, tal qual a pomba de Noé, que cessara o dilúvio; voltai ao vosso mundo pátrio."

Patriarca Khrimian Hayrig

E O QUE DIZEM HOJE

"Trago-lhes a notícia de volta para casa, irmãos meus que estais com saudade da pátria;
Vós que sois as folhas arrancadas da nossa velha nogueira, ainda dispersa,
Caminhastes sem rumo, de século a século, mantendo em vossos corações aflitos,
Qual um sonho a caminho da luz, o retrato da pátria Armênia.

Chegai, a vós clamam nossos campos e o arado pátrio,
A vós chamam as brisas amenas de nossas montanhas, suavemente;
Nossas fontes gotejantes, nossos lares candentes e brilhantes,
E as crianças, vigorosas, como alpondras e codornas primaveris."

Aghavni
Sovetakan Hayastan (jornal **Armênia Soviética***)*
14 de dezembro de 1945

Qual será a resposta dos armênios do Brasil?

À minha saudosa mãe, sra. Iskuhi Vartanian

Em 1908, quando toda a região de Vasburagan e, principalmente, a cidade de Van foram destruídas impiedosamente pelas garras selvagens do tirano Estado Otomano, em consequência da histórica delação de David de D'her, e toda a população armênia se sujeitou a sofrimentos inauditos, eu ainda era um estudante seminarista do convento Khrimian. Aquele seria nosso último ano, pois seríamos egressos do curso.

Naqueles dias calamitosos, as escolas haviam cessado as aulas, e nós ficamos quase desligados da cidade. Recebíamos poucas notícias sobre as terríveis torturas sofridas pelos armênios. A indisfarçável tristeza dos nossos professores, além da agitada situação reinante, simplesmente revelavam que ali, na cidade, o povo armênio vivia dias muito tensos.

Nós, que éramos estudantes, não podíamos ter uma ideia ampla quanto à intensa situação, mas, afetados pela nítida tristeza dos professores, estávamos sem o entusiasmo e a alegria próprios a adolescentes de nossa idade, pois havíamos crescido livremente nas montanhas. Afetados pela sobriedade de um ser enlutado, atendíamos com respeito o pedido do sacerdote celibatário Vrtanés, um abade ancião do convento, e duas vezes por dia estremecíamos as colunas do templo de Varak com a nossa fervorosa oração de "Der Voghormiá" (Senhor, Tenha Piedade de nós), como se isso fosse o único baluarte ao qual nos apegávamos, querendo salvar os nossos compatriotas de seus sofrimentos espantosos.

Foram dias insuportáveis, amaldiçoados, mas também de eterna lembrança. Não me lembro ter passado outro período de fé que fosse igual àqueles dias, nem momentos tão marcantes de sincera oração.

Um dia, após a oração de "Der Voghormiá", subi a encosta, de onde se podia ter uma visão geral da cidade de Van; acomodei-me ao lado de uma grande e centenária *Khatch-kar* (cruz de pedra), que se chamava *"Gargud Khatch"* (cruz de granizo), e comecei a olhar a lendária cidade de Van, estendida à margem do belo lago Pznuniats, de cor azul-celestial. Queria entender a triste situação do povo, que gemia nas numerosas casas grandes e pequenas, cobertas por adornos das folhas verdes das inúmeras árvores frutíferas, e lembrei da minha mãe; ela estava ali, naquela cidade, que fora transformada numa terrível câmara de tortura pelos violentos carrascos otomanos. Uma saudade indescritível e súbita começou a corroer o meu coração; queria estar ao lado dela, nos seus braços, sentir os seus beijos. Mas aqui estava eu, longe, muito longe dela, sequer tinha notícias dela, nem tinha esperanças de ter notícias... E com o meu coração inchado, meus olhos lacrimejados, tirei do meu bolso um pedaço de lápis e, num minúsculo pedaço de papel amassado, escrevi as seguintes linhas:

Oh, se eu morrer com esta harpa nas minhas mãos trêmulas,
Um par de gotas de lágrima e profunda tristeza nos meus olhos,
Que o meu cadáver gélido precede o grito:
Mãe, lembra-te, é teu filho que suspira.

Com saudade do teu último olhar e do teu beijo,
Ao morrer fixando meus olhos para cima,
Venha, mãe, e abrace o meu cadáver inanimado,
Para que eu descanse sob a terra fria da minha sepultura.[1]

Mãe, aqueles dias árduos já se passaram, também passaram muitos anos. Juntos, nós enfrentamos muitas tempestades pequenas e grandes, desde a epopeia de abril, em Van, até os dias trágicos de migração para o Cáucaso. Depois, desde o período semi-independente de Van, em 1917, até a retirada definitiva para Pérsia, Bagdá, Basra, mais tarde Jerusalém e, finalmente, o longínquo Brasil, sempre juntos, sempre dispostos à luta, conformados com as reviravoltas da vida, sempre desprezando os destinos da sorte. Mesmo assim, estávamos contentes e felizes por estarmos juntos.

No entanto, infelizmente, essa felicidade também chegaria ao fim... e hoje, enquanto você descansa eternamente na sua humilde sepultura, no cemitério da cidade de Catanduva, no estado de São Paulo, levando no teu coração a saudade de um dia retornar à pátria, aceite, minha mãe querida, meu humilde trabalho, esta obra, como uma modesta coroa de flores sobre sua singela sepultura, que o seu filho hoje deposita, mas cujo esqueleto, provavelmente, também não terá a oportunidade de descansar no solo pátrio.

---

[1] Estas linhas, originariamente, foram compostas em três estrofes e publicadas no jornal *Nor Serunt* (*Nova Geração*), que era editado mimeografado, em 1908, a pedido de um dos nossos professores, Davit Papazian. Infelizmente, não tenho acesso nem me lembro da terceira estrofe. E, se eu lamento, é porque essa poesia foi a minha primeira tentativa literária e, como tal, tem um valor muito especial para mim.

Iskuhi Vartanian nasceu em 1844, em Van-Aykesdan, no bairro Taza Kahrez. Era filha de Gabriel Meykanadjian. Em 1861, ela casou com Vartan Vartanian, natural da aldeia de Mogats-Dzardants, que morava no bairro de Haygavank, em Van. O casal teve oito filhos, quatro casais, dos quais seis morreram entre 1 e 12 anos de idade. Os dois últimos são Yeghché e Haig, que vivem no Brasil. O primeiro reside na cidade de São Paulo e é o autor deste livro, enquanto o segundo mora na cidade de São José do Rio Preto, estado de São Paulo.

Meu pai faleceu durante as lutas armeno-turcas na cidade de Van, em 1896. Ao descrever o martírio dele, minha saudosa mãe contava o seguinte:

Quando os turcos, quebrando as portas, invadiram a casa onde nós nos encontrávamos, escondidos, começou uma terrível confusão, choro e desespero das mulheres e crianças, misturados aos gritos dos feridos e gemidos dos que sucumbiam sob os golpes das baionetas e machados dos turcos. Uma visão infernal. Teu pai, que carregava nos braços o teu irmão caçula, Haik, passou a criança rapidamente para mim. Naquele momento, um turco veio em sua direção, levando um machado nas mãos, enquanto teu pai cobria a cabeça com as mãos, tentando se proteger. O golpe fatal de machado amputou a mão do teu pai. Mesmo sem sua mão e ensanguentado, ele esticou o braço para mim e disse: "Proteja bem nossas crianças, e conte para elas tudo que você está vendo". Essas foram suas últimas palavras. Logo a seguir, os golpes impiedosos de machados e baionetas transformariam teu pai num monte de carne irreconhecível.

Passadas duas horas dessa carnificina, um grupo de soldados turcos sob o comando de Tcherkez Binbachi, que era conhecido dos moradores de Van, chegou ao local, recolheu as viúvas e órfãos sobreviventes desse bárbaro massacre e levou todos para a Igreja Armênia Surp Nchan. A partir daí, a Diocese Armênia cuidaria dessas pessoas, e entre as viúvas estava a Sra. Iskuhi, com seus três filhos.

Sra. Iskuhi Vartanian

Era muito difícil a situação da viúva Iskuhi; o maior de seus três filhos tinha apenas 6 anos, o segundo, 3, e o terceiro tinha 1 ano de idade. A família perdera a casa onde morava, e não havia ninguém que cuidasse da viúva e das crianças. Por parte do pai, Iskuhi não tinha nenhum parente. Os dois cunhados, que moravam em Ardjech, haviam fugido para o Cáucaso e não se sabia do paradeiro deles. A casa deles, em Haigavank, fora saqueada e queimada. Por outro lado, a casa paterna, em Taza Kahrez, ficara com um inquilino, que nem sequer ofereceu um quarto para Iskuhi e seus três filhos.

Em agosto de 1896, Iskuhi perdeu o filho caçula, Melkon, e depois de um ano foi obrigada e vender a casa paterna para o locatário, a fim de poder sustentar os seus filhos. No ano de 1900, Iskuhi foi infectada por malária, e não pôde mais cuidar de seus dois filhos. Os vizinhos, preocupados, pediram a ajuda da Diocese, que conseguiu enviar o filho maior para o orfanato Surp Asdvadzadzin, em Garmrvor, transferindo-o depois para o orfanato do Seminário. Já o menor foi encaminhado para o orfanato americano. A viúva, adoentada, permaneceu acamada por dois anos, recebendo os cuidados esporádicos de algumas senhoras bondosas, suas vizinhas.

Como armênia e uma mãe de Van, minha mãe realizou suas obrigações maternas plenamente, respeitou o legado do seu esposo martirizado, sempre contando para nós como nosso pai havia sido morto, sob golpes de machados e baionetas dos turcos, e como, antes de morrer, esticara o seu braço ensanguentado, pedindo à minha mãe: "Proteja bem nossas crianças, e conte para elas tudo que você está vendo".

Na véspera da batalha épica de Van, em 1915, quando me despedi, beijando a mão da minha mãe e segurando a minha arma, todos os vizinhos choraram, emocionados, ao ver essa cena comovente. Minha mãe beijou minha testa e disse:

Meu filho, já chegou a hora de você se vingar da morte do seu pai. Se você realmente gosta dele, então deve capturar um turco e executá-lo, tal qual eles fizeram com seu pai. Você deve esmagar a cabeça de um turco, a cabeça dele, entendeu? Você deve esmagar a cabeça de um turco! Pois assim, só assim, é que o meu coração se acalmará, e a alma do teu pai descansará em paz". Logo depois dessas palavras, ela beijou mais uma vez a minha testa e disse: *"Deus esteja contigo".* Virou o rosto, para esconder as lágrimas. Minha mãe morreu com a certeza de ter cumprido a sua promessa, tranquila e satisfeita, porque depois da vitoriosa campanha da batalha épica de Van, em 1915, duzentos turcos que se encontravam dentro de uma casa, na rua Pchi, se renderam aos armênios. Testemunhas contaram para minha mãe como seu filho escolheu um jovem turco, aparentemente forte e com aproximadamente 30 anos de idade, de aspecto *valente e selvagem, e, depois de mandá-lo sentar, tomou das mãos de Oksen, filho de Mesrop, uma grande espada própria dos cavaleiros e desferiu um golpe certeiro, esmagando o crânio daquele infeliz, lançando gritos vingativos: "Pai, agora você pode descansar em paz".*

Esse seria o último ato do legado de um mártir, com o coração ferido de uma viúva, e o cumprimento de uma promessa de vingança, executada por um filho que crescera órfão de pai. Ignorar tal fato seria algo impossível. Portanto, por favor, não me recriminem.

Iskuhi Vartanian chegou ao Brasil no dia 25 de outubro de 1924 com seus dois filhos. Faleceu no dia 27 de setembro de 1940, e foi enterrada no cemitério da cidade de Catanduva, interior do estado de São Paulo.

Paz celestial e descanso eterno para sua alma sofrida.

POR QUE ESCREVI ESTE LIVRO E QUE ROTEIRO TENHO SEGUIDO

Tive a ideia de escrever e publicar este livro, intitulado *A coletividade armênia do Brasil*, sem intuito de lograr um retorno financeiro. Escrevi porque a história dessa coletividade, do seu passado recente, tal qual as demais coletividades armênias, com o transcorrer de alguns decênios, será esquecida e transformada num enigma indecifrável para os olhos investigativos dos pesquisadores.

Era necessário escrever esta história, mesmo à custa de muitos sacrifícios, e, como não havia ninguém que assumisse esta tarefa árdua, cansativa e esgotante, sem fins lucrativos e de custo extenso, decidi assumir esse compromisso, tentando fazer aquilo que podia ser feito dentro de minhas limitações e capacidade.

Dentro do possível, tentei escrever minuciosamente, porque estava convicto de que aquilo que pode ser hoje apenas um detalhe insignificante amanhã pode tornar-se um complemento útil.

O Brasil é um dos lugares onde os armênios se instalaram, e vale registrar para a história, desde os primórdios, a formação dessa coletividade.

Durante a preparação deste livro, alguns amigos me sugeriram limitar a parte ilustrativa e biográfica, mas não achei isso justo, e tentei incluir no presente livro cada um que tem trazido mesmo uma mínima participação na vida comunitária, porque a coletividade é formada por armênios de todas as camadas sociais, e não só por ricos ou abastados. Os olhos investigativos do leitor, no futuro, vão procurar buscar a íntegra formação dessa coletividade, e não apenas os dados biográficos de alguns ricos e suas fortunas materiais. Por essa razão, dentro de minhas possibilidades, tentei ampliar ao máximo o número tanto de fotografias como de biografias, destacando em cada uma das biografias apresentadas detalhes interessantes ocorridos durante os anos do genocídio e oferecendo, destarte, certa noção sobre a vida dos sobreviventes dos massacres.

Há muitos compatriotas dos quais não possuo nem fotografias nem seus dados pessoais; isso porque alguns deles desprezaram este trabalho, enquanto outros não quiseram atender meus pedidos por razões exclusivamente pessoais. Assim sendo, não me sinto culpado se seus nomes ou fotografias não estejam neste livro.

Tomei as devidas precauções para que o presente trabalho fique à distância de influências e concepções partidárias, e isso não foi feito para garantir o seu êxito, mas porque estou convicto de que os partidos políticos, com suas concepções e forma de atuação do período de pré-guerra, isto é, antes de 1914, não deveriam mais existir. Os tempos mudaram tanto, e as exigências atuais são tão diferentes, que se torna necessário depositar as velhas concepções e dogmas nos museus e prosseguir sob uma direção sagaz e flexível, que possa corresponder às exigências atuais. Nesta época, a diversidade das atividades e a sucessiva rivalidade e ódio mútuo não podem mais ser úteis na busca de interesses coletivos e nacionais.

Este procedimento, no entanto, não impediu que, ao escrever a história desta coletividade, não fossem ignorados os partidos políticos e suas atividades; uma vez que eles existem, desenvolveram diversas atividades e ainda atuam.

Assim como em todos os lugares, entre os anos de 1925 e 1927, houve tentativas para a formação de uma entidade comunitária, sem influências partidárias, mas com união de forças, para nutrir na coletividade armênia os sentimentos patriótico-nacionais e alcançar êxitos brilhantes; mas houve jovens que, por extrapolarem o limite de seu entusiasmo, e também levados pela vaidade, perturbaram a bela cooperação que se iniciava e deram preferência a atividades partidárias, acabando com a união e causando o surgimento de diversas facções.

Cada partido ou grupo começou a atuar por conta própria. Todos tentaram fazer o melhor, todos deram sinais de vitalidade e dinamismo, mas cada um isolado no seu círculo, apenas entre seus correligionários. Se suas atividades fossem de cunho coletivo, certamente teriam obtido resultados melhores e bem mais brilhantes. Ao se dividir, todos enfraqueceram, e isso levou a bela força da juventude para a disseminação do ódio mútuo.

Houve uma época em que, nessa recém-formada coletividade, além de partidos políticos, surgiram entidades e uniões compatrióticas em proporções epidêmicas. Algumas dessas entidades, visivelmente desproporcionais em relação ao número de membros da coletividade, tiveram uma existência meteórica. Algumas surgiram apenas para aparecer, e de outras sequer se soube da própria existência e extinção.

No presente trabalho, registro todas as entidades das quais pude coletar informações ou cujos fundadores tiveram a gentileza de me fornecer os dados necessários. Mas, mesmo com tudo isso, se existem entidades ou associações compatrióticas que não foram citadas no presente volume, isso ocorreu simplesmente porque não tive notícias sobre sua existência, nem fui procurado pelos seus.

UM DEVER DE GRATIDÃO

Para este meu trabalho, que recebe o nome de *A coletividade armênia do Brasil*, é provável que eu não conseguisse tomar nota de todas as informações minuciosamente apresentadas se a viúva do saudoso Kiud Mekhitarian, a Sra. Lúcia Mekhitarian, não colocasse à minha disposição, tão gentilmente, a coleção diária de reportagens do seu saudoso esposo, reportagens estas publicadas em jornais e periódicos mensais a partir de 1924, e guardadas com tanto esmero pela Sra. Lúcia. Há ainda um livreto de 54 páginas, intitulado *A coletividade armênia do Brasil, desde a sua formação até os nossos dias*, também de autoria do saudoso Kiud Mekhitarian, publicado em Paris, sob os auspícios de Simão Vratsian.

O direito de primogenitura de autoria histórica sobre a coletividade armênia do Brasil pertence, portanto, ao saudoso Kiud Mekhitarian, cuja obra foi de grande valia para mim. Por isso, considero ser a minha obrigação expressar meus profundos agradecimentos à sua viúva, que, conforme já mencionei, de forma espontânea, e tão gentilmente, colocou à minha disposição todo o acervo de autoria do seu esposo, tanto os escritos publicados como os que permanecem em manuscrito. Peço aqui, publicamente, que a Sra. Lúcia aceite o meu profundo agradecimento como se fosse uma modesta coroa de flores depositada sobre o túmulo do seu marido por este que foi seu amigo pessoal de longa data.

Meus agradecimentos especiais se estendem também ao reverendo Arcipreste Gabriel Samuelian, assim como aos senhores Levon Apovian, Dr. Krikor Yaghsezian, Pedro Nazarian, Mihran Boyadjian e Rupen Kiurkdjian, os quais, como membros do Conselho Administrativo Central dos Armênios do Brasil, acataram meu pedido e deixaram à minha disposição os arquivos do Conselho, de importância fundamental para minha pesquisa. Na ocasião, encaminhei a seguinte missiva para o Conselho Administrativo Central:

[...] Empreendi no árduo trabalho de escrever a extensa história da coletividade armênia do Brasil. Quero ter o cuidado de evitar que se deslizem falhas e erros, a fim de poder deixar esta obra para a posteridade, fundamentada em fatos concretos. Por esta razão, preciso coletar dados dos arquivos da Igreja e do Conselho Administrativo Central.

Peço, portanto, deste nobre Conselho Administrativo Central, que se digne a facilitar o meu trabalho, permitindo que eu possa pesquisar seus arquivos.

Gostaria, ademais, de informar-lhes que a presente missiva, bem como a resposta de Vs. Ss., terão o seu lugar de destaque no meu livro, que pretendo publicar no futuro.

Com meus profundos respeitos,

Yeghiché Vartanian
São Paulo, 17 de julho de 1942

Passada uma semana, recebi a seguinte carta do Conselho Administrativo Central:

[...] Acusamos o recebimento da Vossa missiva do dia 17 de julho p.p., onde V. S. pede coletar informações concretas de nossos arquivos, para a preparação da Vossa vasta obra sobre os armênios do Brasil. Achamos muito útil essa Vossa iniciativa, e, consequentemente, altamente louvável. Uma vez que as atas que se encontram em nosso poder poderiam ser úteis para a Vossa pesquisa, é com satisfação que atendemos o Vosso pedido e disponibilizamos toda a documentação que se encontra em nosso poder, a qual, esperamos, possa facilitar o Vosso trabalho. Pedimos, portanto, que V. S. contate, pessoalmente, o reverendo Padre Gabriel Samuelian.

Queira aceitar nossos agradecimentos por esta Vossa nobre iniciativa. Com nossos respeitos,

Conselho Administrativo Central
Presidente Levon Apovian
Secretário Rupen K. Kiurkdjian

Devo confessar

Durante a narrativa sobre a história da coletividade, tive de me limitar a informações sucintas sobre alguns anos. O motivo disso é que alguns livros de atas do Conselho Administrativo Central desapareceram, impedindo, destarte, que eu pudesse obter detalhes dos fatos ocorridos em alguns períodos; e, quando me dirigia às pessoas que tiveram alguma atuação naqueles anos, eles me respondiam: "Irmão, já se passaram dez anos desde aqueles dias. Temos tanta coisa para pensar agora... não lembramos bem o que aconteceu", e me dispensavam, satisfeitos, como se tivessem cumprido uma obrigação.

Considero inoportuno citar aqui, uma por uma, todas as dificuldades que enfrentei para tomar nota da história desse passado não muito remoto. É possível que alguns leitores venham a considerar isso um exagero, mas as dificuldades que passei são verídicas, e escondem boas verdades...

Nenhuma organização, entidade ou união compatriótica tem o direito de reclamar, alegando não ter conhecimento da preparação deste trabalho, ou dizer que os dados apresentados nesta obra são incompletos ou incorretos. Se efetivamente existem, tais dados são frutos de falhas involuntárias, e a responsabilidade disso deve recair sobre os ombros dos reclamantes, pois não tenho nada a ver com a falta de boa vontade deles. Atribuo isso à falta de uma ampla compreensão deles.

De qualquer modo, à parte esses indiferentes, presenciei, por outro lado, muitos compatriotas, amigos e conhecidos que não só trouxeram sua espontânea colaboração pessoal, como também não hesitaram em me estimular com gestos fraternais e palavras sinceras, dando assim uma grande força para que prosseguisse sem esmorecer o trabalho iniciado. A esses, quero manifestar em público minha gratidão.

Este trabalho levou cinco anos, e, quando o livro estava pronto para ser publicado, lembrei, subitamente, que esquecera do detalhe mais importante: a parte financeira, visto que eu não possuía recursos materiais nem outros meios para publicar o livro. Não tinha sequer um centavo!

Por vários meses, mantive contato com Vahram Baghdassarian, linotipista e dono de uma gráfica em Buenos Aires; quando cheguei a um entendimento com ele, só me faltando enviar os manuscritos, eis que surgiram as grandes dúvidas: como e com que meios? A verdade é que eu esquecera e não dera a devida importância a essas duas perguntas, as quais se erguiam então diante de mim como um grande muro, deixando-me completamente desorientado e confuso. Minha única esperança recaía sobre alguns amigos, mas eles me fizeram entender que uma coisa é ter amizade, outra, oferecer dinheiro. Eles me mostraram que seria uma infantilidade de minha parte supor que uma ou duas pessoas aceitariam e assumiriam o compromisso de um sacrifício material tão importante. Outros tentaram justificar, alegando a crise econômica vigente como pretexto, antes mesmo de eu ter proferido uma única palavra sobre o assunto. A questão do livro alcançava um ponto tal que sua publicação requeria uma solução definitiva.

Ardavazt Manissadjian (de Garin)

Iknadios Der Parseghian (de Van)    **Torkom Nikolian (de Van)**

Para ser justo, devo lembrar que, às vezes, quando introduzia o assunto do livro numa roda de amigos, eles na verdade me estimulavam, dizendo: "Querido padre, não se preocupe com isso, quando chegar a hora, a gente faz alguma coisa". Mas, quando realmente chegou a hora, aí percebi que aqueles que haviam me encorajado e tinham boas intenções não possuíam recursos, eram pessoas modestas. Eles tentavam me estimular, mas o fato é que eu precisava conseguir o financiamento ou o patrocínio necessário. E isso me deixava tão desesperado e deprimido que, aos poucos, comecei a amaldiçoar a louca decisão de querer publicar um livro, que me causava tanta preocupação e começava a me deixar mentalmente esgotado.

Hagop Kalemkearian
(de Marach)

Levon Demirdjian (brasileiro,
filho de pais de Kharpert)

Devo confessar, entrementes, que esse sofrimento espiritual ao qual me sujeitara era o resultado da minha torpeza, pois ninguém mais do que eu era o culpado. A coletividade armênia do Brasil, que em todos os eventos demonstrara tanta generosidade, certamente não iria retroceder diante de uma pequena iniciativa como esta. O problema é que eu não tinha a coragem de me dirigir diretamente ao povo ou a certas figuras de destaque na coletividade, e esperava que a iniciativa viesse dos outros.

Ficava claro que o sofrimento silencioso não solucionaria meu problema; era necessário partir para meios mais práticos. Foi assim que criei coragem e comuniquei num círculo de amigos que já chegara a hora de publicar este livro.

Logo, tornava-se indispensável encontrar dez compatriotas que, a título de empréstimo, dispusessem individualmente de uma quantia para que o livro fosse lançado brevemente. Depois da publicação, eles assumiriam a venda dele e poderiam reaver a importância emprestada. Caso sobrasse alguma coisa, ótimo; se não, eu estaria satisfeito da mesma forma, por ver ao menos o meu livro publicado. Essa foi minha sugestão, que teve uma repercussão positiva entre os que estavam presentes, dos quais Ardavazt Manissadjian (de Garin) e Iknadios Der Parseghian e Torkom Nikolian (ambos de Van) comprometeram-se a contribuir, cada um, com 5.000 cruzeiros, e ficaram de achar mais oito pessoas para conseguir solucionar o problema da impressão deste livro.

Passados três dias, a comissão, que surgira de forma espontânea, apresentou a mim uma lista em que constavam, além dos três nomes mencionados, as seguintes pessoas: Hagop Kalemkearian, Levon Demirdjian, Levon Apovian, Kevork Maksudian, Antreas Jafferian, Bedros Nazarian, Mihran Boyadjian, Stepan Pilavdjian, Mihran Nahas e Arsen Momdjian. Esses compatriotas prometiam, cordialmente, colaborar na publicação do livro, emprestando cada um a quantia de 5.000 cruzeiros.

Posso afirmar que, sem essa gentileza manifestada por esses treze compatriotas, e o compromisso financeiro que eles assumiram, não teria sido possível publicar o presente trabalho. Por essa razão, considero ser uma obrigação manifestar, aqui, meus profundos agradecimentos a esses dignos compatriotas. Que o todo bondoso Deus lhes recompense devidamente.

Cada um dá o que tem, e como eu não poderia dispor de outra coisa, então dou-lhes minha bênção, uma bênção cheia de sentimentos e de gratidão.

Antreas Jafferian (de Kharpert)

Mihran Byadjian (de Urfá)

Levon Apovian (de Marach)

Mihran Nahas (de Alepo)

Stepan Pilavdjian
(de Marach)

Bedros Nazarian (Brasileiro,
filho de pais de Kharpert)

Kevork Maksudian
(de Antab)

Arsen Momdjian
(de Marach)

— ··•·· —

O Brasil como um enorme assimilador de raças

O Brasil, onde a mais nova coletividade armênia tem se radicado, é um daqueles países cuja natureza é um forte atrativo. Qualquer indivíduo que aqui aporta, como o destino do temporal da sorte, independentemente de sua nacionalidade, fica atado neste solo, tal qual a mosca que fica presa ao cair no mel, principalmente se esse estrangeiro é jovem e solteiro. Essa circunstância é uma realidade tão visível quanto o seguinte dito popular, tão generalizado e objetivo, que diz: "Quem bebe a água do Brasil jamais o abandona".

Salvo raras exceções, é um fato comprovado que o estrangeiro, ao chegar a este país, não mais regressa à sua terra natal, e, mesmo que o faça, o magnetismo do Brasil atrai tanto que o estrangeiro que daqui sai volta novamente. Sem entrar no mérito da questão dos imigrantes estrangeiros, cuja maioria absoluta tem migrado e continua a vir para o Brasil com a firme convicção de querer se estabelecer em definitivo neste país, especificaremos o caso do povo armênio, cujo movimento migratório surgiu em consequência da opressão política, mais do que efetivamente da ganância pura e simples de se enriquecer.

Para concentrar minha pesquisa na chegada dos primeiros armênios no Brasil, destaco que há duas datas presumíveis: uma, mais específica, é o ano de 1879; a outra, mais abrangente, é não mais remota que os anos 1860. A partir dessas datas até os nossos dias, como relatam os documentos mais antigos, consta que apenas cinco armênios, divididos em dois grupos, teriam voltado para sua terra natal. No primeiro, aparecem os nomes dos irmãos Guiragos, Harutiun e Avedis Demirdjian, naturais da cidade de Kharpert; e, no segundo, os senhores Gabriel Tarpinian e Timóteos Der Parseghian, ambos da cidade de Van, que teriam chegado ao Brasil em 1900, retornando para Van em 1912. Saliente-se que estes dois últimos eram casados e tinham filhos antes de empreender a viagem para o Brasil, e é depois de conseguir juntar algum dinheiro que decidiram voltar para Van. Mas, mal haviam chegado à sua cidade natal, eis que sentiram saudades e decidiram voltar para o Brasil. Infelizmente, a guerra de 1914 impediu a sua volta. Gabriel Tarpinian não pôde realizar seu sonho, pois morreu ao tentar fugir de Van para o Cáucaso. Timóteos Der Parseghian pôde, finalmente, voltar ao Brasil, e, ao chegar aqui, se estabeleceu na cidade de Santo Cristo, no estado do Rio Grande do Sul, local onde já vivera anteriormente. Sem constituir uma família, ele morreu em 1922. Quanto aos três irmãos Demirdjian, da cidade de Kharpert, ao saírem do Brasil, eles primeiramente foram para a Bulgária, de onde Harutiun Demirdjian foi para os Estados Unidos. Os outros dois, Guiragos e Avedis, voltaram para Kharpert. Pouco depois, começariam os massacres contra os armênios e, assim como milhares de outros armênios, eles morreram em 1915. De acordo com os registros, esses três irmãos teriam chegado ao Brasil em 1898 e voltaram para Kharpert em 1910.

Apresentei esses dois exemplos por serem os únicos casos próprios aos armênios, e também para mostrar que quem entra neste grande assimilador não mais sai daqui. Esse aspecto tem suas razões lógicas.

Timóteos Der Parseghian

Timóteos Der Parseghian nasceu em Van-Aykesdan, em 1870. Em 1900, junto com seu amigo de infância Gabriel Tarpinian, chegou ao Brasil para ficar com o irmão mais velho de Gabriel, Mahdesi Kevork Tarpinian, que já morava na cidade de Santo Cristo, estado do Rio Grande do Sul. Este último, aconselhado por Hadji Bedros, também de Van, mas que morava em Marselha, juntamente com Khatchadur Kalaidjian, de Kharpert, viajou em 1882 e foi morar primeiramente em Montevidéu. Mais tarde, mudou-se para o Brasil e foi sócio de Kalaidjian. Morreu afogado em 1906, ao tentar atravessar um rio a cavalo. Gabriel Tarpinian e Timóteos Der Parseghian permaneceram em Santo Cristo até 1912, quando decidiram voltar para Van. O filho de Timóteos, Iknadios Der Parseghian, que hoje vive em São Paulo, conta que, em 1913, seu pai e Gabriel Tarpinian decidiram voltar ao Brasil com as famílias, mas suas esposas e parentes lhes desestimularam. Gabriel Tarpinian morreu durante a recuada de Van, em 1915, e Timóteos Der Parseghian, depois de perder sua esposa, decidiu voltar ao Brasil e finalmente chegou à cidade de Santo Cristo, Rio Grande do Sul, em 1918, onde morreu pouco depois, em 1922.

O Brasil é o maior país da América do Sul, com uma extensão de 8.519.189 km². Além de ter todo tipo de clima, este país é dotado de muita fartura. Suas riquezas alcançam dimensões legendárias e, desde seu descobrimento até hoje, o Brasil tem sofrido a invasão de aventureiros europeus, ou melhor, de todos os cantos do mundo. Fácil para viver e com inúmeras possibilidades para enriquecer, imune de preocupações quanto ao uso de roupas pesadas e a ter casas quentes para se proteger do rigor do frio, além de, em caso de necessidade, haver a possibilidade de se alimentar com carnes de caça, pescaria, infinitas frutas e sementes, bem como colher grãos de ouro, diamantes e esmeraldas do solo, o país tem criado motivos deslumbrantes para a invasão de aventureiros. Apesar de a nação brasileira ter sido constituída principalmente pela mistura de índios nativos, portugueses e escravos africanos, não estaríamos pecando perante a história se disséssemos que as verdadeiras raízes da formação da nação brasileira também estão embutidas nos diversos grupos de aventureiros, e também nas extensas ondas migratórias de portugueses, espanhóis, italianos e alemães que, mais tarde, trouxeram sua contribuição civilizatória. Por essa razão, o Brasil, hoje, não fica atrás das nações assim chamadas civilizadas, e encontra-se no limiar de um futuro brilhante e esperançoso.

Não há no mundo uma nação que não tenha misturado o seu sangue com este grande povo brasileiro. Até mesmo os persas, que não têm o hábito de distanciar-se muito além dos países circunvizinhos ou fronteiriços, têm seus representantes no Brasil. Em 1924, quando cheguei a São Paulo, casualmente conheci dois jovens persas da seita xiita, ambos casados com moças brasileiras, e que tinham batizado seus filhos na Igreja Cristã, transformando-se, assim, em verdadeiros brasileiros. Quanto aos seus filhos, eles nem sequer sabiam ao certo a origem ou ascendência de seus pais.

Em 1940, tive a oportunidade de conhecer um indiano, natural da cidade de Seq, no estado de Penjab. Apesar de ser um nacionalista radical, esse indiano me confidenciou, com certa mágoa no coração: "Como indiano, posso me considerar morto para o meu país, pois me casei com uma brasileira. Todos os meus filhos são batizados na Igreja Cristã e são brasileiros. Não posso mais viajar para a Índia, onde, certamente, nem os meus compatriotas iriam me considerar mais como um deles. O único préstimo que poderia ter para a minha pátria seria enviar uma modesta quantia para o nosso partido nacionalista, mas, devido à guerra, nem isso posso fazer agora. Os que chegam a este país podem se considerar mortos para seus países de origem. E, apesar de ser muito doloroso, isso não deixa de ser uma realidade, a qual devemos aceitar".

Podemos generalizar a confissão do indiano nacionalista para outros. O Brasil é um forte assimilador, onde os filhos de todas as raças se diluem e desaparecem indistintamente.

Visto que em pouco tempo surgiu uma nova coletividade armênia no Brasil, tomei a iniciativa de escrever a história desses armênios, sem nenhuma intenção de considerá-la uma obra completa. Este trabalho dá uma ideia dessa coletividade, e a futura geração saberá, através desta obra, quem foram os fundadores da coletividade, de onde e em que condições eles vieram e aqui se estabeleceram, o que faziam e o que fazem hoje e, finalmente, por que desapareceram.

Que os leitores não me acusem de radicalismo quando condeno ao desaparecimento essa coletividade ainda recém-formada. Minha opinião não está fundamentada no pessimismo, mas tão somente no realismo.

Moro no Brasil há aproximadamente 23 anos, e vejo o aleijamento de uma grande parte da geração contemporânea. E, diante desse panorama, indago: como será a situação de seus filhos? Mesmo sendo doloroso e triste para nós, essa circunstância não deixa de ser uma realidade.

Um dos fatos mais lamentáveis a serem observados é que, quanto mais rapidamente essa coletividade prosperar, mais cedo ela desaparecerá, porque, a julgar do presente, vejo que alguns dos armênios que já alcançaram posições econômicas invejáveis encontram-se afastados e não querem mais se envolver com as atividades da comunidade. Eles chegam, inclusive, a considerar uma desonra seus filhos serem chamados de armênios. É possível que algumas pessoas sintam-se ofendidas ao lerem estas linhas ou ao ouvir falar disso, mas não quero refletir sobre o assunto agora, uma vez que isso faz parte da realidade.

O destino desta recém-estruturada coletividade, que, com tantos esforços ofegantes, tenta alcançar uma vida cômoda, é o gradual e inconsciente afastamento de seus valores e nobres sentimentos nacionais. Na ausência de um milagre inesperado, o que acontecerá será a sua indubitável dissolução e paulatino desaparecimento. Quem sabe, um dia, este livro poderá ser considerado um modesto monumento, exposto sobre o túmulo da então próspera, porém extinta, coletividade armênia.

Padre Yeznig Vartanian, com o nome batismal de Yeghiché, nasceu em 1891 na aldeia de Ardjech, localidade de Katchperuniats, em Van, onde seu pai fora visitar o seu irmão, o padre Hovhannes, que, naquela época, desempenhava a função de lugar-tenente do primaz da região. Passados três meses, voltou para Van e viveu em sua casa, no bairro de Haygavank (Khaghkavank, no dialeto armênio de Van). Yeghiché é o filho de Vartan Vartanian, da região de Mogats, aldeia de Dzardants. Vartan era sapateiro (*solgar*, no dialeto armênio de Van), e foi um dos mensageiros que estabeleceram contato com o partido Armenagan, na Pérsia, e, ao mesmo tempo, um dos amigos de Drbé, notável pelos armênios de Van. Durante as lutas armeno-turcas, em 1896, Vartan foi um dos muitos guerreiros que defenderam as posições armênias, nas adjacências da residência dos Marutian. Quando a posição defendida por esses guerreiros caiu, destruída pela artilharia dos canhões turcos, só restou aos defensores dessa trincheira abandonar suas posições e fugir em retirada até a aldeia de Lezk. Mas Vartan e um outro guerreiro de nome Nersó (de Gardj) permaneceram numa das casas armênias, para onde eles já haviam mandado suas famílias. Essa casa ficava ao lado da residência do intendente de Van. Os turcos os perseguiram e cercaram não só a casa onde os dois guerreiros se encontravam, mas também

Padre Yeznig Vartanian

as demais casas ao redor da residência do intendente de Van, onde estavam refugiados mais de trezentos armênios. Eles pensavam que, pelo fato de estarem perto da residência do intendente da cidade, poderiam salvar-se de um provável massacre. Pensamento ingênuo, pois os turcos, por intermédio do filho do intendente, exigiram dos armênios cercados uma grande quantia em dinheiro como resgate e, mesmo depois de tê-la recebido, ainda sob o comando do filho do intendente de Van, decidiram invadir o local, quebrando violentamente as portas da casa e adentrando o recinto, matando todos os homens com golpes de baioneta e machadadas, mas não tocando nas mulheres e crianças. Vartan estava entre os que foram assassinados.

Em 1900, o órfão Yeghiché foi levado para o orfanato de Surp Asdvadzadzin, em Garm'ravor. Pouco depois, esse orfanato se fundiu com o Seminário Khrimian, de Varak, para onde Yeghiché foi transferido. Ao completar seus estudos, em 1908, ele exerceu a profissão de professor na escola católica armênia, localizada na rua Khatch. Em 1910, casou com Armenuhi, filha de Tovmás Burnutian, que morava na rua Chan Tagh, em Van-Aykesdan. Em 1915, Yeghiché foi um dos líderes dos grupos que comandaram a batalha épica de Van, com a incumbência de defender a posição da região de Dnderchor. Em 1917, durante o período semi-independente de Van, ele foi um dos nove membros da autoridade suprema da região e, em 1918, juntou-se aos que se retiravam à região de Vasburagan. Participou praticamente de todas as lutas que foram travadas nessa histórica retirada, como líder de equipe durante as lutas e como juiz nos tribunais provisórios (em Van e Salmasd). Nos anos de 1918-1920, foi professor na escola armênia de Bagdá e, em 1920, assumiu a direção do orfanato recém-estabelecido, acolhendo 1.500 órfãos de ambos os sexos que estavam sendo transferidos de Bacuba para Basra. Esse orfanato foi transferido para Jerusalém, em 1922, onde recebeu o nome de "Orfanato Araradian". Yeghiché acompanhou todo esse trajeto de mudança.

A gráfica do jornal *Azk*, de Boston, nos Estados Unidos, publicou, em 1920, o primeiro livro de Yeghiché Vartanian, *A retirada dos milhares de Vasburagan*. Em 1923, a editora dos mekhitaristas, em Veneza, Itália, publicou sua segunda obra, *De deserto a deserto*. Em 1948, foi lançado o seu terceiro livro, *A coletividade armênia do Brasil*. Ele deixou também uma outra obra, ainda não publicada, *As mágoas da vida*, trabalho esse que acumula aproximadamente quatrocentas páginas e que é uma coletânea de histórias verídicas.

No mês de setembro de 1924, Yeghiché partiu de Jerusalém para o Brasil, aqui chegando no dia 25 de outubro. Nos primeiros anos, ele atuou no comércio, até que, em 1943, a coletividade armênia de São Paulo o elegeu como seu pastor. No dia 5 de março de 1944, Yeghiché foi ordenado padre pelas mãos do Legado Catholicossal para os Armênios da América do Sul, Sua Excelência arcebispo Karekin Khatchadurian, adotando, doravante, o nome de Yeznig. O padre Yeznig Vartanian mora na cidade de São Paulo, no estado homônimo, onde vem exercendo sua nova função na carreira eclesiástica.

PRIMEIRO PERÍODO

O Brasil como local de migração dos armênios

Ao examinarmos minuciosamente as histórias das coletividades constituídas por armênios, veremos que seus registros são, na essência, totalmente diferentes dos registros históricos das coletividades estruturadas em diversos países, formadas por pessoas com origens europeias ou outras. Exceto na época inicial da migração dos ingleses para a América, cujo movimento nasceu das perseguições religiosas, todos os demais movimentos migratórios europeus foram motivados por pressões financeiras. Já as ondas migratórias dos armênios, desde os primórdios da tão bela história lendária do nosso patriarca, Haik, foram todas causadas pelo princípio fundamental da sobrevivência, para poder respirar e viver dignamente como ser humano, em liberdade, ou foram consequência de deportações forçadas e tragédias.

As coletividades extensas e prósperas da Crimeia ou da Polônia, cujos vestígios sequer existem hoje, surgiram depois do estarrecedor terremoto de Ani.

A coletividade armênia da Pérsia surgiu como resultado da trágica decisão do xá Abbas.

As coletividades do Egito e de Bagdá se formaram em consequência dos trágicos acontecimentos que afetaram o reino armênio da Cilícia.

A estruturação das coletividades armênias da Europa e da América do Norte testemunham os fatos gritantes ocorridos nos anos da opressão otomana.

E, finalmente, a formação das coletividades armênias da Argentina, do Uruguai e do Brasil é consequência do grande genocídio de 1915.

O povo armênio sempre viveu satisfeito ao redor de suas montanhas e com a produção do seu país, sempre amou a sua terra e nunca quis trocar essa satisfação de viver na sua terra natal, livremente, pelas farturas mitológicas que formigam no estrangeiro. Nunca aceitou a riqueza como precondição para sua felicidade, e buscou essa felicidade na sua liberdade, algo que lhe foi rejeitado por séculos. É esse sentimento de liberdade a fonte do seu sofrimento, e ninguém sabe ao certo por quanto tempo ainda terá de lutar para reassumir a plenitude territorial da sua pátria.

O Brasil de hoje, que conta com uma extensão territorial de 8.519.189 km² e 45 milhões de habitantes, revelou-se à assim chamada civilização humana apenas no ano de 1500, numa época em que nós, depois de termos protagonizado as páginas da história universal como uma nação forte, chorávamos nossa glória perdida.

Este país é dotado de abundâncias legendárias pela natureza e fartura desde seu descobrimento, quando começou a tornar-se alvo das atenções das assim chamadas nações civilizadas, a ser local de concentração de aventureiros e oportunistas de todas as raças. O povo armênio, no entanto, jamais se interessou por ele, nem mandou para este país grupos ávidos por ouro, diamantes e esmeraldas, porque, além de não ansiar pelo acúmulo de riquezas, quando era forçado a se afastar do seu lar pátrio, esse povo tentava, na medida do possível, refugiar-se em países próximos para que, na primeira oportunidade, pudesse retornar aos braços da sua pátria adorada, rever a "fumaça do chaminé" do seu lar autêntico e comemorar a sua tão amada "manhã de Navassart".

É essa a razão por que a América do Sul foi escolhida por último como lugar de migração, enquanto nos demais continentes já haviam sido surgido várias coletividades armênias.

A coletividade armênia do Brasil, uma das mais novas entre as demais coletividades desse povo espalhadas pelo mundo, é uma cria autêntica do grande genocídio armênio de 1915. Se este não tivesse ocorrido, é bem provável que o Brasil não constasse na relação das coletividades armênias.

DATA DA FUNDAÇÃO DESTA COLETIVIDADE

Como coletividade propriamente dita, pode-se dizer que a história dos armênios no Brasil inicia em 1923, porque foi nesse ano que os armênios começaram a divulgar o nome do Brasil e a pensar em se estabelecer nestas terras. Portanto, conclui-se que nessa data começou o período de migração em massa dos armênios. Mas, considerando a presença da coletividade armênia aqui, torna-se necessário e interessante saber quem teria sido o primeiro armênio a aportar neste país, e em que ano isso teria ocorrido.

Infelizmente, uma resposta para tais perguntas com precisão matemática encontra-se além de todos os meus esforços, por causa da absoluta inexistência de registros. Mesmo assim, as pesquisas que realizei bem como as informações que pude obter forçam-me a não concordar com o primeiro historiador da coletividade armênia do Brasil, o saudoso Kiud Mekhitarian, que mandou publicar em Paris, no ano de 1938, na "Gráfica Artística" de Kh. Matikian, o livro *A coletividade armênia do Brasil desde o princípio até nossos dias*, onde, na página 9, no capítulo denominado "A velha coletividade", ele escreve:

Garabed Gasparian e Manuk Chahbazian, ambos da região de Kharpert, foram os primeiros armênios a chegar ao Brasil, em 1888. Com o intuito de viajar para a América do Norte, eles saíram da cidade de Kharpert e chegaram a Marselha. Lá, conheceram um armênio de Van, que havia retornado de Montevidéu, capital do Uruguai. Ao descrever as vantagens e as facilidades nesses países, o homem sugeriu aos dois que viajassem para o Brasil.

Não podemos dizer que 1888 foi o ano em que os primeiros armênios chegaram ao Brasil, nem que a cidade e o estado de São Paulo foram os primeiros locais da migração amênia, assim como não foram as pessoas citadas por Kiud Mekhitarian os primeiros armênios a chegar ao Brasil. Na minha opinião, a região do Brasil onde os primeiros armênios aportaram foi o estado chamado Rio Grande do Sul, divisa com o Uruguai. Isso porque os armênios que vinham para a América do Sul iam primeiro para Montevidéu e, de lá, atravessando aldeias e cidades, devido a sua condição de mascates, passavam pela fronteira e entravam no Brasil, quase sem ter noção disso.

Sobre esse fato, graças a um amigo e na sua presença, tive a oportunidade de conhecer e conversar com uma das figuras mais antigas daqui, o Sr. Khatchadur Kalaidjian. Ele me relatou que, junto com três amigos, veio de Montevidéu e foi ao estado do Rio Grande do Sul, trabalhando como mascate. Já no Brasil, os quatro ficaram encantados com a hospitalidade e a generosidade do povo brasileiro.

Estávamos completamente sós, e andávamos dias e dias através dos campos e florestas, sem nenhum perigo. Naqueles tempos, não aconteciam assaltos nem homicídios no Brasil, enquanto no Uruguai o desaparecimento dos comerciantes ambulantes era bastante habitual desde muito tempo, e ninguém mais queria trabalhar como mascate. A coisa chegou a tal ponto que o governo, pressionado pelo consulado da França, emitiu ordens severas para dar fim a esses homicídios imorais. Mas os assassinatos não cessaram, até que, finalmente, duas pessoas foram condenados à forca por terem assaltado e depois matado mascates inocentes.

Portanto, se um armênio de Van que retornara de Montevidéu para Marselha sugeriu a Garabed Gasparian e Manuk Chahbazian que fossem ao Brasil, isso quer dizer, evidentemente, que essa pessoa devia ter algum conhecimento deste país, além do Uruguai, ou ao menos contatado previamente pessoas que conheceram o Brasil; caso contrário, por que ele haveria de aconselhar a esses dois que viajassem para o Brasil?

Mais um fato: o mesmo Khatchadur Kalaidjian me disse que, quando ele mascateava junto com seus amigos, em 1884, no estado do Rio Grande do Sul, eles se fixaram numa pequena cidade chamada São Vicente, de onde saíam para vender suas mercadorias em cidades e aldeias adjacentes.

Um dia, enquanto eles trabalhavam em Santa Cruz, pela primeira vez encontraram um armênio que tinha uma loja, também de sobrenome Kalaidjian, e seu apelido era "professor de Van". Pedi para o meu interlocutor que fizesse um esforço mental, a fim de lembrar o nome desse comerciante, mas ele me respondeu com um sorriso nos lábios:

Nós o chamávamos de "professor", porque ele falava um armênio fluente, além de saber ler e escrever. Ele era da região de Van, razão pela qual começamos a chamá-lo de "professor vanense". Esse professor, além de ter uma loja, era casado com uma brasileira e pai de alguns filhos.

Quando perguntei sobre o paradeiro desse comerciante, Kalaidjian me respondeu: "Depois da minha mudança para São Paulo, não tive mais notícias e nem sei o que aconteceu com ele".

É bem provável que, no caso desse comerciante casado com uma brasileira, depois de sua morte, tanto o seu nome como a sua lembrança tenham desaparecido.

Da história contada por Khatchadur Kalaidjian vê-se, claramente, que foi o estado do Rio Grande do Sul o primeiro local de migração dos armênios no Brasil, e não o estado de São Paulo; e, antes dos armênios de Kharpert, foram outros armênios que chegaram aqui primeiro e, certamente, aconselhado aos armênios de Kharpert que também viessem ao Brasil. Além de não ser improvável, é quase certo que Garabed Gasparian e Manuk Chahbazian chegaram aqui aconselhados por Hadji Bedros, de Van, possivelmente indo primeiro a Montevidéu e, de lá, chegando a São Paulo, haja vista que eles, também por não conseguirem viajar à América do Norte, optaram pela alternativa de vir a este continente. Logo, é bem provável que Hadji Bedros, de Van, tenha aconselhado o mesmo para Garabed Gasparian e Manuk Chahbazian, tal como Kiud Mekhitarian escreveu em seu livro.

Considerando que Khatchadur Kalaidjian teve um encontro com o comerciante "professor vanense" na cidade de Santa Cruz, em 1884, devemos então admitir que aquele professor, antes de estabelecer sua loja, tenha se ocupado como mascate até conseguir abrir o seu próprio estabelecimento comercial. Já o fato de ele ter se casado com uma brasileira e ser pai de alguns filhos nos faz supor que deve ter pensado em formar uma família só depois de conseguir uma vida estável, o que induz a dizer que ele deve ter casado alguns anos depois de abrir a sua loja. Quanto aos seus filhos, isso nos faz pensar, forçosamente, que o "professor vanense" deve ter casado em 1875, sendo pai de algumas crianças já em 1884, de onde se conclui, finalmente, que ele deve ter chegado ao Brasil entre 1865 e 1870.

A ausência de dados numéricos torna inviável definir com precisão a data da chegada dos armênios ao Brasil. No entanto, não restam dúvidas de que isso deve ter acontecido bem antes de 1888.

Na minha opinião, tanto Garabed Gasparian como Manuk Chahbazian podem ser considerados os primeiros armênios que chegaram a São Paulo, mas não os primeiros que vieram ao Brasil. Há ainda um outro fato cuja data, ao menos, é certa, e até o saudoso Kiud Mekhitarian fala sobre isso na página 15 de seu livro, ao escrever sobre a vinda do Dr. Mihran Latif ao Brasil, em 1879.

Considero ser importante transcrever o artigo publicado no grande matutino carioca *Correio da Manhã* na edição do dia 21 de maio de 1929, por ocasião do falecimento do Dr. Mihran Latif. Faço isso não só para tecer elogios a esse renomado armênio, mas porque existe aí uma data registrada por não armênios sobre um armênio que, se não é o primeiro, ao menos é um dos primeiros que chegaram ao Brasil.

Eis o que escreveu o *Correio da Manhã*, um dos maiores diários publicados no Rio de Janeiro, capital do Brasil:

Dr. Mihran Latif

Ontem, 20 de maio, seria um dia de alegria na residência do Dr. Mihran Latif, mas tudo mudou, de um momento para outro, para um dia de grande luto.

O engenheiro armênio Dr. Mihran Latif, que há cinquenta anos realizara grandes serviços para os setores imperiais e republicanos do Brasil, quando se preparava para receber os cumprimentos de seus sinceros amigos, por ocasião do seu aniversário, faleceu subitamente.

A inacreditável notícia de falecimento do Dr. Latif circulou na cidade depois das seis e meia da noite.

Nunca se esperava que uma existência tão brilhante e útil findasse subitamente, justamente no dia em que seus amigos iriam cumprimentá-lo por ocasião do seu aniversário.

O Dr. Mihran Latif, que estava em Petrópolis, veio para o Rio no sábado, dia 18 de maio. Estava feliz, porque estaria acumulando mais um aniversário nos anos tão fecundos de sua vida, circundado por seus filhos e amigos íntimos.

Ontem, ao anoitecer, as portas suntuosas de sua residência foram abertas para receber as visitas de seus amigos.

Por volta das 6 horas, chegaram, primeiramente, o italiano Sr. Ottori Vieida e o general Alexandre Leal. Eles se dirigiram com o Dr. Mihran Latif para a sala de jantar, e começaram a falar sobre vários assuntos.

O Dr. Mihran Latif estava sentado numa poltrona e se preparava para tomar o seu chá habitual. Mal aproximara a xícara de chá dos lábios, de repente começou a passar mal, estendeu a xícara de chá para o Sr. Ottoni e expiou sua alma, sem sequer poder dizer uma única palavra.

O Sr. Ottoni correu ao telefone e pediu socorro imediato do médico da Saúde Pública e do professor Dr. Miguel Cantor. Os dois médicos chegaram rapidamente e confirmaram a triste realidade da súbita morte do Dr. Latif.

Num minuto, o denso luto alastrou-se e espalhou-se por toda a residência do Dr. Latif; seus dois filhos e a filha solteira choravam, abatidos.

A morte do Dr. Mihran Latif faz-nos refletir, por um instante, sobre a sua vida. Ele nasceu em Constantinopla, no dia 20 de maio de 1856, filho de uma nobre família armênia. Recebeu sua educação superior na Bélgica, onde concluiu a faculdade de engenharia de Kant, recebendo o elogio do diretor do curso por seu talento extraordinário.

Sob auspícios do imperador D. Pedro II e dono de um diploma raro, o Dr. Mihran Latif chegou ao Brasil, em 1879.

No Rio de Janeiro, casou com uma bela brasileira da conhecida família Monteiro de Barros. Pouco tempo depois do seu casamento, um de seus parentes próximos, Dadian Paxá, foi nomeado como um dos principais ministros do sultão Abdul-Hamid, e o Dr. Mihran Latif, junto com sua esposa, viajou para Constantinopla e teve a honra de ser recebido pelo sultão otomano. Mas as ideias liberais do Dr. Mihran Latif não eram homogêneas com as ideias bárbaras do Sultão Vermelho, principalmente após o início das primeiras perseguições contra os armênios. Assim, o Dr. Latif abandonou o brilhante campo político que se abrira diante dele, voltou para o Brasil e decidiu passar o resto de sua vida aqui.

O Dr. Mihran Latif tinha, ainda, um outro parente destacado, o reformador do Egito, o Paxá Nubar.

Durante o período imperial no Brasil, o Dr. Mihran Latif esteve engajado em grandes obras, revelando sua competência como um grande engenheiro. Ele foi o engenheiro-chefe da ferrovia Barbacena, de D. Pedro II. Ele também construiu a dirigiu os trabalhos de construção da ferrovia Santa Lúcia, além de várias outras. Pelos valiosos serviços prestados, o imperador lhe outorgou a Medalha da Ordem da Rosa.

Esta estrada que margeia os contornos do mar chama-se Avenida Beira-Mar; foi construída pelo engenheiro armênio Dr. Mihran Latif, e é conhecida como uma das mais belas avenidas do mundo

Quando foi proclamada a República, o Dr. Mihran Latif encontrava-se na Europa, de onde foi chamado pelo general Glicério, que depositava grande confiança na sua capacidade e talento extraordinário.

Posteriormente, o Dr. Mihran Latif foi designado no posto de principal engenheiro na construção da ferrovia de Pernambuco e, antes de terminar essa obra, assumiu a incumbência da construção da ferrovia do Ceará. Ele também construiu as ferrovias do estado de Minas Gerais, de Vitória e de outras regiões.

Quanto aos trabalhos de reurbanização do Rio de Janeiro, durante a gestão do prefeito Passos, as obras realizadas pelo Dr. Mihran Latif foram muito brilhantes. Ele foi o principal engenheiro da construção da avenida mais bela do mundo, a Beira-Mar. Durante a execução dessa obra, o Dr. Mihran Latif teve divergências pessoais com o prefeito.

Enfim, são notáveis os valiosos serviços que ele prestou ao país e ao povo. O Dr. Mihran Latif, armênio de origem e belga de cultura, foi, sem dúvida, um brasileiro de coração.

Também em São Paulo, foram inúmeros os estabelecimentos fundados por ele e seus serviços públicos. Até os últimos dias, junto com seus dois filhos (Dr. Júlio e Pedro Latif), ele permaneceu na dianteira da execução de obras importantes. Um de seus filhos disse, com muita justiça: "A vida toda do 'velho', até o seu último momento, foi um romance, quando então fechou os seus olhos, eternamente".

O mesmo jornal *Correio da Manhã*, na sua edição do dia 26 de outubro de 1943, publicou o seguinte artigo, intitulado "Dados históricos — Mihran Latif":

A construção da avenida Beira-Mar, cujo projeto revela a importância dos estrangeiros que residem no Brasil, foi realizada sob a responsabilidade da empresa homônima, não resultou em despesas de grandes valores do tesouro estatal; houve aqueles que até consideraram ser uma ousadia a previsão orçamentária, concedida ao prefeito Pereira Passos pelo presidente da referida companhia, Dr. Mihran Latif.

Teria um custo alto, além das dificuldades com a experiência prévia, que fora a construção da extensão do fim da avenida Central até o Obelisco. Desta vez, porém, seria incomparavelmente grande este trabalho de melhoramentos, por apresentar o uso necessário de três milhões de m^3 de areia e um milhão de m^3 de cimento. A empresa, baseada em métodos práticos, cujo autor era o Dr. Mihran Latif, prometeu concluir as obras num período de um ano e meio.

A obra teve a inspeção imediata dos engenheiros Cunha Lima e Mário de Oliveira Roxo, assistentes de Mihran Latif. A construção de 5.200 metros da futura avenida foi dividida em diversos setores e partes.

Em abril de 1905, apesar de ainda estar na sua forma rudimentar, a avenida Beira-Mar já estava toda emoldurada. No mês de abril de 1906 concluiu-se a construção da avenida, depois de um trabalho de dezesseis meses, antes do fim do prazo. O povo já podia andar por aquela grande avenida, que em alguns locais tinha até 70 metros de largura, e era ornamentada por belos monumentos, jardins arborizados e outros melhoramentos.

Não foi um brasileiro que criou esta maravilha. Foi o Sr. Mihran Latif, filho de uma família armênia, nascido em Constantinopla no ano de 1856, que recebera sua educação superior na Bélgica, um estudante com habilidades extraordinárias. O diretor da faculdade de engenharia de Kant teceu palavras de elogios no seu certificado, escrito de próprio cunho, dizendo que Mihran Latif fora o melhor estudante daquele curso.

Neste período, alguns jovens brasileiros também estudavam nessa faculdade, como Ramos de Azevedo, que se tornaria, futuramente, um brilhante engenheiro em São Paulo, assim como Machado de Mello, que posteriormente construiria a ferrovia Noroeste, e Joaquim Monteiro de Barros. Este último foi quem se aproximou mais de Mihran Latif, prestando também grandes serviços para o Brasil.

Apresentável, ora romântico, ora executando peças suaves ou tempestuosas ao piano, às vezes atraído por seu próprio resplendor dos trópicos, Quincas Monteiro de Barros foi o oposto do sério e laborioso Mihran Latif.

Os polos opostos se atraem, e os dois tornaram-se amigos; e, como é natural, o mais sério cuidava do outro, que, apesar de inteligente, era um pouco descuidado. Eles jamais se separariam. Depois de formado, Mihran Latif recusou o pedido de uma empresa ferroviária belga para trabalhar nas ferrovias daquele país, pois queria conhecer a pátria do seu amigo inseparável.

Em 1879, Buarque de Macedo se interessou pelo estrangeiro formado pela faculdade de Kant e o apresentou para D. Pedro II, enquanto Quincas Monteiro de Barros o apresentava para sua família. Surpresa do destino, o surgimento de um romance faria com que em pouco tempo Mihran Latif casasse com uma das irmãs de Quincas Monteiro, que se tornaria doravante sua companheira inseparável de vida.

Conforme mencionou o Jornal do Comércio na sua edição de 20 de maio de 1929, ao se estabelecer entre nós, Mihran Latif foi o principal engenheiro da ferrovia Barbacena-Sabará que D. Pedro II mandou construir. Foi também o engenheiro e arrendatário da referida linha ferroviária que une Sabará a Pirapora. Ele foi o engenheiro principal, projetista e arrendatário da ferrovia de Ouro Preto.

Já na era republicana, Mihran Latif foi o engenheiro-chefe da ferrovia Central de Recife-Caruaru, o engenheiro da ferrovia Central de Recife; engenheiro-chefe da companhia de construções públicas de Espírito Santo, engenheiro-chefe e arrendatário da ferrovia que liga os estados do Espírito Santo e de Minas Gerais.

Ele foi o fundador e administrador das companhias de eletricidade das cidades de Ribeirão Preto e Jaú, assim como da "Companhia de energia do Norte Paulista" e "Companhia do Café de São Paulo". Recebeu a medalha imperial da "Ordem da Rosa". Foi o precursor e incentivador do uso da energia elétrica no Brasil. Foi membro e presidente do Clube dos Engenheiros.

Mihran Latif nunca se esqueceu da sua pátria, uma vez que era o filho de uma família nobre. Voltou a Constantinopla, concebeu a ideia da construção da ferrovia Berlim-Bagdá e da famosa ferrovia "8. B.", que mereceria grande atenção por parte do rei Wilhelm II da Alemanha.

Um dos tios de Mihran Latif era o Paxá Dadian, que foi nomeado ministro pelo sultão Abdul Hamid, com a esperança de que, com essa nomeação, ele fosse útil aos seus compatriotas, além de diminuir os sofrimentos daquele sultão Abdul Hamid, chamado de Sultão Vermelho, que subiu ao trono em 1876, mas foi derrubado em 1909.

Mihran Latif era armênio, e não se pode sequer comparar os armênios com os turcos. Eles se diferenciam profundamente pela capacidade e psicologia. Os armênios, como diz Elias Raclus na página 341 do seu livro A Ásia antiga, se diferenciam dos turcos pela sua nobreza espiritual, são mais liberais e zelam pela educação, têm grandes habilidades, tino comercial e de construção; um povo simples e sólido, estes habitantes da velha Armênia. A Armênia é considerada a Suíça da Ásia, e tem ligação com a Bíblia e o histórico monte Ararat. Os armênios foram os primórdios na propagação do cristianismo, e, mesmo antes do imperador romano Constantino, o rei armênio Drtad já havia aderido ao cristianismo.

Pode ser que a situação política da Armênia seja um dos problemas de difícil solução.

Roberto Macedo

Estas linhas, que foram dedicadas à memória de um engenheiro armênio num dos maiores jornais do Brasil, têm um valor especial para nós. O artigo não só fornece uma data precisa da vinda de um dos primeiros armênios ao Brasil, em 1879, como também revela, nessas linhas de gratidão, o talento extraordinário de um de nossos compatriotas e os serviços inestimáveis que ele prestou ao país onde viveu. É motivo de orgulho para nós quando a imprensa local elogia o talento nato de um armênio e suas atividades construtivas, de um armênio que até o último momento de sua vida permaneceu armênio e, como um dos mais antigos membros da coletividade armênia do Brasil, trouxe orgulho para sua raça.

Apesar de seus filhos continuarem a usar o sobrenome do renomado pai, e seguirem pelo caminho traçado pelo pai, devemos saber que eles trabalham na sua terra natal, usufruem o respeito e a simpatia de seus círculos de amizade e do estado, mas não podem ser considerados armênios; e, assim, um grande armênio, que em condições políticas distintas talvez tivesse dedicado seu grande talento à sua nação e à sua mãe-pátria, não só o fez numa outra, como também, com a sua morte, os seus filhos enobreceram a grande nação brasileira, rompendo-se em definitivo do sangue que é nosso, ou que deveria ser nosso. E são inúmeros os casos de perda definitiva da identidade armênia, tanto de renomadas personalidades como de seus descendentes, na história de nossa coletividade.

Se, por motivo de inexistência de datas e dados, aceitarmos que o Dr. Mihran Latif foi o primeiro armênio a chegar ao Brasil, então o ano de 1879 pode ser considerado como o ano da fundação dessa coletividade, e o Rio de Janeiro, capital do Brasil, a primeira cidade onde o primeiro armênio assentou residência.

Neste caso, o estado do Rio Grande do Sul estaria em segundo lugar, enquanto o estado e a cidade de São Paulo ficariam em terceiro. Na minha opinião, antes de Mihran Latif, outros armênios já teriam chegado ao Brasil, e o estado do Rio Grande do Sul teria sido o local por onde os primeiros armênios teriam entrado neste país. Logo, em 1884, o "professor vanense" teria sido um deles.

Além do Sr. Mihran Latif, cuja vinda a este país ocorrera em condições extraordinárias, a chegada dos demais armênios naqueles tempos foi casual, pois todos eles, sem exceção, quando saíam de sua terra natal, sequer conheciam o nome Brasil, nem mesmo tinham qualquer ideia sobre a América do Sul. Depois que chegavam a Marselha, e encontrando dificuldades para prosseguir sua viagem rumo à América do Norte, ficavam desnorteados e ouviam casualmente os nomes Montevidéu e Brasil, provavelmente ditos pelos funcionários das empresas de navegação marítima ou pelos armênios que moravam ali e conheciam essas regiões. Assim, ao invés de permanecer em Marselha, que não lhes atraía, preferiam viajar para Montevidéu, Argentina ou Brasil, entregando-se ao destino cego. E, como em geral essas pessoas tinham entre 20 e 25 anos de idade, naturalmente não tinham medo de aventuras, e talvez fosse exatamente esse o motivo pelo qual tivessem decidido sair de sua terra natal. Como prova do que digo, passemos a palavra para Khatchadur Kalaidjian, cuja história, em parte, se assemelha às trajetórias de Garabed Gasparian e Manuk Chahbazian, conforme Kiud Mekhitarian escreveu em seu livro. Eis o que conta Kalaidjian:

Ao partir da cidade de Kharpert, em 1882, cheguei a Constantinopla, onde fui me juntar a um grupo de aproximadamente noventa jovens que, como eu, tinham vontade de viajar para a América. Naqueles tempos, a pedido do Patriarcado Armênio, o governo otomano havia proibido a saída dos armênios do país. Eu não pretendia mais voltar para Kharpert, nem permanecer em Constantinopla. Muitos da nossa aldeia já estavam na América, e as histórias que circulavam sobre o dinheiro que eles mandavam ou traziam consigo não saíam da minha mente. Eu, então, decidi viajar para a América, erguer o meu futuro. Assim, consegui viajar, escondido, até a Grécia, depois passei à Itália e, finalmente, cheguei a Marselha. Ouvira falar que, para viajar à América, o interessado deveria ir primeiro a Marselha. E foi o que fiz. Quero abrir um parêntesis para dizer que os noventa jovens que estavam em Constantinopla eram oriundos de diversas aldeias e cidades do país, e todos tinham o mesmo desejo: viajar para América, isto é, a América do Norte, pois ninguém tinha qualquer ideia sobre a América do Sul.

O Patriarcado Armênio, visando interesses nacionais, considerava ser nocivo aquele fluxo migratório para a América e, visto que com meios próprios não conseguiria tomar medidas cabíveis, pedira a intervenção do governo. Logo, como já se disse, de certa forma conseguiu deter ou limitar essa onda, porque, como se conclui da narrativa de Kalaidjian, até mesmo com o impedimento oficial do governo, uma parcela desses jovens conseguiu sair do país.

Na cidade de Marselha, continua Khatchadur Kalaidjian,

[...] havia muita dificuldade para viajar à América. Eu já estava desanimado, e não sabia mais o que fazer. Um dia, quando estava num bar, conheci casualmente um armênio, cujo nome era Hadji Bedros. Ele era da cidade de Van, e havia retornado de Montevidéu para comprar mercadorias para sua loja, no Uruguai. Ele me convenceu de que seria melhor ir a Montevidéu do que à América do Norte. Como eu não tinha mais qualquer esperança de prosseguir viagem para a América, fui convencido e, passados dois dias, vi um grupo de armênios no mesmo bar. Fizemos um trato e decidimos viajar para Montevidéu. Nosso grupo era constituído por Hadji Kevork, de Van, Hadji Vartan, de Van, Hadji Hovhannés, de Van, Kesbo, de Much, Krikor, de Khodtchur, Garabed, de Bursa, Diran, de Bursa, e ainda alguns outros, cujos nomes não me lembro mais. Todos nós começamos a fazer os preparativos da viagem e, por conselho de Hadji Bedros, investimos todo o nosso dinheiro na compra de linhas de costura, agulhas, dedais, anéis, brincos de orelha, pequenas medalhas de santos e ornamentos baratos que, segundo ele, eram boas mercadorias para vender em Montevidéu e podiam ser comercializados a bons preços. Quando já estávamos em Montevidéu, ficamos convictos de que Hadji Bedros não mentira para nós,

apenas lamentamos por não termos mais dinheiro para poder trazer mais mercadorias, em quantidades maiores.

Trabalhei como mascate por um ano em Montevidéu. Todos os comerciantes ambulantes compravam a maior parte de seus produtos do depósito de Hadji Bedros. Dois de seus amigos administravam o depósito, e ele, Hadji Bedros, ficava em Marselha, e de lá mandava as mercadorias para sua loja.

Passado um ano, ao ver que existem muitos mascates armênios e outros estrangeiros em Montevidéu, e como ocorriam muitas adversidades contra estes, eu e mais três amigos de Van, Hadji Ohannés, Hadji Vartan e Hadji Kevork, decidimos ir ao Brasil, e fomos para o estado do Rio Grande do Sul, que faz divisa com o Uruguai.

Andamos aleatoriamente por uma semana, e ficamos encantados tanto pelo país como pelo povo, que era muito mais hospitaleiro e gentil que o povo de Montevidéu. Viajávamos por dias, atravessamos campos e florestas, sem nenhum perigo. Naqueles tempos, não aconteciam homicídios nem roubos. Às vezes, caminhávamos dias seguidos e mal deparávamos com uma casa e, ao chegar a noite, quando batíamos na porta de alguma casa, os residentes nos hospedavam com alegria, oferecendo alimentação e lugar para pernoitar, e tudo isso gratuitamente. Quando partíamos, entregávamos para eles um anel, um brinco ou uma medalha de um santo, o que os deixava tão satisfeitos. Certamente, talvez nenhuma recompensa financeira lhes alegrasse tanto. Jamais esquecerei o iogurte fermentado nos chifres grandes dos touros que os caseiros nos ofereciam, esse foi o alimento do que mais gostei, e que era achado abundantemente nos sítios e fazendas.

Naqueles anos, principalmente quando se viajava pelo Rio Grande do Sul, todo mundo tinha o direito de portar arma livremente, sem distinção entre nativo ou estrangeiro, e, por isso, até nós andávamos com armas e facas. Apesar de todos portarem armas, o uso delas era muito raro. Naquela época, se um brasileiro pegasse numa arma, ele não mais a abaixava, e teria de usá-la, porque pegar numa arma e não usá-la era uma ofensa, por isso eles se precaviam de pegar na arma. Mas, quando pegavam, sai de baixo...

Permaneci no estado do Rio Grande do Sul desde o ano de 1886 até 1890, com os três vanenses. A nossa localização era a pequena cidade chamada São Vicente. É lá que nós descansávamos, renovávamos a variedade dos nossos produtos. No primeiro ano, fazíamos nossas viagens a pé, mas, visto que o comércio progredia e era lucrativo, ao fim de um ano compramos oito cavalos. Cada um de nós usava um cavalo; íamos até as aldeias para vender nossos produtos, enquanto os demais cavalos permaneciam descansando. Quando voltávamos, trocávamos os cavalos com os que já haviam descansado.

Um dia, durante nossas viagens, na cidade de Santa Cruz, encontramos, casualmente, um armênio que tinha uma loja, a quem apelidamos de "professor", porque ele nos impressionou por ser um homem educado, e porque dizia ser da cidade de Van. Daí em diante, o chamaríamos de "professor vanense". Até a minha saída do estado do Rio Grande do Sul, ou seja, em 1890, não vimos outros armênios nessa região. O "professor de Van", a quem visitávamos com frequência, era uma pessoa muito inteligente, dono de uma loja, era casado com uma brasileira e pai de quatro filhos, dois dos quais deviam ter entre 10 e 12 anos de idade.

Quando já tinha ganhado o suficiente, mais uma vez despertou em mim o desejo de viajar para América e, apesar da insistência de meus amigos de Van, os quais queriam que eu desistisse dessa ideia e ficasse com eles, decidi separar-me deles. Fui para Porto Alegre, e de lá segui para Santos, até chegar a São Paulo, onde pretendia conseguir um passaporte para viajar à América do Norte. Mas, apesar da minha luta insistente, não pude obter o passaporte, e fui obrigado a permanecer em São Paulo.

Já na cidade de São Paulo, o primeiro armênio que conheci foi o tabaqueiro Garabed Haleblian, que havia alcançado certo sucesso em sua atividade. Mais tarde, conheci o Garabed Gasparian, de Kharpert, e Manuk Chahbazian, os quais haviam chegado a São Paulo oriundos de Montevidéu, também tendo atravessado o estado do Rio Grande do Sul. Depois, conheci ainda Hagop Demirdjian, Lázaro Nazarian, Hovhannés Demirdjian, Ohan Katchkian, Mardiros Gasparian, Markar Gasparian, Sarkis Korukian, Avedis Demirdjian, Israel Israelian, Manuk Korukian, todos da cidade de Kharpert, e que também vieram a esta cidade provenientes de Montevidéu, via Rio Grande do Sul. Todos eles saíram de sua terra natal com o objetivo de viajar para América do Norte e, tal qual eu, ao não conseguir empenhar sua viagem para o destino traçado, foram primeiro para Montevidéu, e de lá vieram para o Brasil, aconselhados pelo Hadji Bedros, em Marselha.

As observações feitas por Khatchadur Kalaidjian sobre Hadji Bedros, que morava em Marselha, também foram confirmadas por seu contemporâneo Ohan Katchikian, que ainda vive, como veremos adiante.

Khatchadur Kalaidjian nasceu em 1862, na aldeia de Hyusseinik, região de Kharpert. Em 1882, partiu para Constantinopla com o intuito de viajar para a América do Norte. Diante do impedimento governamental, passou escondido para a Grécia, e de lá foi até a Itália, de onde chegou a Marselha. Mais uma vez, não sendo possível ir para a América do Norte, a conselho de Hadji Bedros, de Van, viajou para Montevidéu. Em 1884, chegou ao Brasil, vivendo na cidade de São Vicente, no estado de Rio Grande do Sul. Em 1899, chegou a São Paulo, onde, em 1897, com seus sócios Ghazar Nazarian e Bagdassar Gasparian, inaugurou a primeira loja chamada Casa Armênia. Em 1898, Khatchadur casou com Vitória, uma italiana, e dessa união nasceram dez filhos (4 meninas e 6 meninos), dos quais uma filha e dois filhos morreram, e os demais sete estão vivos. Todos os filhos de Khatchadur casaram com estrangeiros, e se miscigenaram. Khatchadur, aos seus 84 anos de idade, ainda mantinha a lucidez e tinha uma memória forte. Acreditava no destino e levava a vida suavemente. Havia 15 anos que parara de trabalhar, vivendo com a ajuda de seus filhos. Sua esposa, que ainda vive, trabalha como costureira, junto com uma das filhas solteiras, para manter o sustento da casa, demonstrando assim as virtudes de uma mulher dinâmica.

Khatchadur Kalaidjian morreu em fevereiro de 1945.

Khatchadur Kalaidjian

Hadji Bedros, que se encontrava em Marselha, foi o grande incentivador da vinda de seus contemporâneos de Kharpert para estas regiões da América do Sul, aconselhando-os a se ocupar do comércio, e não como meros empregados em fábricas. Evidentemente, além de ser a sua única intenção poder ser-lhes útil, ele também visava, com isso, ampliar o seu próprio comércio, como se vê pelos relatos dos primeiros armênios, assim como pela história contada por Ohan Katchikian, contemporâneo de Kalaidjian, que detalhou, por sua vez, este aspecto:

Os armênios que embarcavam com destino a Montevidéu, conta Ohan Katchikian, não tinham dinheiro, pois, se tivessem, certamente não sairiam do seu país de origem. Todos saíam de suas terras pátrias com o objetivo de CONSTRUIR O FUTURO. Todos os armênios que foram para Montevidéu chegavam à loja dos vanenses munidos de uma carta de recomendação. Ali, eles recebiam orientações e mercadorias para vender. Com a venda de seus produtos, voltavam e compravam mais mercadorias. Mas, quando conseguiam juntar uma quantia razoável, que lhes possibilitasse fazer negócios, compravam suas mercadorias onde achavam ser mais adequado. Qualquer um dos kharpertsi que queira omitir essa verdade, certamente estará cometendo um pecado, e, como em nosso caso, que também estivemos em Montevidéu e ganhamos o nosso primeiro dinheiro, tudo isso foi possível graças à indicação de Hadji Bedros, de Van, e de seus companheiros, e também graças ao crédito que eles nos deram no início. É natural que eles também tenham lucrado nos produtos que vendiam para nós, mas devemos confessar que nós aproveitamos mais que eles. Tanto é que, até hoje, não tenho encontrado pessoas como Hadji Bedros ou seus companheiros, que tenham sido tão úteis para com seus compatriotas no estrangeiro.

Como pode-se ver pela história contada, Hadji Bedros, de Van, à parte seus sentimentos patrióticos, não era uma pessoa tola, mas um comerciante esperto e competente, e uma vez que, ainda em 1882, ou talvez pouco antes, ele sugerira aos armênios que ele encontrara em Marselha que viajassem para a América do Sul, e como já era dono de uma loja atacadista, isso nos induz a supor, com certa probabilidade, que Hadji Bedros tenha estado na América do Sul entre os anos de 1860 e 1870.

Quanto ao como ou ao porquê, ou quando Hadji Bedros e seus companheiros teriam chegado a Montevidéu, não é possível confirmar isso com certa precisão; por outro lado, não se pode negar ter sido a cidade de Montevidéu o primeiro local por onde os imigrantes armênios chegariam ao Brasil. Sobre esses fatos, quase não pairam mais dúvidas.

Ohan Katchikian conta que, ao chegar a Montevidéu, em 1886, levando junto uma carta de recomendação de Hadji Bedros, os companheiros deste moravam num grande albergue no bairro chamado Patagônia, onde se localizava também o depósito atacadista deles. "Aquela rua era o local de moradia dos estrangeiros, principalmente de árabes, e era mais conhecida como o bairro dos pobres. Além dos companheiros de Hadji Bedros, ali só encontrei um jovem armênio da região de Erzerum, que, graças ao crédito que os companheiros de Hadji Bedros haviam lhe fornecido, trabalhava como mascate. Não encontrei outros armênios."

Através dessa história, pode-se dizer que os armênios que chegaram a Montevideu antes de Ohan Katchikian podem ter seguido para a Argentina ou vindo ao Brasil.

Os armênios que aqui chegaram, apesar de terem todos entrado no país pelo estado do Rio Grande do Sul, e mesmo passando vários anos naquele estado, não se conheciam, e o motivo disso é que cada um tomou um rumo diferente. Khatchadur Kalaidjian e seus três companheiros de Van chegaram ao Brasil pela região norte do estado e se dirigiram para as cidades de São Vicente e Santa Cruz, enquanto Ohan Katchikian e seus companheiros entraram no mesmo estado pela cidade litorânea chamada Rio Grande, onde se estabeleceram. Assim como esses dois grupos, é provável que outros que os antecederam ou que chegaram posteriormente, apesar de estarem no mesmo estado, não tenham estabelecido laços entre si. Só depois de chegar a São Paulo é que eles se encontrariam e se conheceriam. Esse aspecto não é estranho se levarmos em consideração que o Rio Grande do Sul, este estado limítrofe com o Uruguai, tem uma extensão territorial de 236.553 km² e, naquela época, não existiam as ferrovias que operam hoje:

1. SANTA MARIA — Foi nesta cidade que um aviador brasileiro declarou, em 1923, ser filho de armênio.

2. SANTA CRUZ — Foi nesta cidade que Khatchadur Kalaidjian encontrou o comerciante "professor vanetsi", em 1886, que deve ter sido um dos primeiros armênios a chegar ao Brasil, possivelmente entre os anos 1860 e 1870.

3. SÃO VICENTE — Foi onde Khatchadur Kalaidjian e seus três companheiros, Hadji Kevork, Hadji Vartan e Hadji Ohannés, moraram.

4. SANTO ÂNGELO — Nas cercanias desta cidade, localiza-se a aldeia de Santo Cristo, e os armênios que ali moravam iam comprar mercadorias em Santo Ângelo.

5. SANTO CRISTO — Hadji Kevork morava nesta cidade, e o vanense Timóteos Der Parseghian também foi sepultado ali.

6. JAGUARI — Foram sepultados nesta cidade dois irmãos vanenses, Hovhannes e Avedis Nercessian, que eram fazendeiros. Depois da morte deles, uma vez que não possuíam herdeiros, o governo tomou todos os seus bens.

Estado do Rio Grande do Sul e as rotas por onde os armênios chegaram ao Brasil

7. CRUZ ALTA — Consta que, em 1890, Mardirós Nechoyan, da aldeia de Khas, região de Much, e Simão Portugalian possuíam uma loja nesta cidade.

8. RIO GRANDE — Os integrantes do terceiro grupo, vindos de Montevidéu para o Brasil, fixaram residência nesta cidade e, mais tarde, partiram para São Paulo. Timóteos Der Parseghian chegou a esta cidade em 1890, mas seguiu direto para Santo Cristo, onde se encontrava o vanense Hadji Kevork Tarpinian.

De todas as histórias dos primeiros armênios no Brasil, pode-se observar que a passagem deles de Montevidéu para o Brasil foi absolutamente casual, assim como o comércio ambulante foi a única atividade de todos eles. É absolutamente acima de qualquer suspeita o fato de eles terem conhecimento prévio desse trabalho. Eles eram mascates, mas não tinham capital, razão pela qual tiveram de começar do nada, mas, aos poucos, conseguiram lograr sucesso e também induziram a essa atividade os armênios que vinham das aldeias ou cidades. Daí o motivo pelo qual todos os armênios, sem exceção, que vieram ao Brasil provenientes de Montevidéu trabalharam como mascates, na primeira fase, e mais tarde se tornaram proprietários de lojas.

A passagem de Montevidéu para o Brasil foi da seguinte forma: os mascates armênios foram percebendo, aos poucos, que a praça de Montevidéu estava muita explorada. Ademais, eles também estavam exaustos da conduta impiedosa e até criminosa do povo local. Assim, chegaram à conclusão de que, quanto mais longe eles fossem, maiores, talvez, seriam as oportunidades de ganhar dinheiro. Logo, é bem provável que tenham atravessado a fronteira para o Brasil casualmente, mas, deslumbrados pelo êxito de trabalho e pela segurança aqui encontrada, não só decidiram nunca mais voltar para Montevidéu como também incentivaram seus compatriotas a vir para o Brasil, colocando assim a pedra fundamental da coletividade armênia no país. Portanto, somos obrigados a admitir que o estado do Rio Grande do Sul, limítrofe com o Uruguai, foi o lugar onde os primeiros armênios se estabeleceram, provavelmente durante os anos de 1860 e 1870.

Ohan Katchikian nasceu na aldeia de Hatselo, na região de Kharpert, no dia 16 de dezembro de 1868, filho do ferreiro Bagdasar Katchikian. Em 1885, aos 17 anos de idade, Ohan casou com sua compatriota Srta. Oghaper, e um ano depois, em 1886, viajou para Marselha com a intenção de ir à América do Norte, mas, não o conseguindo, e a conselho de Hadji Bedros, partiu para Montevidéu, onde começou a trabalhar como mascate. Em 1887, chegou ao estado do Rio Grande do Sul, continuando a mesma atividade. Chegou a São Paulo em 1889, e prosseguiu com a mesma atividade. Em 1894, já GARANTIDO O SEU FUTURO, juntou-se a um grupo de kharpertsi para voltar à sua terra natal. Ao chegar a Marselha, o grupo ouviu rumores sobre os primeiros massacres realizados contra os armênios. Mandaram cartas e receberam a resposta: "Voltem de onde vieram! Não é hora de vir para cá!". Diante desse alarme, o grupo decidiu voltar para o Brasil e retomar suas atividades. Em 1897, os kharpertsi, junto com Markar Gasparian e os irmãos Avedis e Hagop Demirdjian, abriram, em sociedade, a primeira loja armênia em São Paulo, situada na rua Brás. A loja chamava-se CASA ARMÊNIA. Em 1899, Ohan Katchikian mandou chamar sua esposa. Ele tem dois filhos gêmeos, Manuk e Bagdassar, que casaram com estrangeiras e perderam completamente os vínculos com sua origem. Ohan, este ancião de 78 anos, possui uma saúde surpreendente, mal dando a impressão de uma pessoa com 50 anos de idade. Apesar de ter perdido seus dias de glória financeira, o seu caráter conformista tem lhe assegurado uma vida tolerável. É uma pessoa séria e de poucas palavras, sorri mas não ri. Depois de perder a companheira de vida, vive sozinho. Ohan zela muito pela aparência, suas roupas são sempre limpas, é uma pessoa apresentável, mas, sob o seu brilhoso visual exterior, esconde-se um coração triste.

Ohan Katchikian

Em 1895, a migração de armênios para o Brasil era muito escassa em número, esporádica e casual. Pode-se afirmar, sem hesitar, que o nome Brasil, que já não era difundido entre os armênios, ficou completamente esquecido, e um dos motivos disso foi o desaparecimento de Hadji Bedros, de Van. Supõe-se que Hadji Bedros tenha falecido ou saído da cidade de Marselha naqueles anos, pois os armênios que aqui chegaram em 1895, ou depois dessa data, não mais falavam sobre ele, e até desconheciam sua existência. Portanto, com seu desaparecimento, a onda migratória dos armênios para a América do Sul foi interrompida.

Mesmo as cartas dos armênios que já se encontravam no Brasil, enviadas para seus familiares, parentes e amigos, não surtiam o efeito de provocar uma corrente migratória para este país, e um dos motivos principais disso deve ter sido o clima. Enquanto as cartas enviadas da América do Norte indicavam a semelhança das condições climáticas com as da terra natal dos armênios, e ainda destacavam a abundância de frutas como a pêra, a maçã e a cereja, do outro lado, as cartas enviadas do Brasil descreviam o clima excessivamente quente e a saudade das frutas mencionadas, que não existiam no Brasil, e, se chegavam do exterior, custavam muito caro, tornando-se praticamente de aquisição inacessível por meros mortais. Supõe-se, portanto, que tenha sido esse o motivo provável para que os armênios que pretendiam migrar priorizassem a América do Norte, e os que chegavam à América do Sul eram aqueles que não conseguiam viajar para lá.

Seguramente, o ano de 1895 marca a data da migração dos armênios da Síria (principalmente de Alepo) para o Brasil. Bem antes dessa data, conta-se que os sírios já teriam adquirido o hábito de migrar para a América do Sul. Portanto, Buenos Aires, Montevidéu e Brasil não eram nomes estranhos para eles. Os armênios de Alepo, que naquela época falavam só o idioma árabe, talvez tenham ouvido de seus vizinhos sírios os nomes dessas localidades, e sabiam do dinheiro que era enviado desses países para a Síria. É natural, pois, que os armênios da Síria tenham seguido o exemplo dos seus vizinhos sírios.

Em 1895, chegou à cidade de São Paulo, no estado homônimo, um dos armênios de fala árabe, o jovem Rizkallah Jorge Tahanian, cujo nome em armênio era Asdvadzadur Kevork Tcheraghatsbanian. Originário de Sassun, ele, futuramente, tornar-se-ia o armênio mais rico do Brasil, o hoje notável empreendedor e benfeitor Rizkallah Jorge Tahanian.

Até 1905, a migração dos armênios que falavam a língua árabe foi muito escassa, mas, depois dessa data, os armênios de Alepo começaram a chegar ao Brasil em número cada vez maior e se estabeleceram na cidade de São Paulo.

A maioria dos armênios que vinha de Alepo não mantinha laços estreitos entre si, nem havia a probabilidade de criar uma vida nacional interna. Eles até desconheciam a existência de seus compatriotas em São Paulo, e se relacionavam mais com os sírios, com quem mantinham laços de parentesco por meio de casamentos mistos, e assim prosseguem até hoje.

Manuk Chahbazian nasceu em 1860, no bairro Sinamud da cidade de Kharpert, filho de Hagop Chahbazian. Em 1880, deixou sua cidade natal para viajar à América do Norte, mas não logrou êxito. Em 1881, já em Marselha, o vanense Hadji Bedros lhe aconselhou a viajar para Montevidéu, de onde ele passaria para o Rio Grande do Sul e, mais tarde, para a cidade de São Paulo, onde trabalharia como mascate. Posteriormente, tornou-se proprietário de uma loja.

Manuk Chahbazian foi, junto com Garabed Gasparian, o primeiro armênio a se estabelecer em São Paulo; portanto, foi um fundador da vasta coletividade armênia local. Foi um dos mais brilhantes comerciantes de sua época, assim como o primeiro armênio do Brasil a possuir bens imóveis. Em 1905, viajou para o Egito a fim de realizar uma cirurgia de apendicite, e lá morreu em consequência da operação. Chahbazian era solteiro.

Manuk Chahbazian

TENTATIVA DE VOLTA E OS PRIMEIROS ESTABELECIMENTOS COMERCIAIS

Em 1894, alguns armênios de Kharpert, que estavam morando na cidade de São Paulo, todos jovens, haviam conseguido economizar dinheiro suficiente e decidiram voltar para sua pátria natal, sendo que, se a situação no seu país ficasse insuportável, eles casariam e regressariam ao Brasil, trazendo junto suas esposas. Mal haviam chegado ao porto de Marselha, ouviram os primeiros sussurros sobre os massacres cometidos contra seus compatriotas. Decidiram, então, não prosseguir viagem e mandaram cartas para seus familiares, pedindo maiores notícias e esclarecimentos sobre a situação. Pouco depois chegaram as respostas, em geral em tom de alerta: "Não lhes aconselhamos a voltar, é melhor que vocês fiquem onde estão até que as coisas melhorem por aqui".

Assim, a primeira tentativa de volta dos armênios do Brasil para sua terra natal não logrou o resultado esperado, e eles tiveram de retornar ao Brasil e prosseguiram na mesma profissão, o comércio.

Tempos depois, os jornais começaram a noticiar os massacres de armênios em 1895-1896. Para os jovens armênios que estavam no Brasil, o sonho de volta para sua terra natal ficaria ainda mais distante, razão pela qual eles decidiram consolidar os alicerces de sua permanência aqui. Assim, em 1897, eles se dividiram em dois grupos e abriram as duas primeiras casas comerciais em São Paulo, ambas com o nome de Casa Armênia.

Uma das lojas localizava-se na região de nome Brás, e tinha como proprietários Markar Gasparian, Manuk Chahbazian, Ohan Katchikian e os irmãos Avedis e Hagop Demirdjian. A outra loja foi aberta na rua Mauá, e seus proprietários eram Bagdasar Gasparian, Khatchadur Kalaidjian e Ghazar Nazarian. Na ocasião, Khatchadur Kalaidjian escreveu o seguinte:

Naqueles anos, nós nos relacionávamos tal como irmãos, e não existia entre nós nem conta nem contrato, nem sequer se falava em nome de quem deveria ser a loja. A nossa loja chamava-se "Casa Armênia"; nós éramos armênios e queríamos que os nativos nos conhecessem como armênios, o resto eram problemas secundários para nós. Éramos todos como irmãos, trabalhávamos em conjunto, dormíamos num quarto e comíamos no mesmo restaurante. Tínhamos as mesmas preocupações e sentíamos a mesma dor, a da saudade da pátria; tínhamos um só objetivo, o de voltar para a pátria.

Esta nossa vida fraternal perdurou por vários anos. Mas, um dia, três armênios originários de Kharpert chegaram da América do Norte. Eles se chamavam Sarkis, Asdur e Mahdesi Hovsapet, todos solteiros. Assim que estes homens chegaram aqui, tal qual demônios, entraram no meio de nós e começaram a nos atrapalhar e confundir, até que, finalmente, puderam destruir a nossa união e fraternidade. Como consequência, pouco depois, fomos nos separando, e cada um começou a pensar em si. É verdade que a gente se encontrava, mas aquele amor fraternal e a confiança de outrora nunca mais voltariam. Quanto àqueles três infelizes, eles morreram um depois do outro, sem deixar nenhum rastro.

Como se pode deduzir dessa narrativa, as duas primeiras casas comerciais em São Paulo foram inauguradas em 1897 por armênios oriundos de Kharpert, e ambas tinham o nome de "Casa Armênia". Depois que os amigos se separaram, Markar Gasparian ficou com a loja da rua Brás e manteve seu nome, que assim continua até hoje (mas não no mesmo logradouro), enquanto o nome da loja aberta na rua Mauá foi mudado.

Sem ter a possibilidade de trazer uma moça da sua terra natal para o Brasil, Markar Gasparian casou com uma italiana chamada Josefina, e teve sete filhos (quatro meninos e três meninas). Foi com uma das filhas de Gasparian que um jovem recém-chegado, Vahram Keutenedjian, casaria em 1919. Este, por sua vez, era uma pessoa de grande talento e dedicação ao trabalho; a sua prudência, acrescida de sua atuação e sorte brilhantes, destacaram-no em uma lista de pessoas dotadas de grande capacidade, tornando-o uma pessoa respeitável e financeiramente sólida. Vahram Keutenedjian é, hoje, o segundo milionário dentro da coletividade armênia do Brasil. Dizemos que ele é o segundo apenas para respeitarmos a hierarquia histórica, pois não conhecemos ao certo o verdadeiro tamanho da capacidade financeira dos dois milionários armênios, e também porque não cabe a nós sabê-lo.

Markar Gasparian nasceu em Kharpert, por volta do ano de 1868. Saiu de sua cidade natal com destino à América do Norte, mas não logrou êxito. Quando já estava em Marselha, conheceu o vanense Hadji Bedros e, a conselho deste, viajou para Montevidéu, de onde veio para o Brasil e se estabeleceu na cidade de São Paulo.

Markar Gasparian

Em 1894, ele era um dos jovens armênios que pretendiam voltar à terra natal. Gasparian foi um dos fundadores da Casa Armênia, a primeira casa comercial, em 1897. Ao se separar dos sócios, ficou com a loja, mas manteve o mesmo nome, que permanece até hoje, apesar de a loja ter mudado de endereço e hoje se localizar na rua 25 de Março. Seus quatro filhos, Gaspar, Marcos, Sarkis e Levi, possuem uma fábrica de tecelagem e estão a caminho de se tornarem milionários, enquanto o genro, Vahram Keutenedjian, já é um milionário. Markar Gasparian faleceu em 1917. Ele era casado com uma italiana chamada Josefina.

A modesta casa comercial chamada Casa Armênia, que fora inaugurada em 1897 na avenida Brás, tornar-se-ia a precursora não só da grande loja de tecidos Casa Armênia, como também das fábricas de tecelagem e têxtil Lanifício Vahram S/A e das fábricas de tecelagem dos irmãos Gasparian, as quais, se não forem as maiores, são ao menos comparáveis às melhores fábricas do ramo em todo o Brasil, e tudo isso graças ao espírito empreendedor e ousadia de Vahram Keutenedjian, o fundador deste brilhante ramo industrial. Hoje, as fábricas de Vahram Keutenedjian e dos irmãos Gasparian estão em ritmo de acelerado progresso e, salvo algum impedimento lamentável, prometem transformar-se em pouco tempo nas maiores e melhores fábricas em sua área de atuação, não só no Brasil, mas em toda a América do Sul.

Mardiros Gasparian

Mardiros Gasparian nasceu em Kharpert, no dia 8 de setembro de 1874. Ele é o irmão de Markar Gasparian. Chegou ao Brasil em 1898, estabeleceu-se na cidade de São Paulo, ocupando-se do comércio. Devido à falta de moças armênias, tal como seu irmão, ele casou com uma italiana, e teve três filhos: uma menina e dois meninos. Seus dois filhos, Armênio e Artur, são sócios e possuem uma loja de atacado que é uma das mais destacadas no seu gênero. Mardiros Gasparian faleceu no dia 27 de abril de 1940.

Apesar de ser inviável determinar ao certo o número de armênios que foram para outros estados ou cidades e desapareceram, torna-se evidente que eles foram em grande número, e isso ocorreu principalmente durante os anos de 1870 a 1890. Para comprovar isso, lembremos dos seguintes casos:

Em 1923, na cidade de Santa Maria, estado do Rio Grande do Sul, que é tido como o centro da força militar do estado, um aviador de aproximadamente 30 anos de idade declarou ser filho de um armênio, lamentando profundamente por não saber o nome do seu pai, nem a localização de origem na Armênia, e dizia:

"Fui informado de que meu pai era armênio, casou aqui no Brasil, e eu sou seu único filho. Meus pais morreram quando eu tinha apenas 2 anos de idade, e um vizinho italiano, que era açougueiro e não tinha filhos, me adotou. Aos meus 12 anos, meus pais adotivos também morreram, e foi só depois da morte deles que fiquei sabendo que eu não era o filho destes, mas de um armênio. Fiz muitas tentativas, procurei saber o nome do meu pai, mas ninguém pôde dar qualquer informação; as pessoas apenas diziam que eu não era o filho daquele açougueiro italiano, mas de um armênio."

Em 1923, os armênios de São Paulo souberam que dois irmãos com origem na cidade de Van, Hovhannes e Avedis Nercessian, teriam falecido na pequena cidade de Jaguari-Cório, no estado do Rio Grande do Sul, deixando uma riqueza considerável, e o governo, depois de realizar uma longa procura, mas sem encontrar um herdeiro para nenhum dos dois, apropriou-se de seus bens.

Em 1890, o professor Mardiros Nechoyan e Simão Portugalian, dois armênios com origem na aldeia de Khas, nas proximidades da cidade de Much, abriram uma loja em sociedade, na cidade de Cruz Alta, no Rio Grande do Sul. Segundo relatos, o tio paterno do professor Mardiros era um padre, Der Garabed Asdurian (ou Nechoyan). O filho deste, Mekhitar Der Garabed Asdurian (ou Nechoyan), teria vindo ao Brasil em 1912, para morar com seu tio, o professor Mardiros. Mekhitar ainda vive, em uma aldeia chamada Viaduto, no estado do Rio Grande do Sul. Em 1944, um jovem chamado Torkom Nikolian, nativo da aldeia de Badagants, região de Van, que possuía uma loja em Santa Maria, Rio Grande do Sul, a caminho de São Paulo, conheceu casualmente o Mekhitar. Torkom Nikolian, sabendo que eu estava preparando um livro sobre a história dos armênios no Brasil, a fim de fazer um préstimo, perdeu um dia de sua viagem e veio à casa de Mekhitar Asdurian, trazendo consigo os dados biográficos e a fotografia deste. Apresento, a seguir, a biografia de Mekhitar Asdurian e a fotografia de sua família.

Mekhitar Der Garabed Asdurian (Nechoyan) nasceu em 1895, na aldeia de Khas, região de Much, filho do padre Der Garabed Asdurian. Chegou ao Brasil em 1912, para morar com seu tio, o professor Mardiros Asdurian (Nechoyan). Em 1919, casou com uma italiana e teve nove filhos (cinco meninos e quatro meninas). O seu filho maior casou e já tem quatro filhos. Em 1914, Mekhitar encontrou pela primeira vez, casualmente, um armênio numa estação de trem, cujo nome era Torkom Nikolian, originário da cidade de Van, e sentiu uma grande satisfação por ter avistado um armênio. Mekhitar Der Garabed Asdurian mora em Viaduto, interior do Rio Grande do Sul, onde exerce as funções de vice-prefeito e vice-delegado. Lê e escreve em armênio, tem uma Bíblia armênia em sua casa, a qual ele mostrou com muito orgulho para Torkom Nikolian, como a única relíquia que o faz lembrar da sua condição de armênio.

Como no caso de Mekhitar Der Garabed Asdurian (Nechoyan), no qual, certamente, depois de sua morte, seus filhos não dirão "somos armênios", também são muitos os armênios no Brasil sobre os quais é impossível — seria até um trabalho inútil — tentar coletar dados, se levarmos em consideração que a miscigenação é um fato, com proporções variadas, em todas as coletividades armênias.

Mekhitar Der Garabed Asdurian (Nechoyan)

Depois de 1890, uma boa parcela dos armênios que se encontrava no Brasil, principalmente aqueles que vieram da cidade de Kharpert, começou aos poucos a se concentrar na cidade de São Paulo. Por alimentarem a possibilidade de um dia voltar à mãe-pátria, eles não se preocupavam com a aquisição de bens imóveis. O primeiro entre os armênios que falavam o idioma armênio e que teve a ideia de possuir bens imóveis foi Manuk Chahbazian, natural de Kharpert, que adquiriu algumas casas. Pouco depois, o seu exemplo seria seguido por Hagop Demirdjian e Manuk Korukian, ambos também naturais de Kharpert. Até 1920, não consta que outros, senão esses três armênios, que praticavam o idioma materno, tivessem a aspiração de adquirir bens imóveis (referimo-nos à cidade de São Paulo). Kevork Tarpinian, natural de Van e que faleceu no ano de 1895, em Santo Cristo, no Rio Grande do Sul, adquirira sua casa própria e uma loja, assim como os irmãos Hovhannes e Avedis Nercessian, naturais de Van, que também faleceram no mesmo estado e eram fazendeiros. Não é inviável, no entanto, que outros armênios que desconhecemos também fossem proprietários de bens imóveis. Esses, no entanto, foram dissolvidos pela miscigenação e desapareceram.

Já do grupo de armênios que usam o idioma árabe como sua língua de comunicação, talvez aquele, em toda a coletividade armênia de São Paulo, que adquiriu pela primeira vez bens imóveis foi Rizkallah Jorge Tahanian, natural de Alepo e com origem na cidade de Sassun, o atual benfeitor que está construindo a Igreja Armênia de São Paulo. Sua riqueza concentra-se, principalmente, nos muitos e valiosos bens imóveis que ele possui nos dias atuais.

Foram, no entanto, os imigrantes armênios que chegaram a partir de 1924 os que mais adquiririam bens imóveis. Logo, são muitos, hoje, os armênios que têm suas residências próprias.

Até 1920, à exceção de Rizkallah Jorge Tahanian, os demais armênios do período não conseguiram alcançar uma capacidade financeira de destaque, uma vez que eram todos simples mascates e só mais tarde conseguiriam ter o seu próprio estabelecimento comercial. Eles não seguiram nenhuma área profissionalizante, tal como engenharia, e sempre se mantiveram como comerciantes honestos e com capacidade restrita. O segundo milionário atual, Vahram Keutenedjian, que chegou ao Brasil em 1912, alcançou o sucesso depois de 1924. O talento e a aptidão comercial e industrial dos armênios viriam à tona depois de 1924, graças à chegada dos novos imigrantes.

Apesar de os primeiros armênios, fundadores da coletividade, não terem apresentado um talento especial nas esferas comercial ou industrial, sendo pequenos porém honestos comerciantes, eles legaram, no entanto, uma geração incomparável, nem mesmo por nenhum armênio que aqui chegou depois de 1923. É certo que os armênios recém-chegados apresentavam talentos comparativamente mais destacados, e uma boa parcela destes conseguiu alcançar sucesso rápido, mas, em se tratando de empresários e comerciantes, são ainda os filhos da velha coletividade os que se posicionam nas primeiras fileiras, e que constituem o orgulho da coletividade armênia nessas áreas de atuação.

Como já mencionado anteriormente, a coletividade é composta por dois segmentos: aqueles que usam o idioma armênio e os que falam a língua árabe. Sob o aspecto do êxito financeiro, estes últimos se destacam mais, porque em sua maioria são exímios profissionais, dos quais podemos destacar o Sr. Rizkallah Jorge Tahanian, que, apenas alguns anos após a sua chegada ao Brasil, conseguiu alcançar grande sucesso, inspirando respeito ao seu redor. Em 1924, do grupo de armênios que falavam o árabe, Rizkallah Jorge Tahanian e Elia Naccach estavam na dianteira, sem concorrentes financeiros, enquanto, do grupo de armênios que usavam o idioma armênio, o mais destacado era Vahram Keutenedjan.

Em 1947, Elia Naccach encontrava-se afastado do trabalho, e o esplendor de sua estrela financeira estava eclipsada, enquanto Rizkallah Jorge Tahanian passara o peso do seu trabalho de longos anos para seus filhos Jorge, Nagib e

Salim. Ele só se ocupava realizando obras filantrópicas, que eram seu único pensamento e conforto. Apesar de seus três filhos continuarem o trabalho da fábrica de metalurgia e a grande loja comercial de metais, fundadas pelo seu pai e consideradas das maiores nesses ramos de atividade, eles se ocupavam mais com a aquisição de bens imóveis. A fábrica e a loja mais pareciam uma árvore de nogueira, que produzia nozes de boa qualidade com abundância, sem exigir maior esforço que apenas colher as nozes no seu devido tempo. Apesar de existirem outros destacados armênios do grupo da língua árabe, nenhum deles poderia ser comparado, mesmo de longe, com Rizkallah Jorge Tahanian. Ninguém competiria com ele, tanto pelo poderio financeiro quanto pelo respeito que adquirira como um grande benfeitor. Ele foi deveras o orgulho da coletividade armênia.

Dos primeiros armênios da coletividade, Vahram Keutenedjian é considerado o segundo milionário na coletividade armênia do Brasil, em 1947. Vahram é o genro de um dos mais antigos fundadores da coletividade, Markar Gasparian. Dotado de um talento comercial extraordinário, Vahram une ainda a esse talento natural sua visão do futuro, amor ao trabalho, espírito empreendedor e uma ousadia surpreendente. Ele se assemelha a um caçador que não desperdiça nenhum tiro, pois seus olhos enxergam, com uma clareza estontante, o pássaro que voa encoberto pelas mais densas nuvens. Depois do falecimento do seu sogro, em 1917, quando seus cunhados ainda eram meninos inexperientes, ele assumiu a primeira loja dos armênios do Brasil, a Casa Armênia, fundada por seu sogro, transformando-a até 1924 numa das casas comerciais mais prósperas da praça. Sua mão mágica transformou, em vinte anos, essa modesta casa comercial em uma das mais poderosas lojas do mercado.

Esse estabelecimento, no entanto, mesmo com todo o êxito alcançado, não satisfazia sua aspiração, e, em 1924, Vahram fundou uma fábrica de tecelagem, mesmo não possuindo o mínimo conhecimento nessa área industrial. Já em 1947, Vahram Keutenedjian não só era o proprietário de uma enorme fábrica de tecelagem (têxtil), cuja produção era exportada para todos os países da América do Sul e países do longínquo continente africano, como também era o proprietário de um lanifício considerado um dos maiores e melhores no seu gênero. Os sucessos obtidos, no entanto, não o satisfaziam, e em 1946 ele inaugurou um outro ramo comercial, a Vahram Motor Cia. S/A, tornando-se, destarte, o único representante da montadora norte-americana de veículos Nash em todo o Brasil. Com essa grande diversificação comercial, Vahram Keutenedjian assegurou uma fonte inesgotável de renda. Hoje, Vahram Keutenedjian é uma figura de destaque no comércio internacional, e seu nome é bem conhecido e mencionado desde a América do Norte até a longínqua

África. Por tudo isso, a coletividade armênia tem o direito de se orgulhar pelo brilhante sucesso deste seu filho.

Foi sob a tutela das mãos habilidosas deste compatriota de talento nato que os quatro filhos de Markar Gasparian, Gaspar, Marcos, Sarkis e Levi, receberam seus conhecimentos comerciais, assimilando o seu estilo de operacionalidade e tornando-se, por sua vez, jovens comerciantes perspicazes, empreendedores audaciosos com iniciativas ousadas, estabelecendo suas próprias fábricas de tecelagem, mas, ao mesmo tempo, mantendo a Casa Armênia aberta em 1897 e transformando-a na maior e mais destacada e dinâmica loja da cidade.

Os irmãos Gasparian ocupavam um lugar de destaque como donos de fábricas de tecelagem nesta cidade, o maior centro industrial do Brasil, e ficaram conhecidos como grandes exportadores no mercado internacional. Além de se espalharem por todos os países da América do Sul, os tecidos produzidos pelos Gasparian alcançaram até os países da África. Só para ter uma ideia de sua posição no comércio internacional, devemos lembrar que um dos maiores diários da cidade de São Paulo, a *Folha da Noite*, publicara, em sua edição do dia 3 de setembro de 1947, a fotografia de Marcos Gasparian e sua entrevista a um repórter do diário sobre a importância de exportação dos tecidos do Brasil, dando ênfase às palavras de Marcos Gasparian, considerado uma autoridade na exportação desse produto.

Além dos irmãos Gasparian, entre os filhos dos mais remotos armênios radicados no Brasil e que já se destacam hoje como grandes figuras no comércio, com grande êxito principalmente no comércio local, pode-se citar o filho do saudoso Hovhannés Demirdjian, Levon, que é proprietário de bens imóveis e dono de um grande empreendimento comercial. Há, ainda, os dois filhos de Ghazar Aghá Nazarian, Bedros e Kirakós, que se encontram em invejosa posição financeira, enquanto o saudoso pai, Ghazar Aghá, pessoa bem conhecida na coletividade, não passava de um humilde comerciante. Os dois filhos de Mardiros Gasparian, Armênio e Artur, possuem uma grande loja de tecelagem e são bem situados financeiramente, enquanto o pai deles não passava de um humilde comerciante.

Pode ser que as futuras gerações dos imigrantes armênios recém-chegados possam superar os êxitos alcançados pelos armênios mais antigos, porém isso é algo que pertence ao futuro, que não se pode prever. Nós tentamos trazer esses exemplos apenas para dar uma ideia sobre a coletividade armênia.

Marcos Gasparian

Marcos Gasparian nasceu na cidade de São Paulo, no estado homônimo, no dia 13 de abril de 1905. É filho de Markar Gasparian, natural da cidade de Kharpert, uma das figuras mais antigas da coletividade armênia de São Paulo, e que foi o fundador da primeira casa comercial dos armênios, a Casa Armênia. Marcos recebeu sua instrução primária na escola Freitas e, mais tarde, concluiu o ensino ginasial numa escola pública. Em 1917, perdeu seu pai, de morte natural, e em 1920, ainda um tenro jovem, lançou-se na vida comercial, trabalhando na Casa Armênia, cuja administração estava a cargo do seu cunhado, Vahram Keutenedjian, e sob cuja orientação Marcos adquiriu vasta experiência, demonstrando, por sua vez, grande talento comercial. Em 1926, Marcos centralizava sua atenção e pensamento na fábrica de tecelagem recém-instalada, e pouco depois se separava do seu cunhado para estabelecer, com seu irmão mais velho, Gaspar, uma fábrica de tecelagem separada, mas mantendo simultaneamente a Casa Armênia, que hoje ocupa um lugar de destaque e é uma das maiores lojas do gênero em São Paulo. A aptidão e o espírito empreendedor desses irmãos têm-lhes assegurado uma situação financeira invejável e a preservação de um nome honroso. Eles são bem conhecidos como empresários e exportadores de tecidos, e a opinião deles no comércio exterior tem um peso importante.

Marcos é uma pessoa simples e, logo num primeiro encontro, seu caráter agradável inspira simpatia em seu interlocutor. No dia 1º de janeiro de 1930, ele casou com uma brasileira, Adélia, e dessa união surgiu um casal. Apesar de ser católico, ele não nega seu auxílio mensal para a Igreja Armênia. Tem participado em todas as arrecadações realizadas pela coletividade armênia, trazendo sempre sua generosa contribuição. Como filho de armênios e pela posição alcançada nas esferas industrial e comercial, Marcos Gasparian é um dos orgulhos da coletividade armênia. Lamentavelmente, depois de uma geração, apenas o seu sobrenome fará lembrar a sua origem armênia — isso se até mesmo esse sobrenome não vier a ser distorcido.

SEGUNDO PERÍODO

O sangue armênio começa a se movimentar

Varridos pela tempestade da sorte, os armênios que aportaram neste canto longínquo do planeta enfrentaram, na fase inicial, inimagináveis dificuldades para prover o seu sustento, principalmente por causa do desconhecimento da língua e o rigor climático (o calor).

Preocupados e pensando como conseguir economizar uma quantia modesta para voltar à pátria de origem tão logo quanto possível, os armênios que falavam a língua pátria ou o idioma árabe, mesmo após terem passado vários anos na mesma cidade, não sabiam da existência de seus compatriotas, mas, quando ficavam sabendo, tentavam se unir e até mesmo pernoitar juntos no mesmo quarto, almoçar no mesmo restaurante. Assim, de modo consciente ou inconsciente, os armênios se dividiram em dois grupos distintos: os que falavam a língua armênia e os que se comunicavam em árabe, sem que uns soubessem da existência dos outros, e sem se ater a esses detalhes.

A situação dos armênios que moravam em São Paulo persistiu assim até a grande tragédia de 1915. As estarrecedoras notícias dos massacres não tardariam a chegar aos ouvidos dos armênios de São Paulo, deixando-os perplexos e desesperados, principalmente aqueles que haviam deixado suas famílias, esposas e filhos na "terrinha". Destes, podemos registrar o caso de Hagop Keotcheian, natural de Van, que, como ele próprio contara, depois dos massacres, tentou obter notícias de sua esposa e filhos que lá deixara e, quando não mais conseguiu receber qualquer informação sobre eles, desesperado, abandonou tudo, deixou de trabalhar por anos seguidos, sem mais nada a fazer, induzido pela indagação desmotivada de "por quem mais eu preciso trabalhar?"; começou então a gastar impiedosamente todas as economias que juntara com o trabalho de longos anos, quantia essa que ele reunira com o belo sonho de poder, um dia, retornar ao seu lar pátrio.

Hagop Keutcheian nasceu na cidade de Van, em 1871, onde recebeu sua educação primária na escola comunitária da igreja chamada Diramayr (Mãe de Deus), e depois começou a trabalhar no comércio, ajudando seu pai, que tinha uma loja de tecelagem e de costura. Depois da morte do pai, Hagop continuou o trabalho com seu irmão, mas sem lograr êxito — os dois perderam tudo que seu pai havia conseguido conquistar. Desanimado, decidiu viajar para a América a fim de ganhar dinheiro e reerguer-se à sua posição anterior. Não conseguindo viajar para o seu destino, veio ao Brasil no ano de 1910, estabeleceu-se na cidade de São Paulo e começou a trabalhar como costureiro. Depois da tragédia de 1915, quando recebeu a notícia da extinção de toda a sua família, ficou sem trabalhar por dois anos, gastou o dinheiro que economizara, mas depois voltou a trabalhar, desta vez só para garantir seu sustento diário. Faleceu em 1942 e foi enterrado em um cemitério de São Paulo, na mesma cidade.

Hagop Keutcheian

O desânimo que atingira os armênios que residiam no Brasil, em detrimento dos trágicos acontecimentos dos massacres perpetrados contra os armênios, transformar-se-ia num entusiasmo jamais visto quando os jornais começaram a publicar comunicados estimulantes quanto à formação de tropas voluntárias armênias e suas atividades. Isso significava que não só os armênios salvaram-se da extinção total, como também podiam até organizar contingências de voluntários. E os armênios que se encontravam no Brasil sentiam a obrigação de se movimentar, comprovar a sua existência e realizar o seu dever naquilo que lhes era possível efetuar.

Assim, no ano de 1915, pela primeira vez, na cidade de São Paulo, os armênios organizaram um corpo chamado Cruz Vermelha Armênia (Haigagan

Garmir Khatch), sob a presidência de Vahé Boghossian, natural de Kharpert, e deram início a uma atividade febril. Festas e arrecadações se sucederam e, finalmente, conseguiram juntar 10.924,75 francos franceses, quantia que, através do tesoureiro da entidade, Vertanés Gebenlian, encaminharam, aos poucos, para o presidente da Delegação Nacional Armênia, Boghos Nubar Paxá, em Paris, sendo que o valor seria destinado ao Fundo de Defesa Nacional. As remessas foram realizadas da seguinte forma:

6 de novembro de 1915	12 libras esterlinas	330,50 francos franceses
30 de novembro de 1915	25 libras esterlinas	690,00 francos franceses
3 de janeiro de 1916	30 libras esterlinas	829,50 francos franceses
18 de fevereiro de 1916	20 libras esterlinas	558,00 francos franceses
31 de março de 1916	16 libras esterlinas	453,75 francos franceses
4 de agosto de 1916	234,2 libras esterlinas	6.139,00 francos franceses
14 de novembro de 1916	20 libras esterlinas	554,00 francos franceses
20 de março de 1917	20 libras esterlinas	470,00 francos franceses
Total	383,2 libras esterlinas	10.024,75 francos franceses

Vertanés Gebenlian nasceu em 1892, na aldeia de Odjakhlu, em Deort Yol, recebeu a educação primária em sua cidade natal e, posteriormente, graças a um acerto feito pelo Catholicossato da cidade de Sis, visto que ele era um dos três alunos mais aplicados na região de Adaná, foi aceito no internato público Idadié, na cidade de Adaná, em 1904. Depois de se formar, em 1908, viajou para Constantinopla com a intenção de prosseguir seus estudos com o patrocínio do Patriarcado. Não logrando êxito, voltou para a aldeia paterna. Durante o período dos massacres de Adaná, em 1909, todos os moradores da aldeia foram se proteger em Deort Yol, enquanto os turcos cercavam e queimavam totalmente suas casas na aldeia. Assim, não lhes restava mais nada a não ser permanecer em Deort Yol. Vertanés começou a trabalhar como costureiro. Pouco tempo depois, mudou-se para a cidade de Iskenderun. Para escapar do serviço militar

Vertanés Gebenlian

otomano, chegou ao Brasil em 1923 e se estabeleceu na cidade de São Paulo, trabalhando, novamente, como costureiro. Em 1914, casou com Vartuhi, filha de Hovhannés Demirdjian, natural de Kharpert, que estava morando no Brasil havia algum tempo. Dessa união, resultariam três filhos e uma filha. Vertanés foi um dos fundadores e o tesoureiro da primeira Cruz Vermelha Armênia, formada no Brasil em 1915, bem como um dos membros incansáveis da Sociedade Beneficente, que seria constituída mais tarde. Atualmente, ele está afastado do seu trabalho e vive sozinho.

A remessa do dinheiro arrecadado em 20 de março de 1917 foi a última atividade realizada pela Cruz Vermelha Armênia.

Os fundadores da entidade, estimulados pelo êxito de suas atividades, começaram a refletir quanto à criação de um movimento nacional mais sério, com uma nova doutrina de atividades, mas, até a concretização desse novo projeto, passariam oito meses, período esse que ficou sem qualquer atividade, pois não foi realizada nenhuma remessa de dinheiro. Das consultas realizadas nesses meses, surgiu a instituição denominada União Beneficente Armênia, liderada por um rico armênio proveniente da Síria, Elia Naccach.

No dia 8 de novembro de 1917, a recém-formada entidade não só já havia preparado o seu estatuto como também o registrara formalmente e publicara sua formação na imprensa oficial, recebendo, portanto, figura jurídica.

Apresentamos, a seguir, o estatuto dessa instituição:

ESTATUTO DA UNIÃO BENEFICENTE ARMÊNIA
Fundada em 8 de novembro de 1917

Artigo 1º) Fica constituída, na cidade de São Paulo, estado de São Paulo, a "União Beneficente Armênia", que tem como objetivo auxiliar os armênios necessitados e apoiar seus membros. Sua sede localiza-se na cidade de São Paulo.

Art. 2º) O número dos membros da União Beneficente Armênia não é limitado, podendo fazer parte dela, além de armênios, indivíduos que pertencem a qualquer outra nacionalidade, se assim desejarem, e se o Conselho Administrativo achar conveniente aprová-los como membros.

Art. 3º) Cada indivíduo que se torna membro da União Beneficente Armênia terá a obrigação de contribuir com uma mensalidade, efetuando o pagamento mensal de 10 — 5 — 3 ou 2 cruzeiros, de acordo com o desejo manifestado no dia de sua adesão. No ato da inscrição, o membro deverá doar uma quantia espontênea à entidade, para receber o título de sua adesão.

Art. 4º) A União Beneficente Armênia é administrada por uma Diretoria, constituída do Presidente, Vice-presidente, Secretário, Vice-secretário, Tesoureiro e cinco membros vocais.

Art. 5º) A Diretoria é eleita pela Assembleia Geral da entidade e terá gestão de um ano.

Art. 6º) A União Beneficente Armênia é representada perante as autoridades através do seu Presidente, assim como nos contatos com personalidades oficiais fora da entidade.

Art. 7º) Todos os membros da União Beneficente Armênia são iguais no que se refere aos seus direitos e obrigações, e são moralmente responsáveis pela manutenção e preservação desta entidade, mas não se responsabilizam, individualmente, pelos compromissos assumidos por ela.

Art. 8º) São atribuições do Presidente: representar a União Beneficente Armênia, conforme determinação do Artigo 6º, convocar e presidir Assembleias Gerais e reuniões ordinárias; assinar, junto com o Secretário e o Tesoureiro, os títulos entregues aos membros; participar de todas as atividades e administrar os trabalhos da Diretoria da entidade. Ao Presidente não compete repassar essas atribuições para qualquer outro membro da Diretoria.

Art. 9º) São atribuições do Vice-presidente: na ausência do Presidente, assumir a função deste, com todos os direitos e obrigações do Presidente.

Art. 10º) São atribuições do Tesoureiro: receber, na íntegra, qualquer valor que deve entrar na caixa da entidade, depositando-o no local onde a Diretoria decidir; deve manter consigo a quantia que a Diretoria decide, apresentando o movimento da tesouraria para a Diretoria, caso for solicitado; efetuar pagamentos, somente sob conhecimento e anuência da Diretoria; manter Livro de Caixa; assinar, junto com o Presidente e o Secretário, os títulos que são entregues aos membros.

Art. 11º) São atribuições do Secretário: manter as atas, efetuar e remeter as correspondências, preparar convites e remetê-los, assinar com o Presidente e o Tesoureiro os títulos que são entregue aos membros.

Art. 12º) São atribuições do Vice-secretário: ajudar o Secretário e substituí-lo na sua ausência.

Art. 13º) A Comissão Executiva (ou a reunião administrativa), que é constituída de cinco membros, além do Presidente e Vice-presidente, Secretário, Vice-secretário e Tesoureiro, tem a obrigação de realizar uma reunião a cada mês, ou reuniões extraordinárias, que são convocadas pelo Presidente. A Comissão Executiva pode demitir membros e admitir novos, distribuir auxílios, tomar decisões e pôr em prática todos os trabalhos inerentes à entidade.

Art. 14º) A reunião administrativa é considerada legal quando estão presentes o Presidente, o Secretário e três membros.

Art. 15º) A Assembleia Geral é realizada no primeiro mês do ano, com periodicidade anual, em data previamente estabelecida, para examinar os relatórios contábil e administrativo da Diretoria, e eleger a nova Diretoria.

Art. 16º) A Assembleia Geral é a autoridade máxima, e suas decisões são adotadas com a maioria simples dos presentes.

Art. 17º) O Presidente pode, de sua parte ou a pedido da reunião administrativa, convocar Assembleias Gerais extraordinárias toda vez que se fizer necessária a sua realização.

Art. 18º) Este estatuto pode ser alterado pela maioria dos membros da entidade.

Art. 19º) A União Beneficente Armênia será considerada dissolvida quando o número de seus membros não exceder dez (10), e quando estes decidirem, com a maioria dos votos, proclamar dissolvida a entidade.

Art. 20º) Em caso de dissolução da entidade, os bens e todos os pertences da União Beneficente Armênia serão distribuídos entre instituições beneficentes, de acordo com a decisão dos membros.

A União Beneficente Armênia tinha um caráter estritamente local, sem qualquer laço com a União Geral Armênia de Beneficência fundada por Boghos Nubar. O estatuto-regulamento fora elaborado pelos armênios de São Paulo, adequado às leis vigentes do país, com uma característica autêntica e local.

A União Beneficente Armênia, que sucedeu a Cruz Vermelha Armênia, foi a melhor organização dos armênios do Brasil, merecedora de elogios e um orgulho para todos armênios dessa região, sem distinção. Uma de suas virtudes foi que ela aproximou os dois segmentos de armênios, os de língua árabe e os que falavam o idioma materno (o armênio). Esses dois grupos, devido à distinção linguística, não haviam tido até então a oportunidade de se relacionar mutuamente. Não havia sectarismo ideológico-partidário; ao contrário, estavam todos persuadidos por sentimentos patriótico-nacionais, como irmãos armênios, e, juntando as mãos, assumiram a missão de trabalhar, demonstrando grande entusiasmo e um grande espírito de cooperação por um ideal coletivo. Tanto que, provavelmente, a coletividade armênia do Brasil não terá tal espírito uma segunda vez. Comparativamente ao número dos membros da coletividade, a ajuda que eles reuniram é algo que não pode ser considerado irrelevante, além de ser, por si, uma prova gritante dos esforços empenhados pelos armênios dessa coletividade na época, com disposição e demonstração de amor em prol da pátria-mãe e a nação armênia. Os apelos e pedidos realizados em diversas ocasiões, como veremos adiante, não só coroaram com glória os trabalhos organizados naquele período, como também trouxeram orgulho a toda a coletividade, indistintamente, que se posicionou ao lado de seus dirigentes e os estimulou, oferecendo todo tipo de apoio e amplas condições para atuar por essa numericamente tão pequena e quase imperceptível coletividade armênia. É verdade, portanto, o ditado popular que diz: "Dez pessoas dispostas a trabalhar valem mais que dez mil pessoas que não se dispõem a atuar".

Por isso, a atividade que se iniciara com grande entusiasmo não tardaria em revelar resultados positivos. A Sociedade Beneficente Armênia de São Paulo, através do seu presidente, Elias Naccach, encaminhou para Boghos Nubar Paxá, em diversas remessas, a importância de 25.275,00 francos franceses, quantia essa destinada às necessidades dos compatriotas armênios vítimas da guerra. Até hoje, são preservados com muito carinho as cartas e os recibos comprobatórios em idioma armênio ou francês, com a assinatura do próprio Boghos Nubar. Hoje não mais como comprovantes, mas como valiosas lembranças, pois todos esses documentos revelam um carinho extraordinário, não só por conterem a assinatura de um grande armênio, Boghos Nubar Paxá, o que por si só já representa um valor enorme, mas porque nos fazem lembrar, aos homens agora de idade madura, a dinâmica e fervorosa atividade que eles realizaram no auge da sua juventude, o que efetivamente preenche seus corações de orgulho.

Através de um telegrama emitido em 9 de abril de 1918, a Sociedade Beneficente Armênia informava a Boghos Nubar Paxá o envio de 200 libras esterlinas, desta vez não para os compatriotas vítimas da guerra, mas aos soldados armênios que lutavam no *front* de batalha em Erzerum.

Boghos Nubar enviou sua resposta em carta datada de 6 de junho de 1918, na qual escrevia:

Por motivo do endereço incompleto, apenas hoje consegui receber as 200 libras esterlinas (5.428,00 francos franceses) que Vossas Senhorias enviaram através do banco London-Brasil, cuja quantia será destinada aos soldados do exército do Cáucaso.

Enviaremos esse valor para o Cáucaso tão logo os meios de transporte sejam normalizados, para que ele sirva à sua finalidade. Encaminho-lhes, em anexo, o respectivo recibo, e apresento-lhes meus efusivos e cordiais agradecimentos, extensivos a todos os nobres contribuintes.

Boghos Nubar

Elia Naccach

Elia Naccach, cujo nome de batismo era Levon Naccachian, nasceu em 1876, em Alepo, na Síria, filho de um renomado ourives daquela cidade, Mardiros Naccachian. Seus antecedentes haviam migrado para Alepo há mais de cem anos, oriundos de Tchemchedzak, trazendo consigo essa valiosa profissão, que sempre fora a atividade profissional da família. Aos 10 anos de idade, Elia Naccach frequentou por um ano a escola armênia local, e mais um ano a escola dos árabes ortodoxos. Mas, como já começava a revelar seu dom pela profissão, não quis mais dedicar-se aos estudos e seguiu a profissão da família ao lado de seu pai. Chegou ao Brasil no dia 1º de janeiro de 1898 e estabeleceu-se na cidade de São Paulo, trabalhando como ourives e obtendo um sucesso inesperado. Em 1900, casou com uma italiana chamada Regina, e tornou-se pai de quinze filhos, dos quais oito faleceram ainda com pouca idade. Hoje, conta com duas filhas e cinco filhos, que seguem a profissão do pai e não se aproximam do círculo armênio. Elia Naccach teve uma atuação louvável na União Beneficente Armênia, fundada em 1917, onde exerceu o cargo de presidente da entidade até o fim. Foi também membro do Conselho Curador da primeira igreja dos armênios do Brasil, em 1923, sendo reeleito sucessivamente, exercendo às vezes o cargo de presidente. A partir de 1928, ele se afastou das atividades comunitárias e, desde 1938, não trabalha mais no comércio.

Naqueles dias, a coletividade armênia de São Paulo não limitava suas atividades apenas ao envio de auxílio financeiro. Tanto quanto as atividades pessoais, ou até um pouco mais, os membros da coletividade estavam preocupados com a mãe-pátria, afogada em sangue, e também com os acontecimentos políticos em geral, e buscaram um meio para poderem ser úteis, da melhor forma possível, à mãe-pátria e à Causa Armênia. As duas iniciativas que vimos são simples provas não só do seu dinamismo, mas também da prontidão em auxiliar com todos os recursos viáveis a causa nacional.

A União Beneficente Armênia era a única instituição da coletividade legalmente reconhecida pelo governo. Aproveitando essa circunstância, no dia 14 de novembro de 1918, já no armistício, foi enviado um telegrama ao presidente da República, em nome da coletividade armênia, assinado pelo presidente da entidade, Elia Naccach, cumprimentando a vitória dos Aliados. Eis o que dizia o telegrama:

"A coletividade armênia, uma partícula de uma raça que sofreu a barbárie opressora, cumprimenta, mui gentilmente, Vossa Excelência, por ocasião da total vitória dos Aliados, que é a vitória da civilização e a ressurreição das raças conhecidas."

Mal esse telegrama foi despachado, circulou a notícia de que o governo do Brasil enviaria uma delegação para Paris para participar da Conferência de Paz.

A coletividade armênia se agitou, reuniões e deliberações se sucederam. Os armênios do Brasil não queriam desperdiçar essa oportunidade, e queriam também ser úteis na defesa da causa nacional armênia. Finalmente, decidiram que o presidente da União Beneficente Armênia, Elia Naccach, e um respeitado representante da coletividade, Ghazar Aghá Nazarian, deveriam ir ao Rio de Janeiro, capital do Brasil, levando consigo um memorando para se apresentar à delegação brasileira que viajaria para Paris.

Os dois delegados da coletividade armênia, ao chegarem à capital, se juntaram ao Dr. Mihran Latif, Dr. Ethien Brasil e Levon Apelian, e se apresentaram ao presidente da delegação brasileira, Dr. Epitácio da Silva Pessoa, que, por sua vez, já fora o presidente do Brasil, para rogar-lhe que os membros da delegação brasileira defendessem a Causa Armênia na Conferência de Paz em Paris.

Nesse encontro, apresentaram ao presidente da delegação brasileira um extenso memorando no qual se apresentava o histórico de toda espécie de horror, perseguições e massacres aos quais o povo armênio foi submetido desde havia muitos séculos.

Eis o texto do memorando:

Excelentíssimo Senhor Senador Dr. Epitácio da Silva Pessoa, respeitáveis membros da Delegação Brasileira na Conferência de Paz.

Os armênios residentes na cidade de São Paulo, por meio da Sociedade Beneficente Armênia, que os representa neste ato, Sociedade esta que foi formada na capital do estado de São Paulo, no dia 9 de novembro de 1917, e foi registrada, formalmente, no tomo do registro oficial, à página 191, sob o número de registro 558, numa assembleia geral e ampla, à qual compareceram os membros da coletividade armênia do Brasil, decidiu comunicar à Vossa Excelência, por meio deste documento, que a coletividade armênia do Brasil externa seus votos de êxito à Delegação Brasileira na Conferência de Paz, que será realizada em Paris, e, ao mesmo tempo, com a Vossa permissão, quer apresentar à Vossa Excelência os seus anseios autênticos ao ver a aproximação deste momento em que os direitos e os princípios de liberdade e a verdade das nações serão respeitados.

Esta esperança se fortalece ainda mais ao ver que os países Aliados ali serão representados por ilustres personalidades, as quais saberão impor as exigências do direito de libertação dos oprimidos.

A Armênia, principalmente, como declarou o chefe do governo inglês, Sir Lloyd George, carece da maior proteção na Conferência de Paz para conseguir a sua almejada independência.

Vejam, Senhores Delegados, o pensamento dos filhos da Armênia, que, apesar de terem sofrido toda espécie de perseguições e massacres, perpetrados pelo governo Otomano, sempre permaneceram ao lado dos Aliados na perseguição dos bárbaros.

Apesar da sua fragilidade, antes de pedir piedade aos que a oprimiam, a Armênia exigiu justiça. Será que o massacre de mais de um milhão de seus filhos não é suficiente para justificar o pedido de recompensa? Recompensa essa que ela espera se concretizar, definitivamente, na Conferência de Paz.

É triste a história do nosso povo. Depois da morte do rei Levon V, o povo armênio aturou, por longos séculos, as brutalidades do Estado Otomano, desde a Conferência de Berlim até a implosão da Grande Guerra. Toda a Europa ouviu a sentença de Enver Paxá e Talaat Bey, representantes da bárbara tirania monárquica, sobre o extermínio da nossa raça.

Quão profundo foi o espanto, as selvagerias executadas, quão enorme foram os massacres, as ameaças e extermínios por causa da fidelidade que os armênios demonstraram para com os Aliados, e assim permaneceram, firmes no seu ideal.

Os Aliados em geral, e em especial a França e a Inglaterra, comprometeram-se perante a nação armênia, e Vossas Excelências bem sabem que cabe agora tais promessas se tornarem, neste momento importante, mandamentos do Evangelho e da justiça.

Os filhos de armênios que residem em São Paulo, que nasceram sob a bandeira brasileira e usufruem da sua proteção, decidiram fazer chegar sua voz à Vossa Excelência, e rogar a Vossa mediação em prol da mãe-pátria de seus pais.

Os Senhores são os baluartes pioneiros da justiça, e podem sentir de perto as reivindicações contra os opressores. Razão pela qual nos dirigimos a Vossas Excelências, e pedimos a Vossa interferência, da melhor forma possível, em prol do país de Haik, deste diamante da Rússia, como designou o Tsar Nicolai II. Esta nação, que possui rica civilização, idioma próprio, religião, e acentuada aptidão literária, cultura, engenharia e toda experiência comercial, apesar de sua fragilidade, não fica a dever na esfera militar, desde os idos tempos do grande imperador Teodoro, até o Garibaldi do Oriente e o generalato do Khan Eufrem; esta nação que na esfera diplomática tem o seu lugar de destaque desde o rei Levon V até Odian, Melkonian e Noradunguian.

O futuro da Armênia depende da Conferência de Paz, que será realizada em Paris, e para os filhos de Haik que residem no Brasil será enorme a gratidão para com este país abençoado porquanto tiverem a oportunidade de ouvir as manifestações dos representantes desta República, paralelamente à simpatia já manifestada em prol da independência da Armênia por parte da França, Inglaterra, Suíça, Itália e, principalmente, dos Estados Unidos.

Depois de cumprirem a missão que lhes fora confiada, e recebendo o valioso apoio dos compatriotas que residiam no Rio de Janeiro, Elia Naccach e Nazar Nazarian voltaram para São Paulo, onde foi convocada uma assembleia geral, e, depois de apresentarem seu relato, decidiram organizar imediatamente uma arrecadação que seria destinada à defesa da causa nacional.

Era belo ver o entusiasmo da coletividade, e o fervor de seus dirigentes, altamente louvável. Todos estavam agitados, cada um trazia sua contribuição espontânea, em prol da causa nacional armênia. Como consequência desse entusiasmo, através de uma carta datada de 1º de janeiro de 1919, foi enviado para Boghos Nubar Paxá a quantia de 400 libras esterlinas, destinada à defesa da causa nacional, comunicando, ao mesmo tempo, sobre a próxima viagem da delegação do Brasil para Paris, e o memorando que foi entregue à delegação brasileira.

Em sua resposta datada de 13 de fevereiro de 1919, Boghos Nubar Paxá respondia:

Recebi a vossa carta do dia 1º de janeiro, e o cheque em anexo, na importância de 400 libras esterlinas, para o fundo em prol da defesa da causa nacional.

Agradeço também vossa informação sobre a vinda da Delegação Brasileira a Paris, e os pedidos que os senhores apresentaram a essa delegação. Na primeira oportunidade, contatarei a delegação.

Boghos Nubar

Através de uma outra carta, datada de 24 de março de 1919, a coletividade armênia encaminhou mais dois cheques, no valor de 1.000 francos franceses cada, com a mesma finalidade. Nessa carta, os remetentes reclamavam veementemente, visto que na Conferência Nacional, realizada em Paris, a coletividade armênia do Brasil fora ignorada, sem que sequer tivesse sido chamado um representante seu.

Esta falha involuntária da União Geral Armênia de Beneficência, ou dos dirigentes responsáveis daquela Conferência, teve o efeito de jogar água sobre o fogo sobre essa pequena porém tão entusiasmada coletividade. Boghos Nubar Paxá, no intuito de sanar a falha, através de uma carta datada de 29 de abril de 1919, escreveu:

Acuso o recebimento, com profundo agradecimento, da vossa carta datada de 24 de março, incluindo dois cheques no valor de 1.000 francos cada, os quais, depois de descontados, passei na conta da vossa instituição no Fundo, com o objetivo de ser utilizado, na primeira oportunidade, para sua finalidade específica, e encaminho, em anexo, o respectivo recibo.

Quanto ao ponto sobre o qual Vossas Senhorias refletem, de não termos convidado um representante da vossa coletividade para participar da Conferência Nacional, isso ocorreu simplesmente por motivo da distância longínqua, pois os fatos políticos que se sucederam nos forçaram a realizar esta Conferência em caráter de urgência, sem perda de tempo, e achamos que vosso representante não chegaria em tempo hábil para participar das reuniões. Mas tomei o cuidado de encaminhar para Vossas Senhorias, sem demora, todos os detalhes dos temas analisados, e fico surpreso por não os terem recebido. Envio-lhes, mais uma vez, junto com este envelope, duas cópias da exigência apresentada em nome da Conferência Nacional para o Congresso de Paz (em francês e inglês), bem como a relação referente às recompensas das perdas (em francês).

Com meus profundos respeitos,

Boghos Nubar — Presidente

Em resposta ao apelo da Delegação Nacional quanto à realização de uma arrecadação nacional para socorrer os armênios exilados, a coletividade armênia de São Paulo, por intermédio do presidente da Sociedade Beneficente, Sr. Elia Naccach, através de uma correspondência datada de 23 de outubro de 1919, encaminhou para Boghos Nubar Paxá um cheque no valor de 10.000 francos franceses e, simultaneamente, indagou sobre a posição que deveria ser adotada, o que concernia ao Comitê Armênio organizado no Rio de Janeiro e ao representante armênio do Brasil, Ethien Brasil.

Em resposta, Boghos Nubar Paxá enviou uma carta datada de 5 de dezembro de 1919, na qual dizia:

Tenho a honra de receber a vossa carta de 23 de outubro, assim como o cheque do Banco Francês e Italiano, no montante de 10.000 francos franceses, referente a vossa participação na arrecadação em prol das necessidades nacionais.

A Delegação Nacional sente-se profundamente grata por vossa resposta tão generosa ao seu apelo, principalmente numa época em que nos chegam informações impressionantes do Cáucaso e da Armênia e ouvem-se clamores de ajuda de todos os lados.

Por meio desta, queremos cumprimentar vossos esforços e os sacrifícios assumidos, e apelamos aos vossos sentimentos patrióticos para redobrar vossos empenhos a fim de que a Delegação tenha plenas condições de enfrentar estes momentos críticos em que vive a nossa nação tão sofrida.

Quanto à questão do representante armênio do Brasil, a Delegação Nacional concorda plenamente com sua presença, assim como daquela organização que tem surgido no Rio de Janeiro, sob a iniciativa do Dr. Ethien Brasil e presidida por Levon Apelian. Esse Comitê, que vem revelando uma atividade louvável, vem mantendo contatos com a Delegação Nacional, que aprova suas atividades. Portanto, em se tratando dos interesses nacionais, torna-se imperativo vossa colaboração com o referido Comitê.

Boghos Nubar

O ano de 1920 não seria uma data frutífera para a coletividade armênia de São Paulo, no que concerne à sua atividade patriótico-nacional. Não ficou claro o motivo que fez que essa pequena coletividade, que demonstrara tanto entusiasmo e sacrifícios financeiros, viesse a esfriar subitamente e ficasse apática. É provável que isso tenha ocorrido em consequência da intenção da Delegação Nacional de transferir o centro de atividades da coletividade armênia de São Paulo para o Rio de Janeiro, ou pelo fato de querer dar prioridade ao recém-instaurado Comitê Armênio e seus dirigentes, na cidade do Rio de Janeiro. Em todo caso, a União Beneficente Armênia de São Paulo ficou numa situação de ruína naquele ano, com a diminuição do entusiasmo interno e a paralisação total de suas atividades.

Meses depois, a situação deplorável dessa entidade e a absoluta inércia na vida comunitária causariam certa "consciência pesada" nos jovens que haviam fundado e foram os baluartes da brilhante atividade da Sociedade Beneficente Armênia. Estes, não admitindo a deplorável situação, reuniram-se e, no dia 5 de setembro de 1920, na presença de 38 compatriotas, realizaram uma assembleia geral num dos salões da Sociedade A.C.M., no prédio de número 12 da rua Floriano Peixoto, para examinar as contas da entidade e tentar, com um novo movimento, salvar a Sociedade Beneficente da ruína total.

Os presentes analisaram e aprovaram a contabilidade da Sociedade. Ao refletir sobre a paralisação da entidade, decidiram eliminar a apatia reinante e dar um novo sopro à União Beneficente Armênia, erguê-la novamente. E, para voltar à vida anterior o quanto antes, a assembleia conclamou novamente Elia Naccach no cargo de presidente, outorgando-lhe plenos poderes para formar uma diretoria constituída de oito pessoas, exceto o tesoureiro e o primeiro e o segundo secretário, somando então uma diretoria com onze elementos.

Imediatamente depois de formar a diretoria, dar-se-ia início às atividades até o ano de 1921, quando seria realizada uma nova assembleia geral para a eleição de uma nova diretoria. A diretoria nomeada foi designada como "Diretoria Provisória Reconstituinte", para legalizar sua existência e atividades.

Elia Naccach, acatando o desejo dos membros da entidade, convocou as seguintes pessoas para uma reunião em sua residência, no dia 11 de setembro de 1920: Ghazar Nazarian, Garabed Israelian, Ohan Katchikian, Hovsep Kahtalian, Zacaria Geukdjian, Vrtanés Gebenlian, Levon Sayil, Hagop Elia Breinr, Jorge Naccach e Arsen Arsenian.

Ao abrir a reunião, Elia Naccach dirigiu suas palavras aos presentes e explicou-lhes que, ao receber da assembleia geral plenos poderes para formar uma diretoria nomeada, decidira convidá-los para colaborarem como membros da Diretoria Provisória Reconstituinte.

Os presentes manifestaram disposição unânime e formaram a mesa da Diretoria Provisória, que ficou assim constituída:
Presidente: Elia Naccach
Vice-presidente: Ghazar Nazarian
Secretário: Apraham Tchalakanian Curi
Vice-secretário: Garabed Israelian
Tesoureiro: Ohan Katchikian
Conselheiros: Hovsep Kahtalian, Zacaria Geukdjian, Vrtanés Gebenlian, Levon Sayil, Hagop Elia Breine, Jorge Naccach e Arsen Arsenian

A Diretoria Provisória Reconstituinte realizou sua segunda sessão no dia 18 de setembro de 1920, na residência de Nazar Nazarian, tendo como Ordem do Dia a reconstituição da União. Foi decidido, por unanimidade, lançar-se a uma campanha de arregimentação de novos membros. Os membros da Diretoria Provisória foram os primeiros a se registrarem no novo livro de registro de membros, cada um mencionando, diante do seu nome, a quantia de sua mensalidade, firmando, assim, o trabalho de reinício das atividades da União.

Com o consentimento e aprovação dos presentes, o presidente da diretoria e representante plenipotenciário da assembleia geral, Elia Naccach, nomeou uma comissão cuja missão seria levar adiante o trabalho de arregimentação de novos membros. Faziam parte dessa comissão Garabed Israelian, Arsen Arsenian, Ghazar Nazarian e Ohan Katchikian, que assumiram seus cargos com grande satisfação, prometendo dar o melhor de si nas funções que lhes foram atribuídas.

No dia 25 de setembro de 1920, a Diretoria Provisória Reconstituinte realizou sua terceira sessão, na residência de Ohan Katchikian. A comissão de arregimentação de novos membros apresentou aos presentes sessenta adesões, merecendo os aplausos e elogios da diretoria.

Estimulado por esse primeiro sucesso, o presidente elegeu uma outra comissão para arregimentar os armênios de fala árabe. Faziam parte dessa comissão Jorge Naccach e Hagop Elias Breine.

No dia 1º de outubro de 1920, a diretoria realizou sua quarta sessão, na residência de Jorge Naccach, onde a comissão apresentou à diretoria a adesão de 35 armênios de fala árabe, merecendo efusivos elogios. Ainda nessa reunião, os presentes decidiram encaminhar uma carta de agradecimento aos compatriotas que moravam na cidade de Campo Grande, os quais haviam enviado valiosas contribuições financeiras, demonstrando, assim, seus sentimentos patrióticos.

Vale lembrar aqui que, entre os anos de 1915 e 1922, além da cidade de São Paulo, um significativo número de armênios se estabelecera em Campo Grande, uma das principais cidades do estado de Mato Grosso, situada a uma distância equivalente a quatro dias de viagem de trem partindo de São Paulo. Os armênios dessa cidade sempre trouxeram sua espontânea ajuda para as atividades de auxílio de cunho patriótico-nacional, respondendo com contribuições abundantes a todos os apelos e chamadas efetuados pela Cruz Vermelha Armênia ou pela União Beneficente Armênia de São Paulo.

Em 1945, ainda existiam armênios em Campo Grande, mas o número deles já escasseava; mesmo assim, todos eles participaram da grande arrecadação que foi realizada para a construção da escola em 1944-1945.

Em 9 de outubro de 1920, na reunião realizada na residência de Ohan Katchikian, um dos membros armênios da União, Bedros Avedis Nahassian, de fala árabe, compareceu e teve uma discussão aguda com o presidente, Elia Naccach. Como resultado desse desentendimento, decidiu-se realizar uma assembleia geral e levar à apreciação e posterior decisão da assembleia a questão em discussão. O secretário ficou incumbido de preparar as cartas de convocação para a assembleia geral, marcada para o dia 31 de outubro.

A discussão entre o presidente Elia Naccach e Bedros Avedis Nahassian surgira por motivo de uma carta que um dos membros da União, Vahé Boghossian, encaminhara para o presidente. O autor da carta protestava contra a última determinação da assembleia geral, alegando que, ao invés de formar a diretoria pela realização de uma eleição, a assembleia tolerara que o presidente indicado por ela nomeasse, pessoalmente, os membros da diretoria; portanto, o autor da carta considerava isso ilegal, bem como não aceitava a nomeação do presidente pela assembleia geral e, consequentemente, a sua diretoria. Logo, esse senhor achava a atividade do presidente e da diretoria inaceitável e sem validade. O presidente, por sua vez, não dera curso a essa carta.

Registramos esse incidente irrevelante pelo seguinte motivo:

Vahé Boghossian, o autor da polêmica carta, havia sido o precursor e presidente permanente da primeira entidade armênia formada em solo brasileiro, a Cruz Vermelha Armênia, e a discussão que ele criou foi um sintoma perigoso de uma discordância oculta, acobertada sob o manto da legalidade, cujo resultado deixaria marcas desastrosas na vida da União.

No dia 31 de outubro de 1920, num dos salões da sociedade A.C.M., sito à rua Floriano Peixoto, nº 12, realizou-se a assembleia geral da União Beneficente Armênia, com a presença de 42 membros, tendo como ordem do dia:

1 - Apresentar uma nova diretoria para a assembleia geral;
2 - Relatório das atividades da diretoria;
3 - Explanações necessárias;
4 - Análise das contas;
5 - Voto de confiança;
6 - Questão da alteração do Estatuto da União.

Depois da leitura da ordem do dia, o presidente Elia Naccach dirigiu a palavra aos presentes e apresentou-lhes os membros da diretoria que ele indicara, comunicando, ao mesmo tempo, que ele tomara essa atitude baseado nos plenos poderes que lhe foram outorgados pela assembleia geral anterior, e pediu que os presentes manifestassem suas opiniões, de forma sincera e sem reservas.

Com a maioria absoluta, todos concordaram com as iniciativas do presidente e a diretoria nomeada por ele.

A pedido do presidente, o secretário fez a leitura das atas das sessões da diretoria, intercalando, durante a leitura das atas, explanações complementares. O secretário destacou o caso da emissão dos passaportes pelo consulado francês para os armênios que precisavam viajar, a pedido do presidente Elia Naccach; acrescentou, ademais, que o item da ordem do dia referente às "explicações necessárias" tratava da discussão ocorrida entre o presidente e um dos membros da União Beneficente, Bedros Avedis Nahassian, que também teria motivado a realização dessa assembleia. A discussão surgira por causa de uma carta enviada por um dos membros da União, Vahé Boghossian, a quem o presidente não respondera. O autor da carta considerava ser ilegal a decisão adotada na última assembleia geral e, consequentemente, inaceitável e sem validade tanto o presidente e a diretoria por ele designada. Mas o presidente não respondera a essa carta, porque:

a) uma vez que o autor da carta não reconhecia o presidente como uma autoridade competente, como poderia ele, presidente, responder ao autor da carta?;

b) de acordo com o estatuto da União, nenhum membro teria o direito de protestar contra as decisões tomadas na assembleia geral se não esteve presente à assembleia.

O secretário apresentou, a seguir, um relatório minucioso, em que se revelava que, depois de sua reconstituição, a entidade havia contabilizado uma receita de 1.118 cruzeiros e 50 centavos, contra apenas 138 cruzeiros em despesas. O presidente pediu que a assembleia examinasse o referido relatório e o aprovasse, caso estivesse correto.

Depois de examinar o relatório apresentado, a assembleia o aprovou com elogios. Tomando novamente a palavra, Elia Naccach disse que ele e os membros da sua diretoria, visando dar um desfecho final às divergências e evitar o prolongamento das discussões desgastantes, com interpretações equivocadas, pediam um voto de confiança, caso contrário, eles renunciariam. Pedia-se, portanto, que a assembleia emitisse sua opinião por meio do voto secreto, escrevendo nos papéis de votação as palavras "sim" ou "não". O "sim" significava que a diretoria da entidade usufruía a confiança da assembleia e deveria prosseguir suas atividades; por "não", entendia-se a renúncia do presidente e da diretoria, com a convocação de uma nova eleição. Todos os presentes eram obrigados a votar. Não seriam aceitas abstinências.

Ao ser aberta a urna, constatou-se que, dos 42 votos, correspondente ao número total dos presentes, 33 votaram "sim" e 9 votaram "não". Portanto, a diretoria conseguira lograr o voto de confiança da maioria.

Lidos os resultados em nome da diretoria, o presidente agradeceu à assembleia e passou para a última ordem do dia, que tratava das mudanças no estatuto da entidade.

Algumas alterações haviam sido anotadas no estatuto da entidade, as quais foram lidas pelo secretário para que os presentes pudessem opinar a respeito e, caso aceitas, aprová-las.

Depois de apresentar várias opiniões a favor ou contra as alterações, a assembleia sugeriu que a Diretoria Provisória Reconstituinte convocasse uma comissão de cinco elementos e, com eles, examinasse novamente os artigos que estariam sujeitos a alteração, além de outros que porventura poderiam ser acrescidos; depois de dar um formato final, todos podiam assinar em nome da assembleia e colocá-lo em prática, sem a necessidade de convocar uma nova assembleia para tratar do tema.

Após obter o voto de confiança, a Diretoria Provisória Reconstituinte prosseguiu suas atividades habituais, e no dia 12 de novembro de 1920, na reunião realizada na residência de Elia Naccach, registrou, com satisfação, o recebimento de uma carta de um compatriota chamado Dikran Balian, da cidade de Campo Grande, que informava à diretoria a adesão de quinze novos membros à União Beneficente.

Nessa reunião, pela primeira vez, a diretoria sentiu a necessidade de ter um local adequado para a realização de suas reuniões e demais atividades. Decidiu-se alugar um quarto, que seria o local das reuniões e, simultaneamente, serviria como a sede da entidade. Mas ficou claro que o aluguel não podia superar o valor de 100 cruzeiros. Caso isso fosse inviável, e se fosse necessário arcar com uma despesa maior, o valor excedente seria dividido entre os membros da diretoria. Para cobertura das despesas, a diretoria decidiu separar 10% da receita da entidade como fundo da União.

A atividade da União Beneficente Armênia de São Paulo não era omitida aos armênios que moravam fora do Brasil. As informações que eram enviadas aos jornais pela União Geral Armênia de Beneficência (UGAB) abrangiam o nome da União Beneficente Armênia de São Paulo e continham os valores de suas doações. Não se exclui a possibilidade de que, consubstanciado nessas informações divulgadas, a Diocese Armênia de Alepo tenha pedido à União Beneficente Armênia de São Paulo, através de uma carta encaminhada em outubro de 1920, o seu apoio para as escolas armênias daquela cidade.

A diretoria, levando em consideração esse apelo, em sua reunião do dia 12 de novembro de 1920, decidiu atender essa solicitação e realizar uma arrecadação, separando os 10% da receita arrecadada para o fundo da instituição e destinando 50% do valor para os compatriotas que sofreram com a guerra da Cilícia e 40% para as escolas armênias de Alepo.

Foram nomeados os membros da comissão de arrecadação. A diretoria se reuniu com eles para delinear o esquema dos trabalhos. Mas não sabemos ao certo se tal arrecadação teve lugar efetivamente e, se foi realizada, quais foram os resultados obtidos. A interrupção das atas da entidade deixa sem definição esse item; por outro lado, vários membros da comissão de arrecadação já faleceram, e os que ainda estão vivos deram respostas evasivas às nossas perguntas, como "Sim...", "Acho que...", "Não me lembro ao certo...", "Mandamos alguma coisa, mas já não me lembro o valor...", o que nos induz a pensar que é mais provável que tal arrecadação não tenha sido realizada.

Depois da ata da reunião do dia 17 de novembro de 1920, não encontramos outras atas da União Beneficente Armênia; por isso, não temos maiores dados sobre suas atividades depois dessa data.

As últimas atas que chegaram às nossas mãos revelam que a entidade teria encaminhado para Boghos Nubar Paxá um cheque no valor de 5.000 francos, e a carta de Nubar Paxá confirmando o recebimento do cheque, que foi lida numa reunião, como revela uma dessas atas. Algumas cartas foram guardadas como lembrança e revelam que, no dia 3 de dezembro de 1920, a União mandara um cheque no valor de 5.000 francos para Boghos Nubar Paxá, destinado aos armênios necessitados. Em resposta, Boghos Nubar Paxá enviara uma carta, datada 6 de janeiro de 1921, na qual dizia:

Recebi a vossa missiva do dia 3 de dezembro, assim como o cheque em anexo, no valor de 5.000 francos, que será destinado aos armênios necessitados, conforme é o vosso desejo.

Quero transmitir-lhes, com grande satisfação, meus agradecimentos por esta vossa doação, que é a maior prova de vossos sentimentos patrióticos, e a comprovação do caráter nacional dos armênios de São Paulo.

Queira aceitar, Senhor Presidente, meus protestos de profundo respeito.

Boghos Nubar

Outra carta, datada 6 de dezembro de 1921, enviada de Paris com a assinatura de Boghos Nubar Paxá, revela que, no dia 5 de novembro daquele ano, mais um cheque no valor de 5.000 francos fora recebido para ser destinado aos armênios necessitados, e por essa doação Boghos Nubar transmitia seus agradecimentos, anexando à carta o recibo equivalente.

Por falta de outras atas e arquivos, não nos foi possível definir até quando a União Beneficente Armênia de São Paulo continuou suas atividades, e por que motivo um trabalho tão belo, que se iniciara com tanto entusiasmo e lograra resultados frutíferos, foi dissolvido ou interrompido.

É bem possível que o cheque remetido no dia 5 de novembro de 1921 tenha sido a última atividade da União Beneficente Armênia do Brasil, e, sendo assim, podemos considerar concluído também o segundo período da história da coletividade armênia do Brasil. Mas, antes de dar um desfecho a esse período, cabe tecer algumas palavras sobre os armênios que moravam naquela época no Rio de Janeiro, que, como se sabe, depois de São Paulo, é considerada a segunda cidade do Brasil, no que concerne à atividade armênia e aos armênios dessa cidade, que demonstraram algum movimento e registraram sua presença.

Emílio Tchalaghanian Curi

Emílio (Armenak) Tchalaghanian Curi nasceu em Beirute, em 1878, filho de Sarkis Tchalaghanian e neto do padre Der Apraham Tchalaghanian, de Urfá. Em 1875, Sarkis Tchalaghanian deixou a cidade de Urfá e foi morar em Beirute (Líbano), e, para adaptar o seu nome à entonação árabe, acrescentou a palavra "Curi" depois do sobrenome, que em árabe significa "padre". Emílio (Armenak) recebeu sua educação em Beirute, onde concluiu a universidade dos jesuítas franceses. Por oito anos, trabalhou numa empresa na função de segundo tesoureiro. Chegou ao Brasil em 1905, e atuou no ramo comercial. Em 1921, abriu uma loja em sociedade com seu irmão Apraham, com quem trabalhou até 1940, quando o irmão veio a falecer. Em 1944, afastou-se do ramo comercial. Emílio é casado com uma professora brasileira, mas o casal não tem filhos.

Apesar de Emílio ter permanecido afastado do círculo armênio, ele trouxe sua colaboração financeira à coletividade sempre que recebeu algum pedido nesse aspecto. Publicamos aqui sua fotografia, como um dos primeiros armênios que se comunicavam em idioma árabe. Além do árabe, Emídio conhece e fala os idiomas turco, francês, inglês e português.

OS ARMÊNIOS DO RIO DE JANEIRO E SUAS ATIVIDADES

O Rio de Janeiro é a capital da República do Brasil e, com suas paisagens naturais maravilhosas, essa cidade é considerada não apenas como uma das mais belas do mundo, mas também uma das maiores e cosmopolitas.

Ornada de belezas naturais e artificiais, supõe-se que tenha sido a essa cidade brasileira que o primeiro armênio tenha chegado, se considerarmos o Dr. Mihran Latif como o primeiro armênio a vir ao Brasil, apesar de que, como já disse anteriormente, não acho correto esse ponto de vista, pois o estado do Rio Grande do Sul é que teria sido o estado por onde os primeiros armênios chegaram e se instalaram neste país.

Não podemos definir se antes de Mihran Latif havia outros armênios no Rio de Janeiro, ou se, logo depois dele, vieram outros armênios, quando e qual teria sido a profissão deles. Mas uma coisa é certa: o Rio, depois de São Paulo, é a segunda cidade do Brasil onde houve e há um número considerável de armênios. O calor excessivo do Rio de Janeiro deve ter sido uma das razões para que a coletividade armênia local não expandisse, e, se a cidade de São Paulo sempre foi o primeiro local de concentração dos armênios, isso também é atribuído ao seu clima mais ameno, além de sua condição de polo industrial e comercial.

Os armênios do Rio de Janeiro começaram a dar os primeiros sinais de sua existência em 1917, devido à presença do Dr. Ethien Brasil, que, imbuído de uma louvável iniciativa de divulgar a nação armênia para os brasileiros, publicou um livreto chamado *O Povo Armênio*, em cuja introdução trazia as seguintes palavras:

Ethien Brasil
Representante da República
da Armênia no Brasil

Existe um povo muito antigo, com aproximadamente 6 milhões de pessoas, que possui língua e escrita próprias, sua igreja peculiar, arquitetura autêntica, ricas e maravilhosas tradições.

Esta nação, tal qual uma Polônia, por se encontrar dividida entre três potências, tal qual uma Suíça, por suas altas montanhas e belos panoramas, tal qual uma Bélgica, ou melhor seria dizer mil Bélgicas, por ter sofrido as piores agressões bárbaras, tal qual uma França, por suas vitórias e conquistas históricas e gloriosas, e pela difusão da civilização entre as nações orientais: denomina-se este povo de POVO ARMÊNIO, de onde emanou a CAUSA ARMÊNIA.

A seguir, o livro apresenta de forma sucinta a origem da Causa Armênia, cita os sofrimentos do povo armênio sob a tirania do Império Otomano, reflete sobre as promessas da Inglaterra e da França durante a Primeira Guerra Mundial (1914), promessas essas cuja hora de serem pagas o autor considera já ter chegado. O livro narra, ainda, a história milenar do povo armênio, da Igreja, da característica da língua e a invenção do alfabeto armênio, bem como a arquitetura, artes e cultura em geral, citando os nomes de grandes escritores, poetas, diplomatas, reis e generais armênios. Há também ilustrações da Santa Sede de Etchmiadzin, o Catholicós Kevork V, Avedis Aharonian, Sebuh, Keri, general Der Ghugassov, a rainha Satenig e Nercés Gamsaragan.

Em suas 22 páginas de informações concentradas, porém importantes, o livro consegue apresentar a nação armênia para os leitores brasileiros.

Podemos dizer que esta foi a primeira e uma das melhores iniciativas em solo brasileiro planejada e executada por uma única pessoa, visando revelar os armênios para os brasileiros.

No mês de dezembro de 1918, em nome da coletividade armênia do Brasil, o Dr. Ethien Brasil entregou um apelo emocionante, em francês, para o rei Alberto, da Bélgica, pedindo que este defendesse a Causa Armênia na Conferência de Paz.

Empolgados com a notícia da proclamação da República da Armênia, em 1918, os armênios do Rio de Janeiro, sob a iniciativa do Dr. Ethien Brasil e a presidência de Levon Apelian, criaram o Comitê Armênio e contataram a Delegação Nacional em Paris, que, por sua vez, incentivou e aprovou a formação do Comitê, começando a manter correspondência com ele. O objetivo fundamental do Comitê Armênio era o de fazer com que o governo brasileiro reconhecesse a República da Armênia.

A Delegação da República da Armênia, feliz com a atividade do Comitê Armênio do Rio de Janeiro, e em concomitância com a Delegação Nacional em Paris, nomeou o Dr. Ethien Brasil como representante da República da Armênia, exigindo que fossem tomados os passos necessários para que o governo brasileiro também o reconhecesse.

Cabe aqui um parêntesis para lembrar que a Delegação da República da Armênia havia sugerido, antes do Dr. Ethien Brasil, o nome do Sr. Mihran Latif para assumir o cargo de embaixador geral da República da Armênia para a América do Sul. Mas Mihran Latif rejeitou tal indicação, por achar que o cargo proposto era de enorme responsabilidade e não tinha um prazo predeterminado.

Depois de ser nomeado representante da República da Armênia no Brasil, o Dr. Ethien Brasil redobrou seus esforços e, como consequência de seu empenho e incansável trabalho, encaminhou a seguinte carta, datada de 6 de outubro de 1920, para o presidente da União Beneficente Armênia de São Paulo, Elia Naccach:

[...] Apesar de já terem me comunicado, fui convidado ontem e compareci ao palácio do governo, onde me informaram que o Brasil, finalmente, reconhecia a República da Armênia. Pediram o endereço do governo da Armênia, para que o governo do Brasil pudesse comunicar formalmente este fato ao governo da Armênia. O decreto do governo brasileiro será publicado logo depois da emissão da referida nota para o governo da Armênia, e serei informado na véspera da publicação deste decreto.

Portanto, peço-lhes que estejam atentos, pois, ao receber a informação do governo, comunicar-lhes-ei por telegrama, pedindo que no mesmo dia os senhores enviem um telegrama para o governador de São Paulo e, por intermédio dele, apresentem vossos agradecimentos ao presidente da República. Segue em anexo o modelo do telegrama.

Também fui comunicado que serei aceito como o representante da República da Armênia; faltam apenas alguns detalhes formais e burocráticos, para que eu possa ser designado como representante diplomático.

Após o reconhecimento formal, vamos acertar os detalhes da minha ida para São Paulo. Peço-lhes que convidem todos os armênios para uma assembleia geral, para verificarmos o que os senhores pretendem fazer em São Paulo, e se eu preciso ir a São Paulo em caso de algum evento ou festividade, quando é que os senhores acham que eu devo chegar a São Paulo, talvez para uma palestra num salão.

É necessário realizar uma arrecadação, cuja metade seria destinada aos necessitados da Armênia e a outra para mobiliar a Embaixada da Armênia, que será estabelecida no Rio de Janeiro, perto da Avenida do Sul. É imperativo a colaboração de toda a coletividade armênia para essa finalidade.

Aguardo vossa resposta.

Dr. Ethien Brasil
Representante do governo da Armênia

E.T.: Seria muito bom que o Senhor ou uma outra pessoa viesse para o Rio, para que pudéssemos conversar e tratar tudo pessoalmente, o que seria melhor.

Minuta do telegrama para o governador de São Paulo:

Excelentíssimo Senhor Presidente do estado de São Paulo;
Por intermédio de Vossa Excelência, a coletividade armênia, que reside neste estado próspero, vem expressar seu agradecimento ao povo do Brasil e ao governo da República, por reconhecer o governo da Armênia.
Estamos convictos de que, graças aos sentimentos nobres e humanitários de Vossa Excelência, o estado de São Paulo ajudará no trabalho de reconstrução da nossa pátria sofrida.
Em nome da coletividade armênia de São Paulo,

Elia Naccach

Os acontecimentos políticos, no entanto, fizeram com que o Dr. Ethien Brasil não fosse o representante diplomático, e a Embaixada da Armênia não foi instalada no Rio de Janeiro. A única lembrança que resta das empolgadas atividades dessa época são aquela carta e a minuta do telegrama, que ainda permanecem entre os documentos pessoais de Elia Naccach. Essa carta, manuscrita em idioma português, num pedaço de papel comum, com aspecto não ornado, cobre a chama de entusiasmo dos armênios neste país há 25 anos. Enquanto algumas das personalidades que se empenharam por aquele entusiasmo, como Mihran Latif, Levon Apelian e Ghazar Nazarian, já partiram para a eternidade, outros, como Ethien Brasil e Elia Naccach, são hoje idosos afastados de suas atividades. Parece que o tempo cobriu tal qual uma cortina de esquecimento os nomes dessas pessoas e suas atividades.

Em maio de 1920, naquele período de entusiasmo geral, a pequena coletividade armênia do Rio de Janeiro, por iniciativa de Ethien Brasil, que era o representante da República da Armênia, apesar de não ter sido reconhecido oficialmente pelo governo brasileiro, e por ocasião do segundo aniversário da proclamação da República da Armênia, organizou uma bela festa no grande salão do Clube dos Diários, à qual compareceram muitos estrangeiros. Nessa oportunidade, a revista ilustrada semanal *O Malho* publicou, em sua edição de 20 de maio de 1920, as fotos do herói nacional Antranik, general Nazarpekian, assim como de soldados e tenentes armênios, sob o título de "Armênia independente".

A empolgação surgida por ocasião da proclamação da República da Armênia deu lugar também ao surgimento de uma entidade denominada União da Juventude, cuja atividade se resumia à organização de algumas festas.

Por 24 anos, a pequena coletividade armênia do Rio de Janeiro não teve nenhuma instituição comunitária, e cada um ficou ocupado apenas com sua atividade pessoal. Vivendo na mesma grande cidade, esse punhado de armênios não pôde ou não tentou viabilizar a manutenção de encontros ou se reunir. Apenas em 1945 é que surgiria, mais uma vez, um pequeno movimento, o qual, deve-se confessar, ocorreu numa circunstância muito limitada.

Naquele ano, sob iniciativa da Sociedade Cultural Armênia, instituída em São Paulo, sob auspícios do Conselho Central Administrativo dos Armênios de São Paulo, e com a participação de toda a coletividade, formou-se uma comissão com o intuito de ajudar os armênios que sofreram perdas durante a guerra. Porém, para que se pudesse realizar uma arrecadação, era necessário obter a autorização da Cruz Vermelha Brasileira. Para obter tal autorização, a comissão entrou em contato com o Dr. Alexandre R. Khatchadurian, um armênio natural do Egito e que morava no Rio de Janeiro, solicitando seu apoio. O Dr. Khatchadurian era membro da comissão comercial do governo inglês no Brasil desde 1928 e, graças ao seu relacionamento pessoal com os funcionários governamentais, conseguiu obter a autorização. Mas, para que o pedido fosse efetivamente aceito, seria necessário formar um organismo no Rio de Janeiro e apresentar esse pedido à Cruz Vermelha Brasileira para obter, posteriormente, a autorização oficial. Com esse objetivo, o Dr. Khatchadurian convidou para uma reunião consultiva alguns compatriotas armênios do Rio e, depois de expor-lhes o assunto, conseguiu formar uma comissão, constituída de cinco pessoas. A comissão recebeu o nome de Comitê de Auxílio para os Armênios Vítimas da Guerra e foi apresentada para a Cruz Vermelha Brasileira. Tão logo foi obtida a aprovação, Khatchadurian informou à comunidade armênia de São Paulo que, por sua vez, também formara um comitê semelhante nessa cidade. Eram membros do comitê formado no Rio de Janeiro: Alexandre R. Khatchadurian, Dr. Boghos Boghossian, Mihran Kelekian, Boghos Nercessian e Hrant Mardirossian.

Saliente-se que o comitê recém-instituído no Rio de Janeiro foi formado tão somente para facilitar os trabalhos dos armênios de São Paulo. Em 1946, de acordo com a determinação do Legado Catholicossal para os Armênios da América do Sul, arcebispo Karekin Khatchadurian, também seria designado um Conselho Administrativo dos Armênios do Rio de Janeiro, com a incumbência de desenvolver atividades comunitárias e sociais, mantendo laços formais com o Conselho Administrativo Central de São Paulo.

No dia 13 de janeiro de 1946, o padre Yeznig Vartanian e o presidente do Conselho Administrativo, Levon Apovian, viajaram para o Rio de Janeiro para recepcionar o Legado Cathlicossal, que vinha da Armênia. Na ocasião, o Comitê de Auxílio para os Armênios Vítimas da Guerra tomou a iniciativa de recepcionar os visitantes de São Paulo e o Legado Catholicossal da melhor maneira possível, hospedando-os no Hotel Serrador, um dos melhores da cidade. No dia 17 de janeiro, os armênios do Rio se reuniram, e o Legado Catholicossal transmitiu a todos os presentes as notícias confortantes que trazia da Armênia. Já no dia 19, os três visitantes seguiram de avião para São Paulo. Destaque-se que todas as despesas alusivas à estadia e passagens foram arcadas pelo Comitê do Rio, através de uma arrecadação feita entre a comunidade local com essa finalidade.

O Comitê de Auxílio para os Armênios Vítimas da Guerra, que doravante seria chamado de Conselho Administrativo dos Armênios do Rio de Janeiro, era formado por compatriotas dedicados, inteligentes a ativos, o que fazia crescer a esperança de que seria possível fazer nascer ali um movimento comunitário.

A comunidade armênia do Rio de Janeiro não conta com compatriotas de grande capacidade econômico-financeira, com a exceção de Levi Gasparian, que tem uma grande tecelagem e, com toda probabilidade, irá se juntar aos ricos mais destacados. Os filhos de Mihran Latif, apesar de possuírem um grande patrimônio estável, vivem muito afastados do círculo armênio e, por isso, quase não são considerados como armênios. Outros levam uma vida moderada, enquanto a grande maioria tira o seu sustento através do modesto trabalho do dia a dia. A principal ocupação deles é a lapidação de diamantes, profissão que possibilitou a alguns alcançar sucesso.

Salvo algumas famílias que ali se radicaram há muito tempo, a maioria dos armênios do Rio de Janeiro chegou a essa cidade depois de 1924, razão pela qual é ainda forte entre eles os sentimentos religiosos e patrióticos. Mas, a persistir a situação atual, o desaparecimento e assimilação desses armênios não tardará, visto que eles encontram-se muito dispersos e permanecem ilhados.

Alexandre R. P. Khatchadurian nasceu na cidade de Ibrahim El Charkié, no Egito, em 1887. Recebeu sua educação primária na escola dos seminaristas franceses de Cairo, e depois viajou para a Bélgica, onde foi admitido na Universidade de Luvan, em 1910. Até 1919, Khatchadurian viveu primeiro em Paris e, depois, em Londres, especializando-se na área de algodão. Em 1928, chegou ao Brasil como membro de uma delegação oficial inglesa, estabelecendo-se na cidade do Rio de Janeiro, e até o ano de 1947 continuava trabalhando nessa função.

Em 1943, a convite do governo chileno, Alexandre Khatchadurian viajou para o Chile para assessorar e orientar o Ministério da Agricultura daquele país, no desenvolvimento da cultura de algodão. Durante sua estadia naquele país, Khatchadurian trouxe sua valiosa colaboração para a pequena comunidade armênia local. Ele havia recebido também os elogios e a simpatia pessoal do presidente do Chile. Devido à sua especialidade e aos cargos assumidos, Khatchadurian manteve contatos com altas autoridades e, durante quinze anos, usufruiu da grande simpatia do presidente do Brasil, Dr. Getúlio Vargas, com quem mantinha encontros frequentes.

Alexadre R. P. Khatchadurian

Em 1945, na gestão do presidente Getúlio Vargas, Khatchadurian conseguiu obter uma concessão especial de um vasto terreno para o cultivo de algodão no estado da Bahia, onde ele pretende estabelecer uma grande fazenda de cultivo do algodão, provavelmente com capital inglês ou americano, utilizando os métodos tecnológicos mais avançados, o primeiro no seu gênero em todo o mundo.

Em 1945, Khatchadurian organizou o Comitê de Auxílio para os Armênios Vítimas da Guerra, que também tinha o nome de Conselho Administrativo dos Armênios do Rio de Janeiro, e cujo presidente era ele.

Alexandre R. P. Khatchadurian é um armênio patriota, dotado de grande inteligência, uma personalidade séria e de sentimentos puros.

Mardiros Atamian nasceu na aldeia de Hayni, região de Dikranaguerd, em 1898, e recebeu sua educação primária na escola Haratchtimagan (Progressista) de Dikranaguerd. Com a ajuda de seu irmão, Ruben, chegou ao Brasil em 1933, frequentou a escola comercial da cidade de Fortaleza e, mais tarde, a

Mardiros Atamian

escola de engenharia. Por causa de sua personalidade agitada, ele não aceitou ocupar-se da atividade comercial e decidiu tentar tornar-se muito rico em pouco tempo, razão pela qual decidiu aventurar-se em busca de minas de ouro nos estados de Amazonas, Goiás e Minas Gerais. Em 1922, casou com uma brasileira na cidade de Diamantina, Minas Gerais. Em 1926, começou a trabalhar no comércio de cristais e, um ano depois, mudou-se para a recém-inaugurada cidade de Cristalina, no estado de Goiás, onde existiam as minas mais ricas de cristal. Graças às suas pesquisas, encontrou várias novas minas de cristal, tornou-se o proprietário destas e começou a explorá-las de acordo com as leis do estado.

Sua esperteza, tino comercial e personalidade agradável criariam as condições para alcançar uma posição de destaque em Cristalina, chegando a ser nomeado para o cargo de prefeito, em 1931, função essa que exerceu até 1933, contribuindo para o progresso dessa nova cidade, com a inauguração de escolas e organização das ruas. Posteriormente, mudou-se com a família para o Rio de Janeiro, onde estabeleceu sua sede de comércio de diamantes. É o único armênio em todo o Brasil que possui minas próprias, e é um dos maiores comerciantes nesse ramo.

Apesar de praticamente não se aproximar dos armênios, ele mantém seus sentimentos de armenidade e, toda vez que lhe é feito algum pedido, ele não se nega a contribuir.

Mihran Kelekian nasceu em Evereg, filho de Hagop e Srpuhi Kelekian. Durante a tragédia de 1914, disfarçados como turcos, os membros da família conseguiram se livrar dos sofrimentos da deportação e, em 1923, mudaram-se para Beirute, de onde vieram para o Brasil, em 1926, estabelecendo-se no Rio de Janeiro. Em 1930, Mihran casou com uma conterrânea sua, a Srta. Baidzar Guermezian. Ele tem um casal de filhos. Graças à sua esperteza e dedicação ao trabalho, pôde fundar uma fábrica de isqueiros, alcançando uma sólida posição financeira. Em 1945, foi membro do Comitê de Auxílio para os Armênios Vítimas da Guerra e também do Conselho Administrativo dos Armênios do Rio de Janeiro, acompanhando os acontecimentos nacionais e comunitários e revelando uma atividade dinâmica.

O Sr. Mihran Kelekian é uma pessoa muito séria, raramente sorri, mas tem uma forte determinação e é um compatriota dotado de incansável vontade de trabalho.

Boghos Nercessian nasceu na aldeia de Hayni, região de Dikranaguerd, em 1907. Com a ajuda do seu primo por parte do pai, Donabed Atamian, chegou ao Brasil em 1923 e começou a trabalhar no comércio, no estado do Ceará. Chegou a São Paulo em 1933, e mudou-se para o Rio de Janeiro em 1939, onde atualmente trabalha como gerente-geral no comércio de cristais de um parente, Mardiros Atamian.

É um membro dinâmico do Comitê de Auxílio para os Armênios Vítimas da Guerra e do Conselho Administrativo dos Armênios do Rio de Janeiro.

Mihran Kelekian

Boghos Nercessian

Hrant Mardirossian nasceu no Egito e viajou com a família para a Bélgica, onde se especializou na lapidação de diamantes, profissão essa que ele exerce até hoje, no Rio de Janeiro.

É um dos membros atuantes do Comitê de Auxilio para os Armênios Vítimas da Guerra e do Conselho Administrativo dos Armênios do Rio de Janeiro. Devido à habilidade adquirida na sua profissão, este jovem sério e trabalhador conseguiu lograr uma posição honrosa na praça do Rio de Janeiro.

Hrant Mardirossian

Mikael Kerekdjian nasceu em 1909, na cidade de Constantinopla. É filho de Levon e Mannig Kerekdjian. Recebeu sua educação primária na escola Yessayan. Em 1922, com o surgimento do movimento kemalista, Mikael viajou para a Grécia, de onde veio para o Brasil, em 1940, fixando sua residência no Rio de Janeiro e trabalhando na atividade de limpeza de discos para lapidação de diamantes.

Apesar de estar no Brasil há apenas alguns anos, devido à sua esperteza e dedicação ao trabalho, Mikael tem encontrado o caminho da estabilidade financeira.

Mikael Kerekdjian

Sarkis Minassian nasceu no dia 17 de fevereiro de 1885, na cidade de Kharpert. Chegou ao Brasil em 1910 e se estabeleceu na cidade de São Paulo, atuando no comércio. Inspirado pelos movimentos dos voluntários armênios, abandonou o seu trabalho e viajou para a América do Norte, juntando-se aos soldados voluntários que estavam partindo para a região de Cilícia. Participou das batalhas de Arara. Depois da guerra, voltou para o Brasil e fixou residência no Rio de Janeiro, onde faleceu no dia 27 de julho de 1943. Sarkis não era casado, e foi um dos poucos intelectuais armênios que chegaram ao Brasil. Era o correspondente dos jornais *Baikar*, da América do Norte, e *Charjum*, de Buenos Aires.

Sarkis Minassian

TERCEIRO PERÍODO

A chegada de um padre e a organização eclesiástica

Em fins de 1922, um aluno do colégio Djenanian, de Kônia, o jovem Kevork Samuelian, natural da cidade de Esparta, veio para São Paulo, proveniente de Constantinopla. Ao ver que nestes rincões longínquos há um punhado de armênios, que não possuíam uma Igreja nem tinham uma atividade social, sem consultar ninguém, Kevork decidiu mandar uma carta para seu irmão, o padre Gabriel Samuelian, que morava em Apelo, aconselhando-o a vir para São Paulo. O padre, já cansado dos sofrimentos do exílio, procurava achar um cantinho tranquilo. Providenciou, então, com o Catholicós Sahak, da Grande Casa de Cilícia, os documentos que comprovavam sua condição de padre, e partiu com sua esposa e três filhos menores, chegando ao porto de Santos no dia 10 de junho de 1923.

Ocorre que, devido a uma imprudência involuntária, o padre não chancelara os documentos comprobatórios que citavam sua condição de religioso na embaixada do Brasil em Alepo, algo que viria a complicar o seu desembarque em Santos. O motivo principal disso explicamos a seguir.

Depois da Grande Guerra de 1914, um grupo de assírios, disfarçado de padres armênios, chegou ao Brasil e deu início a uma arrecadação em nome de órfãos e necessitados armênios. Com o dinheiro arrecadado, eles passaram a viver uma vida lasciva e desenfreada. O governo, ao ter conhecimento desse acontecimento, não só começou a perseguir esses charlatões insolentes como também qualquer religioso que chegava ao país, se este não apresentasse os documentos comprobatórios devidamente confirmados pela embaixada do Brasil no país de origem. E foi esse empecilho que o padre Samuelian enfrentaria no porto de Santos.

Seu irmão, Kevork Samuelian, junto com Garabet Korukian, filho de Manuk Korukian, natural de Kharpert, foi para Santos para solucionar o impasse e, após assinar um termo de responsabilidade, conseguiu, finalmente, liberar o desembarque do padre com sua família e trazê-los para São Paulo.

O padre já chegara a São Paulo, mas a sua presença ainda não surtira a devida curiosidade na coletividade armênia local. Esse fato chamou a atenção de Kevork Samuelian, e ele decidiu socorrer seu irmão, haja vista que o padre viera ao Brasil a seu conselho. Portanto, caberia a Kevork tomar a iniciativa de movimentar a coletividade nesse aspecto.

Em 25 de julho de 1923 realizou-se uma reunião consultiva na residência de Melkon Kalaidjian, na rua Antônio de Mello, nº 34, à qual compareceram 23 compatriotas e formou-se, no local, uma comissão de sete elementos com a incumbência de preparar uma assembleia geral e, aproveitando a presença do padre, organizar a vida comunitária e a instalação de uma igreja.

A comissão eleita era composta das seguintes pessoas: Ghazar Nazarian, Samuel Kondakdjian, Garabed Israelian, Sarkis Israelian, Dadjad Tachdjian, Armado Sayegh e Kevork Samuelian.

Kevork Samuelian

Kevork Samuelian nasceu na cidade de Sparta, na provínicia de Kônia, em 1895. Recebeu sua educação primária na escola armênia local e, em 1907, no colégio Djenanian, em Kônia, onde se graduou em 1915. No mesmo ano, viajou para Constantinopla e matriculou-se no colégio militar; foi enviado como suboficial para a frente de Bagdá. Com a derrota do exército otomano, ele aproveitou a confusão surgida e se escondeu na casa de uma família armênia de sobrenome Sahakian, em Bagdá. Ali ele permaneceu até a tomada da cidade pelos ingleses. Depois da ocupação inglesa, Kevork foi designado como tradutor da polícia inglesa, mas em 1920 ele viajou para a Síria e, de lá, para Constantinopla, onde trabalhou na organização Beneficência Americana. Kevork chegou ao Brasil em fins de 1922 e se estabeleceu na cidade de São Paulo, ocupando-se do comércio.

Em 1923, mandou uma chamada para seu irmão, que era padre, e foi o empreendedor da organização eclesiástica dos armênios do Brasil, sendo eleito membro do conselho administrativo.

Casou em 1930 com Vartuhi, filha de Apraham Tchorbadjian, uma família destacada, natural da cidade de Marach. Kevork tem dois filhos.

Em 1941, passou pela fatalidade de perder a sua companheira de vida. Atualmente, mora no Rio de Janeiro e trabalha no comércio de joias.

A comissão eleita começou a trabalhar imediatamente: imprimiu convites em português e os distribuiu a toda a coletividade, convidando as pessoas para uma assembleia geral marcada para o dia 12 de agosto de 1923, na sede da Associação Cristã dos Jovens, à rua Santa Isabel, nº 5.

No dia marcado, 44 compatriotas compareceram à assembleia geral. Apesar da presença de pouquíssimas pessoas, a premência do trabalho impunha-lhes desconsiderar o número dos presentes e dar início aos trabalhos necessários.

Com a abertura da assembleia, foi dada a palavra, primeiramente, a Kevork Samuelian, que explicou aos presentes, em sucintas palavras, o objetivo do encontro, pedindo aos presentes que se empenhassem de corpo e alma para a criação de uma organização comunitária. Em seguida, Kevork Samuelian sugeriu que fosse eleito um corpo permanente, que teria a incumbência de organizar a vida comunitária.

Depois de diversas ideias, decidiu-se eleger um corpo constituído de onze elementos, e, para facilitar essa eleição, foram indicados vinte nomes. Dessa lista foram eleitos, com voto secreto, as seguintes pessoas:

1 - Elia Naccach — 43 votos (de Alepo)
2 - Ghazar Nazarian — 37 (de Kharpert)
3 - Abraham Tchakanian Curi — 37 (de Beirute)
4 - Tavit Boghossian — 37 (de Merdin)
5 - Rizkallah Jorge Tahanian — 34 (de Alepo)
6 - Kevork Samuelian — 32 votos (de Sparta)
7 - Dajad Tachdjian — 31 (de Kharpert)
8 - Hagop Demirdjian — 28 (de Kharpert)
9 - Vahram Keutenedjian — 24 (de Sebástia)
10 - Armando Sayegh — 24 (de Alepo)
11 - Garabed Israelian — 19 (de Kharpert)

Concluída a votação, tomou a palavra o padre Gabriel Samuelian, que, após cumprimentar os membros da comissão eleita, exortou-lhes a não esmorecer diante das dificuldades inevitáveis, mas empenhar-se no trabalho com todas as forças para concretizar o ideal da fundação de uma igreja, com o objetivo de preservar a identidade e a existência dos armênios nestas terras longínquas. A seguir, abençoou os presentes com a oração pela proteção, e a reunião foi dada como encerrada.

Ao prestarmos atenção nos membros que foram eleitos para a comissão eleita, veremos que prevaleceu o critério do respeito de que cada um usufruía na época, considerando, principalmente, que cada uma dessas pessoas desempenharia um papel importante na vida comunitária.

Armando Sayegh

Armando Sayegh (Vosgueritchian) nasceu em Alepo no ano de 1889, filho de Krikor Vosgueritchian. Recebeu sua educação primária, primeiramente, na escola armênia e, mais tarde, nas escolas evangélica e católica. Chegou ao Brasil em 1909, estabeleceu-se na cidade de São Paulo e começou a trabalhar no comércio.

Membro da primeira comissão da igreja, constituída em 1923, ele foi reeleito várias vezes. É também membro do Conselho Representativo.

Garabed Israelian

Garabed Israelian nasceu no bairro Sinamud, em Kharpert, em 1888, filho de Gaspar Israelian. Recebeu sua educação primária na escola do seu bairro. Em 1908, partiu para Marselha com o intuito de viajar para a América do Norte, mas não teve êxito. Assim, decidiu vir para o Brasil, onde já se encontrava o seu tio, Israel Israelian.

Garabed foi membro da nova comissão da igreja, formada em 1923, e membro do Conselho Administrativo, sendo reeleito várias vezes. Ocupa-se do comércio.

A recém-nomeada comissão realizou sua primeira reunião no dia 18 de agosto de 1923, na magnífica residência de Rizkallah Jorge Tahanian, na avenida Paulista, nº 28. Nesta reunião inaugural, além dos membros eleitos da comissão, a convite de Rizkallah Jorge Tahanian, compareceu também um cidadão chamado Mikael Der Margossian, natural de Alepo, que apresentara a Rizkallah Jorge Tahanian o seu desejo de ser membro da comissão. Assim, Rizkallah Jorge sugeriu aos presentes que essa pessoa fizesse parte dela.

Os presentes, considerando a experiência que a referida pessoa teria em questões eclesiásticas, e levando em conta o fato de a sugestão ter sido apresentada por Rizkallah Jorge Tahanian, aprovaram, por unanimidade, seu pedido e, a seguir, passaram a tratar da ordem do dia.

O primeiro a tomar a palavra foi Kevork Samuelian, que se manifestou, em armênio, sobre as atribuições confiadas aos conselheiros e sugeriu a realização da eleição da mesa. Como alguns dos presentes não entendiam a língua armênia, Apraham Tchalakanian explicou, em português, o que foi dito por Kevork Samuelian, e a seguir foi realizada a eleição da mesa, que ficou assim constituída:

Rizkallah Jorge Tahanian — Presidente
Tavit Boghossian — Vice-presidente
Dajad Tachdjian — Secretário
Kevork Samuelian — Vice-secretário
Hagop Demirdjian — Tesoureiro
Vahram Keutenedjian — Vice-tesoureiro

Depois da eleição da mesa diretiva, também foram eleitas as seguintes subcomissões:

Subcomissão Financeira: Ghazar Nazarian, Garabed Israelian, Apraham Tchalakanian Curi e Hagop Demirdjian. Ghazar Nazarian assumiu a presidência desta comissão.

Subcomissão Executiva: Elia Naccach, Armando Sayegh, Vahram Keutenedjian e Dajad Tachdjian. Elia Naccach assumiu a presidência desta comissão.

Subcomissão de Recenseamento: Apraham Tchalakanian Curi, Armando Sayegh e Ghazar Nazarian. Assumiu a presidência dessa comissão Apraham Tchalakanian Curi.

Após a formação da mesa diretiva e as respectivas comissões, Elia Naccach pediu a palavra e chamou a atenção dos presentes sobre alguns pontos, dizendo:

A) Toda instituição constituída para qualquer finalidade deve ter o seu Estatuto, que é o seu guia. Portanto, sugiro que elaboremos imediatamente o nosso Estatuto.

B) Para que esta Comissão possa arcar com as despesas que hão de surgir, faz-se necessário a adoção de um sistema de Azkayin Durk² com mensalidades que variem entre 5, 10, 20 e 50 cruzeiros, com a participação de toda a coletividade, indistintamente, levando em consideração, como seria natural, as possibilidades financeiras de cada um. Com o ingresso dessas contribuições, devem ser saldadas as despesas do padre e da igreja, enquanto a sobra deve ser mantida como fundo para a construção da igreja.

Os presentes aprovaram, por unanimidade, as duas sugestões apresentadas, e decidiram dar prosseguimento à execução delas imediatamente.

Rizkallah Jorge Tahanian, entusiasmado com a ideia da construção da igreja, sugeriu lançar-se imediatamente a essa construção e pediu o empenho de cada um para o trabalho necessário. Os presentes, no entanto, considerando a situação precária da coletividade e a grande carga desse trabalho, decidiram não se apressar e, por um período provisório, alugar um prédio da ordem de uns 500 ou 600 cruzeiros mensais, o que poderia ser utilizado como igreja e residência do padre até que a coletividade estivesse em condições de construir sua própria igreja. Quanto à denominação, considerando que essa comissão assumira o trabalho de organizar a vida comunitária, os presentes decidiram que a comissão doravante seria chamada de "Conselho Fundador da Coletividade Armênia" e autorizaram que a mesa diretiva encaminhasse, usando esse nome, uma carta para o Patriarca dos armênios, em Constantinopla, informando sobre a chegada do padre e o início dos trabalhos, visando à organização da vida comunitária em São Paulo. A reunião decidiu, ademais, convidar o padre Samuelian para sua próxima reunião, em que apresentaria suas credenciais e as cartas de referência, caso tivesse, para que, depois da verificação desses documentos, pudesse ser aceito formalmente como o pastor espiritual da coletividade.

Dadjad Tachdjian nasceu em Kharpert-Mezré, em 1890. É filho de Garabet Tachdjian. Recebeu sua educação primária na escola Getronagán e, mais tarde, no colégio Yeprad, concluindo o curso em 1910. Depois de trabalhar como professor por um ano na aldeia de K'ghi, viajou para Constantinopla a fim de prosseguir os seus estudos, mas, na iminência de ser convocado para o serviço militar, decidiu fugir de Constantinopla e vir ao Brasil, estabelecendo-se na cidade de São Paulo, onde começou a trabalhar no comércio. Em 1927, viajou

---

2 Contribuição comunitária.

para Paris, onde casou com sua conterrânea Mari Kechichian e, logo depois, voltou para o Brasil. Foi membro e exerceu a função de secretário do Conselho Fundador da Coletividade Armênia, reeleito por diversas gestões. O Sr. Tachdjian é um dos raros intelectuais que vieram ao Brasil e, com o seu caráter afável, é estimado por todos. Atua no comércio.

Dadjad Tachdjian

Apraham Tchalakanian Curi nasceu em Beirute, em 1885, filho do padre Der Apraham Tchalakanian, natural de Urfá. Estudou na Universidade dos Jesuítas e trabalhou por cinco anos na agência marítima russa, em Beirute. Chegou ao Brasil em 1912, onde começou a trabalhar no comércio junto com seu irmão Emílio. Foi membro e secretário do Conselho Fundador da Coletividade Armênia e foi reeleito por diversas vezes. Faleceu em 1940, em Mardin, na Turquia. Tchalakanian Curi falava armênio, árabe, francês, russo e português. Não era casado.

No dia 25 de agosto de 1923, realizou-se a segunda reunião do Conselho Fundador da Coletividade Armênia, na residência de Rizkallah Jorge Tahanian. A pedido do anfitrião da casa, também compareceu ao encontro o padre Gabriel

Apraham Tchalakanian Curi

Samuelian. Após examinar e aprovar os documentos apresentados pelo padre, o Conselho decidiu designá-lo como o pastor espiritual dos armênios do Brasil e, através de uma carta circular, informar essa decisão para toda a coletividade, indistintamente.

Ao discutirem o plano de atividades, todos aceitaram, por unanimidade, que o mais importante naquele momento era ter uma igreja. O Conselho deveria concentrar todos os seus esforços nessa direção. Para poder assumir as despesas iniciais e imediatas, foi decidido realizar uma arrecadação. Para tal, todos os membros do Conselho se inscreveram e aconselharam a subcomissão financeira a visitar pessoalmente ou encaminhar cartas aos membros da coletividade, solicitando a participação de todos nessa arrecadação e, simultaneamente, as suas inscrições para a contribuição mensal do *Azkayin Durk*. Ademais, deu-se à subcomissão executiva a incumbência de alugar um imóvel, cuja mensalidade não poderia exceder 600 cruzeiros, e o imóvel deveria ser localizado num dos bairros mais próximos ao centro da cidade, para que os membros da coletividade pudessem frequentar a igreja.

No dia 15 de setembro de 1923, na terceira reunião do Conselho, tornava-se visível que a coletividade encontrava-se ainda num estado embrionário e começava a mostrar sinais de discórdia e desunião. Um grupo de compatriotas, sem ao menos explicar o verdadeiro motivo do seu descontentamento, sob o pretexto de estar insatisfeito com a atuação do Conselho da Coletividade, decidiu formar uma facção à parte e empreender uma atividade separada. Visto que as pessoas que aderiram a esse grupo dos descontentes eram, basicamente, formadas por armênios que usavam o idioma árabe, entre os quais Elia Naccach, cunhado de Rizkallah Jorge Tahanian, bem conhecido pela coletividade armênia, os presentes da reunião autorizaram que o Sr. Rizkallah Jorge Tahanian tivesse um encontro com os descontentes e, caso houvesse algum mal-entendido, tentasse solucionar o problema.

Nessa mesma reunião, pela primeira vez, o Conselho Fundador da Coletividade Armênia se preocupou também em pedir a participação de todos os armênios que moravam fora da cidade de São Paulo, estendendo, assim, sua atividade para além dos limites locais, para dar o caráter de uma iniciativa que englobava todos os armênios do Brasil. Portanto, seria natural que sua atenção se concentrasse nos armênios do Rio de Janeiro, que, depois de São Paulo, é a segunda cidade em número de armênios, e onde há também certos compatriotas que têm alcançado uma destacável posição financeira. Com esse intuito, o Conselho enviou cartas para as famílias Apelian, Boghossian e Ohanian, explanando a atividade e o objetivo do Conselho e solicitando o apoio moral e financeiro dos armênios do Rio de Janeiro.

Os conselheiros refletiram também sobre as atividades das subcomissões formadas pelo Conselho, elogiando o incansável e dedicado trabalho do presidente da subcomissão financeira, Ghazar Nazarian, com uma menção honrosa de elogios e agradecimentos na ata da reunião.

Conforme a decisão tomada, o Conselho Fundador da Coletividade Armênia enviou as referidas cartas para os armênios do Rio de Janeiro, mas não obteve resposta. Até 1946, os armênios dessa cidade não demonstraram interesse pela vida comunitária que surgia em São Paulo, nem tiveram qualquer participação; ficaram sempre afastados. Não foi possível, tanto por parte da coletividade de São Paulo como pelos armênios estabelecidos no Rio de Janeiro, criar um movimento comunitário naquela cidade. Tudo faz crer que os armênios do Rio de Janeiro não dispõem de tempo ou não manifestam disposição para se preocupar com esse assunto, e assim esses armênios quase ilhados nascem, crescem, vivem e morrem nessa cidade, completamente isolados e afastados. Os responsáveis por essa situação talvez não sejam eles, nem os armênios de São Paulo, mas, quem sabe, o próprio destino de todos nós...

Ghazar Nazarian nasceu na cidade de Kharpert, em 1863. Chegou ao Brasil em 1890, e faleceu no dia 23 de fevereiro de 1936. Nazarian foi membro do Conselho Fundador da Coletividade Armênia e tesoureiro da filial brasileira da União Geral Armênia de Beneficência (UGAB), diretor-responsável do jardim de infância Armeno-Brasileiro, da Sociedade das Mulheres Armênias Progressistas (Haratchtimasser Hayuhiats Miutyun), assim como das escolas Turian e da Sociedade Compatriota de Marach e Nubarian, de Santana. Foi também redator e responsável pelo jornal mimeografado *Yerant* (*Vigor*).

Ghazar Nazarian

Para render-lhe uma homenagem de respeito e gratidão, deve-se registrar que Ghazar Nazarian foi um dos poucos armênios que, até a morte, se dedicou e serviu à coletividade armênia de São Paulo, revelando o espírito de um digno armênio, desprendido de qualquer interesse. Foi um homem zeloso e meticuloso, empenhando-se na fundação da Igreja Apostólica Armênia e em seu abrilhantamento e crescimento; um armênio, enfim, que amou sua nação e as tradições nacionais, deixou de lado os seus interesses pessoais e por muitos anos dedicou-se às atividades comunitário-nacionais. E, por ser um dos mais antigos armênios no Brasil, com profundos conhecimentos, amizades e o merecido respeito e simpatia nos círculos brasileiros e armênios, Nazarian dedicou todo o seu tempo e prestígio ao trabalho organizacional da coletividade armênia local, afastando as dificuldades surgidas no cumprimento dessa missão.

Hoje, quando ele descansa no seu lar eterno, no Cemitério São Paulo, são poucos os armênios que ainda se lembram dele e, ao menos para render uma singela homenagem à sua memória, visitam o seu túmulo, uma obrigação moral pelos inúmeros trabalhos e inestimáveis serviços que ele prestara a essa coletividade. Porventura todos os túmulos dos verdadeiros patriotas armênios não tiveram o mesmo destino?

No dia 5 de outubro de 1923, a subcomissão executiva do Conselho Fundador da Coletividade Armênia relatou à reunião que, entre os imóveis que verificara, o mais conveniente era aquele que se localizava no piso superior do prédio de número 13 da rua Florêncio de Abreu, cujo proprietário era Rizkallah Jorge Tahanian. Mas, por ser um imóvel muito velho, haveria a necessidade de realizar ali algumas reformas, além de pintá-lo. Visto que esse imóvel satisfaria as necessidades prementes, e depois de receber a anuência do próprio Rizkallah Jorge Tahanian, os conselheiros decidiram oferecer 1.500 cruzeiros a Rizkallah Jorge Tahanian para efetuar a reforma e pintura do referido imóvel. Para poderem arcar com esta e outras despesas eventuais, os conselheiros decidiram realizar uma arrecadação no ato, e cada um contribuiu com o seguinte valor:

Elia Naccach — 600 cruzeiros
Rizkallah Jorge — 500 cruzeiros
Jorge Rizkallah Jorge Tahanian — 250 cruzeiros (filho maior de Rizkallah Jorge)
Hagop Demirdjian — 200 cruzeiros
Apraham Tchalakanian Curi — 100 cruzeiros
Levon Sayegh — 100 cruzeiros
Dajad Tachdjian — 100 cruzeiros
Tavit Boghossian — 100 cruzeiros
Emílio Curi — 100 cruzeiros
Garabed Israelian — 100 cruzeiros
Ghazar Nazarian — 50 cruzeiros
Total — 2.200 cruzeiros

Ao registrarmos, aqui, os valores dessa arrecadação, queremos fazer uma comparação entre os períodos, que é em si algo muito curioso: se era possível alugar um imóvel por 150 cruzeiros na cidade de São Paulo, em 1923, o mesmo imóvel não sairia por menos de 1.000 cruzeiros em 1947. Portanto, os valores registrados acima podem parecer um tanto irrisórios se comparados com os valores de 1947.

Depois desse registro de arrecadação, o Conselho autorizou que o tesoureiro, Hagop Demirdjian, providenciasse o valor e os trabalhos necessários, sob a responsabilidade direta dos conselheiros. Ao mesmo tempo, decidiu-se entregar a relação dos outros armênios para Rizkallah Jorge Tahanian, para que ele pudesse visitá-los e continuar a arrecadação. Por outro lado, todos os membros do Conselho assumiram o compromisso de contatar seus conhecidos com o mesmo objetivo.

A reunião, que até aquela data não decidira ao certo sobre a subsistência do padre, incumbiu ao tesoureiro pagar-lhe a importância de 300 cruzeiros, e mais 150 cruzeiros para o aluguel da casa, até que o novo imóvel, para onde o padre e sua família mudariam posteriormente, ficasse pronto. O Conselho também pediu ao tesoureiro providenciar a compra dos móveis da casa do padre.

Hagop Demirdjian nasceu em Kharpert, em 1872. Decidido a viajar para a América do Norte, ele partiu de sua cidade natal para Marselha. Não logrando êxito em prosseguir sua viagem, em Marselha ele conheceu Hadji Bedros, de Van. A conselho deste, Demirdjian foi para Montevidéu, de onde chegou a São Paulo, em 1890, e começou a trabalhar no comércio. Foi eleito membro e tesoureiro do Conselho Fundador da Coletividade Armênia de São Paulo, formado em 1923, e reeleito por diversas gestões.

Hagop Demirdjian faleceu em 18 de dezembro de 1932, deixando um casal de filhos e tendo alcançado uma posição financeira estável. O saudoso foi um dos

Hagop Demirdjian

patrícios mais dedicados no período da formação da coletividade armênia.

No mês de novembro de 1923, o padre já se mudara para o imóvel alugado, que também serviria como igreja. Apesar de o salão que seria usado como igreja ainda não estar pronto, os trabalhos estavam adiantados, indo em ritmo acelerado.

Na reunião do dia 22 de dezembro de 1923, o Conselho Fundador da Coletividade Armênia decidiu comunicar a todos os armênios do Brasil, através de uma circular, que no dia 20 de janeiro de 1924, por ocasião da festa do Natal, pela primeira vez em solo brasileiro seria realizada a primeira missa em idioma e rito armênios. Uma carta, recebida de Jerusalém, informava que os livros religiosos já foram entregues ao correio; portanto, esperava-se que, no mais tardar até o dia 20 de janeiro, eles chegassem a São Paulo e, assim, não seria necessário adiar a data da primeira missa.

Nesses dias, o Conselho Fundador da Coletividade Armênia recebeu a seguinte carta, de número 683, datada de 25 de outubro de 1923, enviada pelo lugar-tenente patriarcal dos armênios em Constantinopla:

[...] Recebemos a vossa carta de 23 de agosto de 1923. O Conselho Eclesiástico da Diretoria Central ficou feliz ao saber que Vossas Excelências conseguiram organizar a Vossa coletividade, que se encontrava desorganizada há muitos anos, elegendo um Conselho Fundador e designando, como pastor espiritual dos armênios do Brasil, o recém-chegado padre Gabriel Samuelian.

Temos a satisfação de informar-lhes que o afiliado do nosso Conselho, o venerável bispo Mesrop Naroyan, assim como o sacerdote celibatário vartabed Ardavazt Surmeyan, deu informações satisfatórias a respeito do padre Samuelian. O bispo Naroyan conheceu o padre em Kônia, na época das deportações. Já durante a primazia do vartabed Surmeyan, o padre Gabriel atuou em Kônia como lugar-tenente da primazia, satisfazendo plenamente a coletividade armênia local com sua postura de religioso exemplar. O vartabed informou também que, durante as deportações, o padre Gabriel esteve em diversas localidades, sempre ao lado do povo, como um religioso piedoso e um bom pai de família.

Estamos felizes, portanto, por terem conseguido designar este digno religioso como o pastor espiritual dos armênios residentes no Brasil. Assim sendo, ao aprovarmos o cargo dele, e também a eleição do vosso recém-formado Conselho Fundador da Coletividade, vos aconselhamos a se unirem ao redor de Sua Reverência, e tragam o vosso apoio nos trabalhos que deverão ser desenvolvidos em prol da igreja e da coletividade.

A carta do Patriarcado causaria grande alegria para o Conselho Fundador, pois confirmava muitas informações positivas a respeito do padre Gabriel Samuelian.

O primaz da Diocese dos Armênios da América do Norte, bispo Dirayr, soube, através dos jornais de Constantinopla, dos comunicados sobre o recém-formado Conselho Fundador e, considerando isso uma usurpação na esfera de sua jurisdição, mandou imediatamente um relato para o Patriarcado e as coletividades armênias da América do Norte e, de acordo com a instrução patriarcal, declarou ser o Conselho Fundador da Coletividade Armênia do Brasil subordinado à Prelazia da América do Norte.

O Patriarcado Armênio de Constantinopla, que respondera apenas a uma das cartas que lhe foram enviadas, demonstrava, assim, que não tinha a intenção de expandir os limites de sua jurisprudência e, achando justos os argumentos do bispo Dirayr, enviou uma carta para o padre Gabriel Samuelian, datada de 26 de outubro de 1923, na qual dizia:

[...] O nosso Patriarcado recebeu uma carta do bispo Dirayr, em que o primaz dos armênios da América do Norte argumenta que, de acordo com a disposição do estatuto estabelecido pelo saudoso Catholicós Meguerditch I para os armênios da América, todos os pastores espirituais da América do Sul pertencem à sua jurisdição espiritual. O Conselho Eclesiástico da Diretoria Central da nossa coletividade acha, portanto, válida a observação feita pelo primaz dos armênios da América do Norte, razão pela qual vimos aconselhar a Vossa Reverência para que mantenha contato direto com a primazia dos armênios da América do Norte, na qualidade de chefe espiritual superior da vossa coletividade, no que concerne a qualquer assunto referente às atividades civis e eclesiásticas da vossa coletividade.

A ordem era clara e legal, e devia-se submeter a ela.

A primeira missa

No dia 20 de janeiro de 1924, de acordo com os comunicados distribuídos pelo Conselho Fundador da Coletividade, num dos salões do andar superior do prédio de número 13 da rua Florêncio de Abreu, que havia sido transformado numa capela, realizou-se a Missa do Santo Nascimento[3]. Esta seria a primeira missa em idioma e rito armênios em solo brasileiro.

Uma multidão, além da esperada, ali compareceu para acompanhar essa inédita cerimônia. A capela, os recintos adjacentes, os corredores e a escadaria estavam repletos da multidão que ali viera para orar. O incenso, a fumaça e o calor expelido pelas lamparinas e inúmeras velas acesas, unidos à multidão aglomerada e ao próprio calor do dia, faziam que o ar na capela fosse quase irrespirável, mas os presentes nem davam atenção a isso; ao contrário, estavam embebidos no suor que escorria por seus rostos, misturados com as lágrimas de saudade, e oravam... Era a oração do sofrido e assolado armênio, era a oração de um povo mártir, disperso, que quase esquecera a própria existência...

A assembleia que foi realizada em 26 de janeiro de 1924 certamente foi uma das mais belas e uma das mais rememorativas reuniões do Conselho Fundador da Coletividade. Todos os conselheiros estavam alegres, e em todos os rostos estava estampado o sorriso de felicidade. A primeira missa, realizada por ocasião do Santo Nascimento, fora mais impressionante que o esperado. O povo, que por muitos anos alimentara uma grande saudade da cerimônia religiosa da Igreja Armênia, depois de receber o seu conforto espiritual, não esquecera o trabalho do Conselho Fundador da Coletividade, e ao seu cordial elogio uniu também o seu sincero agradecimento, recompensando moralmente todos os esforços que foram postos em prática.

O Conselho Fundador da Coletividade registrou, em sua ata de reunião, com muita alegria, a satisfação do povo e o reconhecimento manifestado, algo que não só lhe recompensava plena e moralmente, mas também o estimulava a prosseguir o trabalho ora iniciado.

---

3 Natal.

PRIMEIRA COMUNICAÇÃO COM A DIOCESE DA AMÉRICA DO NORTE

O pastor espiritual da coletividade armênia do Brasil, padre Gabriel Samuelian, atacando a ordem do Patriarcado de Constantinopla, enviou uma extensa carta, datada de 27 de janeiro de 1924, para o primaz da Diocese Armênia da América, arcebispo Dirayr, relatando em detalhes os trabalhos desenvolvidos até essa data, bem como informando os nomes dos membros do Conselho Fundador da Coletividade para aprovação formal.

O arcebispo Dirayr, em sua carta de número 753, datada de 23 de fevereiro de 1924, respondeu:

[...] Recebemos a carta de Vossa Reverência, datada de 27 de janeiro de 1924.

Estamos satisfeitos por terem nos contatado, acatando o pedido do Patriarcado, conforme determina o estatuto da Igreja Armênia da América, no que se refere às vossas necessidades morais e espirituais.

Estamos felizes por terem conseguido, em pouco tempo, reunir os armênios espalhados na vossa região, formando um corpo, cuja confirmação segue em anexo. De acordo com os regulamentos da Igreja Armênia, como pastor espiritual, Vossa Reverência deve presidir esse corpo, com direito de comparecer às reuniões, bem como a obrigação de assinar todas as atas das reuniões.

Esperamos que, com a bênção do Senhor, consigam adquirir, em breve, uma capela própria, pois sem a mesma será difícil sustentar aí a presença de Vossa Reverência, e manter isento de perigos a união da vossa coletividade.

O novo corpo tem direito a: 1) Determinar o valor da contribuição mensal, conforme as condições locais; 2) Obter receitas oriundas de batismos, casamentos, enterros, sempre de acordo com as condições e possibilidades pessoais, as quais deverão ser remetidas a nós para aprovação, e para terem validade legal.

Queira Vossa Reverência sugerir ao corpo a vos designar, em nosso nome, como o pastor espiritual local, pois assim o vosso cargo ficará devidamente legalizado, tanto perante o povo como perante as autoridades civis.

Estamos convictos de que a vossa vasta experiência será uma garantia para os armênios em vossa jurisprudência, pois a direção da vida espiritual deles estará entregue a um pastor meticuloso.

Estamos felizes ao saber que Vossa Reverência tem um grande zelo pela canção religiosa regular nas missas. Se desejar, Vossa Reverência pode adquirir, da nossa Diocese, alguns exemplares impressos da Missa de Yegmalian, ao valor de 3 dólares cada exemplar. Pode colocar um órgão na capela, e dirigir o coral com a Missa de Yegmalian.

Também com a mesma data, o arcebispo Dirayr anexava à sua carta o seguinte comunicado oficial, dirigido ao Conselho Fundador da Coletividade:

[...] O reverendo padre Gabriel Samuelian, através da carta datada de 27 de janeiro corrente, nos comunica sobre a situação da vossa pequena coletividade, informando, ao mesmo tempo, sobre a formação do vosso corpo denominado "Conselho Fundador", eleito com o intuito de zelar pelos assuntos eclesiásticos, nacionais e comunitários locais.

Ficamos satisfeitos ao saber que, num curto espaço de tempo e com os esforços do Padre Gabriel, a vossa coletividade se uniu, razão pela qual é com grande satisfação que aprovamos vosso corpo recém-formado, assim constituído:

Reverendo Padre Gabriel Samuelian — Presidente de Honra
Sr. Rizkallah Jorge Tahanian — Presidente
Sr. Dajad Tachdjian — Secretário
Sr. Hagop Demirdjan — Tesoureiro
Sr. Tavit Boghossian — Vice-presidente
Sr. Apraham Tchalakanian Curi — Vice-secretário
Sr. Vahram Keutenedjian — Vice-tesoureiro
Sr. Elia Naccach — Conselheiro
Sr. Ghazar Nazarian — Conselheiro
Sr. Armenag Sayegh — Conselheiro
Sr. Garabed Israelian — Conselheiro

Ao aprovarmos este novo Conselho, sugerimos à nova Mesa:
a) Desenvolver uma atividade harmoniosa, para a administração benéfica de todos os trabalhos em vossa coletividade.
b) Trabalhar para ter uma capela própria, mesmo que pequena, onde vossa pequena coletividade tenha a possibilidade de, simultaneamente à sua veneração a Deus, também atar-se aos valores sagrados nacionais, preservando o espírito que, por séculos, foi a força protetora que manteve viva a armenidade.
c) Possuir uma pequena escola, onde vossas crianças possam aprender a língua armênia, que é o único meio de poder entender e assimilar a Igreja Armênia e a armenidade.
d) Ter um livro de caixa, onde deve ser registrado todo o movimento das entradas e saídas da coletividade.
e) Abrir um livro onde deve ser registrado o censo da vossa pequena coletividade, assim como, na medida do possível, citar com detalhes os dados dos recém-chegados ou aqueles que partem (mencionando para onde eles viajam).
f) Cuidar para que todos os membros da vossa coletividade, homens e mulhe-

res, sejam registrados na capela, efetuando um determinado pagamento anual, assegurando assim a manutenção da própria capela, e facilitar o subsídio elementar do pastor, para que ele possa se dedicar à sua missão sem ter de enfrentar maiores dificuldades.

g) Manter um livro de registro separado, onde devem ser anotados: 1. os batizados; 2. os casamentos; 3. os falecidos. Este livro de registro deve permanecer sob a responsabilidade do padre.

h) Em caso de necessidade, para solucionar qualquer problema, dúvidas ou explicações, os senhores podem nos contatar imediatamente, e nós atenderemos prontamente todas as vossas solicitações.

i) Tentem manter laços morais e espirituais permanentes com a nossa Diocese, esta instituição central que se preocupa com as necessidades da vossa vida espiritual.

Ao abençoarmos o vosso Conselho, auguramos votos de amor, estímulo, capacidade e força a vós todos, bem como a todos os membros da vossa coletividade, exortando-os a cooperarem convosco.

Os pedidos e sugestões apresentados na carta do bispo Dirayr para o padre Gabriel Samuelian e ao Conselho Fundador da Coletividade, para que fossem mantidos contatos permanentes com a Diocese Armênia da América do Norte, sempre ficaram impraticáveis, e isso não só nos dias da primazia do bispo Dirayr, mas também no período de seus sucessores. A coletividade armênia do Brasil ficou ligada à Prelazia da América do Norte apenas nominalmente. As relações foram muito escassas e, às vezes, feitas apenas por mera formalidade.

Ao ver esse fato, a Diocese da América do Norte designou o pastor espiritual de Buenos Aires, arcipreste Hovhannés Amiriants, como lugar-tenente diocesano para os armênios da América do Sul, exigindo que a coletividade armênia do Brasil mantivesse seu laço com o arcipreste. Mas nem essa alternativa surtiria efeito, uma vez que a coletividade armênia do Brasil prosseguiria a ser dirigida por seu pastor espiritual, com um aspecto semi-independente.

Ao levar em consideração a reclamação do padre Samuelian em sua sessão do dia 16 de fevereiro de 1924, o Conselho decidiu aumentar o salário do padre para 400 cruzeiros, deixando também para ele as entradas oriundas das liturgias de batizados, casamentos, enterros e outros, recomendando, ao mesmo tempo, que ele exortasse o povo a fazer doações também para a Igreja, para que fosse possível suprir as despesas desta.

A REVOLUÇÃO DE SÃO PAULO E A RENÚNCIA DO PADRE

Mal os armênios puderam ter uma capela provisória, depois de ter ficado tantos anos sem o seu lar de oração, eis que surgiu a revolução interna no Brasil. A cidade de São Paulo transformou-se num palco de guerra, e a rua Florêncio de Abreu, onde estava localizada a igreja, numa trincheira. Os buracos das munições despejadas por ambas as partes em guerra ornamentavam as paredes dos prédios. O padre foi obrigado a abandonar a igreja e buscou refúgio com sua família no convento de São Bento, que ficava a pouca distância e estava repleto de refugiados de todas as nacionalidades.

Às breves lutas (de 21 dias) seguiu-se um período indefinido. Assim, depois da reunião do dia 16 de fevereiro de 1924, o Conselho Fundador da Coletividade não mais se reuniu até o dia 9 de setembro do mesmo ano, quando surgiu a necessidade de realizar uma reunião extraordinária por causa da renúncia do padre.

Por meio de um ofício e alegando suas condições de saúde, o padre pedia demissão de seu cargo, sugerindo que o Conselho procurasse um outro padre para substituí-lo.

O Conselho respondeu dizendo que o período de sua gestão havia terminado no dia 31 de agosto, mas, por motivos alheios à sua vontade (referindo-se à insurgência interna), não foi possível realizar uma nova eleição. Portanto, pedia ao padre Samuelian que aguardasse até o dia 21 de setembro, quando seria realizada a eleição de um novo Conselho, a quem caberia solucionar essa questão.

Conforme o prometido, o Conselho Fundador da Coletividade realizou a assembleia geral no dia 28 de setembro de 1924, no salão da Igreja, e foram eleitos os seguintes conselheiros:

Elia Naccach — 50 votos
Rizkallah Jorge Tahanian — 47 votos
Ghazar Nazarian — 47 votos
Mikael Der Margossian — 47 votos
Hagop Demirdjian — 41 votos
Armando Sayegh — 38 votos
Naum Rabbat — 35 votos
Dajad Tachdjian — 35 votos
Vahram Keutenedjian — 35 votos
Garabed Israelian — 33 votos
Apraham Tchalakanian Curi — 31 votos
Guiragós Dulgerian — 27 votos
Jorge Rizkallah Jorge — 25 votos

O jornal *Hayrenik* (*Pátria*), publicado na América do Norte, trouxe, em sua edição do dia 10 de janeiro de 1925, número 3859, a seguinte reportagem de Kiud Mekhitarian, datada de 20 de outubro de 1924, destacando essas eleições:

[...] Finda a gestão anual do recém-estabelecido Conselho Tutorial da Igreja, conforme convocação previamente divulgada, no domingo, 28 de setembro, realizou-se uma nova eleição e, com a maioria dos votos obtidos, foram eleitos os seguintes senhores [...].

Na reportagem, Kiud Mekhitarian relacionava os nomes dos eleitos, e tecia um breve relato sobre a situação financeira do Conselho cessante, demonstrando claramente que a igreja estava com um déficit de 210 dólares:

[...] se não existissem sectarismos entre os armênios que falam o idioma árabe, e se cada um participasse do pagamento das taxas da igreja, de acordo com suas condições, não só estariam isentos desse déficit hoje existente, mas talvez tivessem alcançado um resultado positivo.

Espera-se que o novo Conselho consiga desenvolver uma atividade mais frutífera, uma vez nele se incluem personalidades com poder aquisitivo elevado, tais como os senhores Rizkallah Jorge Tahanian e Elia Naccach, os quais, com boa vontade, até mesmo sem a participação do povo, podem erguer uma igreja maravilhosa nesse país, um monumento comprobatório da fé milenar e indestrutível do armênio. Com esta esta finalidade, o Sr. Rizkallah Jorge Tahanian até já comprou um grande terreno, como comprovam pessoas de sua confiança e que mantêm contatos assíduos com ele.

Consideramos ser importante a citação desse trecho da reportagem, escrita em 1924 pelo saudoso Kiud Mekhitarian, não apenas para demonstrar fielmente o pensamento da coletividade armênia da época, mas porque tal descrição ilustra também os acontecimentos ocorridos anos depois na vida comunitária da coletividade armênia do Brasil.

A coletividade armênia de São Paulo crescia numericamente a cada dia, com a chegada de novos imigrantes. O prédio que servia como igreja, de propriedade de Rizkallah Jorge Tahanian, alugado pela coletividade armênia por 600 cruzeiros mensais, não mais satisfazia o povo, pois todos desejavam ter uma igreja própria. Mas a situação financeira dos recém-chegados não permitia que se fizesse uma arrecadação para concretizar assim o anseio do povo, enquanto os armênios já instalados aqui há muitos anos, sobre cujos ombros se acumularia o peso desse sacrifício, não demonstravam coragem suficiente para assumir tal iniciativa e, por esse motivo, todos direcionavam seus olhares para os ricos e, mais especificamente, para Rizkallah Jorge Tahanian. As pessoas esperava que esse senhor rico, ou os ricos em geral, que conheciam muito bem a vontade do povo, num gesto nobre, concretizassem esse anseio. Mas os ricos, ao invés de pensar em satisfazer as esperanças da maioria do povo, começaram a travar uma luta silenciosa que, aos poucos, tornar-se-ia propriedade da coletividade.

Elia Naccach liderava um dos lados. Por muitos anos, ele exercera o cargo de presidente da União Beneficente Armênia e, através da sua atividade patriótica, criara um ambiente de respeito para com a sua pessoa. Apesar de ter atingido uma boa situação financeira, jamais poderia ser comparado com o nível financeiro do seu genro, Rizkallah Jorge Tahanian.

O outro lado era encabeçado por Rizkallah Jorge Tahanian, o milionário armênio do Brasil, cujo poder econômico impunha respeito aos que o cercavam.

Elia Naccach revelava-se por seus sentimentos e atividades desenvolvidas na vida comunitário-nacional, enquanto Rizkallah Jorge, por sua infinita riqueza. O primeiro era uma figura conhecida na vida comunitária, e o segundo surgira recentemente.

Até hoje, não foi possível definir concretamente o verdadeiro motivo da controvérsia entre ambos. Alguns atribuem isso a velhos desentendimentos familiares; outros, a influências financeiras. Sabe-se apenas que, ao se referir ao motivo de sua controvérsia com seu genro, Elia Naccach dizia:

Rizkallah Jorge Tahanian persegue uma reputação gratuita. Ele alugou para o povo o prédio onde se realizam as cerimônias religiosas por 600 cruzeiros mensais. É claro que ele não precisa desse aluguel. Ademais, ele comprou um terreno para construir uma igreja; por que, então, ele não a constrói, o que ele espera desta gente pobre? Ele é tão rico, e a construção de uma igreja seria uma despesa insignificante para ele. Por que ele visa o óbolo do povo, que sequer tem um trabalho fixo, ao invés de tomar um passo nobre? Caso o povo consiga angariar dinheiro suficiente e construir a igreja, onde ficaria a intenção de Rizkallah Jorge Tahanian de se tornar um benemérito?

Por sua vez, Rizkallah Jorge Tahanian argumentava:

Se o povo sente a necessidade de ter uma igreja própria, por que então não faz uma arrecadação para construir a igreja com seus próprios recursos, e todos depositam suas esperanças apenas em mim? Como membro da coletividade, estou disposto a realizar a parte que cabe a mim, no máximo. Por exemplo, eu ofereço o terreno, mas as despesas da construção devem ser assumidas pelos membros da coletividade, pois não faltam pessoas de posse nela.

O desentendimento entre Elia Naccach e Rizkallah Jorge Tahanian tomava, aos poucos, proporções agudas. Houve até os que pensavam que não seria possível realizar qualquer atividade profícua enquanto estes dois continuassem a fazer parte do Conselho Fundador da Coletividade. Por isso, tornava-se imperativo realizar uma nova eleição. Mas a questão era: qual dos dois deveria ser dispensado...?

"Caso o Elia Naccach se afaste, eu construo a igreja", teria dito Rizkallah Jorge Tahanian.

"Que Rizkallah Jorge Tahanian declare, de uma vez por todas, que ele não vai construir a igreja. Aí, iniciarei uma campanha de arrecadação, e construirei a igreja", teria dito Elia Naccach.

Nesta situação conturbada, o Conselho que foi eleito no dia 28 de setembro de 1924 realizou sua primeira reunião no dia 4 de outubro, formando a sua mesa diretiva, assim composta:

Rizkallah Jorge Tahanian — Presidente
Elia Naccach — Presidente
Dajad Tachdjian — Secretário
Armando Sayegh — Vice-secretário
Hagop Demirdjian — Tesoureiro
Naum Rabat — Vice-tesoureiro

O primeiro trabalho do recém-eleito conselho foi preocupar-se com o pedido de demissão do padre. Antes de aceitar a renúncia, o Conselho decidiu pedir ao padre que refletisse melhor sobre sua decisão. Finalmente, na reunião do dia 24 de novembro, o Conselho decidiu aumentar a remuneração do padre para 600 cruzeiros, o que foi aceito por este, encerrando, assim, o dilema da renúncia.

Ao ver que ninguém se preocupava com a questão da construção da igreja, o padre pediu autorização do Conselho para dar início a uma arrecadação na coletividade. O Conselho, no entanto, recusou o pedido alegando que, caso fosse necessário, ele próprio assumiria tal iniciativa, e não o padre.

O Conselho não assumia essa iniciativa e, por outro lado, o padre impedia que isso fosse realizado. Assim, a questão da construção da igreja permanecia como uma letra morta.

Guiragós Durguerian nasceu na aldeia de Husseynik, em Kharpert, no ano de 1888, filho de Sahak Durguerian. Chegou ao Brasil em 1908 e estabeleceu-se na cidade de São Paulo, trabalhando no comércio. Foi um membro eleito do Conselho Fundador da Coletividade, mas depois se afastou das atividades comunitárias. É comerciante de profissão.

Guiragós Durguerian

APRESENTAÇÃO DA ARTISTA EMMA ABRAHAMOVA

Na reunião do dia 18 de dezembro de 1924, um dos membros do Conselho Fundador da Coletividade, Vahram Keutenedjian, comunicou aos presentes que, quando ele se encontrava no Rio de Janeiro, conheceu a artista (bailarina) Emma Abrahamova, natural do Cáucaso. Keutenedjian sugeriu que o Conselho a convidasse a ir a São Paulo para divulgar na sociedade brasileira a arte da dança armênia.

Considerando ser inconveniente envolver-se imediatamente em atividades dessa envergadura, mas, ao mesmo tempo, vendo que a ideia apresentada poderia ser interessante, o Conselho decidiu eleger uma comissão independente e incumbi-la da tarefa.

Emma Abrahamova, que já se encontrava em São Paulo havia alguns dias, compareceu à reunião extraordinária do dia 25 de dezembro de 1924. A atriz assumiu o compromisso de preparar o programa de sua apresentação, com o objetivo de divulgar de forma adequada a cultura do povo armênio aos brasileiros, destinando a metade da renda obtida pela venda dos convites para si e a outra metade para os órfãos armênios. Ficou também acertado que a venda dos convites ficaria a cargo do Conselho ou da comissão formada para essa finalidade. Feitos os acertos, o Conselho designou uma comissão especial, constituída por Elia Naccach, Ghazar Nazarian, Vahram Keutenedjian, Emílio Tchalakanian Curi, Garabed Israelian, Jorge Rizkallah Jorge e Kevork Samuelian.

Assim, no dia 17 de janeiro de 1925, realizou-se no Theatro Municipal a apresentação meticulosamente preparada da Srta. Emma Abrahamova, acompanhada pela dançarina russa Maia Yevghé, assim como pelo renomado cantor brasileiro Ernesto de Marco e um dos famosos dançarinos do teatro de Milão, Vicente. Um grande público compareceu a esse evento inédito.

Ao se abrirem as cortinas do palco, a artista armênia apareceu envolta em uma bandeira tricolor da Armênia e cantando a música "Hayasdan" (Armênia), dando um caráter de cunho tipicamente armênio à apresentação. A seguir, Abrahamova executou números de danças populares armênias, intercaladas com canções também armênias, o que entusiasmou e emocionou o público armênio ali presente, que se sentia orgulhoso ao ver essa bela apresentação da arte de dança de sua terra para o público brasileiro.

No dia seguinte, todos os jornais de São Paulo teceram grandes elogios à apresentação de Emma Abrahamova, elogiando suas canções e as danças típicas.

Como é hábito em todos os círculos restritos, também para a recém-formada coletividade armênia de São Paulo por um bom tempo o grande foco das conversas seria a apresentação da artista armênia e os elogios dos jornais locais.

Manuk Korukian nasceu em 1860, na cidade de Kharpert. Chegou ao Brasil em 1890 e morreu em São Paulo no dia 31 de dezembro de 1935. Foi um dos poucos armênios que, determinado a dar uma educação armênia aos seus dois filhos, os encaminhou à escola dos mekhitaristas, em Veneza, em 1912, mas, com a eclosão da Primeira Guerra Mundial, viu-se forçado a trazê-los de volta, sem ter conseguido alcançar seu objetivo.

Manuk Korukian

O PRIMEIRO FRUTO DAS DISCORDÂNCIAS

O Conselho Fundador da Coletividade estava fadado ao fracasso, pois era incapaz de desenvolver uma atividade frutífera, por causa de discordâncias internas e disputas que surgiram sem que houvesse uma explicação plausível que as justificasse.

Como consequência da disputa entre Elia Nacchach e Rizkallah Jorge Tahanian, na reunião do dia 4 de junho de 1925, o Conselho Fundador da Coletividade recebera o pedido de renúncia do seu presidente, Rizkallah Jorge Tahanian, que dizia:

[...] o imenso acúmulo do meu trabalho, assim como a preocupação que tenho com minhas tarefas pessoais e públicas, não me deixam livre sequer por um minuto. Por isso, serei obrigado a renunciar do meu cargo deste Conselho.
Os membros deste nobre Conselho podem estar certos de que tenho trabalhado para o bem e a prosperidade da coletividade armênia tanto quanto foi possível.
Chegou ao meu conhecimento o fato de que alguns membros da coletividade armênia estariam receosos, ou supõem que o prédio onde se localiza a Igreja Armênia não está seguro o suficiente. Talvez fosse melhor para os dois lados que se alugasse um outro prédio, mais seguro, e assim acabava de vez esta preocupação.
Espero que este meu pedido seja atendido. Repito, mais uma vez, que estou à inteira disposição deste Conselho e do público armênio. Desejo, de coração, muito êxito ao Conselho e prosperidade para a Coletividade Armênia, Coletividade da qual me orgulho ser um integrante, e me sinto orgulhoso e honrado.

O Conselho, que estava a par da disputa existente, não se surpreendeu com a carta de renúncia, mas não pôde decidir qual rumo a seguir. Depois de longas deliberações, decidiu-se encaminhar uma carta para o Sr. Rizkallah Jorge Tahanian, pedindo que ele desconsiderasse seu pedido de demissão e aguardasse a realização de novas eleições, no mês de agosto.

Se fôssemos ler atentamente a carta de demissão, escrita no idioma português, num estilo muito polido e explicando as razões dessa atitude, não seria difícil sentir o peso do desentendimento reinante e o desprezo revelado entre os lados opostos. A que seria atribuída a MODESTA carta de renúncia SEM ALARDES, assinada por um milionário armênio: à sua história ou à sua esperteza? Talvez ambas as coisas. De qualquer modo, era uma atitude tomada por uma pessoa apta a lutar, habilidoso em usar suas armas e consciente ao manipular o peso de suas palavras. E, como tal, digno de elogios.

A coletividade armênia não demonstrou interesse na disputa travada entre esses dois outrora amigos, que talvez tenha surgido devido a certa intolerância mútua. A coletividade estava mais preocupada em conseguir sua própria igreja e, sem pensar em apontar o justo ou injusto, inclinava-se para o lado daquele que tomasse a iniciativa de construir a igreja da coletividade. E, visto que não existia outra pessoa compatível com Rizkallah Jorge Tahanian em termos de riqueza, não tardaria a se aproximar dos simpatizantes de Rizkallah Jorge

Tahanian, entre os quais se encontrava, iclusive, o padre Samuelian. Assim, a assembleia geral realizada no dia 23 de agosto de 1925 excluiu, sem alardes, o Sr. Elia Naccach, supondo que um dos grandes obstáculos rumo à construção da igreja fosse, assim, eliminado.

A eleição obteve o seguinte resultado: Rizkallah Jorge Tahanian, Vahran Keutenedjian, Rizkallah Dagli, Dadjad Tachdjan, Mikael Der Margossian, Naum Rabbat, Jorge Rizkallah, Garabed Israelian, Ghazar Nazarian e Hagop Demirdjian.

O resultado da eleição não deixou satisfeito o Sr. Elia Naccach e seus simpatizantes, pois parecia muito claro que a eleição fora realizada propositadamente, porque: a) não constava o nome de Elia Naccach na lista dos candidatos; b) os eleitos foram dez pessoas, e não onze, como era de hábito, deixando uma lacuna e fazendo entender que "a décima primeira vaga era para Elia Naccach, e o deixamos aberto de propósito"; c) tentaram concentrar os votos em candidatos que usufruíam a simpatia do Sr. Rizkallah Jorge Tahanian.

O corpo do novo Conselho não era completo, pois faltava um nome, e os que foram eleitos obtiveram votos insignificantes. Então, apenas para salvar as aparências, decidiu-se acrescentar o nome de Elia Naccach na lista para completar o número legal de onze pessoas.

É óbvio que tal remenda não eliminaria a ferida que atingira o prestígio de Elia Naccach, mas o fato já acontecera, e é natural que Rizkallah Jorge Tahanian tenha ficado contente com o resultado das eleições.

O recém-formado Conselho Fundador da Coletividade formou a sua mesa diretiva somente no dia 10 de dezembro de 1925, que assim ficou constituído:

Rizkallah Jorge Tahanian — Presidente
Ghazar Nazarian — Vice-presidente
Dadjad Tachdjian — Secretário
Vahram Keutenedjian — Vice-secretário
Hagop Demirdjian — Tesoureiro

Como já dissemos, esta última eleição do Conselho Fundador da Coletividade foi um disfarce apenas para salvar as aparências; tanto é que o Conselho não só foi o porta-voz do pensamento daquele de quem ele nasceu, mas também confirmou, sem necessidade, que as atividades da comunidade só alcançariam um resultado positivo com a cooperação de todos. Para se ter uma ideia, o novo Conselho Fundador da Coletividade, depois de sua eleição, deixou por escrito apenas uma ata, referente à constituição da mesa diretiva. Até o ano de 1928, não mais seriam realizadas reuniões formais, nem se pensou em manter atas registradas, assim como a construção da igreja ou a formação de um novo

Conselho não mais fizeram parte da ordem do dia. Por sua vez, a coletividade armênia também não mais se interessou pelas atividades do Conselho. Com essa sua apatia, a coletividade parecia dar o seu recado silenciosamente, depois de Rizkallah Jorge Tahanian ter alardeado que, se o Elia Naccach se afastasse, ele construiria a igreja. A assembleia geral atendeu sua demanda e não votou em Elia Naccach. Assim, caberia a Rizkallah cumprir sua promessa e construir a igreja. A assembleia sacrificou o prestígio de uma figura destacada, feriu o prestígio de Elia Naccach, apenas para que a coletividade armênia pudesse ter a sua igreja.

Quanto ao motivo pelo qual a assembleia geral assim elegera o seu Conselho Fundador da Coletividade e o seu objetivo, isso se revela de forma nítida na reportagem do dia 3 de setembro de 1925, escrita por Kiud Mekhitarian e publicada na edição de número 4081, em 2 de outubro de 1925, do jornal *Hayrenik*, editado na América do Norte. Kiud Mekhitaian testemunhara e participara das eleições.

Em sua reportagem, além de fornecer o resultado das eleições, Mekhitarian também refletia sobre o balanço apresentado pelo Conselho anterior, revelando que, além de saldar uma dívida de 210 dólares acumulada desde o ano anterior, a igreja contabilizara, inclusive, um saldo positivo de 37 dólares.

Segundo a reportagem,

Durante o seu relato, o Sr. Dadjad Tachdjian declarou também que, no início deste ano, sob os auspícios do Conselho Curador e organizada pela artista armênia Emma Abrahamova, realizou-se um concerto musical em prol dos órfãos armênios. Foi possível arrecadar a importância de 750 dólares, mas, devido às circunstâncias, esse valor ainda não foi destinado ao seu objetivo, sendo aplicado para render dividendos de juros.

Um dos presentes da assembleia geral, Sr. Harutiun Vezneyan, observou, com todo o direito, que a não destinação do valor arrecadado à sua finalidade, até esta data, isto é, em prol dos órfãos, é uma negligência gritante. O presidente da assembleia, Rizkallah Jorge Tahanian, assumindo a responsabilidade e respondendo por todo o Conselho, prometeu remeter, sem demora, aquele dinheiro ao seu destino final já no mês seguinte.

É possível que o respeitável presidente não possa realizar sua promessa, haja visto que existem pessoas alegando que, ao invés de se preocupar com as benfeitorias em prol dos órfãos, o que se viu foram vaidades e opiniões pessoais, o que é uma realidade lamentável e muito triste.

Depois das eleições, o Sr. Yeghiché Vartanian (posteriormente, padre Yeznig) cumprimentou os membros eleitos do Conselho e disse que, como membro da coletividade armênia de São Paulo e um dos que participou da votação, desejava que a assembleia não limitasse suas atividades centralizando-as apenas ao redor da igreja, mas, como Conselho Representativo da Coletividade e sendo formalmente reconhecido pelas autoridades governamentais, ampliasse sua área de atuação.

É de desejar que este novo Conselho, ao sentir o peso da responsabilidade de suas tarefas e tirando proveito das sugestões que se lhe são apresentadas, em sua gestão de atuação, trabalhasse imbuído do verdadeiro espírito de sacrifício, dotando a coletividade armênia local com uma igreja própria, o que será um dos principais fatores da salvação de um punhado de armênios sujeitos à assimilação.

Tal como na reportagem de Kiud Mekhitarian, também todas as pessoas que participaram da votação estavam convictas de que essas eleições poderiam solucionar o dilema da construção da igreja. Mas, em breve, novos acontecimentos decepcionariam a todos, desmascarando seus protagonistas e fazendo com que a coletividade os julgasse, dentro de sua capacidade de julgamento.

O dilema dos 108 imigrantes

Na vida encontramos, frequentemente, iniciativas de difícil avaliação quanto ao seu lado humanitário ou meramente interesseiro, por tais iniciativas serem bastante flexíveis, e as pessoas tentarem dar a explicação que melhor lhes convém. Foi assim com o caso da transferência de 108 armênios oriundos de Selênica para o Brasil, com a cobertura financeira do governo.

Para explorar seus vastos campos frutíferos, desde a sua descoberta até os dias atuais, o Brasil sempre teve a necessidade de contratar trabalhadores rurais, e até hoje o governo brasileiro não só admite, como também está disposto a pagar até as despesas de viagem dos imigrantes, com a condição de que esses estrangeiros trabalhem nas fazendas e se ocupem da agricultura. Essa experiência fora adotada com quase todas as etnias migratórias, menos com os armênios. A tragédia de 1915 fez com que essa experiência também fosse adotada com os armênios.

Algumas experiências preliminares tinham sido realizadas nos anos de 1895 e 1908, ao tentar trazer para o Brasil uma massa de imigrantes armênios para trabalharem nos campos agrícolas do país. Em ambas as ocasiões, a iniciativa partiu dos brasileiros. Sobre esse fato, consta um registro no livro *Quando eu era vivo*, de autoria do médico e escritor Medeiros E. Albuquerque.

Medeiros Albuquerque foi uma figura política influente de sua época, tanto que, além de ser médico de profissão, era também — e até mais conhecido como — escritor, poeta e publicitário. Ele foi o autor de um dos hinos republicanos, membro do Parlamento do Brasil e presidente da Academia Brasileira de Letras.

Depois de escrever suas memórias, ele as guardou num pacote selado, onde escreveu: "Este livro deve ser aberto e publicado apenas dez anos depois da minha morte". Seus herdeiros, respeitando o seu legado, fizeram exatamente o que ele pedira: publicaram suas memórias dez anos depois de sua morte, sob o título *Quando eu estava vivo*. Nas páginas 162 e 163 do livro, ao narrar suas memórias, o autor revela que, quando Prudente de Morais era o presidente do Brasil (1894-1898) e Campos Salles era o presidente do estado de São Paulo (mais tarde, tornar-se-ia presidente da República do Brasil, entre os anos de 1898 e 1902), em 1895, o autor teria sugerido que, ao invés de transferir imigrantes italianos ao Brasil, antes, trouxessem imigrantes armênios, e teria insistido nessa sua tese, alegando que, uma vez que os armênios eram originários de uma nação forte e poderosa, os turcos queriam exterminá-los, organizando massacres contra eles. Por isso, se o governo brasileiro quisesse transferi-los para o Brasil, certamente os turcos atenderiam tal pedido com simpatia, já que tal decisão seria condizente com a sua política de se libertar dos armênios. Mas, como Campos Salles se inclinava mais à ideia de trazer imigrantes italianos, não acatou a ideia de Medeiros de Albuquerque e, destarte, não permitiu que fossem trazidos os armênios. Para conseguir realizar seu projeto, Medeiros de Albuquerque viajou para o Rio de Janeiro e revelou sua ideia para o agrônomo amazonense Torquato Tapajós (que, sem dúvida, devia ser uma grande figura naquela época). Depois de uma "profunda avaliação", Torquato Tapajós aceitou a ideia de Medeiros de Albuquerque e prometeu apoiá-lo para conseguir concretizar esse projeto. "Lamentavelmente, Torquato Tapajós teve uma morte fulminante e, assim, não foi possível executar tal projeto", escreveu o autor em suas memórias.

Medeiros de Albuquerque não desistiu da ideia e, em 1908, viajou para Constantinopla (no livro, ele não diz em que ocasião) e teve um encontro com o Patriarca armênio (possivelmente, o Patriarca Ormanian), quando teve a oportunidade de expor a este seu projeto. O Patriarca teria concordado com a ideia apresentada, tanto que teria sugerido a Albuquerque dar início a esse trabalho. "No dia seguinte, depois do meu encontro com o Patriarca, um bispo chamado Ghevont Turian, que era secretário do Patriarca, veio me visitar, demonstrando grande entusiasmo por meu projeto. Ocorre que, infelizmente, nesse mesmo ano, o governo brasileiro, achando perigosa a vinda de imigrantes chineses e japoneses, emitiu um decreto proibindo a entrada de etnias asiáticas no Brasil, e os armênios, grupo étnico da Ásia, foram incluídos nessa lista. Assim, pela segunda vez, o meu projeto fracassou", escreveu Medeiros de Albuquerque no seu livro de memórias.

Após essa dupla tentativa de Medeiros de Albuquerque, ninguém mais tomaria a iniciativa de trazer imigrantes armênios para o Brasil, até que, em 1922, um barbudo pastor evangélico assírio chamado Mikael Bizmanian (não se sabe se era formalmente mesmo um pastor), que periodicamente visitava São Paulo e Rio de Janeiro, identificando-se como armênio, apresentou um pedido para o Ministério da Agricultura do Brasil, sugerindo que fossem trazidas cinquenta famílias armênias ao Brasil, à custa do governo brasileiro. E, para o êxito do seu projeto, Mikael Bizmanian pediu, inclusive, a interferência do Dr. Betim Paes Leme, genro do saudoso Dr. Mihran Latif, mas não teve sucesso. Ademais, não ficou claro se esse pastor evangélico assírio, sob o manto do nome armênio, queria trazer imigrantes assírios ou armênios com o custeio do governo brasileiro.

O que chamou mais atenção foi que esse pseudoarmênio assírio manteve seu projeto escondido dos armênios. Ninguém além do Dr. Mihran Latif sabia das atividades desse pastor.

Depois do malogro dessa terceira tentativa, houve ainda uma quarta de trazer imigrantes armênios ao Brasil, essa apresentada pelo representante da Comissão de Assentamento de Imigrantes da Liga das Nações, coronel James Proctierre, que chegou ao Brasil no ano de 1925 para verificar a possibilidade de trazer imigrantes russos e armênios. O governo brasileiro, no entanto, não aceitou o pedido apresentado, alegando que o Brasil precisava apenas de imigrantes agricultores, enquanto a maioria absoluta dos imigrantes armênios e russos não preenchia esse requisito e, portanto, não poderia ser útil na agricultura.

Depois da quarta tentativa, o genro do Dr. Mihran Latif ainda tentou fazer mais uma tentativa. O Dr. Betim Paes Leme era bem conhecido nos círculos brasileiros. Além de ser uma figura política reconhecida no país, ele era um dos diretores de uma importante empresa inglesa cafeicultora e possuía uma grande fazenda cafeeira. Com o consentimento do Dr. Mihran Latif, o Dr. Betim Paes Leme nomeou um dos parentes do Dr. Latif, Hrant Fendeklian, como seu representante para transferir algumas famílias armênias da Grécia para o Brasil. Essas famílias trabalhariam nas fazendas de café. Caso a iniciativa lograsse êxito, seria possível convencer as autoridades brasileiras a incentivar a vinda de outros imigrantes armênios, custeados pelo governo.

Através de Leon Curiatis, proprietário da empresa Transportes Marítimos, que residia na cidade de Selênica, apesar da não aceitação da Diocese Armênia, Conselhos Diocesanos e as fortes críticas dos jornais armênios, Hrant

Fendeklian conseguiu transferir para o Brasil 22 famílias armênias, totalizando 108 pessoas, porém sem definir se todas elas entendiam de agricultura.

Esses armênios assinaram um documento em Selênica, comprometendo-se a trabalhar em fazendas de café por um período de quatro anos. Mas, ao chegarem ao Rio de Janeiro, rebelaram-se e não quiseram prosseguir viagem até as fazendas indicadas, um comportamento feio que sob nenhum aspecto se justificava.

O Dr. Mihran Latif e os armênios residentes no Rio de Janeiro, bem como o padre católico armênio Hagop Nessimian, tiveram muito trabalho para cuidar das necessidades dessas famílias e convencê-las a honrar os compromissos previamente assumidos por ocasião da sua viagem ao Brasil. Finalmente, no início do mês de setembro de 1926, essas famílias foram encaminhadas para a fazenda de café Canaã, do Dr. Mihran Latif, no estado de São Paulo, onde deveriam se instalar e trabalhar.

Sem exceção, essas 22 famílias eram constituídas de artesãos, sem nada entender de agricultura. Algumas semanas depois de chegarem à fazenda de café do Dr. Mihran Latif, elas não se adaptaram ao trabalho oferecido e começaram a demonstrar sinais de revolta. Quarenta dessas pessoas começaram a manifestar comportamentos bastante estranhos, tanto que o administrador da fazenda, temendo que tal revolta contagiasse trabalhadores de outras nacionalidades, comunicou o fato imediatamente para o Dr. Betim Paes Leme, pedindo providências urgentes. O Dr. Betim, por sua vez, solicitou a intervenção do padre católico armênio Hagop Nessimian. Este encaminhou a seguinte carta, datada de 10 de setembro de 1926, para o pastor espiritual dos armênios do Brasil, padre Gabriel Samuelian:

Rio de Janeiro, 10 de setembro de 1926
Respeitável Reverendo
Padre Gabriel Samuelian
Responsável dos Armênios
SÃO PAULO

Com meus profundos respeitos e cumprimentos, tenho o dever de comunicar à Vossa Reverência que tive, hoje, um contato com o genro do respeitável Senhor Latif, Dr. André Paes Leme, quem me informou que por volta de quarenta armênios, vindos recentemente da França, vêm manifestando insatisfação, não mais querendo permanecer no local onde se encontram, e pediram ao Dr. Leme que lhes transferisse para São Paulo.

O Dr. Leme explicou a este grupo que não teria como enviá-los para São Paulo com seus recursos próprios, e sugeriu que, se realmente o grupo queria ir para São Paulo, seria necessário, primeiramente, que uma pessoa desses quarenta fosse para São Paulo, a fim de garantir moradia e trabalho a todos, e só depois de ter conseguido isso é que todos poderiam viajar juntos, sem causar incômodo às pessoas, e sem ficar numa situação deplorável.

Certamente, deve ser do conhecimento de Vossa Reverência o quanto nós temos nos empenhado para amenizar as necessidades dos primeiros armênios que chegaram ao Rio de Janeiro, tentando hospedá-los e amparar a todos na medida do possível. Mas, infelizmente, eles sempre apresentaram uma situação indecisa e insegura, com o firme desejo de ir para São Paulo. Apesar dos nossos conselhos e sugestões, eles não queriam permanecer no Rio de Janeiro, razão pela qual fomos obrigados a levá-los para a fazenda da digníssima família Latif, e vários outros para São Paulo. Alguns desses se arrependeram de ter deixado o Rio de Janeiro, e chegaram a escrever para seus amigos, dizendo o seguinte: "Mesmo que vocês consigam encontrar só pão amassado no Rio de Janeiro, não saiam daí, porque aqui não há trabalho para ninguém". Por outro lado, como eu já disse, os que foram para a fazenda da família Latif querem mudar para São Paulo.

Vejo que, com essa atitude de insegurança, eles não só deturpam o ambiente, como também causam dor de cabeça para seus compatriotas. Muitos que foram para a fazenda são profissionais, sim, mas, ao sentir que não lograrão sucesso logo, uma vez que desconhecem a língua do país, e até aprender o idioma e conseguir algum sucesso terão de sustentar suas famílias, preferiram permanecer na fazenda, principalmente depois de se adaptarem às condições de estadia na fazenda.

Tanto para a digníssima família Latif como para o Senhor André Paes Leme, a permanência ou não dessas pessoas na fazenda não faria nenhuma diferença, haja vista que esses armênios não entendem do cultivo da terra e só agora é que começarão a aprender tal profissão. Por outro lado, sabendo que a mudança para São Paulo poderia deteriorar as condições da vida deles, a ilustríssima senhora Latif, movida por um sentimento de piedade, pediu ao seu genro que tratasse essas pobres criaturas com muita paciência e tolerância, até que elas aos poucos se habituem às condições daqui. Ela me sugeriu, ademais, que eu escrevesse para Vossa Reverência, pedindo a gentileza de visitá-los, para avaliar a situação deles. É possível que, depois de Vossa avaliação, o Senhor ache ser mais conveniente a transferência deles, e talvez Vossa Reverência ordene que eles sejam transferidos daqui. Caso contrário, seria conveniente o Senhor os exortar a permanecer onde estão, se conformando com a situação.

O Senhor André Paes Leme voltará para São Paulo depois de amanhã, isto é, no domingo, e ali permanecerá por três dias. Ele se hospedará no Hotel Esplanada. Nesta oportunidade, pediria que Vossa digníssima Reverência mantivesse contato com ele e combinasse com ele os detalhes da Vossa viagem para a fazenda. O Sr.

Leme está disposto a fazer todos os preparativos necessários para a Vossa viagem. Espero que Vossa Reverência receba esta missiva até a segunda-feira, para que o Senhor possa encontrá-lo às 9 horas da manhã no referido hotel. O Sr. Leme vos conhece desde o dia em que Vossa Reverência pedira a assinatura dele, para trazer cinquenta agricultores com as despesas do governo.

Certo de que Vossa Reverência não rejeitará esta solicitação em prol destes pobres compatriotas, permaneço à Vossa disposição e antecipo meus agradecimentos pela atenção dispensada,
Respeitosamente,

Padre Hagop Nessimian

O padre Gabriel Samuelian recebeu a tempo essa carta e, no dia marcado, pontualmente às 9 horas do dia 13 de setembro, dirigiu-se até o Hotel Esplanada, onde teve um encontro com o Dr. André Paes Leme. Ficou estabelecido que o Dr. Leme telefonaria para o padre no dia seguinte a fim de informar-lhe sobre o horário de partida rumo à fazenda. No entanto, no dia seguinte, bem cedo, André Paes Leme telefonou ao padre para comunicar que não seria mais necessário realizar tal viagem, pois soubera que os armênios já haviam abandonado a fazenda.

À luz desses acontecimentos, o padre enviou a seguinte carta, datada de 14 de outubro de 1926, para o padre católico armênio Hagop Nessimian:

Mui agraciado
Padre Hagop Nessimian, Rio de Janeiro

Recebi em tempo a honrosa carta de Vossa Reverência, datada de 10 de setembro de 1926, por cuja demora na resposta peço que me perdoe. O Sr. já cumpriu a sua obrigação paternal com os primeiros armênios que chegaram ao Rio de Janeiro e, certamente, durante esse período, eles devem ter causado muito trabalho para vossa reverência e demais compatriotas que os ajudaram. Todas as semanas, a cada dia, nós também enfrentamos uma situação semelhante aqui, motivo pelo qual, além das atividades internas, não nos sobram recursos para realizar trabalhos externos.

Por intermédio dos membros do nosso Conselho, quero manifestar nossos agradecimentos para a respeitável família Latif e a todos os compatriotas que têm-vos auxiliado, assumindo com amor todo sacrifício realizado. A transferência dos armênios que chegaram ao Rio para a fazenda foi um bom arranjo. Achamos que talvez fosse melhor que eles permanecessem ali, ao invés de se deslocar para São Paulo e se tornar nômades aqui.

Conforme a sugestão de Vossa Reverência, às 9 horas da manhã do dia 13 de setembro, depois de um longo encontro com o Sr. André Paes Leme, no Hotel Esplanada, ficou acertado que eu o acompanharia até a fazenda, para avaliar a situação dos armênios que se encontram ali, e dar-lhes conselhos adequados até que a situação melhorasse. Às 8 horas da manhã do dia 14, quarta-feira, conforme havíamos decidido no dia anterior, o Sr. Paes Leme me telefonou e comunicou que não seria mais necessário viajar, pois ele recebera uma carta da fazenda informando que as famílias armênias que ali se encontravam abandonaram a fazenda, e um dia depois estariam chegando a São Paulo. Se para eles essa era uma situação dolorosa, para nós foi mais triste ainda vê-los chegar a esta cidade. Queríamos que eles permanecessem na fazenda a vir para São Paulo e tornar-se andarilhos. Caso tenha oportunidade, pediria que vossa reverência contasse este fato para o respeitável Sr. Mihran Latif e à sua digníssima senhora.

Se tivéssemos chegado mais cedo, talvez pudéssemos convencê-los a permanecer na fazenda e, assim, talvez aliviássemos sua miséria.

Foi a primeira vez que vi o Sr. André Paes Leme; não procede a informação de que eu tenha solicitado a assinatura dele para trazer cinquenta agricultores armênios para o Brasil, com as despesas cobertas pelo governo. Há um pastor evangélico assírio aqui, e é possível que tenha feito um trabalho neste aspecto, recebendo a permissão do diretor da divisão de imigração com o objetivo de transferir imigrantes armênios ao Brasil para trabalhar no campo.

No ensejo, queira vossa reverência aceitar nossos profundos respeitos.
Fraternalmente,

Padre Gabriel Samuelian,
Pastor espiritual dos armênios do Brasil

No dia 15 de setembro de 1926, a primeira caravana dos armênios que saíra da fazenda Canaã chegou a São Paulo, e o prédio de número 15 da rua Florêncio de Abreu, onde se encontrava a capela armênia, ficou lotado com esses pobres imigrantes. Faziam parte da caravana as pessoas que haviam vendido seus pertences e conseguiram passagens para viajar a São Paulo; os outros, em número de setenta, permaneceram nas redondezas da estação do trem, fora da fazenda, por não terem provido o dinheiro da passagem. Imediatamente, com o auxílio dos membros da coletividade, o padre realizou uma campanha, arrecadou 270 dólares e mandou buscar o resto das famílias, que estava sem rumo e sem qualquer amparo.

O prédio da igreja parecia local de peregrinação. Todos os membros da coletividade se mobilizaram e trouxeram a ajuda necessária, a fim de aliviar a densa situação dos recém-chegados.

Nos dois primeiros dias depois da chegada deles, Rizkallah Jorge Tahanian assumiu a responsabilidade de garantir o suprimento das primeiras necessidades desses imigrantes. Já nos dois dias seguintes, assumiram essa atribuição Mikael Der Margossian e Hagop Demirdjian. No quinto e no sexto dia, foi a vez de Ghazar Nazarian e Melkon Kalaidjian. E assim, sucessivamente, todos participaram desse trabalho de ajuda fraternal.

Elia Naccach assumiu a responsabilidade de cuidar das roupas masculinas, enquanto as senhoras da coletividade cuidavam da vestimenta das mulheres do grupo dos imigrantes.

O apoio fraternal dos membros da coletividade para com os imigrantes recém-chegados prosseguiu por um bom tempo até que, sob determinação de Elia Naccach, oito dessas famílias foram encaminhadas para sua fazenda, com melhores condições, enquanto os demais imigrantes começaram a se espalhar à medida que encontravam algum trabalho e novas instalações.

Uma vez aqui estabelecidos, com a ajuda da coletividade, o padre Samuel enviou a seguinte carta, datada de 20 de setembro de 1926, para o Dr. Mihran Latif:

[...] As 22 famílias armênias que foram transferidas de Selênica para o Brasil, por intermédio do Sr. Hrant Fendeklian, totalizando 108 pessoas, há duas semanas saíram da quarentena da imigração e foram para a vossa fazenda Canaã, para aí trabalhar. Este vosso gesto nobre nos deixa muito felizes, pois é muito útil aos fragmentos da nossa nação sofrida. Há dois dias, uma grande parcela desses trabalhadores deixou a fazenda e chegou à cidade em condições deploráveis. Neste momento, eles se encontram aglomerados no prédio onde moramos, que serve também como nossa igreja. Este fato nos pegou de surpresa e causou uma grande confusão. Convoquei, imediatamente, o Conselho da igreja para uma reunião emergencial, para que pudéssemos deliberar sobre o problema surgido. Também convidamos o Sr. Hrant, que havia acabado de chegar à cidade.

Tentamos interferir, pedindo que voltassem à fazenda, mas foi impossível convencê-lo. Sabendo que esta pequena coletividade não poderá abrigar e sustentar por muito tempo esses imigrantes, será necessário espalhá-los na cidade e regiões adjacentes, razão pela qual comunico este fato para Vossa Senhoria.

Queira V. S. aceitar minhas sinceras saudações e bênçãos.
Abençoa-vos,

Padre Gabriel Samuelian
Pastor espiritual dos armênios do Brasil

O Dr. Latif estava profundamente sensibilizado por causa de todos esses acontecimentos, e mandou uma breve resposta para o padre, através de uma carta datada de 24 de setembro de 1926, onde fazia entender, de forma clara, que tudo que havia acontecido devia ser atribuído a uma pequena experiência apenas. Ademais, o Dr. Latif dizia estar disposto a mudar a opinião do governo brasileiro para com os armênios, e organizar uma onda migratória maior para o Brasil com o apoio do governo, o que poderia ser um alívio para os armênios que passavam por apuros tanto na Grécia como na Síria.

Eis o conteúdo da referida carta, escrita em português:

[...] Recebi ontem a vossa carta; fico-lhes muito grato. Se não respondo por uma carta manuscrita, o motivo é a minha saúde, que não me permite fazê-lo. Soube que famílias que moram em São Paulo têm-vos molestado bastante; eu esperava uma atitude mais digna destes armênios, pois dependeria do seu comportamento para que o governo se interessasse com a questão da imigração desta raça, algo que poderia até decidir o destino de muitos armênios desafortunados da Ásia Menor.

Nos sucessivos encontros que o meu genro, Dr. Betim Paes Leme, teve com as autoridades governamentais do Rio e de São Paulo, foi-lhe dito, repetidamente, que o governo poderia se interessar por uma nova leva de imigrantes se estes assumissem o compromisso de trabalhar na lavoura, no interior do país. O governo receia que os novos imigrantes não queiram trabalhar na lavoura, mas se estabelecer nas cidades, e isso não é o desejo das autoridades.

O coronel James Proter, que recentemente esteve aqui, representando a Comissão da Liga das Nações, a fim de pesquisar sobre a possibilidade da transferência de imigrantes russos e armênios para o Brasil, recebeu do governo esse mesmo argumento. Quanto aos armênios, especificamente, fiz tal experiência para dirimir o receio do governo; mas, como vossa reverência pode perceber, a atitude desses armênios prejudicará, em larga escala, a vinda de outros armênios ao Brasil, sem levar em consideração o prejuízo financeiro e os aborrecimentos causados para o Dr. Betim Paes Leme, que havia garantido ao governo brasileiro que os armênios viriam com o firme propósito de trabalhar na lavoura.

O Dr. Betim fez muito mais que aquele acordo selado entre a fazenda e as famílias armênias, e isso tão somente para persuadir o governo brasileiro de que os armênios haviam chegado aqui para trabalhar na lavoura.

Como o Sr. pode observar, a atitude destas famílias armênias prejudicará enormemente a vinda de outras famílias para o Brasil. Por isso, acho que o melhor seria convencer essas famílias a voltar ao interior do país e trabalhar na lavoura de qualquer fazenda, e assim nós veríamos a possibilidade de tentar eliminar a má impressão causada por tais famílias, que não respeitaram o compromisso assumido previamente à sua viagem.

Caso façam isso, é provável que não prejudiquem outras famílias carentes com o desejo de migrar para o Brasil; caso contrário, não haverá qualquer auxílio do governo brasileiro para os novos imigrantes. Na minha opinião, as fazendas são os únicos lugares viáveis para os imigrantes, os quais, por meio do trabalho desenvolvido e economias, terão chances de adquirir, em breve, suas próprias terras e tornar-se pequenos proprietários, como tem ocorrido com muitos imigrantes italianos e japoneses.

Queira sua reverência aceitar os meus sinceros agradecimentos pelas palavras tão simpáticas que me emocionaram profundamente. Queira aceitar os protestos de minha elevada estima e consideração.

Mihran Latif

Como se pode observar pela carta supracitada, o Dr. Mihran Latif desejava que o padre encontrasse uma saída para a volta dos imigrantes às fazendas, e o verdadeiro motivo disso era o fato de que, como o coronel James Procter, o representante enviado ao Brasil da Liga das Nações não lograra êxito na remoção de imigrantes armênios e russos para o Brasil, o Dr. Mihran Latif e seu genro, Dr. Betim Paes Leme, graças ao prestígio de que gozavam com as esferas governamentais brasileiras, e pelo fato de o Sr. Paes Leme ser um membro do Conselho Econômico do Brasil, conseguiram convencer o governo e obtiveram a autorização para remover 10 mil imigrantes armênios ao Brasil com custeio do governo. Mas o governo cumpriria a sua promessa só depois que as 108 pessoas trazidas na fase experimental trabalhassem, efetivamente, na lavoura. Ocorre que esses armênios não chegaram a permanecer sequer alguns meses na fazenda, e partiram, abandonando-a e atrapalhando, portanto, o plano do Dr. Mihran Latif e do seu genro.

Evidentemente, não podemos definir se o referido projeto seria positivo ou negativo caso fosse concretizado, sob o ponto de vista de nossos interesses nacionais. De qualquer forma, ficou claro que essa iniciativa de Mihran Latif não foi um projeto emanado de seus próprios interesses, pois, como armênio, ele certamente teria o objetivo de tornar-se útil aos seus compatriotas, mesmo que não tenha consultado nem informado a ninguém sobre esse seu plano.

Com o total fracasso da experiência inicial, a vinda ao Brasil de uma massa de imigrantes armênios foi descartada definitivamente.

RUMORES NA SÍRIA SOBRE A VINDA DE ARMÊNIOS AO BRASIL

Como já havíamos citado anteriormente, o nome do Brasil começou a aparecer nos lábios dos exilados armênios depois de 1923, uma vez que foi nessa data que os armênios começaram a chegar ao Brasil em maior número, oriundos da Grécia e, principalmente, da Síria, enquanto as lideranças comunitárias dessas regiões começavam a pensar no Brasil, talvez como consequência da primeira tentativa de Mihran Latif. Sem dúvida, a notícia de que 10 mil imigrantes armênios seriam enviados para o Brasil se espalhou na Selênica e chegou à Síria.

Essa notícia não era correta, tampouco errada, mas, como existiam rumores, estes se moldavam na boca do povo tal como qualquer notícia congênere; basta que exista uma pequena semente próxima à realidade para que esta tome dimensões de uma montanha e ganhe ornamentos, de forma que a pequena semente se dissolva e desapareça. Eis o destino da iniciativa do Dr. Mihran Latif, cuja notícia já se espalhara entre os armênios que moravam na Síria, a ponto de o ancião Catholicós Sahak, da Grande Casa da Cilícia, chegar a enviar uma carta ao padre Gabriel Samuelian pedindo informações a esse respeito.

Em resposta, o padre Samuelian enviou à Sua Santidade a carta datada de 21 de outubro de 1915, na qual esclarecia:

[...] Atendendo o pedido de Sua Santidade, venho comunicar, por meio desta, que os armênios que migraram para o Brasil há trinta anos, vieram de Kharpert e Alepo. Até 1923, o número deles em todo o Brasil sequer alcançava seiscentas pessoas. Depois de enfrentarem uma série de dificuldades na fase inicial, aos poucos eles conseguiram alcançar melhores patamares. Hoje, é possível encontrar entre eles joalheiros, fabricantes, comerciantes e artesãos.

A cidade de São Paulo é o centro industrial e comercial mais desenvolvido da América do Sul. A população da cidade é formada, quase em sua maioria, por europeus. Em 1923, após a minha chegada aqui, uma nova leva de armênios emigrou para o Brasil, oriundos de várias regiões, tão logo souberam da existência de uma organização e uma igreja armênia aqui. Atualmente, o número deles já chega a mil. No mês passado, uma Comissão enviada pela Liga das Nações dirigiu-se ao governo local, e, sob o empenho do Sr. Mihran Latif, um fazendeiro natural da cidade de Constantinopla e hoje residente no Rio de Janeiro, foi possível obter uma autorização para que os remanescentes armênios da Ásia Menor e das adjacências, por volta de 10 mil pessoas, pudessem vir ao Brasil. Mas o governo decidiu fazer uma experiência inicial, e permitiu a vinda de 25 famílias agrícolas, totalizando aproximadamente 110 pessoas da região de Selênica, para verificar se essas pessoas poderiam ser úteis como agricultores neste país. Assim, quando elas aqui chegaram, foram encaminhadas para uma fazenda de café, como previamente planejado. Ao ver que as condições de trabalho eram intoleráveis, essas pessoas abandonaram a fazenda e vieram à cidade, onde se encontram, hoje, abrigadas no prédio da igreja. Apesar disso, não devemos acusá-los, pois o funcionário que os trouxe não os selecionou de forma adequada, emperrou os artesãos e técnicos na atividade agrícola... Portanto, sem dúvida, só seria possível obter um resultado negativo. Ao ver o resultado dessa experiência, o governo decidiu não mais auxiliar a vinda de novos imigrantes armênios que desejavam migrar para o Brasil à custa do governo brasileiro.

Com a experiência de dois anos que tenho acumulado aqui, posso concluir que o Brasil é um bom país para os armênios que perambulam pela Ásia Menor e adjacências. Os que são artesãos, profissionais ou capitalistas, podem ter uma vida tranquila com muito sucesso; os trabalhadores recebem recompensa diária de 80-100-120 piastras sírias; os membros das famílias devem trabalhar para garantir o seu sustento. A curadoria da nossa igreja dá todo o apoio para os recém-chegados iniciarem suas atividades ou em busca de algum emprego, e os que chegam ficam contentes por terem aqui, ao menos provisoriamente, uma capela e uma pequena coletividade que fala a língua materna. Portanto, eles não enfrentam tantas dificuldades como os que chegaram anteriormente. Existe, sim, a dificuldade do idioma, mas isso apenas por um tempo limitado. Por outro lado, existe aqui uma grande coletividade síria, e, como os armênios provenientes da Síria falam o idioma árabe, isso tem sido um fator que facilita ainda mais a sua permanência.

Não faz muito tempo, ficamos sabendo que os jornais e as pessoas na Grécia e em outros locais fazem propaganda desfavorável a respeito do Brasil, sem ao menos ter uma noção clara sobre este país. Se compararmos, por exemplo, os imigrantes que moram em Selênica com os de São Paulo, veremos que em um ou dois anos os imigrantes estabelecidos em São Paulo estarão mais tranquilos e em condições financeiras mais sólidas.

Muitos erram ao pensar que nas ruas da América escoa ouro e podem catá-lo facilmente. Os armênios devem saber que, neste país, tanto o rico como o pobre trabalham arduamente.

Espero ter fornecido uma ideia razoável, mas, se precisarem de maiores esclarecimentos sobre o Brasil, estarei à disposição para fornecer explanações complementares para todas as vossas dúvidas.

Passados alguns meses dessa resposta do padre Gabriel Samuelian ao Catholicós Sahak, o primaz dos armênios de Beirute, Líbano, o monsenhor (*vartabed*) Yeprem Dohmuni, enviou a seguinte carta para o padre Gabriel, datada de 19 de junho de 1926:

[...] Lemos a Vossa carta encaminhada para Sua Santidade, e ficamos muito satisfeitos ao saber do Vosso zelo para com a nova leva de imigrantes armênios que tem chegado ao Brasil.

De acordo com um comunicado, está quase chegando ao fim a primeira relação de mil pessoas, constituída de seiscentos armênios da cidade de Sis e quatrocentos patrícios de Gars e Vahgats.

Nós, na qualidade de primaz de uma coletividade que conta com mais de 20 mil armênios, na maioria da região de Sis, sentimos ser o dever levar à Vossa consideração as seguintes indagações:

a) Serão necessários apenas agricultores, ou também podem ser artesãos, profissionais, jardineiros e veterinários?

b) No momento, quantas famílias de agricultores, artesãos, profissionais, jardineiros e veterinários seriam necessárias?

c) Quais são as condições do governo quanto às despesas de transporte, abastecimento e abrigo?

d) A ajuda oferecida incluiria dinheiro, alimentação, moradia, animais, sementes, terreno ou jardim?

e) Será que todos os membros das famílias contratadas (trabalhadores) serão obrigados a se ocuparem do trabalho nas fazendas, ou poderiam exercer também outras atividades?; os artesãos poderiam se dedicar à sua profissão livremente?

f) Qual o período dos contratos, e, após o término do prazo, os contratados terão o direito e a liberdade de trabalhar por conta própria?

g) É necessário exame médico para as famílias contratadas, e para quais enfermidades (especialmente tracoma, o olho)?

h) É obrigatória a obtenção da nacionalidade local, ou isso pode ser feito depois de algum tempo?

i) As famílias transportadas em grupo viverão coletivamente ou serão espalhadas? (Este detalhe é importante quanto ao aspecto de preservação da nacionalidade).

j) Queiram nos informar sobre o número dos imigrantes armênios existentes na Vossa região, assim como a diferença entre os meios de transporte oferecidos pelo governo e a Vossa Diretoria.

Salientamos que estas perguntas são formuladas sob a anuência e a pedido de Sua Santidade. Pedimos da Vossa Diretoria que se digne a responder a estas perguntas, complementando, ao mesmo tempo, caso haja algum detalhe esquecido de nossa parte.

A carta do primaz dos armênios de Beirute causou surpresa para o padre e para a diretoria da coletividade, por tratar-se de um assunto que já expirara, nada mais havendo, portanto, além da iniciativa tomada pelo Dr. Mihran Latif, que fora malograda. Assim sendo, o padre Samuelian escreveu ao primaz dos armênios de Alepo para saber da veracidade da confusão que lá surgira e pedindo maiores esclarecimentos a respeito.

O *vartabed* Ardavazt respondeu ao padre Samuelian, informando:

> *[...] Quanto à notícia divulgada sobre a migração de 10 mil armênios de Beirute para o Brasil, para cuja realização foi feito um pedido aos órgãos competentes da nossa coletividade, venho informar-lhe que esta notícia não é verídica e sob hipótese alguma corresponde à realidade. Tanto eu como Sua Santidade nada sabemos sobre este fato. Sua Santidade encontra-se em Apelo, há duas semanas, desfrutando suas férias.*

É possível que o projeto de uma onda migratória em massa para o Brasil tenha, efetivamente, surgido na mente dos armênios residentes em Beirute, principalmente em virtude da divulgação da notícia de uma provável transferência de imigrantes com a cobertura do governo brasileiro ou por meio de empresas e que, ainda, seria oferecido amplo apoio aos imigrantes. O fato, porém, é que, depois da primeira tentativa do Dr. Mihran Latif, esse projeto não prosperou, e os murmúrios espalhados a partir de Selênica talvez tenham criado toda essa confusão.

O ano de 1926 foi importante para a migração dos armênios ao Brasil, pois foi nessa data que grandes grupos de imigrantes armênios, a maioria da Síria e, principalmente, os naturais da cidade de Marach e aldeias da redondeza, chegaram ao Brasil e se estabeleceram na cidade de São Paulo. Os recém-chegados sabiam da existência de armênios em São Paulo, e que havia aqui uma igreja e uma Diretoria Comunitária, razão pela qual, ao chegarem, dirigiam-se à Igreja Armênia. No prédio destinado à igreja não havia capacidade para abrigar os grupos de imigrantes, e as autoridades comunitárias enfrentariam um sério dilema se o Sr. Rizkallah Jorge Tahanian não ajudasse os recém-chegados destinando-lhes, como pousada provisória, o prédio que ele recém-adquira, localizado na rua 25 de Março, mas que, devido a um incêndio ocorrido, estava em estado precário, semidestruido. Mais de 130 imigrantes armênios foram acomodados nesse prédio e passaram a viver ali por vários meses, até conseguirem, aos poucos, encontrar um trabalho e alugar suas casas.

Melkon Kalaidjian nasceu na aldeia de Husseinik, região de Kharpert, em 1885. É filho de Sarkis Kalaidjian. Em 1907, chegou ao Brasil para morar com seu irmão, Khatchadur Kalaidjian, que já se encontrava em São Paulo e ocupava-se do comércio. Em 1923, Melkon foi um dos que trabalharam pela organização da vida social da coletividade. Foi membro do Conselho Fundador da Coletividade e reeleito por várias gestões.

Desde 1930, Melkon está afastado da vida comunitária. É solteiro e trabalha no comércio.

Melkon Kalaidjian

Exposição de pensamentos

O Conselho Fundador da Coletividade deixou de usar tal nome de sua fase inicial. Foi denominado do modo como aqueles que o contatavam queriam chamá-lo: Conselho Comunitário, Intendência da Igreja, Autoridade Comunitária, Corpo Tutelar da Igreja etc. A fim de evitarmos maior confusão e até a definição de uma denominação específica, chamemo-lo de "Intendência da Igreja".

Formada em 1925, em setembro de 1926, a Intendência da Igreja elegeu o Sr. Rizkallah Jorge Tahanian apenas para satisfazê-lo. Consciente de sua atividade anual infrutífera, a Intendência preparou-se para uma nova eleição. Como sua gestão anual havia acabado, mandou então imprimir convites para a realização de uma assembleia geral. O presidente da assembleia, Rizkallah Jorge Tahanian, ao saber da intenção dos membros, rejeitou enfaticamente a decisão de realizar uma nova eleição e impediu a distribuição dos convites de convocação para a assembleia geral, alegando que "a Igreja encontra-se endividada; e cabe à Intendência primeiro saldar essa dívida, para só depois realizar a nova eleição, pois não é possível passar a dívidas da igreja endividada para uma nova Intendência".

A fim de não ofender o seu presidente, e pensando que Rizkallah Jorge talvez tivesse algum projeto em mente ou que, de um dia para o outro, ele viesse a tomar a iniciativa de construir uma igreja, os membro da Intendência acataram a determinação do seu presidente e não realizaram a assembleia geral, e assim a denominação de "Intendência" prosseguiu até o mês de dezembro de 1927, quando o presidente da assembleia, Rizkallah Jorge Tahanian, sugeriu que o prédio que ele oferecera para servir como sede provisória da Igreja fosse esvaziado e devolvido para ele. "Prometi não cobrar aluguel por um ano e meio, e de fato não cobrei, mas o meu prédio deve ser esvaziado e a mim devolvido; encontrem um outro local para vocês." Desta vez, ele não impediu que se realizasse uma assembleia geral, como havia exigido no ano anterior.

O comunicado drástico de Rizkallah Jorge Tahanian extinguiu todos os sonhos e ilusões da Intendência da Igreja. Assim sendo, no mês de fevereiro a Intendência tomou a iniciativa de enviar convites convocando os membros da coletividade para novas eleições.

No dia da eleição, das mais de quatrocentas pessoas com direito a voto, apenas 129 votantes compareceram. Sem levar em consideração o número dos presentes, foi realizada a eleição. Mal o resultado das eleições foi divulgado, os eleitos apresentaram, um a um, suas renúncias e, mesmo antes da formação da diretoria, ela se dissolveu e a eleição perdeu sua validade. O motivo desse acontecimento deplorável foi o fato de alguns trabalhadores humildes terem sido eleitos ao lado de pessoas abastadas, e pessoas "ricas", "de posse" ou "notórias" não podiam consentir em sentar-se ao redor de uma mesma mesa junto a elementos que não tinham "um centavo no bolso".

O desfecho dessa votação frustrada exigia uma nova eleição, que foi realizada no dia 18 de março de 1928 e, dessa vez, contou com a presença de 177 votantes.

Apesar de mais uma vez o número dos eleitores ter sido pouco e não condizente com o número dos membros da coletividade, desta vez, no entanto, registrou-se uma vantagem que não ocorrera na eleição anterior. Os eleitores, cansados da situação criada, decidiram realizar algo positivo e centralizaram seus votos nos candidatos em cuja competência confiavam. O povo queria ter uma igreja, portanto era necessário que desta vez fosse formado um corpo diretivo que tivesse coragem e competência para satisfazer os anseios da coletividade. Antes da realização da eleição, os candidatos esclareceram com transparência seus objetivos, comunicando, ao mesmo tempo, que as pessoas eleitas deveriam saber por que foram eleitas e, uma vez eleitas, como deveriam agir e trabalhar. Finda a votação, foram eleitas as seguintes pessoas:

Rizkallah Jorge Tahanian, Elia Naccach, Jorge Rizkallah Jorge Tahanian, Ghazar Nazaran, Hagop Demirdjian, Vahram Keutenedjian, Melkon Kalaidjian, Hagop Kaiserlian, Kiud Mekhitarian, Hovhannés Hazarabedian, Nercés Boyadjian.

Durante a contagem dos votos, ficou claro que os recém-eleitos membros da Intendência da Igreja haviam recebido no máximo 168 e no mínimo 145 votos, algo que mostrava o cuidado que foi tomado para a centralização dos votos.

A experiência dos últimos dois anos fez com que os novos membros da Intendência da Igreja e os eleitores chegassem à conclusão de que, caso persistisse a situação de expectativa, a construção de uma Igreja Armênia em São Paulo permaneceria como um sonho. Era, portanto, necessário realizar uma atividade séria e decisiva, e acabar com essa situação vacilante. Os eleitores haviam revelado abertamente a sua vontade, e os eleitos, por sua vez, deveriam assumir os cargos que lhes foram confiados.

Em 22 de março de 1928, a recém-eleita Intendência da igreja realizou sua primeira reunião, mas a ausência de alguns membros impediu a formação da mesa, e a reunião, sem poder ser formal, teve um cunho consultivo. Mesmo assim, e a fim de ganhar tempo, os presentes decidiram pedir aos membros da gestão anterior que assinassem os relatórios financeiros dos últimos dois anos e preparassem uma relação de todos os objetos e ornamentos religiosos para ser entregue ao padre, tornando este o responsável por tais objetos.

A reunião realizada em 26 de março de 1928 registrou o comparecimento de todos os membros da Intendência, exceto o Sr. Rizkallah Jorge Tahanian, que viajara à cidade de Poços de Caldas, uma região de águas minerais, para passar um período de descanso.

Apesar de toda a coletividade armênia e todos os membros da recém-eleita Intendência da igreja estarem frustrados quanto à esperança de que "Rizkallah Jorge Tahanian construirá uma igreja", mesmo assim, e por respeito à sua dedicação até essa data, ou talvez por ainda alimentar uma mínima esperança quanto ao futuro, antes de formarem a mesa diretiva e após breve consulta, decidiram nomear o Sr. Rizkallah Jorge Tahanian como presidente de honra da coletividade armênia e comunicar-lhe essa decisão com o envio de um telegrama, com os votos de felicitações.

Aceita por unanimidade essa ideia, decidiu-se preparar o texto do telegrama, no qual se lê:

Rizkallah Jorge — Hotel Lealdade — Poços de Caldas
Comunicamos à Vossa Senhoria que a Intendência da Igreja decidiu, por unanimidade, designá-lo como presidente da assembleia geral da nossa coleti-

vidade. Nossos cumprimentos, com o nosso desejo de que Vossa Senhoria seja sempre o nosso líder".

O telegrama foi assinado pelo padre Gabriel Samuelian, Hagop Kaiserlian, Kiud Mekhitarian, Ghazar Nazarian, Vahram Keutenedjian, Melkon Kalaidjian, Jorge Rizkallah Jorge Tahanian, Hagop Demirdjian, Hovhannes Hazarabedian, Elia Naccach e Nercés Boyadjian.

Em resposta, a Intendência da Igreja recebeu de Rizkallah Jorge Tahanian o seguinte telegrama, datado de 31 de maio:

Acuso o recebimento do vosso telegrama. Agradeço vossos cumprimentos e o cargo que se me foi confiado. Desejo à coletividade e à digna Intendência eleita pleno êxito, em prol do futuro da nossa coletividade.

Rizkallah Jorge

Depois de receber este telegrama, a recém-eleita Intendência da Igreja formou a sua mesa, chegando-se ao seguinte resultado:
Dr. Hagop Kaiserlian — Presidente
Kiud Mekhitarian — Vice-presidente
Nercés Boyadjian — Secretário
Hovhannes Hazarabedian — Vice-secretário
Ghazar Nazarian — Tesoureiro
Melkon Kalaidjian — Vice-tesoureiro

A recém-eleita Intendência da Igreja demonstrava uma cautela racional quanto à formação de sua mesa diretiva, a fim de ficar imune da discussão entre Rizkallah Jorge e Elia Naccach, e, com a intenção de atuar livremente, não incluiu nenhum dos dois na mesa diretiva. Ao assumir as funções a eles confiadas, os membros eleitos da Intendência da Igreja, desta vez, decidiram dar uma solução final quanto à questão da construção da igreja, sem magoar qualquer dos dois oponentes, mas tentando aproveitar ambos no seu projeto.

Na reunião do dia 2 de abril de 1928, a Intendência da Igreja vivia o limiar de realizar um trabalho fundamental. Antes de lançar-se à iniciativa da construção da igreja, seria necessário dar início a uma série de atividades preparatórias, e uma das mais importantes era realizar o censo da coletividade, pois tornava-se importante saber o número correto dos membros da coletividade armênia, fato que ajudaria muito nos trabalhos que seriam iniciados. Por essa razão, a Intendência sugeriu ao padre que, durante suas visitas às casas dos fiéis por ocasião da Páscoa, ele realizasse tal censo. O padre prometeu fazer o possível. A seguir, o presidente explicou que seria necessário adotar um estatuto e apresentou aos presentes o esboço deste preparado por ele, no idioma português, e pediu que os membros da diretoria manifestassem suas opiniões e, caso houvesse sugestões ou alterações, que elas fossem analisadas e incluídas no estatuto.

Depois da leitura do esboço do estatuto apresentado, a diretoria decidiu deixar para a próxima reunião a análise deste.

Rizkallah Sakli nasceu em 1874, na cidade de Alepo, Síria, filho de Kevork Daghlian, que migrara da cidade de Aintab e se estabeleceu em Alepo. Em 1909, Rizkallah Sakli veio para o Brasil com a família e fixou residência na cidade de São Paulo, onde possui uma quitanda. Faleceu em 1941, deixando uma família numerosa com situação financeira estável. Seus filhos trabalham na metalúrgica própria e têm alcançado grande êxito. Rizkallah Sakli foi membro da Intendência da Igreja. Ele não falava muito, era sério e assíduo trabalhador. Seus filhos casaram com sírios e permanecem afastados do meio armênio.

Rizkallah Sakli

Na reunião do dia 12 de abril de 1928, a Intendência da Igreja via-se diante da necessidade de se preocupar com o aluguel do prédio da igreja. Além de estarem com a caixa vazia, seus membros haviam assumido as funções numa época em que a vida organizacional interna da coletividade encontrava-se totalmente dilacerada. Com muita educação, Rizkallah Jorge Tahanian fizera entender aos novos membros da Intendência que ele ofereceu o imóvel gratuitamente por um ano e meio, mas exigia um aluguel mensal de 500 cruzeiros a partir do início daquele ano.

A caixa da igreja estava vazia; ainda não tinham sido tomadas as iniciativas para uma estruturação interna. A Intendência, no entanto, via-se diante da obrigação de explicar isso para o proprietário do prédio. Com esse intuito, decidiu-se pedir ao Sr. Rizkallah Jorge Tahanian que consentisse em mais um prazo sem pagamento de aluguel, até que a Intendência conseguisse uma receita, e a partir de então seria pago a aluguel pleiteado. E, uma vez que o filho maior de Rizkallah Jorge Tahanian, Jorge Rizkallah Jorge Tahanian, era um dos membros da Intendência da Igreja e estava presente à reunião, foi-lhe solicitado que, como membro da Intendência, apresentasse pessoalmente o pedido da reunião a seu pai e tentasse obter uma resposta favorável. Jorge Rizkallah prometeu não só transmitir o pedido da reunião a seu pai, mas também fazer o possível para conseguir uma resposta satisfatória.

O assunto principal da reunião era a construção da igreja, e todos os membros da Intendência queriam iniciar a realização desse projeto, mas, durante as deliberações sobre o tema, acharam mais conveniente convocar uma sessão extraordinária no dia 15 de abril e convidar o presidente da assembleia geral, Rizkallah Jorge Tahanian, e só depois de consultá-lo partir para os trabalhos práticos.

Não foi possível realizar a reunião do dia 15 de abril, pois, apesar de Rizkallah Jorge Tahanian ter sido convidado em tempo hábil e ter confirmado sua presença, no dia da reunião ele viajou com a família para a cidade litorânea de Santos, razão pela qual a Intendência da Igreja decidiu adiar a reunião para o dia 18 de abril. Também desta vez, Rizkallah Jorge Tahanian não compareceu, porém, pediu o adiamento para o dia 22 de abril, prometendo que compareceria sem falta à reunião.

Finalmente, no dia 22 de abril Rizkallah compareceu à reunião, mas, para surpresa dos diretores, pediu que não fosse abordada a questão da construção da igreja e que esse assunto fosse transferido para a próxima reunião, do dia 26 de abril. Para não magoá-lo, todos concordaram, pois ainda depositavam grandes esperanças nele.

Em 26 de abril, Rizkallah Jorge Tahanian compareceu à reunião, e os diretores presentes explicaram a ele claramente o objetivo da reunião e a razão do convite, e pediram-lhe que esclarecesse o seu projeto e a sua intenção quanto à construção de uma igreja.

Sem dar uma resposta positiva ou negativa, Rizkallah sugeriu aos presentes que formulassem esse pedido por escrito, pedindo sua opinião e as condições para a construção de uma igreja.

Na reunião do dia 3 de maio, o presidente da Intendência da Igreja, Dr. Hagop Kaiserlian, apresentou à reunião a minuta da carta que seria encaminhada para Rizkallah Jorge Tahanian, escrita em português. Após a leitura e aprovação, os membros assinaram a carta e a entregaram ao padre Gabriel, para que fosse entregue ao destinatário pessoalmente.

Eis o conteúdo da carta:

Ilustríssimo Senhor
Rizkallah Jorge Tahanian
Nesta
Respeitável Senhor,
Estimulada pelos valorosos serviços que Vossa Senhoria tem prestado à coletividade armênia de São Paulo, a Intendência da Igreja Armênia de São Paulo vem por meio desta tomar a liberdade de vir à Vossa presença, mais uma vez, para pedir o Vosso valioso apoio na construção de uma igreja armênia em São Paulo.

Na certeza de que Vossa Senhoria acatará este nosso pedido, valorizando mais uma vez o título de Benfeitor dos armênios de São Paulo que vos foi outorgado, permanecemos
Mui Respeitosamente.

Intendência da Igreja Armênia de São Paulo
Presidente Hagop Kaiserlian
Secretário Nercés Boyadjian

A Intendência da Igreja demonstrou determinação em sua atividade, o que comprovava sua intenção de realizar um trabalho positivo. Na carta, a Intendência não queria de Rizkallah uma igreja, mas o seu "valioso apoio" para a construção desta. Ademais, decidiu convidar representantes de armênios que viviam fora de São Paulo, em outras cidades, para uma assembleia geral da coletividade e decidir sobre o estabelecimento do sistema de *Azkayin Durk*" (contribuição comunitária), a fim de formar um fundo de obras para a construção da igreja e, ao mesmo tempo, assegurar sua existência com uma renda sólida.

Na reunião do dia 10 de maio de 1928, após longas deliberações e troca de ideias sobre a forma de organizar a contribuição comunitária, decidiu-se dar início a uma arrecadação. Mas, refletindo que tal passo poderia magoar o Sr. Rizkallah Jorge Tahanian, considerou ser mais prudente aguardar primeiro uma resposta da carta que já fora encaminhada para ele.

Na reunião do dia 17 de maio de 1928, a Intendência da Igreja já tinha recebido a resposta assinada por Rizkallah Jorge Tahanian e seus filhos, uma carta-sugestão composta de quinze artigos, a saber:

Sugestão que fazem Rizkallah Jorge Tahanian e os filhos para a coletividade armênia, por intermédio da respeitável Diretoria, para a construção da igreja armênia, escola, salão de reuniões, residência para o religioso (bispo, padre) e o zelador.

Esta sugestão foi preparada atendendo pedido de todos os membros da Intendência da Igreja.

Artigo 1º — À respeitável Intendência, apresentamos as seguintes condições que foram escritas espontaneamente, para que a Intendência dispense a elas a devida atenção e, depois de analisá-las devidamente, e ao aceitá-las, aplique-as na prática, num prazo de 60 dias.

Artigo 2º — Oferecemos à coletividade um terreno localizado na rua Anhanguera, próxima à rua 25 de março, com 16,848 metros de frente, 42,50 metros de fundo, do outro lado 32,82 metros, perfazendo uma área total de 685,89 metros quadrados, para que ali sejam construídas uma igreja e um prédio adjacente de dois andares. O piso térreo do prédio abrangerá a escola e o salão de reuniões, enquanto o piso superior comporá a residência do religioso e do zelador e para tudo mais que se fizer necessário. Isso perpetuará o nosso nome e também o da coletividade armênia, e servirá para o crescimento diário da nossa coletividade.

Artigo 3º — Além do referido terreno, oferecemos, ademais, 50 mil cruzeiros para a construção da igreja.

O busto de bronze do benfeitor Rizkallah Jorge deve ser exposto diante da igreja, bem como uma placa de bronze, onde devem constar os seguintes dizeres: "O terreno e a igreja foram doados por Rizkallah Jorge e seus filhos".

Artigo 4º — É da incumbência da coletividade armênia angariar 150 mil cruzeiros. Tal arrecadação deve ser concluída no prazo de um ano. Sob este acordo, o dinheiro deverá ser depositado num banco confiável, informando a finalidade do seu objetivo, ou seja, a construção de um prédio que abrangerá uma escola, sala de reuniões, residência para bispo, padre e zelador, conforme citado acima. Após a construção do prédio, será fixada uma placa de bronze na parte dianteira, contendo os seguintes dizeres: "Este terreno foi doado por Rizkallah Jorge e seus filhos, e o prédio foi construído por doações da coletividade armênia".

Artigo 5º — Para tal finalidade, não será permitido realizar arrecadação com pessoas que não pertencem à coletividade armênia.

Artigo 6º — A construção do prédio terá início depois de concluída a arrecadação e com o depósito do dinheiro no banco.

Artigo 7º — Antes do início da construção, deve-se consultar e pedir ao Patriarcado Armênio a indicação de um ou dois padres, sendo que ao menos um deles deve saber o idioma árabe, para poder unir os diferentes segmentos que constituem esta coletividade, parte dos quais tem se afastado da igreja atualmente por causa da ausência de um padre que os una com os demais da coletividade, com laços fraternais. O supracitado deverá ter um cunho oficial, sem qualquer promessa de remuneração assumida pela Diretoria, oferecendo aos religiosos apenas a residência no prédio adjacente à igreja. Estes viverão à própria custa, isto é, pelas receitas obtidas com a realização de diferentes ritos e cerimônias na coletividade.

Artigo 8º — Em todas as questões referentes à diretoria da igreja, administração dos prédios e outras, apenas terão direito os beneméritos da igreja e os que doaram o terreno, quais sejam, Rizkallah Jorge Tahanian, seus filhos e os respectivos herdeiros.

Artigo 9º — Caso a igreja venha a encerrar suas atividades dentro do prazo de um ano, por causa da ausência de um padre que deve ser designado pelo Patriarcado, e que terá tão somente a função de realizar cerimônias religiosas, todas as doações devem ser devolvidas para os respectivos doadores, ou seja, Rizkallah Jorge, seus filhos ou os respectivo herdeiros, os quais se tornarão os donos do terreno e dos prédios. Nesse caso, eles serão obrigados a devolver para a coletividade armênia os 150 mil cruzeiros destinados à construção da igreja, e a diretoria, por sua vez, terá o direito de fazer uso dessa importância da forma como melhor lhe convier, doando-a para uma igreja ou para uma outra instituição.

Artigo 10º — Caso se encontre um padre não nomeado pelo Patriarcado, mesmo que este realize apenas cerimônias religiosas, não estará cumprindo as determinações mencionadas no artigo 9º.

Artigo 11º — O público da coletividade deverá eleger uma diretoria formal, que terá o compromisso de preparar um estatuto que deve ser registrado formalmente junto às autoridades locais competentes, para que se forme, doravante, um corpo devidamente reconhecido. O estatuto deve englobar os artigos ora apresentados. A preparação deste documento não deve ultrapassar os 60 (sessenta) dias a partir desta data, conforme mencionado no artigo 1º.

Artigo 12º — Para poder fazer parte da diretoria, o candidato interessado deve ter residência fixa no Brasil por mais de 3 (três) anos e saber perfeitamente ou de modo suficiente o idioma português.

Artigo 13º — A diretoria deverá ser constituída por 11 (onze) pessoas, cuja metade seja de armênios da Turquia (Trkahayer) e a outra de armênios dos países árabes (arabahayer).

Em caso de divergências quanto à formação da lista dos integrantes da diretoria, devem ser realizadas consultas com Jorge Rizkallah e/ou seus herdeiros, os quais, por sua vez, devem preparar uma lista que satisfaça todas as partes e seja reconhecida por todos.

Artigo 14º — A língua oficial das reuniões da diretoria será o idioma português, que não deve ser desprezado. As atas das reuniões, bem como todos os arquivos da diretoria, devem ser no idioma português. Sugerimos a adoção desse sistema por considerar que não temos uma língua comum compreensível por todos.

Artigo 15º — Os artigos supracitados, após serem acatados, devem fazer parte do contrato entre os doadores e a diretoria legalmente constituída, e este deve ser registrado em Cartório.

A partir da data do acordo, a diretoria deverá arcar com todos os impostos territoriais e os bens que existirem no terreno.
São Paulo, 17 de maio de 1928

Rizkallah Jorge e Filhos

A leitura desse contrato composto de quinze artigos criou uma impressão muito estranha na Intendência da Igreja e, por algum tempo, deixou seus membros confusos e desnorteados, pois isso era algo jamais visto na história da Igreja Armênia e dos benfeitores armênios. À Intendência cabia decidir sobre o que fazer: aceitar as condições apresentadas, levada pelo anseio de ter uma igreja livre do aluguel, significava ignorar a Constituição Nacional Armênia (Azkayin Sahmanatrutiun) e pisotear a dignidade do povo e da diretoria. Por outro lado, desprezar tal doação condicionada às condições apresentadas poderia causar incompreensão e complicar tal iniciativa tão importante. Era necessário, portanto, buscar um meio-termo.

Após prolongadas deliberações, para não serem os responsáveis diante de sua consciência e perante o povo, e induzidos pelos princípios democráticos, os membros da Intendência decidiram responder com a dignidade adequada às condições apresentadas. A incumbência de preparar a redação da carta ficou a cargo do Dr. Hagop Kaiserlian e de Kiud Mekhitarian.

Eis a carta e suas contrapropostas:

[...] Temos a honra de dirigir a presente para Vossa Excelência, a fim de comunicar que recebemos a vossa carta, onde são apresentadas sugestões sobre a construção da igreja e dos prédios adjacentes.

Depois de analisarmos com atenção e minuciosamente tais sugestões, tomamos a liberdade de apresentar-lhe nossas contrapropostas, as quais consideramos definitivas.

Considerando, ao mesmo tempo, que a questão alusiva à construção da igreja vem sendo adiada há um bom tempo, logo, solicitamos de Vossa Excelência que se digne a nos comunicar vossa resposta final, dentro do período mencionado em nossa contraproposta, caso contrário, sentir-nos-emos livres para atuar conforme exige a conveniência.

Como explanamos em nossa contraproposta, a aprovação do Estatuto, que Vossa Excelência exige, já foi entregue aos órgãos competentes oficiais, para sua aprovação, e uma vez que a aprovação da alta autoridade oficial encontra-se assegurada, esperamos que muito em breve a tenhamos em mãos.

Ao aguardo de uma resposta satisfatória, permanecemos

Respeitosamente,

**Em nome da Diretoria
p/ Presidente Hagop Kaiserlian
Secretário Ghazar Nazarian**

Contrapropostas:

Artigo 1º — *Recebemos a vossa missiva datada de 17 de maio com os 15 artigos anexos, e, após analisarmos seriamente cada artigo, chegamos às seguintes conclusões, que vos apresentamos a seguir.*

Artigo 2º — *Com os mais puros sentimentos de gratidão, aceitamos o terreno com área total de 685,089 metros quadrados, que Vossa Excelência havia adquirido há anos para a construção da igreja, e que Vossa Excelência deseja hoje realizar, destinando-o para o seu objetivo, para eternizar o Vosso nome e o nome da população armênia do Brasil. Neste aspecto, desejaríamos que, antes de mais nada, o terreno fosse transferido formal e definitivamente para o nome da coletividade armênia.*

Artigo 3º — *Aceitamos, com gratidão, a quantia de 50 mil cruzeiros que Vossa Excelência tão gentilmente oferece, para a construção da igreja. No entanto, achamos ser impróprio a colocação do busto de bronze do Senhor Rizkallah Jorge Tahanian, uma vez que a igreja é ungida e é um local consagrado, em cuja frente pode ser colocada apenas a estátua de um santo. Evidentemente, o público armênio de São Paulo jamais falhará na sua obrigação de revelar a sua gratidão que sente para com os seus beneméritos, em diferentes formas de manifestação. Quanto à placa de bronze, onde devem ser registradas as palavras "O terreno e a igreja foram doados por Rizkallah Jorge e filhos", aceitamos sem contestação.*

Artigo 4º — *De sua parte, a coletividade armênia promete arrecadar 100 mil cruzeiros, num prazo de um ano, ao invés dos 150 mil cruzeiros sugerido por Vossa Excelência. Depois de arrecadar a metade desse montante, isto é, 50 mil cruzeiros, dar-se-á início à construção da igreja e, após a arrecadação da outra metade de 50 mil cruzeiros, será a vez de começar a construção dos prédios adjacentes, conforme a Vossa sugestão.*

Artigos 5º e 6º — *Aceitamos estes artigos na sua plenitude.*

Artigo 7º — *Somos unânimes quanto à indicação de um padre, após consultas realizadas junto à alta autoridade da igreja. O padre deve conhecer a língua árabe e, simultaneamente, ter aptidão administrativa, para conseguir unir os distintos segmentos da coletividade e mantê-los em convivência fraternal. Por enquanto, a questão de sua remuneração não deve ser objeto de discussão, haja vista que as receitas dos ritos e das cerimônias religiosas são, atualmente, insuficientes para garantir a digna subsistência de um servo espiritual.*

Artigo 8º — Lamentamos a dizer que não poderemos aceitar as disposições do artigo 8º, de acordo com o qual "Em todas as questões alusivas à diretoria da igreja, administração dos prédios e outras, terão direito apenas os beneméritos da igreja e os que doaram o terreno, quais sejam, Rizkallah Jorge Tahanian e filhos, e os seus respectivos herdeiros". Isto é uma rejeição à nossa Constituição Nacional (Azkayin Sahmanatrutiun), estabelecida em princípios paroquiais, e nós não podemos adotar tal passo de responsabilidade.

Artigo 9º — Caso um dia a igreja cesse suas atividades sem uma justificação plausível, de forma que não mais seja possível a sua reabertura, aí o Patriarca Supremo da nação, isto é, o Catholicós de Etchmiadzin, é que decidirá o destino dela.

Artigo 10º — Consideramos o artigo 10 inaceitável.

Artigo 11º — Aceitamos na sua íntegra, e neste aspecto já temos preparado um Estatuto para ser aprovado pelas autoridades competentes.

Artigo 12º — Estamos de acordo com o artigo 12.

Artigo 13º — De acordo com o mesmo, as eleições são realizadas com os votos livres do povo; portanto, não podemos obrigar os votantes a darem seus votos para esta ou aquela pessoa. Além disso, consideramos ser prejudicial a indução de problemas como t'rkahay (armênio da Turquia) ou arabahay (armênio da região do Oriente Médio/países árabes) se queremos efetivamente o fortalecimento da nossa coletividade e sob o aspecto de seu desenvolvimento. Tal passo significaria dividir em dois os filhos de uma mesma nação e igreja.

Artigo 14º — Considerando que temos um idioma unificado, que é compreensível por todos os armênios, qual seja, a língua armênia, logo, a língua oficial das sessões das reuniões deve ser a armênia. Aceitamos, no entanto, que as atas e a contabilidade sejam escritas por duas línguas, isto é, em português e armênio.

Artigo 15º — As sugestões aqui apresentadas são definitivas. Depois de serem aceitas por V. Excia., podemos executar as determinações do artigo 15.

Em nome da Diretoria Executiva
Presidente Hagop Kaiserlian
Vice-secretário Ghazar Nazarian

Como resposta a essas contrapropostas bem pensadas e apresentadas pela Intendência da Igreja, escritas com uma linguagem cautelosa, porém com a disposição de atuar de forma decisiva, Rizkallah Jorge Tahanian enviou a seguinte carta, datada de 25 de maio de 1928:

Visto que nossas propostas livres e justas foram completamente rejeitadas por Vossa digna Diretoria, fazendo com que não mais haja margem de discussão, logo, ficam não efetivas nossas propostas, e consideramos tais questões definitivamente encerradas.

A Intendência da Igreja fez como pauta da ordem do dia, formalmente, a carta de Rizkallah Jorg Tahanian em sua sessão do dia 31 de maio e, como bem conhecia o seu temperamento e a sua forma de pensamento, decidiu convocar uma assembleia geral da coletividade, na qual seriam lidas as correspondências trocadas, e, após ouvir a opinião da assembleia, continuaria sua atividade com o mesmo pulso decisivo com o qual havia começado. Mas ao mesmo tempo, com a premeditação de não deixar uma impressão errônea para o Sr. Rizkallah, a Intendência da Igreja lhe enviou a seguintes carta:

[...] Recebemos a Vossa missiva datada de 25 de maio p.p. e, depois de nos inteirarmos do seu conteúdo, passamos a responder, como segue:
Para evitarmos a adoção de um ruptura definitiva, algo que é completamente contra a vontade deste Conselho, decidimos realizar uma assembleia geral, ocasião em que apresentaremos aos presentes Vossas sugestões. Essa assembleia geral extraordinária terá lugar no próximo dia 10 de junho, no salão da igreja, às 14h00, à qual solicitamos, mui gentilmente, a presença de Vossa Excelência, como presidente de honra dessa assembleia.

No dia 10 de junho de 1928, no horário estabelecido, realizou-se a assembleia geral extraordinária, à qual, porém, Rizkallah Jorge não compareceu. Com a participação de 85 compatriotas, a assembleia ouviu as explanações da Intendência da Igreja, assim como a leitura das correspondências trocadas entre a Intendência da Igreja e o Sr. Rizkallah.

As propostas apresentadas por parte de Rizkallah Jorge Tahanian levantaram uma justa onda de ira entre os presentes e, como consequência, a assembleia decidiu dar plenos poderes de atuação à Intendência da Igreja, do modo como melhor lhe conviesse, e empenhar-se pela construção da igreja, sem mais depositar a sua esperança no milionário armênio.

Encorajada pelo voto de confiança recebida da assembleia geral, a Intendência da Igreja começou a adotar medidas práticas para acelerar a construção da igreja. Com esse intuito, preparou e imprimiu promissórias que seriam distribuídas aos membros da coletividade. Mas, antes do início da distribuição, a Intendência decidiu realizar uma reunião consultiva para ouvir a opinião e as ideias dos compatriotas quanto à forma de realização da arrecadação.

Na sua sessão do dia 21 de junho, além dos membros da Intendência da Igreja, também compareceram à reunião 34 compatriotas que haviam sido especialmente convidados.

O presidente da reunião, Dr. Hagop Kaiserlian, após explicar os objetivos dessa reunião consultiva, pediu a opinião dos presentes quanto à forma e indução da arrecadação popular.

Após prolongada reflexão, todos os presentes acharam ser a emissão de promissórias, sugerida pela Intendência da Igreja, a melhor alternativa. E, como ela já se encontravam prontas, foram apresentadas aos presentes, que as examinaram e autorizaram sua circulação.

Um dos membros presentes, Elia Naccach, sugeriu inaugurar a arrecadação no ato e, tomando em mãos uma promissória, registrou o valor de 10.000 cruzeiros, e, após assiná-la, entregou para a Intendência da Igreja. O exemplo contagiaria os demais, e todos os presentes pegaram uma promissória, registrando cada um o valor de sua contribuição conforme sua capacidade financeira.

Já se colocara o alicerce da arrecadação, e os presentes nessa reunião consultiva sentiam-se empolgados, chegando a sugerir levar cada um consigo algumas dessas promissórias para distribuir entre seus círculos de amigos e conhecidos. A Intendência da Igreja, por sua vez, também entusiasmada por essa espontânea iniciativa dos convidados presentes, entregava com grande satisfação as promissórias aos interessados, explicando simultaneamente que, ao adquirirem tais promissórias, os compatriotas poderiam saldar os valores registrados em até quatro parcelas, ou seja, a cada três meses, num prazo de um ano, fato que a Intendência da Igreja havia aceitado como condição fundamental, com o intuito de facilitar o pagamento dos contribuintes.

Na sua sessão do dia 28 de junho de 1928, a Intendência da Igreja decidiu, mais uma vez, manter um contato com Rizkallah Jorge Tahanian e tentar chegar a um acordo com ele, e isso apenas para realizar uma obrigação de consciência, assim como evitar desentendimentos futuros. O contato seria realizado por ocasião da introdução do livro de ouro das arrecadações, que seria apresentado a Rizkallah Jorge, para dar-lhe a honra de abertura desse livro.

A Intendência da Igreja estava tão empolgada em tornar essa arrecadação frutífera e preocupada com o início, o quanto antes, da construção da igreja que havia até relegado a um segundo plano o aluguel do prédio que era usado como igreja, pensando, provavelmente, que Rizkallah Jorge Tahanian pudesse esperar mais algum tempo. Mas Rizkallah, ao ver que a Intendência da Igreja pensava em tudo, menos no pagamento do seu prédio, que era usado como igreja, encaminhou à Intendência a seguinte missiva, datada de 1º de julho de 1928:

[...] Através desta carta, apresento-lhes os boletos de pagamento do prédio que é utilizado pelos senhores, os quais se encontram muito atrasados, e peço-lhes que efetuem os respectivos pagamentos o mais breve possível.
Não mais havendo a escrever, aceitem meus protestos de respeito.
P.S.: Detalhes dos boletos: janeiro, fevereiro, março, abril, maio, junho, a 500 cruzeiros, perfazendo o total de 3.000 cruzeiros. Reforma dos tijolos do teto e reforma dos encanamentos de água, total 600 cruzeiros, mais 45 cruzeiros e 80 centavos, que referem-se ao consumo de água nos meses de janeiro, fevereiro, março. Total geral, 3.645,80 cruzeiros.

Rizkallah Jorge Tahanian estava certo em sua exigência. O prédio podia pertencer não a Rizkallah, mas a qualquer outra pessoa estranha. Cabia à Intendência da Igreja pagar o aluguel e as despesas correlatas. Mas a Intendência, mesmo ciente e após ler a referida carta na sua sessão de 5 de julho, não deu a menor atenção, como se o fato de Rizkallah ser um armênio fosse suficiente para justificar a negligência da Intendência. Assim, ao invés de pensarem em realizar o pagamento aludido, a Intendência pensou em formar uma comissão para apresentar o livro de ouro da arrecadação para Rizkallah. Eram membros dessa comissão: padre Gabriel Samuelian, Elia Naccach, Hagop Kaiserlian, Hagop Demirdjian e Ghzar Nazarian.

Passados alguns dias, a comissão eleita foi até a residência de Rizkallah Jorge Tahanian, levando consigo o livro de ouro. O milionário armênio recebeu os membros da comissão com muito respeito e honra, mas da mesma forma recusou-se a assinar o livro, dizendo: "Me desculpem, mas preciso pensar a este respeito".

Na sessão de 22 de julho, a Intendência da Igreja tinha em sua pauta do dia a seguinte carta de Rizkallah Jorge Tahanian:

Tive a honra de receber a visita do digno presidente da Vossa honrosa Diretoria e de alguns respeitáveis diretores.
Levando em consideração a melhor intenção da Vossa Diretoria, tenho a honra de comunicar que, com grande satisfação espontânea participarei da arrecadação para a construção da igreja, e registraria o meu nome com muita alegria no livro de arrecadação, mas observei que ainda não foram formalizadas nem oficializadas o Estatuto, assim como não foi confirmada a Intendência da Igreja, assim como não era legalizado o livro que me foi apresentado para a arrecadação, pois na face da primeira página desse livro deveria ser registrado o objetivo dessa arrecadação, seguindo da assinatura de uma Comissão responsável, algo que é comum e ao mesmo tempo formal, para esse tipo de iniciativas. Por essa razão, adiei a minha assinatura, até que as formalidades acima citadas sejam preenchidas.

Além disso, acho que os senhores sabem que a minha participação nesta arrecadação ocorrerá somente quando essa arrecadação for realizada tão somente dentro da coletividade armênia, e isso tão somente por minha consideração à honra da coletividade armênia.
Nada mais havendo a acrescentar,
Permaneço respeitosamente,

Rizkallah Jorge

Todas as observações registradas na carta do Rizkallah Jorge Tahanian eram justas e corretas; resta, porém, saber se era sua intenção corrigir os erros da Intendência da Igreja ou, sob tais observações, desejava ocultar outros objetivos. O futuro daria a resposta dessas indagações.

A tomada desse aspecto quanto à questão da construção da igreja não agradava a Rizkallah Jorge Tahanian, e não se adequava tanto ao seu raciocínio como aos seus planos. Indiretamente, a Intendência da Igreja o desconsiderara, o que o levou a declarar, depois de acompanhar à distância os trabalhos da Intendência: "O que fazem esses homens, será que eles não sabem que, se eu quiser, posso erguer uma igreja por semana?". Por outro lado, havia se espalhado uma notícia dentro da coletividade, atribuída a Rizkallah: "Não construo a igreja porque na Intendência atual existe Kiud Mekhitarian, que abandonou a sagrada ordem religiosa, e que põe o seu nariz nas atividades eclesiásticas, sob roupagem civil". Além disso, em outras ocasiões, Rizkallah havia dito a vários membros da Intendência, abertamente: "o Kiud deve ser afastado da Intendência, o seu lugar não é ali, e é por isso que ele não constrói a igreja".

O povo, cujo nome é sempre explorado por pessoas maldosas, parece que outorgara a carreira para os tumultuosos e, por isso, haviam surgido pessoas que defendiam o princípio que lhes interessasse, sem ter uma ideia sobre suas atitudes nefastas, mas que gostam de insultar uma pessoa simplesmente para parecerem simpáticas para outrem. Pessoas dessa envergadura, por vezes estimuladas por elementos que levam adiante trabalhos camuflados agudos, vis e ocultos, começam a dar ímpeto à língua. Foi assim que essas pessoas começaram a falar em nome de Rizkallah, sem sequer o conhecimento do próprio.

Kiud Mekhitarian, que havia se empenhado de corpo e alma para levar adiante uma atividade benéfica, tornar-se-ia alvo de fofocas inaudíveis e, quando soube que se tornara um objeto da destruição do trabalho da igreja, comunicou aos seus colegas que preferia renunciar para que, assim, o trabalho da construção da igreja não fosse interrompido. A Intendência da Igreja, que estava a par de todas essas andanças e sabia que o nome de Kiud era apenas um pretexto, em sua sessão de 14 de agosto de 1928, deixou registrado o seguinte:

[...] Considerando que o presidente de honra da assembleia geral, senhor Rizkallah Jorge Tahanian, cria certas dificuldades que levam à esterilidade e condenam os nossos trabalhos, após longa deliberação, chegou à conclusão de que resta-lhe apresentar sua renúncia coletiva e propor a realização de uma assembleia geral e uma nova eleição, para que as atividades da coletividade não fiquem abandonadas.

Imediatamente após esse registro, a diretoria redigiu a sua renúncia, como segue:

*São Paulo, 14 de agosto de 1928
Respeitável Senhor Rizkallah Jorge,
Presidente de Honra da assembleia geral dos armênios do Brasil
Nesta*

*Senhor Presidente,
Em respeito ao Vosso sentimento patriótico para com o povo armênio, e em especial à vossa declaração feita para mais de um membro da nossa Diretoria, de que:
a) A única razão de se afastar das atividades comunitárias e de se renunciar da Vossa intenção de construir a igreja seria a existência desta Intendência;
b) Considerando que nesta Diretoria, eleita pelos membros da coletividade, há uma pessoa que não merece ter um cargo neste Conselho, fato que não apenas vos obriga a se afastar das atividades comunitárias, como também renunciar da construção da igreja;
c) Considerando que esta Diretoria é unânime e cônscia com todos os seus membros, sem exceção, uma vez que todos eles são pessoas que merecem a confiança da coletividade, confiança essa que ela manifestou ao elegerem-nos;
d) Considerando que o único anseio da Diretoria são os interesses da coletividade armênia, esta Diretoria decide:
Como presidente de honra da assembleia geral da coletividade armênia, apresentar à Vossa Excelência a sua renúncia coletiva.
Portanto, por meio deste ofício, vos comunicamos que, a partir desta data, a coletividade armênia de São Paulo fica sem a sua Intendência da Igreja, e esperamos que Vossa Excelência tomará as providências necessárias, convocando a assembleia geral para a escolha de um novo Conselho Comunitário que esteja à altura de dirigir mais dignamente as atividades desta coletividade, a quem estamos dispostos a entregar a contabilidade e os valores em espécie em nosso poder.*

Após redigir este ofício e decidir sobre a entrega deste, a Intendência decidiu devolver aos proprietários as promissórias devidamente assinadas, sem sequer ter iniciado as respectivas cobranças, dando, assim, fim à sua atividade promissora iniciada com tanto entusiasmo, e se dissolveu para nunca mais de reunir.

Depois dessa renúncia coletiva da Intendência da Igreja, Rizkallah Jorge Tahanian não convocou a assembleia geral nem tomou a iniciativa de formar um novo corpo diretivo, e nem mesmo quis se preocupar com tais questões.

No dia 29 de agosto de 1928, o padre Gabriel Samuelian convocou novamente a Intendência que se demitira, mas esta manteve-se firme na sua decisão e enviou a seguinte carta para o padre, datada de 5 de setembro de 1928:

Recebemos o vosso ofício datado de 29 de agosto, onde Vossa Reverência reflete sobre o abandono das questões nacionais e eclesiásticas, e nos convida para comparecer às reuniões no salão da igreja, nos dias estabelecidos.

Permita-nos Vossa Reverência informar-lhe que, desde o dia 14 de agosto último, não mais fazemos parte do corpo do Conselho Comunitário, e os motivos da nossa demissão coletiva, que já são do seu conhecimento, temos transmitido para o presidente de honra da assembleia geral, senhor Rizkallah Jorge Tahanian.

Gostaríamos que este fato fosse comunicado devidamente ao arcebispo primaz, a quem somos e permanecemos filhos fiéis e humildes."

Depois de receber essa carta, sensivelmente magoado por não ter sido comunicado no devido tempo pelo Conselho Comunitário, respondeu o seguinte:

[...] Recebi a vossa carta de 5 de setembro, onde citam vossa demissão do Conselho Comunitário, decisão essa tomada em 14 de agosto, o que já comunicaram para o presidente de honra da assembleia geral, Sr. Rizkallah Jorge Tahanian.

Sendo um dos onze membros eleitos do Conselho Comunitário, a Diretoria deu-lhe o título de presidente de honra, o que foi aceito por ele, para presidir a assembleia geral.

Antes de mais nada, devo dizer que o vosso Conselho errou ao lhe encaminhar a vossa renúncia.

Depois, quero aqui protestar, pois, de acordo com as determinações do Estatuto, a vossa renúncia não compete a Rizkallah Jorge.

Em terceiro lugar, quero dizer que não considero o Conselho demissionário.

Em quarto lugar, digo que não poderei comunicar ao arcebispo primaz vossa demissão, uma vez que não tenho recebido vossa renúncia, e as justificativas nela contidas não são do meu conhecimento.

O padre, usando linguagem legal, estava amparado em suas observações, e essa carta espalhava uma certa luz sobre a situação criada e a mentalidade reinante da época.

Além dessa carta, o padre encaminhou a seguinte carta datada de 28 de outubro de 1928, para a Diretoria Central da Prelazia Armênia, com sede em Nova York:

[...] No mês de fevereiro do ano corrente, convocamos os membros da coletividade para eleger a Intendência local. Alguns profissionais dos candidatos inscritos foram eleitos, mas pessoas renomadas da coletividade não aceitaram reunir-se com pessoas dessa classe social, e pediram suas renúncias, sucessivamente. Assim, a Intendência perdeu sua maioria, e o corpo eleito foi considerado anulado, abrindo, destarte, uma trincheira dentro da coletividade. Fomos obrigados a realizar uma segunda eleição, e convocamos a coletividade para dar o seu voto, no dia 18 de março. No dia da eleição registramos a prsença de aproximadamente 450 pessoas com direito a voto e, considerando a presença de 177 como maioria, acatando o desejo do povo, elegemos o Conselho Comunitário, cuja eleição foi confirmada pela vossa Prelazia, através da carta de número 1085, datada de 9 de junho.

Consequentemente, o Conselho Comunitário assumiu sua função e prosseguia seus trabalhos. Desta vez, no entanto, um segmento dos membros da coletividade começou a reclamar contra um dos membros eleitos do Conselho Comunitário, o Sr. Kiud Mekhitarian (que outrora fora o primaz da cidade de Kharpert), alegando que uma pessoa que havia pisoteado a Igreja e as leis eclesiásticas não deveria voltar a assumir atividades comunitárias.

Essa advertência foi o motivo para que o Sr. Kiud e todos os demais membros do Conselho Comunitário abandonassem e entregassem a renúncia coletiva, e, apesar de nossos pedidos e insistência, o Conselho Comunitário continua dissolvido até esta data. E como este Conselho já tinha sido aprovado pela vossa Prelazia, coube a mim o dever de comunicar-lhes, pedindo a vossa intervenção nesta questão e para dar as devidas orientações e ordens quanto à realização de uma nova eleição.

Queiram aceitar nossas bênçãos.
Com nossas orações,

Padre Gabriel Samuelian
Pastor espiritual dos armênios do Brasil

A Intendência da Igreja se demitira definitivamente, e o padre ficou completamente só; Rizkallah Jorge Tahanian não se aproximava mais, e não surgiu ninguém dentro da coletividade que tivesse a coragem de criar algum movimento para reerguer a organização interna da coletividade armênia. O padre, apesar de suas pregações no altar da igreja, era incapaz de criar uma movimentação; ninguém queria tomar qualquer iniciativa, e todos estavam convencidos de que, caso surgisse uma atividade, mais uma vez alguma alma má apareceria. Criou-se tamanha e estranha indiferença para com os trabalhos ao redor da igreja que se aproximava a repugnância e descaso. As pessoas não só evitavam atuar, como também evitavam falar sobre as questões comunitárias, como se a igreja e as atividades eclesiásticas fossem moradias de maus espíritos, e todos fugiam deles. Ninguém mais participava do pagamento da contribuição comunitária, e ninguém mais frequentava a igreja, salvo alguns anciões e senhoras idosas, e, dessa forma, as receitas da igreja começaram a escassear, e a vida interna da coletividade chegou às portas da dissolução total.

Kiud Mekhitarian

Kiud Mekhitarian, com nome de batismo Manuk Mekhitarian, nasceu na cidade de Eskiudar, no bairro de Selamiye, no dia 13 de dezembro de 1878. Recebeu a educação primária na escola armênia Surp Khatch (Santa Cruz). De 1894 a 1896 frequentou a escola primária Getronagan (Central) de Constantinopla. Em 1896, foi encaminhado para o Seminário Armênio de Jerusalém (Jarankavorats), concluindo seus estudos em 1898, e se juntou à Congregação Armênia de Jerusalém. Em 1903, viajou para Cilícia com o Catholicós Sahak, como secretário particular do recém-eleito Catholicós, função essa que exerceu com zelo e fidelidade até o ano de 1919. Em 1905, foi ordenado padre celibatário, recebendo o nome de Kiud. Em 1907, recebeu os quatro graus de *vartabed* (doutor da igreja) na cidade de Malátia. Em 1909, durante os dias trágicos na Cilícia, Kiud foi um dos que dirigiram a autodefesa de cidade de Sis. No mesmo ano, junto com o Catholicós Sahak, ele visitou todas as regiões atingidas pela tragédia na Cilícia e, de volta, passou por Constantinopla para visitar seus pais.

Em 1910, o Catholicós Sahak lhe ordenou que voltasse para Sis, onde assumiu a função de diretor do seminário que atuava junto ao Catholicossato, função essa que desempenhou até a malfadada data de 1915.

Em 1911, recebeu os dez graus de superioridade (*Dzairakuyn*), na catedral de Sis, e no dia 1º de maio de 1914 foi ordenado bispo.

Em 1915, foi exilado em Alepo, na Síria, e depois retornou para o Convento-mor de Sis, mas, como lá moravam turcos que demonstravam uma atitude insuportável, Kiud voltou para Alepo e, a seguir, passou para Jerusalém, ficando junto ao Catholicós Sahak, de quem foi o braço direito por muitos anos.

A mando do Catholicós, em 1919 Kiud viajou para Constantinopla para tirar umas férias e descansar. Nesse período, foi designado como lugar-tenente de prelado de Kharpert, para onde viajou em fins de dezembro do mesmo ano, e ali permaneceu até o ano de 1923, desenvolvendo uma atividade frutífera.

No mês de fevereiro de 1923, Kiud viajou para Alepo e de lá para Marselha, de onde enviou uma carta para o Catholicós Sahak comunicando a sua renúncia do celibato e do clericato. No dia 11 de março desse mesmo ano, Kiud chegou ao Brasil e se estabeleceu na cidade de São Paulo, ocupando-se do comércio. Também nesse ano, ele casou com a Srta. Lúcia Jafferian, natural da cidade de Kharpert.

Kiud Mekhitarian faleceu no dia 8 de julho de 1940 e foi enterrado no cemitério São Paulo. O saudoso deixou sua esposa, a viúva Lúcia, a filha Chaké e o menino Roberto.

Kiud Mekhitarian colaborou com muitos jornais e revistas armênios. Publicou um livreto com o nome de *República do Brasil*, em que apresenta sucintas informações sobre o país. Também publicou os livretos *Lembranças e relembranças* e *A coletividade armênia do início até os nossos dias*, os quais, apesar de não extensos como volumes, são trabalhos valiosos para a história futura. Além desses, Kiud Mekhitarian tem ainda os seguintes trabalhos ainda não lançados: "Episódios do Calvário Armênio" (publicado em fascículos no diário *Armênia*, de Buenos Aires), *Fundação, inauguração e unção da Igreja Armênia São Jorge de São Paulo, Catholicós Sahak II, da Cilícia*, que traz dados biográficos sobre os noventa anos de seu nascimento.

Kiud Mekhitarian desenvolveu um grande trabalho na vida organizacional e administrativa da coletividade armênia do Brasil. Ele foi presidente da Sociedade da Coletividade Armênia, vice-presidente da recém-instituída Intendência da Igreja, em 1928, sendo a força motriz e fervorosa dessa diretoria. Profundamente ofendido pela luta deselegante e inoportuna que foi desencadeada contra a sua pessoa, afastou-se formalmente das atividades comunitárias, apesar de continuar a atuar indiretamente em prol do progresso dessa coletividade, como veremos no decorrer desta narrativa.

ENTIDADES

Associação Armênia de Cultura Física

A primeira entidade formada em solo brasileiro chamava-se "CRUZ VERMELHA ARMÊNIA", à qual sucedeu a "SOCIEDADE BENEFICENTE ARMÊNIA". Já escrevemos o suficiente sobre essas duas entidades, conforme as informações que pudemos coletar sobre elas. Ambas foram criadas na cidade de São Paulo, porque essa cidade foi aquela que acolheu o maior número de armênios, como é também nos dias de hoje.

Em 1921, após a dissolução da Sociedade Beneficente Armênia, não surgiu outra entidade até fins de 1924. Nesse ano começou a expansão demográfica da coletividade armênia, e a vinda de um padre daria início a um novo ciclo na vida comunitária.

Em dezembro de 1924, na cidade de São Paulo, um grupo de jovens, entre os quais alguns já nascidos no Brasil, juntaram-se e decidiram constituir uma entidade com o objetivo de divulgar melhor o nome armênio entre os nativos brasileiros. A ideia entusiasmou tanto esses jovens que, no dia 15 de janeiro de 1925 eles encaminharam a seguinte carta para a Comissão Fundadora da Coletividade:

> *[...] Pela presente vimos solicitar de Vossas Senhorias que nos autorizem a usar o vosso salão de reuniões, onde realizaremos, com a presença de alguns colegas, uma reunião consultiva sobre a formação, nesta cidade, de uma Entidade Armênia de Futebol.*
>
> *Temos a certeza de que esta nobre diretoria não negará nossa solicitação, e assim nos incentivará e contribuirá moralmente.*
>
> *Agradecendo antecipadamente, e com nosso profundo respeito,*
>
> *Levon Demirdjian, Andreas Jafferian, Pedro Nazarian*

A fim de estimular essa iniciativa dos jovens, a Comissão Fundadora da Coletividade concedeu, com grande satisfação, o seu salão de reuniões, onde os jovens, no total de 33 pessoas, realizaram a sua primeira reunião, fundando assim a entidade denominada "Associação Armênia de Cultura Física".

Esses jovens, desejando tornar a formação de sua entidade mais impressionante e dar um aspecto mais solene à eleição de sua primeira diretoria, decidiram comunicar, por escrito, a formação dessa associação para a Comissão Fundadora da Coletividade e, simultaneamente, convidá-la para comparecer à eleição de sua primeira diretoria, e mandaram a seguinte carta, datada de 5 de fevereiro de 1925, para a Comissão Fundadora da Coletividade:

[...] Já tínhamos comunicado a esta digna Comissão sobre a nossa iniciativa, com a finalidade de instituir a Associação Armênia de Cultura Física. Amanhã, às 20h00, teremos um encontro geral no salão de reuniões da igreja, para elegermos, com voto secreto, o corpo administrativo. É o nosso desejo que a vossa digna diretoria, como alta autoridade da coletividade, ao considerar a importância da formação de uma entidade desta envergadura, comparecesse junto com todos os seus membros a este encontro geral, trazendo, assim, o seu auspício moral para a nossa Associação.
Com nossos profundos respeitos,
Em nome da Comissão Provisória,

Levon Demirdjian, Kevork Kouyoumdjian, Manuk Katchikian

Levon Demirdjian

Levon Demirdjian nasceu em Uberaba, estado de Minas Gerais, no 16 de setembro de 1899. Seu pai, Hovhannés Demirdjian, era comerciante e tinha uma loja nessa cidade na época. Em 1913, seu pai o enviou para a cidade de Kharpert, com o intuito de dar ao seu filho uma educação armênia, e porque ele próprio tinha a intenção de voltar para a sua terra natal dentro de alguns anos. Mal Levon fica em Kharpert e, em um ano, eis que começa a Primeira Guerra Mundial, em

1914, e o início das deportações armênias. Já em 1915, Levon foi deportado, junto com seu tio (por parte da mãe), Andréas Jafferian, para o deserto de Deir-el-Zor, sofrendo todas as amarguras da deportação.

Durante esse período, Levon perdeu-se do tio, Andréas Jafferian, sem mais conseguir encontrá-lo. Por longos meses, Levon ficou completamente só, sem conhecer as estradas, sem conhecer ninguém, seminu e passando fome, sempre andando, mas sem ter noção do seu destino. Finalmente, um dia, ele chegou a Alepo, sem saber ao certo como conseguira sobreviver. Nessa cidade, ele encontrou um armênio conhecido seu, do Brasil, que o ajudou a achar um serviço para se autossustentar. Levon escreveu para o seu pai e recebeu uma importância, com a qual conseguiu voltar ao Brasil em 1919, depois de seis anos de uma vida árdua.

Levon Demirdjian foi um dos fundadores da Associação Armênia de Cultura Física e o seu presidente até a dissolução da entidade. Ele é um membro da Intendência da Igreja e da assembleia representativa. Graças ao seu temperamento simples e agradável, ele é respeitado e estimado por toda a coletividade. O Sr. Levon Demirdjian é comerciante e proprietário. Tem sido um dos colaboradores para a publicação deste livro.

Às 20h30 de sexta-feira, dia 6 de fevereiro de 1925, realizou-se a sessão solene da Associação Armênia de Cultura Física. A Comissão Fundadora da Coletividade, com o intuito de estimular o espírito empreendedor, aceitara o convite elaborado e compareceu com todos os seus membros. O presidente provisório da sessão, Levon Demirdjian, abriu a reunião e passou a palavra para Yeghiché Vartanian (futuramente padre Yeznig Vartanian), que fora especialmente convidado para o uso da palavra na abertura dessa reunião. Vartanian, com a palavra, elogiou o espírito empreendedor dos jovens, elogiou a disposição deles e sugeriu que instituições semelhantes visassem como seu principal objetivo a manutenção da chama acesa dos sentimentos nacionais e propagar no coração dos jovens o amor patriótico, sem poupar esforço para mantê-los armênios.

Após a palavra inaugural de Vartanian, passou-se à eleição da diretoria, realizada em voto secreto, que teve o seguinte resultado:

Levon Demirdjian, Pedro Nazarian, Armênio Gasparian, Sami Rabbat, Manuel Satchaklian, Kevork Kouyoumdjian, Ohan Katchikian.

Em 10 de fevereiro de 1925, a diretoria recém-eleita realizou sua primeira reunião no salão da igreja e, em votação secreta, formou a sua mesa diretiva, assim constituída:

Levon Demirdjian — Presidente
Manuel Satchaklian — Vice-presidente
Sami Rabbat — Secretário
Armênio Gasparian — Vice-secretário
Ohan Katchikian — Tesoureiro
Kevork Kouyoumdjian — Vice-tesoureiro
Pedro Nazarian — Diretor esportivo e dirigente

Após a formação da mesa diretiva, a reunião deu como incumbência a Sami Rabbat e Armênio Gasparian que moldassem um estatuto da entidade e o apresentassem à diretoria.

Em 17 de fevereiro de 1925, o Estatuto já estava pronto, que foi lido e aprovado na íntegra pela assembleia geral, realizada nesse mesmo dia.

Armênio Gasparian

Armênio Gasparian nasceu em 26 de novembro de 1905, em São Paulo. É filho de Mardiros Gasparian, natural da cidade de Kharpert. Foi um dos fundadores da Associação Armênia de Cultura Física e seu vice-presidente. Era um dos que ensinava, espontaneamente e com dedicação, o idioma português para os recém-aportados patrícios. Atualmente, trabalha no comércio atacadista de tecelagem em sociedade com seu irmão, Artur, e tem alcançado uma ótima posição financeira. Armênio Gasparian é uma pessoa honesta, habilidosa, e goza da fama de bom comerciante. Casou com uma não armênia e, apesar de não se aproximar muito dos círculos armênios, cumpre, no entanto, com sua obrigação da contribuição comunitária (Azkayin Durk) e tem sempre auxiliado a coletividade armênia, participando generosamente de todas as arrecadações realizadas.

ESTATUTO — REGULAMENTO DA ASSOCIAÇÃO ARMÊNIA DE CULTURA FÍSICA

CAPÍTULO I
Da denominação e objetivos

Art. 1 — A entidade terá o nome de ASSOCIAÇÃO ARMÊNIA DE CULTURA FÍSICA, doravante chamada de Associação.

Art. 2 — É o objeto da Associação cuidar principalmente do desenvolvimento físico, intelectual e moral de seus membros e de toda a juventude armênia da coletividade, em geral, tentando aproximar, fraternalmente, toda a coletividade armênia.

CAPÍTULO II
Dos direitos e obrigações dos membros

Art. 3 — Podem ser membros da Associação todos os compatriotas acima de 16 anos de idade, sem nenhuma discriminação religiosa ou ideológica.

Art. 4 — Apesar de ser uma entidade armênia, a Associação aceita membros de qualquer nacionalidade, mas sua Diretoria será constituída apenas de armênios; portanto, apenas os armênios terão o direito de votar e ser votados.

São eleitores e eleitos apenas os membros que:
a) São membros da Associação há no mínimo seis meses;
b) Zelam pelo crescimento da Associação e são disciplinados;
c) Pagam suas mensalidades regularmente;
d) Não foram sujeitados a punições pela Associação, e não tenham cometido abusos contra o presente Estatuto.

Art. 5 — Os membros que têm origem armênia usufruirão de todos os privilégios do artigo 4.

Art. 6 — Os membros da Associação se dividem em três categorias:
A — membros fundadores;
B — membros atuantes;
C — membros honrosos.

1) São considerados membros fundadores aqueles que fundaram e organizaram esta Associação;
2) São considerados membros atuantes todos os membros que pagam regularmente suas mensalidades de associado.
3) São considerados membros honrosos todos aqueles associados aos quais foram outorgados e que receberão este título.

Art. 7 — São considerados membros fundadores também aqueles que tenham sido registrados como membros desde o dia da fundação da Associação, isto é, 6 de fevereiro de 1925, por até três meses.

Art. 8 — Um candidato será eleito membro da Associação ao ser apresentado por dois membros da Associação que vêm pagando regularmente suas mensalidades.

Art. 9 — Com relação à mensalidade, os membros da Associação são divididos em duas divisões: A e B, como segue:

Pertencem à divisão A aqueles que tenha completado 16 anos de idade. Esses são obrigados a pagar uma mensalidade perfazendo 5 cruzeiros, para ter direito a:

1) Livre acesso à sede da Associação e usufruir da biblioteca e de todos os outros privilégios;
2) Acesso livre ao campo de esportes e usufruir de todos os aparelhos esportivos, participar dos jogos desejados e dos divertimentos esportivos.

Pertencem à divisão B as senhoras, senhoritas e todas as pessoas com menos de 16 anos de idade, as quais, apesar de usufruírem dos privilégios mencionados na divisão A acima, devem pagar a mensalidade de três cruzeiros, sem o direito de eleger e ser eleito.

Art. 10 — São deveres de todos os membros da Associação:
a) Pagamento regular das mensalidades;
b) Respeitar e fazer respeitar o presente Estatuto/Regulamentos;
c) Obedecer às decisões tomadas na Assembleia Geral;
d) Respeitar os membros da Diretoria, as personalidades formalmente designadas pela Associação e as determinações emanadas de seus cargos;
e) Respeitar todos os membros da Associação, a profissão da fé e seus princípios;
f) Manter sempre uma postura decente e honrosa, principalmente quando se está usando o uniforme oficial da Associação, ou quando se representa a Associação.
g) Vigiar e preservar o patrimônio da Associação.
h) Empenhar-se pelo progresso da Associação e ser zeloso pela honra da Associação.

Art. 11 — Fica proibido incitar discussões político-partidárias dentro da Associação.

CAPÍTULO III

Art. 12 — Os recursos da Associação são oriundos:
a) Das mensalidades e do dinheiro arrecadado na entrada;
b) Das arrecadações promovidas pela Diretoria e/ou das fontes de receita por ela criadas.

CAPÍTULO IV
Da Diretoria

Art. 13 — A Associação é dirigida através de uma Diretoria, que é composta por sete pessoas e é eleita anualmente pela Assembleia Geral.

Art. 14 — A Diretoria é eleita no mês de dezembro, através de votação secreta e sob a fiscalização de três inspetores, que são nomeados pelo Presidente da Diretoria.

Art. 15 — A eleição se realiza baseada numa lista apresentada por parte de uma Comissão constituída, cuja obrigação é colocar numa relação os nomes dos membros aptos e ativos.

Art. 16 — A lista preparada deve ser afixada na sede da Associação, antes da eleição, assim como deve ser distribuída para todos os membros com direito a votar, os quais têm o direito de escrever os nomes de colegas que não constam da lista, caso assim desejarem.

Art. 17 — A urna é fechada às 21h00, e é entregue ao Presidente. A urna só poderá ser aberta com a presença da Comissão nomeada pela Diretoria e na presença dos membros, e o resultado da votação, depois de ser formalmente registrado no livro de atas, é publicado nos jornais locais e é comunicado para todos os membros da Associação.

Art. 18 — O Presidente da Diretoria pode convidar a pessoa de sua conveniência para substituir o membro que se ausenta temporariamente.

Art. 19 — Lacunas na Diretoria são preenchidas com a votação da Diretoria.

Art. 20 — A Diretoria que é eleita no mês de dezembro assume, formalmente, suas funções a partir da Assembleia Geral realizada no mês de janeiro; enquanto isso, ela prepara reuniões preparatórias, a fim de preparar o programa de suas atividades e para preparar o seu orçamento, ambos a serem apresentados à Assembleia Geral para a devida apreciação e aprovação.

Art. 21 — As reuniões da Diretoria são realizadas semanalmente, para se ocupar das atividades da Associação.

Art. 22 — É da competência do Presidente:
a) Realizar reuniões extraordinárias, caso necessário; a reunião será considerada válida com a presença de no mínimo quatro membros da Diretoria;
b) Dirigir as reuniões da Diretoria e da Assembleia Geral, designar as Comissões que forem consideradas necessárias, representar a Associação perante as autoridades competentes ou em eventos oficiais, tanto na cidade ou em outras regiões; ter o voto de minerva na votação para qualquer questão, e, finalmente, administrar todas as atividades que competem ao Presidente;
c) Durante as reuniões, participar das discussões apenas após designar uma outra pessoa em seu lugar;

d) Ter o direito de solucionar questões importantes e inadiáveis, com o dever, no entanto, de relatar à sua Diretoria logo na reunião seguinte;
e) Assinar, junto com o Secretário e os demais membros da Diretoria, as atas das reuniões;
f) Assinar, junto com o 1º tesoureiro, cheques e recibos, com os quais podem ser retiradas importâncias dos bancos ou de onde o dinheiro da Associação tenha sido depositado.

Art. 23 — É da competência do Vice-presidente substituir o Presidente durante sua ausência, no gozo de todos os direitos do Presidente.

Art. 24 — É da competência do Secretário:
a) Dirigir as reuniões, na ausência do Presidente e do seu vice;
b) Receber toda a correspondência, dar seguimento a todas as atividades da entidade, preparar o relatório de atividades e apresentá-lo à Diretoria mensalmente.

Art. 25 — É da competência do Vice-secretário:
a) Substituir o Secretário, na ausência deste;
b) Guardar todos os registros das atas (da Diretoria e das Assembleias Gerais), preparar toda a correspondência que a Diretoria ou a Assembleia Geral acharem necessário.

Art. 26 — É da competência do Tesoureiro:
a) Sob conhecimento da Diretoria, receber e depositar num banco ou em outro local todas as contas pertencentes à Associação, as mensalidades, dinheiro de entradas ou outros valores recebidos de diversas receitas;
b) Manter um livro-caixa de entrada e saída, realizar os pagamentos corriqueiros previamente orçados, enquanto os pagamentos de despesas imprevistas devem ser feitos apenas sob conhecimento e autorização da Diretoria;
c) Apresentar à Diretoria o balanço mensal das receitas e despesas e, no fim do ano, o balanço anual. A Diretoria tem o direito de examinar, a qualquer momento, o livro-caixa e os balanços;
d) O Vice-tesoureiro substitui o Tesoureiro, na ausência deste.

Art. 27 — É da competência do Diretor Esportivo:
a) Coordenar todos os jogos esportivos da Associação;
b) Ensinar as normas e regulamentos dos jogos a todos os membros que queiram participar das modalidades;
c) Arbitrar as reclamações e descontentamentos apresentados pelos esportistas e outros, mantendo a Diretoria a par disso;
d) Participar das reuniões da Diretoria, onde serão julgadas os erros praticados pelos jogadores e esportistas;

e) Punir adequadamente o membro jogador pela falha cometida, comunicando devidamente a Diretoria;
f) Vigiar todos os equipamentos esportivos, e pedir à Diretoria que adquira todos os objetos e equipamentos esportivos necessários;
g) Marcar jogos, convocar jogadores e horários de prática esportiva, e montar o time de futebol;
h) Sugerir à Diretoria a indicação ou o afastamento dos esportistas;
i) Apresentar relatório anual à Diretoria, relatando os nomes dos sócios participantes e vencedores;
j) Apresentar à Diretoria e pedir a nomeação de seus auxiliares.

CAPÍTULO V
Da Assembleia Geral e regulamentos gerais

Art. 28 — Todo ano, no mês de janeiro, deve-se realizar a Assembleia Geral da Associação, onde devem ser lidos o relatório anual preparado pelo Presidente da Diretoria e o relatório anual do Tesoureiro. Depois dessa apresentação, a nova Diretoria eleita assume suas funções, conforme determina o Art. 20.

Art. 29 — A Diretoria cessante deve prosseguir seus trabalhos até a nova Diretoria assumir suas funções.

Art. 30 — O ano para a Diretoria da Associação começa a partir do dia 1º de janeiro e encerra-se no dia 31 de dezembro do mesmo ano.

Art. 31 — São realizadas Assembleias Gerais Extraordinárias a pedido do Presidente e sob conhecimento da Diretoria; neste caso, todos os membros da Associação devem ser comunicados por escrito, no prazo mínimo de 8 (oito) dias, apresentando o motivo da convocação.

Art. 32 — Podem ser realizadas Assembleias Gerais Extraordinárias a pedido da metade dos membros da Associação, que devem assinar o pedido de convocação e apresentá-lo ao Presidente.

Art. 33 — A Assembleia Geral terá validade com a presença mínima da metade dos associados; caso não seja possível ter o número necessário na 1ª e na 2ª convocação, na 3ª, o número dos presentes será considerado válido para a realização da Assembleia.

Art. 34 — Tanto nas Assembleias Gerais como nas reuniões da Diretoria, é absolutamente vedado discursar ou discutir sobre temas político-partidários.

Art. 35 — Se houver tumulto na Assembleia Geral, cabe ao Presidente suspender a sessão, advertindo os agitadores; após o reinício da sessão, se o tumulto persistir, o Presidente terá o direito de encerrar a Assembleia e convocar uma nova Assembleia dentro de oito dias.

Art. 36 — *Nas Assembleias Gerais, deve-se pedir permissão para fazer uso da palavra; não será permitido falar sobre o mesmo tema mais de duas vezes.*

Art. 37 — *Os presentes votam sobre qualquer questão de forma simples; adota-se a forma de votação secreta apenas nos casos em que os associados assim acharem ser necessário.*

Art. 38 — *Caso algum membro da Diretoria falhe em suas atribuições, o Presidente deve chamar a sua atenção duas vezes e, na reincidência pela terceira vez, o Presidente ou seu substituto declara vago o referido cargo, com a aprovação de 2/3 dos membros da Diretoria.*

Art. 39 — *Quando um membro da Associação descumprir o regulamento, ele será advertido, suspenso e, finalmente, expulso da Associação. O membro punido terá o direito de autodefesa, por escrito ou verbalmente.*

Art. 40 — *O associado que não respeitar este Estatuto ou os regulamentos internos será suspenso por 7 (sete) dias na primeira vez, 15 (quinze) dias na reincidência, 30 (trinta) dias na terceira vez e, na quarta, será expulso da Associação.*

Art. 41 — *O associado suspenso deve contribuir com sua mensalidade.*

Art. 42 — *O associado que não efetuar o pagamento de suas mensalidade por três meses consecutivos, será expulso, exceto se apresentar justificativas plausíveis. A Diretoria tem o direito de eliminar mensalidades pendentes, ou aceitar novamente um associado expulso, se achar justo adotar tal passo.*

Art. 43 — *Um membro demitido pode frequentar a sede da Associação como um convidado seis meses depois de sua demissão.*

Art. 44 — *Perde o direito de associado e não mais será readmitido como associado aquele que:*

a) Condena a Diretoria com calúnias e difamações;

b) Prejudica a Associação, ou tenta denegri-la de dentro ou por fora;

c) Apropria-se do patrimônio ou do dinheiro da Associação.

Art. 45 — *Na sede da Associação, ficam proibidos quaisquer jogos lucrativos. O fiscal é responsável e deve fiscalizar atentamente.*

Art. 46 — *Os membros da Diretoria têm a obrigação de comparecer a todas as reuniões. Caso seja inviável a presença, devem justificar sua ausência por escrito à Diretoria, caso contrário podem se sujeitar a punições que serão decididas pela Diretoria.*

Art. 47 — *A Diretoria é responsável coletivamente por suas obrigações e responsabilidades assumidas, mas seus membros não são responsáveis individualmente.*

Art. 48 — *Caso a Associação venha a se dissolver, todo o seu patrimônio, depois de liquidadas todas as dívidas, será entregue a uma Associação ou uma instituição beneficente, de acordo com decisão tomada pela Assembleia Geral.*

Art. 49 — *A Associação será considerada dissolvida quando suas fontes de receita deixarem de existir e todas as tentativas da Diretoria se tornarem inúteis para a criação de fontes de receita, visando manter a Associação ativa. Neste caso, será convocada uma Assembleia Geral, a quem caberá decidir o destino da Associação.*

Art. 50 — Exceto nos Artigos 2, 4 e 5, que são insubstituíveis, todos os demais Artigos podem sofrer modificações com inclusões ou reduções, de acordo com as exigências do dia. Tais alterações devem ser feitas apenas pela Assembleia Geral, através da maioria dos votos.

Art. 51 — São os seguintes os membros fundadores, sobre os quais há citação na primeira parte do Art. 6: Sami Rabbat, Vertanés Guebenlian, Baltazar Katchikian, Vahram Keutenedjian, Stepan Debelian, Armênio Gasparian, Pedro Nazarian, Andréas Jafferian, Levon Manukian, Gaspar Nerguizian, Hagop Nazarian, Mihran Parseghian, Jamil Sonayan, Ardachés Adjemian, Khoren Abrahamian, Mamás Vartanian, Clemente Djanikian, Meguerditch Ohannessian, Marcos Gasparian, Elias Aboch, Levon Gasparian, Elias Marachlian, Manuel Saktchelian, Manuel Katchikian, Hovhannes Kechichian, Asdur Krikorian, João Katchikian, Miguel Abach, Hagop Demirdjian, Kevork Kouyoumdjian, Levon Demirdjian, Sarkis Israelian.

Art. 52 — Caberá aos membros fundadores desta Associação eleger a primeira Diretoria para o ano corrente de 1925, cuja gestão encerrar-se-á no dia 31 de dezembro de 1925. Os membros fundadores examinaram e aprovaram este Estatuto na reunião do dia 17 de fevereiro de 1925, que entra em vigor a partir da data de sua assinatura.

OBS.: Será o símbolo da Associação uma bandeira nas cores azul, laranja e vermelha.

São Paulo, 17 de fevereiro de 1925

(contém a assinatura de todos os membros fundadores)

Kevork Kouyoumdjian nasceu em 1901, na cidade de Aintab, flho do ourives Serapião Kouyoumdjian. Recebeu sua educação primária na escola Vartanian, na mesma cidade, e mais tarde, contra a vontade do seu pai, seguiu a profissão de alfaiate. Durante as deportações de 1915, Kevork Kouyumdjian foi exilado

Kevork Kouyoumdjian

para Alepo. Sob ordem de Jemal Pachá, quando os armênios que se encontravam na Síria foram obrigados a mudar de religião e adotar nomes turcos, ele também começou a usar o nome Jemil, atuando como mascate até 1920, quando chegou ao Brasil e, depois de se estabelecer na cidade de São Paulo, começou a trabalhar como alfaiate. Em 1921, casou com Rosa Korukian, filha de um dos mais antigos armênios radicados no Brasil, Manuk Korukian, e teve três casais de filhos. A partir de 1934, começou a trabalhar no comércio. Foi membro fundador da Associação Armênia de Cultura Física e da Associação Compatriota de Aintab, exercendo a função de tesoureiro dessa entidade até a sua morte. Faleceu em 1944, em consequência de uma cirurgia de apendicite, e foi enterrado no cemitério São Paulo. O saudoso era econômico, trabalhador e uma pessoa de temperamento ameno. Como proprietário de bens imóveis e do comércio, deixou sua família em situação financeira segura.

O objetivo principal da Associação Armênia de Cultura Física era organizar jogos de futebol; por isso, havia o interesse de formar um grupo de futebol que fosse constituído de armênios natos. Ao mesmo tempo, também com o intuito de criar um movimento e despertar curiosidade dentro da coletividade, decidiu-se organizar a primeira palestra alusiva a esse objetivo, a qual foi realizada no dia 23 de maio de 1925, no salão da igreja.

Nessa oportunidade, na edição de número 3996 do jornal *Hayrenik*, publicado na América do Norte, Kiud Mekhitarian assim descreveu essa palestra:

Na noite do dia 23 de maio realizou-se, no salão paroquial, a primeira palestra organizada pela Associação Armênia de Cultura Física, à qual compareceu o público jovem dessa coletividade.

No horário estabelecido, o presidente da Associação, Sr. Levon Demirdjian, abriu o evento e apresentou, em breves palavras, a formação da entidade, dizendo que a sua atividade estava limitada, por enquanto, apenas à modalidade esportiva de futebol, mas que no futuro próximo lançar-se-ia um curso noturno, em que os compatriotas recém-chegados poderiam aprender o idioma do país, o que dar-lhes-ia condições para assegurar a subsistência familiar, e que seriam também organizados acampamentos e encontros periódicos para abordar e discutir diversas questões.

A pedido do Presidente, os presentes cantaram o hino patriótico "Pam Porodan" (Retumbar dos canhões) com o acompanhamento ao violino da Srta. Ester Nazarian. A seguir os presentes cantaram a canção "Himi El Lrenk?" (Também agora vamos nos silenciar?).

Após a canção, o presidente convidou ao palco o secretário da Diretoria, Semi Rabbat, para o uso da palavra.

No seu discurso, muito bem preparado e proferido no idioma português, o respeitável secretário destacou a premência das instituições e o papel benéfico destas como fator de desenvolvimento dos povos e preservação da sobrevivência nacional.

A seguir, o presidente convidou o orador principal da noite, o Sr. Yeghiché Vartanian (mais tarde padre Yeznig Vartanian).

O Sr. Vartanian dedicou a primeira parte da sua palestra à Associação e exortou os presentes a ajudar e estimular esta instituição recém-formada, cada um de acordo com sua disponibilidade, pois o objetivo desta Associação será, sem dúvida, atiçar o espírito nacional nesta coletividade, e disse: "Se ao estímulo dos jovens não se une a experiência e a moderação dos mais idosos, não será possível alcançar qualquer resultado prático". Depois, passando ao tema principal, na sua palestra que se estendeu por mais de uma hora, o Sr. Vartanian apontou o dever da coletividade para com os seus filhos e a mãe-pátria, e acentuou, principalmente, a necessidade da construção de uma igreja, que não será apenas um local de oração, mas uma propriedade cuja proprietária e administradora será a própria coletividade. Ele teceu um paralelo entre os povos armênio e judeu e lembrou, com profunda dor no coração, o fato de a vil diplomacia europeia ter se negado, de forma traiçoeira, a cumprir suas promessas ao primeiro, enquanto ornava com um "Lar Nacional" o segundo.

O respeitável orador concluiu sua palestra concluindo que "devemos ter lucros aqui, para gastar na pátria; devemos trabalhar aqui, para descansarmos lá, porque ali se encontra a nossa salvação". As palavras do Sr. Vartanian mereceram os aplausos calorosos de gratidão de todos os presentes.

Finalmente, o pastor espiritual da coletividade, padre Gabriel Samuelian, mostrou a importância de solidariedade e cooperação e desejou êxito às iniciativas da Associação.

O presidente, Sr. Levon Demirdjian, em nome de seus colegas da Diretoria, agradeceu o comparecimento de todos a este evento e ao orador da noite, o Sr. Yeghiché Vartanian, que tão gentilmente acatou o convite que se lhe foi feito, e deu por encerrado o programa da noite, convidando os presentes ao acampamento do próximo domingo, a se realizar no campo de Água Branca, a uma hora de viagem, onde os membros da Associação participarão de diversas modalidades esportivas.

Os presentes manifestaram seus agradecimentos aos membros da Diretoria da Associação, por terem organizado, num tempo tão curto, esta bela iniciativa.

Decidi reproduzir na íntegra essa reportagem do saudoso Kiud Mekhitarian para mostrar os fatos ocorridos no limiar da formação propriamente dita da Coletividade Armênia do Brasil, principalmente com a demonstração de grande entusiasmo e estímulo de um grupo de jovens armênios que nasceu e cresceu no Brasil, com a vontade de ser útil aos seus irmãos recém-chegados.

A Associação, como o seu nome revelava, e conforme foi divulgada formalmente nessa primeira palestra, era uma instituição que visava a área de cultura física, mas havia também no seu projeto uma parte destinada a ser útil e ajudar seus irmãos recém-chegados. Assim, fiel ao seu projeto, no mês de junho de 1925, a Associação alugou um salão no prédio de número 55, localizado na rua Brigadeiro Tobias, onde deu início ao curso noturno de aprendizado do idioma português, dedicado aos armênios recém-chegados ao Brasil.

Mas, mal havia começado esse curso, que contava com aproximadamente vinte jovens recém-chegados, a Associação começou a enfrentar dificuldades impostas pelo proprietário do imóvel, e viu-se diante da necessidade de apelar para a Comissão Fundadora da Coletividade, à qual foi enviada a seguinte carta, datada de 1º de agosto:

[...] A Associação Armênia de Cultura Física, conforme reza o seu estatuto, estabeleceu, há mais de um mês, um curso noturno de ensino do idioma português para os compatriotas recém-chegados. Alugamos um salão com essa finalidade, mas, sem podermos tolerar as novas condições impostas pelo proprietário do imóvel, tivemos de deixar o salão. Mas, para que o trabalho recém-iniciado não seja interrompido, vimos solicitar da Vossa respeitável Diretoria o obséquio de nos conceder o Vosso salão de reuniões, dois dias por semana, para podermos ali desenvolver o nosso trabalho.

Certos de que Vossas Excelências levarão em consideração a utilidade deste nosso trabalho e acatarão a presente solicitação, permanecemos, muito respeitosamente [...].

A Comissão Fundadora da Coletividade acatou gentilmente o pedido da Associação e concedeu o seu salão de reuniões e, destarte, a instituição teve a possibilidade de prosseguir o seu curso noturno.

Saliente-se que foram responsáveis pelo curso Levon Demirdjian, Pedro Nazarian, Armênio Gasparian e Andréas Jafferian.

A Associação Armênia de Cultura Física tentou, ainda, se unir a uma outra entidade formada quase na mesma época (a União dos Jovens Armênios), mas, não chegando a um denominador comum, desistiu da ideia.

Em abril de 1928, a Associação encontrava-se já semidissolvida; os associados não pagavam suas mensalidades regularmente, e a diretoria não conseguia enfrentar as despesas. Houve até algumas tentativas para reanimar e revigorar a instituição, mas que não surtiu o efeito esperado. Diante dessa situação sem saída, a diretoria se reuniu e decidiu declarar como dissolvida a Associação e, de acordo com os regulamentos do seu estatuto, publicou e enviou aos seus membros a seguinte convocatória:

A última Diretoria da Associação Armênia de Cultura Física, em sua última reunião extraordinária e, de acordo com o que determina o Artigo 48 do estatuto, tomou a decisão de convocar todos os seus membros para uma reunião consultiva, que será realizada no próximo dia 8 de maio, às 20h30 em primeira convocação, ou às 21h00 em segunda convocação, com a presença de qualquer número, que será considerado válido. Local: salão da Igreja Armênia, sito à rua Florêncio de Abreu, Nº 15-A.

À guisa de explanação, apresentamos a seguir, na íntegra, o Artigo 48 do nosso estatuto:

Art. 48 — Caso a Associação venha a dissolver, todo o seu patrimônio, depois de liquidadas todas as dívidas, será entregue a uma Associação ou uma instituição beneficente, de acordo com decisão tomada pela Assembleia Geral.

São Paulo, 27 de abril de 1928

Levon Demirdjian
Presidente da Associação Armênia de Cultura Física

No dia marcado, não foi possível iniciar a assembleia geral na primeira convocação, por falta de quorum, e a reunião teve início na segunda convocação, com a presença de apenas dezessete associados.

Retratando a situação do momento e considerando ser impossível a continuação da Associação, a diretoria sugeriu declarar a entidade dissolvida. Os presentes, por sua vez, sem alimentar a menor esperança, declararam, por unanimidade, dissolvida a Associação Armênia de Cultura Física, e decidiram entregar à recém-inaugurada escola da Associação das Armênias Progressistas parte dos objetos da instituição, e o valor em espécie de 1.084 cruzeiros para o fundo de construção da igreja, e comunicar esse fato para a Comissão Fundadora da Coletividade, através da carta cujo teor segue:

[...] A Assembleia Geral da Associação Armênia de Cultura Física, na sua sessão de 8 de maio, devido às circunstâncias vigentes, decretou a sua dissolução,

com determinação do Artigo 48 do seu estatuto, e do seu patrimônio decidiu passar duas dúzias de cadeiras e uma escrivaninha, definitivamente, para a igreja, assim como doa para o fundo de construção da igreja o valor de 1.084 cruzeiros que estava guardado em seu poder. Essa quantia, sob os auspícios da Vossa respeitável Diretoria, permanecerá com o nosso ex-tesoureiro, Sr. Ohan Katchikian, provisoriamente, sob a seguinte condição:

Através de uma carta específica, o Sr. Ohan comunicará à Vossa Diretoria esta decisão e, como responsável deste ato, assinará uma promissória. Esta quantia deverá ser registrada no livro de arrecadações, quando Vossa Diretoria começar a arrecadação, e a entrega total do valor, acrescido dos juros correspondentes, terá lugar por ocasião da cerimônia de colocação da pedra fundamental da igreja.

Citamos esta condição para o Vosso conhecimento, reiterando nosso profundo respeito, em nome da Associação Armênia de Cultura Física.

Presidente Levon Demirdjian
Secretário Andreas Jafferian

Entre junho de 1925 e 10 de janeiro de 1928, a Associação Armênia de Cultura Física realizou 51 partidas de futebol com diversas equipes locais, vencendo cinquenta partidas e merecendo destaques especiais nos jornais da cidade, que pela primeira vez na história escreveram sobre um time de futebol formado por uma instituição armênia no Brasil, tecendo elogios e palavras de estímulo.

Essa entidade de jovens, dotada de um entusiasmo ilimitado, apesar de ter desenvolvido uma atividade louvável teve, infelizmente, uma existência muito curta, pois faltou-lhe, talvez, a experiência e astúcia dos mais velhos. Ela passou tal qual um meteoro; foi armênia em sua essência, isto é, começou com um enorme entusiasmo, apresentou uma atividade brilhante e elogiável, mas, devido à ausência do espírito de perpetuação, atirou-se aos braços da morte e desapareceu. O seu estatuto e os regulamentos, preparados com tanto carinho e que eram considerados como os melhores entre todos os demais estatutos e regulamentos das demais entidades armênias do Brasil, foram cumpridos e seguidos a termo e em sua totalidade, até mesmo por ocasião da dissolução definitiva da Associação, um estatuto que não teve comparação com os de tantas outras organizações que nasceram e desapareceram na Coletividade Armênia do Brasil.

União dos Jovens Armênios

Precisamente naqueles dias em que surgia a Associação Armênia de Cultura Física, um outro grupo de jovens, cuja maioria era composta de recém-chegados, se reunia para fundar a Associação dos Jovens Armênios. No dia 29 de janeiro de 1925, essa instituição encaminhou a seguinte carta para a Comissão Fundadora da Coletividade:

[...] Apraz-nos informar-lhes que foi constituída a entidade denominada "União dos Jovens Armênios de São Paulo", cujos membros são jovens armênios daqui. Para o conhecimento de Vossa respeitável Diretoria, anexamos à presente os objetivos da nossa entidade.

Estamos convictos de que a Vossa digna Diretoria não poupará em trazer o seu apoio moral à nossa recém-formada União.

Com nossos profundos respeitos,

Haig Vartanian
União dos Jovens Armênios

PROJETO DA UNIÃO DOS JOVENS ARMÊNIOS DE SÃO PAULO

OBJETIVOS — Apoiar o desenvolvimento moral, físico e intelectual dos jovens da coletividade.
MEIOS — Instituir palestras noturnas, cursos, organizar biblioteca e local de leitura.
CONDIÇÕES — Podem se tornar membros da União pessoas com idade entre 17-40 anos, sem distinção religiosa ou de gênero; acima dessa idade, tornam-se membros honorários. Os sócios pagam uma mensalidade de três cruzeiros, no mínimo, à União.

Estes jovens, que se lançaram ao público com seu projeto escrito de forma lacônica, iniciaram com entusiasmo sua atividade, com o típico caráter armênio de sangue quente, convidando para o cargo de presidente um jovem chamado Kevork Rafaelian.

A entidade, cujos escassos meios financeiros não lhe possibilitavam alugar uma sede, encaminhou uma carta datada de 15 de abril de 1925, dirigida à Comissão Fundadora da Coletividade, na qual dizia:

[...] Gostaríamos de saber se haveria a possibilidade de alugar, temporariamente, o salão de reuniões da igreja duas noites por semana, para realizarmos nossos ensaios de canto e palestras.
Rogamos à Vossa Diretoria uma breve resposta.

A Comissão Fundadora da Coletividade respondeu numa carta datada de 19 de abril, com a concessão do salão de reuniões para a finalidade que se pedira. Estimulada por essa gentil atitude, a União dos Jovens Armênios de São Paulo se empenhou numa atividade intensa. Em pouco tempo, formou um coral, começou a ministrar aulas noturnas e uma série de palestras e, finalmente, tentou não só unir os jovens e manter neles acesa a chama dos sentimentos nacionais, como também preocupou-se em ajudar os recém-chegados com o ensino do idioma português, desejando ver o progresso desses em pouco tempo.

Nas festas e eventos organizados pela União dos Jovens Armênios de São Paulo, foram destaques a comemoração da epopeia de Vartanants e a arrecadação realizada com o objetivo de ajudar as vítimas da tragédia de Chirac, que foi a primeira arrecadação realizada por armênios recém-chegados.

Kiud Mekhitarian, que esteve presente a esse evento, enviou uma reportagem que foi publicado na edição de 6 de maio de 1927, número 4564 do diário *Hayrenik*, cujo teor reproduzimos na íntegra, devido ao interesse que suscita o tema:

A festa de Vartanants, sem distinção religiosa, sem diferenciação de correntes ideológicas, é uma festa de todos os armênios, razão pela qual ela é festejada anualmente com grande entusiasmo e sempre com novas inspirações.
Neste ano, pela primeira vez, a pequena Coletividade Armênia de São Paulo também trouxe a sua participação nesta festividade, graças à União dos Jovens Armênios, cuja Diretoria lançou a feliz ideia de preparar uma noite festiva, que também tinha cunho assistencial às vítimas da tragédia de Chirac.
O grande salão que fora alugado para este evento estava lotado. À entrada, via-se um quadro grande do valente general Vartan Mamigonian, circundado pela bandeira tricolor armênia.
Às 21h00, o Sr. Haig Vartanian abriu a festa e convidou os presentes a acompanharem, de pé, a canção-hino "Pam Porodan" (Retumbar dos canhões), acompanhado ao piano pela Srta. Mari Terzian.

Em sua palavra de abertura, o Sr. Haig Vartanian apresentou, em sucintas palavras, a atividade bienal da entidade, e acrescentou: 'Esta festa não é a melhor na sua concepção, pois uma entidade que ainda está na sua fase infantil só poderia realizar aquilo que suas forças limitadas lhe permitiriam. Caso o estimado público queira incentivar a entidade para se chegar à sua adolescência e maturidade, é evidente que ela poderá fazer ainda mais, justificando, assim, as esperanças nela depositadas'. A seguir, o Sr. Hovhannés Distchekenian declamou a poesia "Harkank Kez" (Respeito a Ti), de Avedis Aharonian, com uma locução e grande emoção.

A Srta. Mari Terzian apresentou um número ao piano, e o Sr. Apel Kaloustian declamou "Gantché Grunge" (Chame o Gru). Acompanhado ao piano, o Sr. Krikorian cantou "Lrets Ambére" (As nuvens silenciaram). Depois de o coral apresentar a canção "Dalvorikí Zavag Em" (Sou filho de Dalvorik), o Sr. Nercés Manissadjian recitou a famosa poesia "Ap me Mokhir" (Um punhado de cinzas), de Siamantó. O Sr. Krikorian cantou "Dele Yaman" (canção folclórica), e o Sr. Arsen Momdjian, "Dzidzernag" (golondrina).

Foi lida a mensagem do Sr. Yeghiché Vartanian (posteriormente, padre Yeznig Vartanian), escrita especialmente por ocasião dessa data, fazendo um apelo à Coletividade, para eternizar a epopeia de Vartanants através da ajuda imediata aos compatriotas desabrigados, vítimas da tragédia de Chirag. O Sr. Garabed Kiurkdjian leu a poesia "Im Mahe" (Minha morte) de Bedros Turian.

O orador principal da noite, Prof. Peniamin Gaidzakian, devido a um trabalho urgente, encontrava-se fora de São Paulo, mas a sua lacuna foi preenchida pelo padre Gabriel Samuelian, que fez a retrospectiva histórica da batalha de Avarair e concluiu que, desde os dias do martírio de Vartanants, o povo armênio tem atravessado um caminho cheio de rios e mares de sangue, mas ele existe e permanecerá, graças ao holocausto dos antigos e novos mártires, que sempre arderam com amor e fogo patriótico e formaram ninhos de novas estrelas e sóis nos céus da pátria. O padre também citou, por sua vez, a necessidade de socorrer os necessitados e afligidos pela tragédia de Chirac.

O Sr. Dikran Avakian leu o trecho "Nor Arhavirke" (A nova calamidade) de Avedis Aharonian.

Após um intervalo de quinze minutos, deu-se início à apresentação da comédia teatral Bachdones Kherempal é (Minha função é roncar), apresentada pelos Srs. A. Kaloustian, A. Tateossian e B. Krikorian. Os três realizaram uma brilhante apresentação.

Com o hino "Mer Hayrenik" (Pátria nossa) cantado por todos os presentes, deu-se como encerrada a noite festiva às 23h30. O Sr. Haig Vartanian comunicou aos presentes que, na saída, seria realizada a arrecadação em prol dos flagelados da tragédia de Chirag, e que a quantia angariada, somada à das entradas desta festa, será destinada ao seu objetivo.

Os presentes, antes de se despedirem, cumprimentaram e agradeceram aos membros da Diretoria da União dos Jovens Armênios de São Paulo, que não mediram esforços para coroar esta noite com grande êxito.

Estamos convictos de que a União dos Jovens Armênios de São Paulo realizará outros eventos semelhantes, dando a oportunidade para sermos o porta-voz dessas atividades através destas colunas.

Até o momento, não pudemos colher uma informação precisa sobre o resultado da quantia arrecada nessa noite. No entanto, seja qual for esse resultado, supomos que ela não deve ter sido volumosa, uma vez que a ausência da classe abastada da Coletividade nesta festa foi brilhante, e muitos até recusaram a comprar convites de entrada e participar da arrecadação, fazendo alusões indevidas e inoportunas.

Transcrevi, na íntegra, esta reportagem do saudoso Kiud Mekhitarian, com o intuito de mostrar que:

a) A União dos Jovens Armênios, que era formada totalmente por imigrantes recém-chegados, todos empenhados com a sua sobrevivência diária, mas, mesmo com essas suas preocupações, seus membros eram dotados de grande entusiasmo e encontravam tempo suficiente para organizar um evento preparado com tanta esmera e carinho;

b) Eles tinham sentimentos patrióticos e, com seu entusiasmo jovem, queriam ajudar os seus irmãos flagelados da pátria;

c) As pessoas abastadas da coletividade olhavam com desdém as iniciativas desses jovens, sem tecer elogios às suas atividades.

Depois desse evento, a União dos Jovens Armênios nomeou uma comissão de três pessoas para coordenarem a arrecadação destinada às vítimas da tragédia de Chirac. Os membros dessa comissão eram:

Haig Vartanian — de Van
Dikran Avakian — de Van
Apel Kaloustian — de Akchehir

Para iniciar seus trabalhos de arrecadação, a comissão deu preferência a um armênio rico, a quem apresentou o livro de angariações, solicitando que ele registrasse o valor de sua contribuição financeira. O rico, porém, recusou-se a contribuir, alegando: "não confio em vocês; estas atividades devem ser realizadas por empresários e pessoas dignas de confiança..." Esse senhor sequer levou em consideração que, com essa sua resposta abrupta, ele feria o prestígio dos jovens, talvez por achar que quem não tem dinheiro suficiente não merece ter dignidade.

Mantendo silêncio, a comissão de arrecadação desprezou essa dura humilhação e, sem manifestar qualquer irritação, ainda agradeceu e saiu do local.

Esses três jovens, dotados do espírito patriótico e guiados pela consciência de sua obrigação, não podiam esmorecer e largar o trabalho iniciado diante de palavras humilhantes que atingiam sua dignidade, pois a crítica feita pelo rico, apesar de expressado de forma brusca, revelava uma verdade, visto que eles eram recém-chegados, sem recursos materiais nem uma situação financeira sólida, e pode-se até dizer que ainda eram estranhos na coletividade. Logo, não precisavam se aborrecer, ao contrário, eles deveriam levar adiante o trabalho para mostrar aos ricos que, se não possuíam bens materiais ou posição social, eram, todavia, pessoas com sentimentos que têm valor. E, assim determinados, os três membros da comissão decidiram visitar a loja de um outro rico armênio.

Ao adentrarem a loja, viram que o proprietário estava conversando com um camponês, a quem parecia ter vendido alguns produtos. Aproximaram-se do rico e o saudaram. Mas este os ignorou e fingiu que não ouviu a saudação, querendo talvez passar a impressão de que estava ocupado com um assunto de grande importância.

Os arrecadadores, vendo que o comerciante estava conversando, e sem querer interrompê-lo, o que seria algo indecente, se isolaram em um canto da loja, aguardando o fim da conversa. Passou-se meia hora, mas o comerciante continuava seu diálogo com o camponês. Para fazerem lembrá-lo de que estavam ainda ali, esperando, um dos três aproximou-se dele e, mais uma vez, o saudou: "Bom dia, senhor...". O comerciante ouviu, mas não olhou para o interlocutor, nem lhe respondeu. Indiferente, preferiu continuar a sua conversa com o camponês. Os três da comissão decidiram, então, aguardar mais um pouco, mas, vendo que a conversa do comerciante poderia demorar por mais tempo enquanto eles estivessem ali naquela loja, decidiram dar um desfecho a essa situação. Um deles se aproximou bem perto do comerciante, a ponto de tocá-lo o nariz, e disse:

"Bom dia, senhor... queira desculpar-nos a indelicadeza de interrompê-lo, mas já faz uma hora que nós três estamos aqui, esperando. Será que o senhor poderia nos conceder dois minutos?"

O comerciante, demonstrando uma cara de incomodado, perguntou de forma apática:

"O que vocês querem?"

"Viemos aqui porque estamos realizando uma arrecadação para auxiliar os nossos irmãos vítimas da tragédia de Chirak. Será que o senhor pode dar a sua participação?"

"Não conheço Chirac, nem vítimas de Chirac, nem tenho dinheiro para isso. Peço-lhes que não venham mais para tal finalidade."

A comissão arrecadadora, depois de receber uma resposta tão estúpida do segundo armênio rico, mais uma vez, sem dar qualquer resposta e sem mostrar sinais de desânimo, se despediram e saíram da loja.

Mal tinham se afastado da loja, os três começaram a rir efusivamente. De fato, esse comportamento dos ricos armênios só deveria merecer risos e desprezo, nada mais. E diziam:

"Não há esperança dos ricos, vamos pedir dos pobres, pois são os humildes que entendem realmente das pessoas necessitadas", e se dirigiram à residência de Hagop Keotcheian, que era originário da cidade de Van.

Naquela época, Hagop Keutcheian estava mais ou menos com 55 anos de idade, e ficava sentado o dia todo diante de sua máquina de costura, às vezes até a meia-noite, costurando roupas para garantir o seu sustento. Quando os três membros da comissão arrecadadora chegaram à sua casa e explicaram o motivo dessa visita, o senhor Hagop os recebeu com muito carinho e registrou o seu nome no livro das doações, escrevendo: Hagop Keutcheian, 5 cruzeiros.

Toda honra para a classe humilde e trabalhadora armênia. A abertura de um livro de doações no Brasil com a finalidade de ajudar as vítimas da tragédia de Chirac recebeu apenas o insulto dos ricos armênios, enquanto a classe menos abastada, o trabalhador e o armênio pobre, doou o pouco que tinha, inaugurando assim o livro de arrecadações.

No entanto, a parte mais pitoresca dessa arrecadação seria o seu desfecho. Quando esse pequeno agrupamento de jovens, através da realização de festas e campanhas de arrecadação, conseguiu juntar uma soma razoável, decidiu enviar o dinheiro arrecadado imediatamente à sede da União Geral Armênia de Beneficência (UGAB), em Paris, para que ele fosse destinado às necessidades das vítimas da tragédia de Chirac.

Tão logo recebeu o dinheiro arrecadado, a UGAB enviou uma carta de agradecimento à União dos Jovens Armênios, estimulando e elogiando o trabalho realizado. Orgulhosos e estimulados pelo trabalho efetuado, os jovens queriam que a coletividade ficasse a par desse acontecimento, razão pela qual entregaram a carta da UGAB para o padre, pedindo que o pastor espiritual lesse a mesma do altar da igreja para o público durante a cerimônia dominical.

Sensibilizado, o padre leu a referida carta, que caiu como uma bomba na cabeça dos ricos, que estavam naquele dia na igreja para orar, lembrando as belas e características palavras do imortal poeta Dzadurian:

Quando convém, me transformo em santo,
Me ajoelho na igreja e oro,

Mas há tempo vendi minh'alma ao demônio,
Perdoa-me, meu Deus, ao mundo só minto!

Os ricaços de São Paulo, depois de ouvir a leitura dessa carta na igreja, reuniram-se na sala de reuniões adjacente à igreja e, envergonhados pela atitude demonstrada para com o belo projeto, começaram a discutir e enervar-se diante do fato de a coletividade armênia do Brasil ter enviado à UGAB apenas uma quantia ínfima em benefício das vítimas. Mas o mais repugnante de tudo isso era que exatamente esses ricaços, que há pouco tinham rejeitado a participar da arrecadação, eram os que agora gritavam e esperneavam. Será que agora eles pensavam se as vítimas ainda estavam lá? E se esses caudilhos, esses senhores proprietários de empresas, comércios, donos de patrimônios, supunham que a quantia arrecadada e já enviada era tão ínfima e não honrava o nome da coletividade, então por que não pensaram nisso antes, por que não participaram ou não tomaram semelhante iniciativa, já que esses nobres senhores poderiam perfeitamente se unir e trazer uma contribuição significativa para as vítimas da tragédia de Chirac? Afinal, ninguém lhes impediria. Mas não vale ser tão drástico e intolerante com esses senhores, porque, na verdade, eles tinham um ponto impeditivo que justificava essa sua atitude grotesca, e esse impedimento tinha o seu nome: AVAREZA! Quem apenas tem o hábito de amontoar, perde a virtude de dar, por isso, os perdoemos...

Apesar de suas atividades agitadas, a União dos Jovens Armênios de São Paulo também teria uma vida efêmera, pois começou a revelar sinais de envelhecimento precoce e, finalmente, no mês de julho de 1927, se declarou dissolvida, com a intenção de criar uma nova entidade mais destacada e importante, com outro nome, e recomeçar uma atividade mais útil.

Haig Vartanian nasceu em 1894. Na época dos massacres na cidade de Van, perdeu seu pai, que era um dos defensores da cidade. Ficou órfão com seus dois irmãos. Em 1904, foi aceito no orfanato alemão, em Van, e lá concluiu seus estudos, em 1912. Como o aluno mais inteli-

Haig Vartanian

gente de sua classe, junto com mais dois colegas, foi enviado para o Seminário Alemão, em Kharpert. Em 1915, mais uma vez como o melhor aluno, ele seria enviado para a Alemanha, mas a guerra atrapalhou esse plano. Em 1915, junto com dois amigos, foi encaminhado de Bitlis para Kharpert, para se apresentar diante do Tribunal Militar, pois as cartas que eles haviam enviado para seus pais foram confiscadas em Van. Durante o julgamento, os dois amigos foram condenados à morte, enquanto ele se livrou, pois suas cartas não continham palavras "perigosas". Novamente foi enviado de volta a Kharpert, onde as autoridades começavam a alistar os alunos seniores do Seminário. Vartanian não se apresentou, preferindo se esconder e, finalmente, em 1916, conseguiu fugir para Dersim, de lá para Erzrum e depois para Yerevan. No mesmo ano, foi nomeado como professor na escola da aldeia de Achdarak. Logo depois do encerramento do ano letivo, Vartanian voltou para Van, onde se encontravam sua mãe e o irmão, Yeghiché Vartanian (posteriormente, padre Yeznig Vartanian). Em 1917, entrou na escola militar recém-inaugurada em Van. Essa escola servia na preparação de tenentes para o exército armênio na região semi-independente de Van. Após três meses, o único professor da escola, o tenente caucasiano Hovhannessian, ele próprio um tenente, designou Haig Vartanian como seu assistente na preparação de militares. Durante a retirada de Van, em 1918, Haig e sua família foram para a Pérsia, para participar das lutas do desfiladeiro de Godol e da batalha de Arhevan, sempre na função de comandante de tropa. Durante a ocupação da cidade persa de Diliman, sua tropa foi um dos primeiros grupos militares armênios a entrar nessa cidade. Vartanian teve grande atividade durante a batalha de Arhevan, conseguindo interromper o avanço de uma tropa equipada com canhões, mas feriu-se durante a luta e caiu no campo de batalha, ferido, sendo transferido para um hospital. O médico que lhe atendeu deu apenas "duas horas de vida", mas Vartanian conseguiu sobrviver, apear de ser um dos enfermos mais graves do hospital. Passaram-se 24 dias e os armênios de Vasburagan foram forçados a recuar para as regiões mais remotas da Pérsia. Nesse período, Vartanian já estava em recuperação, mas não totalmente recomposto para cavalgar. Teve de acompanhar os demais, mesmo sem estar curado de seus ferimentos completamente. Em 1919, foi nomeado professor da escola armênia em Bagdá e, em 1920, acompanhou como professor o seu irmão, Yeghiché, que havia sido indicado como coordenador do orfanato onde estavam amparados 1.500 órfãos armênios do genocídio, na sua mudança para a cidade de Basra. Em 1922, junto com o mesmo orfanato, foi transferido para Jerusalém, exercendo a função de coordenador geral. Finalmente, no dia 24 de outubro de 1924, chegou ao Brasil com sua família, estabelecendo-se na cidade de São Paulo e trabalhando no comércio.

Haig Vartanian foi um dos fundadores e membro atuante da União dos Jovens Armênios. Foi também um dos membros fundadores da comissão arrecadadora para ajuda aos flagelados da tragédia de Chirac e um dos membros ativos da Associação da Coletividade Armênia. Em 1930, como comerciante, viajou para várias cidades do interior, afastando-se da vida comunitária.

Vartanian casou com Nazenig Muradian, natural de Erzrum, em 1921, no deserto de Nahr-el-Omar, perto da cidade de Basra, onde se localizavam os imigrantes de Van e o orfanato. Tem três filhos e uma filha. Apesar de seus filhos não terem frequentado uma escola armênia, eles falam fluentemente o idioma armênio.

Apel Kaloustian nasceu em Akchehir, em 1902. Em 1915, ele e sua família foram deportados para Damasco, onde permaneceram até 1923. Nesse ano, Apel veio para o Brasil junto com seu irmão, Sarkis, e se estabeleceu na cidade de São Paulo, ocupando-se da profissão de fabricação de bolsas de viagem. Atualmente, eles possuem uma fábrica instalada num imóvel próprio, que é o melhor e maior de sua espécie.

Apel Kaloustian foi um dos fundadores da União dos Jovens Armênios, além de membro da comissão de arrecadação em prol dos flagelados da tragédia de Chirac. Ele também é membro da Associação Comunitária Armênia e da intendência da escola Turian, revelando as características de um trabalhador dedicado e incansável.

Apel Kaloustian

Sociedade da Coletividade Armênia

Os membros da extinta União dos Jovens Armênios, quase em sua totalidade e também convidando outros compatriotas que não eram membros dessa instituição, mas sem fazer uso do vocábulo "jovem", que podia causar críticas por parte dos mais velhos, realizaram uma longa reunião consultiva no dia 7 de agosto de 1927 e, após diversas deliberações, chegaram à seguinte conclusão:

Considerando que esta coletividade, que cresce dia a dia, perfaz uma região completamente ilhada no sentido de uma vida comunitária-nacional, privada de qualquer instituição comunitária ou ideológica;

Considerando que a juventude desta coletividade está privada de um ambiente temperado por um sopro nacional, onde ela pudesse aliviar suas preocupações diárias e buscar um conforto espiritual;

Considerando que a ausência do sopro inspirador da letra e literatura armênias, do palco e da música, apesar de ignorados, são carências fundamentais;

E considerando, ainda, que este aspecto adormecido e ilhado induz esta coletividade à degeneração e aleijamento da vida comunitária-nacional, tornando-a facilmente consumida no meio do ambiente alheio, um grupo de compatriotas, ao se reunirem, decidiram trabalhar e buscar os meios para impedir a sua queda precipitada e, na melhor das intenções e com este objetivo, formaram a ASSOCIAÇÃO COMUNITÁRIA ARMÊNIA DO BRASIL, com a expectativa de que os armênios da coletividade estimularão e farão o possível para que esta Associação, que nasce do seu berço, possa suprir as necessidades da própria coletividade, e cujos objetivos serão:

1.- Amor para com a Pátria;

2.- Luta contra a degeneração;

3.- Preservação das tradições nacionais;

4.- Ajudar pelo desenvolvimento moral e intelectual da coletividade;

5.- Cultivar nos seus membros o espírito de dedicação, ajuda mútua e disciplina e, para conseguir tais realizações,

a) Ter uma sede;

b) Instalar uma biblioteca, sala de leitura, salão para palestras e cursos noturnos;

c) Organizar festas e noites culturais, apresentações teatrais e piqueniques;
d) Organizar jogos esportivos e de cultura física.

A Associação Comunitária Armênia estava formada, e no dia 13 de agosto ela enviou a seguinte missiva para o Conselho Comunitário:

[...] Por meio desta, vimos comunicar a este digno Conselho que, no dia 7 do corrente mês, foi fundada a Associação Comunitária Armênia do Brasil, com a participação de compatriotas locais. Em anexo e para o Vosso conhecimento, apresentamos o Projeto/Objetivos desta Associação.
Esperamos que este digno Conselho estimule, moralmente, esta Associação recém-formada, antecipamos nossos agradecimentos e permanecemos,
Respeitosamente,

Secretário Dikran Avakian
Presidente Dr. Krikor Saghsezian

Dikran Avakian nasceu em 1905, na aldeia de Aykí, da cidadezinha de Chadakh, na província de Vasburagan. Durante a retirada dos armênios de Van, em 1915, seus pais foram mortos no desfiladeiro de Pergrí. Órfão, Dikran ficou com o seu tio e, em 1916, foi admitido no orfanato aberto em Etchmiadzin. Em 1917, seus parentes decidiram tirá-lo do orfanato e o levaram para Van. Mais uma vez, durante a retirada de Van, em 1918, Dikran seguiu a pé até a cidade de Hamadã, na Pérsia, sendo admitido no orfanato local. Mais tarde, seguiu com o orfanato primeiro para Bakuaba, depois para Nahr--el-Eumer e, finalmente, para Jerusalém. No dia 5 de abril de 1924, no mesmo dia que saiu do orfanato, casou com uma moça chamada Arussiag, natural de Constantinopla. Passados três dias, os dois partiram rumo ao Brasil, estabelecendo-se na cidade de São Paulo, e ele

Dikran Avakian

ocupou-se da profissão de costureiro. Dikran Avakian foi um dos membros fundadores da Associação dos Jovens Armênios, da Associação Comunitária Armênia, da filial de Tachnagtsutiun de São Paulo, da Associação dos Estudiosos, da União dos Órfãos de Maioridade, assim como foi professor da escola Kherimian, de Presidente Altino, e membro da intendência da escola Turian, de São Paulo.

Em 1936, participou do primeiro congresso da União dos Órfãos de Maioridade realizada em Buenos Aires, como representante da filial brasileira dessa entidade. Assinou diversos artigos e enviou muitas reportagens que foram publicados nos jornais *Hayrenik* e *Armênia*, este último publicado em Buenos Aires. Mudou-se com sua família para Buenos Aires, em 1936, e por algum tempo assumiu um cargo de responsabilidade no jornal *Armênia*, mas logo voltou à sua profissão de alfaiate, sem, no entanto, deixar de enviar seus artigos para o referido jornal, e continuou a atuar nas atividades comunitárias.

Dikran Avakian é um trabalhador e ativista incansável, revelando uma dedicação incondicional, com elogiáveis qualidades inerentes a qualquer jovem patriótico.

Como se viu, a Associação Comunitária Armênia, de acordo com o seu nome e o projeto delineado, havia decidido concentrar ao seu redor, sem distinção de gênero, idade, confissão de fé, classe social ou ideologia política, todas as forças vigentes da coletividade armênia e, com uma colaboração solidária, empenhar-se na organização moral da coletividade.

Apesar de serem os jovens recém-chegados os iniciadores da formação dessa Associação, para incluir toda a coletividade nas atividades, eles decidiram convidar para assumir a presidência de honra da entidade o Sr. Vahram Keutenedjian, da leva de armênios que chegaram bem antes ao Brasil. Keutenedjian não rejeitou a honra do pedido apresentado, e a direção da Associação foi confiada aos seguintes compatriotas, notórios por sua atividade e entusiasmo:

Vahram Keutenedjian — Presidente de honra natural de Sebástia
Dr. Krikor Yaghsezian — Presidente natural de Aintab
Dikran Avakian — Secretário natural de Van
Kiud Mekhtarian — Conselheiro natural de Costantinopla
Haig Vartanian — Conselheiro natural de Van
Hagop Azadian — Conselheiro natural de Cesárea

A Associação Comunitária Armênia revelou sua existencia pela primeira vez no dia 10 de outubro de 1927, por ocasião do ato evocativo em homenagem ao herói nacional general Antranig, realizado na igreja, logo após a cerimônia religiosa.

Nessa ocasião, o repórter do jornal Hayrenik assim relatou o evento:

[...] O presidente de honra da Associação, Vahram Keutenedjian, depois de explicar aos presentes o motivo desse evento, convidou o coral para executar a canção patriótica "Iprev Ardziv" (Como águia). A seguir, foi convidado o orador principal do dia, Kiud Mekhitarian, que, primeiramente, deu os parabéns aos membros da diretoria da Associação por esta bela ideia de organizar este evento de homenagem póstuma em memória daquele GRANDE HOMEM, pois, se o sangue que circulava em suas veias tal como 'sangue do nobre valente' já se secara hoje, o seu nome, no entanto, 'será lembrado através dos séculos' como fonte de inspiração para as futuras gerações.

Kiud Mekhitarian apresentou a vida e o enorme papel desempenhado pelo herói ora desaparecido, recomendando à nova geração seguir o seu patriotismo incondicional, o amor por sua nação e espírito de dedicação.

Depois da canção "Mut Amber" (Nuvens escuras), executada pelo coral, subiu ao palco o Sr. Peniamin Gaidzakian, que concentrou sua palavra sobre o patriotismo do general Antranig, com uma breve porém bela descrição de suas fantásticas façanhas heróicas.

O coral executou a canção "Karahissar Leran Grdzkin" (No coração da montanha Karahissar), e a seguir o Sr. Vahakn Minassian recitou uma linda poesia dedicada ao general Antranig.

Depois da canção "Der Getsó" (Deus, permaneça), foi a vez do Sr. Haig Vartanian, da Associação Comunitária Armênia, que apresentou a vasta biografia do general Antranig, seu importante desempenho durante a última retirada dos armênios da cidade de Van, quando, já em território da Pérsia, e já margeando Urmiá, tiveram de enfrentar as forças regulares e numericamente bem superiores turcas, numa luta de vida ou morte, e eis que o general Antranig chegou com seus valentes soldados e atacou os turcos pela retaguarda, confundindo e assustando-os, dando oportunidade para que os armênios de Vasburagan se retirassem até o local onde se encontravam os exércitos ingleses, no interior da Pérsia, e serem assim salvos da morte certa."

Com esta sua primeira atividade, a Associação Comunitária Armênia deixou no público uma excelente impressão, criando ao seu redor um ambiente de simpatia. Estimulada por esse seu primeiro êxito, tomou a iniciativa de realizar, logo a seguir, uma outra atividade e, no dia 18 de dezembro de 1927, apresentou a peça teatral *Tcharchele Artin Aghan*, de Yervant Odian. Novamente, o repórter do jornal *Hayrenik* fez uma reportagem, que foi publicada na edição do dia 15 de janeiro de 1928, como segue:

> [...] Foi a primeira vez que esta coletividade teve a oportunidade de assistir a uma peça teatral baseada na vida real que, apesar de sua extrema liberdade de expressão, tinha a intenção de mostrar o lado negativo do conservadorismo. Os atuantes na peça, apesar de serem amadores, conseguiram desempenhar seus papéis com bastante desenvoltura e êxito.
>
> A Associação Comunitária Armênia, que não perde a oportunidade de demonstrar o objetivo de suas atividades e convidar o público para ampliar as suas fileiras, também esta vez transmitia a sua mensagem, através das palavras do Sr. Haig Vartanian, um dos membros da diretoria: "Organizando eventos desse gênero, a nossa Associação não visa apenas criar momentos agradáveis para a coletividade, mas tenta, através desses meios, reunir os armênios e, com a criação de um ambiente salutar armênio, impedir o perigo de assimilação, perigo esse que deve amedrontar todos os verdadeiros armênios".

A Associação Comunitária Armênia, já nos seus primeiros dias de formação, teve de alugar uma sede própria para desenvolver suas atividades, onde também eram realizadas as reuniões. Tomou-se a iniciativa de organizar uma biblioteca, juntando e trazendo da América do Norte as obras dos melhores autores armênios, de forma que em pouco tempo a entidade podia satisfazer os seus membros leitores e os compatriotas armênios em geral com toda espécie de livros, cujo número alcançava os trezentos.

A Associação, fiel aos seus objetivos, tentou ocupar-se apenas com o nobre trabalho de preservar acesa a chama do espírito nacional. Era contra o sectarismo e achava ser isso perigoso para a recém-formada e tenra coletividade, razão pela qual recusava participar dos eventos que podiam criar, direta ou indiretamente, discussões ou controvérsias.

Na mesma época da formação da Associação Comunitária Armênia, formou-se também, em São Paulo, uma outra entidade denominada União da Juventude Armênia Mista. Considerando a proximidade da eleição do Conselho Comunitário, essa entidade dirigiu-se à Associação Comunitária Armênia e convidou a diretoria para uma reunião consultiva, na qual seria discutido o tema 'A eleição comunitária e a postura a ser adotada'. A Associação Comunitária enviou três diretores para essa reunião. Estes, ao verem que a União da Juventude pretendia que as entidades atuantes participassem da votação de forma organizada, visando colocar seus representantes na diretoria do Conselho Comunitário, declararam que não estariam em condições de fornecer uma resposta imediata, pois este assunto deveria ser levado à assembleia geral da instituição, e só então é que teriam uma resposta adequada.

Assim, a Associação Comunitária Armênia convocou seus membros para uma assembleia geral e apresentou a sugestão da União da Juventude Armênia Mista. Após várias manifestações e troca de opiniões, a assembleia geral decidiu manter-se fiel aos seus objetivos e ficar afastada de atividades que podem induzir à criação de sectarismos, e pediu à diretoria comunicar essa decisão para a União da Juventude.

A diretoria, então, encaminhou a seguinte carta, datada de 17 de março de 1928, para a União da Juventude Armênia Mista:

[...] A assembleia geral da Associação Comunitária Armênia, em sua sessão de ontem, ouviu dos seus membros que estiveram presentes na reunião consultiva realizada na noite de terça-feira, dia 13, no salão de reuniões da igreja, sobre as decisões adotadas e, depois de longas discussões e deliberações, chegou à conclusão de que a nossa entidade, ao menos por ora, não está em condições de interferir e trazer a sua palavra numa questão exclusiva de cunho religioso, como é a eleição do Conselho Comunitário, conforme Vs. Ss. haviam nos informado, através da vossa carta de n. 62, do dia 12 de março de 1928.

Portanto, a assembleia decidiu, por unanimidade:

a) Formalmente, não participar da eleição que terá lugar no próximo domingo.

b) Não designar nenhum candidato de sua parte, para se isentar de futuras responsabilidades.

c) Deixar livres os membros da Associação para prosseguir conforme a sua consciência, e dar os seus votos sem se influenciar pelas correntes ideológicas.

Sendo o que se nos cumpre a informar, permanecemos
Respeitosamente,

Vahram Keutenedjian
Presidente de honra

Através dessa carta, a Associação Comunitária comprovava sua decisão de seguir o caminho que traçara, tentando ficar afastada de correntes políticas e transformando-se, assim, no baluarte de cooperação solidária para toda a coletividade armênia, até a sua dissolução.

As festas que realizou, os encontros sociais e a série de palestras, sempre bem preparadas com muito carinho, visavam manter acesos os sentimentos patriótico-nacionais. Os valores verdadeiros de suas atividades, no entanto, não foram as palestras nem a biblioteca organizada; a grande utilidade da Associação foi a entidade feminina que apareceria sob os seus auspícios, chamada de Associação das Armênias Progressistas, dando origem à primeira escola estabelecida sob solo brasileiro, e onde seus membros se encontravam regularmente.

Portanto, os armênios do Brasil devem à Associação Comunitária Armênia a sua escola, bem como a primeira declamação do alfabeto da língua armênia pelas tenras crianças armênias em solo brasileiro e a utilização desse ótimo mecanismo para salvar da perdição os armênios aqui aportados. O historiador armênio do futuro deve imortalizar com letras de ouro os nomes dos compatriotas que formavam essa Associação, os quais, neste canto longínquo do planeta, tiveram a feliz ideia de imortalizar o abecedário armênio. A história armênia deve escrever com letras de ouro e imortalizar os nomes daquelas senhoras armênias que, sem se preocupar com a natural vaidade feminina, preferiram a perpetuação do ensino do alfabeto armênio, desprezando todas as dificuldades do espinhoso caminho. Toda honra para a Associação Comunitária Armênia, respeito aos membros da Associação das Armênias Progressistas em geral e, principalmente, aos seus membros fundadores.

A Associação Comunitária Armênia, que foi uma das organizações que mais serviços prestaram no Brasil, desapareceria em 1930, desmembrada e desgastada, e sem qualquer expectativa de ressuscitar novamente. Sua destruição se deu em consequência do surgimento, do fortalecimento e das atividades das organizações político-ideológicas.

A causa principal do desmantelamento das associações foram seus próprios associados, visto que alguns deles, que pertenciam a organizações político--ideológicas, tentaram induzir a influência ou as diretrizes das organizações políticas às quais pertenciam dentro da Associação, e esse empenho imprudente naturalmente não poderia ficar escondido por muito tempo e, quando foi revelado, causou o desmantelamento definitivo da Associação.

Ainda em 1928, para dissipar alguns rumores, Kiud Mekhitarian escrevia a seguinte nota, datada de 2 de maio de 1928, na edição de maio, número 4, da publicação oficial da União da Juventude Mista Armênia *Yerant* (*Vigor*, um jornal imprimido em forma de estêncil):

> *[...] No número 3 de Yerant, a dúvida que surgira quanto à Associação Comunitária Armênia pertencer ao partido Tachnagtsutiun deu-nos a oportunidade de escrever esta nota, como presidente da Diretoria desta Associação, para evitar suposições errôneas a seu respeito.*
>
> *A Associação Comunitária Armênia não pertence, absolutamente, a nenhuma organização político-ideológica, e tem como objetivo, conforme reza o seu estatuto, ser útil a todos os membros que compõem esta coletividade, indistintamente.*

Pessoalmente, nós não concordamos que surjam sectarismos político-ideológicos dentro da Associação, os quais podem dar margem a disputas e discussões inoportunas e insignificantes.

Qualquer membro da Associação Comunitária Armênia que assim proceder estará traindo o nobre objetivo da Associação.

Ao depararmos com qualquer movimento nesse aspecto, seremos os primeiros a nos retirarmos desta Associação, e depois de nós outros irão proceder também como nós, e o resultado será a dissolução e desmantelamento da Associação, e a destruição da escola da Associação das Armênias Progressistas, que atua sob a tutela da nossa Associação.

Sejamos, portanto, prudentes, para que, sob o pretexto de induzir a coletividade para o progresso, não a levemos para o cemitério.

Infelizmente, estes sábios conselhos de Kiud Mekhitarian ecoaram apenas como "palavras evasivas no deserto". Os partidários Hentchag e Tachnag já haviam começado a atuar. Os jovens irmãos de outrora, que trabalhavam num ambiente de confiança mútua, começaram a olhar-se reciprocamente com desconfiança; qualquer proposta ou movimento de um era visto pelo outro como provocação, os quais, infelizmente, nem sempre eram totalmente infundados, mas aos poucos semearam o ódio e o confronto, e a destruição definitiva. Como veremos doravante, a desconfiança revelada por Kiud Mekhitarian não era de todo infundada, e ao desmantelamento da Associação Comunitária Armênia seguiu o desmantelamento da Associação das Armênias Progressistas.

Dr. Krikor Yaghsezian

O Dr. Krikor Yaghsezian nasceu em Aintab, em 1895. É filho de Avedis Yaghsezian. Recebeu sua educação primária na escola Vartanian, m Aintab, e prosseguiu seus estudos por três anos no Seminário Central. Em 1915, foi deportado para Damasco, e lá conseguiu frequentar a Faculdade de Odontologia. Depois de concluir o curso, exerceu a profissão de dentista primeiro em Beirute, e depois em Damasco.

Em 1920, casou com sua compatriota Sra. Ovsanna Khatchadurian. Em dezembro de 1926, saiu da cidade de Damasco e veio para o Brasil com a família, estabelecendo-se na cidade de São Paulo, onde prosseguiu na sua profissão.

Dr. Krikor Yaghsezian foi membro fundador da Associação Comunitária Armênia. É membro do Conselho Representativo dos Armênios do Brasil e, por muitos anos, foi membro da Diretoria Executiva, exercendo inclusive o cargo de presidente, revelando uma atividade dinâmica.

ASSOCIAÇÃO DAS MULHERES PROGRESSISTAS ARMÊNIAS

Em 1928, A Diretoria Executiva da Associação Comunitária Armênia era formada pelos melhores intelectuais armênios que residiam em São Paulo. Depois de colocar num rumo elogiável a atividade dessa Associação, esses intelectuais começaram a se preocupar com a questão de ter uma escola. A grande maioria dos membros da Associação Comunitária Armênia era constituída de jovens recém-chegados, que precisavam, antes de mais nada, pensar no seu sustento diário, portanto, tinham de trabalhar, enquanto administrar uma escola exigia muito tempo. Pensava-se, falava-se, mas da palavra até o trabalho havia muita distância a percorrer.

Nesse período, a louvável atividade da Associação Comunitária Armênia era objeto das conversas da coletividade. Um dia, duas mulheres, a Sra. Lúcia Mekhitarian e a Srta. Ferida Kevorkian, ao se encontrarem durante uma visita que faziam para uma amiga, falaram sobre a Associação Comunitária e subitamente surgiu-lhes a ideia de formarem uma entidade feminina. E, para que se pudessem concretizar essa ideia, decidiram pedir os auspícios da Associação Comunitária. Assim, no dia seguinte elas levaram essa proposta para a Diretoria da Associação Comunitária. Esta, por sua vez, não só aceitou a proposta apresentada, como também prometeu facilitar e fazer o que fosse possível. Dessa forma, através de uma conversa casual entre duas mulheres, surgiria uma entidade que, em pouco tempo, ocuparia o lugar de destaque mais brilhoso na história da coletividade armênia do Brasil.

Talvez nem sequer passasse pela mente dessas duas valiosas mulheres que, quando se dirigiam à casa do primeiro armênio com a intenção de registrar a filiação de um membro, estariam escrevendo os seus nomes com letras de ouro nas páginas da história da coletividade armênia do Brasil, tecendo, simultaneamente, uma gloriosa coroa ao redor de seus nomes e dos nomes do sexo feminino armênio. Pois, ao se dirigirem à primeira casa, elas não só fundaram os alicerces da Associação das Armênias Progressistas, como também os da primeira escola armênia inaugurada em solo brasileiro, o que foi e tem sido até hoje o trabalho mais nobre, louvável e patriótico.

Duas armênias, tampando os ouvidos, mas abrindo o coração, começaram a visitar de porta em porta, falar, convencer e registrar membros. Alguns dias depois, elas verificaram os nomes dos seus membros com satisfação, como segue:

1 - Sra. Cláudia Keutenedjian
2 - Sra. Josefina Gasparian
3 - Sra. Zilia Gasparian
4 - Sra. Araksi Debelian
5 - Sra. Aghavni Pododian
6 - Sra. Anna Muradian
7 - Sra. Zaruhi Tantozian
8 - Sra. Elisa Nazarian
9 - Sra. Eugênia Israelian
10 - Sra. Elisa Geukdjian
11 - Sra. Elmasd Demirdjian
12 - Sra. Yughaper Bazikian
13 - Sra. Khassik Buchukian
14 - Sra. Khan'm Merzeyan
15 - Sra. Haigaznuch Kaltayan
16 - Sra. Markarid Demirdjian
17 - Sra. Mari Kaloustian
18 - Sra. Nazli Metchikian
19 - Sra. Ovsanna Yaghsezian
20 - Sra. Siranuch Vartanian
21 - Sra. Srpuhi Pododian
22 - Sra. Satenik Kaltayan
23 - Sra. Varvar Durgerian
24 - Sra. Vartanuch Marzbanian
25 - Sra. Victória Khalil
26 - Sra. Rosa Gaydzakian
27 - Sra. Elisa Boyadjian
28 - Sra. Rosa Kouyoumdjian
29 - Sra. Lúcia Mekhitarian
30 - Srta. Araksi Koutoudjian
31 - Srta. Yevpimé Basmadjian
32 - Srta. Yester Nazarian
33 - Srta. Lussaper Boghossian

34 - Srta. Elmasd Geukdjian
43 - Srta. Ferida Kevorkian
36 - Srta. Mari Simonian
37 - Srta. Mari Markossian
38 - Srta. Nevart Distchekenian
39 - Srta. Baydzar Nahas
40 - Srta. Sofia Iskenderian
41 - Srta. Araksi Kalaidjian
42 - Srta. Azaduhi Kondakdjian
35 - Srta. Eliza Demirdjian

Para formalizar o quanto antes essa relação, a matéria-prima de uma nova edificação, e para ter o seu lugar de destaque dentro da coletividade, sob a coordenação da Sra. Lúcia Mekhitarian e da Srta. Ferida Kevorkian, realizou-se, no dia 21 de fevereiro de 1928, o primeiro encontro da futura entidade, com a presença de 31 membros.

Declarando aberta a reunião, a Sra. Lúcia Mekhitarian apresentou às presentes os objetivos da futura entidade, demonstrando o papel da mulher armênia, e fez um apelo a todas, em nome da pátria deserta e destruída, em nome dos entes queridos que permaneceram desterradas nos desertos, para que se empenhassem no trabalho com todo o coração e mostrassem o valor da mulher armênia. Ela enfatizou a obrigação da mulher em trazer a sua participação no trabalho organizacional dessa coletividade recém-estruturada, e acrescentou:

Nestes dias difíceis, não é justo que deixemos todo o peso da organização interna da vida comunitária apenas nos ombros dos homens. Eles já estão trabalhando arduamente, todos os dias de manhã até a noite, lutando contra mil e uma dificuldades, para conseguirem sustentar a nós, mulheres, e nossas crianças. É, portanto, nossa obrigação ajudar-lhes e amenizar o peso de suas cargas, assumindo, destarte, a sagrada obrigação de ensinarmos aos nossos filhos o nosso idioma materno. Nossas crianças precisam de uma escola, e essa nobre missão nós, mulheres armênias, devemos assumir. Se a felicidade e o bem-estar do lar é garantida com a solidariedade e cooperação entre o homem e a mulher, por sua vez, a felicidade e o progresso de uma coletividade surgem com a ajuda e mútua cooperação de ambos os sexos. Senhoras e moças armênias, vamos mostrar aos homens, efetivamente, que a Mulher Armênia tem consciência do seu valor e sabe realizar sua obrigação. Venham, vamos fundar, hoje, uma entidade armênia do sexo feminino, cujo nome será Associação das Armênias Progressistas.

Depois deste discurso empolgante, todas as presentes aplaudiram calorosamente e, incentivadas, consentiram com a formação da nova instituição feminina.

A Sra. Lúcia Mekhitarian nasceu em Kharpert, em 1897. É filha de Bedros Jafferian. Recebeu sua educação na Escola Central para Moças de Mezré. Nos dias trágicos de 1915, foi designada professora no recém-inaugurado orfanato americano da cidade de Kharpert até o ano de 1923, quando veio para o Brasil junto com o irmão, Andréas Jafferian, e se instalaram na cidade de São Paulo. No mesmo ano, casou com Kiud Mekhitarian. Foi fundadora da Associação das Armênias Progressistas, revelando grande habilidade administrativa e organizacional. Graças ao seu empenho, foi fundada a primeira escola armênia do Brasil, e foi a primeira professora dessa mesma escola. Após a morte do seu esposo, Kiud Mekhitarian, viveu uma vida reclusa e se dedicou à educação da sua filha, Chaké, e ao seu filho, Roberto.

Sra. Lúcia Mekhitarian

Dez minutos depois, como resultado das exclamações de entusiasmo e satisfação, ouviu-se, mais uma vez, a voz da Sra. Lúcia Mekhitarian, que dizia: "Companheiras, nós fundamos, hoje, a Associação das Mulheres Progressistas Armênias. Ela já existe a partir de hoje, e doravante vamos partir ao trabalho. É necessário, no entanto, dar à nossa entidade um cunho oficial. Tenho a plena convicção quanto à disposição e boa vontade de vós todas, associadas desta nova organização, mas precisamos eleger uma diretoria para dirigir os trabalhos da nossa entidade. Portanto, da minha parte sugeriria o nome da Sra. Claudina Keutenedjian para o cargo de presidente desta Associação".

Por meio de frenéticos aplausos, as presentes aprovaram a indicação e exclamaram: "Aceitamos... aceitamos... viva a nossa presidente".

A seguir, a Sra. Lúcia Mekhitarian leu os nomes das associadas e disse que desses nomes deveriam ser eleitas onze associadas, para que se constituísse a diretora da Associação, e passou a distribuir pequenos pedaços de papel recortados para cada presente, pedindo a todas que escolhessem onze nomes, escrevessem nos papéis distribuídos e, depois de bem dobrados, depositassem na sacola que serviria como urna, exposta sobre a mesa. Dessa forma, ninguém saberia quem votou em quem.

Embora quase a totalidade das pessoas presentes estivesse, provavelmente, participando pela primeira vez de uma reunião dessa espécie, todas elas, no entanto, como membros de uma só família, conversando e sorrindo descontraídas, votaram nos onze nomes, cujo resultado segue, conforme os votos obtidos:

Sra. Lúcia Mekhitarian
Srta. Ferida Kevorkian
Sra. Rosa Gaidzakian
Sra. Elisa Nazarian
Sra. Ovsanna Yaghsezian
Sra. Margarid Demirdjian
Sra. Varvar Durgerian
Sra. Haiganuch Kaltayan
Srta. Yevpimé Basmadjian
Srta. Baidzar Nahas
Sra. Elisa Geukdjian

Depois da apuração dos votos, com muitos aplausos e exclamações, as presentes felicitaram as companheiras eleitas para a primeira diretoria da Associação, comprometendo-se a dar o melhor de si em prol do progresso da entidade. Depois de quase meia hora de conversas temperadas por gargalhadas típicas das mulheres, todas se despediram num ambiente de alegria contagiosa e entusiasmo.

A Associação das Mulheres Progressistas Armênias não só já estava formada, como também começava a se esquematizar para dar início às suas atividades. No solo da maior República da América do Sul, pela primeira vez a mulher armênia preparava-se para revelar o seu valor.

A Srta. Baidzar Nahas nasceu em Alepo, filha de Avedis Nahas. Ela e a família chegaram ao Brasil em 1921, estabelecendo-se na cidade de São Paulo.

Baidzar Nahas foi uma das fundadoras da Associação das Mulheres Progressistas Armênias, e na diretoria assumiu a tesouraria, desenvolvendo uma atividade dinâmica e incansável.

No dia 11 de março de 1928, a recém-formada diretoria da Associação das Mulheres Progressistas Armênias realizou sua primeira reunião no salão da Associação Comunitária Armênia, que ficou de forma legal e definitiva à disposição dessa nova instituição feminina armênia.

Srta. Baidzar Nahas

A primeira tarefa da diretoria foi constituir a sua mesa diretiva, que, após votação secreta, chegou à sua conclusão:

Sra. Lúcia Mekhitarian: Presidente
Srta. Ferida Kevorkian: Secretária
Sra. Elisa Nazarian: Tesoureira
Sra. Elisa Geukdjian: Vice-presidente
Srta. Yevpimé Basmadjian: Vice-secretária
Sra. Haiganuch Kaltayan: Vice-tesoureira

Com a formação da mesa, a diretoria decidiu comunicar formalmente à Associação Comunitária Armênia sobre a entidade, a constituição da diretoria e a distribuição dos cargos, uma vez que a entidade surgira sob os auspícios da Associação Comunitária, sendo submissa a esta. Por isso, tal comunicação formal tornava-se necessária.

Enquanto, de um lado, a Sra. Lúcia Mekhitarian e a Srta. Ferida Kevorkian tratavam de dar à recém-formada entidade um caráter oficial, dotando-a de uma diretoria e uma mesa diretiva, por outro lado, ambas já tomaram a iniciativa dos trabalhos preparatórios quanto à abertura da primeira escola armênia no Brasil, apoiadas, principalmente, em suas próprias forças, garra e determinação.

Assim, no dia 21 de março de 1928, inaugurava-se no salão da Associação Comunitária Armênia a primeira escola armênia, contando com três alunos, sob o comando das professoras Lúcia Mekhitarian e Ferida Kevorkian.

Faltam-nos palavras para descrever o enorme e maravilhoso entusiasmo com o qual essas duas dedicadas patriotas armênias conseguiram criar a primeira escola armênia no Brasil.

Entusiasmadas pelos estímulos e as condições oferecidas pela Associação Comunitária Armênia, as duas labutaram com muita garra: enquanto, de um lado, lecionavam, do outro, andavam de porta em porta em busca de alunos e novas associadas. Este último, principalmente, era um trabalho de suma importância, uma vez que o número das associadas precisava aumentar para garantir a receita da Associação e tornar possível assumir os gastos da escola recém-aberta. Mesmo submergidas nesse trabalho próprio de gigantes e acima de qualquer avaliação, as duas não ficavam imunes às difamações oriundas por parte de elementos mal-intencionados, mas continuavam inabaláveis e firmes, levando adiante o trabalho que tanto estimavam, desprezando as dificuldades e as más línguas, pois a atividade ora iniciada tinha cunho nacional e precisava superar toda espécie de sacrifício.

É lamentável registrar esse fato, mas a verdade é que, geralmente, a maioria do povo fala e critica de forma impiedosa, prefere difamar gratuitamente a realizar o mínimo de trabalho construtivo que seja para o bem comum.

Tanto a Associação das Mulheres Progressistas Armênias como a Associação Comunitária Armênia se empenharam para explicar ao público da coletividade o valor e a importância da escola armênia, bem como convencer os pais a enviarem seus filhos à escola. "Queiram ou não, vossos filhos aprenderão a língua deste país; tentem ensinar-lhes a língua materna, enquanto eles ainda são tenros e mais aptos a assimilar o idioma, com rapidez e facilidade." Era essa a mensagem dessas duas instituições, e os trabalhos não foram em vão. A escola recém-aberta, que nos primeiros dias não chamara tanta atenção do público, aos poucos começou a tornar-se objeto de curiosidade da coletividade, e o número dos alunos começou a aumentar a cada dia. Com pouco mais de um mês, o educandário já contava com 45 alunos de ambos os sexos.

Em 4 de abril de 1928, a diretoria da Associação das Mulheres Progressistas Armênias realizou sua segunda reunião, mas tinha na sua pauta da ordem do dia assuntos sérios que careciam uma solução imediata, a saber:

a) a necessidade de contratar professoras pagas;
b) a premência de adquirir carteiras escolares;
c) a aceitação de sugestões quanto à criação de receitas através de cupons de pagamento;

d) uma sugestão quanto à mensalidade escolar dos alunos.

A diretoria estava determinada a enfrentar, sem temor, os problemas que começavam a se arvorar diante de si e, para solucionar de forma adequada todas as questões, tomou decisões prementes e colocou-as em execução.

Elisa Nazarian nasceu em Kharpert em 1880, filha de Bedros Demirdjian, com quem veio para o Brasil no dia 1º de janeiro de 1898. Nesse mesmo ano, casou com Ghazar Aghá Nazarian. Faleceu no dia 1º de maio de 1938.

Elisa Nazarian foi membro da Associação das Mulheres Progressistas Armênias e, na primeira diretoria constituída, assumiu o cargo de tesoureira.

Sra. Elisa Nazarian

A diretoria, ao perceber que a escola já possuía um número suficiente de alunos, mas, ao mesmo tempo, vendo que aumentava a sua tarefa de cuidar do ensino, que começava a superar as condições físicas das duas associadas, decidiu contratar duas professoras. Depois de avaliadas as condições dessa alternativa, duas professoras foram contatadas extraoficialmente e foram convidadas a comparecer à reunião da diretoria, para formalizar suas contratações e, ao mesmo tempo, obter a confirmação de ambas. As duas professoras, a Sra. Aghavni Barkadjian e a Srta. Yevpimé Basmadjian, compareceram à reunião da diretoria e aceitaram assumir a função oferecida, comprometendo-se a iniciar suas atividades a partir do ano letivo de 1928, por uma remuneração mensal de 130 cruzeiros.

Apesar de a Associação Comunitária já ter disponibilizado, além do seu salão, todas as cadeiras de que dispunha, urgia a necessidade de adquirir novas carteiras. A diretoria decidiu então comprar três bancos longos e recomendou que a tesouraria as adquirisse imediatamente.

Por outro lado, o orçamento escolar começava a preocupar a diretoria da Associação, razão pela qual se tornava mister encontrar uma saída para obter novas receitas. Como a festa da Páscoa estava se aproximando, a diretoria decidiu pedir autorização à Curadoria da Igreja para realizar a venda ao público de cupons de contribuição em prol da escola, que seriam distribuídos aos fieis à entrada da igreja.

Quanto à mensalidade escolar, a diretoria decidiu cobrar uma quantia fixa mensal dos alunos, para garantir parte do orçamento da escola, isentando desse pagamento apenas aqueles que de fato não apresentavam condições de pagar.

A Sra. Varvar Durgerian nasceu na aldeia de Husseynik, região de Kharpert, filha de Sarkis Kalaidjian. É casada com seu compatriota Kirakós Durgerian. Foi membro da Associação das Mulheres Progressistas Armênias.

Sra. Varvar Durgerian

A diretoria da Associação das Mulheres Progressistas Armênias sabia tomar decisões; sabia, inclusive, executá-las de forma objetiva e sem maiores delongas. Assim, no dia seguinte à reunião, as duas novas professoras contratadas começaram a exercer suas atividades. Por outro lado, a diretoria enviou uma carta para a Curadoria da Igreja, essa que seria a sua primeira carta formal dirigida à curadoria, na qual dizia, na essência:

> [...] *A diretoria da Associação das Mulheres Progressistas Armênias vem humildemente comunicar-lhes que, em sua reunião de ontem, decidiu distribuir, no próximo domingo, à entrada da Igreja, cupons especiais preparados com o tricolor armênio, em prol da escola recém-aberta.*
>
> *Desejaríamos, portanto, mui gentilmente, que Vossas Senhorias nos permitissem tomar tal iniciativa e, dessa forma, estariam estimulando a nossa Associação.*
>
> *Antecipadamente agradecidas, permanecemos à Vossa disposição.*
>
> *Respeitosamente,*
>
> *Presidente Lúcia Mekhitarian*
> *Secretária Ferida Kevorkian*

A curadoria da Igreja acatou com agrado o pedido apresentado e permitiu a venda dos cupons, cuja renda atingiu 508 cruzeiros e 60 centavos. A diretoria e todas os membros da Associação estavam felizes, pois a primeira experiência com o público se coroara com êxito, e porque naquele tempo 508 cruzeiros não era uma quantia desprezível.

Claudina Keutenedjian nasceu em São Paulo, no ano de 1900, filha de Markar Gasparian, natural de Kharpert, um dos primeiros armênios a chegar ao Brasil. Markar foi um dos fundadores do primeiro estabelecimento comercial, fundado em 1897 na cidade de São Paulo. Em 1910, Claudina casou com Vahram Keutenedjian e teve cinco filhos, três meninos e duas meninas.

A Sra. Claudina foi presidente da Associação das Mulheres Progressistas Armênias, a primeira entidade feminina armênia fundada em solo brasileiro, e exerceu essa função até o desmantelamento definitivo dessa associação. Foi membro e presidente de honra da filial brasileira da Cruz Vermelha Armênia. Participou generosamente de todas as angariações armênias realizadas em São Paulo. A sua condição de mulher do segundo milionário armênio no Brasil jamais influenciou na sua personalidade humilde e de fácil comunicação. Os que a conheciam revelavam grande admiração e respeito por ela, não pela sua riqueza, mas por sua índole simples e humilde. Em 1946, ao empreender uma viagem de passeio aos Estados Unidos com seu marido, Vahram Keutenedjian, e suas duas filhas, acometeu-se de uma súbita enfermidade que lhe ceifaria a vida em apenas dois dias. Faleceu em Nova York, na noite do dia 17 de outubro de 1946, e sua morte inesperada enlutou profundamente toda a família. Seu corpo foi trasladado de avião para São Paulo, e Claudina foi enterrada no Cemitério de São Paulo.

Sra. Claudina Keutenedjian

Nas atividades que desenvolveu, a Associação das Mulheres Progressistas Armênias conseguiu criar um grande entusiasmo e, efetivamente, ela mereceu todos os elogios, principalmente no que tange à sua primeira diretoria, que sempre esteve consciente de suas atribuições, e, com total dedicação ao trabalho que se lhe fora confiado, demonstrou uma grande competência, que só honrava e enaltecia o nome da mulher armênia, tão bem representada pela Associação.

A fim de prosseguir com as atividades da escola que abrira havia quase um mês, enfrentar os problemas administrativos e as despesas que se avolumavam, tornava-se necessário ter administradores aplicados e experientes, pois, ironicamente, além da Sra. Lúcia Mekhitarian, que era professora, as demais associadas eram todas inexperientes. Mesmo assim, essas mulheres inexperientes eram dotadas de um estímulo ilimitado e um vigor indomável. Assim, sob a liderança da presidente, elas demonstraram um grande amadurecimento, justificando a esperança nelas depositada.

Na reunião do dia 11 de abril de 1928, a diretoria tinha na pauta da ordem do dia a carta das duas professoras que haviam começado a trabalhar há poucos dias. Nela, as professoras comunicavam à diretoria que o salário estipulado não correspondia à densa carga assumida e não satisfazia suas necessidades. Portanto, na carta as duas professoras pediam um reajuste salarial.

A diretoria devia, portanto, satisfazer o pedido das professoras, aumentando para 150 cruzeiros o salário de cada uma. Ao mesmo tempo, e a fim de cobrir essa despesa adicional, a diretoria decidiu empenhar-se na busca de beneméritos, um meio com o qual talvez fosse possível equilibrar as despesas da escola.

Não era fácil encontrar beneméritos, pois isso exigia um trabalho extra, mas cabia à diretoria realizá-lo. Várias diretoras decidiram assumir tal incumbência: Sra. Lúcia Mekhitarian, Srta. Ferida Kevorkian, Sra. Margarida Demirdjiam, Sra. Elisa Geukdjian, Sra. Haiganuch Kaltayan.

Na reunião do dia 25 de abril, essa comissão informou à diretoria que conseguira registrar oito beneméritos, os quais aceitaram pagar uma certa quantia mensal e ajudar a amenizar as despesas da escola.

Em 2 de maio de 1928, a diretoria realizou sua quinta reunião. Desta vez, além das dificuldades internas, ela se esbarrava com dificuldades externas. De acordo com as exigências das autoridades, era obrigatório ministrar as aulas no idioma português na escola recém-aberta, ou o governo impediria o seu funcionamento. As finanças da Associação não estimulavam a diretoria a contratar uma professora para o idioma português, porém o ensino desse idioma tornava-se uma premência. Ao menos para salvar as aparências provisoriamente, a diretoria decidiu solicitar à Srta. Eliza Demirdjian que assumisse o ensino do idioma português por algum tempo, até que se viabilizasse a contratação de uma professora para esse idioma.

A diretoria carecia de fontes de receita extraordinária; as receitas e despesas da escola não se equilibravam de forma adequada, as mensalidades cobradas e as contribuições eram insuficientes; tornava-se imprescindível, portanto, buscar uma nova fonte de receita, razão pela qual se decidiu realizar uma rifa, o que assim foi registrado na ata de reunião, refletindo o espírito de sacrifício dos membros da diretoria:

"Considerando que a compra dos prêmios da rifa acarretará muita despesa, os membros da diretoria comprometem-se a aliviar esta carga através de suas próprias doações dos prêmios."

Assumido tal compromisso, a diretoria pôde organizar a referida rifa e obteve uma receita satisfatória, sem a necessidade de efetuar gastos com a compra dos prêmios.

A Sra. Elisa Geukdjian nasceu em Eskichehir, em 1903, filha de Archag Iskenderian. Estabeleceu-se com o seu pai em São Paulo no ano de 1923. Em 1924, casou com Zacaria Geukdjian, natural de Deort Yol, sendo a primeira moça a casar com o rito de matrimônio religioso armênio em solo brasileiro.

Elisa Geukdjian foi membro da Associação das Mulheres Progressistas Armênias e vice-presidente da primeira diretoria.

Sra. Elisa Geukdjian

Em sua 10ª reunião, realizada em 17 de julho de 1928, ao refletir sobre o desenvolvimento das atividades da Associação, e visto que estava totalmente envolvida com os trabalhos corriqueiros da escola, relegando a também premente questão existencial da própria entidade, que poderia causar o desinteresse e afastamento de suas associadas, a diretoria decidiu organizar um evento exclusivo para suas associadas, dando-lhes a oportunidade de se reunirem para manter o interesse pela Associação. Assim, no dia 25 de julho, enquanto se ocupavam com os detalhes do evento, deixavam registrado o seguinte no livro de atas: "Para não esvaziar a humilde caixa da Associação, os membros da diretoria decidiram arcar com as despesas do evento que será realizado [...]."

Fiel no cumprimento desta ata, a diretoria organizou uma noite de chá e divertiu suas associadas num ambiente alegre e familiar, dividindo as despesas entre seus membros.

Mais uma vez, o registro citado comprova os inestimáveis e louváveis sentimentos dos membros da diretoria da Associação das Mulheres Progressistas Armênias, bem como o carinho especial para com a recém-aberta escola, pois, além de se preocuparem com suas associadas e assumirem as despesas que foram pagas pelos próprios membros da diretoria, a fim de não onerar o cofre da entidade e para satisfazer e manter o interesse das associadas, elas também estavam empenhadas em dar continuidade à atividade escolar. Enquanto essas dedicadas senhoras e moças se empenhavam plenamente no ensino da língua e cultura armênia às novas gerações, por outro lado parte, os pais, ou pelo menos boa parte deles, nem sequer elogiavam esse abnegado trabalho, ficavam indiferentes e até ousavam humilhar e criticar essa importante iniciativa e grande dedicação.

Sra. Sofia Der Parseghian

Sofia Der Parseghian nasceu em Eskichehir, em 1908, filha de Archag Iskenderian. Chegou com a família ao Brasil em 1923 e se estabeleceu na cidade de São Paulo. Casou em 1930 com Iknadios Der Parseghian, natural de Van.

Sofia Der Parseghian foi membro da Associação das Mulheres Progressistas Armênias. É também membro da Cruz Vermelha Armênia.

O mês de agosto de 1928 foi muito denso e preocupante para a Associação das Mulheres Progressistas, especialmente para a diretoria. As autoridades, ao saberem da existência da escola armênia, decidiram impedir sua atuação por não possuir licença de funcionamento.

A diretoria ficou tão confusa que, na sua 12ª reunião, realizada no dia 13 de agosto, decidiu suspender a cobrança das contribuições dos benfeitores até que se decidisse se seria possível reabrir ou não a escola.

A situação estava deveras difícil, mas as diretoras não ficaram totalmente desesperadas, uma vez que elas conheciam um armênio gentil e patriota que, em casos de dificuldades semelhantes, esteve sempre disposto a sacrificar o seu tempo para solucionar as questões da coletividade ou dos respectivos integrantes, principalmente quando surgiam problemas e dificuldades com as autoridades. Esse digno armênio era o Sr. Ghazar Nazarian, natural de Kharpert, estimado e respeitado por todos, e também conhecido carinhosamente como "Ghazar Aghá". Diante do problema surgido, a diretoria da Associação decidiu apelar para o Sr. Ghazar Aghá para que se buscasse uma solução rápida quanto à reabertura da escola da coletividade.

"Com o máximo prazer", respondeu Ghazar Aghá ao saber da solicitação da diretoria.

E eis que, no dia 28 de agosto de 1928, a Associação das Mulheres Progressistas Armênias reabria a escola, sem maiores temores. Observe-se que Ghazar Aghá tinha solucionado o problema em pouco tempo. Perante as autoridades, ele se registrou como o diretor responsável e, ao assumir essa responsabilidade, conseguiu obter a licença exigida para reabrir a escola.

Como um digno armênio e zeloso pela preservação da nação armênia, Ghazar Aghá não titubeou e, sem pedir ajuda de outrem, resolveu sozinho as dificuldades; e, por seu caráter decente e sensato, além do vasto conhecimento, conseguiu conquistar grande fama no circuito local brasileiro. Ghazar Aghá: um homem que, enquanto vivo, era respeitado por todos, e, após sua morte, a coletividade armênia sentiu profundamente a sua perda e a lacuna deixada por ele.

A Sra. Ester Jafferian nasceu em São Paulo, filha do destacado Sr. Ghazar Aghá Nazarian. Em 1932, casou com o Sr. Andréas Jafferian. Foi membro da Associação das Mulheres Progressistas Armênias; é membro da Cruz Vermelha Armênia.

Apesar de ter nascido no Brasil, a Sra. Ester Jafferian fala fluentemente o idioma armênio.

Sra. Ester Jafferian

Após a obtenção da licença de funcionamento para prosseguir com a escola, a diretoria da Associação das Mulheres Progressistas Armênias redobrou seus esforços e importou da América do Norte livros didáticos no idioma armênio, no seu empenho de transformar a escola num educandário exemplar do primeiro grau.

Com esse objetivo, a diretoria remeteu uma carta para a Associação Comunitária solicitando que fosse alugado, para o próximo ano letivo, um imóvel que apresentasse todas as acomodações escolares, como o inspetor da Secretaria de Educação pleiteara.

Neste período de entusiasmo geral, em sua 17ª reunião, no dia 20 de novembro de 1928, a diretoria teve na pauta da reunião a carta recebida da Associação Comunitária, pela qual se solicitava à Associação das Mulheres Progressistas Armênias o pagamento do mês de dezembro do aluguel do imóvel.

A entidade, que até então esteve livre de preocupação com o pagamento de aluguel, teve uma impressão um tanto desagradável com a leitura dessa carta. Afinal, a entidade atuava sob a égide da Associação Comunitária e dependia do seu apoio; logo, mudavam-se os papéis com essa correspondência.

A carta da Associação Comunitária comprovava, de certo modo, como a Associação das Mulheres Progressistas Armênias se fortalecera em tão pouco tempo, graças ao desempenho abnegado e dinâmico da diretoria, enquanto a Associação Comunitária, ao contrário, parecia enfraquecida e caminhava rumo ao seu desmantelamento, e, como veremos adiante, com o seu aniquilamento desmoronaria também a entidade feminina.

Não era possível deixar sem resposta a carta da Associação Comunitária, razão pela qual, depois de prolongadas consultas e exposição de motivos, a diretoria decidiu enviar sua resposta, que dizia: "Caso tenhamos condições de reabrir a escola no próximo ano letivo, seremos obrigados a pensar em um outro imóvel, uma vez que as condições do prédio atual não preenchem as necessidades para o funcionamento de uma escola".

Com essa resposta, a Associação das Mulheres Progressistas Armênias revelou sua plena autoconfiança, fazendo entender que já estava decidida a assumir mais este peso do aluguel de um imóvel.

Em 23 de dezembro de 1928 realizou-se, nas dependências do Salão Itália Fausto, a festa de encerramento do ano letivo do Jardim de Infância Armeno-Brasileiro da Associação das Mulheres Progressistas Armênias. Essa festa de fim de ano letivo das crianças de uma escola armênia em solo brasileiro foi simples, porém muito agradável e impressionante. A Associação das Mulheres Progressistas Armênias, de forma geral, e sua diretoria, em particular, sentiam-se muito felizes e realizadas, pois o trabalho desenvolvido surtira um resultado maior do que o esperado.

A Sra. Margarid Demirdjian, filha de Bedros Jafferian, nasceu em Kharpert e chegou ao Brasil com seu marido, Hovhannés Demirdjian, nos anos 1890, morando inicialmente em Uberaba, estado de Minas Gerais, e mais tarde na cidade de São Paulo.

Margarid Demirdjian foi um membro atuante da diretoria da Associação das Mulheres Progressistas Armênias. Faleceu em 1943.

Sra. Margarid Demirdjian

Em 20 de fevereiro de 1929, realizou-se a segunda assembleia geral da Associação das Mulheres Progressistas Armênias, com a presença de apenas dezessete associadas. A presidente da entidade, Sra. Claudina Keutenedjian, abriu os trabalhos da assembleia pedindo que se procedesse à eleição da nova diretoria, sem levar em consideração o número dos membros presentes. Por unanimidade, as presentes concordaram e a eleição foi realizada, chegando ao seguinte resultado:

Sras. Lúcia Mekhitaian, Vartanuch Marzbanian, Haiganuch Kaltayan, Elisa Nazarian, Margarid Demirdjian, Srtas. Baidzar Nahas e Mari Simonian.

Logo depois da eleição, as presentes reelegeram, por unanimidade, a Sra. Claudina Keutenedjian para o cargo de presidente da entidade.

Esta segunda assembleia geral da Associação, à qual, como dissemos, compareceram apenas dezessete associadas, demonstrava que também aí o verme roedor começara a revelar sua presença. A Associação estava enfraquecida e enferma, e um dos sintomas de sua enfermidade era a carta da Srta. Ferida Kevorkian, uma das associadas mais dinâmicas e atuantes, na qual ela não só comunicava a sua renúncia da diretoria, mas também das fileiras da própria Associação. Já estava claro que maus espíritos estavam atuando por trás da cortina. Mas quem seriam eles e por que motivo desejavam destruir esta entidade tão útil e patriótica...? Quem era o culpado e por quê...? Talvez ninguém... talvez fosse o espírito armênio de desunião que se revelava, esta que é a maior tragédia da nossa nação, o verdadeiro inimigo do nosso povo, mais uma vez...

A nova diretoria da Associação foi constituída, desta vez com sete elementos, não mais com onze. Sua segunda assembleia geral, tanto pelo número de comparecimentos, como também pelo ambiente reinante, não manifestou o habitual entusiasmo, como ocorrera durante a primeira assembleia geral. A nova diretoria sentiu uma atmosfera mais densa, e as tarefas que assumia pareciam tornar-se mais difíceis. No entanto, sem titubear e com a determinação de enfrentar a tempestade que se aproximava, deu início às suas atividades e, no dia 27 de fevereiro de 1929, realizou sua primeira reunião, formando a sua mesa diretiva, assim composta:

Sra. Lúcia Mekhitarian: Presidente
Srta. Mari Simonian: Secretária
Sra. Elisa Nazarian: Tesoureira
Sra. Haiganuch Kaltayan: Vice-presidente
Sra. Vartanuch Marzbanian: Vice-secretária
Srta. Baidzar Nahas: Vice-tesoureira
Sra. Margarid Demirdjian: Conselheira

Depois da distribuição dos cargos, a nova diretoria começou a se dedicar à solução das questões prementes da administração da escola; conseguiu encontrar e alugou um imóvel mais conveniente que o utilizado no ano anterior, desta vez sob sua responsabilidade direta, e, acatando um pedido da Associação Comunitária, ofereceu a esta um quarto no novo prédio, cobrando uma mensalidade de 100 cruzeiros.

Como no ano anterior, a diretoria solicitou autorização da Curadoria da Igreja para que pudesse distribuir cupons de contribuição para os frequentadores da igreja no domingo da Páscoa. A Curadoria permitiu, porém, lamentavelmente, desta vez a iniciativa não logrou o resultado esperado, e a Associação só pôde arrecadar 300 cruzeiros.

A diretoria da Associação decidira enfrentar com coragem todos os desafios e levar adiante sua atividade escolar, porém iniciava-se uma debandada dentro da entidade. Uma a uma, as associadas apresentavam suas renúncias. A diretoria se recusava a aceitar essas renúncias e se dirigia, pessoalmente, a cada uma pedindo e até rogando para que fossem revertidas essas decisões, no entanto ninguém queria ouvir os apelos das diretoras. Efetivamente, não existia um motivo concreto para tal debandada, mas era visível que a Associação caminhava para o seu desmembramento total. Assim mesmo, a diretoria continuou suas atividades sem esmorecer e, no dia 15 de dezembro de 1929, domingo à tarde, nos amplos salões do Centro Português, realizou-se a segunda festa de encerramento do ano letivo do Jardim de Infância Armeno-Brasileiro.

Nessa festa, usaram da palavra a presidente da diretoria, Sra. Lúcia Mekhitarian, a secretária Srta. Mari Simonian e a tesoureira Srta. Baidzar Nahas. Pelos discursos, informações e relatos apresentados, ficou claro que o número dos alunos da escola já alcançava os cem, e a escola tinha três professoras, das quais a Sra. Aghavni Bardakdjian e a Srta. Makruhi Kaloustian ensinavam o idioma armênio, e a Srta. Nair Almeida, a língua portuguesa.

Foi uma festa bonita e compacta, e os presentes voltaram para seus lares com as melhores impressões.

A diretoria da Associação das Mulheres Progressistas Armênias pôde ao menos respirar um pouco mais aliviada, pois enfrentara diversas tempestades, mas mantivera a garra de preservar a escola, concluindo mais um ano letivo com êxito. Através de várias e sucessivas reuniões, foi possível organizar os trabalhos da Associação e as questões alusivas aos salários das professoras e do contrato de aluguel do imóvel. Ao verificar a situação financeira, a diretoria observou, com satisfação, que a entidade conseguira concluir com êxito mais um ano de atividades, pois, além de cumprir com todos os seus compromissos financeiros, ainda ficara com a quantia de 1.776 cruzeiros e 60 centavos em caixa, um valor considerável. Assim, a fim de facilitar os trabalhos da nova diretoria que deveria assumir o cargo em breve, preparou o seu relatório e enviou cartas convocando os membros da Associação para a assembleia geral marcada para o dia 5 de fevereiro de 1930.

Ovsanna Yaghsezian nasceu em Aintab, filha de Khatchadur Khatchadurian. Casou em Damasco com seu compatriota Dr. Krikor Yaghsezian, dentista de profissão, no ano de 1920. Em 1926, emigrou com a família para o Brasil e fixou residência na cidade de São Paulo. Foi membro da primeira diretoria da Associação das Mulheres Progressistas Armênias.

Sra. Ovsanna Yaghsezian

Em 28 de janeiro de 1930, durante a última reunião da diretoria, foi decidido encaminhar uma carta ao Sr. Vahram Keutenedjian, um dos benfeitores da escola, pedindo-lhe que se dignasse a prosseguir com sua contribuição mensal de 100 cruzeiros. Isso faria com que a receita da escola ficasse estabilizada, e a nova diretoria assumisse uma carga menos pesada. Eis o conteúdo dessa missiva:

[...] *Através do cobrador das mensalidades, soubemos que Vossa Senhoria, como benfeitor da Associação das Mulheres Progressistas Armênias, interrompeu a vossa contribuição mensal de 100 cruzeiros, preferindo pagar as mensalidades dos alunos que estudam de graça.*

Queira-nos permitir Vossa Senhoria uma pequena observação, pois, com a atitude que deseja tomar, V. S. não só estará estimulando o aumento do número de alunos que não pagam a mensalidade escolar, como também ficará vulnerável à própria perpetuação da escola, pois é possível que o vosso exemplo venha a contagiar outros benfeitores da escola, comprometendo o fluxo das contribuições.

Apelamos, portanto, à vossa consciência e nobres sentimentos patrióticos, e rogamos que V. S. continue a contribuir do mesmo modo como tem feito até agora.

Com o envio dessa correspondência, a diretoria encerrou sua atividade anual e se preparou para a assembleia geral do dia 5 de fevereiro, ocasião em que seria realizada a eleição da nova diretoria.

Como previamente confirmado, no dia 5 de fevereiro de 1930, às 15h30, deu-se início à terceira assembleia geral da Associação das Mulheres Progressistas Armênias, realizada no salão da escola.

O número das associadas da entidade já diminuíra para 24 e, destas, apenas treze compareceram à assembleia. Como esse número constituía mais da metade do total das associadas vigentes, o número das presentes à assembleia foi considerado legal.

A secretária da diretoria, Sra. Mari Simonian, leu o relatório das atividades da diretoria:

[...] Como é do conhecimento geral, a primeira diretoria da Associação das Mulheres Progressistas Armênias, ao encerrar sua gestão anual, no dia 20 de fevereiro de 1929, quarta-feira, realizou uma nova eleição e, por meio de votação secreta, foi eleita esta diretoria.

Durante sua gestão anual, a nossa diretoria realizou quinze reuniões, nas quais foram examinadas as questões e deu-se solução condizente para todos os casos.

Realizamos uma festa de arrecadação, participamos do evento evocativo em homenagem aos mártires armênios do genocídio, organizado sob os auspícios da Associação Comunitária, assim como participamos, junto com todas as demais organizações e entidades atuantes nesta coletividade, da homenagem póstuma rendida por ocasião do segundo aniversário de falecimento do inestimável herói nacional general Antranik.

A nossa diretoria tem enfocado sua atenção na escola-jardim de infância desta entidade, que tem sido, se assim podemos dizer, a atividade mais importante e nobre desta Associação, com muito orgulho, e cada armênio desta coletividade tem nela sua participação.

Hoje, a nossa escola conta com 101 alunos. A professora Srta. Nair Almeida ensina o português, enquanto as professoras Sra. Aghavni Bardakdjian e Srta. Makruhi Kaloustian, o armênio. A Sra. Eva é a monitora que toma conta das crianças e da limpeza da escola.

As condições insuficientes da escola, no ano passado, fizeram com que o inspetor-geral de ensino, Sr. Marcondes, chamasse a nossa atenção e exigisse que alugássemos um novo imóvel, razão pela qual conseguimos este prédio atual, assumindo, por outro lado, maiores sacrifícios financeiros.

As professoras tiveram reajuste salarial, e realizamos também mudanças importantes no prédio, seguindo as normas da Secretaria de Saúde.

É lamentável afirmar que o Sr. Vahram Keutenedjian comunicou ao nosso cobrador que cessaria sua participação como benemérito da escola. A nossa diretoria, no entanto, encaminhou-lhe uma carta pedindo que continuasse sua contribuição como dantes, o que também poderia servir de exemplo para outros.

Para as despesas da escola, os seguintes compatriotas trouxeram sua valiosa colaboração mensal:
Sr. Vahram Keutenedjian: 100 cruzeiros por mês
Sr. Hovhannés Demirdjian: 20 cruzeiros por mês
Sr. Hagop Demirdjian: 20 cruzeiros por mês
Sr. Mardiros Gasparian: 20 cruzeiros por mês
Irmãos Gasparian: 20 cruzeiros por mês
Sr. Elia Naccach: 20 cruzeiros por mês
Sr. Setrag Naccach: 10 cruzeiros por mês
Sr. Haig Vartanian: 10 cruzeiros por mês
Sr. Gabriel Kiulledjian: 10 cruzeiros por mês
Sr. Melkon Kalaidjian e Kirakós Durgerian: 10 cruzeiros por mês

Durante o ano letivo, o inspetor-geral de ensino visitou a nossa escola e ficou satisfeito tanto com a limpeza como a disciplina ali reinantes."

Após a leitura do relatório, foi apresentado o relatório financeiro da diretoria.

A assembleia elogiou a próspera atividade da diretoria, manifestou sua satisfação e aprovou os relatórios apresentados.

Antes do início da votação para a formação da nova diretoria, a presidente da diretoria da gestão cedente, Sra. Lúcia Mekhitarian, a tesoureira Sra. Elisa Nazarian e a conselheira Sra. Margarid Demirdjian comunicaram categoricamente que não iriam mais se candidatar na nova eleição, pois estavam muito atarefadas. Ademais, elas pediram que seus nomes não fossem levados em consideração, pois, se assim fosse, renunciaram se fossem eleitas.

As presentes, ao ver que todos os pedidos ou clamor seriam inúteis para convencer essas diretoras a continuarem suas ativas participações por mais uma gestão, finalmente aceitaram os argumentos apresentados e passaram à eleição da nova diretoria, que apresentou o seguinte resultado:

Sra. Archaluis Darakdjian	Srta. Nevart Distchekenian
Sra. Berdjanuch Pilavdjian	Srta. Mari Simonian
Sra. Vartanuch Marzbanian	Srta. Baidzar Nahas
Sra. Voski Bertizlian	Srta. Azaduhi Kundakdjian
Sra. Lúcia Mekhitarian	

Apesar de ter insistido em não aceitar, a assembleia decidiu eleger novamente a Sra. Lúcia Mekhitarian, com a justificativa de que a nova diretoria precisaria ao menos de uma pessoa experiente para não ficar completamente alheia aos fatos. Em vista dos argumentos apresentados, a Sra. Lúcia Mekhitaian aceitou continuar, porém deixou claro que não assumiria nenhuma pasta, permanecendo apenas como conselheira na diretoria.

As presentes cumprimentaram os membros da nova diretoria, desejando votos de êxito em suas atividades.

Varnatuch Marzbanian nasceu no bairro de Guedik Pachá, Constantinopla, filha de Krikor Tatarian. Em 1922, durante o movimento kemalista, a família foi para o Egito, onde Vartanuch casou com Eduard Marzbanian. Em 1924, a família Marzbanian veio para o Brasil e se estabeleceu na cidade de São Paulo.

Vartanuch Marzbanian foi membro e presidente da Associação das Mulheres Progressistas Armênias, assim como associada e membro da diretoria da Cruz Vermelha Armênia.

Sra. Vartanuch Marzbanian

A primeira reunião da terceira diretoria eleita da Associação das Mulheres Progressistas Armênias foi realizada no dia 26 de fevereiro de 1930, em condições totalmente desfavoráveis. O número das associadas havia diminuído sensivelmente e a entidade encontrava-se enfraquecida, quase em estado de coma. Todas as diretoras sentiam essa realidade, porém desconheciam a existência de qualquer remédio que convalescesse a entidade; portanto um desânimo começava a tomar conta delas. Quase a maior parte dos benfeitores havia interrompido suas contribuições mensais; até o número dos alunos diminuíra, mas as despesas da escola permaneciam as mesmas. A nova diretoria, mesmo dotada das melhores intenções, não estava isenta do receio das densas responsabilidades que se lhe acumulavam nos ombros e, de forma inconsciente, começava a desconfiar do êxito de suas atividades. Era necessário adotar medidas cautelares. A tarefa era densa, os membros da diretoria sentiam isso, mas, uma vez que haviam assumido tal incumbência, precisavam levar adiante o trabalho. Nessas circunstâncias, já na primeira reunião da diretoria, formou-se a mesa diretiva, que ficou assim constituída:

Sra. Vartanuch Marzbanian: Presidente
Srta. Mari Simonian: Secretária
Srta. Baidzar Nahas: Tesoureira
Sra. Archaluis Darakdjian: Vice-presidente
Srta. Nevart Distchekenian: Vice-secretária
Sra. Siranuch Pilavjian: Vice-tesoureira
Sra. Lúcia Mekhitarian: Conselheira
Sra. Voski Bertizlian: Conselheira
Sra. Aghavni Kundakdjian: Conselheira

Finda a distribuição dos cargos, a diretoria decidiu solucionar a questão prioritária e objeto da sua mais densa preocupação, ou seja, o orçamento da escola. Apesar de todas as diretoras estarem imbuídas da melhor intenção, todas elas estavam receosas quanto ao orçamento, pois os recursos disponíveis não eram compatíveis com as despesas. Havia um pensamento no ar do qual todas certamente estavam cientes, porém temiam manifestar. Por isso, quando finalmente algumas diretoras decidiram abrir o assunto sobre o corte no orçamento, as demais concordaram imediatamente, sem maior discussão. Assim, depois de alguns pareceres, a diretoria decidiu adotar as seguintes medidas:

a) Escrever para a Associação Comunitária e oferecer, mais uma vez, a sala que outrora fora alugada a esta, visto que o número dos alunos estava reduzido e aquele quarto ficara sem utilidade para a escola. Caso a Associação Comunitária não se interesasse pela proposta, que se dignasse a confirmar, a fim de que a Associação das Mulheres Progressistas Armênias pudesse alugar a sala para outros interessados.

b) Mandar uma carta para a Sra. Aghavni Bardakdjian e comunicar-lhe que, a partir do dia 12 de março, ela seria dispensada de sua função de professora.

c) Escrever para o Sr. Vahram Keutenedjian e informar-lhe que a Associação aceitava a opção apresentada, isto é, a de pagar as mensalidades dos alunos que não tinham condições financeiras, e pedir-lhe que continuasse a efetuar tais pagamentos mensalmente.

d) Solicitar do Sr. Mihran Nahas que intermediasse junto ao Sr. Elia Naccach, para que este prosseguisse com a sua contribuição mensal de 20 cruzeiros.

A nova diretoria estava receosa das obrigações assumidas, mas não completamente desanimada, e muito menos inoperante. No devido tempo, a escola reabriu suas portas e começaram as aulas do ano letivo, como nos anos anteriores. Por ocasião da festa da Páscoa, mais uma vez foi organizada a distribuição dos cupons ao público, diante da porta da igreja, e organizou-se um baile no dia 6 de abril de 1930, cuja arrecadação foi destinada para a escola. A diretoria estava decidida a superar todas as dificuldades, sem abandonar as tarefas que lhe foram confiadas.

Voski Bertizlian nasceu em 1898, na cidade de Marach, filha de Nichan Burunsuzian. Casou em 1911 com Hagop Bertizlian. Em 1915, foi deportada para Hama, de onde passou para Alepo e, em 1926, mudou-se com a família para o Brasil e se estabeleceu na cidade de São Paulo.

Voski Bertizlian foi membro da diretoria da Associação das Mulheres Progressistas Armênias e também um dos membros fundadores da filial paulista da Cruz Vermelha Armênia.

Sra. Voski Bertizlian

No dia 23 de abril, na sétima reunião da diretoria, foi revelado que, pela distribuição dos cupons diante da porta da igreja por ocasião da Páscoa, obteve-se a quantia de 206 cruzeiros apenas. Já a festa-baile do dia 6 de abril deixara uma receita de 938 cruzeiros.

Na 11ª reunião, realizada em 9 de junho de 1930, a diretoria teve de enfrentar uma questão preocupante: a Secretaria de Saúde comunicara, por meio de uma notificação, que o imóvel da escola não apresentava condições adequadas e podia ser interditado. Mais uma vez, foi necessário contatar o Sr. Ghazar Aghá Nazarian, pedindo a este que buscasse uma solução. Com sua habitual prontidão, Ghazar Aghá conseguiu resolver o problema em alguns dias, para a tranquilidade das diretoras.

Doravante, a diretoria fez o possível para conseguir concluir o ano letivo. Finalmente, no dia 28 de dezembro de 1930, no salão Itália Fausta, foi realizada a festa de encerramento do ano letivo da escola Jardim de Infância Armeno-Brasileiro.

Berdjanuch Pilavjian nasceu em Marach, filha de Mahdessí Garabed Tchorbadjian. Casou com o seu compatriota Aslan Pilavjian, que foi enforcado pelas autoridades assassinas turcas em 1915. Em 1926, a viúva Pilavjian veio para o Brasil com seu filho Stepan, estabelecendo-se na cidade de São Paulo. Foi membro da diretoria da Associação das Mulheres Progressistas Armênias, assim como membro da filial de São Paulo da Cruz Vermelha Armênia.

Sra. Berdjanuch Pilavjian

A última diretoria da Associação das Mulheres Progressistas Armênias, ao ver que a entidade praticamente não mais existia, mas ao mesmo tempo não querendo encerrar a atividade da escola que com tanto sacrifício inaugurara, decidiu manter contatos com a União dos Compatriotas de Marach, que nesta época administrava uma outra escola armênia de nome Yeghiché Turian, para ver se haveria a viabilidade de uma mescla de ambas as escolas.

As negociações da união, no entanto, se desenvolviam lentamente, enquanto a Associação das Mulheres Progressistas Armênias desejava chegar a uma definição para antes do reinício do próximo ano letivo e, destarte, livrar-se de uma densa carga. Com este objetivo, encaminhou a seguinte carta para a Curadoria da Igreja, datada de 15 de janeiro de 1931:

> *[...] Com o objetivo de fornecer uma educação armênia para a nova geração da nossa coletividade, sob a direção e apoio moral da nossa Associação e a ajuda financeira da coletividade, há três anos vem atuando a escola Jardim de Infância Armeno-Brasileiro. Gostaríamos que, para o próximo ano letivo, a tutela da escola ficasse a cargo do vosso digníssimo Conselho, uma vez que os membros desta Associação, por motivo de suas múltiplas tarefas familiares, não mais poderão dedicar-se plena e devidamente a esta nobre causa, e o fechamento da porta da escola que tantos sacrifícios custara para abrir, certamente aceleraria a miscigenação da nova geração.*
>
> *Certamente, esta Associação manterá sua existência e, como corpo auxiliar, irá apoiar o vosso digno Conselho, com ativa participação nas festas ou eventos periódicos em prol da escola, e prosseguirá com o pagamento das mensalidades.*

Pediríamos, pois, deste respeitável Conselho, que se dignasse a nos responder tão logo possível, a fim de que nossa diretoria possa contatar o locador do imóvel, que, por sua vez, aguarda a nossa informação quanto à continuidade ou não da escola.

Caso a Vossa resposta seja afirmativa, do que não temos dúvidas, queiram por obséquio indicar alguém a quem possamos transferir os objetos e documentos pertencentes à escola.

Ao agradecermos antecipadamente a Vossa atenção, permanecemos
Respeitosamente,

Presidente Vartanuch Marzbanian
Secretária Berdjanuch Pilavjian

O Conselho Comunitário, em sua carta datada de 27 de janeiro de 1931, respondeu à diretoria da Associação das Mulheres Progressistas Armênias, afirmando:

[...] Este provisório Conselho Comunitário, ao analisar a questão relativa à unificação das duas escolas locais, decidiu criar uma Curadoria para assumir a administração de ambas as escolas. Portanto, queiram entregar todos os objetos e documentos inerentes à escola à Comissão, que contatará vossa diretoria para que os documentos sejam transferidos à recém-criada Curadoria.

Pelo Conselho Comunitário Provisório,

Presidente de honra Padre Gabriel Samuelian
Presidente Nercés Boyadjian
Secretário Dr. Krikor Yaghsezian

A Associação das Mulheres Progressistas Armênias acatou a decisão do Conselho Comunitário e passou todos os objetos e documentos da escola para a comissão designada.

A Associação, que durante os três anos de sua existência realizara tantos serviços louváveis para a coletividade, fundando a primeira escola armênia em solo brasileiro, ao menos com essa sua última atitude encerrava suas atividades de forma honrosa e, pouco tempo depois, desapareceria sem maiores alardes.

Hoje, a coletividade armênia do Brasil tem esquecido quase completamente o nome da Associação das Mulheres Progressistas Armênias, entidade essa que marcou história com suas notórias atividades. Apenas algumas de suas associadas ativas, quando ainda surge a oportunidade, lembram com carinho o nome de sua querida Associação e até se surpreendem quando lembram o trabalho dinâmico e vigoroso que foi empreendido com tanta garra e coragem.

UNIÃO DOS COMPATRIOTAS DE MARACH E ADJACÊNCIAS

No início de 1928, sob a iniciativa do Prof. Peniamin Gaidzakian e do Prof. Nercés Boyadjian, ambos naturais de Marach, um grupo de compatriotas naturais dessa cidade se reuniu e formou uma União de Compatriotas. Para que futuramente pudessem aumentar o número de seus associados e consolidar essa entidade, o grupo decidiu nomeá-la União dos Compatriotas de Marach e Adjacências. Em sua primeira reunião consultiva, declararam formada a entidade e confiaram sua direção aos seguintes compatriotas:

Peniamin Gaidzakian: Presidente
Nercés Boyadjian: Secretário
Manuel Kherlakian: Tesoureiro
Avedik Aslanian: Conselheiro
Sarkis Kumruyan: Conselheiro
Serovpé Pambukian: Conselheiro

No limiar da formação da entidade, o grupo não se preocupou com a preparação de um estatuto, mas apenas delineou os objetivos, que eram:

a) Manter uma escola para o ensino do idioma armênio.

b) Assumir o papel de um "tribunal de conciliação", caso surgissem desentendimentos e discussões familiares ou comerciais entre os compatriotas.

c) Fornecer auxílio moral e financeiro aos compatriotas necessitados, com dificuldades ou enfermos.

d) Tentar manter vivo nos compatriotas o espírito nacional, por meio de palestras e festas.

Fiéis a esses princípios, a primeira preocupação da União dos Compatriotas de Marach e Adjacências foi a de encontrar um local para servir como sede, e conseguiram alugar um amplo salão no imóvel de número 109 localizado no largo Dom Pedro, onde também estabeleceram a escola, sob a responsabilidade das professoras Mariam Terzian e Catariné Balian, ambas naturais de Aintab.

Uma vez providenciada a abertura da escola, encaminharam a seguinte carta, datada de 15 de abril de 1928, para o padre Gabriel Samuelian, pastor espiritual dos armênios do Brasil:

[...] A União dos Compatriotas de Marach e Adjacências decidiu dar início às aulas da escola a partir de amanhã, segunda-feira, 16 de abril de 1928, às 13h00, no largo Dom Pedro II, nº 109, ao lado do salão dos evangélicos.
Pediríamos a gentileza de divulgar este comunicado na igreja, e os interessados podem encaminhar seus filhos à nossa escola.
Queira Vossa Reverência aceitar nossos agradecimentos.
Em nome da União dos Compatriotas de Marach e Adjacências

Presidente Peniamin Gaidzakian
Secretário Nercés Boyadjian

De acordo com esse comunicado, a União dos Compatriotas de Marach e Adjacências abriu a escola no dia 16 de abril de 1928 e, em pouco tempo, por volta de quarenta alunos já estavam frequentando as aulas.

Formalmente, a União cooperou com a Associação Juvenil Mista no evento evocativo aos mártires armênios, realizado no dia 22 de abril de 1928, e no dia 10 de agosto de 1928 organizou sua primeira palestra, tendo como orador do dia o Prof. Peniamin Gaidzakian, que discursou sobre tema em voga na época: "O crescimento das nações".

Como órgão conciliador, a União realizou diversos serviços úteis, como a intermediação amigável e resolução de alguns desentendimentos e discussões entre seus compatriotas, que poderiam tomar proporções maiores caso não houvesse a mediação da União.

De cunho puramente compatriota, essa entidade não almejava interferir nas questões comunitárias que poderiam criar desentendimentos e até controvérsias. No dia 12 de março de 1928, a União Juvenil Mista, por ocasião da eleição da Curadoria da Igreja, encaminhou uma carta para a União dos Compatriotas de Marach e Adjacências, convidando para uma reunião conjunta a fim de analisar a possibilidade da inclusão de entidades existentes na coletividade nessas eleições. Mas a União dos Compatriotas de Marach e Adjacências, fiel aos seus princípios, não quis se intrometer nessa questão, e enviou a seguinte resposta para a União Juvenil:

[...] Recebemos a vossa missiva nº 63, datada de 2/3/1928, e tomamos conhecimento do seu teor, pelo qual manifestamos nossos agradecimentos.
Devemos salientar que o primeiro objetivo da União dos Compatriotas de Marach e Adjacências é o de se preocupar com o público natural de Marach e adjacências e, se for necessário, serviremos aos demais estabelecimentos e até a pessoas isoladamente, mas não pretendemos interferir na vida interna ou organi-

zacional de outros estabelecimentos. Quanto à questão das eleições comunitárias, os nossos compatriotas estão livres para participar delas, se assim desejarem, mas, quanto a nós, como organização, não desejamos interferir nem trabalhar para traçar qualquer diretriz nesse aspecto.

Portanto, queiram nos desculpar por não participarmos da vossa reunião marcada para hoje.

Pela União dos Compatriotas de Marach e Adjacênicas

Presidente Peniamin Gaidzakian
Secretário Nercés Boyadjian

Vartan Tchorbadjian nasceu em Marach no ano de 1898, filho de Mahdessí Garabed Tchorbadjian. Em 1915 foi deportado para Alepo, de onde seguiu para a América do Norte, recebendo a cidadania americana em 1920. Veio com a família para o Brasil em 1937 e se estabeleceu na cidade de São Paulo, ocupando-se do comércio.

Vartan Tchorbadjian

Em 1929, a União dos Compatriotas de Marach e Adjacências teve uma alteração na sua razão social, por causa do afastamento de Peniamin Gaidzakian da entidade. Todos os membros da União eram naturais de Marach, e a palavra "Adjacências" esteve incorporada até então por respeito a Peniamin Gaidzakian, que era natural de Albinas, o que dava também oportunidade aos oriundos de aldeias adjacentes da cidade de Marach de fazer parte da entidade. Mas, ao ver que nenhuma pessoa oriunda das regiões circunvizinhas de Marach participava da entidade, e com o afastamento de Peniamin Gaidzakian, a entidade decidiu eliminar a palavra "Adjacências" e alterar a razão social da entidade para União Compatriota de Marach.

Levon Baghdikian nasceu em Marach, em 1889. É filho de Harutiun Baghdikian. Na tragédia de 1915, Levon servia como soldado no exército turco, assim permanecendo até o ano de 1920, quando voltou para Marach junto com sua família.

Com o fim dos massacres em Marach, Levon foi para Damasco, de onde veio para o Brasil em 1925, estabelecendo-se na cidade de São Paulo, onde fundou uma fábrica da sapatos e conseguiu alcançar uma situação financeira estável.

Levon Baghdikian foi membro da União Compatriota de Marach.

Levon Baghdikian

Sociedade Compatriota de Marach

Muitas vezes, as virtudes pessoais de um indivíduo e seu forte desejo de se tornar útil à comunidade difundem a ideia por ele perseguida e, frequentemente, dão bons resultados. Foi isso o que aconteceu com Serovpé Pambukian, um dos membros da União Compatriota de Marach.

Sem qualquer intenção de desmerecer os esforços louváveis de todos os membros da União Compatriota de Marach, mas apenas para fazer justiça, deve-se confessar que foi graças à determinação de Serovpé Pambukian que, desde o ano de 1929, a União Compatriota de Marach surgiu e continua a manter sua existência, suas atividades e a escola, pois Serovpé teve a coragem de assumir a densa responsabilidade da escola por um ano inteiro.

Peniamin Gaidzakian era evangélico e desejava que fosse instalada uma Igreja Evangélica Armênia em São Paulo. Para se dedicar com mais afinco a esse objetivo, ele dedicava a maior parte do seu tempo ao trabalho organizacional da Igreja Evangélica Armênia e, por essa razão, decidiu se afastar da União dos Compatriotas de Marach e Adjacênicas e fundou, ao lado de sua igreja recém--estabelecida, uma escolinha para os filhos da comunidade evangélica armênia, levando consigo a professora Mariam Terzian, que também era evangélica.

Nesse período, a União dos Compatriotas de Marach e Adjacênicas encontrava-se semiparalisada, e o passo tomado por Peniamin Gaidzakian fez com que a escola chegasse à iminência do fechamento. No entanto, os *marachtsi*[4] não admitiam a ideia do encerramento das atividades da escola e, graças ao louvável empenho de Serovpé Pambukian, tão logo começou o ano letivo de 1929, puderam reabrir as portas da escola no salão da sua sede, convidando para lecionar a Sra. Lia Nercessian, natural de Marach.

Em 21 de julho de 1929, no salão da entidade, que também servia como escola, realizou-se uma festa totalmente preparada pelas crianças, abrangendo canções, declamações e danças, visando estimular os pais e demonstrar os serviços prestados pela escola armênia, bem como dar à entidade a possibilidade de pedir a colaboração do público para poder equilibrar o orçamento do educandário. Foi uma festa que impressionou a todos. Aproveitando o entusiasmo dos presentes, realizou-se uma arrecadação no local, que surtiu resultado positivo.

Sra. Lia Nercessian

Lia Nercessian nasceu na cidade de Marach, filha de Hagop Gazelian. Recebeu sua educação na escola evangélica de Marach. Em 1915 foi deportada para Damasco, de onde veio com a família para o Brasil, em 1928, e se estabeleceu na cidade de São Paulo. Em 1929, foi contratada como professora da escola da União Compatriota de Marach, onde lecionou até o fim do ano letivo de 1931. No ano seguinte, por motivo do trabalho do seu marido, Lia Nercessian mudou para uma cidade no interior do estado, abandonando destarte a sua profissão.

---

4 Oriundos ou naturais da cidade de Marach.

A Sra. Lia Nercessian lecionou por treze anos, dos quais seis em Marach, quatro em Damasco e três na cidade de São Paulo.

A União Compatriota de Marach concentrou todo o seu esforço nas atividades da escola. Estimulada pelo êxito do ano anterior, reabriu o ano letivo de 1930 e, para equilibrar o orçamento, mais uma vez organizou festas escolares, as quais sempre foram incentivadas pelo *marachtsi*, e assim a escola pôde continuar normalmente suas atividades educacionais. Foi nesse período que, já com sessenta alunos, para eternizar a memória do Patriarca Yeghiché Turian, a entidade decidiu denominar a escola de Escola Yeghiché Turian.

Em 1931, sob iniciativa da Associação das Mulheres Progressistas Armênias e graças ao empenho da Curadoria da Igreja, foi possível unificar as escolas da União Compatriota de Marach e da Associação das Mulheres Progressistas Armênias, e a administração escolar ficou a cargo de uma comissão escolhida pela Curadoria. Dessa forma, a nova escola unificada assumiu o cunho de uma escola comunitária e, como era o desejo dos *marachtsi*, recebeu o nome de Escola Yeghiché Turian, que logo foi registrada na Secretaria do Ensino com o nome de José Bonifácio. Após a unificação das duas escolas, a União Compatriota de Marach, que mantivera sua própria existência graças à escola, com a tranquilidade de ter cumprido a sua tarefa, adentrou uma fase de profundo sono. Mesmo sem ser desmantelada, a entidade permaneceu num estado inanimado.

De 1929 até fins de 1930, para manter a escola da União Compatriota de Marach, todos os *marachtsi* dedicaram apoio moral e financeiro, e nesse grande esforço destacam-se, principalmente, Serovpé Pambukian, Krikor Kumruian, Nazaret Distchekenian, Nercés Boyadjian, Arsen Momdjian, Sarkis Kahvedjian, Kevork Muradian, Missak Kahvedjian e Levon Seraidarian.

Serovpé Pambukian nasceu em 1895 na cidade de Marach, filho de Panós Pambukian. Recebeu sua educação primária na sua cidade natal e depois seguiu a profissão de sapateiro. Em 1915, foi deportado para Hama. Em 1919 voltou para Marach e, depois das lutas de sobrevivência ali travadas, passou para Adana, Damasco e, posteriormente, Beirute, de onde veio para o Brasil com a família, em 1926, fixando residência em São Paulo. Junto com seus dois irmãos, montou uma fábrica de sapatos.

Serovpé Pambukian foi membro da União Compatriota de Marach, como também do Conselho Comunitário, do Conselho Representativo e da Curadoria da escola. Em 1929, a escola pôde prosseguir suas atividades graças à sua coragem de assumir toda a responsabilidade por ela, ajudando, portanto, no surgimento da Escola Turian, que atua até hoje.

Serovpé Pambukian

REORGANIZAÇÃO DA UNIÃO COMPATRIOTA DE MARACH

A União Compatriota de Marach, cujo surgimento aconteceu em 1928, mas já em 1931 estava em visível decadência, retomou suas atividades no ano de 1933, desta vez sob um novo formato que em nada parecia com o anterior, apesar de seus membros continuarem os mesmos.

No dia 2 de agosto de 1933, 71 *marachtsi* se reuniram na residência de Sarkis Kumruyan e, após prolongadas consultas, decidiram formar uma filial em São Paulo da União Compatriota de Marach, que já existia naquele tempo na América do Norte. Passando imediatamente aos trabalhos, formaram no ato, com votação aberta, a sua nova diretoria e a mesa diretiva, assim constituída:

Levon Apovian: Presidente
Nazaret Distchekenian: Vice-presidente
Nazaret Kumruyan: Secretário
Mihran Lapoian: Tesoureiro
Harutiun Djehdian: Conselheiro

Sarkis Kumruyan: Conselheiro
Serovpé Pambukian: Conselheiro
Stepan Darakdjian: Conselheiro
Asdur Tchakerian: Conselheiro

Nazaret Distchekenian nasceu em Marach em 1895, filho de Harutiun Distchekenian. Recebeu sua educação primária na escola da Igreja Maria Mãe de Deus (Surp Asdvadzadzin), e depois ingressou no colégio Central, concluindo seu curso em 1912. Exerceu a profissão de professor por dois anos na escola Surp Asdvadzadzin. Em 1915 foi deportado para Hama, e em 1919 voltou para Marach e foi testemunha ocular dos massacres ali realizados, participando também das lutas travadas nessa cidade.

Em 1920, com a evacuação de Marach pelos franceses, seguiu com a família para Adana, depois para Damasco e Beirute e, em 1928, chegou com a

Nazaret Distchekenian

família ao Brasil, fixando residência na cidade de São Paulo e ocupando-se do comércio. Em 1925, casou com sua conterrânea Srta. Takuhi Indjeian.

Nazaret Distchekenian foi membro da União Compatriota de Marach, assim como do Conselho Representativo da Comunidade e da Curadoria da escola. Foi, também, membro da comissão arrecadadora da grande angariação efetuada para a construção da escola, em 1941. Zeloso da preservação dos valores históricos, do ensino do idioma armênio e tradições nacionais, ele tem sido um compatriota sério e responsável. Seus quatro filhos foram graduados pela escola armênia Turian.

A recém-formada diretoria da União Compatriota de Marach deu início às suas atividades decidindo tomar os seguintes passos:

a) Como filial da União Compatriota de Marach atuante na América do Norte, comunicar a formação da nova diretoria e manter contato com a diretoria central.

b) Preparar ou receber da diretoria central o Estatuto da União e dar andamento às atividades;.

c) Determinar e cobrar de todos os membros da entidade uma mensalidade obrigatória.

d) Alugar um salão para servir como sua sede social.

e) Para colocar as receitas da entidade em alicerces sólidos, formar um corpo financeiro e entregar a este essa missão.

f) Manter em dia as atas das reuniões.

Com esse planejamento, a entidade manteve contatos com a União Compatriota de Marach da América do Norte, começou a cobrar de seus membros as mensalidades determinadas e alugou um imóvel para servir como sua sede social. Manteve em dia as atas das reuniões, com o objetivo de tornar-se uma entidade séria, organizada e útil através de suas atividades.

A véspera da formação da entidade coincidiu com o fechamento da Igreja Armênia de São Paulo. Considerando essa triste situação, a entidade decidiu assumir o trabalho de reabertura da igreja, razão pela qual formou uma comissão denominada Corpo Administrativo da Igreja, a quem foi entregue o trabalho de administrar a igreja. Portanto, tanto a igreja como os trabalhos correlatos ficaram sob a coordenação imediata dessa entidade, até fins de 1937.

Mais adiante, veremos com mais detalhes os trabalhos desenvolvidos pela entidade ao redor da igreja, no capítulo dedicado à Igreja Armênia de São Paulo.

Harutiun Djehdian

Harutiun Djehdian nasceu em 1888 na cidade de Marach, filho de Sarkis Djehdian. Recebeu sua educação primária na Igreja Surp Asdvadzadzin e concluiu o colégio Central. Aprendeu a profissão de tecelão. Em 1911, alistou-se no exército otomano, servindo primeiramente em Adana e depois em Hadjin. Por saber ler e escrever bem o idioma turco, executou trabalhos burocráticos e foi promovido no cargo. Concluiu seu serviço militar em 1913 e foi dispensado do exército, mas foi novamente alistado em 1914, sendo enviado para Dardanelas, onde foi promovido ao cargo de tenente. Em 1918, voltou para Marach e casou.

Depois das lutas de Marach, passou para Damasco, de onde veio com a família para o Brasil, em 1928, estabelecendo-se na cidade de São Paulo. Aqui, ele abriu uma fábrica de sapatos com seus sobrinhos.

Harutiun Djehdian foi membro da União Compatriota de Marach, assim como do Conselho Comunitário, do Conselho Representativo e da intendência da escola Turian.

Depois de assumir a tutela e vigilância da igreja, e salvar a coletividade da inconveniência de ficar sem a sua igreja, a entidade voltou a pensar sobre suas atividades. Sendo a União de conterrâneos, tinha a obrigação de dar atenção a estes e, para se tornar útil aos seus membros, decidiu perseguir os seguintes objetivos:

a) Cultivar entre os seus conterrâneos o espírito de conciliação e amor.
b) Fortalecer os laços sociais e políticos.
c) Através da sua interferência fraternal, dar fim às divergências familiares, caso existam.
d) Com exortações fraternais, abolir as controvérsias entre indivíduos.
e) Vigiar o comportamento honroso e a conduta dos conterrâneos.
f) Auxiliar os conterrâneos enfermos e os incapazes de trabalhar.

Fiel a essas prerrogativas, a entidade dedicou inúmeros préstimos aos seus conterrâneos *marachtsi* e, imbuída de um espírito conciliador, intermediou e solucionou discussões, brigas e divergências que porventura surgissem entre os conterrâneos. Suas orientações e sugestões sempre foram respeitadas e alcançaram os objetivos. Além da ajuda moral, a entidade ainda auxiliou financeiramente os conterrâneos sem recursos e, principalmente, os enfermos

No dia 20 de janeiro de 1936, após a cerimônia religiosa na Igreja Apostólica Armênia, a entidade realizou um ato evocativo em memória do 17º aniversário das lutas travadas por 21 dias na cidade de Marach. Nesse evento, foram apresentadas canções, declamações e discursos. Os palestrantes descreveram aquela luta e acharam injusto denominar tal luta heroica como "massacres de Marach", uma vez que aquilo foi muito mais que uma resistência, pois os moradores da cidade, como partícula do povo armênio, através de sua bravura e patriotismo demonstraram rara aptidão. Ademais, qualquer luta de sobrevivência sempre deixa seu saldo de vítimas.

Asdur Tchakerian nasceu em Marach no ano de 1901, filho de Kevork Tchakerian. Recebeu sua educação primária na escola católica. Foi deportado para Racca em 1915, de onde passou para Alepo. Em 1918 voltou para Marach e participou das lutas na cidade e, depois, seguiu para Iskenderun, onde casou com sua conterrânea Srta. Elisa Beorenguelian. Veio para o Brasil em 1926, estabelecendo-se na cidade de São Paulo e abrindo uma fábrica de sapatos. Foi membro da União Compatriota de Marach.

Asdur Tchakerian

Stepan Pilavjian nasceu em Marach no ano de 1910, filho de Aslan Pilavjian, que foi enforcado pelos turcos. Em 1926, veio para o Brasil com sua mãe e fixou residência na cidade de São Paulo, ocupando-se do comércio. Foi membro da União Compatriota de Marach e um dos que colaboraram financeiramente para o lançamento deste livro.

Stepan Pilavjian

No dia 26 de janeiro de 1936, realizou-se a assembleia geral da União Compatriota de Marach no salão paroquial, e foi eleita a diretoria por votação secreta. Por maioria dos votos, foram eleitos os seguintes membros: Kevork Tchakmakian, Mihran Lapoian, Hagop Kalemkearian, Stepan Darakdjian, Harutiun Djehdian, Nazaret Distchekenian, Serovpé Pambukian, Garabed Dadian e Kevork Pambukian.

A nova diretoria realizou sua primeira reunião no dia 7 de fevereiro de 1936 no salão paroquial, e formou a sua mesa diretiva, assim composta:

Hagop Kalemkearian: Presidente
Harutiun Dhejdian: Secretário
Stepan Darakdjian: Tesoureiro

A primeira atividade da nova diretoria foi o projeto de ajuda aos conterrâneos que estavam na Síria. Sob a anuência de todos os membros da entidade, realizou-se uma arrecadação só entre os *marachtsi*, que totalizou o valor de 4.000 francos franceses, o qual foi enviado por um cheque para o arcebispo Ardavazt, na Síria, pedindo a este que o dinheiro fosse distribuído entre os *marachtsi* necessitados, sob o conhecimento da filial local da União Compatriota de Marach.

Em concomitância com a União Compatriota de Marach da Síria, o arcebispo Ardavazt decidiu construir uma escola com o dinheiro da arrecadação, e enviou uma carta nesse sentido para a diretoria da entidade em São Paulo, pedindo autorização para a execução da referida obra. Considerando a ideia propícia, a diretoria da União Compatriota de Marach de São Paulo autorizou a construção da escola. Passado algum tempo, o arcebispo Ardavazt escreveu outra carta, informando que a escola foi construída perto da aldeia de Nor Kiugh (Nova Aldeia) e, em homenagem aos *marachtsi* residentes no Brasil, foi batizada com o nome de Kermanig.

No mesmo ano, o segundo trabalho da diretoria da União Compatriota de Marach foi a realização de um piquenique, por ocasião da festa de Ascensão, oferecendo uma oportunidade aos seus conterrâneos de passarem um dia típico de Marach.

Stepan Darakdjian nasceu no ano de 1899, em Marach. Recebeu sua educação primária na escola da paróquia São Sarkis

Stepan Darakdjian

e depois frequentou a escola Central. Em 1915 foi deportado para Hama, onde permaneceu até o armistício. Em 1918, voltou para Marach e casou com sua conterrânea Srta. Ovsanna Kechichian. A família chegou ao Brasil em 1926, fixando residência na cidade de São Paulo e abrindo uma fábrica de sapatos. Stepan exerceu a função de tesoureiro na diretoria da União Compatriota de Marach. Foi também membro do Conselho Representativo e da Curadoria da escola.

Garabed Dadian

Garabed Dadian nasceu na cidade de Marach, em 1907, filho de Boghos Dadian. Recebeu sua educação primária na escola da paróquia Karassun Mangants. Em 1915, foi deportado para Damasco, ali permanecendo até o armistício. Voltou para Marach em 1918 e participou das lutas na cidade. Durante a evacuação de Marach, sete dos dez membros de sua família morreram na neve. Veio para o Brasil em 1926 e fixou residência na cidade de São Paulo, abrindo uma fábrica de sapatos. Foi membro da diretoria da União Compatriota de Marach, do Conselho Representativo e da intendência da escola.

Kevork Tchakmakian

Kevork Tchakmakian nasceu na cidade de Marach, em 1890. Recebeu sua educação primária na escola da paróquia Surp Asdvadzadzin, além de dois anos na escola Central. Optou pela profissão de sapateiro. Em 1912, foi deportado para Hama, ali permanecendo até o armistício, quando voltou para Marach. Depois dos massacres em Marach, foi para Adaná e de lá para Latáquia. Em 1926, veio para o Brasil e trabalhou como sapateiro, montando uma fábrica. Foi membro da União Compatriota de Marach, assim como membro do Conselho Representativo e da Diretoria Comunitária.

No dia 26 de março de 1938 foi encenada a peça teatral *A epopeia de Marach*, de autoria do *marachtsi* Aram Dadian, com atores natos daquela cidade. Com a receita da entrada, a diretoria comprou um piano para a escola Turian.

Já em fins do mesmo ano, a diretoria da União Compatriota de Marach apresentou à sua assembleia geral um relatório anual de atividades cuidadosamente preparado, publicando-o com antecedência em formato de livreto. Esse relatório-livreto, que continha 26 páginas e foi preparado pelo presidente da diretoria, o conhecido e dedicado professor Hagop Kalemkearian, foi denominado "Kermanig ou Relatório da União Compatriota de Marach". Mais que um mero relatório, o livreto apresentava uma variedade de exortações, recordações, panegíricos, manifestações de agradecimentos e aconselhamentos escritos pelo dedicado professor e dirigidos para os *marachtsi*, entre os quais é grande o número de alunos seus e filhos destes que hoje ocupam um lugar de destaque na coletividade armênia de São Paulo, exercendo as funções de comerciantes e industriais. O relatório foi publicado na gráfica Massis, dos irmãos Amiralian, gráfica essa que, infelizmente, não mais existe.

A União Compatriota de Marach teve uma atividade fecunda entre os anos de 1928 e 1939, destacando-se principalmente com os trabalhos desenvolvidos em prol da igreja e da escola. A entidade empreendeu serviços altamente elogiáveis em prol da coletividade. Mas, infelizmente, as divergências que surgiram entre os seus membros levaram ao seu gradual declínio e, finalmente, em fins de 1939, a União desapareceu, deixando atrás de si a honrosa lembrança de uma atividade notável.

Entre todas as uniões compatriotas constituídas na coletividade armênia de São Paulo, a União Compatriota de Marach destacou-se como uma entidade que, além de seus objetivos por uma união entre seus conterrâneos, realizou também relevantes serviços, os quais representam um valor autenticamente comunitário.

Hagop Kalemkearian

Hagop Kalemkearian nasceu em Marach, no ano de 1874, filho de Kevork Kalemkearian, e recebeu sua educação na escola Central, concluindo-a em 1888. Como o mais brilhante estudante da região, foi convidado para lecionar na mesma escola como professor assistente.

Em 1889, por sugestão do Patriarca Khrimian Hayrig, a direção da escola Central de Marach foi entregue para Mihran Tchukhasezian, natural de Sebástia e formado pela universidade de Zurique, que fundou naquela cidade, pela primeira vez, uma organização de cunho revolucionário, o partido Hentchak. Os primeiros e imediatos assistentes de Tchukhasezian foram: padre Der Zevont Nahabedian, professor da escola Central, também conhecido pelo pseudônimo "Eremita Maruké"; Garabed Efendi Tchorbadjian, tesoureiro da intendência da escola Central; Fehrad Efendi Muradian, filho de Kevork Muradian, natural de Zeitun; e o jovem professor assistente da escola Central de Marach, Hagop Kalemkearian.

Essas quatro personalidades conseguiram, num período relativamente curto, criar um partido dos Hentchak denominado Hentchakian, com quatrocentos membros, tendo como local central de suas atividades a escola Central, que mais tarde não só transformar-se-ia num farol de sabedoria, mas também um berço de organização revolucionária.

Nos anos de 1890-1891, Hagop Kalemkearian foi convidado para trabalhar como professor na escola Academia, que pertencia aos armênios evangélicos. Nessa época, o idioma utilizado nas escolas armênias evangélicas de Marach era o turco, e os livros didáticos eram escritos em turco, com grafia armênia. Kalemkearian introduziu o uso de livros didáticos em armênio e, pela primeira vez, a língua armênia adentrou nas escolas dos armênios evangélicos.

Aluno de Sempad Piurad e assistente de Mihran Tchukhasezian, os sentimentos patrióticos do jovem Hagop Kalemkearian começaram a se moldar e, ao fazer uma autoanálise comparativa da sua provisão intelectual com a de seus mestres, Hagop chegou à conclusão de que seus conhecimentos eram ínfimamente menores aos dos mestres citados, razão pela qual decidiu ampliar os seus estudos, a fim de poder ensinar e elevar o nível de conhecimento dos jovens da nação. Mas, para conseguir servir da melhor maneira, era necessário ter um bom preparo. Com essa convicção, em 1892 Kalemkearian ingressou na Universidade Americana de Aintab, concluindo os estudos em 1896 com pleno êxito. A direção da universidade, elogiando a aptidão do jovem Kalemkearian, convidou-o para ensinar na própria universidade, impondo, porém, a condição de que Hagop deveria aceitar o rito evangélico e tornar-se membro efetivo dessa igreja.

Tal proposta da direção da universidade feriu profundamente o jovem Kalemkearian, que era dotado das ideias revolucionárias de Tchukhasezian, razão pela qual, profundamente aborrecido, decidiu recusar a oferta deslumbrante quanto ao aspecto financeiro e de posição, chegando a declarar: "Continuei meus estudos para poder servir da melhor maneira à minha nação e, sendo um armênio e filho da Igreja Armênia, prefiro a crença dos meus antepassados".

Voltando para Marach, assumiu um cargo na escola Central e ali trabalhou por quinze anos ininterruptos.

No dia 1º de agosto de 1905, Hagop Kalemkearian casou com sua conterrânea Srta. Makruhi A. Muradian, mas, no dia 24 de março de 1945, teve a infelicidade de perdê-la, depois de um convívio feliz de quarenta anos. Kalemkearian teve oito filhos, quatro meninos e quatro meninas, aos quais transmitiu uma educação armênia. Dos seus filhos, a Srta. Efronia se ocupou do magistério por quatro anos, dos quais dois no orfanato misto Gulbenkian, em Alepo, e dois na escola Turian, em São Paulo.

Hagop Kalemkearian foi nomeado professor pelo governo turco na escola Mektebi Idadiyé, para lecionar a língua armênia por três horas, semanalmente, função essa que executou até o fim do ano de 1910, quando o governo decidiu que o ensino dessa língua era "INÚTIL", desnecessário, eliminando, dessa forma, o ensino dessa matéria do currículo escolar.

Em 1918, quando havia recém-retornado a Marach depois das deportações, um dia, Hagop cruzou na rua com três jovens oficiais turcos, elegantemente vestidos. Um dos oficiais o cumprimentou e o segurou pelo braço, e recitou, sorridente e em armênio:

"Não corra tão rápido,

Meu querido coelho."

Enquanto Kalemkearian olhava confuso para o oficial, este dirigiu-lhe a palavra, sempre sorridente: "O senhor não me reconhece? Sou Djemil, o teu aluno da escola de Idadiyé".

Professor e aluno, um armênio, o outro turco, estes representantes de duas nações inimigas, recordaram o passado e apertaram as mãos. Tanto sangue e lágrimas poderiam ser poupados se, através de uma educação salutar, fosse viável eliminar o ódio catastrófico disseminado entre as nações...

Entre 1910 e 1914, Kalemkearian esteve na cidade de Aintab, trabalhando como professor na escola Vartanian, e, posteriormete, foi nomeado diretor dessa escola.

Nos anos de 1914-1917, Kalemkearian foi deportado para a aldeia turca Beredjik, às margens do rio Eufrates. Bem em frente dessa localidade encontrava-se o estaleiro estatal turco, onde quaatrocentos trabalhadores construíam quarenta barcos por dia, que eram utilizados para realizar operações de transporte no front de batalha de Bagdá. Kalemkearian foi levado ao estaleiro, onde o fizeram trabalhar oito dias como marceneiro, mas, quando souberam que ele era talhador, o transferiram para a fábrica que preparava carimbos para as autarquias estatais turcas. Após dois meses, foi-lhe oferecida a função de tradutor de inglês, desta vez com uma remuneração especial.

Voltou para Marach em 1918 e recomeçou sua atividade interrompida de professor. Testemunhou os massacres realizados em Marach, que ele denominava de "epopeia", achando ser injusta a denominação "massacre". "Se o nosso povo foi massacrado, ao mesmo tempo nossos filhos demonstraram uma resistência heroica. Logo, por que denominá-lo de massacre, e não epopeia?" Era essa a opinião do velho professor sobre os últimos acontecimentos trágicos em Marach.

Entre 1922 e 1925 Kalemkearian trabalhou como professor nas escolas Haigazian e Vartanian, em Alepo. Em 1935, veio com a família para o Brasil e fixou residência na cidade de São Paulo, onde seus filhos abriram uma fábrica de calçados e alcançaram uma destacada posição financeira.

Sob o pseudônimo "Vom'n" (Alguém), Hagop Kalemkearian colaborou com os jornais armênios *Yeprad*, *Aztag* e *Armênia*.

Seu primeiro trabalho literário, *Psicologia sob visão moderna*, perdeu-se durante as lutas de Marach, em 1921. Atualmente, ele possui as seguintes obras ainda não publicadas: *Pensamentos sérios, a vida bondosa* e *A melhor pedagoga*.

O Sr. Hagop Kalemkearian é um bom conhecedor de armenologia e possui uma índole afável. Sua idade avançada o deixa afastado dos trabalhos comunitários, apesar de ter sido, por algum tempo, o presidente da União Compatriota de Marach e membro do Conselho Representativo dos Armênios de São Paulo.

Kalemkearian usufrui de grande respeito dentro da coletividade armênia local, onde são muitos os seus alunos que, hoje como industriais e comerciantes, têm logrado as melhores posições.

Hagop Kalemkearian é um dos que contribuíram financeiramente para a publicação deste livro.

Sarkis Kumruyan nasceu em 1886 na cidade de Marach, filho de Asdur Kumruyan. Recebeu sua educação primária na escola Central e depois seguiu a profissão de sapateiro. Foi deportado para Damasco em 1915, mas voltou para Marach em 1918, acompanhou o desenrolar dos fatos trágicos e voltou novamente para Damasco. No dia 8 de junho de 1926, Sarkis chegou ao Brasil com a família, estabelecendo-se na cidade de São Paulo e ocupando-se do comércio.

Faleceu no dia 2 de julho de 1941. O saudoso era membro da União Compatriota de Marach e um dos mais fervorosos e dedicados compatriotas que zelavam pela manutenção da escola Turian. Também teve uma grande atuação na igreja e e foi um dos que se dedicaram pela reabertura da igreja armênia de São Paulo, interditada pela prefeitura. Por longos anos, foi membro da Curadoria da igreja. Era um grande patriota, dotado de grande amor pela Igreja Armênia.

Sarkis Kumruyan

Bedros Mikaelian nasceu em Marach, no dia 15 de setembro de 1909, filho de Minas Mikaellian. Antes de 1914, o pai foi para a cidade de Adaná com a família e, assim, todos ficaram imunes aos sofrimentos das deportações. Com a evacuação da Cilícia pelos franceses, em 1921, os Mikaelian foram para Alepo, de onde Bedros viajou para Montevidéu, em 1926, e depois de seis meses chegou

Bedros Mikaelian

ao Brasil e se estabeleceu na cidade de São Paulo. Em 1929, trouxe os seus pais e o irmão. Em 1930, casou com a sua conterrânea Srta. Maria Pachalian.

Bedros Mikaelian foi membro da União Compatriota de Marach. Possui uma fábrica de calçados dentro do seu próprio imóvel e tem alcançado uma destacada posição financeira.

Em 1947, ainda existiam algumas associações compatriotas na coletividade armênia de São Paulo, mas nenhuma delas demonstrava sinais de vida. Portanto, ou essas associações existiam sob o aspecto meramente nominal, sem qualquer atividade plausível, ou estavam ilhadas em si próprias. O período de muitas entidades compatriotas parecia ter entrado em colapso e passado para a história, abrindo espaço para outras entidades sob diversas denominações, as quais, em sua essência, traziam as manifestações de diversas organizações de cunho ideológico-partidário.

No mês de junho de 1947, sob a iniciativa de Karnig Saghbazarian, natural de Marach, foi realizada uma reunião consultiva em sua residência, com a presença de catorze *marachtsi*, na qual todos decidiram formar uma Associação Compatriota de Marach, visto que as entidades desse cunho formadas até então na coletividade local haviam desaparecido e não existia mais uma associação atuante. Compareceram a essa reunião consultiva as seguintes pessoas: Levon Apovian, Kevork Muradian, Harutiun Kalaidjian, Levon Baghdikian, Harutiun Saghbazarian, Krikor Apovian, Karnig Saghbazarian, Asdur Tchakerian, Garabed Dadian, Bedros Kumruyan, Kegham Kissajikian, Nazaret Kumruyan, Hagop Baghdikian e Boghos Kumruyan.

A reunião consultiva considerou formada a Associação e cada um dos membros prometeu colaborar para arregimentar novos membros. Os presentes decidiram ainda não eleger uma diretoria até terminar o trabalho de arregimentação de novos membros, e só então, e através da realização de uma assembleia geral, seria eleita a diretoria.

Mal surgia essa ideia surgira e partia-se para o trabalho da organização da entidade, eis que os próprios *marachtsi* começaram a se opor. Os Tachnagstagans[5] começaram a acusar a nova entidade, chamando-a de "trabalho dos vermelhos"[6], e aconselharam seus companheiros a não se tornarem membros da nova entidade. Por sua vez, os "vermelhos" também acusaram a nova entidade,

---

5 Organização de cunho ideológico-político.
6 Alusão ao partido comunista.

alegando que essa foi uma manobra preparada pelos *tachnagtsagans*. Já os partidários do Hentchakian[7] nem sequer se interessaram por essa nova entidade.

Saliente-se que não existia a organização Ramgavarna[8] na coletividade armênia do Brasil, pois, se existisse, certamente também os partidários dessa organização usariam subterfúgios antes de se aproximar da nova entidade. A verdade, porém, é que os que lançaram a ideia de formar a Associação Compatriota de Marach foram exatamente aqueles que não queriam a tutela de nenhuma das organizações citadas, e haviam decidido formar uma associação compatriota totalmente isenta e independente, sem a influência de nenhuma das organizações ideológico-partidárias, pois queriam desenvolver suas atividades e ser úteis, sem rótulos como "verde" ou "vermelho". Através do seu trabalho, os *marachtsi* queriam mostrar para todos que usavam óculos coloridos que eles não usavam tais óculos coloridos, não desejavam tê-los nem precisavam desses óculos para criar uma associação compatriota.

Apesar de todas as dificuldades enfrentadas, passados dez dias da reunião consultiva, o número dos membros registrados se aproximou dos duzentos.

Assim, a Associação Compatriota de Marach foi reorganizada pela quarta vez, e os membros fundadores iniciaram um trabalhando com muita garra e afinco; o futuro comprovaria o resto; o futuro julgaria se a entidade teria uma vida longa e fértil ou se seria condenada a uma morte inglória.

A Associação Compatriota de Marach, que em suas fases anteriores realizara atividades tão louváveis para a coletividade armênia de São Paulo, devia o seu êxito ao fato de ser uma organização apartidária. Se a nova Associação seguir essa mesma diretriz e princípio, sem qualquer dúvida ganhará a simpatia de todos os *marachtsi* e tornar-se-á uma entidade útil, estimada por todos os seus compatriotas e respeitada por toda a coletividade armênia.

---

7 Outra organização de cunho ideológico-político.
8 Mais uma organização de cunho ideológico-político.

Krikor Apovian

Krikor Apovian nasceu em Marach no dia 15 de novembro de 1910, filho de Levon Apovian. Foi deportado para Alepo, em 1915, e recebeu sua educação primária na escola local Haigazian. Veio para o Brasil com os pais, em 1926, e se estabeleceu na cidade de São Paulo, ocupando-se do comércio. Krikor é um daqueles jovens que vieram ao Brasil e uniram o talento de uma extraordinária dedicação ao destacado tino comercial. Ainda adolescente, Krikor ajudou seu pai suportando os trabalhos mais pesados e, como recompensa dessa atividade, em sociedade com o seu pai, possui hoje uma grande fábrica de calçados localizada em imóvel próprio, além de uma loja atacadista de calçados, alcançando uma posição financeira de destaque. Em 1935, casou com a Srta. Azniv Djevelekian, natural de Akchehir, e tem dois casais de filhos.

Foi um dos fundadores da União Compatriota de Marach formada em 1947, sendo um dos ativos participantes na formação da entidade.

Karnig Bazarian

Karnig Bazarian nasceu no dia 15 de janeiro de 1908, na cidade de Marach, filho de Harutiun Saghbazarian. Recebeu sua educação primária na escola alemã de Marach e, posteriormente, na escola armênia Central. Como seu pai era um soldado do exército otomano, a família ficou imune dos sofrimentos das deportações. Em 1923, depois dos massacres de Marach, a família mudou para Alepo, em 1925, para Marselha e, em 1928, veio para o Brasil, estabelecendo-se na cidade de Itapetininga, interior do estado de São Paulo, ocupando-se do comércio. Em 25 de setembro de 1930, Karnig casou com sua conterrânea Srta. Nevart Aghazarian, e o casal tem dois meninos e três meninas. Por ser um comerciante inteligente e ágil, logrou grande êxito. Na principal rua comercial de Itapetininga, comprou um imóvel e, depois de demoli-lo, construiu um belo prédio de três andares, merecendo os elogios da prefeitura local por ser esse o prédio mais belo e mais moderno da cidade, o que incentivava o progresso da cidade. Por essa razão, a prefeitura concedeu-lhe isenção do imposto predial por um período de catorze anos. Graças à posição de que usufruía e a simpatia conquistada no círculo comercial da cidade, Karnig foi eleito conselheiro na diretoria da Associação Comercial de Itapetininga, cargo esse que exerce há sete anos. Foi um membro da diretoria provisória da União Compatriota de Marach, formada em 1946, assim como membro das comissões do fundo de arrecadação pela repatriação, revelando uma atuação dinâmica.

Foi uma das pessoas que mais se dedicaram na iniciativa tomada pela reformulação da União Compatriota de Marach, em 1947.

União Mista dos Jovens Armênios

Em 1927, a coletividade armênia de São Paulo contava com um número notável de jovens. Tendo vivido em ambientes distintos, recebido uma educação distinta e uma formação variada, não era possível esperar uma homogeneidade de pensamento desses jovens, razão pela qual, após a dissolução da União dos Jovens Armênios, um grupo de jovens, com um entusiasmo desenfreado, reunindo o inegável desejo de trabalhar e o de ser útil, não quis se juntar à Associação Comunitária Armênia, e vinte deles, sob a liderança do dentista Zakaria Debelian, decidiu formar de uma entidade diferente.

Esses jovens realizaram uma reunião no dia 14 de julho de 1927 e decidiram definitivamente organizar uma nova entidade, denominando-a União Mista dos Jovens Armênios. Foi eleita uma comissão constituída por cinco pessoas, que assumiu a incumbência de preparar um estatuto e só depois dar início à suas atividades. Eram membros dessa comissão:

Zakaria Debelian, Hratch Debelian, Vahakn Minassian, Samuel Djanikian e Harutiun Kalaidjian.

Após concluir a tarefa assumida, a comissão convocou uma assembleia geral da União para o dia 14 de agosto de 1927. Os presentes acompanharam atentamente a leitura do estatuto e, depois de inserir algumas alterações, aprovaram-no por unanimidade.

ESTATUTO DA
UNIÃO MISTA DOS JOVENS ARMÊNIOS

Art. 1 — *Esta entidade será denominada União Mista dos Jovens Armênios, doravante citada como "União".*

Art. 2 — *A União, tendo como seu princípio a cultura, é desprovida de circunstâncias político-partidárias.*

Art. 3 — *DOS OBJETIVOS: É o objetivo da União reunir os jovens da coletividade e fornece-lhes a oportunidade de autodesenvolvimento intelectual, moral e física (estimular as áreas literária, teatral, musical e de educação física).*

Art. 4 — *Ajudar, moral e materialmente, as pessoas necessitadas da União, na medida que suas condições permitirem. Para a realização deste artigo, a União terá poderes para criar diversos meios.*

Art. 5 — *Estabelecer laços morais com as entidades da coletividade e do exterior.*

Art. 6 — *a) Organizar uma biblioteca; b) assinar diversos jornais; c) sob condições favoráveis, criar um órgão informativo (para começar, pode ser uma publicação mensal); d) organizar palestras literárias, científicas e culturais, organizar festas; e) dar ênfase à educação física, formando equipes e organizando passeios sociais, jogos e competições); f) formar um curso noturno para incrementar o estudo dos idiomas armênio e português.*

Art. 7 — *DAS RECEITAS: A receita da União advirá das mensalidades, doações, apresentações, festas, eventos sociais e rifas de arrecadação.*

Art. 8 — *DOS ASSOCIADOS: Podem se tornar associados da União Mista dos Jovens Armênios todos os armênios desta coletividade, sem distinção de sexo ou crença.*

Art. 9 — *Serão considerados como associados de honra as pessoas que doarem ao menos 200 cruzeiros à União.*

Art. 10 — *Aqueles que desejarem se associar devem encaminhar seus pedidos por escrito ou se apresentar com a sugestão de um associado.*

Art. 11 — *Para cada membro (associado ou associada) fica estipulada a taxa mensal de 3 cruzeiros.*

Art. 12 — *DA FORMAÇÃO DA UNIÃO: A União é constituída da assembleia geral e a diretoria. A assembleia geral é convocada a cada três meses e toma decisões nas questões vitais.*

Art. 13 — *A diretoria tem o direito de convocar uma assembleia geral caso surja algum problema grave para resolver. De forma recíproca, os associados também têm o direito de exigir a convocação de uma assembleia geral, caso assim considerarem, com a adesão de mais da metade do número total dos associados.*

Art. 14 — *A assembleia geral será considerada válida quando se registra a presença da metade mais um de seus associados. Após a primeira e segunda chamadas, a terceira chamada será considerada válida com a presença de 1/3 dos associados.*

Art. 15 — *É obrigatório o comparecimento à assembleia geral. Para justificar sua ausência, os associados devem comunicar esse fato por escrito, senão serão sujeitos a multa.*

Art. 16 — *A assembleia geral terá o presidente da sessão e o secretário permanente, os quais podem ser eleitos em votação aberta.*

Art. 17 — *A assembleia geral vigia as atividades da diretoria e, em caso de necessidade, pode destituir a diretoria com a aprovação de ¾ dos associados.*

Ar. 18 — *A assembleia geral elege também um presidente de honra das personalidades destacadas da coletividade, e apresenta essa proposta para a diretoria.*

Art. 19 — *DA FORMAÇÃO DA DIRETORIA: A diretoria é composta por 5 ou 7 pessoas, e é eleita pela assembleia geral, com votação secreta. São eleitos membros da diretoria as pessoas que receberem a metade mais um dos votos dos associados na assembleia geral. Caso algum dos membros da diretoria renuncie ao cargo, outra pessoa será eleita em seu lugar através de uma nova eleição.*

Art. 20 — *A diretoria elege a mesa diretiva: presidente, vice-presidente, secretário, vice-secretário e o tesoureiro. A gestão da diretoria é de um ano.*

Art. 21 — *A diretoria realiza suas reuniões uma vez por semana e apresenta seus relatórios de atividade e financeira para a assembleia geral a cada 6 meses.*

Art. 22 — *DAS NORMAS: Cada associado deve respeitar o Estatuto da União e realizar as tarefas pleiteadas pela diretoria.*

Art. 23 — *Cada associado deve zelar pelo nome e honra da União.*

Art. 24 — *Em qualquer hipótese, a assembleia geral tem a incumbência de não permitir a apropriação do dinheiro e bens da União.*

Art. 25 — *No caso de um associado culpado, a diretoria aconselha uma e duas vezes, mas, no caso de reincidência pela terceira vez, examina o caso e o apresenta à apreciação da assembleia geral, que toma a sua decisão.*

Art. 26 — *O presente estatuto pode sofrer modificações pela assembleia geral caso haja necessidade de sua ampliação ou alteração.*

Art. 27 — A União Mista dos Jovens Armênios será considerada dissolvida se o número de seus associados diminuir para 5 (cinco).

Art. 28 — Em caso de dissolução, os bens e o dinheiro da União serão entregues para a diretoria de uma entidade neutra, sob a condição de que, caso os associados espalhados da União queiram se reagrupar e reformular a União no prazo de um ano a partir de sua dissolução, os bens e o dinheiro sejam retornados à União, mesmo que o número dos associados seja de apenas 6 pessoas.

Este estatuto foi aprovado e ratificado na assembleia geral do dia 14 de agosto de 1927, com a assinatura de todos os associados, como segue:

1. Hrant Bademian
2. Garabed Meguerditchian
3. Kevork Tchalian
4. Nazaret Avedikian
5. Markar Markarian
6. Hampartsum Tcholakian
7. Samuel Janikian
8. Badvagan Sankikian
9. Hovsep Mechdikian
10. Bedros Tcherkezian
11. Bedros Hassessian
12. Garabed Dadian
13. Hagop Boyadjian
14. Aram Galents
15. Bedros Aslanian
16. Bedros Kechekian
17. Harutiun Hovhannessian
18. Melkon Djinbachian
19. Vahakn Minassian
20. Hratchiá Debelian
21. Harutiun Kalaidjian
22. Zacaria Debelian
23. Ardavazt Donelian

Após aprovar o Estatuto, a assembleia geral realizou a eleição da diretoria, e foram eleitos, através de votação secreta: Zacaria Debelian, Vahakn Minassian, Hratchiá Debelian, Samuel Janikian, Harutiun Kaialdjian.

Passados alguns dias, a diretoria recém-formada realizou uma sessão consultiva, pois considerou ser insuficiente o número de membros e, para incrementar a diretoria, decidiu convocar por carta os senhores Aram Galents e Bedros Ketchekian, e no dia 16 de agosto de 1927 realizou sua primeira reunião, formando sua mesa diretiva como segue:

Zacaria Debelian: Presidente
Bedros Ketchekian: Vice-presidente
Vahakn Minassian: Secretário
Hratchiá Debelian: Vice-secretário
Harutiun Kalaidjian: Tesoureiro
Samuel Janikian: Bibliotecário
Aram Galents: Vice-bibliotecário

Uma vez formada a mesa diretiva, a diretoria iniciou suas atividades. Esta primeira reunião, quando foram tomadas as decisões, foi a mais frutífera de todas as reuniões da entidade, pois nela ficou decidido: a) registrar o estatuto com o governo; b) obter a devida autorização para hastear a bandeira tricolor armênia em todos os eventos armênios; c) publicar um jornal mensal, cujo nome seria *Yerant* (*Vigor*). De fato, o entusiasmo dos diretores era tão grande que, sem querer desperdiçar tempo, desejavam lançar o quanto antes tal publicação; mas, infelizmente, não existiam letras gráficas armênias no Brasil, e trazê-las dos Estados Unidos seria demasiado oneroso e moroso. Decidiu-se, portanto, comprar uma máquina estêncil e iniciar assim a publicação do jornal, deixando para mais tarde a aquisição das letras gráficas dos Estados Unidos; d) montar, imediatamente, uma biblioteca; e) formar um coral da entidade.

Na reunião do dia 20 de agosto de 1927, com muita satisfação, a diretoria observou que, devido às contribuições de seus membros, já recebera 94 livros destinados à biblioteca. Estimulados com esse êxito, a diretoria decidiu escrever para as redações dos jornais *Hairenik*, *Gotchnak*, *Abaká* e *Pjichk* solicitando o envio de um exemplar de cada jornal para a biblioteca.

No mesmo dia, decidiu-se organizar o coral da entidade, cuja formação e regência ficou sob a responsabilidade de Vahakn Minassian.

A União Mista dos Jovens Armênios estava ansiosa e desejava se revelar ao público tão logo possível. Já conseguira a aprovação do seu estatuto e a permissão para hastear a bandeira tricolor armênia em suas festas, e em 11 de dezembro de 1927 realizou o seu primeiro evento para o público da coletividade.

Na palavra de abertura, um dos membros da diretoria, Sr. Vahakn Minassian, falou sobre as enormes dificuldades que a entidade enfrentara, tanto quanto à aprovação do estatuto como para a autorização para hastear o pavilhão tricolor armênio em suas festas, e acrescentou: "Como o nome já revela, esta nossa entidade é própria aos jovens. Ela atuará dentro da esfera da juventude, tentando criar um agradável ambiente armênio para manter a juventude armênia afastada do perigo da miscigenação, enquanto o trabalho da Associação Comunitária Armênia é vital e bem maior, pois é ela que assume o cuidado de administrar esta coletividade e tem o papel de supervisionar as entidades que surgem sob as mais diversas denominações".

Depois das palavras de Vahakn Minassian, o pastor espiritual da coletividade, padre Gabriel Samuelian, abençoou a bandeira tricolor armênia, cujo uso estava oficialmente permitido doravante pelas autoridades, em todos os eventos armênios. Assim, a festa inaugural da União Mista dos Jovens Armênios tomava também a configuração de uma festa dedicada à bandeira armênia.

Finda a cerimônia de bênção da bandeira, houve ainda diversos discursos e canções, e o público se despediu muito satisfeito e feliz, cada um levando consigo um pequeno tricolor peitoril, preparado pela entidade para ser distribuído especialmente nessa festa.

O entusiasmo desses jovens era tão acentuado e o seu vigor tão fervoroso que, passados dois meses da primeira festa, no dia 12 de fevereiro de 1928, eles apresentaram a famosa peça teatral *Tchar Vokin (O espírito mal)*, do renomado escritor e teatrólogo armênio Chirvanzadé. O evento foi realizado no conhecido Salão Germânia com a presença de um grande público. No mesmo dia, após a boa impressão deixada pela apresentação teatral, a impressão do público seria ainda maior pelo lançamento do jornal *Yerant*, que foi distribuído aos presentes.

Desde o primeiro dia de sua formação, a União Mista dos Jovens Armênios sempre tivera como objetivo publicar o jornal próprio, cuja proposta estava, inclusive, destacada no seu estatuto. Portanto, a diretoria constituiu a equipe editorial, delegando-lhe a responsabilidade pela concretização de tal objetivo.

A equipe editorial era constituída por:
Zacaria Debelian: Responsável
Vahakn Minassian: Editor
Karekin Tufenkdjian: Membro
Harutiun Kalaidjian: Membro
Hratchiá Debelian: Membro

A equipe editorial fazia tudo no jornal: escrevia e preparava os artigos principais, imprimia o jornal, comprava os materiais necessários, como tinta, papel e outros objetos, fazia a distribuição do jornal, enfim, tudo que se relacionava com o órgão da União. O trabalho de escrever, que era o mais cansativo e penoso, estava a cargo de Hratchiá Debelian, por sua virtude de ter uma boa e nítida caligrafia.

Yerant foi o primeiro jornal armênio lançado em solo brasileiro; tinha 30 cm de comprimento, 22 cm de largura e possuía 24 páginas, em manuscrito e cópias impressas no sistema estêncil. *Yerant* era o órgão oficial da União Mista dos Jovens Armênios, e era lançado mensalmente.

Para se ter uma ideia desse jornal, reproduzimos, na íntegra, o editorial impresso no seu primeiro número:

O departamento literário da União Mista dos Jovens Armênios está começando hoje suas atividades.
Antes de mais nada, devemos comunicar o nosso objetivo.

Estamos iniciando humildemente, porém com determinação, a nossa atividade, sem compromissos. Isso porque, toda vez que surge uma organização literária juvenil, qual numa conversa habitual, espalha ao público certas promessas e perspectivas brilhantes, impelida pelo mesmo entusiasmo que lhe tem afetado o ímpeto temporário.

Efetivamente, o primeiro trabalho parece ser muito farto, cheio de esperanças, mas depois isso se reduz, empobrece e desaparece; eis o que tem ocorrido com a história de muitas de nossas organizações literárias, hoje desaparecidas.

Sabemos disso. Entrementes, se ousamos lançar esta iniciativa densa, o motivo é que estamos dispersos nesta cidade e suas adjacências, e não temos nenhum meio de nos reunirmos, de nos entendermos, nos ajudarmos e fazer consultas sobre a nossa situação indefinida.

Dizemos, sinceramente, que não tomaríamos a iniciativa de lançarmos esta publicação se nesta coletividade já existisse qualquer jornal armênio. Temos uma coletividade de trinta anos e ainda não sabemos quantos compatriotas existem no interior, como eles vivem, quem veio e quem saiu.

O que nos causa dor maior é o fato de nossos compatriotas, espalhados, muitas vezes não terem conhecimento sobre os acontecimentos comunitários, dos recentes acontecimentos, e muitas vezes (se não estivermos errados) da vida de outras grandes coletividades armênias, e, por isso, estamos dispostos a sermos os intérpretes de suas aflições.

E é exatamente por essa razão que jovens armênios, cujos corações estão repletos de saudade da pátria, cujos desejos da pátria elevam-se às suas gargantas, se reuniram, juntaram suas ideias, e tomaram da pena para contar aos seus conterrâneos as recordações pátrias dos seus pensamentos, do mundo do amor e das notícias de lá. São, portanto, esses mesmos jovens que desejam se manifestar sobre a igreja, a canção e a literatura armênias, numa palavra, querem preservar todas as heranças deixadas pelos seus estimados antepassados.

Isto não é um refrão, mas um dever, uma obrigação.

O objetivo fundamental deste mensário não é apenas aquilo a que se referiu acima, mas também o de estimular este pequeno grupo que se concentrou ao redor de Yerant, e quer escrever e criar em armênio.

Hoje, eles são muito modestos, mas, quando os nossos mestres da diáspora e os intelectuais locais começarem a trazer seus apoios, Yerant e seus humildes colaboradores poderão progredir e ter um papel maior. Nós trabalhamos, sim, mas cabe aos mais velhos a responsabilidade: se o vigor em nossas almas persiste, é porque temos o direito à esperança.

Denominamos de Yerant o nome desta publicação, pois, mesmo que o entusiasmo temporário se apague um dia, mesmo que as pessoas tenham a nefasta intenção de persegui-lo, o nome Yerant por si só será suficiente para não esmorecermos, e continuarmos como estimuladores e inspiradores da perseverança.

Esperamos, no entanto, que todos os nossos intelectuais nos entendam, ao refletirem que coube a estes jovens recém-chegados tal tarefa...

A juventude previu uma perspectiva sombria: lançou o Yerant.

Vahakn Minassian

Além do editorial, o número 1 do jornal mensal *Yerant* trazia o seguinte conteúdo:

"Haye Hay é" (O armênio é armênio) — poesia
Autoria: Djin
"Orvá Bahantchnerén Min" (Uma das necessidades atuais) — artigo
Autoria: Zacaria Debelian
"Kidnal Guzem" (Quero saber) — poesia
Autoria: Vahakn Minassian
"Dbavorutyunner" (Impressões) — poesia em prosa
Autoria: Hampartsum Tcholakian
"Yergú Aidzér" (Duas cabras) — poesia
Autoria: Hratchiá Debelian
"Hairení Adzús" (O canteiro pátrio) — poesia
Autoria: Harutiun Kalaidjian

Ademais, *Yerant* trazia um resumo sobre as atividades da União Mista dos Jovens Armênios, e a última página era dedicada aos anúncios dos comerciantes.

O mensário *Yerant* foi publicado ininterruptamente até o ano de 1931. Portanto, por quatro anos consecutivos, ele manteve sua existência quase que totalmente graças ao sacrifício moral e financeiro de seus membros.

A União Mista dos Jovens Armênios, que era uma entidade não partidária, e seu jornal também seguiam essa direção, mas aos poucos a União foi caminhando rumo à sua decadência, com o surgimento de sectarismos partidário-ideológicos. Os partidários do Hentchakian e do Tachnagtsagan[9], que por quatro anos estiveram lado a lado com tanto entusiasmo, começaram a se estranhar, quando os primeiros, que somavam quase a maioria da entidade, não manifestaram o mesmo afeto pelos segundos e se afastaram da entidade e, consequentemente, da redação do jornal. Todo o peso das atividades recaiu sobre os ombros de Vahakn Minassian, Hratchiá Debelian e Karekin Tufenkdjian, os quais não mais encontraram apoio moral e financeiro de seus antigos

---

9 Dois partidos políticos tradicionais armênios.

colegas, nem sequer de seus companheiros do partido, razão pela qual o entusiasmo deles também cedeu à desilusão, e o jornal parou de ser publicado.

Uma das tristes circunstâncias é também o fato de não mais existir a coletânea deste primeiro jornal publicado no Brasil. Nenhuma pessoa neste país teve a amolação de preservar a coleção dos números publicados Até mesmo os membros da equipe editorial, que com tanto afinco haviam se dedicado ao *Yerant*, não tiveram o cuidado de guardar os exemplares. Existem, hoje, apenas alguns números esporádicos desse jornal guardados com uma ou outra pessoa.

A União Mista dos Jovens Armênios, desde a sua fundação, teve a intenção de se preocupar com os problemas internos da vida comunitária e ter a sua voz ouvida tal como uma entidade. Com esse objetivo, ela realizou diversas tentativas, escrevendo e convidando para reuniões consultivas outras entidades existentes, explanando o seu pensamento e exortando as entidades a se reunirem e ecoarem suas vozes nas atividades de cunho comunitário, com seus representantes nos diversos órgãos comunitários, mas essas entidades não acolheram tal pensamento, talvez para evitar criar antagonismos.

A União Mista dos Jovens Armênios, cujo número de associados chegou a sessenta, desenvolveu uma atividade fecunda. Para dar uma ideia do seu entusiasmo, basta citar que, só durante a gestão de 1928, a entidade realizou cinco assembleias gerais e 36 reuniões da diretoria. Durante toda a sua existência, organizou festas, apresentações teatrais, palestras e jogos esportivos. Teve o seu próprio coral, a biblioteca, sala de reuniões e o jornal.

A parte mais brilhante de sua atividade foi, sem dúvida, a publicação do jornal *Yerant*, que recebia grande parcela de atenção da entidade. Com o fim da publicação do jornal, a entidade, que já se encontrava em fase de desmantelamento, desapareceu sem alardes, forte como a pólvora, mas também, como essa, espalhando uma luz e calor efêmeros ao seu redor.

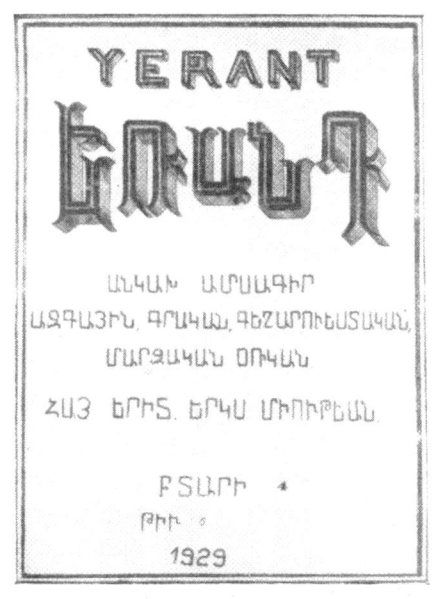

O primeiro jornal armênio publicado no Brasil, cuja coleção, lamentavelmente, não existe

Na véspera do surgimento dessa entidade, se não a totalidade de seus membros, ao menos uma maioria considerável era constituída de elementos neutros. Eles se reuniam, estimulados pelo entusiasmo juvenil de realizar alguma atividade. Sua aniquilação se deve ao fortalecimento das organizações ideológicas, e a data do seu desaparecimento coincide com o surgimento dessas organizações, cujo início se deu em 1928, mas sendo o ano de 1931 aquele em que os desentendimentos surgiram com mais ênfase. As entidades que tinham cunho comunitário eram obrigadas a ceder, uma a outra, à atividade partidária, talvez porque isso fosse mais simpático aos olhos dos jovens. Hoje, a coletividade armênia de São Paulo já não lembra mais o nome da União Mista dos Jovens Armênios, apesar de alguns dos membros atuantes da União, que são hoje homens maduros, casados e pais de famílias, e pertencem a diversos partidos políticos, ao surgir a oportunidade, não se acanharem de declarar que o entusiasmo, a disposição e sacrifícios da época do jornal *Yerant*, junto com a sua florescida juventude, pertencem agora à história, sem retorno...

A União Mista dos Jovens Armênios nasceu sem vínculo partidário, e teve uma atuação louvável e digna de lembrança, porém foi contaminada pelo sectarismo partidário, sofreu com as dores de desesperança e abandono e, finalmente, morreu, justificando o receio revelado no editorial do primeiro número do seu tão estimado jornal *Yerant*.

Período conturbado

Com a renúncia da Diretoria Comunitária, no dia 14 de agosto de 1928, e exatamente por um ano, não surgiu nenhum outro corpo oficial representativo dentro da coletividade. Rizkallah Jorge Tahanian, sem um mínimo motivo que justificasse o seu isolamento, afastou-se completamente das atividades comunitárias. Também não surgiu ninguém que tivesse a coragem de assumir o trabalho de criar uma organização ou um órgão comunitário. O padre ficara sozinho, tentando conduzir de certa forma e dentro de suas limitações as atividades comunitárias, e só aquilo que poderia ser feito por uma única pessoa. Criou-se uma situação estranha e, ao mesmo tempo, atípica: a coletividade carecia de uma liderança capaz de conduzir de forma benéfica suas atividades internas. O padre tentou pôr um fim a essa situação e, com muita dificuldade, conseguiu convocar uma reunião consultiva, marcada para o dia 10 de agosto de 1929, com os representantes das associações e organizações existentes, e também alguns compatriotas.

Ao dar início a essa reunião, ele esclareceu a complicada situação reinante e a desorganização generalizada, enfatizando a premência de criar um órgão comunitário, e pediu a opinião e o apoio dos presentes.

Considerando justas as palavras do padre, os presentes decidiram pôr um ponto final a essa situação e, após longas deliberações, elegeram um corpo constituído de onze pessoas, conhecido como "corpo eleitoral".

Deu-se a este corpo a incumbência de buscar, dentro de um prazo de vinte a trinta dias, os meios viáveis para a realização de uma assembleia geral, se possível com a presença de muitas pessoas, a fim de esclarecer a todos a complicada situação criada na coletividade, e realizar uma eleição para criar uma autoridade comunitária. Faziam parte desse corpo eleitoral:

Hagop Azadian — pela Associação Comunitária Armênia
Simon Gagossian — pela Associação Compatriota de Hadjin
Onnig Darakdjian — pela Federação Revolucionária Armênia (FRA)
Takvor Kirakossian — pelo Partido Social Democrata Hentchakian
Harutiun Boyamian — pela Associação Compatriota de Zeitun
Melkon Djinbachian — pela Associação Compatriota de Fendedjak
Garabed Cumruian — pela Associação Compatriota de Marach
Bedros Erzinian — pela Associação Compatriota de Sis
Bedros Avedis Nahas — representando os armênios oriundos de Alepo
Bedros Chamlian — individual
Hrant Mermaian — individual

Em sua primeira reunião, o corpo eleitoral redigiu e publicou a seguinte carta-circular no jornal *Yerant*:

Respeitáveis compatriotas,
No dia 10 do corrente, realizou-se uma reunião presidida pelo padre, com a presença dos representantes das associações e organizações da nossa coletividade, e também algumas pessoas individuais, ocasião em que foi decidido organizar imediatamente um corpo eleitoral que terá a incumbência de convocar uma assembleia geral, em caráter de urgência, com o objetivo de eleger um corpo comunitário responsável.
Sem a presença de um corpo superior, nossos direitos ficarão marginalizados nesta coletividade, essencialmente o que tange aos fatores fundamentais de pre-

servação da nossa nação, pelos quais o nosso povo labutara por tantos séculos, ou seja, a igreja e a escola, que não podem ficar abandonadas. Pela presente, pedimos que todos compareçam à referida assembleia, obrigatoriamente, cujo local e data serão divulgados em nossa próxima circular.

COMISSÃO ELEITORAL

A comissão eleitoral, que era formada por representantes de todas as associações e organizações da coletividade, realizou somente duas reuniões com a presença de todos os convocados e, ao não poder contar com uma maioria simples, não realizou nada mais, além da carta-circular que publicara.

Dante dessa triste realidade, o padre foi obrigado a encaminhar a seguinte carta-circular, datada de 5 de setembro de 1929, para todos os membros da comissão eleitoral:

Respeitáveis Senhores,
A vossa comissão, constituída de onze elementos, e que fora eleita na reunião realizada na noite de sábado, dia 10 de agosto corrente, assumira o dever de tomar medidas preparativas e, num prazo de vinte a trinta dias, no máximo, convocaria todos os compatriotas da nossa coletividade para eleger um órgão central, que conduziria as atividades da nossa coletividade.
A vossa comissão, exceto duas reuniões válidas, não conseguiu mais reunir a maioria simples necessária nos dias das demais reuniões.
Visto que o citado prazo está prestes a expirar, e a fim de não responsabilizar a vossa comissão perante a assembleia, vim pela presente convidá-los para que se dignem a comparecer ao salão de reuniões da igreja amanhã, sexta-feira, 6/9/29, às 20h00, para tomarmos uma decisão final sobre a atividade da vossa comissão.

A carta-circular do padre repercutiu positivamente e, no dia marcado, 6 de setembro, todos os membros da comissão eleitoral compareceram à reunião e redigiram, no local, a segunda circular, que foi publicada no jornal *Yerant*:

Respeitáveis compatriotas,
Pela segunda vez, a comissão eleitoral informa ao público e a todos os concidadãos que, no próximo domingo, dia 14 de setembro, às 13h00, no salão da igreja, será realizada a eleição do corpo comunitário, sobre o qual já lhes comunicamos em nossa circular anterior.
Compatriotas: é da responsabilidade de cada um zelar pela boa conduta das atividades da coletividade à qual se pertence. Portanto, todos têm a obrigação

de comparecer, sem falta, à referida assembleia e, por meio do seu voto, eleger um bom corpo comunitário.

A comissão eleitoral preparou uma lista tríplice para vossa apreciação, de onde os senhores podem escolher os nomes de onze pessoas, ou também podem votar em qualquer compatriota, mesmo que o seu nome não conste da referida lista. Assim sendo, pedimos que não se esqueçam da data marcada, compareçam e, com o vosso voto, defendam os vossos direitos comunitários.

COMISSÃO ELEITORAL

Pode-se dizer que esta foi a reunião mais frutífera realizada pela comissão eleitoral, que, depois de redigir a carta-circular e encaminhar ao jornal *Yerant* para publicação, preparou a lista tríplice e, após deliberar sobre alguns detalhes, se dissolveu, aguardando a chegada do dia da eleição.

Hagop Kaiserlian, filho de Kevork Kaiserlian, nasceu em Esmírnia (Izmir) no dia 18 de junho de 1886. Recebeu sua educação primária no colégio Lazarian, em sua cidade natal, e depois viajou para Paris, onde por algum tempo estudou na Universidade de Sorbonne. Logo depois viajou para Genebra e concluiu o curso de Direito. Em 1914, Hagop estava em Esmírnia, trabalhando no comércio, mas, ao ouvir os rumores sobre a guerra, voltou para Genebra e, em 1918, casou com a brasileira Srta. Eroília Figueira de Oliveira Souza. Chegou ao Brasil em 30 de setembro do mesmo ano e se ocupou do comércio. Por duas vezes, foi membro da Diretoria Comunitária, assumindo o cargo de presidente.

Hagop Kaiserlian

Hagop Kaiserlian foi o proprietário do jornal *Hayasdaní Tsayn* (*Voz da Armênia*), lançado em 1947.

No dia 14 de setembro de 1929, na hora marcada e com a participação de 116 compatriotas, realizou-se a eleição do Conselho Comunitário, através do voto secreto, e foram eleitas as seguintes pessoas:
1. Vahram Keutenedjian — 103 votos
2. Rizkallah Jorge Tahanian — 101 votos
3. Ghazar Nazarian — 99 votos
4. Elia Naccach — 91 votos
5. Hagop Azadian — 91 votos
6. Simon Gagossian — 87 votos
7. Bedros Chamlian — 80 votos
8. Takvor Kirakossian — 71 votos
9. Hovhannés Kechichian — 63 votos
10. Hagop Kaiserlian — 50 votos
11. Hovhannés Hazarabedian — 45 votos

Devido à inconveniência de nomear este corpo eleito na assembleia geral de "Conselho Comunitário", foi decidido chamá-lo de "Autoridade Superior da Coletividade", atribuindo-lhe a tarefa de organização da vida interna da coletividade.

No dia 18 de setembro de 1929, a recém-eleita Autoridade Superior da Coletividade realizou sua primeira reunião no salão da igreja. Mas já nesta primeira reunião ficou claro que, mesmo antes de iniciar suas atividades, esse corpo seria fadado ao fracasso e, em breve, seria dissolvido.

Apesar de o padre, na qualidade de presidente de honra, ter comunicado a todos os membros da Autoridade Superior da Coletividade o resultado das eleições, e tê-los convidado para a reunião do dia 18 à noite, Rizkallah Jorge Tahanian e Elia Naccach não compareceram, nem justificaram a ausência. Já Ghazar Nazarian e Hovhannés Hazarabedian pediram demissão por escrito, e, quando Vahram Keutenedjian entrou no salão da igreja e não viu nenhuma figura conhecida, também se demitiu, verbalmente, abandonando o recinto. Diante dessa situação, é claro que os demais presentes não teriam condições de realizar a eleição da mesa diretiva; no entanto, para não esvaziar a reunião, transformaram-na num encontro consultivo.

Ao conceber a gravidade da situação, o Dr. Hagop Kaiserlian sugeriu que se mandassem cartas para todas as associações e organizações, pedindo um representante de cada, e realizar com estes um encontro consultivo sobre a situação que se criara. Apesar de os presentes terem concordado unanimemente com a sugestão apresentada, consideraram ser esta um último recurso a ser usado. Por isso, acharam melhor pedir aos membros eleitos, mais uma vez, que comparecessem, e aos que se demitiram, que revertessem suas renúncias e participassem dos trabalhos de organização interna da coletividade, que naquele momento apresentava uma aparência deveras desoladora.

Redigindo na hora o conteúdo das cartas, pediram ao secretário que as enviasse aos respectivos destinatários, marcando a data de uma nova reunião para o dia 25 de setembro.

No entanto, no dia agendado, a reunião da Autoridade Superior da Coletividade apresentava, mais uma vez, o mesmo quadro anterior. Mais uma vez, estavam ausentes os mesmos conselheiros. Viu-se, então, que as cartas encaminhadas não surtiram o efeito almejado.

Mais do que nunca, tornava-se mister buscar uma solução para sair dessa triste realidade, razão pela qual se decidiu formar uma mesa diretiva e dar início aos trabalhos. A mesa diretiva ficou assim constituída:

Dr. Hagop Kaiserlian — Presidente
Takvor Kirakossian — Secretário
Hovhannés Kechichian — Tesoureiro

Com a formação da mesa diretiva, os presentes decidiram completar o número dos conselheiros com aqueles proporcionalmente mais votados no dia da eleição. Seria necessário, portanto, convidar cinco elementos para completar o quadro de onze conselheiros da diretoria. Revendo os votos dados no dia da eleição, foram convocadas as seguintes pessoas: Kevork Muradian, Hagop Demirdjian, Kevork Kaloustian, Armando Sayegh e Samuel Djanikian.

Pediu-se então ao secretário que informasse as pessoas mencionadas e as convidasse para a reunião do dia 10 de outubro.

Também este corpo, para realizar algum trabalho, seguiu o exemplo do Conselho Comunitário criado em 1928, tentando conquistar a simpatia de Rizkallah Jorge Tahanian, outorgando-lhe, mais uma vez, o título de presidente de honra da assembleia geral, confirmado por meio de uma carta.

A reunião do dia 10 de outubro da Autoridade Superior da Coletividade apresentou o mesmo quadro lamentável: dos cinco suplentes convidados, nenhum respondera à convocação.

Esses concidadãos podiam até ter a melhor intenção de tornarem-se úteis, mas a complicada situação que se criara não lhes possibilitava tomarem tal passo prático. Então, restava apenas uma última tentativa, ou seja, a de apelar às associações e organizações, e pedir que cada qual nomeasse um representante para uma reunião consultiva. Talvez assim fosse possível encontrar uma saída. Com esse intuito, foi redigida a seguinte carta:

[...] *Visto que alguns dos compatriotas que foram eleitos como membros deste corpo superior da coletividade se negaram a participar, a maioria dos conselheiros deste corpo superior decidiu convidar os representantes de todas as associações e organizações que atuam nesta coletividade para uma reunião consultiva, a fim de averiguar se haveria disposição para colaborar e ajudar as iniciativas do corpo superior da coletividade.*

[...] *razão pela qual pedimos que nos comuniquem a vossa derradeira decisão até a segunda reunião consultiva, que terá lugar no dia 15/10/29, às 20h30, no salão da igreja.*

Cópias dessa correspondência foram enviadas para as organizações Tachnagtsutiun e Hentchakian, assim como à Associação Comunitária Armênia, à Associação Juvenil e às associações compatriotas de Marach, Zeitun, Hadjin, Fn'djak, Sis e Adaná, e ainda para alguns compatriotas de Urfá e Alepo, uma vez que estes últimos não possuíam suas respectivas associações naquele período.

Todas as associações e organizações acataram o convite formulado, prometendo enviar seus representantes na data marcada.

Estimulada com essa disposição revelada pelas associações e organizações, a Autoridade Superior da Coletividade realizou sua reunião no dia 14 de outubro, na véspera da reunião consultiva, para coordenar os itens da reunião.

Após longas discussões, os conselheiros decidiram aproximar mais os membros da coletividade e amenizar as controvérsias ideológicas. E, a fim de canalizar melhor as despesas das distintas associações e criar uma ampla colaboração coletiva, pensou-se em fundar um Lar Nacional Armênio (Hay Azkayin Dun). Para concretizar tal objetivo, seria necessário:

a) Alugar um grande imóvel e denominá-lo de Lar Nacional Armênio (Hay Azkayin Dun).

b) Para o pagamento do referido aluguel, urge a participação de todas as organizações, associações e associações compatriotas, e que cada entidade pague o valor que ora paga para a manutenção do seu próprio clube ou entidade.

c) Para este imóvel serão transferidas a igreja armênia e a escola, e a Autoridade Superior da Coletividade arcará com a quantia de 750 cruzeiros do pagamento do aluguel.

d) A parcela atribuída à Autoridade Superior da Coletividade virá das contribuições comunitárias (*Azkayin Durk*) e outras receitas.

e) Para a concretização deste projeto, a Autoridade Superior da Coletividade contará com as seguintes parcelas de contribuição:

	Parcela de contribuição
Aut. Superior da coletividade	750 cruzeiros
Associação Comunitária Armênia	150 cruzeiros
Tachnagtsutiun	150 cruzeiros
Hentchakian	150 cruzeiros
Assoc. Compatr. de Marach	300 cruzeiros
Assoc. Senhoras Progressistas	300 cruzeiros
Assoc. Compatr. de Zeitun	50 cruzeiros
Assoc. Compatr. de Hadjin	50 cruzeiros
Receitas de apresentações	300 cruzeiros
Receitas da igreja e outras	400 cruzeiros
Total	2.600 cruzeiros

f) O imóvel que será alugado deverá ter amplos espaços, com no mínimo seis quartos que serão destinados às diretorias das entidades; duas salas amplas, das quais uma será destinada à igreja (transformar-se numa capela) e a outra servirá, na parte matutina, como escola e, à noite, como um clube para toda a coletividade armênia. Neste salão também serão realizados eventos, festas, apresentações, festas de casamento ou de noivado, o que, por sua vez, assegurará certa receita.

Convicta do êxito desse projeto e disposta a trabalhar, no dia 15 de outubro de 1929, a Autoridade Superior da Coletividade realizou a tão esperada reunião consultiva no salão da igreja. Toda sua esperança dependia do êxito desse encontro.

No entanto, lamentavelmente, a reunião consultiva não justificou as expectativas da Autoridade Superior da Coletividade, pois houve apenas conversas fúteis e divergentes, qual uma disputa de esgrima com palavras.

A Autoridade Superior da Coletividade, ao ver que todas as suas tentativas tornaram-se inúteis, e uma vez que estava na impossibilidade de continuar suas atividades, decidiu renunciar e distribuiu o seguinte comunicado ao público:

Visto que a Autoridade Superior da Coletividade perdeu sua maioria, e os convites que foram encaminhados aos candidatos que foram eleitos por voto proporcional de maioria não alcançaram o resultado almejado, nós, os abaixo assinados conselheiros deste corpo, consideramos ser o nosso dever comunicar ao respeitável público da coletividade armênia que entregamos nossas demissões ao padre Gabriel Samuelian. Outrossim, manifestamos o nosso desejo quanto à necessidade de todos nós nos reunirmos para realizarmos uma nova eleição, porque deve ficar claro para todos que, sob o aspecto comunitário e eclesiástico, estamos passando uma fase profundamente lamentável.

Após esse comunicado, a Autoridade Superior da Coletividade, que existia apenas nominalmente, se dissolveu definitivamente.

Para criar um novo movimento, tornava-se necessário o surgimento de uma força sólida, mas nada revelava o aparecimento de tal força.

No meio dessa situação, o padre Gabriel exigiu que a transferência da igreja fosse para um outro local, e até ameaçou, ao dizer que não mais realizaria cerimônias religiosas caso a igreja não mudasse sua localização. Uma parcela da coletividade começou a acusar o padre, dizendo que ele estava articulando, com muita esperteza, para satisfazer o seu amigo Rizkallah Jorge Tahanian, que queria ter o seu imóvel desocupado o quanto antes, uma vez que ele, Rizkallah Jorge, não teria coragem de retirar à força e pessoalmente os objetos que pertenciam à igreja, ou cerrar as portas do imóvel perante a coletividade. O padre continuava insistindo, e não haveria motivo algum para não acreditar que ele, como religioso, não estaria com a consciência tranquila, uma vez que ele bem sabia que o imóvel que servia como uma igreja armênia estava profanado e estava convicto de que não era mais viável realizar celebração religiosa nesse local. Ele manteve-se firme nessa decisão, mas, ao ver que muitos não lhes davam a devida credibilidade, suspendeu efetivamente os ofícios religiosos e cerrou as portas da igreja!

A vida comunitária interna estava, assim, completamente paralisada e, apesar da existência de diversas associações compatriotas e duas organizações ideológico-partidárias, ninguém quis assumir o trabalho de organização interna da coletividade. Reinava no momento certa apatia, que ultrapassava os limites da indiferença.

A INTERVENÇÃO DA ASSOCIAÇÃO COMPATRIOTA DE MARACH

Vendo esta inqualificável indiferença da coletividade, a Associação Compatriota de Marach decidiu tomar a iniciativa de reorganizar a vida interna da coletividade armênia e, no dia 16 de março de 1930, convidou 47 membros da coletividade para uma reunião consultiva em sua sede. Alguns desses convidados eram representantes das diversas associações e organizações ideológico-partidárias.

Nercés Boyadjian, presidente da Associação Compatriota de Marach, deu por aberta a reunião e explicou aos presentes o motivo dessa convocação, acrescentando: "Para ter condições de manter a igreja sempre aberta, é neces-

sário arregimentar solidariedade e apoio incondicional de toda a coletividade".
Os presentes elogiaram as palavras de Nercés Boyadjian e manifestaram uma unanimidade plena com suas ideias.

Aproveitando o ambiente e a boa disposição dos presentes, Boyadjian sugeriu que se formasse uma mesa diretiva para dar um aspecto formal a essa reunião, e para que as decisões ali tomadas surtissem efeito legal. A seguir, procedeu-se a uma votação aberta, e foi constituída a seguinte mesa diretiva:

Kevork Kaloustian — Presidente
Dr. Krikor Yaghsezian — Secretário

Com a mesa formada, considerando a presença dos representantes de todas as esferas da coletividade, e uma vez que não existia no momento outro corpo representativo superior, a reunião decidiu assumir a responsabilidade e as competências de uma assembleia superior da coletividade e eleger um corpo administrativo, para outorgar-lhe a incumbência de organizar a vida interna da coletividade.

Na qualidade de presidente eleito da mesa diretiva, Kevork Kaloustian usou da palavra e agradeceu, em primeiro lugar, o gesto de carinho e amor revelados pela Associação Compatriota de Marach para com a igreja, assim como a iniciativa tomada para realizar essa reunião consultiva. A seguir, ele manifestou seu receio quanto ao corpo que seria eleito, pois o mesmo podia retroceder e tornar-se inútil, tal qual os corpos formados anteriormente. E, para evitar que isso ocorresse novamente, ele sugeriu que o novo corpo a ser constituído permanecesse sob a vigilância direta da Associação Compatriota de Marach, pois assim ficaria obrigado a prestar contas a essa associação, o que asseguraria, inclusive, a imediata colaboração desta no sentido de enfrentar, com muita coragem, todas as dificuldades e obstáculos. Mas os presentes concordaram com o argumento apresentado por Nercés Boyadjian, que disse: "O corpo que irá assumir a organização interna desta coletividade deve ser absolutamente independente e livre das influências de associações ou organizações ideológico-partidárias, e deve atuar para servir indistintamente toda a coletividade. Portanto, para obter a colaboração e solidariedade de todos, é imperativo que o corpo a ser eleito tenha absoluta independência".

Discutido o assunto e depois da troca de opiniões, através de votação secreta foi eleito um corpo de onze elementos, constituído por:

Elia Naccach, Nercés Boyadjian, Kevork Muradian, Kiud Mekhitaian, Dr. Krikor Yaghsezian, Jorge Siufi, Kevork Kaloustian, Zacaria Geogdjian, Levon Yezeguielian, Zacaria Debelian e Bedros Tchalian.

Considerando a premência dos trabalhos, esta reunião consultiva, que se autointitulara como "corpo representativo do povo" declarou, formalmente, que o recém-eleito corpo seria o Conselho Comunitário, doravante com a competência de dar início, em caráter de urgência, à tarefa de organizar a vida interna da coletividade.

Zacaria Geukdjian nasceu em 1897, em Deor-Yol, filho de Avedis Geukdjian. Chegou ao Brasil em 1912, estabelecendo-se na cidade de São Paulo e exercendo a profissão de costureiro. Em 1924, casou com Elisa Iskenderian, filha de Archag Iskenderian, natural de Iskichehir. Esse foi o primeiro casamento de rito armênio realizado em solo brasileiro. À véspera da formação da coletividade, e por longos anos, Zacaria foi membro do Conselho Comunitário, no qual revelou uma atividade elogiável.

Zacaria Geukdjian

No dia 18 de março de 1930, o recém-eleito Conselho Comunitário realizou a sua primeira reunião no salão concedido ao lado da igreja, e formou a sua mesa diretiva, que ficou assim constituída:

Elia Naccach — Presidente
Krikor Yaghsezian — Secretário
Kevork Muradian — Tesoureiro
Nercés Boyadjian — Vice-presidente
Kevork Kaloustian — Vice-secretário
Jorge Siufi — Contador

Logo depois da formação da mesa, os conselheiros começaram a deliberar sobre as possibilidades para criar meios financeiros que assegurassem a manutenção da igreja. Como receita fixa, um dos meios mais práticos e objetivos seria a criação de um sistema de contribuição mensal; mas, para concretizar tal mecanismo, seria necessário visitar um a um todos os patrícios e expor-lhes a situação vigente, solicitando, simultaneamente, que cada pessoa registrasse a quantia que quisesse para a contribuição mensal. Para facilitar a realização desse trabalho, o Conselho decidiu dividir a cidade de São Paulo em duas regiões onde os armênios estavam mais concentrados. Uma das regiões compreendia as ruas Mauá e 25 de março. Para contatar os patrícios dessa região, foram nomeados Kevork Muradian, Zacaria Geogdjian e Jorge Siufi. A segunda região abrangia as ruas Pagé e Anhangabaú, para as quais foram indicados Nercés Boyadjian, Nazaret Distchekenian e Serovpé Pambukian. Além dessas duas comissões, Bedros Tchalian e Levon Yezeguielian foram nomeados como membros auxiliares, ficando à disposição de qualquer uma das duas comissões.

Na reunião do dia 25 de março de 1930, o Conselho Comunitário recebeu a carta de demissão do conselheiro Zacaria Debelian. Ao aceitar sua renúncia, o Conselho decidiu substituí-lo e, para tal, convidou Minas Boghazlian, que foi a pessoa que mais votos recebera, em ordem proporcional, na assembleia geral.

Através das informações fornecidas pelas comissões para cadastrar novos contribuintes para a igreja, ficou claro que os armênios que moravam na rua Mauá, cuja maioria era constituída pelos que aqui chegaram há muitos anos, tinham se recusado a participar da contribuição mensal para a igreja, enquanto os que moravam nas ruas Pagé e Anhangabaú, recém-chegados ao Brasil, se cadastraram, garantindo assim uma receita mensal de 507 cruzeiros. O Conselho, elogiando os trabalhos realizados por ambas as comissões, pediu que elas prosseguissem seus trabalhos até que fosse viável conseguir uma quantia que garantisse a sustentação das despesas da igreja.

Kevork Muradian nasceu em Marach, em 1895, filho de Hagop Muradian. Recebeu sua educação primária na escola central de Marach, e concluiu o curso secundário numa escola turca. Logo depois, começou a trabalhar no comércio. Em 1915, foi deportado para Alepo. Após o armistício, voltou para Marach e, acabados os conflitos, retornou a Alepo, onde, em 1920, casou com Herminé Markossian, filha do médico Dr. Hovhannés Markossian, natural de Sebástia. Em 1924, viajou para Buenos Aires e, dois anos depois, veio para o

Kevork Muradian

Brasil, fixou residência na cidade de São Paulo e começou a trabalhar no comércio calçadista. Por muitos anos, foi membro do Conselho Comunitário, do Conselho Representativo e da intendência da escola, revelando uma atividade frutífera.

Na reunião do dia 1º de abril de 1930, o Conselho Comunitário abordou a questão das contribuições à igreja, destacando a apatia revelada pelos armênios que moravam na rua Mauá. Decidiu eleger uma nova comissão para aquela região, e para essa tarefa foram designados Zacaria Geugdjian, Jorge Siufi e o Dr. Krikor Yaghsezian.

Essa comissão passou ao trabalho imediatamente e, na reunião do dia 4 de abril, comunicou ao Conselho que já visitara os armênios da rua Mauá, conseguindo a adesão e o cadastro da maioria deles. E, na reunião do dia 7 de abril, ficava claro, de acordo com as informações transmitidas pelas duas comissões, que 172 patrícios já haviam se cadastrado, garantindo, dessa maneira, uma receita fixa mensal de 1.376 cruzeiros. Faltava ainda visitar e cadastrar os armênios que falavam o idioma árabe. O Conselho decidiu, então, formar mais uma comissão, para a qual foram designados Kevork Muradian, Elia Naccach e Zacaria Geugdjian.

Na reunião realizada no dia 9 de abril, o Conselho Comunitário viu-se diante da necessidade de preencher o seu quadro de membros, uma vez que um de seus conselheiros, Kiud Mekhitarian, não estava comparecendo às reuniões desde o dia da eleição, e todos os apelos e pedidos feitos, tanto verbais como por escrito, não surtiram efeito. Refletindo sobre os fatos de 1928, Kiud Mekhitarian disse: "Para os que camuflavam minha religiosidade, a minha presença podia atrapalhar os trabalhos da igreja. Por esse motivo, preferi ficar afastado das atividades comunitárias". Apesar de sentirem a necessidade da importante cooperação de Kiud Mekhitarian, aos conselheiros restava apenas conformar-se com sua decisão e preencher sua vaga, convidando em seu lugar uma outra pessoa.

O Conselho Comunitário trabalhava com grande ânimo e realizava várias reuniões por semana, tentando acelerar o trabalho de reorganização interna da coletividade. A reunião do dia 14 de abril, no entanto, seria a mais extensa e inútil até então realizada: a vida interna da coletividade ainda não estava devidamente organizada, e os angustiantes meios financeiros disponíveis faziam com que os conselheiros ficassem atentos e usassem o bom senso em relação a essa delicada questão. Tornava-se, portanto, necessário aderir a um novo rumo que pudesse manter sempre aberta a igreja, e sem pendência orçamentária. Daí por que alguns dos conselheiros insistiram em não mais pagar um salário ao padre, alegando que a coletividade crescera o suficiente para que o religioso pudesse sobreviver com as receitas advindas dos ritos eclesiásticos e ter uma posição digna, à altura de seu escalão hierárquico. Outros, no entanto, insistiam que devia ser oferecido uma remuneração salarial condigna ao padre, e as receitas oriundas das taxas estabelecidas para os ritos religiosos deveriam ser destinadas à igreja. A discussão desse assunto se prolongou até a meia-noite, mas não foi possível chegar a uma conclusão, e a questão ficou pendente para a próxima reunião. Na reunião seguinte, com a intenção de satisfazer o padre e encerrar essa questão, os conselheiros decidiram continuar com o pagamento salarial, dando ao padre a oportunidade de ter também uma participação das receitas oriundas dos ritos religiosos.

O Conselho Comunitário já havia esquematizado de certa forma os trabalhos prementes, e agora tornava objeto de sua atenção a preparação de um estatuto da igreja.

A reunião do dia 16 de abril tratou integralmente desse assunto. Para facilitar a sua confecção, foi apresentado o estatuto da Igreja Ortodoxa. A reunião o leu artigo por artigo, analisou-o e, depois de fazer alguns ajustes, alterações, acréscimos e diminuições, moldou-o às normas da Igreja Armênia e decidiu registrá-lo junto às autoridades.

O *Diário Oficial* do dia 23 de maio, em sua página 111, trouxe a publicação (com consequente aprovação) do estatuto da igreja da coletividade armênia, e, no dia 31 de maio, a coletividade armênia já tinha em mãos o seu estatuto devidamente reconhecido.

Esse documento, escrito no idioma português, foi assinado por todos os membros do Conselho.

Portanto, o Conselho Comunitário já adquirira sua legalização e, doravante, seria o representante oficial da coletividade armênia, reconhecido perante as autoridades brasileiras, e com competência para se manifestar em nome da coletividade armênia.

Nercés Boyadjian

Nercés Boyadjian nasceu em Marach no ano de 1894, filho de Vartevar Boyadjian. Recebeu sua educação primária na escola central de Marach e, em 1909, entrou no colégio de Darson, ali estudando até o ano de 1914, quando a direção do educandário o enviou à cidade de Adana para lecionar, uma vez que os professores dessa cidade haviam sido recrutados para o exército. Em 1915, foi deportado para Der-el-Zor junto com outros cinco professores. Ele e seus colegas conseguiram escapar desse local e foram para Kerek, a capital da Transjordânia, permanecendo ali até o ano de 1918. Nesse ano, Nercés viajou para Jerusalém e foi designado tradutor no exército inglês, seguindo com o exército para a Síria. Em fins de 1919, terminaram suas atividades. Entre os anos de 1922 e 1925, Nercés foi professor no orfanato de Near East Releif. Chegou ao Brasil em 1925 e se estabeleceu na cidade de São Paulo, ocupando-se do comércio. Em 1928, casou com a Srta. Elisa Satchaklian, natural de Deort-Yol. Em 1932, assumiu a função de diretor da escola armênia Turian, em São Paulo, permanecendo nesse cargo apenas por um ano. Foi presidente da Associação Compatriota de Marach e, no Conselho Comunitário, exerceu as funções de conselheiro e por algumas vezes assumiu o cargo de presidente e secretário.

ESTATUTO DA DIRETORIA DA IGREJA APOSTÓLICA ARMÊNIA
EM NOME DO PAI, DO FILHO E DO ESPÍRITO SANTO

Prólogo

De acordo com a Lei Constitucional, as atividades internas da Igreja Apostólica Armênia são regidas por um corpo eleito pelo voto proporcional dos fiéis, a fim de que, por meio de troca de ideias, alcance um consenso. Assim, estaremos atuando de acordo com a vontade da Divina Providência que nos guia e nos diz: "Onde duas ou três pessoas estiverem reunidas, ali eu estarei entre elas".

Portanto, é nosso dever seguir a Sua vontade, para podermos alcançar a vitória almejada. É necessário unir os membros da coletividade com fortes laços fraternais, para que este corpo, que é formado dos membros da coletividade, seja forte, apresentável e tenha condições de tornar-se útil à coletividade e à humanidade, sobretudo ao considerarmos que nossa coletividade tem crescido bastante neste país e não pode permanecer sem ser reconhecida. E, visto que se sentiu a necessidade de se ter um padre aqui, para realizar os anseios da coletividade, cujos membros, ao se instalarem neste país, encontraram uma nova pátria, portanto, fundamentado neste princípio, criou-se este corpo administrativo que, como hábito costumeiro armênio, será chamado de "Diretoria da Igreja Apostólica Armênia".

Após prolongada troca de opiniões, esta Diretoria preparou o presente Estatuto, que, caso seja necessário, poderá efetuar alterações ou complementos, quais sejam, a formação de associações com fins beneficentes, que poderão ser incluídos ou complementados se assim a coletividade achar por bem e sentir a necessidade de assim proceder.

CAPÍTULO I
Da denominação, logradouro, objetivo

Art. 1 — Este Corpo se autodenomia de "Diretoria da Igreja Apostólica Armênia". Sua sede e local é a cidade de São Paulo, capital do estado de São Paulo. Tem como objetivo dirigir todas as atividades internas da Coletividade Apostólica Armênia, por exemplo, abrir escolas, construir igrejas, realizar atos beneficentes, construir imóveis e possuir patrimônios; zelar pelos corpos e associações constituídas, proteger e cuidar das igrejas e escolas; criar associações beneficentes, analisar as receitas e utilizar de forma rentável e segura o dinheiro disponível; como mediador e reconciliador, interferir e solucionar discussões e desentendimentos que porventura venham a surgir entre os membros da coletividade. Como órgão superior, este Corpo representa toda a coletividade e zela pelos interesses coletivos e todas as atividades.

Art. 2 — É vedado a este Corpo se intrometer nas questões políticas e nos assuntos de outras comunidades religiosas, bem como agir contra as leis deste país.

CAPÍTULO II
Da Diretoria e sua formação

Art. 3 — A Diretoria é composta por um presidente, que é o pastor espiritual do dia, e por 12 membros eleitos de acordo com este estatuto, por um período de quatro anos.

Art. 4 — Em caso de ausência do presidente, a Diretoria elege um novo presidente para dirigir a reunião.

Art. 5 — Em caso de eleição, os membros da Diretoria podem ser reeleitos.

CAPÍTULO III
Da eleição

Art. 6 — Todo membro da coletividade que tenha completado 21 anos de idade e resida no Estado de São Paulo terá direito de votar. Podem ser eleitos apenas aqueles que tenham completado a idade de 25 anos, e devem ser pessoas dignas e com boa reputação, impregnadas de sentimentos religiosos, alfabetizadas e estabelecidas na capital (São Paulo).

Art. 7 — A eleição é realizada a cada quatro anos, do seguinte modo:

a) A eleição é divulgada através do altar da igreja no dia 1º de janeiro e, por meio de uma circular assinada pelo presidente, é comunicada aos jornais locais, lembrando aos membros da coletividade sobre os seus deveres e direitos e apresentando a forma da eleição, a data, o horário e o local onde a votação terá lugar.

b) No dia da eleição, todos os integrantes da Diretoria devem estar presentes no local da eleição.

c) As pessoas com direito a votar devem comparecer pessoalmente no local da eleição, assinar o livro de presença e receber a cédula com carimbo da Diretoria, onde devem registrar 12 nomes, sem assinar a cédula.

d) Os eleitores serão chamados para irem até a urna, de acordo com a ordem das assinaturas no livro de presença. Na urna, cada eleitor deve depositar a sua cédula. No mesmo dia da eleição, e quando o tempo permitir, a urna será aberta no local, na presença dos membros da Diretoria. Os votos devem ser contados e registrados em duas folhas distintas, para evitar qualquer discrepância. Caso não haja tempo suficiente, a urna deve ser lacrada pelo presidente, dois membros da Diretoria e um dos eleitores que votou, marcando o dia, horário e local para a abertura da urna e conferência do resultado da eleição. Depois de aberta a urna e feita a contagem dos votos, as 12 pessoas com maior número de votos serão declaradas como Conselheiros da Diretoria, e este resultado deve ser divulgado ao público através dos jornais. Além destes, os nomes de outras 12 pessoas que receberam maior voto em ordem proporcional devem ser registrados num livro especial, como suplentes. Os nomes dos conselheiros da nova Diretoria, assim como os votos, devem ser mantidos numa caixa que deve ser lacrada e sobre a qual devem ser registrados o ano, o dia e a data da eleição, sendo a caixa entregue à Diretoria, que deve mantê-la sob sua custódia.

Art. 8 — *O cidadão que deixar de comparecer no dia e hora da votação não terá direito a reclamação a posteriori.*
Art. 9 — *As cédulas que possuirem mais de 12 nomes ou menos serão invalidadas.*
Art. 10 — *Caso ocorra renúncia coletiva de todos os membros da Diretoria, o Presidente terá o direito de nomear uma Diretoria, porém sob a condição de convocar uma nova eleição dentro de seis (6) meses a partir daquela data.*

CAPÍTULO IV
Das reuniões da Diretoria

Art. 11 — *A Diretoria realizará suas reuniões quinzenalmente, definindo previamente o dia, hora e local. Em caso de necessidade, poderá ser convocada reunião extraordinária, e esta convocação pode ser efetuada até um dia antes, através de carta assinada pelo Presidente.*
Art. 12 — *As sessões das reuniões da Diretoria serão consideradas legais quando estiverem presentes o Presidente, o Vice-presidente e a maioria absoluta dos conselheiros. As sessões que não alcançarem maioria não serão reconhecidas.*
Art. 13 — *Em se tratando de um assunto relevante e alusiva à coletividade, a deliberação dessa questão será decidida apenas com 9 votos; já nas questões de menor relevância, a maioria simples pode decidir.*
Art. 14 — *Na primeira reunião da Diretoria, deve ser eleita a Comissão Financeira, por meio do voto secreto.*
Art. 15 — *É vedado ao presidente decidir, individualmente, sobre qualquer assunto, sem comunicar aos demais membros da Diretoria.*
Art. 16 — *As discussões na Diretoria devem ser mantidas em sigilo, e nada deve ser divulgado sem a devida decisão. É vedado para qualquer indivíduo que não é membro da Diretoria comparecer à reunião e se manifestar. Será necessário obter autorização prévia para comparecer à reunião da Diretoria e, caso queira se manifestar, deve pedir a palavra ao Presidente.*

CAPÍTULO V
Do Presidente

Art. 17 — *Qualquer documento recebido pelo presidente deve ser entregue ao Secretário, que, depois de registrar num livro específico, deve ler o documento na reunião. É da competência do Presidente abrir as sessões das reuniões e encerrá-las, manter a disciplina, apresentar os temas da ordem do dia para a devida deliberação e estar atento quanto às decisões tomadas.*

Art. 18 — *Ao Presidente não compete tomar decisões pessoais ou responder às correspondências recebidas, pois, caso venha a tomar tais atitutdes, tornar-se-á responsável perante toda a Diretoria.*

Art. 19 — *Caso a Diretoria adote alguma decisão sem o consentimento do Presidente, este terá o direito de protestar e prorrogar a execução da decisão provisoriamente, até que a questão em evidência seja devidamente esclarecida. Em caso de divergências entre os conselheiros sobre determinado assunto, caso as discussões se extendam, o Presidente terá o direito de prorrogar a discussão da questão em evidência provisoriamente, com a decisão da maioria dos conselheiros e no máximo por um mês, se isso não vier a contrariar os interesses da coletividade ou dos membros.*

Art. 20 — *As decisões ou discussões prorrogadas devem ser registradas e aprovadas por todos na ata da Diretoria, a fim de que a responsabilidade recaia sobre todos, de forma igual.*

CAPÍTULO VI
Dos membros

Art. 21 — *Todos os membros da Diretoria devem respeitar as determinações deste estatuto, e podem aprimorá-las, se assim acharem ser necessário. A Diretoria terá a competência de discutir sobre quaisquer questões alusivas à vida comunitária, ouvir os assuntos trazidos à reunião por parte de seus membros, e tomar as decisões adequadas. A ninguém compete impedir a discussão das questões apresentadas na reunião pelos membros da Diretoria, quando tais questões referem-se aos interesses da coletividade.*

Art. 22 — *Os membros da Diretoria têm o dever de comparecer, sem qualquer obstáculo, das sessões ordinárias e extraordinárias. Caso um membro seja obrigado a se ausentar por um motivo justificado, ele deve apresentar sua justificativa ao Presidente, por escrito. Na ausência de um membro por quatro sessões sucessivamente, ele será considerado membro demitido, e em seu lugar será convocada outra pessoa do segundo grupo (suplente), observando sempre a ordem de proporcionalidade dos votos.*

CAPÍTULO VII
Do Secretário

Art. 23 — *O Secretário é eleito da Diretoria e deve ser uma pessoa idônea e responsável; ele deve ser compensado financeiramente por uma remuneração em troca do seu trabalho; permanecerá no seu cargo por tempo indeterminado enquanto satisfazer a Diretoria; não terá direito a votar nem participar das discussões dos assuntos da reunião.*

Art. 24 — É dever do Secretário comparecer a todas as sessões, sendo-lhe impedido falar ou se manifestar sobre os temas que competem à Diretoria.

Art. 25 — O Secretário deve manter sigilo e não pode repassar ou entregar a outras pessoas os livros da secretaria sem a anuência da Diretoria. Ele deve manter a cautela, pois é o responsável pela preservação dos livros, documentos, cartas, arquivos e todos os objetos da Diretoria que lhe são entregues.

Art. 26 — O Secretário tem a obrigação de manter os documentos abaixo relacionados, que pertencem à Diretoria, cujas páginas devem ser numeradas e assinadas pelo Presidente; na primeira página de cada livro deve ser mencionado o número total de páginas ou folhas que compõem o referido livro.

a) Resumo das correspondências recebidas e emitidas, com registro das respectivas datas.

b) Livro de atas, onde devem ser registradas as sessões e a decisões adotadas.

c) Livro dos objetos, onde devem ser registrados os bens móveis ou imóveis do Conselho Administrativo e da coletividade.

d) Cópias das cartas.

e) Livro dos doadores, onde devem ser mencionados os nomes dos doadores e os objetos doados.

Art. 27 — A Diretoria deve designar um de seus conselheiros para acompanhar e vigiar as atividades do Secretário.

Art. 28 — A Diretoria pode demitir o Secretário, caso não esteja satisfeita com o seu trabalho.

Art. 29 — Assim como todos os conselheiros da Diretoria, também o Secretário é responsável pelos danos que porventura venha a causar, mesmo depois de ser afastado de sua função.

CAPÍTULO VIII
Dos regulamentos gerais

Art. 30 — A Diretoria elegerá uma Comissão Financeira constituída de três elementos entre seus conselheiros, para vigiar o movimento financeiro e a contabilidade.

Art. 31 — As despesas referentes às atividades da Diretoria devem ser cobertas pelo caixa da igreja, até que a coletividade tenha uma caixa especial.

Art. 32 — É expressamente proibido, tanto para todos os conselheiros da Diretoria como para o Presidente e o Secretário, receber das pessoas qualquer recompensa pelas atividades realizadas. Todos os pedidos e solicitações da coletividade devem ser solucionados gratuitamente. Caso surjam discussões que exigam o pagamento de um numerário pelas partes envolvidas, o valor recebido deve ser entregue integralmente ao caixa da igreja ou da coletividade.

Art. 33 — A Diretoria deve ter o seu carimbo próprio, que deve ser mantido num receptáculo especial e cuja chave é entregue ao Presidente; esse receptáculo deve ser fechado e selado pelo Presidente e um conselheiro da Diretoria, após cada sessão, podendo ser aberto somente nas reuniões, sob o conhecimento e a presença dos conselheiros, se assim for necessário.

Art. 34 — Este estatuto vigorará indefinidamente, enquanto não houver necessidade de alteração. Compete apenas à Diretoria introduzir alterações neste estatuto.

Art. 35 — A Diretoria deve designar um agente que possa acompanhar os interesses da coletividade e dos concidadãos, cuidar dos assuntos governamentais, policiais, jurídicos e outros que porventura possam surgir.

No dia em que não haja mais armênios apostólicos, os patrimônios desta coletividade passarão à competência da Prelazia da Igreja Apostólica Armênia da América do Norte.

Assinam: padre Gabriel Samuelian, Elia Naccach, Nercés Boyadjian, Dr. Krikor Yaghsezian, Kevork Muradian, Zacaria Geukdjian, Hermino Sayegh, Kevork Kaloustian, Levon Yezeguielian, Bedros Tchalian, Minas Boghazian, Nazaret Distchekenian.

Levon Yezeguielian

Levon Yezeguielian nasceu em 1881, na cidade de Zeitun, filho de uma das destacadas personalidades daquela cidade, Assadur Aghá Yezeguielian. Recebeu sua educação primária na escola Central de Zeitun, e depois passou a trabalhar no comércio. Em 1915, foi exilado em Kônia junto com a primeira caravana de deportados da cidade de Zeitun, mas conseguiu passar para Alepo. Voltou para sua cidade natal em 1918 e tornou-se membro da Associação Compatriota de Zeitun, que naquele período semi-independente era considerada como a autoridade superior da região. Levon Yezeguielian foi um dos organizadores da autodefesa de sua cidade e um dos últimos que se retiraram às montanhas durante os ataques perpetrados pelos kemalistas turcos. Depois de empenhar uma luta heroica e resistir de cinco a seis meses nas montanhas, foi um dos poucos *zeituntsi*[10] que conseguiram chegar a Alepo.

Levon Yezeguielian chegou ao Brasil em 1930, estabeleceu-se na cidade de São Paulo e começou a atuar no comércio. Foi membro da diretoria da Igreja e da Associação Compatriota de Zeitun.

O Conselho Administrativo da Igreja, depois de conseguir registrar seu estatuto com as autoridades competentes, continuou sua atividade normal tranquilamente, completando uma gestão frutífera. O período de abril de 1930 a 1º março de 1931 foi um dos melhores para a coletividade armênia, sob o aspecto organizacional, graças ao zelo do Conselho Administrativo. A máquina da vida interna da coletividade foi colocada num patamar organizado, e funcionou sem maiores novidades.

Como epílogo da benéfica atuação desse Conselho Administrativo, apresentamos a seguir o relatório anual, lido na assembleia geral do dia 1º de março de 1931, na qual o Conselho cessante entregou sua demissão para que se realizasse a eleição da nova diretoria.

Um dos aspectos a destacar é que, desde o início da formação da coletividade armênia de São Paulo, e até fins de 1946, esse Conselho foi o único, entre os demais, que deixou um relatório oficial nos arquivos dos Conselhos Administrativos da Igreja.

RELATÓRIO DO CONSELHO COMUNITÁRIO PROVISÓRIO
PERÍODO: MARÇO DE 1930 A MARÇO DE 1931

Estimados compatriotas,

Este Corpo foi formado provisoriamente, através de uma assembleia geral representativa, realizada sob a iniciativa da Associação Compatriota de Marach de São Paulo.

Iniciando suas atividades, assumindo as competências legais de um Conselho Comunitário, foi decidido que a Igreja Apostólica Armênia e o seu Corpo Administrativo deveriam ser registrados e reconhecidos pelas autoridades locais.

---

10 Natural de Zeitun.

Assim sendo, consideramos ser importante demonstrar, através deste sucinto relatório anual, até onde pudemos realizar esta tarefa tão vital que se nos foi confiada pela assembleia geral, e pedimos desde já a vossa compreensão se porventura não pudermos coroar plenamente todas as expectativas em nós depositadas:

a) A fim de manter acesos os sentimentos religiosos junto aos membros desta coletividade, este Corpo tomou a decisão de reabrir, imediatamente, a antiga igreja, sob a anuência do Sr. Rizkallah Jorge, e visto que seria impossível encontrar naquele momento um imóvel adequado para a igreja, e para não privar os nossos concidadãos das missas dominicais, foi preciso alugar, em caráter provisório, um imóvel localizado à rua Barão Duprat. E, mais tarde, alugou-se um imóvel com melhores condições e definitivamente, sito à rua 25 de março.

b) Na medida de suas possibilidades, este Corpo tem tomado a precaução para que as cerimônias religiosas prossigam regularmente. Neste particular, consideramos ser o nosso dever manifestar nossos agradecimentos ao Tbrats Tass (coral da Igreja), que vem trazendo sua colaboração à igreja, com brilho e dedicação.

c) A fim de assegurar a existência da Igreja Apostólica Armênia em nossa coletividade, estabelecemos o sistema de emolumento da igreja, e temos a honra de comunicar-lhes que o povo, em sua maioria, vem participando deste compromisso, pagando há meses sem contestar; mas lamentamos informar que, por motivo da crise e da revolução, as cobranças sofreram um atraso de seis a sete meses. Considerando essa crise e a falta de trabalho, este Corpo decidiu recomeçar as cobranças dos emolumentos a partir do mês de janeiro, convicto de que este procedimento será aceito com simpatia por nossos concidadãos, e aqueles que ainda não se cadastraram o farão, pois só assim é que o Conselho Comunitário terá condições de manter a igreja em alicerces firmes, transformando-a numa presença obrigatória.

d) Este Corpo tem se empenhado para registrar a Igreja Apostólica Armênia e o Conselho Comunitário nas autoridades locais. O governo reconheceu a Igreja Apostólica Armênia e, no dia 21 de maio, esse fato foi formalmente divulgado na edição de número 111 do Diário Oficial. Hoje, os órgãos competentes também reconhecem este Conselho Comunitário, com seus onze conselheiros, como o Corpo responsável da Coletividade Apostólica Armênia.

e) Para regularizar o orçamento, este Corpo queria providenciar uma apresentação teatral, mas, ao esbarrar em diversas dificuldades, e por ocasião do Ano Novo, preferiu organizou uma noite de sorteios. Temos a satisfação de comunicar-lhes que, com o incentivo da coletividade, pudemos obter uma arrecadação líquida de 2.211 cruzeiros.

f) O Conselho cessante transferiu para nós todos os arquivos, exceto as contas financeiras, que, totalizando 1.084 cruzeiros, permanecem com o ex-tesoureiro Sr. Ghazar Nazarian.

g) ESCOLA: Desde a data de sua posse, este Corpo tentou amadurecer a ideia de unir os dois educandários desta coletividade para transformá-los num lar de ensino bem estruturado. Hoje, temos a satisfação de informar que as respeitáveis Intendências das duas escolas e os respectivos Corpos Mantenedores entregaram a direção de suas escolas para este Corpo provisório. Nós, de nossa parte, tentamos imediatamente alugar um imóvel adequado e, assim fazendo, para lá transferimos a escola, entregando a sua administração aos cuidados de uma intendência constituída de sete pessoas. Cabe aqui manifestar nossos agradecimentos às diretorias das duas escolas, pois ambas prometeram, formalmente, trazer o seu apoio para o orçamento escolar. A Associação das Mulheres Progressistas Armênias prometeu, além de sua contribuição mensal, trazer o seu apoio moral por ocasião da realização de festas ou apresentações. E a Associação Compatriota de Marach prometeu ajudar imediatamente através de uma doação de 400 cruzeiros.

h) REUNIÕES DA DIRETORIA: No percurso de sua gestão anual, este corpo realizou 28 sessões ordinárias e algumas reuniões consultivas.

i) As receitas do Conselho Comunitário provisório na gestão atual foram muito equilibradas, como os senhores poderão ver no relatório preparado pelo tesoureiro, Sr. Kevork Muradian.

Antes de darmos por encerrada a nossa função, cabe a nós manifestar nossos sinceros agradecimentos a todos aqueles que jamais negaram oferecer sua valiosa colaboração, e sempre nos deram todo o apoio moral quando tivemos de contatá-los por varias ocasiões.

Pelo Conselho Comunitário Provisório,

Presidente Nercés Boyadjian
Secretário Dr. Krikor Yaghsezian

Esse Conselho, eleito pela assembleia representativa realizada sob iniciativa da Associação Compatriota de Marach, atuou num dos períodos mais conturbados e desorganizados da coletividade e apresentou um trabalho útil e competente, conforme foi comprovado pelo relatório apresentado. Graças aos esforços desse Conselho, não só foi reaberta a igreja, como também, pelo estabelecimento do emolumento eclesiástico, ela foi salva do perigo de ser fechada novamente. Outro fator brilhante dos densos trabalhos do Conselho foi a unificação das duas escolas, passo esse muito importante, uma vez que separadamente, nem uma nem outra conseguiriam alcançar seus objetivos, como de fato aconteceu após a unificação de ambas, o que estabeleceu, inclusive, o alicerce para uma escola armênia, cuja construção não seria possível alguns anos mais tarde, devido às mudanças nas leis de ensino no país. E, se hoje essa escola mantém a sua existência, isso se deve ao registro feito nos órgãos competentes de ensino, e fez-se ainda um grande esforço para que essa escola não tivesse o mesmo destino de muitas outras escolas de raízes estrangeiras.

Se a coletividade armênia esquece das coisas com tanta facilidade, a ponto de não mais lembrar os nomes de seus filhos que tão bela atividade desenvolveram há muitos anos, ao menos os registros da história devem ser justos com eles, homenageando, com o devido respeito, os que adicionaram à sua consciência um trabalho incansável e espontâneo e se lançaram a essas atividades num período tão tumultuado, conturbado e desorganizado desta coletividade, mas lograram, finalmente, um resultado louvável e inesquecível, o que supera todo o sacrifício dessas pessoas dedicadas, com boa vontade e grande disposição para o trabalho comunitário.

Portanto, eis aqui mais um tributo de respeito à Associação Compatriota de Marach, que, em 1930, graças à sua preocupação e extrema sensibilidade para com os trabalhos comunitários, teve a coragem de assumir a iniciativa e reorganizar a vida interna da coletividade, criando uma diretoria que justificou plenamente as esperanças nela depositadas.

Kevork Kaloustian

Kevork Kaloustian nasceu em Rodosto, no dia 1º de janeiro de 1881, filho de Mahdessi Hagop Kaloustian. Recebeu sua educação primária na escola Hovnanian, frequentando depois a escola turca Idadié. Em 1900, concluiu o curso de sericultura na escola da cidade de Bursa, e trabalhou no ramo de produção e exportação de sementes do bicho-da-seda. Em 1915, foi deportado para Der-el-Zor, mas conseguiu escapar com a família para Alepo, onde permaneceu até o armistício. Voltou para Rodosto em 1918, mas, por causa do surgimento do movimento kemalista, em 1922, teve de se refugiar na Grécia, de onde veio para o Brasil com a família, em 1930, estabelecendo-se na cidade de São Paulo e atuando no comércio. Foi membro do Conselho Administrativo da Igreja, sendo reeleito por diversas gestões.

A ESCOLA COMPLICA A ATIVIDADE DO CONSELHO

O Conselho Comunitário de 1930 concluiu sua gestão de forma honrosa, mas, antes de cessar suas atividades, se preocupou com a eleição da próxima diretoria.

No dia 14 de fevereiro de 1931, um comunicado afixado na porta da igreja convidava os membros da coletividade para uma assembleia geral que teria lugar no dia 1º de março, quando seria apresentada a prestação de contas e o relatório do Conselho Comunitário, por ocasião do encerramento de sua gestão. O comunicado era acompanhado de uma lista tríplice para facilitar a eleição.

Conforme o estabelecido, no dia 1º de março realizou-se essa assembleia geral no salão da igreja, à qual compareceram 114 pessoas. O Conselho Comunitário leu o seu relatório de atividades, assim como o balanço financeiro. Depois de acompanhar atentamente a leitura de ambos os relatórios, a assembleia manifestou seu elogio com um estrondoso e prolongado aplauso e, a seguir, passou-se à eleição da nova diretoria, que obteve o seguinte resultado:

1. Levon Apovian
2. Avak Djanikian
3. Harutiun Djehdian
4. Nercés Boyadjian
5. Dr. Krikor Yaghsezian
6. Kevork Kaloustian
7. Zacaria Geukdjian
8. Minas Boghazlian
9. Bedros Tchalian
10. Serovpé Pambukian
11. Zareh Kassardjian

Uma vez conhecido o resultado da eleição, os presentes cumprimentaram os membros do novo Conselho Comunitário e se dispersaram.

O fato mais destacado dessa eleição foi que os armênios mais antigos ficaram à margem das atividades em geral. Ao verem que esses armênios não haviam comparecido à assembleia geral, e que, mesmo se fossem eleitos, fatalmente pediriam demissão de seus cargos, como ocorrera no passado, nenhum dos presentes na eleição votou neles. Quanto ao milionário Rizkallah Jorge Tahanian, sequer quiseram mencionar o seu nome.

No dia 4 de março, o recém-eleito Conselho Comunitário realizou sua primeira reunião e formou a sua mesa, que ficou assim constituída:

Avak Djanikian — Presidente

Zareh Kassardjian — Secretário
Levon Apovian — Tesoureiro
Nercés Boyadjian — Vice-presidente
Kevork Kaloustian — Vice-secretário

Apesar de o Conselho Comunitário de 1930 ter concluído a sua gestão com as contas das receitas e despesas equilibradas, no entanto, a unificação das duas escolas, ocorrida em 1931, aumentara sensivelmente a carga que recaía agora sobre os ombros do novo Conselho. As antigas receitas não eram mais suficientes para cobrir as despesas. Em sua reunião do dia 12 de março, o novo Conselho Comunitário já sentia o denso peso orçamentário. Tornava-se necessário pensar em alternativas para enfrentar as crescentes despesas. Após uma longa discussão, o Conselho decidiu contatar todas as associações e organizações da coletividade para pedir-lhes ajuda moral e material. Apesar de a maioria dos conselheiros concordar com essa decisão, eles acharam, no entanto, ser melhor deixar a efetivação dessa decisão para a próxima reunião, para terem tempo suficiente e pensar como fariam esse pedido às instituições.

Na reunião do dia 21 de maço, refletindo sobre a questão do apoio moral e financeiro das associações e organizações, o Conselho decidiu dividir o ônus de 800 cruzeiros entre as entidades da coletividade, mandando cartas a estas e comunicando a decisão tomada. Foi também especificada a parcela financeira de cada instituição e organização. Assim, coube ao Tchnagtsutiun 250 cruzeiros, ao Hentchakian 250 cruzeiros, à Associação Compatriota de Hadjin 100 cruzeiros, à Associação Compatriota de Sis 100 cruzeiros, à Associação Compatriota de Adaná 50 cruzeiros, à Associação Compatriota de Zeitun 50 cruzeiros, à Associação Juvenil 50 cruzeiros. As cartas foram redigidas e encaminhadas para os destinatários pedindo uma resposta urgente.

Na reunião seguinte, a mesa da diretoria estava cheia de cartas. Todas as entidades da coletividade haviam respondido, mas todas, sem exceção, prometiam apenas apoio moral, recusando trazer sua contribuição material. A organização Hentchakian, além de rejeitar contribuir, chamou de "ingênuo" o Conselho Comunitário, ironizando-o. Esse fato foi o motivo para que o Conselho Comunitário decidisse não mais manter relações com aquela organização.

A forma como a organização Hentchakian escrevera sua carta comprovava a existência de divergências de cunho ideológico. Surgia, assim, uma luta inoportuna e desnecessária, algo que, para esta coletividade recém-constituída, só podia trazer consequências perigosas e nada úteis.

Foi muito importante também a sessão do dia 29 de abril de 1931, quando o Conselho Comunitário se ocupou das questões alusivas à organização de eventos. Nessa sessão, decidiu-se que em todas as reuniões seria erguida ou hasteada a bandeira tricolor amênia e cantado o hino "Pam Porodan" como o hino nacional armênio.

Nesse período, sob a iniciativa do padre Gabriel Samuelian, formou-se um grupo de cinco clérigos (*tbir*), que recebeu o nome de Tbrats Tass (Classe dos Clérigos), sob a direção de Arsen Momdjian, natural de Marach. Momdjian mais tarde foi ordenado diácono. O Tbrats Tass tinha como seu principal objetivo e preocupação o melhoramento e esmero da igreja, e também o aprimoramento dos cânticos religiosos executados durante os ofícios e ritos da igreja. Como não podia deixar de ser, a criação desse grupo foi muito empolgante e estimulante. O grupo comparecia à igreja todos os domingos e organizou um sorteio, cuja renda possibilitou a compra de um belo tapete para a igreja, uma capa (*churtchar*) e doze camisas para os *tbirs*.

Esse pequeno grupo, no entanto, com o cessar do incentivo do povo, foi perdendo o seu ímpeto inicial e, tal como nascera, desapareceu de forma silenciosa. Seus membros, no entanto, prosseguem trazendo seus préstimos úteis para a Igreja Armênia de São Paulo.

Garabed Camburian nasceu em Marach, no ano de 1895, filho de Ketsó Camburian. Recebeu sua educação primária na escola paroquial da igreja Karassun Mangats (Os Quarenta Meninos), e depois na escola Central.

Em 1915, foi deportado para Alepo. Voltou para Marach em 1918 e, durante os massacres ocorridos nessa cidade, perdeu toda a família, sendo ele o único sobrevivente da então numerosa família.

Chegou ao Brasil em 1926 e começou a trabalhar no segmento de calçados. Foi membro do corpo tutorial da Igreja, formado pela Associação Compatriota de

Garabed Camburian

Marach, assim como membro do Tbrats Tass e da Associação Compatriota de Marach. Como um bom clérigo e fiel cristão, desde a sua chegada ao Brasil ele desenvolveu bons trabalhos para a Igreja Armênia de São Paulo, sempre presente e participando de todas as cerimônias religiosas.

Hagop Kurkdjian nasceu em Akchekir, no dia 17 de fevereiro de 1898. Filho de Avedis Kiurkdjian, recebeu sua educação primária na escola paroquial da igreja Surp Stepanós (São Estéfano), concluindo-a em 1912.

Depois de trabalhar por um ano como professor auxiliar da mesma escola onde estudara, Hagop viajou para Esmírnia, onde trabalhou como escrevente, seguindo ao mesmo tempo a profissão de sapateiro. Conseguir salvar-se das deportações de 1915, mas em 1922 foi testemunha ocular da tragédia de Izmir, que ceifou a vida de 50 mil armênios.

Hagop Kurkdjian

Junto com outros prisioneiros de guerra, Hagop foi enviado para a cidade de Aydn, ali permanecendo por um ano. Em 1923, chegou à Grécia e se estabeleceu na cidade portuária de Pireus, trabalhando no comércio de calçados. Casou no ano de 1928 e no mesmo ano veio para o Brasil, estabelecendo-se na cidade de São Paulo e exercendo a mesma profissão.

Hagop Kiurkdjian é um ótimo clérigo, e, como tal, tem prestado bons serviços para a Igreja Armênia de São Paulo. Em 1943, ele foi um dos candidatos para ser ordenado padre, mas, apesar das muitas insistências do Conselho Central da Igreja, recusou o cargo que lhe foi oferecido.

Era difícil a situação do Conselho Comunitário, e, tal qual a construção da torre de Babel, as línguas dos membros da coletividade pareciam ter se misturado, pois um não entendia o que o outro dizia. Todos falavam sobre a ausência de atividades, mas ninguém se propunha a realizar algo. Nessa situação confusa, para sanar os problemas morais e materiais da escola, assim como para acabar com a boataria e malversações, o Conselho Comunitário decidiu, uma vez mais, convidar os representantes de todas as associações compatriotas, organizações de cunho ideológico e a intendência da escola para uma reunião mista, a fim de buscar uma solução.

Na reunião do dia 6 de maio de 1931, além de todos os membros da intendência da escola, também compareceram os seguintes representantes:

Zacaria Debelian — União da Juventude Mista Armênia
Ghevont Yergat — Associação Compatriota de Hadjin
Hovhannés Harutiunian — Associação Compatriota de Adaná
Isahak Khatchadurian — Associação de Educação Física Armênia
Garabed Burmayan — Organização Hentchakian
Dikran Echrafian — Organização Tachnagtsutiun

O presidente do Conselho explicou, em sucintas palavras, o objetivo da reunião consultiva e fez um apelo por cooperação, pedindo aos presentes que ajudassem o Conselho Comunitário a fim de melhorar a situação financeira da escola e para mantê-la com alicerces sólidos.

O representante da organização Hentchakian pediu a palavra e disse:

Ninguém recusa o valor da cooperação, mas para realizar um trabalho valioso, em primeiro lugar, é preciso que haja entendimento entre nós, e só depois podemos iniciar alguma atividade. Caso contrário, apenas com uma mera colaboração verbal, não será possível realizar qualquer trabalho útil.

Todos os presentes se manifestaram a favor. Um dos membros do Conselho, Levon Apovian, pediu a palavra e indagou: "Antes de mais nada, devemos saber se em todas as festas o tricolor armênio deve ser hasteado".

Respondendo a essa colocação, o representante da organização Hentchakina disse: "Fomos convidados aqui para refletirmos sobre a questão da escola, e não sobre a bandeira. Portanto, eu não poderia neste momento dar um parecer afirmativo ou negativo. No caso específico da escola, devo consultar minha organização, e dentro de oito dias posso trazer uma resposta".

O representante da Associação Compatriota de Adaná também adotou a mesma atitude. O representante do Tachnagtsutiun, estando de acordo com a questão da bandeira, disse: "Eu também não posso dar minha resposta neste momento no que concerne à questão do apoio financeiro; devo antes consultar a minha organização, e dentro de oito dias trago-lhes a resposta".

O representante da Associação da Juventude Mista Armênia disse: "Aconselharia à intendência da escola que se demitisse, já que não usufrui da simpatia da coletividade. Pois este assunto reflete diretamente na escola".

O presidente da intendência da escola, Onnig Darakdjian, respondeu a essa observação, dizendo:

Caso seja necessário assumir um sacrifício ainda maior do que estamos fazendo, então estaremos dispostos a assumi-lo; e se porventura as entidades da coletividade estão dispostas a assumir os compromissos financeiros e morais da escola, então já a partir deste momento eu e os meus colegas estaremos dispostos a nos demitirmos.

Dito isso, todos os membros da intendência se demitiram.

Infelizmente, o registro desta reunião do Conselho é tão vago que, não ficou claro qual era o pensamento do Conselho da época; será que ele sentia que a intendência deveras não usufruía a simpatia da coletividade, ou a reunião consultiva realizada fora somente para testar esse fato? O que ficou claro é que os presentes nessa reunião aceitaram, por unanimidade, a renúncia da intendência, e a escola passou imediatamente aos cuidados das entidades da coletividade, prorrogando, por outro lado, a formação da mesa até que as organizações Hentchakian, Tachnagtsutiun e a Associação Compatriota de Adaná trouxessem suas respostas. Se as respostas dessas instituições fossem negativas, as demais entidades formariam a intendência e encaminhariam a relação dos membros para o Conselho Comunitário, que, por sua vez, sem qualquer objeção, confirmaria os nomes e os convocaria para assumirem os trabalhos, delegando-lhes, destarte, poderes para darem andamento aos trabalhos da escola.

As ideias reveladas nessa reunião consultiva, convocada pelo Conselho Comunitário, não representavam necessariamente o pensamento de todos os conselheiros, razão pela qual se supõe também que seja esse o motivo, pois, em sua reunião do dia 1º de junho de 1931, o Conselho sentiu a necessidade de realizar a eleição de uma nova mesa diretiva, visto que os membros da mesa anterior renunciaram.

A nova mesa foi constituída pelos seguintes conselheiros:
Levon Apovian — Presidente
Kevork Kaloustian — Secretário
Minas Boghazlian — Tesoureiro
Zacaria Geukdjian — Vice-presidente
Harutiun Djehdian — Vice-secretário

Após a reconstituição da mesa, o primeiro trabalho do Conselho Comunitário foi o de convocar uma reunião conjunta com a intendência para verificar a situação orçamentária da escola e para se familiarizar com a situação detalhadamente.

A intendência declarou que o orçamento vigente apresentava um saldo devedor de 300 cruzeiros e, para cobrir esse valor, tornava-se necessário buscar novos recursos.

Após uma prolongada análise da situação, decidiu-se eleger uma comissão mista formada por membros do Conselho Comunitário e da intendência da escola, cuja tarefa seria buscar membros benevolentes que, através de suas contribuições mensais especiais, pudessem auxiliar na regularização do orçamento da escola. As contribuições desses benfeitores deveriam pelo menos garantir a cobertura do ônus mensal de 300 cruzeiros do orçamento da escola. Além disso, o Conselho decidiu regularizar a situação da contribuição comunitária, para que, em caso de necessidade, fosse possível cobrir as necessidades da escola.

Na reunião do dia 17 de junho, o Conselho Comunitário se ocupou apenas das questões da igreja. A coletividade tinha sua igreja, mesmo de forma provisória, porém, os membros da coletividade tinham o hábito de realizar as cerimônias de batizados e de casamentos em suas casas, e não na igreja.

Com a intenção de aproximar o povo da sua igreja, o Conselho decidiu que, doravante, tais ritos seriam realizados somente na igreja, e pediu ao padre que divulgasse essa determinação para os fiéis do altar da igreja.

A determinação do Conselho foi respeitada pelos membros da coletividade, e até o ano de 1943, quando foi demolida a Igreja Armênia São Jorge, deixando, mais uma vez, os fiéis sem a sua capela, todos os ritos foram realizados na igreja, conforme reza a norma da Igreja Armênia.

Estimulado por esse seu primeiro êxito, o Conselho tomou outra decisão importante e útil, em sua reunião do dia 10 de agosto.

Decidiu-se que os noivos que selariam matrimônio, no dia da cerimônia religiosa, deveriam apresentar ao padre uma certidão médica de saúde. Mas, temendo que essa determinação comunicada por um padre viesse a ter uma repercussão negativa, o Conselho achou por bem divulgar a seguinte nota no jornal *Yerant*, edição número 6, de 1931:

Considerando que em alguns casamentos, por motivo da existência de alguma doença em uma das partes, a vida futura pode estar em risco, este Conselho decidiu que, doravante, os noivos que selarão casamento, antes de firmar os laços formais, apresentem, ambas as partes, uma certidão médica, documento esse que validará a realização da cerimônia de casamento. Pois nas condições atuais do dia a dia, este Conselho sente-se no dever de alertar aos noivos que selarão casamento sobre a existência de diversas doenças, e os infectados por essas enfermidades podem pôr em risco as famílias e as gerações futuras, causando um grave dano que pode não ter nenhuma cura, a não ser o de produzir uma geração insana e inútil.

Ao que parece, foi impossível impor essa resolução bem elaborada e tão útil aos membros da coletividade, e a determinação causou uma onda de protestos e insatisfação, principalmente por parte dos pais das moças, que consideraram isso um abuso e insulto, por sujeitar principalmente as moças noivas a um exame médico, algo que provocaria um grande escândalo e denegriria a imagem delas.

Avak Djanikian

Avak Djanikian nasceu na cidade de Hadjin, em 1892, filho de Garabed Djanikian. Recebeu sua educação primária na igreja paroquial São Jorge e, mais tarde, seguiu a profissão de sapateiro. Em 1915, foi deportado para Homs, onde permaneceu até o armistício. Em 1920, casou com sua conterrânea Srta. Verjiné Topdjian e, em 1927, veio para São Paulo com a família, ocupando-se da profissão de sapateiro.

Avak Djanikian foi um dos fundadores da Organização Social Democrata Hentchakian, e exerceu o cargo de presidente da diretoria. Ademais, foi um dos fundadores da Associação Compatriota de Hadjin, e também presidente e membro do Conselho Comunitário em 1931.

A questão orçamentária da escola era o grande obstáculo que surgira e, ao invés de diminuir, a cada dia se avolumava e atrapalhava as atividades normais do Conselho.

Na reunião realizada no dia 25 de setembro, o Conselho Comunitário viu que a escola já acumulara a um déficit de 4.000 cruzeiros. Sem outra alternativa para resolver tal problema, o Conselho decidiu acomodar as despesas da escola às receitas. Era necessário, portanto, reduzir os salários dos professores, e não mais aceitar alunos gratuitos. Com essas reduções, calculou-se que a despesa mensal da escola, que estava na casa dos 2.100 cruzeiros, cairia para 1.700 cruzeiros, valor esse que era compatível com sua receita. Assim sendo, o Conselho encaminhou uma carta à intendência da escola, para que fossem tomadas as medidas necessárias nesse sentido.

A intendência da escola, que nesse período era formada por representantes das associações e organizações da coletividade, infelizmente não justificou a esperança nela depositada, pois cada um de seus membros olhava a esta questão sob seu prisma, e cada um tentava impor o seu método, achando que seu modo de pensar era o melhor e mais correto. Surgiu, assim, um verdadeiro labirinto, que resultou em muita confusão e vãs discussões. A iniciativa tão louvável e bela de se criar uma cooperação revelou ser um fracasso e, no dia 1º de outubro de 1931, o Conselho Comunitário recebeu e foi obrigado a aceitar a demissão de toda a intendência, uma vez que não era mais possível lograr qualquer solução adequada.

Contudo, o trabalho da escola exigia uma solução urgente e adequada. Frustrado pela falta de cooperação, o Conselho Comunitário desta vez tentou confiar esse trabalho a uma única organização, com a esperança de que talvez assim fosse possível assegurar a manutenção da escola. Com esse objetivo, o Conselho decidiu passar essa incumbência à organização social democrata Hentchakian, a quem enviou uma carta, convocando essa organização para uma reunião e explicando simultaneamente o motivo da convocação.

Na reunião do dia 3 de outubro, compareceram à reunião do Conselho os representantes da organização social democrata Hentchakian, Hagop Azadian, Garabed Burmaian e Krikor Geundjian. O Conselho, depois de explicar a intenção de entregar a administração da escola a uma única organização, sugeriu que a organização social democrata Hentchakian assumisse essa difícil porém eminentemente patriótica e sagrada missão, e tentasse solucionar a densa situação criada, livrando a escola da crise financeira.

Os representantes da referida organização disseram que não estavam autorizados a assumir tal responsabilidade e compromisso, nem podiam dar uma resposta positiva ou negativa no ato, e pediram um prazo de quatro dias para poder apresentar uma resposta definitiva.

Passados quatro dias, no dia 7 de outubro, os representantes da organização Hentchakian se apresentaram ao Conselho e fizeram a seguinte declaração: "A organização Hentchakian não pode assumir a responsabilidade da escola numa época em que a escola já contabiliza um déficit de 4.000 cruzeiros". Ademais, dizendo conhecer bem a mentalidade armênia, a organização afirmou estar convicta de que, se assumisse sozinha os cuidados da escola, imediatamente depois de regularizar a situação, surgiriam outras organizações que tentariam criar dificuldades fantasiosas, e isso poderia levar ao desentendimento e desunião entre os membros da coletividade. Assim sendo, todo o esforço da organização Hentchakian seria prejudicado e inútil. Por isso, o melhor seria que, ao invés de entregar a responsabilidade da intendência da escola a uma só organização, o Conselho assumisse esse compromisso e, caso não tivesse condições suficientes para cumpri-lo, então o melhor seria renunciar e um novo Conselho deveria assumir os trabalhos.

Naturalmente, a parte derradeira dessa declaração da organização Hentchakian não causou uma impressão agradável para o Conselho, que havia convocado os representantes dessa organização com o intuito de passar-lhes a administração da escola, pensando que estariam assim fazendo algo útil. Se esse raciocínio estava correto ou não, é difícil de afirmar. Afinal, era esse o pensamento do Conselho naqueles dias. Já os Hentchakians, mesmo que tivessem razão na primeira parte de sua declaração, não foram justos na parte final, pois eles não foram convocados à reunião para humilhar o Conselho Comunitário.

Kevork Kaloustian, membro do Conselho, pediu a palavra e agradeceu a presença dos representantes da organização social democrata Hentchakian, por terem acatado a convocação e comparecido à reunião do Conselho, e acrescentou:

A intenção de entregar a responsabilidade da administração escolar para uma única organização não resulta da incapacidade deste Conselho, mas partiu do pensamento de realizar um trabalho mais útil, visto que a tentativa de cooperação com a participação de todas as instituições da coletividade foi um fracasso. Mas, se a organização Hentchakian não pretende assumir tal responsabilidade, então que não o faça. O Conselho não está diante de uma emboscada sem saída. Ele está consciente de suas obrigações, e prosseguirá trabalhando na medida do possível e dentro de suas limitações, sem sequer pensar por um segundo em demitir-se.

A reunião consultiva terminara, e os representantes da organização Hentchakian se despediram.

Continuando sua sessão, o Conselho Comunitário considerou não mais ser necessário querer entregar a administração da escola para nenhuma outra organização e decidiu ele próprio assumir toda a responsabilidade escolar. Os membros começaram a pensar numa fórmula que pudese eliminar o déficit de 4.000 cruzeiros.

Subitamente, um dos conselheiros, Levon Apovian, disse:

Com relação à parte da dívida que recai sobre os 85 alunos marachtsi, prometo pedir à Associação Compatriota de Marach que a pague. Caso não seja aceito este pedido, eu mesmo a assumirei. Se todas as associações compatriotas existentes aqui agirem desta forma, a dívida da escola pode ser eliminada com certa facilidade, e em pouco tempo.

Usando da palavra, outro conselheiro, Avak Djanikian, disse:

Para pagar a parte que recai sobre os alunos hadjentsi[11] visitarei pessoalmente os meus conterrâneos e tentarei arrecadar a quantia necessária, sob a condição de que este Conselho me entregue um livro formalmente selado com uma fita.

Outro conselheiro, Minas Boghazlian, disse:

Para saldar a dívida que recai sobre os alunos sissetsi[12], prometo organizar uma apresentação teatral, dentro de um mês, com a condição de que o Conselho Comunitário se comprometa a vender os ingressos, e toda a receita oriunda dos ingressos seja revertida para a escola.

A forma humilhante com que os representantes da organização Hentchakian se dirigiram ao Conselho Comunitário tivera um lado positivo, e o Conselho decidiu tomar medidas práticas e eliminar as dificuldades financeiras.

Para equilibrar o orçamento escolar, foi decidido, primeiro, fazer uma pequena redução nos salários dos professores, e para isso tiveram uma conversa franca com eles. Como não poderia ser diferente, os professores não gostaram da sugestão apresentada e ficaram aborrecidos, mas finalmente aceitaram a proposta.

Enquanto o Conselho tentava equilibrar as despesas da escola e via-se na obrigação de reduzir os salários dos professores, eis que surgia, paralelamente, a questão salarial do padre. Ocorre que o religioso havia exigido, verbalmente e por escrito, um reajuste na sua remuneração salarial, sob a ameaça, inclusive, de pedir demissão do cargo caso seu pedido não fosse considerado.

Infelizmente, naquele período não existiam fontes de receitas sólidas que garantissem uma quantia necessária para o fluxo natural das atividades internas da coletividade armênia. Através de seus parcos meios financeiros, ao Conselho cabia assumir todas as despesas da igreja e uma boa parcela das despesas da escola. Enquanto tentava reduzir os gastos de um lado, surgia, por outro lado, outra exigência de reajuste salarial. Apesar de ficar um pouco confuso, o Conselho Comunitário viu-se diante da obrigação de satisfazer o pedido do padre, porque sua presença era imprescindível para a coletividade. Finalmente, após longas negociações, conseguiu-se dar um reajuste salarial de 100 cruzeiros, satisfazendo o padre e encerrando essa polêmica.

---

11 Originário de Hadjin.
12 Originário de Sis.

Nesse período conturbado, até mesmo entre os membros do Conselho começou a surgir uma divergência, e os conselheiros, ao invés de se preocuparem com soluções práticas, transformaram as reuniões num campo de discussões, chegando a um ponto em que não era mais possível continuar as sessões. No dia 16 de dezembro de 1931, não mais podendo resistir, o Conselho Comunitário se demitiu, deixando o seguinte registro no livro de atas:

Considerando que os membros do Conselho Comunitário estão muito distantes uns dos outros quanto às suas opiniões e ideias, e visto que a responsabilidade do cargo para uns tem sido concebido de forma errônea; considerando que, com esse tipo de conselheiros e divergências ideológicas, deixa-se de ser útil e pode-se até prejudicar a coletividade, exposta essa questão para análise e discussão, os senhores Pambukian e Boghazlian disseram que, imediatamente, haja vista o ambiente de desunião reinante, eles se demitam, pois não mais compareceriam às sessões deste Conselho. O senhor Presidente, Levon Apovian, e o secretário, Kevork Kaloustian, também apresentaram suas demissões. Diante disso, o padre se manifestou, dizendo que, antes de se dissolver, o Conselho tinha a obrigação de formar uma comissão eleitoral, e só se demitir após a realização da eleição de uma nova diretoria. O Sr. Kevork Kaloustian, mostrando o estatuto em vigor, disse que nessas circunstâncias cabe ao presidente agir da melhor forma possível, nomeando uma diretoria ou convocando uma nova eleição.

Após o registro deste documento, o Conselho Comunitário apresentou sua renúncia ao presidente e se dissolveu.

Hovhannés Demirdjian

Hovhannés Demirdjian é uma das figuras mais antigas e um dos fundadores da coletividade armênia do Brasil. Nasceu em 1865, na cidade de Kharpert. Chegou ao Brasil no ano de 1900, estabelecendo-se primeiro na cidade de Uberaba, no estado de Minas Gerais, e depois mudou-se para a cidade de São Paulo, no estado homônimo, atuando sempre no comércio.

Em 1913, Hovhannés mandou um de seus filhos, Levon, a Kharpert para dar--lhe uma educação armênia. Ele próprio tinha a intenção de voltar com a família para sua terra natal. Levon foi deportado em 1914, por causa da guerra, mas conseguiu sobreviver e voltou para o Brasil em 1919, junto com seu pai. Depois desses acontecimentos, Hovhannés Demirdjian perdeu definitivamente a esperança de regressar a Kharpert. Faleceu no dia 27 de setembro de 1932, e foi enterrado no Cemitério de São Paulo, nessa capital.

Sarkis Korukian nasceu na cidade de Kharpert, em 18 de julho de 1872. Chegou ao Brasil em 1900. Ele é irmão de Manuk Korukian, um dos mais antigos armênios que vieram ao Brasil. Desesperado por ter contraído uma doença incurável, Sarkis, que não era casado, se suicidou com um tiro de revólver, no dia 15 de maio de 1920.

Sarkis Korukian

Após a renúncia do Conselho Comunitário, o padre nomeou um novo corpo para dar continuidade aos trabalhos internos da coletividade. Eram membros desse corpo Apraham Tchorbadjian, Hagop Azadian, Avak Djanikian, Harutiun Djehdian, Nazaret Distchekenian e Stepan Darakdjian.

A primeira preocupação do Conselho nomeado foi a regularização da taxa de contribuição comunitária, para garantir ao menos uma receita fixa e permanente. Formou-se também a comissão "Ajuda aos Pobres" (Aghkadakh'nam Marmin), que tinha a incumbência de levar auxílio financeiro às famílias necessitadas da coletividade. Paralelamente, foi fundada a "União dos Amantes da Igreja" (Yegeghetsassirats Miutiun), cuja função era ajudar a Igreja Apostólica Armênia moral e financeiramente. O Conselho nomeado enviou uma carta para a Primazia Armênia da América do Norte, solicitando um estatuto eleitoral para poder realizar da melhor maneira as futuras eleições.

Esse Conselho, que foi nomeado por um padre para um período provisório, teve algumas divergências com o religioso e renunciou depois de cinco meses de uma frutífera atividade, encaminhando a seguinte carta ao padre, datada de 2 de junho de 1932:

> [...] Este Conselho Comunitário, eleito por um prazo de três meses, pediu da Prelazia o regulamento estatutário quanto à condução das eleições, e foi obrigado a aguardar a chegada desse documento. Mas, visto que já se passaram dois meses desde a sua nomeação, em reunião extraordinária do dia 2 de junho de 1932, este Conselho decidiu apresentar sua demissão coletiva.
>
> Pede-se, portanto, em caráter de urgência, que seja constituída uma comissão, a quem este Conselho deve entregar os documentos oficiais e contábeis. Caso não seja viável a formação da referida comissão imediatamente, queira Vossa Reverência assumir essa incumbência, para que as cobranças não sofram interrupção.
>
> *Presidente Apraham Tchorbadjian*
> *Secretário Hagop Azadian*
> *Conselheiros: Avak Djanikian, Harutiun Djehdian, Nazaret Distchekenian, Stepan Darakdjian*

Hovhannés Distchekenian

Hovhannés Distchekenian nasceu em 1902, na cidade de Marach, filho de Harutiun Distchekenian. Recebeu sua educação primária na escola paroquial São Jorge, em sua cidade natal, e depois frequentou a escola Central. Mas a guerra de 1914 impediu que Hovhannés prosseguisse seus estudos. Em 1915, foi deportado para Hams, onde permaneceu até o ano de 1919. Ao voltar para Marach, participou das lutas travadas na cidade em 1920, e mais tarde mudou-se para Damasco. Chegou ao Brasil em 1926 e fixou residência na cidade de São Paulo, ocupando-se do comércio. Foi um dos fundadores e membro ativo da Associação Juvenil e também do Conselho Comunitário. Foi membro da intendência da escola Turian e da Associação Educacional. Em todas as funções que exerceu, Hovhannés Distchekenian sempre atuou com grande disposição e revelou boa vontade para trabalhar.

Se não existisse a séria preocupação com a escola, possivelmente o padre não teria a necessidade de nomear um outro Conselho Comunitário. Efetivamente, a escola era o principal motivo para que ele designasse mais um Conselho. Faziam parte deste novo Conselho: Levon Apovian, Hovhannés Kouyoumdjian, Apraham Muradian, Nazaret Kechichian e Hovhannés Pandjardjian.

No dia 21 de junho de 1932, o recém-nomeado Conselho realizou sua primeira reunião, formando a sua mesa:

Levon Apovian — Presidente
Hovhannés Kouyoumdjian — Secretário
Hovhannés Pandjardjian — Tesoureiro

Logo após a formação da mesa diretiva, os conselheiros decidiram enviar uma carta ao primaz da Prelazia da América do Norte, comunicando a formação do Conselho e pedindo a aprovação da Prelazia. Depois, pediram ao padre que entregasse ao cobrador os recibos das contribuições comunitárias, para que as cobranças prosseguissem sem interrupção.

Não obstante a correspondência encaminhada à Prelazia da América do Norte, e estar aguardando a confirmação do primaz, como fora nomeado pelo padre, em sua reunião do dia 7 de julho de 1932, o Conselho Comunitário achou que era o seu dever convocar uma assembleia geral, para constituir um corpo legalmente eleito por voto popular. Como a Constituição Nacional Armênia (*Azkayin Sahmanatrutyun*) só dava o direito de votar e ser votado a pessoas em dia com seus deveres da contribuição comunitária (*Azkayin Durk*), o Conselho pediu então ao padre que comunicasse a todos os membros da coletividade, do altar da igreja, que os membros da coletividade cumprissem o seu dever financeiro, para ter o direito de participar das próximas eleições, cuja data foi marcada para o dia 21 de julho. E, para dar à eleição destaque e importância, foram encaminhadas cartas circulares para os membros da coletividade que moravam na cidade de São Paulo, e também aos que haviam fixando residência em cidades distantes, convocando todos a participarem das eleições do dia 21 de julho.

Hovhannés Kouyoumdjian

Hovhannés Kouyoumdjian nasceu em 1884, na cidade de Sis. É filho de Garabed Kouyoumdjian. Recebeu sua educação primária na escola comunitária de sua cidade natal. Em 1915, foi deportado para Alepo, onde permaneceu até o ano de 1926, e no mesmo ano veio para o Brasil, fixando residência na cidade de São Paulo e trabalhando no comércio. Foi um dos fundadores e o primeiro presidente da Associação Compatriota de Sis. Em 1932, foi secretário do Conselho Comunitário. Também foi membro da comissão "Ajuda aos Pobres".

No dia 21 de julho de 1932, apenas nove pessoas compareceram à assembleia geral, no salão da igreja, fato esse que inviabilizava a realização da eleição e revelava, nitidamente, o grande desinteresse das pessoas para com as atividades da coletividade.

Se, de um lado, os membros da coletividade não se dignaram a participar das eleições, por outro, o Conselho Comunitário também recebera algumas cartas de protesto de vários concidadãos de Presidente Altino e de Araçatuba, os quais, depois de terem recebido as cartas circulares do Conselho sobre a realização da assembleia geral e as eleições, ao invés de comparecerem, apontaram várias falhas nessa convocação, e mandaram seus protestos por escrito. O Conselho Comunitário anterior também encaminhou uma carta ao padre, que era, simultaneamente, o presidente da assembleia geral. Nesta última, constavam os nomes e as assinaturas de todos os ex-conselheiros. Dizia a carta:

São Paulo, 21 de julho de 1932
Respeitável Presidente da assembleia geral extraordinária,
Sob a vossa enigmática resolução, o fato de deixar de fora todos os conselheiros do Conselho Comunitário que se demitiram merece o nosso profundo agradecimento.
Considerando que esta resolução nasceu em oposição à justiça e do vosso desejo de realizar declarações contra o nosso Conselho, sentimo-nos na obrigação

de manifestar a nossa opinião, por meio desta carta, à guisa do conhecimento e esclarecimento aos respeitáveis membros da vossa assembleia extraordinária, como segue:

a) É o desejo de todos a continuidade da escola.

b) Os proventos da coletividade devem ser usados com economia.

c) O orçamento da escola deve ser equilibrado pelas doações especiais, às quais estamos dispostos a participar.

d) A intendência da escola deve manter sob sua disposição certa quantia, para poder realizar os pagamentos dos salários, e exigir préstimos úteis do corpo docente.

e) Caso a vossa digna assembleia ache que as sugestões ora formuladas são inoportunas, que se digne então de tirar da nossa responsabilidade o pagamento do aluguel do imóvel da escola, e também assumir o pagamento de US$ 106,50, alusivo aos livros didáticos importados de Constantinopla, pois assim, numa futura oportunidade, ao ser necessário, ninguém deve ter o receio de fazer semelhante sacrifício em prol da nossa coletividade.

Gostaríamos, outrossim, que Vossa Reverência se dignasse a nos comunicar quanto ao resultado desta eleição, para que possamos livrarmo-nos das nossas atribuições.

Assinaturas: Apraham Tchorbadjian, Harutiun Djehdian, Harutiun Azadian, Stepan Darakdjian, Nazaret Distchekenian e Avak Djanikian.

Esta carta também ficou sem sequência, pois não houve reunião no dia marcado, nem encontro consultivo, e muito menos eleição. O novo Conselho nomeado, depois de aguardar algumas horas, foi embora deixando para uma outra data a realização de uma nova assembleia e a eleição.

Depois desse malogro da assembleia geral, alguns conselheiros deste Conselho Comunitário apresentaram suas demissões; outros, a fim de completar o quadro da diretoria, enviaram várias cartas para diversas pessoas da coletividade, convidando-os a fazer parte do Conselho, mas todas as tentativas ficaram em vão, visto que ninguém respondeu às convocações.

Criou-se, assim, uma situação sem saída. A receita oriunda das cobranças da taxa de contribuição comunitária continuava insuficiente, devido ao grande número de membros da coletividade que não mais queria contribuir. Havia a premente necessidade de criar um meio para equilibrar as despesas, principalmente da escola. Incapaz de solucionar esse problema, o Conselho Comunitário pensou, mais uma vez, em reduzir as despesas do seu orçamento ou fazer uma economia ainda maior. Sem alternativas, decidiu reduzir em 25% os salários de todos os funcionários da coletividade.

O padre, que também era um funcionário da coletividade, rejeitou categoricamente tal opção, ameaçando apresentar sua demissão. O corpo docente, por sua vez (apenas os professores armênios, pois não seria possível sugerir tal proposta para os professores brasileiros), enviou uma carta de protesto, datada de 23 de julho de 1932, informando que os salários já estavam defasados, e a redução de 25% pleiteada seria inaceitável, pois isso os levaria (os professores) a passarem privações graves, afetando até a sua sobrevivência.

O Conselho não pressionou o padre, mas comunicou aos professores que "ou aceitam, ou esperam que o orçamento se regularize". Alguns dos professores pediram demissão, enquanto outros foram obrigados a aceitar a redução salarial.

Todos esses arranjos, no entanto, não seriam suficientes para superar a situação criada, e o Conselho Comunitário, refletindo sobre a carta do dia 21 de julho, que os conselheiros do Conselho anterior haviam encaminhado, decidiu convidá-los para uma reunião consultiva no dia 29 de julho a fim de deliberar sobre a questão da escola.

No dia marcado, realizou-se a reunião consultiva e, depois de muita troca de opiniões, decidiu-se marcar uma reunião com os pais dos alunos e, ao expor-lhes a situação da escola, pedir a ajuda moral e material destes.

Logo no dia seguinte, o Conselho Comunitário preparou a lista dos 116 pais de alunos e enviou-lhes a seguinte carta-circular, que foi entregue em mãos pelo administrador da escola. Dizia a carta:

[...] Esta intendência provisória manteve uma reunião consultiva na sexta-feira, dia 29 de julho, com os senhores Apraham Tchorbadjian, Harutiun Djehdian, Nazaret Distchekenian, Hagop Azadian e Avak Djanikian. Como resultado desse encontro, achou-se conveniente dar andamento às atividades da escola, convocando, porém, uma reunião com os pais dos alunos, que será realizada amanhã, domingo, dia 31 de julho, às 14h00, no salão da igreja. Portanto, rogamos a presença dos pais que têm filhos nesta escola, e pedimos comparecer no horário estabelecido para a reunião consultiva. Informamos, ademais, que não serão levadas em consideração reclamações posteriores por parte dos pais que não compareceram à reunião.

Em nome da Intendência da Igreja Apostólica Armênia,

Presidente Levon Apovian

Dos 116 pais convidados para a reunião consultiva marcada para a tarde do dia 31 de julho de 1932, compareceram apenas trinta; os outros, demonstrando uma apatia injustificável para com a educação de seus filhos, não quiseram sequer comparecer ao encontro.

O Conselho Comunitário demonstrou aos pais presentes a situação difícil pela qual a escola estava passando, e pediu que os pais apoiassem o Conselho para poder manter o funcionamento da escola, e disse estar aberto a sugestões práticas dos presentes.

Após longas ponderações, a reunião com os pais decidiu:

a) Assumir o compromisso de realizar todo sacrifício para manter a escola.

b) Obrigar os pais a pagarem pontualmente a mensalidade escolar estabelecida para a educação de seus filhos.

c) Acabar com o ensino gratuito; em caso dos filhos de pais pobres, exigir que a Associação Compatriota ao qual pertencem assuma a responsabilidade de pagar a mensalidade escolar desses alunos. Caso não façam parte de nenhuma associação, devem dirigir-se à associação beneficente da coletividade para que esta assuma o pagamento da mensalidade escolar.

d) Formar uma intendência escolar constituída por três ou cinco pessoas, e dar apoio ao seu trabalho, tentando, assim, equilibrar o orçamento escolar.

e) Ficam os alunos obrigados a entregar ao diretor da escola, no dia 5 de cada mês, suas mensalidades escolares; os que não procederem assim, terão um prazo adicional até o dia 10, e os pais serão comunicados; passados dez dias, o aluno que não efetuar o pagamento de sua mensalidade escolar não poderá assistir às aulas.

f) Acabar com o sistema que permite aos pais com três filhos ou mais não pagar a mensalidade de um de seus filhos.

g) Caso dentro de um mês estas diretrizes não surtam o resultado esperado, será realizada nova reunião com os pais dos alunos para se pensar em outras alternativas.

Em agosto de 1932, o Conselho Comunitário continuava na mesma situação. As finanças da escola não melhoraram, nem davam sinais de melhora. Por esse motivo, o Conselho Comunitário viu-se diante da necessidade de mandar novas cartas de convocação a 111 pais de alunos e outros concidadãos, para uma nova reunião consultiva.

No dia marcado, dos 111 convidados, apenas 36 compareceram à reunião. Esse fenômeno era deveras desalentador e muito triste.

Por meio do seu presidente, Levon Apovian, o Conselho Comunitário informou que, visto a indiferença demonstrada pelos membros da coletividade, e mesmo dos pais que tinham ao menos um filho na escola, chegava a ser humilhante tanto desprezo demonstrado para com os convites encaminhados e, diante dessa apatia total, só restava ao Conselho apresentar a sua demissão, lamentando profundamente que o ambiente tenha ficado contagiado por tanta indiferença. Diante dessa circunstância, não era mais possível para o Conselho Comunitário continuar suas atividades.

Os presentes, mesmo dando razão às palavras do presidente, fizeram um apelo aos sentimentos patrióticos dos conselheiros e pediram-lhes que não renunciassem. E, ao menos para poder ajudar parcialmente, elegeram no ato uma intendência da escola, composta por Krikor Haleblian, Minas Boghazian, Krikor Derderian, Garabed Camburian, Zareh Kassardjian, Manug Mahseredjian e Kevork Tchakmakian.

Na reunião realizada no dia 17 de agosto de 1932 todos os recém-eleitos membros da intendência compareceram, ausentando-se apenas Minas Boghazian e Manug Mahseredjian, que se recusaram a assumir as funções para as quais foram eleitos.

Nessa primeira reunião, a intendência mostrou disposição para trabalhar e declarou, formalmente, que "caso todos os alunos, sem exceção, paguem suas mensalidades regularmente, a escola terá um déficit de apenas 250 cruzeiros, e a intendência assumirá a responsabilidade de cobrir tal diferença".

Essa declaração da intendência, que era a melhor prova de sua boa vontade para trabalhar, causou grande satisfação ao Conselho Comunitário, que, por sua vez, estimulado pela postura da intendência, prometeu fazer o possível para auxiliá-la e colocar o orçamento da escola em dia.

Krikor Haleblian

Krikor Haleblian nasceu em Marach, em 1892, filho de Hagop Haleblian. Recebeu sua educação primária na escola central de sua cidade natal, e depois aprendeu a profissão de alfaiate.

Em 1914, foi alistado e encaminhado para a escola militar, em Constantinopla. Durante o armistício, voltou para Marach e, depois dos massacres naquela cidade, viajou para Alepo. Chegou ao Brasil em 1927 com sua família e estabeleceu-se na cidade de São Paulo, onde abriu uma fábrica de calçados. Foi membro do Conselho Comunitário e da intendência da escola. Também foi um dos fundadores e membro da diretoria da Associação Compatriota de Marach.

Krikor Derderian, filho de Harutiun Derderian, nasceu no dia 15 de fevereiro de 1903, na cidade de Sis. Em 1915, foi deportado para Alepo, de onde veio para o Brasil, em 1926, fixando residência na cidade de São Paulo e ocupando-se do comércio. Foi um dos fundadores da Associação Compatriota de Sis e membro da intendência da escola Turian.

Em 1946, Krikor Derderian foi para a cidade de Itararé, e lá continua a atuar no comércio.

Krikor Derderian

Nem o Conselho Comunitário nem a intendência falharam em suas obrigações; eram os integrantes da comunidade que não os apoiavam, que não apoiavam os compatriotas que estavam trabalhando com afinco e entusiasmo. Na maioria das vezes, além de não encontrarem a colaboração necessária, ainda esbarravam com empecilhos desnecessários e descabíveis.

Nesta situação de desorganização generalizada, os professores eram os que mais sofriam, pois seus numerários ficaram atrasados por meses, e ninguém queria pensar como ou com que recursos esses professores conseguiam sobreviver, sem ter outra fonte de renda. Essa categoria sacrificada, que trabalha muito e com pouca recompensa, em todos os lugares recebeu sempre e tem recebido o mesmo tratamento, tornando-se objeto até de desprezo, escárnio e ignomínia. Porém, eles sempre demonstram grande tolerância e muita paciência com toda espécie de privações e desprezo, e seguem com dignidade a educar gerações e mais gerações...

Para dar uma ideia da situação dos professores da escola naqueles anos, basta lembrar a decisão tomada pelo Conselho Comunitário em sua reunião do dia 21 de setembro de 1932, quando foi encaminhada uma carta à intendência da escola, solicitando que se fizesse o possível para que, a partir do mês de setembro daquele ano, a intendência assumisse o pagamento dos salários dos professores, enquanto ele, o Conselho, trataria de acertar os salários atrasados dos meses de julho e agosto, pagando-os em várias parcelas e quitando tudo até o fim do mesmo ano. Pobres professores...

Hovhannés Pandjardjian nasceu em 1877, na cidade de Aintab, e recebeu sua educação primária na escola Vartanian, na mesma cidade. Depois, seguiu a profissão de tecelão. Em 1906, casou com sua conterrânea, Srta. Ovsanna Der Garabedian. Em 1915, ficou imune da deportação por estar trabalhando na fábrica que preparava uniformes para o exército turco. Em 1918, foi transferido pra Alepo, de onde, em 1929, veio para o Brasil com a família, e se estabeleceu na cidade de São Paulo, fundando uma fábrica de calçados.

Hovhannés Pandjardjian foi um dos fundadores da Associação Compatriota de Aintab, e membro do Conselho Comunitário.

Hovhannés Pandjardjian

Iniciativas isoladas

As atividades comunitárias estavam longe de ter um aspecto confortante, pois nesta coletividade numericamente pequena surgiram diversos fragmentos e suas divergências. Ninguém pensava em solidariedade e cooperação. Os interesses mesquinhos e as difamações senis encontravam campo abundante, criando uma situação desfigurada, cujo fim ninguém previa.

Nessa época, um dos concidadãos que residia em São Paulo, Kiud Mekhitarian (outrora bispo Kiud), teve a intenção de buscar uma solução para essa situação desalentadora, levando em consideração sua amizade pessoal com o primaz dos armênios da América do Norte, arcebispo Ghevont Turian. Destarte, Kiud Mekhitarian enviou a seguinte carta, datada de 4 de julho de 1932, para o Arcebispo Turian:

Estimado Serpazan[13],
Sobre as atividades desta coletividade, gostaria que Sua Eminência tomasse uma determinação definitiva, para dar um ponto final a todos estes fenômenos lamentáveis que vêm prejudicando tanto a igreja como a escola.
Como um ser humano, o padre pode ter as suas falhas; no entanto, deve-se levar em consideração que, no passado, na cidade de Kônia, ele foi muito útil, durante aqueles tenebrosos dias das deportações.
Também depois do armistício, sob a direção do vartabed[14] Ardavazt, foi o seu substituto e, com o trabalho que desenvolveu, deixou o vartabed muito satisfeito. Durante o movimento de insurreição, em Kônia, junto com os outros, o padre também foi deportado para Sebástia, onde viveu em densas condições. Caso esta intervenção não incomode Sua Eminência, pediria a gentileza de o incentivar, autorizando-o a usar o Dzaghgiá Pilon[15], ou outorgando-lhe o grau de Avakutiun[16]. Uma graça dessa envergadura da parte de Sua Eminência certamente fortalecerá a posição do nosso padre perante o povo desta coletividade.
Com meus sinceros cumprimentos e abraço fraternal,

Kiud Mekhitarian

O arcebispo Ghevont Turian respondeu ao Kiud Mekhitarian em missiva datada de 18 de agosto de 1932, na qual dizia:

Estimado e gentil amigo,
Acuso o recebimento de sua última carta. Lamento informar que, devido ao acúmulo de meus afazeres, não pude responder às suas cartas em devido tempo.
Quanto às dioceses da América do Sul, nossa posição é mais tutelar que propriamente diocesana. Espero uma autorização da Santa Sede de Etchmiadzin, depois da qual empenharei viagem para todas as coletividades armênias da América do Sul, munido de plenos poderes. Por outro lado, qualquer outra determinação poderá criar mais equívocos, e o momento exige muita cautela, para mantermos a nossa competência elevada, e torná-la útil na América do Sul.

---

13 Arcebispo.
14 Sacerdote celibatário.
15 Pelerine floreada, capa magna eclesiástica.
16 Mor.

Quanto à vossa sugestão, referente ao reverendo padre Gabriel, tomarei as devidas providências, após consultar a Diretoria Administrativa, depois do meu retorno a Nova York.
Com efusivas saudações e estima.

Ghevont Turian

Nessa carta, enviada em caráter particular pelo arcebispo Ghevont Turian, percebe-se que ela não tinha um caráter oficial, e a Diocese da América do Norte precavia-se de interceder e tomar providências drásticas. Já deste lado, todos os esforços do pastor espiritual dos armênios do Brasil, padre Gabriel Samuelian, em prol da criação de uma cooperação ampla permaneciam inúteis. Tanto a desunião como, principalmente, a indiferença bastante elevada na coletividade, aumentavam cada vez mais. Todos corriam atrás de seus interesses e atividades pessoais, e a aspiração material chegava a tal proporção extravagante que todos desprezavam as atividades da coletividade, e ninguém queria mais dedicar parte do seu tempo em prol dos interesses da coletividade. E, se ainda existiam algumas pessoas que pensavam como o Kiud Mekhitarian, até mesmo elas, depois de assumirem algum cargo ou função, recebiam pelos membros da coletividade um comportamento tão apático que as desestimulava e, assim, mesmo essas pessoas dedicadas desistiam e não mais queriam contribuir com as atividades da coletividade.

Kiud Mekhitarian achava que, ao fortalecer a posição do padre Samuelian, estaria ajudando a normalização dos trabalhos comunitários. Razão pela qual enviou mais uma carta ao arcebispo Turian, datada de 22 de novembro de 1932, na qual dizia:

Estimado Serpazan,
Tem sido um hábito distribuir presentes por ocasião do Ano Novo. E eu desejaria que o presente que Vossa Eminência poderia me oferecer, para o ano de 1933, poderia ser a realização da minha solicitação apresentada anteriormente, o que concerne ao padre Gabriel Samuelian. Se criticamos as falhas das pessoas, devemos, por outro lado, saber também valorizar as virtudes.

O padre Gabriel é uma pessoa séria, honesta e um religioso aplicado que mantém elevada a sua posição eclesiástica. Talvez a maior falha dele seja sua incapacidade de falar muito, mas nisso ele não tem culpa, uma vez que não foi preparado para ser um eloquente orador.

Com meu abraço fraternal, vosso sinceramente,

Kiud Mekhitarian

Respondendo a esta missiva, o arcebispo Ghevont Turian enviou a seguinte carta para Kiud Mekhitarian, datada de 3 de dezembro de 1932:

Estimado amigo,
Acuso o recebimento de sua carta datada de 22 de novembro. Encaminhei, hoje, uma carta para o padre Samuelian, outorgando-lhe o direito de usar a cruz peitoril prateado e dourado e a capa magna pelerine floreada, como recompensa à sua dedicada atividade.
Uma vez que a América do Sul não possui ainda o seu primaz, ela pertence à nossa jurisdição. O nosso representante nessa região é o pastor espiritual de Buenos Aires, que foi designado como lugar-tenente diocesano.
Pediria, pois, que se trabalhasse com ele até que tenhamos uma definição da Santa Sede de Etchmiadzin.
Com cordiais saudações,

Ghevont Turian

Para se ter uma melhor ideia da vida interna da coletividade nesse período, convém lembrar a seguinte circunstância: naqueles dias, enquanto Kiud Mekitarian apelava para o arcebispo Turian e solicitava a outorga do grau de *Avak* e a concessão de uso da pelerine floreada para o padre Samuelian, pensando que, com isso, estaria ajudando a fortalecer a posição do padre e contribuindo para a organização da vida interna da coletividade, dando um fim ao labirinto surgido entre os armênios do Brasil, por outro lado, um concidadão ...., provavelmente sem saber dessa iniciativa de Kiud Mekhitarian, encaminhou uma extensa carta também para o arcebispo Ghevont Turian, na qual acusava e difamava veementemente a pessoa do padre Samuelian, chamando-o, textualmente, de avaro, intrigante e uma pessoa que não merecia ser um religioso.

É natural que o arcebispo Turian ficasse numa situação confusa, pois não poderia retirar a outorga que concedera ao reverendo, nem podia repreender o seu amigo, Kiud Mekhitarian, e suas cartas. E mais: não podia ignorar a extensa carta que recebera daquele cidadão; razão pela qual encaminhou a seguinte mensagem lacônica para Kiud Mekhitaian:

Queira entregar a carta anexa ao destinatário...................
Ghevont Turian.

O arcebispo Turian, ao anexar a carta que recebera à sua breve mensagem escrita de forma lacônica, enviou-a para Kiud Mekhitarian, fazendo-o conhecer o conteúdo desta, e também para alertá-lo silenciosamente sobre as coisas que estavam sendo difundidas sobre a pessoa do padre Samuelian.

Ao receber a breve nota do arcebispo Turian com a carta anexa, Kiud Mekhitarian sentiu que sua imagem poderia estar abalada com seu amigo, o arcebispo Turian. Imediatamente, tomou a decisão de contator o Sr. Ghazar Aghá Nazarian, uma pessoa muito estimada e detentora de grande respeito por parte dos membros da coletividade, e com ele foi até o concidadão autor da extensa carta. Nesse encontro, os dois pediram que o autor rasgasse sua carta, encerrando, assim, a perseguição cerrada que estava sendo levada adiante contra o padre Samuelian, algo que prejudicava, sobretudo, as atividades da vida interna da coletividade.

À VÉSPERA DA TRANSFORMAÇÃO DAS COLETIVIDADES ARMÊNIAS DA AMÉRICA DO SUL EM DIOCESE DISTINTA

Em 1932, o Conselho Superior Espiritual da Santa Sede de Etchmiadzin, na Armênia, possivelmente despertado pelas cartas do Conselho Comunitário de Buenos Aires, começou a se preocupar com o destino das coletividades armênias da América do Sul, e enviou um ofício para o primaz da Igreja Armênia da Califórnia, S. E. arcebispo Karekin Khatchadurian, pedindo eclarecimentos sobre as coletividades em questão. Como o arcebispo Khatchadurian não formara certa opinião sobre as coletividades armênias do continente sul-americano, enviou uma carta, de caráter particular, para Kiud Mekhitarian, pedindo sua opinião e sugestões práticas. Dizia essa carta:

Estimado Sr. Kiud Mekhitarian,
O Conselho Superior Espiritual da Santa Sede de Etchmiadzin, através de um ofício datado de 5 de setembro de 1932, deseja saber a minha opinião, quanto à "viabilidade de organizar uma Diocese na América do Sul e, em caso negativo, para qual das duas dioceses da América seria conveniente submeter, legalmente, a região da América do Sul, considerando os meios de comunicação e outras necessidades?".
Devo confessar que não tenho dados completos sobre as coletividades armênias da América do Sul, razão pela qual preferiria não emitir qualquer opinião. Levando em consideração a distância geográfica entre ambos os continentes, e tendo recebido informações de que o número dos armênios nessa região é de aproximadamente 25 a 30 mil, penso ser necessária transformá-la numa diocese separada. Acho que a própria coletividade local deve ter percebido a premência dessa necessidade, vindo a manifestar-se publicamente.

Já faz muito tempo que não recebo vossas notícias; se não me engano, a última vez fui eu quem mandou uma carta; por acaso aconteceu alguma coisa? Com cordiais saudações,

Arcebispo Karekin Khatchadurian

P.S.: Não quis escrever formalmente para o Der Hovhannés, pois isso poderia ser encarado, de certa forma, uma ingerência na competência da Diocese Oriental[17]. Mas o senhor pode informar e pedir-lhe também a opinião, se for possível.

Logo depois de receber essa carta do arcebispo Karekin Khatchadurian, Kiud Mekhitarian enviou uma correspondência, datada de 10 de novembro de 1932, para o Conselho Comunitário dos armênios de Buenos Aires:

[...] O primaz da Califórnia, Sua Eminência Arcebispo Karekin, de Trebizonda, nos escreveu, em sua carta pessoal datada de 18 de outubro, que o Conselho Superior Espiritual de Etchmiadzin, por meio de um ofício datado de 6 de setembro, desejava saber a opinião dele, "se seria viável estabelecer uma nova diocese na América do Sul, e, caso isso não fosse possível, para qual das duas dioceses da América seria conveniente submeter, legalmente, a região da América do Sul, considerando os meios de comunicação e outras necessidades?".

Como Sua Eminência, o arcebispo Karekin Khatchadurian, não tem uma opinião concreta sobre as coletividades armênias da América do Sul, mas considerando a distância entre as duas dioceses, e sabendo que os armênios no continente sul-americano contam hoje entre 25 e 30 mil, ele acha ser conveniente transformar a nossa região numa diocese distinta. E, para definir a questão, ele pede que lhe sejam encaminhadas, em breve, amplas informações, anexando também nossas opiniões e sugestões práticas.

Em sua carta, o arcebispo acrescenta também que, se não existisse a longa distância entre os dois continentes, ele pessoalmente viria para a nossa região para analisar esta questão in loco e, se assim fosse necessário, assumir os trabalhos organizacionais.

Torna-se evidente que, sem a manifestação dos corpos competentes, não poderemos responder à indagação que se nos é dirigida. Por isso, contatamos o nosso pastor espiritual e, através dele, ficamos sabendo que já houve uma troca de correspondências entre o Conselho Comunitário do Brasil e a vossa Intendência, as quais, porém, carecem de certa objetividade quanto à formação de uma diocese distinta.

---

17 Da América do Norte.

Solicito, portanto, que a Vossa digna Intendência, que há alguns anos preocupa-se com essas questões, tenha a bondade de nos comunicar o seu parecer, na primeira oportunidade, a fim de podermos responder a carta que se nos foi dirigida.

Em vossa missiva de nº 180, datada de novembro de 1932, Vossas Senhorias haviam nos informado que já começaram a pesquisar alguns possíveis candidatos. Desejaria apenas que fosse acrescido aos nomes dos candidatos já em vosso poder o nome do arcebispo Karekin, que possui grande preparo e pode se tornar muito útil para as coletividades da América do Sul, se ele assim desejar, evidentemente.

Quero salientar, ademais, que o arcebispo Karekin não quis enviar um ofício formal para o arcipreste Hovhannés Amiriants, considerando ser isso uma violação na competência da Diocese Oriental. Aguardarei uma breve resposta de Vossas Senhorias. Cordialmente,

Kiud Mekhitarian

Sem aguardar uma resposta à sua carta, e considerando que as informações que possuía seriam suficientes, Kiud Mekhitarian enviou a seguinte carta, datada de 16 de novembro de 1932, para o arcebispo Karekin:

[...] A questão de transformar a América do sul numa diocese separada tem sido tema de análise entre o Conselho Comunitário de São Paulo e a Intendência de Buenos Aires, como Vossa Eminência pode observar pelo conteúdo das cópias das cartas ora anexadas.

Imediatamente depois de receber a Vossa missiva, enviei uma carta para a Intendência de Buenos Aires, solicitando que me informassem, em caráter de urgência, o parecer deles. Também sugeri, em minha carta, que acrescentassem o nome de Vossa Eminência ao lado de outros prováveis candidatos, com a certeza de que, em caso de aceitação, Vossa Eminência será muito útil para estas longínquas coletividades armênias.

A América do Sul é um terreno fértil, porém ainda não arado, e Vossa Eminência pode frutificá-la. Com meu sincero amor fraternal e profundo respeito,

Kiud Mekhitarian

Estas cartas afetivas selariam o destino da Prelazia dos Armênios da América do Sul.

Nazaret Tcholakian nasceu em Marach, no ano de 1893, filho de Vartevar Tcholakian. Em 1915, servia como soldado no exército turco. Durante o armistício, voltou para Marach. Em 1921, casou com sua conterrânea Srta. Vartuhi Maldjian e, em 1926, mudou-se com a família para o Brasil, fixando residência na cidade de São Paulo, onde abriu uma fábrica de calçados.

Nazaret Tcholakian foi membro da Associação Compatriota de Marach, e nomeado por essa entidade como membro do corpo tutor da igreja. Foi também membro do Conselho Representativo e do Conselho Comunitário.

Nazaret Tcholakian

A igreja armênia de São Paulo é fechada

O ano de 1933 foi uma das datas mais conturbadas para a coletividade armênia de São Paulo. Sem a mínima possibilidade de prosseguir com suas atividades, o Conselho Comunitário se demitiu. Para formar uma nova diretoria, o padre Samuelian nomeou uma comissão, outorgando-lhe poderes para convocar uma assembleia geral e formar um novo Conselho Comunitário, legalizado por eleição.

A comissão iniciou sua tarefa e, depois dos trabalhos preparatórios, conseguiu realizar uma assembleia geral e eleger um Conselho Comunitário. Porém, mal terminara a eleição, sem sequer ter realizado uma única reunião, os membros eleitos do Conselho apresentaram, um a um, suas demissões ao padre, fazendo com que todo um trabalho de eleição fosse inutilizado, sem poder formar um Conselho.

As atividades internas da coletividade estavam completamente desmanteladas. Rizkallah Jorge Tahanian parecia ter esquecido da promessa que fizera de construir uma igreja; ele nem sequer se preocupava mais com as atividades internas da coletividade. Por outro lado, os desentendimentos e divergências ideológicas criaram tanta discordância que ninguém mais queria se preocupar com as questões da igreja e da vida interna da coletividade. A indiferença chegara a tal proporção que ninguém mais queria sequer frequentar a igreja, nem pagar o *Azkayin Durk*. Salvo algumas senhoras idosas, ninguém comparecia às cerimônias religiosas, e essa apatia generalizada minguava a receita da igreja. O aluguel do imóvel onde se localizava a igreja ficou atrasado e acumulado por meses, e os alarmantes apelos do padre Samuelian do altar da igreja permaneciam tal qual "uma voz perdida no deserto". E, como não podia ser diferente, finalmente um dia o padre foi obrigado a fechar as portas da igreja, porque até mesmo o pagamento do aluguel do imóvel tornou-se inviável. O povo da coletividade revelava tamanha e inexplicável indiferença que uma boa parcela dele nem mesmo sabia que a igreja cessara suas atividades.

Entre as muitas organizações e associações compatriotas existentes na coletividade, a Associação Compatriota de Marach foi a única que se rebelou contra essa inqualificável indiferença. Durante uma reunião dos conselheiros, a entidade decidiu dar um fim a essa dolorosa e ao mesmo tempo imoral situação; decidiu, então, arrumar um empréstimo e efetuar o pagamento de 3.000 cruzeiros referentes à dívida de aluguéis atrasados do imóvel da igreja, retirando essa quantia da tesouraria da associação, e formar uma tutoria da igreja com seus conselheiros, para poder reabri-la.

Passando à ação, logo após a tomada dessa decisão, a Associação Compatriota de Marach escreveu ao padre em carta datada de 10 de outubro de 1933, que dizia:

Vimos por meio desta comunicar a Vossa Reverência que, com a finalidade de cuidar das necessidades financeiras e morais da igreja, a partir desta data a nossa diretoria designou um corpo, cujos membros são os Srs. Nercés Boyadjian (depois de sua mudança para o interior do estado, substituído por Arsen Momdjian), Krikor Kumruyan, Krikor Haleblian, Missak Kahvedjian, Nazaret Kechichian, Garabed Camburian e Nazaret Tcholakian.

No que concerne aos assuntos materiais e morais da igreja, este corpo decidirá e tomará as resoluções necessárias.

Assim sendo, pedimos de Vossa Reverência que, doravante, todas as questões inerentes à igreja sejam apresentadas ao referido corpo, que tomará as medidas necessárias.

Em nome da Associação Compatriota de Marach

**Presidente Levon Apovian
Secretário Nazaret K. Kumruyan**

Depois de encaminhar essa carta para o padre, a Associação Compatriota de Marach efetuou o pagamento da dívida do aluguel do imóvel da igreja, e o corpo tutorial, sob a presidência de Garabed Camburian, começou a trabalhar para reabrir a igreja no menor tempo possível.

Missak Kahvedjian nasceu em 1890, na cidade de Marach, filho de Hagop Kahvedjian, e recebeu sua educação primária na escola paroquial Karassun Mangants (Os Quarenta Meninos), e prosseguiu seus estudos na escola Central. Mais tarde, aprendeu a profissão de sapateiro. Em 1915, foi deportado para Hama, onde permaneceu até o armistício, quando então retornou para Marach.

Depois dos massacres perpetrados nessa cidade, em 1920 Missak mudou para Damasco, de onde, em 1926, chegou ao Brasil com a família e fixou residência na cidade de São Paulo, abrindo uma fábrica de calçados. Foi membro da Associação Compatriota de Marach, e nomeado por essa associação como membro do corpo tutorial da igreja.

Missak Kahvedjian

No dia 23 de outubro de 1933, a Associação Compatriota de Marach distribuiu o seguinte comunicado à coletividade:

*Compatriotas,
Levando-se em consideração que, há três semanas, a Igreja Apostólica Armênia permanece sem suas cerimônias religiosas, e nenhum órgão desta coletividade*

se preocupou com a questão de sua reabertura, a Associação Compatriota de Marach, munido de plenos poderes, através de decisão tomada em sua assembleia geral dos conselheiros, assume, provisoriamente, a Intendência da Igreja, e efetuará o pagamento da dívida do aluguel da igreja, na forma de um empréstimo, como é do conhecimento e anuência do digno eclesiástico desta coletividade, o reverendo padre Gabriel Samuelian.

Destarte, comunicamos ao respeitável público desta coletividade que, amanhã de manhã, Domingo, a igreja estará aberta, razão pela qual convidamos toda a coletividade à cerimônia da Santa Missa.
23/10/1933

Associação Compatriota de Marach

Constituído por concidadãos piedosos e zelosos que se preocupavam com os destinos da igreja, o corpo tutorial desenvolveu um trabalho digno de todo respeito e elogios. Graças ao absoluto apoio da Associação Compatriota de Marach, esse corpo desenvolveu uma atividade sensata: cuidou do aprimoramento do interior da igreja e a melhoria do coral, e em pouco tempo o número de requentadores da igreja aumentou e a receita subiu, de modo que todas as despesas, incusive o aluguel do imóvel, foram regularizadas e a igreja pôde sobreviver tranquilamente por um período de quatro anos.

De 1933 a 1938, não existiu um Conselho Comunitário eleito pelos membros da coletividade, devido à ausência de pessoas interessadas com as questões da vida interna da coletividade e, consequentemente, da igreja. Por essa razão, a igreja foi administrada pelo "ÓRGÃO TUTELAR DA IGREJA", nomeado pela Associação Compatriota de Marach, realizando um trabalho louvável e com grande êxito.

Nazaret Kechichian

Nazaret Kechichian nasceu no ano de 1875, em Marach, filho de Harutiun Kechichian. Durante as deportações de 1915, como ele estava alistado no exército turco, sua família ficou imune da nefasta deportação. No armistício, voltou para Marach e, depois dos massacres nessa cidade, passou para Alepo e, depois, Beirute. Em 1930, chegou com a família ao Brasil e se estabeleceu na cidade de São Paulo, onde fundou com seus filhos uma fábrica de calçados. Foi membro do corpo tutorial da Igreja, nomeado pela Associação Compatriota de Marach.

Levon Seraidarian nasceu em Marach, no ano de 1879. Recebeu sua educação primária na escola paroquial Karassun Mangats, e depois começou a trabalhar como sapateiro. Em 1911, foi convocado e serviu no exército turco até o armistício. Voltou para Marach em 1918 e, junto com a família, viajou para Damasco, onde se ocupou do comércio. Em 1926, durante os massacres ocorridos em Damasco, perdeu tudo que possuía e, no mesmo ano, veio para o Brasil com a família, fixando residência na cidade de São Paulo e ocupando-se do comércio. Foi membro da Associação Compatriota de Marach e do Conselho Comunitário.

Levon Seraidarian

PARTIDOS POLÍTICOS
Partido Social Democrata Hentchakian

O ano de 1928 ficou registrado na coletividade armênia de São Paulo como uma das datas mais frutíferas, pois nesse ano surgiram as associações compatriotas grandes e pequenas, assim como as organizações ideológico-partidárias e escolas. Foi também nesse ano que se formou a filial brasileira do Partido Social Democrata Hentchakian, cujos fundadores foram:
Yervant Dadurian natural de Sebástia
Samuel Djanikian natural deHadjin
Hampartsum Tcholakian natural de Hadjin
Antranig Sukiassian natural de Marach
Bedros Aslanian natural de Marach
Hagop Margossian natural de Tomarza
Kevork Hanemian natural de Hadjin
Avak Djanikian natural de Hadjin
Krikor Geondjian natural de Tarsus

A esses membros fundadores da recém-formada organização ideológica também se juntaram, em pouco tempo, os seguintes concidadãos, os quais, com suas atividades relevantes, em pouco tempo tornar-se-iam as peças-chave da organização:
Hagop Azadian natural de Cesárea
Armenag Odabachian natural de Sebástia
Bedros Chamlian natural de Urfá
Takvor Kirakossian natural de Bandermá
Simon Gagossian natural de Hadjin
Garabed Burmayan natural de Adapazar

Graças à atividade fervorosa desses novos membros, o número de associados dessa organização cresceu rapidamente, chegando a noventa membros.

Em 1929, além da cidade de São Paulo, a organização social democrata Hentchakian já possuía uma filial na cidade de Lins, e fundara uma associação estudantil Hentchakian, à qual estava reservada uma brilhante atuação ideológico-partidária.

A organização social democrata Hentchakian deu seus primeiros sinais de vida no dia 21 de julho de 1929, ao organizar uma comemoração póstuma dedicada aos "Vinte Enforcados" (*Kssan Gakhaghannér*). O evento foi presidido por Hovhannés Kechichian, natural de Deort-Yol, e teve como oradores Simon Gagossian, de Hadjin, e Yervant Mekhitarian, de Garni.

Como resultado de suas atividades desenvolvidas nos anos seguintes, o partido manteve filiais nas cidades de Araçatuba, Santos, Garça, Rio de Janeiro e Campo Grande.

Até 1937, possuía o clube Sabah-Kiulian e uma biblioteca. Em 1935, a organização abriu uma escola com três professores no clube Sabah-Kiulian, mas ela teve uma curta duração, de apenas três anos, e foi fechada devido às restrições financeiras e oficiais.

O Partido Social Democrata Hentchakian fundou um grupo teatral denominado Vanig, que atuou até fins de 1937. Cessou suas atividades por motivos políticos locais. Vanig realizou diversas apresentações, entre as quais se destaca a peça *Gargarun Gamarner* (*Arcos sólidos*), que alcançou grande sucesso na coletividade.

Em 1934, a organização formou uma associação juvenil mista denominada Archaluis (Aurora), que, no seu auge, contou com quarenta associados. Com as festas e apresentações que realizava, essa associação tentou manter aceso o espírito nacional armênio na nova geração, mas, devido às repressões políticas, cessou suas atividades, aguardando melhores dias para voltar a atuar.

A filial brasileira do Partido Social Democrata Hentchakian, seguindo o exemplo da mesma organização com sede na América do Norte, no intuito de levar o seu apoio prático à Armênia Soviética, em sua reunião partidária formou uma comissão denominada Comissão para a Reconstrução da Armênia Soviética, cujos membros eram:

Vahram Zakarian: Presidente
Hagop Azadian: Secretário
Ghazar Nazarian: Tesoureiro
Yervant Mekhitarian: Vice-presidente
Harutiun Poladian: Vice-secretário
Avak Djanikian: Conselheiro
Hmayak Burdjakian: Conselheiro

Logo depois de sua formação, essa comissão publicou o seguinte manifesto no órgão oficial da associação estudantil do Partido Social Democrata Hentchakian, *Gaydz* (*Faísca*):

> *Compatriotas,*
> *Durante o mês de novembro de 1934, sob a iniciativa dos Hentchakians da América do Norte e colaboração de concidadãos neutros, formaram-se corpos com o objetivo de apoiar a reconstrução da Armênia.*
> *Esses corpos, realizando eventos anuais, dedicarão as receitas arrecadadas para a reconstrução da Armênia Soviética.*
> *Também no Brasil, sob iniciativa do corpo administrativo do Partido Social Democrata Hentchakian, um grupo de compatriotas, seguindo o exemplo dos corpos que apoiavam a reconstrução da pátria, formaram um órgão denominado "Comissão para a Reconstrução da Armênia Soviética", dando assim aos armênios do Brasil a oportunidade de realizar sua sagrada obrigação na parte que lhe cabia.*
> *A Comissão para a Reconstrução da Armênia Soviética, ao divulgar sua formação por meio deste manifesto, convoca os armênios radicados no Brasil, indistintamente, para estimular esta iniciativa e os objetivos, dentro de sua capacidade material, adquirindo os bilhetes de contribuição que lançara em prol da reconstrução da Armênia.*

Essa comissão, no entanto, não teve uma atuação destacada, e essa iniciativa, ao invés de adquirir um aspecto comunitário, ficou restrita à esfera partidária e, por não receber o apoio de toda a coletividade, cessou suas atividades sem ter alcançado um resultado palpável.

Um ano depois de sua fundação, o Partido Social Democrata Hentchakian fundou uma entidade denominada Associação Estudantil, acolhendo jovens dinâmicos que eram filiados a essa organização política, aos quais dedicou toda sua atenção. Na verdade, o nome Associação Estudantil não seria tão adequado para esse grupo de jovens, pois nele não havia um único estudante sequer.

Em fins de 1932, quando chegou ao fim a publicação do primeiro jornal editado na coletividade, *Yerant*, o partido Hentchakian comprou a maquina mimeográfica desse jornal e começou a publicar o jornal *Gaydz*, que seria o órgão oficial da Associação Estudantil Hentchakian, cujo primeiro número foi lançado no dia 1º de janeiro de 1933. Em seu editorial, *Gaydz* revelava os seus objetivos, como vemos a seguir:

Nosso objetivo:

A Associação Estudantil do partido Social Democrata Hentchakian, tem a grata satisfação de lançar o jornal mensal "Gaydz".

Por meio desta publicação, a Associação não só preenche os anseios do público amante das letras desta coletividade, mas também vem completar, ao menos em parte, a ausência de um jornal comunitário.

Sabemos que é difícil, muito difícil, e está acima de nossas forças frágeis lançarmo-nos ao ingrato campo da publicidade. Porém, ao observarmos a premente necessidade da circulação de um jornal em nossa coletividade, tentaremos assumir esta árdua tarefa, convictos de que surgirão ao nosso lado companheiros que dividirão conosco as dificuldades.

Publicar um jornal na coletividade armênia de São Paulo pode ser tão difícil quanto desfavorável, mas é algo obrigatório, e nós temos a intenção de realizar essa tarefa da melhor forma possível, apesar de ser muito limitada a nossa capacidade e possibilidades. E, visto que diante dessa limitação, torna-se difícil, para nós, oferecer todo o sumo necessário para a geração jovem, sedenta das letras e literatura. Por outro lado, porém, não temos motivos para duvidar que esta geração dinâmica, que sofrera deportações, perseguições e privações, não deixará de observar que assumimos esta incumbência de dedicar parte do nosso modesto esforço em prol da defesa dos interesses sociais e comunitários desta coletividade.

É provável que, nestas condições simples e modestas da equipe que publica o "Gaydz", possam surgir falhas involuntárias, pois disso ninguém escapa. No entanto, temos a plena convicção de que, com o passar do tempo e através das sugestões construtivas e úteis de nossos leitores e companheiros, poderemos corrigir todas as falhas. Tanto no passado com no presente, a imprensa na vida armênia tem alcançado número palpável, mas poucos têm tido a chance viver por longos anos, principalmente se considerarmos três razões que passamos a enumerar: a) instabilidade financeira; b) falta de estímulo; c) desvio da vocação.

Ficaria o "Gaydz" imune a essas contaminações? Ao menos neste momento, não podemos dar uma resposta afirmativa ou negativa, mas, diante de qualquer probabilidade, não estaríamos errando ao dizer que, visto a presença de companheiros conscientes, coesos e dedicados ao redor de "Gaydz", assim como um grande contingente de simpatizantes, este jornal não só manterá a sua existência, como também se transformará, em breve, numa publicação quinzenal.

Mesmo com um cunho ideológico, "Gaydz" manterá distância da política internacional, e cuidará das questões políticas armênias e comunitárias até quando for competente, e até que apareça outro órgão grande que se preocupe com os problemas desta coletividade. Enquanto isso, este jornal empenhará todo o seu esforço aos amantes das letras em geral, à juventude desta coletividade, em *especial, trazendo assuntos de temas literários, científicos, culturais, sociais e esportivos, incentivando nos leitores as virtudes que eles possuem.*

"Gaydz" tende, ademais, a transformar-se numa ponte entre a Mãe-Pátria Armênia e esta coletividade, e tentará apresentar, da melhor maneira, da forma mais correta e nas suas possibilidades, os trabalhos que se realizam na Armênia Soviética, pois tem a firme convicção de que, somente deste modo é que será possível manter a nova geração distante da miscigenação.

As condições atuais da vida já exigem que os armênios mantenham laços com a Mãe-Pátria, a Armênia Soviética, e qualquer trabalho realizado neste sentido ainda será pouco.

É com estas prerrogativas elementares que iniciamos o nosso caminho, para depositar as "faíscas" que se abrem diante de nós nos corações de cada armênio desta coletividade

Dependerá do chamuscar de cada "faísca" para transformarmo-nos no porta--voz desta coletividade. E, nesse sentido, não pouparemos esforços para alcançá-lo.

O jornal *Gaydz* era publicado mensalmente, no tamanho de 33 cm de comprimento por 22 cm de largura, e possuía vinte páginas. Sua tiragem era de trezentos exemplares, e a assinatura anual custava 12,00 cruzeiros para São Paulo e 15,00 cruzeiros para outras cidades. O número avulso era vendido a 1 cruzeiro, e a remessa para o exterior, a 1 dólar o exemplar. *Gaydz* foi publicado até o mês de abril de 1935, totalizando 25 edições. Cessou as atividades por alguns meses, e voltou a ser publicado numa gráfica.

Jornal mensal mimeografado *Gaydz*

Em agosto de 1935, *Gaydz* voltou a ser publicado, desta vez numa gráfica, e na primeira parte do seu editorial dizia:

Segunda vitória:
Conforme havíamos prometido, apesar do pequeno atraso, estamos lançando agora o primeiro número do "Gaydz", desta vez impresso numa gráfica.

Como já é do conhecimento dos estimados leitores, o "Gaydz" com impressão gráfica é a continuação fiel do "Gaydz" publicado em mimeógrafo, portanto sem mudar nenhuma característica de sua linha editorial, e assim prosseguirá até que se concretizem nossos objetivos "hentchaguianos", pelos quais nós, os "Hentchakians", colocamos a serviço da comunidade o melhor e o mais valioso da nossa história de meio século, a nossa força e sacrifícios, que abrangem nossas lutas heroicas e o derramar do sangue, que nos têm levado a vivermos sob o espanto do fogo e da espada, mas jamais nos desestimulado.

Como havíamos dito na época, repetimos, novamente, que não temos a pretensão de nos lançarmos como profissionais a esta ingrata porém simultaneamente doce carreira publicitária; ao contrário, aproximamo-nos dela com passos tímidos, e tentaremos trabalhar dentro das limitações e capacidade de nossas forças, para tentar preencher esta lacuna em nossa coletividade, e com a satisfação de cumprir uma obrigação.

Há três anos, quando iniciamos a publicação do "Gaydz" no formato anterior, a nossa expectativa era a de poder tê-lo publicado, um dia, numa gráfica. Para alcançar este objetivo nos empenhamos, incansavelmente, sem ater-se à nossa força limitada e às condições desfavoráveis ao nosso redor. Acrescentemos também que fomos obrigados a lutar contra muita dificuldades e empecilhos nocivos de fatores internos e externos que tentaram se arvorar diante de nós. Os sonhos desses elementos maléficos se dissiparam no ar, qual o borbulhar do sabão, e, caso surjam outros empecilhos, certamente terão o mesmo destino.

O que conseguimos alcançar até este momento, devemos em parte à organização Hentchakian da região da América do Norte, do Uruguai e da Argentina, e em especial aos nossos companheiros do Brasil, que não esmoreceram diante das dificuldades surgidas.

Gaydz começou sua nova fase impressa e foi publicado até o dia 15 de maio de 1937, lançando no total 22 números. Depois dessa data, parou de circular, acatando decisão adotada na assembleia geral do Partido Social Democrata Henthcakian realizada em Buenos Aires, para ser relançado na capital argentina com o nome de *Charjum* (*Movimento*), desta vez como órgão oficial das filiais da América do Sul do Partido Social Democrata Hentchakian.

Por ocasião do seu relançamento em gráfica, todos os jornais locais de São Paulo divulgaram esta notícia, dos quais citemos, como exemplo, o jornal *Folha da Manhã*, que, em uma de suas edições do mês de agosto de 1935, sob o título "O primeiro jornal armênio impresso no Brasil", noticiava o seguinte: "Sob a direção editorial de Yervant Mekhitarian, foi lançado nesta cidade o jornal armênio 'Gaydz'. Em formato grande e publicado em papel de boa qualidade, este novo jornal é publicado uma vez por mês, e promete alcançar um ótimo futuro".

O fato de interesse é que todos os jornais publicados em São Paulo divulgaram o relançamento do jornal *Gaydz* como se isso fosse uma notícia comum, sem estender votos de boas-vindas e de êxito, como é de praxe na imprensa em geral. Isso talvez tenha ocorrido devido ao fato de ser esta uma publicação de origem estrangeira, e por difundir notícias restritas e mais limitadas, em nível comunitário.

Faziam parte da equipe editorial do *Gaydz* Bedros Nazarian, diretor-proprietário, Yervant Mekhitarian, editor, Stepan Sukiassian, Kevork Hanemian e Levon Mekhitarian, estes últimos respondendo pela parte administrativa e financeira do jornal. Já Bedros Ketchedjian e Antranik Bojukian eram os tipógrafos-linotipistas do *Gaydz*.

Yervant Mekhitarian nasceu na cidade de Garin, no dia 22 de dezembro de 1903, filho de Hovhannés Mekhoyan, nativo da aldeia de Vart, região de Much. Yervant recebeu sua educação primária na escola Ardz'nian, em Garin. Em 1912, mudou-se com a família para a cidade de Constantinopla, onde prosseguiu seus estudos na escola Bezdjian. Depois de frequentar por um período a escola Central, foi aluno do curso superior quadrienal de Khatchadur Berberian. Sendo membro do Partido Hentchakian, seu pai foi preso em 1915, e faleceu um ano depois, logo ao sair da prisão. Em 1922, por causa do movimento kemalista, Yervant e sua

Yervant Mekhitarian

família tiveram de sair de Constantinopla e se refugiaram na França, de onde, em 1926, chegou ao Brasil e se estabeleceu na cidade de São Paulo, ocupando-se do comércio.

Casou em 1933, com a Srta. Barkevuhi Sukiassian, natural de Marach. Foi membro da Associação Juvenil Mista Armênia e colaborador do jornal mensal *Yerant* dessa associação. Foi membro da Associação Estudantil Hentchakian e editor do jornal mensal *Gaydz*. Organizou e atuou no programa radiofônico armênio *Ararat*.

Yervant Mekhitarian colaborou praticamente com todos os jornais publicados pelo Partido Social Democrata Hentchakian. Foi membro do Comitê de Auxílio aos Armênios Vítimas da Guerra, formado em 1945, e editor do jornal *Hayasdaní Tsayn* (*A voz da Armênia*), publicado em 1947.

Jornal mensal *Gaydz*

Gaydz era impresso na gráfica dos sírios, Sphinx (Esfinge), que também publicava a revista homônima daquela comunidade. As letras armênias foram trazidas da América do Norte pelo Partido Social Democrata Hentchakian. O jornal tinha uma tiragem de mil exemplares, em quatro páginas.

Assim como no período em que era publicado no sistema mimeografado, também quando começou a ser impresso numa gráfica, se não todo o serviço, certamente quase a totalidade do trabalho recaía sob os ombros do jovem Yervant Mekhitarian, que era o editor do jornal, assim como o articulista e, caso fosse necessário, também fazia as funções de linotipista-tipógrafo.

Apesar de terem assumido um denso trabalho, acima de seus esforços, os jovens que estavam envolvidos na publicação do *Gaydz* demonstraram aptidão e foram úteis nesse ofício, com uma dedicação plena que trazia orgulho ao editor e seus colaboradores, fazendo-os esquecerem todas as imperfeições do jornal.

Kevork Hanemian nasceu no dia 15 de setembro de 1896, em Hadjin, filho de Bedros Hanemian. Recebeu sua educação primária na escola Kevorkian, e depois seguiu a profissão de marceneiro.

Foi preso em 1915, sofrendo as torturas brutais das prisões turcas. Mais tarde, foi deportado para Hamus, onde permaneceu até o armistício.

Em 1922, casou com a Srta. Haiguhi Gdikian, sua conterrânea, e chegou ao Brasil em 1927, estabelecendo-se na cidade de São Paulo e trabalhando no comércio.

Kevork Hanemian foi um dos fundadores da Associação Compatriota de Hadjin e diretor financeiro do jornal *Gaydz*.

Kevork Hanemian

Stepan Sukiassian (Tchorbadjian) nasceu em Marach, no ano de 1910, filho de Garabed Tchorbadjian. Em 1915, foi deportado com a família para Damasco, ali permanecendo até o armistício, para depois retornar a Marach, onde recebeu sua educação primária, num orfanato armênio.

Depois dos massacres de Marach, Stepan e sua família retornaram a Damasco e, de lá, Stepan veio para o Brasil, em 1926, fixando residência na cidade de São Paulo e ocupando-se da profissão de alfaiate.

Foi um dos responsáveis pela parte financeira do jornal *Gaydz*.

Stepan Sukiassian

O Partido Social Democrata Hentchakian, desde a data de sua fundação até fins de 1937, quando, por motivos políticos, foi obrigado a encerrar sua atividade oficial, através de palestras, festas e apresentações que realizou, paralelamente à divulgação ideológica, tentou tornar simpática a imagem da Armênia Soviética na coletividade local. Para isso, divulgou nas páginas do seu órgão as notícias colhidas da imprensa e elogiou os trabalhos de reconstrução na Armênia, exortando a coletividade a revelar o seu amor para com a mãe-pátria não só com meras palavras, mas também apoiar os trabalhos ali desenvolvidos, com recursos de ajuda financeira, na medida do possível.

Por ser uma organização partidária, também aqui os seus correligionários não ficaram imunes às lutas político-ideológicas, que por vezes alcançaram dimensões exageradas. Mas não vale a pena refletir aqui sobre estes confrontos ideológicos insignificantes e desnecessários, que têm sido uma doença crônica na vida do nosso povo, e assim permanecerá até não estarmos aptos a entender, em nível nacional e coletivo, o verdadeiro significado das lutas partidárias e os meios para utilizá-los de forma construtiva.

Hagop Azadian

Hagop Azadian nasceu em 1873, na cidade de Cesárea, filho de Harutiun Azadian. Recebeu sua educação primária na escola Gumuchian. Aos 14 anos de idade, teve a infelicidade de perder seu pai e foi obrigado a trabalhar para conseguir o sustento diário. Em 1893, com quase 20 anos de idade, já se destacava por seu caráter ardente, sendo um dos ativistas dinâmicos do Partido Hentchakian. Não tardaria, e as atividades deste jovem corpulento, robusto e esbelto chamariam a atenção do governo turco. Em 1893, Hagop foi detido e, ao ser condenado para uma pena de seis anos de reclusão, foi encaminhado para a ilha de Rodes. Mereceu um indulto imperial e saiu da prisão em 1897, voltando para Cesárea. No mesmo ano, casou com sua conterrânea Srta. Gulênia Ulukian. Mas sua felicidade familiar seria muito breve, pois teve a infelicidade de perder sua parceira de vida ao nascer o filho primogênito, e depois disso não mais teria oportunidade de formar uma nova família.

Em 1899, Hagop Azadian decidiu sair de Cesárea, onde não tivera sorte, e mudou-se para a cidade de Ancara, onde assumiu uma função no escritório de Nalchadjian. O governo turco, que tinha uma habilidade peculiar de espionar os passos dos armênios dos quais suspeitava, deteve-o novamente, em 1903. Após ficar enclausurado por três anos, foi posto em liberdade no ano de 1907, mas, como os terríveis sofrimentos da prisão haviam deixado nele uma mágoa profunda, preferiu se afastar para as montanhas, para agir livremente contra os tiranos turcos.

Em 1908, por ocasião da mudança do governo, desceu das montanhas e começou a trabalhar numa empresa ferroviária inglesa, que administrava a ferrovia que ia de Esmírnia a Eguerdir. Em 1911, o engenheiro-chefe da empresa, o inglês *Mister* Daniel Hajinson, sugeriu a Hagop que saísse da Turquia, pois esse país deixara de ser um local seguro para se morar. Seguindo esse conselho, Azadian partiu para Gênova, Itália, e de lá veio para o Brasil, no ano de 1912. Depois de perambular por dois anos de cidade em cidade, encontrou um emprego num grande frigorífico localizado em Presidente Altino, nos arredores da cidade de São Paulo, onde trabalhou por seis anos.

Desde 1920, Hagop Azadian reside na cidade de São Paulo e dispõe da maior parte do seu tempo ajudando aos necessitados e, principalmente, aos concidadãos pobres e enfermos, encaminhando-os para hospitais ou prontos-socorros e oferecendo-lhes os meios financeiros necessários. Os serviços espontâneos realizados por Azadian para aliviar a miséria de seus compatriotas fizeram com que ele conquistasse grande popularidade e o respeito sincero de todos. Azadian também ficou conhecido na coletividade armênia pelo apelido de "Tchavuch" (soldado), e não existe nenhum armênio que tenha passado por uma dificuldade ou uma enfermidade que não tenha apelado ao "Tchavuch", e tampouco alguém que não tenha recebido o seu apoio. Ele foi considerado um "pai dos pobres" e o "anjo bondoso" dos enfermos. Foi um dos fundadores da Associação Comunitária e um de seus membros mais ativos, bem como um dos mais entusiasmados organizadores do Partido Hentchakian, membro do Conselho Administrativo da Igreja Armênia de São Paulo e do Conselho Comunitário por diversas gestões.

A partir de 1932, Azadian foi presidente do Corpo de Ajuda aos Pobres (Aghkadakh'nam), exercendo essa função com grande carinho e zelo. Apesar de sua idade avançada, ele tem uma saúde de ferro, vigor e vitalidade próprios de um jovem. É sensato, sério e de pouca fala; é limitado nos elogios, mas extremamente severo e até impiedoso nas críticas. Em toda a coletividade armênia do Brasil, não há ninguém que não conheça o "Tchavuch" Hagop.

Hay Heghapokhagan Tachnagtsutiun (Federação Revolucionária Armênia)

Como quase todas as associações compatriotas e o Partido Social Democrata Hentchakian, também a filial brasileira da Federação Revolucionária Armênia (F.R.A./Tachnagtsutiun) surgiu aqui em 1928. Foi nos últimos meses desse ano que teve lugar a formação oficial desse partido político que, depois de registrar formalmente sua constituição com as autoridades, começou a atuar livremente.

A ideia de constituir a filial brasileira do Tachnagtsutiun em São Paulo foi de Kiud Mekhitarian. Apesar de não ter assumido diretamente a iniciativa de formar essa instituição, no entanto, a partir de 1924, através das reportagens e artigos que escrevia, ele considerava ser não só importante, como também necessária a presença do partido, que poderia contribuir para a dinamização da vida comunitária. Como um *Tchanagtsagan*[18], é natural que Kiud Mekhitarian preferisse a existência da agremiação partidária da qual fazia parte e, se não atuou pessoalmente, ao menos lançou a semente de formação dessa organização em São Paulo.

Concretamente, a iniciativa prática de estabelecer a filial do Tachnagtsutiun em São Paulo é de Dikran Avakian, natural da aldeia de Ayki, região de Chadakh, província de Van. Avakian foi um dos alunos do orfanato Araradian, em Jerusalém, e na época era um jovem com seus 22 ou 23 anos de idade. Descendendo de uma família revolucionária, ainda em sua tenra idade, presenciou as atividades do seu pai e do tio paterno, que o marcaram profundamente. A perda do pai e da mãe, em 1915, a batalha épica na cidade de Van no mês de abril desse mesmo ano, a miséria e os sofrimentos por que passou durante a retirada dos armênios de Van rumo a Bagdá firmaram nele o espírito rebelde e a disposição de realizar alguma atividade.

Mas o Brasil não era o seu país de origem, nem havia turcos aqui, portanto não haveria necessidade de desenvolver uma atividade de cunho revolucioná-

---

18 Filiado ao Partido Tachnagtsutiun.

rio. Mesmo assim, apenas para satisfazer o eco do sentimento que emanava do seu coração, e induzido pelo ímpeto de realizar algo, Avakian contatou vários jovens fervorosos que possuíam semelhanças ideológicas e fundou com eles a filial brasileira do Tachnagtsutiun.

No fase inicial do Tachnagtsutiun, foram seus companheiros imediatos:
Apel Kaloustian natural de Akchehir
Vahakn Minassian natural de Garin
Hovhannes Distchekenian natural de Marach
Manug Sahakian natural de Akchehir
Eduard Marzbanian natural de Yozgat
Zacaria Debelian natural de Constantinopla
Kegham Karakhanian natural de Bitlis

Nessa época, esse grupo de jovens justificou sua existência pela realização de diversos encontros, aos quais tentaram dar um ar misterioso. Eles mantinham suas reuniões em caráter sigiloso. Até a esposa de Dikran Avakian, a Sra. Arussiak, ficava vigiando à noite e por horas, em sua residência, onde as reuniões eram realizadas, para evitar que qualquer estranho os surpreendesse ou os denunciasse. Essas medidas que esses jovens adotavam, certamente exageradas e desnecessárias, eram vinculadas às impressões que Dikran Avakian acumulara e gravara em sua mente desde a infância, época em que seu pai e o tio paterno tomavam todas as precauções quando realizavam suas reuniões na aldeia onde moravam. Dikran, que, junto com seus companheiros, começava a colocar agora os primeiros alicerces dessa organização em São Paulo, achava ser necessário agir do mesmo modo que seu pai e o tio.

Em 1928, chegou a São Paulo, procedente de Buenos Aires, um dinâmico e eloquente orador de grande vocação, o jovem Onnig Darakdjian, natural de Rodosto. Sendo um autêntico *Tachnagtsagan*, aqui ele encontrou um terreno fértil, começou a desenvolver suas atividades e, em poucos meses, conseguiu organizar o Tachnagtsutiun.

Efetivamente, o Tachnagtsutiun fez a sua primeira aparição para o público da coletividade no dia 13 de fevereiro de 1929, através da apresentação teatral da peça *Achkharhi Tadastáne* (*O julgamento do mundo*), no Salão Germânia. Finda a apresentação, o orador do dia, Onnig Darakdjian, dirigiu a palavra aos presentes e disse:

> *Não temais pelo nome do Tachnagtsutiun, pois nós, antes de sermos filiados a um partido, somos armênios autênticos, em primeiro lugar, e como tal é que vivemos. Todas as organizações políticas perseguem um mesmo objetivo,*

seguindo às vezes por caminhos diferentes, visando, no entanto, a liberdade da pátria. Temos, portanto, o objetivo de nutrir o espírito nacional armênio nesta coletividade, e lutar contra a miscigenação dos armênios.

Em 24 de fevereiro de 1929, no salão da Associação Compatriota de Marach e Adjacências, cuja entrada estava ornamentada com o brasão do Tachnagtsutiun, a bandeira tricolor armênia e a do Brasil, assim como as fotografias dos heróis do Tachnagtsutiun, sob a presidência de Hagop Keutcheian, natural de Van, o primeiro comitê da filial brasileira do Hay Heghapokhagan Tachnagtsutiun realizou a inauguração oficial do seu clube. O evento foi abrilhantado com canções, declamações e discursos, todos louvando a glória da organização.

Em 26 de maio de 1929, o comitê do Tachnagtsutiun comemorou o 11º aniversário da República da Armênia, junto com as associações compatriotas Salnó Tsor e Zeitun, ambas de Presidente Altino. Foram oradores do evento Onnig Darakdjian, Dikran Avakian, Vahakn Minassian e Zacaria Debelian.

Em 25 de julho de 1929, a diretoria do clube Varantian do Tachnagtsutiun comemorou o aniversário do Levante de Khanassor, no salão da Associação Compatriota de Marach e Adjacênias.

No dia 6 de outubro de 1929, no salão do Centro Português, foi comemorado o Dia do Tachnagtsutiun, e todos os oradores destacaram a história, as atividades e a grande popularidade de que essa organização usufrui com o povo armênio, desde a sua fundação, em 1890, até os nossos dias.

Onnig Darakdjian

Onnig Darakdjian, filho de Hagop Darakdjian, nasceu em Rodosto, no ano de 1898, e recebeu sua educação primária na escola Surp Hovhannés (São João), em sua cidade natal. Mais tarde, viajou para Constantinopla e prosseguiu seus estudos na escola Hintilian-Malatian. Durante a grande tragédia do Genocídio, foi deportado para Der-el-Zor, salvando-se, milagrosamente e retornando para Constantinopla. Em 1923, viajou para Buenos Aires, onde casou com a Srta. Archaluis Areghtsian, natural de Van, no ano de 1926. Dois anos depois, mudou-se para o Brasil e estabeleceu-se na cidade de São Paulo, onde possui uma fábrica que prepara diversos objetos ósseos. Foi membro da intendência da escola Turian, assim como da Associação Educacional e do Conselho Representativo. Onnig Darakdjian é dotado de um caráter exemplar e realiza suas atividades com muito zelo e grande responsabilidade.

No dia 23 de agosto de 1930, o Tachnagtsutiun comemorou o 33º anivesário do Levante de Khanassor, no salão Internacional, tendo como orador principal o Sr. Onnig Darakdjian. Este, olhando os poucos presentes, lamentou a indiferença dos armênios com relação a eventos dessa envergadura.

Em 1º de abril de 1931, foi comemorado o 40º aniversário do Tachnagtsutiun, no salão Itália-Fausta. Foram apresentados números musicais, canções, declamações, discursos e uma cena teatral. Os organizadores da festa não mediram esforços para apresentar o Tachnagtsutiun tal qual é: uma organização intelectual, cultural e militante-estratégica.

Em 26 de junho de 1932, no salão Itália-Fausta, junto com a Associação Salnó Tsor de Presidente Altino e a União Geral Armênia de Cultura Física, o Tachnagtsutiun comemorou o 14º aniversário da República da Armênia.

Em 1934, organizou a Cruz Vermelha Armênia (Hay Garmir Khatch) e a União dos Órfãos Adultos (Tchapahás Vorperú Miutyun).

Em 2 de abril de 1938, no Clube Varantian, o Tachnagtsutiun comemorou o 17º aniversário da Insurreição de Fevereiro de 1921.

Em 24 de julho de 1938, formou a União das Moças Armênias.

Há duas festas que o Comitê do Tachnagtsutiun de São Paulo comemora todos os anos: uma delas é o Dia do Tachnagtsutiun, e a outra refere-se ao dia 28 de maio de 1918. Se não temos nada a dizer sobre a primeira, já que se trata de uma data estritamente partidária, já não podemos dizer o mesmo da segunda.

O 28 de maio, por ser comemorado pelos associados e simpatizantes do Tachnagtsutiun, parece ter assumido o caráter de uma festa partidária; há, inclusive, os que desprezam ambas as datas. Na nossa opinião, isso é um erro e consequência de um pensamento mesquinho. O 28 de maio não foi conquistado apenas pelo Tachnagtsutiun, nem é uma data restrita a essa organização. O 28 de maio nasceu com o derramamento de sangue de todo o povo armênio e foi conquistado com a luta de milhões de mártires para se libertar da tirania turca. Enfim, essa é a data de liberdade do povo armênio e, por isso, é inaceitável a postura de certos segmentos, pois sob nenhuma hipótese essa data pode transformar-se em "exclusividade" desta ou daquela organização política. Se naquela época o Tachnagtsutiun detinha a maioria no governo, não se pode esquecer, no entanto, que, para conquistar a sua liberdade, o povo que lutou perfazia um número incomparavelmente maior que os filiados desse partido. Portanto, arrebatar a glória de milhões do povo e atribuí-la apenas a uma organização partidária é um erro crasso e imperdoável. Todas as nações possuem suas datas de independência. No caso do povo armênio, essa data é o dia 28 de maio, e a Armênia atual, sua continuidade. Renegar o verdadeiro valor histórico do dia 28 de maio com a mera intenção de combater o Tachnagtsutiun, no nosso pensamento, não é patriotismo nem respeito ao povo, mas demonstra falta de maturidade. Lamento sinceramente, pois, ao invés de os armênios espalhados pelos quatro cantos do mundo festejarem essa data da nossa liberdade de forma majestosa e com orgulho, há os que tentam obscurecer a sua importância. Do verdadeiro valor da liberdade só entendem aqueles que lutaram anos afora para conquistá-la, e, no caso dos armênios, tal luta não foi travada apenas pelo Tachnagtsutiun, mas teve a participação de todas as organizações e partidos políticos armênios e, consequentemente, todo o povo armênio. Destarte, o dia 28 de maio não é mérito apenas do Tachnagtsutiun, mas de todo o povo armênio, que conseguiu lográ-lo com o derramamento do seu sangue. Como um pequeno exemplo, lembremos o episódio de um dos respeitáveis intelectuais da cidade de Van, Vartan Babekian, e seu grupo constituído integralmente por intelectuais daquela cidade. Todos foram martirizados, e o sangue derramado viabilizou a conquista da liberdade para a Armênia. Esses intelectuais, que enfrentaram a morte de forma consciente e voluntária, assim agiram em prol da liberdade. E o que é mais importante: nenhum deles era filiado ao Tachnagtsutiun. Por isso, ninguém tem o direito de querer apropriar-se da glória do 28 de maio, o que seria uma atitude impiedosa e um erro imperdoável, um crime inqualificável. O 28 de maio é de todo o povo armênio, assim permanecerá e deve ser respeitado como a data de libertação da nação armênia da escravidão de séculos, e deve ser comemorado por todos os armênios que amam a sua pátria e compreendem o valor da liberdade! Eis a nossa opinião e nossa convicção.

A parte mais notável da atuação do Comitê de São Paulo do Tachnagtsutiun tem sido sua carinhosa atenção para com a escola Turian, fato esse que merece todo o nosso respeito e consideração. Sem dar denotação partidária a esse lar de ensino, o Tachnagtsutiun sempre tentou manter afastado o perigo de fechamento da escola. Os apoios financeiro e, principalmente, moral de seus associados tem sido imprescindível nesse aspecto.

Como em todos os lugares, também em São Paulo, não são poucas as malversações surgidas contra o Tachnagtsutiun. Existem os que alegam ser a escola

Turian um educandário dessa organização, e até mesmo certos intolerantes que não enviam seus filhos a essa escola, alegando que a escola "pertence ao Tachnagtsutiun". Devemos confessar que a escola não se encontra num patamar invejável, mas a situação poderia estar bem pior se o Tachnagtsutiun, de forma não oficial, não trouxesse ou cessasse o seu apoio moral e material à manutenção e preservação dessa escola.

Um dos principais objetivos do Tachnagtsutiun tem sido também o seu fortalecimento para poder enfrentar da melhor forma possível o perigo de miscigenação dentro da coletividade armênia. Com a realização de festas, encontros, noites culturais e apresentações teatrais, a organização tenta manter acesa nos corações dos membros dessa coletividade a tocha dos sentimentos patrióticos, e o trabalho desenvolvido nesse sentido não é desprezível.

Para os que se consideram amigos do regime atual vigente na Armênia, o Tachnagtsutiun passa a impressão de ser inimigo da mãe-pátria por seguir uma postura de oposição ao regime soviético na Armênia.

Mas o Tachnagtsutiun, ao contrário, conta hoje em suas fileiras com uma destacada contingência de jovens valiosos, munidos de sentimentos patrióticos, enérgicos e dinâmicos, com muita disposição para trabalhar e se sacrificar.

Como em todos os lugares, também aqui o Tachnagtsutiun não tem ficado imune à luta ideológico-partidária, luta essa resultante de um patriotismo mal explicado, e às vezes vítima da ganância pessoal, autoritarismo ou vaidade, criando destarte um ódio inútil, uma rivalidade desnecessária e até prejudicial, fatores esses que, de certa forma, influem na vida organizacional interna da coletividade. Mas estas são falhas de cunho comunitário, das quais nenhum partido político armênio tem conseguido se libertar até hoje. Mas nós, como nação, devemos ao menos tentar superar essas intrigas se efetivamente desejamos criar uma união nacional e defender os nossos direitos.

UNIÃO DOS ÓRFÃOS ADULTOS (TCHOM)

As coletividades armênias da América do Sul se estruturaram como "coletividades" propriamente ditas depois da guerra de 1914-1918. Elas foram surgindo pelos autênticos filhos da grande tragédia (*medz yeghern*), que atingiu toda a nação armênia. Por esse motivo, proporcionalmente, os jovens perfaziam um número maior naqueles anos nessas coletividades. De fato, eles eram os assim chamados "órfãos adultos". Para manter neles o sentimento patriótico-nacional, e protegê-los contra o perigo de perda da identidade de suas origens, sob iniciativa do partido Tachnagtsutiun, fundou-se na França uma entidade chamada União dos Órfãos Adultos (Tchapahas Vorperú Miutyun), que também ficou conhecida com sua sigla formada pelas primeiras letras em armênio, "Tchom". Graças à organização que a auspiciava, o Tachnagtsutiun, em pouco tempo essa União abriu suas filiais em todas as partes do mundo.

Como centro que englobava número maior de armênios, a primeira filial da Tchom na América do Sul foi estabelecida em Buenos Aires. Já a filial brasileira surgiria em 1934, graças ao empenho de Dikran Avakian. Foram membros da primeira diretoria da União dos Órfãos Adultos de São Paulo: Dikran Avakian, Rupen Kiurkdjian, Barkev Kamadjian, Vartevar Dzerunian, Barkev Kalemkearian, Arsen Momdjian e Harutiun Distchekneian.

Por volta de sessenta jovens e adolescentes se juntaram a essa entidade e, com o intuito de manter aceso o espírito armênio nos jovens em geral dessa coletividade, organizaram várias festas, reuniões familiares e palestras. Para essas palestras esporádicas eram convidados Hagop Kalemkearian, Onnig Darakdjian, Hovhannés Mamigonian, Vahakn Minassian e Dikran Avakian.

Até 1936, a sede regional da Tchom na América do Sul localizava-se em Buenos Aires. Mas quando, naquele ano, Simon Vratsian[19] veio para este continente com uma missão do Tachnagtsutiun, ele transferiu a sede de Buenos Aires para São Paulo.

Estimulada por essa nova reformulação, a União dos "Tchomistas" de São Paulo redobrou os seus esforços e, com o intuito de realizar uma atividade mais dinâmica, no dia 26 de julho de 1935 elegeu sua nova diretoria, que também seria a Diretoria Regional para a América do Sul.

Foram eleitos para essa nova diretoria:
Andréas Jafferian: Presidente
Karekin Tufenkdjian: Secretário
Vahan Tchorbadjian: Tesoureiro
Vahakn Minassian: Conselheiro
Barkev Kalemkearian: Conselheiro

Essa diretoria era formada por jovens competentes e esclarecidos da coletividade, que visavam atuar em prol do verdadeiro objetivo da União, isto é, o de criar uma cooperação fraternal entre os jovens da coletividade, cultivando neles o autêntico sentimento patriótico e imparcial.

Também fazia parte de sua preocupação a situação da escola armênia Turian, que necessitava de apoio moral e material. Mas, antes mesmo de se lançar a esses trabalhos, chegou a notícia do início do desmantelamento da União dos Órfãos Adultos na Argentina, pois alguns lá achavam não ser apropriado usar tal nome, uma vez que muitos desses jovens já estavam casados e eram até pais de vários filhos. O Brasil, para onde se transferira a sede da União (Tchom)

---
19 Ex-premiê da I República da Armênia.

da América do Sul, e onde existia uma coletividade incomparavelmente menor, não pôde manter sua condição de sede dessa entidade em nível regional, principalmente depois que o editor do diário *Armênia* de Buenos Aires e representante do Tachnagtsutiun para a América do Sul, Arsen Mikaelian, também esteve de acordo com a dissolução da Tchom e fundou em seu lugar, no ano de 1940, uma outra instituição denominada União da Juventude Armênia (UJA).

São Paulo, seguindo a orientação e norma disciplinar do Tachnagtsutiun, também dissolveu a Tchom brasileira, formando em seu lugar a UJA de São Paulo.

A União dos Órfãos Adultos teve, assim, uma existência breve em São Paulo. Foi uma entidade de cunho partidário, mas, com as palestras e reuniões familiares que organizou, foi muito útil para os jovens que se aglomeraram ao seu redor.

UNIÃO DA JUVENTUDE ARMÊNIA

Em 1940, uma das destacadas figuras do Tachnagtsutiun, Arsen Mikaelian, viajou dos Estados Unidos para Buenos Aires para assumir a o cargo de editor do jornal *Armênia*, assim como coordenar os trabalhos do Tachnagtsutiun na América do Sul.

Aproveitando sua passagem por São Paulo, a caminho de Buenos Aires, Arsen Mikaelian decidiu revigorar a atividade do Tachnagtsutiun a partir dessa cidade.

Ao ser informado sobre a dissolução dos "Tchoms", pensou em reunir novamente os jovens das coletividades e induzi-los ao trabalho comunitário. Assim, no dia 13 de outubro de 1940, ele os convidou para uma reunião, à qual compareceram dezessete pessoas.

Com seu grande carisma e eloquente discurso, Arsen Mikaelian exortou os dezessete jovens a formarem o núcleo de uma nova entidade, que viria a chamar-se União da Juventude Armênia, e constituiria a filial brasileira da entidade homônima a ser formada em Buenos Aires. Mikaelian prometeu, ademais, não medir esforços e dar todo o seu apoio moral para o crescimento dessa entidade.

Estimulados pelas palavras patrióticas de Arsen Mikaelian, os jovens aceitaram a proposta apresentada e declararam como fundada a União da Juventude Armênia. E, para dar-lhe um aspecto formal, elegeram no ato uma diretoria, que ficou assim constituída:

Nichan Bertizlian: Presidente
Peniamin Kiurkdjian: Secretário
Paren Bazarian: Tesoureiro

Nubar Akrabian: Conselheiro
Antranig Barsumian: Conselheiro

A UJA teria, portanto, o objetivo de difundir os valores nacionais armênios e manter vivo entre os jovens da coletividade o sentimento de amor para com a mãe-pátria Armênia.

Nichan Bertizlian nasceu em 1920, em Marach, filho de Hagop Bertizlian. Chegou ao Brasil com a família em 1926 e se estabeleceu na cidade de São Paulo, onde recebeu sua educação primária na escola Turian. Depois de concluir o segundo grau na escola Oswaldo Cruz, ocupou-se do comércio.

Foi um dos fundadores e presidente da diretoria da União da Juventude Armênia (UJA) de São Paulo. É um dos três jovens que criaram o programa radiofônico armênio *Haygagan Jam* (*Hora Armênia*), e é também um cantor muito estimado por todos.

Em 1942, casou com a Srta. Adel Tchakerian. Trabalha no comércio.

Nichan Bertizlian

Depois da despedida de Arsen Mikaelian, a direção e os cuidados da recém-criada União ficou a cargo de Sacó Hagopian, então diretor da escola Turian. Hagopian estimulou os jovens e sugeriu-lhes que arregimentassem as fileiras da UJA com novos membros. E, para facilitar o trabalho deles, colocou à disposição da entidade uma das salas da escola Turian, sob a condição de usarem-na apenas à noite, fora do horário das aulas, para não prejudicar as atividades escolares.

No dia 20 de outubro de 1940, a União da Juventude Armênia realizou sua primeira assembleia geral, à qual compareceram, além dos dezessete membros fundadores, vinte novos membros. Ao dirigir sua palavra aos jovens, Sacó Hagopian explicou a missão que recai sobre os jovens dentro da vida da coletividade, exortando-os a prender-se às suas atividades com muita determinação e ânimo.

Essa primeira assembleia geral, que teve como principal objetivo reunir um número maior de jovens e criar neles o entusiasmo nacional armênio, estabeleceu a contribuição mensal de 3 cruzeiros, obrigatória para todos os membros da UJA.

Em outra assembleia geral, realizada no dia 3 de novembro de 1940, a diretoria comunicou aos associados, formalmente, que fizera um acordo definitivo com a intendência da escola Turian e, ao menos provisoriamente, seria possível usar um dos salões da escola como local de seus encontros e reuniões, fora do horário das aulas. Ao dirigir suas palavras para os presentes, Hagopian explicou o papel dos jovens dentro da vida da coletividade e, mais uma vez, exortou-os a prender-se com muita garra às suas atividades.

A primeira diretoria da União da Juventude Armênia era provisória e tinha a tarefa de realizar trabalhos iniciais e aumentar o número de seus associados. Pode-se dizer que essa diretoria realizou plenamente sua missão, e a entidade, que começara suas atividades com dezessete membros, já contava com aproximadamente 55 associados, todos jovens muito animados e dispostos a trabalhar. A diretoria provisória considerou ter chegado a hora de se formar uma diretoria legalmente constituída por meio de eleição, e convocou uma assembleia geral para o dia 27 de julho de 1941. Nesse dia, depois de apresentar o seu relatório de atividades, sugeriu à assembleia a formação de uma diretoria permanente.

Os presentes, elogiando os trabalhos da diretoria provisória, por votação secreta, elegeram a nova diretoria, que ficou assim constituída:

Peniamin Kiurkdjian: Presidente
Apraham Tavitian: Vice-presidente
Avedis Asdurian: Secretário em armênio
Antranig Barsumian: Secretário em português
Krikor Semerdjian: Primeiro tesoureiro
Boghos Tchalekian: Segundo tesoureiro
Nichan Bertizlian: Orador oficial em armênio
Hagop Sagh-Bazarian: Orador oficial em português

A nova diretoria começou a trabalhar com um entusiasmo ainda maior que a anterior e, como resultado das muitas reuniões que realizou, desenvolveu as seguintes atividades:

a) Ao sentir a necessidade de ter o seu coral especial, a diretoria solicitou ao Dr. Vahakn Minassian que formasse um coral e assumisse a parte dos eventos culturais. O Dr. Vahakn Minassian, que já era membro da União, aceitou com satisfação essa incumbência e, em pouco tempo, conseguiu organizar um coral misto composto por sessenta elementos. Esse coral seria o ponto alto da União da Juventude Armênia e, principalmente, para ele, Vahakn Minassian. Com a execução de músicas em uma ou quatro vozes, esse coral tem oferecido momentos muito agradáveis para a coletividade armênia. Se nessa esfera o empenho de Vahakn Minassian está acima de qualquer elogio, a disposição e o zelo dos membros deste coral também merecem grande consideração, pois eles assimilaram os arranjos e determinações do seu regente com muito carinho, assumindo com muita responsabilidade os papéis que lhes foram confiados, dedicando horas e dias aos ensaios e aos eventos culturais.

b) A diretoria organizou palestras e reuniões para a entidade, nas quais diversos compatriotas discursaram sobre temas variados.

c) No salão do Clube Cultural Paulistano, a diretoria realizou um evento dedicado ao aniversário da União da Juventude Armênia. Foi a primeira vez que a entidade se apresentou formalmente ao público da coletividade. A iniciativa foi um sucesso, encantou a todos, e os presentes ficaram com uma ótima impressão.

d) A diretoria organizou um piquenique num local arborizado chamado Caieiras, ao qual compareceram mais de mil pessoas, passando todos um dia muito agradável e alegre.

e) Como sucursal brasileira, a União da Juventude Armênia manteve contatos regulares com a UJA de Buenos Aires.

f) Foram instituídos cursos de armênio e português para os associados da UJA, mas não foi possível prosseguir por muito tempo, pois a eclosão da Segunda Guerra Mundial também afetou o Brasil. No mesmo período, interrompeu-se a troca de correspondências com a diretoria central da UJA em Buenos Aires, e, devido a essas circunstâncias, a entidade não pôde mais desenvolver suas atividades, o que a levou à paralisação por vários meses.

Apraham Tavitian nasceu em Marach, no ano de 1920, filho de Armenag Tavitian. Chegou ao Brasil com a família em 1929 e se estabeleceu na cidade de Botucatu, interior do estado de São Paulo. Em

Apraham Tavitian

1934, concluiu o curso superior de Contabilidade na escola Álvares Penteado, na cidade de São Paulo. Foi membro e presidente da União da Juventude Armênia.

Nesse emaranhado de acontecimentos, alguns membros da União, numa conversa casual, refletiram sobre a paralisação das atividades da UJA e, ao ver que não havia um motivo sério que justificasse a dispersão da entidade, decidiram criar um novo movimento e despertá-la da posição adormecida. Porém, precisavam encontrar algo que pudesse atrair a curiosidade dos demais e reacender, assim, a chama do entusiasmo.

Já havia algum tempo, os árabes de origem síria, radicados na cidade de São Paulo, criaram o programa radiofônico *Hora Árabe*. Com transmissão diária e no mesmo horário, era possível ouvir a música árabe difundida por uma emissora brasileira, o que era uma excelente forma de propaganda para os sírios. Os organizadores desse programa conseguiam manter aceso o sentimento nacional em seus concidadãos e compatriotas e, ao mesmo tempo, difundir a música e as canções árabes para o público brasileiro e outras etnias nacionais que moravam na cidade.

Nesse encontro casual, os jovens armênios refletiram sobre esse programa radiofônico e indagaram se também eles não poderiam ter uma *"Hora Armênia"*. Parecia que uma grande invenção foi descoberta! A ideia era maravilhosa, principalmente em se tratando de uma novidade. Restava executá-la, o que não era uma tarefa tão fácil. Mas o desejo dos jovens era tamanho que, desta vez, iria surtir efeito; era uma determinação incansável e uma vontade destemida armênia que seriam postas em evidência.

Os jovens que confabularam essa bela ideia eram Nichan Bertizilian, Antranig Barsumian e Azad Tarikian, os quais, mais do que entusiasmados por essa grande "descoberta", lançaram-se imediatamente ao trabalho, comunicando primeiramente ao Dr. Vahakn Minassian, pleiteando o seu apoio para a organização e preparação do programa radiofônico. Vahakn Minassian não só acatou com satisfação essa sugestão, como ficou até mais entusiasmado que os próprios jovens e prometeu fazer o seu melhor; incentivou-os e começou a preparar a lista das canções e músicas armênias.

Azad Tarikian nasceu no dia 26 de dezembro de 1917, na cidade de Alepo, Síria, filho de Meguerditch Tarikian, natural de Aintab. Com o seu pai, chegou ao Brasil em 1923, estabelecendo-se na cidade de Itu, no interior do estado de São Paulo, onde recebeu sua educação primária e fundamental.

Atualmente, reside na cidade de São Paulo e ocupa-se do comércio. É um dos três jovens que criaram a ideia do programa radiofônico *Hora Armênia*, sendo um dos membros mais atuantes.

Azad Tarikian

Uma das maiores dificuldades para a criação do programa radiofônico *Hora Armênia* foi, sem dúvida, a parte financeira. Sem dinheiro, não seria possível iniciar tal atividade. Tanto os jovens que tiveram essa ideia, individualmente, como a União da Juventude Armênia, coletivamente, não possuíam condições financeiras para assumir as despesas do período inicial. Mas eles tinham um capital valioso que talvez valesse mais que dinheiro: estavam dotados de uma sólida vontade e disposição para trabalhar.

Logo depois de terem informado essa ideia para as pessoas mais conhecidas, eis que surgiu, subitamente, uma corrente de simpatizantes; as pessoas contatadas começaram a se manifestar de forma positiva: comerciantes e empresários prometeram patrocinar o programa radiofônico por propagandas publicitárias. Assim, foi possível juntar a quantia necessária para o lançamento do programa radiofônico armênio.

Por outro lado, também não foi difícil obter a permissão para transmitir o programa *Hora Armênia* e acertar com uma emissora de rádio o dia, o horário e as condições de pagamento.

Antranig Barsumian nasceu em 1921, na cidade de Marach, filho de Hagop Barsumian. Depois dos massacres em sua cidade natal, Antranig e a família foram para Beirute e, de lá, chegaram ao Brasil, em 1930, estabelecendo-se na cidade de São Paulo. Depois de frequentar por um ano a escola armênia Turian, Antranig estudou na escola Coração de Jesus, concluindo o curso de contador em 1943. É proprietário de uma fábrica de calçados. Foi membro da União da Juventude Armênia e também um dos idealizadores e criadores do programa radiofônico *Hora Armênia*.

Antranig Barsumian foi vice-redator do *Jornal Cultural Mensal Brasil-Armênia*.

Antranig Barsumian

Dia 15 de agosto de 1942, 19h00: para os armênios de São Paulo, em geral, e para a União da Juventude Armênia, em especial, mas particularmente para os idealizadores do *Programa Radiofônico Hora Armênia*, essa data foi de júbilo extraordinário, pois, pela primeira vez em solo brasileiro, ouvia-se uma transmissão radiofônica da melodia armênia, pelas ondas da P.R.B. 6 — Rádio Cruzeiro do Sul, enchendo de enorme alegria os corações dos outrora deportados armênios e surpreendendo os brasileiros, que tinham agora a oportunidade de ouvir e conhecer as entonações completamente inéditas dessas músicas estrangeiras.

A *Hora Armênia* tornara-se uma realidade: o povo estava satisfeito e feliz, e os jovens que a concretizaram, após merecerem o elogio de toda a coletividade, indistintamente, por terem alcançado esse sucesso, redobraram seus esforços com iniciativas periódicas, as quais sempre foram muito bem aceitas e elogiadas por todos. E mais: eles conseguiram assegurar a parte mais preocupante de um programa radiofônico, ou seja, o lado financeiro, e já em 1945 conseguiram juntar um fundo de reserva, ficando, destarte, imunes ao pesadelo financeiro.

A criação do programa radiofônico *Hora Armênia* teve uma enorme influência positiva sobre a União da Juventude Armênia. Essa organização, que chegara à beira do desmantelamento total, parecia ter ressuscitado e recebido um novo alento, fazendo com que os membros que haviam se afastado voltassem à União, reiniciando, assim, uma nova fase, com mais ímpeto e dedicação.

A Srta. Mari Distchekenian nasceu em 1928, na cidade de São Paulo, filha de Nazaret Distchekenian, natural de Marach. Recebeu sua educação primária na escola armênia Turian e é uma das primeiras formandas dessa escola. Por três anos, frequentou a Escola Profissional. A agraciada moça é dotada de uma bela voz e é uma das mais queridas cantoras do programa radiofônico *Hora Armênia*.

Mari Distchekenian é também uma das fundadoras da União das Moças.

Srta. Mari Distchekenian

A comissão do programa *Hora Armênia*, que brotara por si só, espontaneamente, depois de alicerçar o trabalho iniciado, considerou ser o seu dever convocar uma assembleia geral da União da Juventude Armênia e passar esta iniciativa à instituição.

Assim, no dia 29 de novembro de 1942, com a presença de 28 associados, depois de ouvir o relato da comissão da rádio e elogiar devidamente essa bela iniciativa, a assembleia geral elegeu a nova diretoria da UJA, assim constituída:

Paren Bazarian: Presidente
Nichan Bertizlian: Vice-presidente
Antranig Barsumian: Secretário
Manug Kumruyan: Vice-secretário
Azad Tarikian: Tesoureiro
Khatchadur Hovaguimian: Vice-tesoureiro
Nubar Budakian: Orador oficial

O primeiro trabalho da recém-eleita diretoria foi renomear a comissão sob cuja responsabilidade fora criada a *Hora Armênia*, que doravante seria chamada de Comissão Coordenadora da Hora Armênia, dando-lhe plenos poderes para atuar.

A nova diretoria montou uma biblioteca com livros armênios e brasileiros; tratou de preparar uma coleção de discos de músicas armênias, para utilizar nos programas da rádio; reorganizou a equipe de futebol da entidade, que começou a realizar jogos com equipes locais; decidiu ajudar a escola Turian, num primeiro instante, com a doação de 50 cruzeiros mensais, depois aumentando esse valor para 2.000 cruzeiros anuais.

No dia 24 de janeiro de 1943, realizou um piquenique na região de Vila Sofia, com a presença de mais de 1.200 pessoas. Todos os presentes passaram um dia muito agradável e alegre, o que também garantiu uma boa receita para a entidade.

A diretoria da UJA criou uma cooperação fraternal com a União das Moças Egressas da Escola Turian, sob o princípio de mútua ajuda, que foi muito benéfica para ambas.

A comissão coordenadora do programa radiofônico *Hora Armênia*, por sua vez, sempre com o apoio e colaboração da UJA, desenvolveu as seguintes atividades:

• Cuidou da parte financeira, para evitar quaisquer imprevistos.

• Formalizou e registrou no Departamento de Investigações Especiais da Polícia (Diep) os nomes dos locutores do programa *Hora Armênia*, Nichan Bertizilian, Manug Kumruyan e Boghos Kumruyan.

• Expirado o prazo inicial, renovou com a emissora o contrato do programa por mais um ano, mantendo o mesmo dia e horário.

Krikor Budakian nasceu em Damasco, Síria, no dia 31 de dezembro de 1922, filho de Dikran Budakian, natural da cidade de Sis. Chegou ao Brasil com a família em 1929 e estabeleceu-se na cidade de Vera Cruz, onde recebeu sua educação primária e fundamental. Foi membro da União da Juventude Armênia e um dos dinâmicos atuantes do programa radiofônico *Hora Armênia*. Foi o responsável e redator-chefe do *Jornal Cultural Mensal Brasil-Armênia*.

Krikor Budakian

No mês de maio de 1943, o programa *Hora Armênia* transmitiu por uma hora a missa em quarenta vozes do padre Gomidás, com o intuito de apresentar ao público brasileiro a canção religiosa armênia.

Em 15 de agosto de 1943, realizou uma festa para comemorar o aniversário do programa. Ao evento cultural, preparado com muito afinco e carinho, seguiu-se um baile até o clarear do dia.

Depois de uma frutífera atividade anual, a diretoria da UJA convocou uma assembleia geral, realizada no dia 5 de dezembro de 1943, e, depois de apresentar o relatório de atividades e o balanço financeiro, sugeriu a eleição de uma nova diretoria para a próxima gestão. Após elogiar e agradecer os trabalhos desenvolvidos, a assembleia geral elegeu, em votação secreta, a nova diretoria. Foram eleitos Nichan Bertizlian, Apraham Tavitian, Nubar Akrabian, Antranig Barsumian, Manug Kumruyan, Azad Tarikian e Boghos Kumruyan.

Vahakn Minassian

Vahakn Minassian nasceu em 1905, na cidade de Garin, onde recebeu sua educação primária na escola Sanassarian. Em 1915, passou por uma fase muito difícil e sofrida em Mussul e, mais tarde, em Alepo. Depois de permanecer por um período na escola Kelekian, em Deort-Yol, viajou para Mersin, depois para Constantinopla, Grécia, Paris e, finalmente, em 1927, chegou ao Brasil e se estabeleceu na cidade de São Paulo. Aqui, ele frequentou a Faculdade de Odontologia e, na noite de quinta-feira, 27 de janeiro de 1932, no salão da faculdade, fez o seu juramento solene e recebeu o diploma de cirurgião-dentista, profissão essa que exerce até hoje. Casou com a Srta. Armenuhi Kaloustian, natural de Rodosto.

Logo depois de sua chegada ao Brasil, e pela primeira vez nesta coletividade, o Dr. Vahakn montou um coral para a União da Juventude Armênia, entidade da qual também foi um dos membros fundadores. Ademais, montou um outro coral formado por moças para executar os cânticos da Missa da Igreja Apostólica Armênia, dirigindo-o até a chegada de Sakó Hagopian, a quem foi transferida essa responsabilidade, como diretor da escola e exímio músico que era.

Em 1934, o Dr. Vahakn Minassian organizou o coral Kussan, que por longos anos vem sendo parte inseparável dos eventos culturais realizados na coletividade armênia de São Paulo.

A partir do dia 15 de agosto de 1942, empenhou-se na preparação e coordenação do programa radiofônico *Hora Armênia*, tarefa essa que ele executa com muita competência e pleno sucesso. Foi um dos fundadores e membro da diretoria da União da Juventude Armênia e editor do primeiro jornal armênio, *Yerant*. Foi também membro da intendência da escola Turian, da União dos Órfãos Adultos (Tchom) e do Conselho Representativo da coletividade, além de ser o coordenador e dirigente cultural da UJA. O valor de todos os trabalhos realizados pelo Dr. Vahakn Minassian aumentaria ainda mais, principalmente pelo incansável trabalho desenvolvido por ele na coordenação e organização do programa *Hora Armênia*, ao qual se dedicou e ainda dedica uma grande parte do seu valioso tempo. Devemos salientar que todos esses trabalhos que o Dr. Vahakn Minassian tem realizado, além do tempo dedicado com muito zelo e responsabilidade, advém de uma dedicação total e ímpar, sem nenhuma pretensão de qualquer recompensa financeira.

Em 30 de janeiro de 1944, ainda no início de suas atividaedes, a recém-eleita diretoria da UJA recebeu a demissão de um dos fundadores da entidade e do programa radiofônico *Hora Armênia* e um dos estimados cantores da rádio, Nichan Bertizlian, devido às circunstâncias do seu trabalho profissional, que o obrigavam a tomar tal decisão. Como era de se esperar, a diretoria lamentou muito sua saída, porém teve de respeitar e aceitar a decisão tomada, e convidou, em sua reunião extraordinária do dia 2 de fevereiro de 1944, o membro Avedis Apovian para completar a vaga de Nichan Bertizlian, reformulando a composição de sua mesa, como segue:

Apraham Tavitian: Presidente
Nubar Akrabian: Primeiro vice-presidente
Avedis Apovian: Segundo vice-presidente
Antranig Barsumian: Secretário
Manug Kumruyan: Vice-secretário
Azad Tarikian: Tesoureiro
Boghos Kumruyan: Vice-tesoureiro

Essa mudança na diretoria fez com que 25 associados da UJA exigissem, por escrito, a convocação de uma assembleia geral para averiguar as causas dessas mudanças. A assembleia geral do dia 11 de abril de 1944, ao ouvir as explanações da diretoria, não vendo nelas nenhuma irregularidade, deu o seu voto de confiança para que a diretoria prosseguisse suas atividades, com as diretrizes de seus antecessores.

Com seu coral, a UJA trouxe sua participação ao evento organizado pelo Conselho Central Administrativo dos Armênios do Brasil, homenageando os dois pastores espirituais da coletividade, o arcipreste Gabriel Samuelian, pela outorga de grau de "arcipreste", e o recém-ordenado padre Yeznig Samuelian, por ocasião de sua ordenação sacerdotal.

No dia 18 de junho de 1944, a entidade organizou um piquenique em Vila Sofia, no qual, além de um entretenimento muito agradável, foi apresentado ao público presente o time de futebol Águias de Ararat (Araradí Ardzivner), que mereceu os elogios dos presentes pelas belas partidas apresentadas.

Uma das melhores iniciativas desta diretoria foi a apresentação da opereta *Uch Lini, Nuch Lini* (Antes tarde do que nunca, em tradução livre), que teve uma grande receptividade pelo público da coletividade.

A emissora P.R.B. 6 — Rádio Cruzeiro do Sul, que transmitia o programa *Hora Armênia*, aos poucos começou a aumentar o valor do programa, que chegou a triplicar. Possivelmente, ao ver que os seus pedidos de aumento eram sempre aceitos pelos responsáveis do programa, a emissora pediu um novo aumento extravagante, que dessa vez ultrapassaria a viabilidade financeira dos responsáveis do programa. Razão pela qual a diretoria decidiu procurar uma outra emissora e, finalmente, chegou a um acordo com a Rádio Panamericana. Assim, a partir do dia 14 de outubro de 1944, a *Hora Armênia* passou a ser transmitida pelas ondas dessa emissora.

No dia 24 de novembro de 1944, nos amplos salões do clube Pinheiros, foi festejado o segundo aniversário do programa radiofônico *Hora Armênia* com uma bela apresentação cultural.

A Srta. Rosa Kahvedjian nasceu em Damasco, Síria, no ano de 1925, filha de Missak Kahvedjian. Após concluir o curso primário da escola Turian, em São Paulo, teve aulas de corte e costura e de piano. A agraciada moça tem sido a incansável pianista da *Hora Armênia*, e desde o início do programa de rádio até estes dias continua a colaborar com dedicação espontânea. Em 1947, casou com o jovem Harutiun Distchekenian.

Srta. Rosa Kahvedjian

A assembleia geral realizada no dia 17 de dezembro de 1944, após ouvir os relatórios apresentados, teceu elogios à diretoria cessante e elegeu uma nova diretoria, que foi assim constituída:

Apraham Tavitian: Presidente
Nubar Akrabian: Vice-presidente
Manug Kumruyan: Secretário
Nichan Chimzarian: Vice-secretário
Azad Tarikian: Tesoureiro
Melkon Hazarabedian: Vice-tesoureiro
Avedis Apovian: Diretor esportivo

A nova diretoria, seguindo os passos das anteriores, continuou as atividades da entidade de forma dinâmica, tornando como seu alvo principal a manutenção do programa *Hora Armênia*, que já se tornara para a coletividade armênia uma presença indispensável, pois não havia sequer uma família que tivesse um aparelho de rádio em casa e não sintonizasse a Rádio Panamericana, às 19h00, para ouvir a *Hora Armênia*, que, paralelamente às belas canções e melodias armênias, trazia notícias da coletividade, bem como a relação dos doadores da grande arrecadação comunitária em prol da construção da escola. Essa relação era lida com detalhes a cada domingo.

A União da Juventude Armênia é uma organização partidária; porém, principalmente desde o início do programa radiofônico *Hora Armênia*, suas portas estão abertas para a juventude da coletividade, sem qualquer distinção ideológico-partidária ou de profissão da fé, uma vez que tem como objetivo tornar-se útil para toda a coletividade armênia. Com a promoção de festas, apresentações teatrais, do coral e da *Hora Armênia*, a UJA atua no coração de todos e tenta preservar os valores e sentimentos armênios.

Desde a criação do programa *Hora Armênia*, os préstimos e atividades da União da Juventude Armênia têm merecido muitos elogios e grande consideração.

Nubar Akrabian

Nubar Akrabian nasceu no dia 15 de fevereiro de 1929, em Marach. Chegou com seus pais ao Brasil, e foi um dos primeiros alunos da então recém-inaugurada escola da Associação das Mulheres Progressistas Armênias. Ao concluir o curso primário da escola armênia, frequentou o Ginásio Oswaldo Cruz, concluindo-o em 1941. Em 1946, estava frequentando o curso preparatório da Faculdade de Odontologia. Foi um dos fundadores e membro da diretoria da União da Juventude Armênia. É um dos dinâmicos e zelosos atuantes do programa radiofônico *Hora Armênia*.

Manug Kumruyan

Manug Kumruyan nasceu em Damasco, Síria, no dia 15 de fevereiro de 1924, filho de Hovsep Kumruyan, natural de Marach. Chegou ao Brasil com seus pais em 1927 e recebeu sua educação primária na escola Turian, concluindo-a em 1937, sendo um dos primeiros formandos da primeira escola armênia do Brasil.

Em 1938, começou a frequentar o colégio Mackenzie, mas largou seus estudos em 1940 para trabalhar na fábrica de calçados do seu pai. Foi um dos fundadores e membro da diretoria da União da Juventude Armênia. É um dos membros mais dinâmicos e locutor do programa radiofônico *Melodias Armênias* (*Hora Armênia*), uma função que executa espontaneamente, sem visar qualquer recompensa financeira.

Garabed Arakelian nasceu em Marach, no dia 30 de agosto de 1914. Por estar com sua família na cidade de Adaná, em 1915, não sofreu o terror das deportações. Chegou com a família ao Brasil em 1928; na fase inicial trabalhou como sapateiro e, a partir de 1944, tornou-se proprietário de uma fábrica de calçados.

É dotado de uma voz sonora e amena, sendo um dos estimados cantores do programa radiofônico *Melodias Armênias*.

Garabed Arakelian

Boghos Kumruyan nasceu em Damasco, Síria, em 24 de janeiro de 1926, filho de Bedros Kumruyan, natural de Marach. Em 1927, chegou com os pais ao Brasil, estabelecendo-se na cidade de São Paulo, onde recebeu sua educação primária na escola armênia Turian e, depois, em 1939, frequentou o colégio Mackenzie, concluindo o curso de contabilidade, em 1946.

É membro da União da Juventude Armênia em desde a criação da *Hora Armênia*, é o seu locutor.

Boghos Kumruyan

Cruz Vermelha Armênia

Depois da dissolução da Associação das Mulheres Progressistas Armênias, até o ano de 1934, não surgiu nenhuma outra entidade feminina armênia em São Paulo. Nesse ano, numa missão partidária, chegou a São Paulo, procedente de Buenos Aires, o editor do jornal *Armênia*, o ativista *tachnagtsagan* Ren Vartanian, natural de Van, que, durante sua permanência na capital paulista, aproveitou para empenhar-se na formação da Cruz Vermelha Armênia, que seria a filial da organização homônima localizada em Buenos Aires.

Composta por 21 associadas, a Cruz Vermelha Armênia passou a atuar imediatamente, elegendo a sua diretoria, composta pelas seguintes senhoras: Dudu Akrabian, Zabel Tavitian, Iskuhi Sahakian, Gulizar Kassardjian, Mari Kaloustian.

Em 15 de abril de 1934, no clube Varantian do Tachnagtsutiun, a recém-organizada Cruz Vermelha Armênia foi apresentada ao público oficialmente, exortando as senhoras e moças armênias a se filiarem à entidade.

Após essa apresentação solene, a recém-eleita diretoria e todas as suas associadas começaram a desenvolver uma atividade fervorosa. Sua primeira preocupação foi o aumento do número das associadas, razão pela qual a diretoria começou a visitar os membros da coletividade, de porta em porta e de rua a rua, explicando as propostas da entidade e convencendo as mulheres a se filiarem à Cruz Vermelha Armênia. Em pouco tempo, conseguiram arregimentar cem associadas e quarenta associadas simpatizantes, e todas começaram a contribuir para a entidade com suas modestas mensalidades.

A Cruz Vermelha Armênia tem como objetivo ajudar os pobres da coletividade, auxiliar os necessitados e doentes, as viúvas e órfãos. Desde os primeiros dias de sua formação, a Cruz Vermelha Armênia começou a cuidar das necessidades materiais e das despesas escolares dos alunos e alunas que frequentavam a escola armênia Turian e eram filhos de famílias humildes. Houve épocas em que a Cruz Vermelha Armênia cuidou das mensalidades escolares de mais de doze alunos. Por meses e até anos, tem ajudado pobres e viúvas sem recursos financeiros, destinando certa quantia mensal para assegurar-lhes o sustento e a sobrevivência, sob a condição de manter no mais absoluto sigilo a identidade dessas pessoas carentes. Também houve o caso de famílias que, após superarem suas dificuldades, e como um gesto louvável de gratidão, retribuíram à Cruz Vermelha Armênia os auxílios que um dia receberam dessa entidade, inclusive em valores até superiores, para comprovar na prática que não eram mendigos ou mentirosos, mas apenas vítimas de infortúnio passageiro.

As senhoras da Cruz Vermelha Armênia realizam visitas aos enfermos, confortam os enlutados e tentam sempre manter à altura o nome da instituição.

Naturalmente, para conseguir honrar suas despesas, a Cruz Vermelha Armênia não poderia se contentar apenas com as mensalidades de suas associadas ou simpatizantes; razão pela qual começou a organizar alguns eventos e sorteios anuais, para poder cumprir a termo os seus compromissos. A maioria dos objetos dos sorteios tem sido os bordados, preparados e doados carinhosamente pelas próprias associadas da entidade, revelando assim um belo gesto de dedicação para com essa entidade beneficente.

Através dos eventos organizados, incluindo apresentações teatrais, palestras e encontros sociais, a Cruz Vermelha Armênia se aproximou do sexo feminino da coletividade armênia, despertando nas mulheres e moças a consciência de preservar os sentimentos e valores nacionais.

Ininterruptamente, a cada ano a Cruz Vermelha Armênia festeja o seu aniversário, assim como mantém a tradição e o hábito da festa popular feminina Hampartsman Don [Festa de Ascensão], não como fonte de receita, mas principalmente para preservar do perigo de extinção uma bela e antiga tradição do povo armênio.

A Cruz Vermelha Armênia de São Paulo é a filial de sua homônima de Buenos Aires, onde se localiza a sede regional de todas as filiais dessa organização na América do Sul.

Fiel à disciplina ideológico-partidária, a Cruz Vermelha Armênia de São Paulo envia uma parcela de sua receita anual para a central regional em Buenos Aires, assim como participa anualmente das assembleias de delegados regionais da América do Sul, enviando ou nomeando seus representantes. Apesar de ter vínculo com o partido Tachnagtsutiun, a Cruz Vermelha Armênia ajuda todos os necessitados, indistintamente, assumindo as mensalidades escolares dos alunos cujos pais não possuem condições financeiras.

Em 1946, a Cruz Vermelha Armênia contava com 130 associadas e quarenta membros simpatizantes. Faziam parte da diretoria as seguintes senhoras: Dudu Akrabian, Armenuhi Djelalian, Mennuch Tilbeian, Vartanuch Marzbanian, Iskuhi Sahakian.

Diretoria da Cruz Vermelha Armênia 1940-1944. Da direita para a esquerda, sentadas: Srta. Nevart Garabedian, Sra. Dudu Akrabian, Sra. Zabel Kahvedjian; da direita para a esquerda, de pé: Sra. Anita Tchalekian, Sra. Berdjanuch Pilavdjian

Diretoria da Cruz Vermelha Armênia 1945-1946
Da direita para a esquerda, sentadas: Sras. Mennuch Tilbeian, Claudina Keutenedjian, Vartanuch Marzbanian, Dudu Akrabian; de pé, da direita para a esquerda: Sras. Iskuhi Sahakian, Armenuhi Djelalian (Obs.: a Sra. Claudina Keutenedjian é a Presidente)

Foi durante a gestão dessa diretoria que começou a grande arrecadação comunitária para a construção de uma escola, uma prelazia e um salão de festas. Desejando trazer sua colaboração a essa iniciativa louvável, a diretoria da Cruz Vermelha Armênia também teve sua própria iniciativa e realizou uma arrecadação entre as suas associadas, entregando ao Conselho Administrativo Central dos Armênios do Brasil a significativa importância de 31.200 cruzeiros. Essa doação, em nome da Cruz Vermelha Armênia de São Paulo, foi devidamente registrada no livro de ouro de arrecadações da coletividade, e permanecerá em destaque, como uma honrosa lembrança que comprova o valioso trabalho realizado pela Cruz Vermelha Armênia.

A Sra. Armenuhi Vartanian, filha de Tovmas Burnutian, nasceu na cidade de Van, na rua Chan Tagh, bairro de Aykesdan. Recebeu sua educação primária na escola Haynguis Tsoró, em sua cidade natal. Em 1910, casou com Yeghiché Vartanian (mais tarde padre Yeznig Vartanian). No ano de 1924, chegou com seu esposo para o Brasil. A Sra. Armenuhi Vartanian é um dos membros colaboradores da Cruz Vermelha Armênia.

Sra. Armenuhi Vartanian

Associação das Moças

A Associação das Moças — ou talvez seja melhor designar com o seu verdadeiro nome, União das Moças Egressas da Escola Turian — surgiu no dia 24 de julho de 1938, sob iniciativa do então diretor da escola, Sakó Hagopian. Naquele ano, a pedido do diretor, 24 moças que haviam concluído o curso da escola Turian se reuniram e fundaram a Associação das Moças.

Sakó Hagopian, ao observar que as moças egressas do curso fundamental da escola Turian, depois de concluírem seus estudos, ficavam isoladas em suas casas, e quase esqueciam a vida escolar e a escola que haviam frequentado, e vendo que essa atitude não justificava os esforços e a dedicação de seus professores, a fim de preservar nessas moças a curiosidade e o interesse pela escola onde elas estudaram, mas, principalmente, visando mantê-las imunes à oxidação de ambientes alheios ao ensinamento armênio adquirido, teve a feliz ideia de organizar a Associação das Moças e comunicou-a para as moças que concluíram a escola Turian.

Como o amor pela escola e a relação carinhosa mestre-aluno ainda não se apagara da mente dessas ex-alunas, elas acataram com carinho a sugestão do diretor e, já na primeira convocação, 24 moças se reuniram ao redor do respeitado professor, fundando assim a União das Moças Egressas da Escola Turian, que trazia os seguintes objetivos:

a) Reunir as moças que se formaram nos anos anteriores, assim como suas colegas e companheiras adultas da coletividade, para poder educá-las com o espírito armênio, aprimorando nelas o impulso do autoconhecimento.

b) Tornar obrigatório o uso do idioma armênio dentro da entidade.

c) Colaborar pela perpetuação da escola Turian, apoiando todas as iniciativas em prol da escola e, em caso de necessidade, também tomar providências neste sentido.

d) Ter uma biblioteca, para cuja formação pedir aos amigos e simpatizantes que contribuam, tanto financeiramente como através da doação de livros.

e) Duas vezes por semana, no período vespertino, às segundas e quintas-feiras, das 17 às 19 horas, realizar encontros e palestras, para ajudar no ensino dos amigos e colegas e para manter neles os sentimentos de armenidade.

f) Realizar eventos culturais para o público em geral.

Os recursos financeiros da entidade viriam das mensalidades de suas associadas e das festas e eventos realizados. Ademais, formou-se uma diretoria de cinco moças para dirigir e coordenar os trabalhos.

Guiada por esses princípios, essa entidade, que começara com 24 moças, já em 1946 contava com mais de sessenta associadas.

De agosto de 1938 ao dia 17 julho de 1941, a Associação das Moças realizou reuniões regulares duas vezes por semana, tendo como orador, mentor e organizador da entidade o Prof. Sakó Hagopian. E, quando o diretor viajou, as reuniões continuaram, desta vez sob a coordenação do atual diretor da escola, Prof. Hagop Tchilian.

Da sua fundação até fins de 1946, a Associação das Moças realizou quatro festas, nove encontros-reuniões para as associadas e três piqueniques.

A diretoria da gestão 1945-1946 ficou assim constituída:
Srta. Nazeli Brusalian: Presidente
Srta. Mari Tchirichian: Secretária
Srta. Mari Pambukian: Tesoureira
Srta. Mari Distchekenian: Vice-presidente
Srta. Vrejuhi Geundjian: Vice-secretária
Srta. Keghuhi Nercessian: Bibliotecária

Fiel aos seus princípios, a Associação das Moças prosseguiu sua atividade modesta, porém importante, por meio de seus encontros periódicos e tentando, dentro de suas possibilidades, ser útil às suas associadas. Também zelou pela preservação e difusão do idioma armênio, fato esse que por si só seria suficiente para justificar a sua existência. A Associação zela pela preservação da escola Turian e sempre participa dos eventos realizados em prol desse educandário. Ademais, possui uma biblioteca compacta, tão útil às suas associadas, que pagam uma quantia simbólica mensal de 1 cruzeiro, enquanto as pessoas que não são membros e que também desejam ler ou consultar os livros da biblioteca pagam uma taxa mensal de 2 cruzeiros.

Diretoria da Associação das Moças 1945-1946
Da direita para a esquerda, sentadas:
Srtas. Nazeli Brusalian, Mari Tchirichian, Vrejuhi Geundjian;
inclinada ao assento: Srta. Mari Distchekenian;
de pé, da direita para a esquerda:
Srtas. Maria Pambukian, Keghuhi Nercessian

A Associação das Moças também colaborou ativamente com as arrecadações realizadas para a construção da escola armênia e os prédios adjacentes, e entregou ao Conselho Administrativo Central 4.000 cruzeiros, quantia essa coletada apenas entre as suas associadas. No livro de ouro de arrecadações, foi registrada essa doação numa página especial, a qual, além de permanecer como uma bela lembrança, certamente desperta orgulho nessas carinhosas representantes do delicado sexo feminino armênio desta coletividade.

ASSOCIAÇÃO SALNÓ-TSOR
DOS ARMÊNIOS DE PRESIDENTE ALTINO

Presidente Altino situa-se a 14 km de distância da cidade de São Paulo e pode ser considerada um dos subúrbios da capital paulista. Não muito distante desse subúrbio localiza-se um dos maiores frigoríficos entre os mais próximos da cidade de São Paulo. Desde o ano de 1920, alguns armênios que migraram para o Brasil começaram a trabalhar nesse frigorífico. Visto que os lotes de terrenos meio lamacentos, porém próximos do frigorífico, eram vendidos em suaves prestações mensais, alguns desses armênios, norteados pela ideia de possuírem uma casa perto do local de trabalho, começaram a, aos poucos, adquirir esses lotes, cuja dimensão unitária era de em média 10 x 50 metros. Nessa fase inicial, eles começaram a erguer suas casas com as próprias mãos; alguns chegaram a levantar as paredes e construíram casebres formados até por galhos das árvores, e ali viveram em condições precárias. Essas pessoas eram, em sua maioria, campesinos muito humildes que, aproveitando a circunstância de o subúrbio ter uma população muito escassa e uma área quase despovoada, começaram a comprar vacas. Parte do leite eles consumiam, e o que sobrava, vendiam. Ao ver que esse comércio podia trazer-lhes certa receita sem grande investimento financeiro, decidiram aumentar o número desses animais e dar um ímpeto ao comércio leiteiro e iogurte, garantindo, assim, um lucro cada vez mais acentuado.

Em 1946, moravam em Presidente Altino aproximadamente cem famílias armênias, as quais se ocupavam do comércio e diversas outras profissões, e alguns dos membros eram trabalhadores braçais. Havia também um determinado número de famílias que se ocupava do comércio leiteiro e da fabricação de leite coalhado (iogurte).

A grande maioria desses armênios de Presidente Altino, além de ter adquirido sua casa própria, também conseguira alugar casas, vivendo uma vida pacata, porém tranquila e meio provinciana.

Em janeiro de 1928, fixou residência em Presidente Altino um dos recém-

-chegados migrantes armênios, Kegham Karakhanian, natural de Bitlis. Esse jovem, ao ver o número considerável de armênios nesse subúrbio da cidade de São Paulo, mas sem que tivessem ainda uma vida comunitária organizada e estruturada, decidiu criar uma entidade, e comunicou sua ideia para os demais compatriotas e concidadãos locais, obtendo reações positivas. Assim, ele decidiu preparar um estatuto próprio para os armênios locais.

Kegham Karakhanian nasceu em Bitlis, em 1895, filho de Bedros Karakhanian. Recebeu sua educação primária na escola Central da cidade natal, e depois continuou seus estudos no colégio High School, dos evangélicos. Por certo período, frequentou a escola diocesana de Yerevan e depois, por seis meses, a faculdade (*Djemaran*) de Etchmiadzin.

Durante o genocídio perpetrado contra os armênios, em 1915, Kegham Karakhanian encontrava-se em Alachguert, de onde passou para o Cáucaso, servindo nas tropas voluntárias: primeiro no esquadrão de Antranig, e, por se destacar, foi-lhe outorgada a Medalha Militar da Cruz; depois, serviu no esquadrão de Keri. Kegham participou do movimento de Insurreição de fevereiro de 1921 e, depois desse movimento, foi para a Pérsia, de lá para a Síria e, finalmente, chegou ao Brasil, em 1928. Fixou residência em Presidente Altino, trabalhando no comércio.

Kegham Karakhanian

Kegham Karakhanian foi o fundador da Associação Salnó-Tsor e o idealizador do estatuto dessa entidade. Também foi um dos primeiros fundadores das obras de construção da igreja armênia São João Batista, em Presidente Altino, e um dos fundadores da escola armênia local, atuando voluntariamente como o professor dessa escola em sua fase inicial.

Os armênios de Presidente Altino devem muito a Kegham Karakhanian por seu empenho e plena dedicação, principalmente quando a vida organizacional da coletividade local ainda estava em seu começo.

ESTATUTO DA ASSOCIAÇÃO "SALNÓ-TSOR" DOS ARMÊNIOS DE PRESIDENTE ALTINO

CAPÍTULO I

A Associação "Salnó-Tsor" é formada pelos armênios que residem em Presidente Altino, e tem um cunho exclusivamente local.

CAPÍTULO II
DAS CONDIÇÕES PARA SE ASSOCIAR

Todos os armênios de ambos os sexos e com mais de 18 anos de idade podem se associar à entidade.

Após a fundação desta entidade, somente os armênios com residência fixa ou que estiverem morando no mínimo há 6 (seis) meses em Presidente Altino terão direito de encaminhar seus pedidos para tornarem-se sócios desta entidade. Caso aceitos, por um período de um ano eles serão membros colaboradores, sem o direito de votar ou de ser votado. Depois desse período, cada caso dos membros colaboradores será levado à diretoria e ao conhecimento da assembleia geral, e aqueles que forem considerados aptos serão admitidos como membros efetivos, com direito de votar e ser votado. Aqueles que não forem admitidos como membros efetivos permanecerão na categoria de membros colaboradores.

Os armênios que residem fora da periferia de Presidente Altino, se assim desejarem, podem tornar-se membros colaboradores da Associação "Salnó-Tsor", sem ter direito para votar e ser votado.

CAPÍTULO III
DOS OBJETIVOS

A Associação "Salnó-Tsor" tem como objetivo ajudar todos os armênios que residem em Presidente Altino, para criar uma pequena porém exímia coletividade armênia, e também para auxiliar:

a) as pessoas incapacitadas de trabalhar;

b) os órfãos menores;

c) as famílias que estejam passando uma situação difícil por razões alheias à sua vontade;

d) as viúvas desempregadas;

e) através da criação de um sistema de empréstimo financeiro, ajudar os concidadãos armênios sem condições financeiras, mas que são aptos a iniciar alguma atividade.

CAPÍTULO IV
DOS RECURSOS DE AJUDA

a) Ajuda financeira às pessoas incapacitadas para trabalhar.

b) Fornecimento de abrigo e subsistência aos órfãos menores.

c) Ajuda material aos necessitados, até que estes tenham condições de autossustento.

d) Busca de emprego às viúvas desempregadas; ajudá-las até que tenham condições para o autossustento.

e) Busca de emprego para as famílias recém-chegadas e aptas ao trabalho; caso necessário, oferecer ajuda financeira, até que elas possam obter o sustento próprio.

f) Fornecimento de pequenos empréstimos financeiros aos que são aptos ao trabalho e que residem nesta coletividade, para possibilitar que iniciem suas próprias atividades.

g) Procura e localização de parentes dos associados desta entidade, se existirem, tanto na pátria Armênia como no exterior.

CAPÍTULO V
DAS RECEITAS DA ASSOCIAÇÃO

Para realização de seus objetivos, a Associação considera como fontes de receita:
  a) as mensalidades dos associados e demais receitas provenientes das entradas dos eventos realizados;
  b) as doações;
  c) os sorteios;
  d) as festas e apresentações.

CAPÍTULO VI
DOS REGULAMENTOS INTERNOS

1. Podem se tornar membros da Associação "Salnó-Tsor" dos Armênios de Presidente Altino todos os armênios de ambos os sexos acima de 18 anos de idade, sem distinção ideológico-partidária ou religiosa.

2. No ato de sua inscrição, o associado deverá efetuar o pagamento de uma quantia espontânea como contribuição de adesão, e contribuir com uma mensalidade de acordo com suas possibilidades, mas o valor mínimo não pode ser inferior a 3 cruzeiros mensais.

3. O associado é obrigado a comparecer às assembleias gerais.

4. O associado tem a obrigação de acatar as decisões da assembleia geral e as determinações da diretoria.

5. O associado deve manter a ordem e a postura disciplinar durante as reuniões.

6. O associado que não se comporta de forma disciplinada nas reuniões, não cumpre as normas ou não cumpre suas obrigações será chamado à parte e, posteriormente, advertido em assembleia geral. Caso não mude o seu comportamento, será afastado da entidade.

7. O associado tem plena liberdade de querer o seu afastamento da Associação, devendo apresentar a sua demissão, através da diretoria para a assembleia geral, informando as razões do seu afastamento. Se não cumprir esta formalidade e simplesmente afastar-se da Associação, ele será expulso da entidade.

8. O associado afastado não terá direito de apresentar qualquer pedido financeiro à Associação.

9. O associado afastado em conformidade ao regulamento deste estatuto, caso precise de alguma referência, terá fornecida pela Associação uma carta de referência. Porém, se o associado é afastado agindo contrariamente ao regulamento deste estatuto, nenhuma referência ser-lhe-á fornecida.

10. Só poderão ser elegíveis e eleitos os associados que estejam rigorosamente em dia com suas obrigações.

DA DIRETORIA ADMINISTRATIVA

11. A diretoria administrativa é o corpo que dirige os trabalhos da Associação e é eleita pela assembleia geral, podendo ser constituída por 3 — 5 — 7 ou 9 membros, levando-se em consideração o número dos associados da entidade.

DOS DEVERES DO PRESIDENTE

12. Vigiar todas as atividades da Associação, guiar as reuniões da diretoria, assinar todos os documentos oficiais.

DOS DEVERES DO SECRETÁRIO

13. Manter os registros das atas das reuniões da Associação, emitir correspondências e assinar, junto com o Presidente, todos os documentos oficiais.

DOS DEVERES DO TESOUREIRO

14. Manter a tesouraria da Associação, vigiar o movimento financeiro, realizar todos os pagamentos e recebimentos através dos respectivos comprovantes, manter em dia o livro de caixa.

DOS DEVERES DO GUARDIÃO DOS CARIMBOS (CHANCELER)

15. Manter o carimbo da Associação e usá-lo apenas sob a anuência do Presidente e do Secretário; apor o carimbo só nos documentos oficiais.

REGULAMENTOS GERAIS

16. A duração da gestão da diretoria fica vinculada à decisão da assembleia geral, podendo ser para um período de 3 — 6 — 9 ou 12 meses, com direito a se reeleger, se a assembleia geral assim decidir.

17. A diretoria é responsável, coletivamente, pelas atividades da Associação, e cada membro da diretoria é responsável, individualmente, pelo trabalho que se lhe é atribuído.

18. A assembleia geral tem competência para demitir a diretoria executiva quando:

a) achar insatisfatória suas atividades;
b) observar a presença de falhas morais;
c) confirmar desvios financeiros;
d) observar divergências entre os membros da diretoria.

19. Não é admitida a mudança da diretoria antes do prazo regulamentar, se não for detectada nenhuma das irregularidades mencionadas no artigo anterior.

20. A Associação só fornece algum tipo de auxílio material depois de realizar, conscientemente, uma minuciosa averiguação, após o consentimento e devida aprovação da maioria absoluta dos membros da diretoria.

21. Após votação unânime de todos os membros da diretoria e sob sua responsabilidade coletiva, será fornecido um empréstimo ao associado da entidade que efetivamente não possui meios financeiros, porém revela aptidão ao trabalho,

22. A Associação "Salnó-Tsor" dos Armênios de Presidente Altino será considerada dissolvida quando 3/4 de seus membros renunciarem. Em caso de dissolução, caso a Associação tenha filiais em outras regiões, então o seu patrimônio, bens e o dinheiro disponível serão transferidos para a filial mais numerosa. Se não há filiais, o patrimônio, bens e o dinheiro disponível serão transferidos para o governo vigente na Armênia.

Este estatuto foi lido e aprovado pela assembleia geral da Associação "Salnó-Tsor" dos Armênios de Presidente Altino no dia 1º de maio de 1928, e entra em vigor a partir desta data.

Presidente Kegham Karakhanian
Secretário Hagop Manuchakian
Presidente Altino, 1º de maio de 1928

A assembleia geral realizada no dia 1º de maio de 1928, em Presidente Altino, após ouvir todas as cláusulas desse estatuto, preparado pelo Sr. Kegham Karakhanian, aceitou e o aprovou, formalizando, simultaneamente, a constituição da Associação Salnó-Tsor e também elegendo a diretoria executiva, formada pelas seguintes pessoas:

Kegham Karakhanian: Presidente natural de Bitlis
Dikran Echrafian: Vice-presidente natural de Bitlis
Hagop Manuchakian: Secretário natural de Marach
Sanazar Lopoian: Tesoureiro natural de Bitlis
Stepan Paladjian: Conselheiro natural de Enkiur
Zefri Mghdessian: Conselheiro natural de Sis
Sarkis Batmanian: Conselheiro natural de Kantsak

A Associação Salnó-Tsor iniciou suas atividades com uma homenagem póstuma dedicada ao general Antranig, evento esse que foi uma novidade para o público armênio de Presidente Altino, e causou grande emoção a todos.

A diretoria da entidade, estimulada pelo sucesso dessa primeira iniciativa, passou a organizar diversas outras atividades e, juntando o valor das receitas ao valor das mensalidades dos associados, conseguiu comprar um terreno que foi dedicado à coletividade armênia de Presidente Altino, para que nele fosse construída uma igreja armênia. Na aquisição desse terreno, a empresa que efetuou a venda também trouxe sua valiosa colaboração, pois, ao saber da finalidade dessa compra, vendeu o terreno por 1/5 do valor real, um belo gesto e uma forma de participar na construção da igreja. Esse terreno, que compreendia 500 m², foi considerado muito limitado e, passado algum tempo, foi possível adquirir outro lote de 1.000 m² ao lado do lote original, juntando-se assim os dois terrenos.

Pouco depois do início da vida comunitária nesta coletividade numericamente reduzida, surgiram algumas más-línguas querendo obstruir esse movimento. Esses elementos diziam que "Salnó-Tsor é o nome antigo de Bitlis. Aqui só existem três pessoas naturais de Bitlis; então, não se pode admitir que eles nos obriguem a usarmos o nome dessa cidade aqui". Era mais ou menos essa a "grande" acusação que surgiu, num primeiro momento como um murmúrio, mas que em pouco tempo tomou proporções maiores no meio do público dessa coletividade.

O argumento fútil e indevido tomou as dimensões de um problema grave, forçando a diretoria a convocar uma assembleia geral, na qual sugeriu que o nome "Salnó-Tsor" fosse modificado para "Associação dos Armênios de Presidente Altino". A assembleia, para o bem da solidariedade e harmonia, aceitou a alteração sugerida e a entidade prosseguiu suas atividades com o seu novo nome.

Dikran Echrafian nasceu em 1900, na cidade de Bitlis, filho de Sarkis Echrafian. Recebeu sua educação primária na escola local São Jorge. Em 1913, viajou com a família para Constantinopla e, para se livrar da deportação de 1915, registrou-se como assírio. Mas, ao perceber que tal procedimento também não era seguro, conseguiu adquirir a cidadania persa e livrou-se, assim, da deportação.

Durante o movimento kemalista[20], Echrafian conseguiu se refugiar na Bulgária, ali permanecendo por um ano, e depois retornou a Constantinopla. Em 1922, veio ao Brasil e se estabeleceu em Presidente Altino, ocupando-se do comércio.

Dikran Echrafian

Dikran Echrafian foi um dos fundadores e dinâmico ativista da Associação Salnó-Tsor, e por muitos anos exerceu o cargo de presidente da Intendência da Igreja Armênia de Presidente Altino. Teve grande atuação na construção da igreja armênia dessa região.

Uma vez que já fora adquirido o terreno para a construção da igreja, faltava agora concretizar o sonho da coletividade local, isto é, erguer nesse terreno uma igreja armênia. Amparada na boa disposição do povo, a diretoria começou a realizar uma arrecadação tanto em Presidente Altino como em São Paulo e, tão logo conseguiu juntar uma quantia modesta, lançou-se à construção da igreja.

No dia 4 de maio de 1930, o pastor espiritual da coletividade armênia do Brasil, padre Gabriel Samuelian, de acordo com os ritos da Igreja Apostólica Armênia, abençoou as pedras fundamentais da igreja na presença dos membros da coletividade armênia de São Paulo e de Presidente Altino.

A Associação dos Armênios de Presidente Altino e toda a coletividade local estavam orgulhosas, pois ali estava sendo erguida a primeira igreja armênia em solo brasileiro, autêntica propriedade do povo, através das contribuições

---

20 De Mustafá Kemal, fundador da moderna República da Turquia.

e arrecadações dos membros da coletividade. A numericamente pequena coletividade armênia de Presidente Altino, apesar de suas condições financeiras muito modestas na época, dava assim um grande exemplo para a numerosa coletividade armênia da cidade de São Paulo, que desde o ano de 1923 estava tentando construir a sua própria igreja, mas sem ter a coragem de tomar um passo prático nesse sentido.

Quando as paredes da construção da igreja haviam alcançado a altura de aproximadamente 1,50 metro, uma nova divergência interna surgiu como consequência de malversações. A pequena quantia arrecadada já se esgotara, e o público da coletividade armênia de Presidente Altino não demonstrava disposição para mais sacrifícios materiais. Logo, por causa da falta de condições financeiras, os trabalhos da construção foram interrompidos, e as constantes chuvas fizeram com que as paredes erguidas desabassem. Nesse estado das coisas, a diretoria da Associação dos Armênios de Presidente Altino, que ainda era a mesma desde a formação dessa entidade, decidiu concluir o trabalho começado a todo custo, tentando organizar uma nova arrecadação, mas, visto que o término desse trabalho, se dependesse apenas do apoio dos membros da coletividade, levaria muito tempo, e receando novos desabamentos com as chuvas torrenciais, decidiu contatar o Sr. Vahram Keutenedjian, um armênio rico que residia na cidade de São Paulo, para pedir sua ajuda para a conclusão da obra de construção da igreja de Presidente Altino, uma vez que com os parcos recursos do público da coletividade praticamente seria inviável sustentar por mais tempo as despesas que começavam a se avolumar.

Sem titubear, Vahram Keutenedjian acatou a solicitação feita pela diretoria da Associação dos Armênios de Presidente Altino e imediatamente enviou um engenheiro ao local, a fim de examinar as obras da construção e preparar um relatório. Passados oito dias, grandes caminhões lotados com materiais de construção estacionavam diante da obra da igreja. O povo viu e entendeu essa atitude, abençoou e louvou o Sr. Vahram Keutenedjian, o grande benfeitor dessa coletividade. Agora, todos estavam convictos de que a construção da igreja seria finalmente concluída.

Sarkis Batmanian nasceu em Kantsak, no ano de 1893. De 1912 a 1918, serviu no exército russo e participou da Primeira Guerra Mundial. Em 1918, esteve nas frentes de batalhas das guerras armeno-tártaras, e depois passou para o exército de Vrangueil. Depois da derrota de Vrangueil, foi a Paris e, em 1921, chegou ao Brasil, estabelecendo-se em Presidente Altino e trabalhando no comércio.

Batmanian foi um dos fundadores da Associação Salnó-Tsor e também da igreja armênia dessa localidade. Por longos anos, foi membro da Intendência da Igreja Armênia de Presidente Altino.

Vahram Keutenedjian concluiu em pouco tempo a construção da igreja e a entregou à coletividade armênia de Presidente Altino, recusando, porém, com modéstia, comparecer para as manifestações de gratidão e agradecimento do público da coletividade para com a sua

Sarkis Batmanian

pessoa, dizendo que o que ele havia feito era uma obrigação, e não havia necessidade de manifestações populares.

Apesar de Vahram Keutenedjian ter recusado, humildemente, comparecer às manifestações de agradecimento, o público de Presidente Altino, no entanto, em sinal de agradecimento, decidiu nomear a igreja local de São João Batista, como um gesto de gratidão ao benfeitor, cujo pai chamava-se Meguerditch (Batista). O povo sempre lembra, e com muito respeito, o benfeitor da sua igreja, e a modéstia revelada por Vahram Keutenedjian é sempre relembrada com grande elogio.

Igreja São João Batista

Desde o término da construção até o ano de 1946, o imóvel servia tanto como igreja quanto como escola.

Em 1932, a coletividade armênia de Presidente Altino já tinha sua pequena escola com 45 alunos mistos. Kegham Karakhanian, gratuitamente, e a Srta. Archaluis Asdurian, remunerada, ministravam as aulas para esses alunos.

A manutenção da escola é feita através das modestas mensalidades dos alunos e com as receitas oriundas de apresentações, festas, sorteios, arrecadações e outros eventos. Nos últimos anos, o Conselho Administrativo Central de São Paulo também começou a colabor com 100 cruzeiros mensais.

Até fins de 1946, a escola contava com aproximadamente oitenta alunos matriculados, com uma professora brasileira e outra armênia. As aulas eram ministradas na igreja, onde eram colocadas as carteiras escolares.

Os armênios de Presidente Altino decidiram construir um prédio separado, mas, até 1946, ainda não foi possível transferir a escola para o referido prédio, visto que a construção ainda não terminara.

Zefri Mghdessian nasceu em Sis, em 1885, e chegou ao Brasil em 1923, fixando residência em Presidente Altino. Foi um dos que se dedicaram à organização da coletividade e à construção da igreja. Por muitos anos, Zefri foi membro da diretoria dos armênios de Presidente Altino.

Zefri Mghdessian

Hagop Guzelian nasceu em Sis, em 1890, e durante o genocídio foi deportado para Damasco, onde, após o armistício, foi testemunha ocular do massacres dos armênios naquela cidade. Por ter uma grande admiração pela conduta justa dos franceses, Guzelian enviou um protesto às autoridades francesas, apontando os criminosos e reclamando das barbáries e abusos cometidos por alguns árabes. Como recompensa, ele foi "castigado" pelos franceses com duzentas chicotadas, que o deixaram totalmente ensanguentado e quase o mataram.

Chegou ao Brasil em 1926, fixou residência em Presidente Altino e começou a trabalhar no comércio. Foi um dos fundadores da Associação Salnó-Tsor, assim como um dos que mais se dedicaram à construção da igreja São João Batista. Por longos anos, Hagop Guzellian foi membro da diretoria da Coletividade Armênia de Presidente Altino.

Hagop Guzelian

A Associação Salnó-Tsor dos Armênios de Presidente Altino, que mais tarde teria o seu nome alterado para Associação dos Armênios de Presidente Altino, em fins de 1932, ou seja, depois da construção da igreja local, se dissolveu para nunca mais se reconstituir. Os dirigentes da entidade, que tanto trabalharam pela construção da igreja, depois de tê-la conseguido, parece que não mais insistiam pela preservação da instituição, que começara a sofrer críticas fúteis e maldosas, e não conseguia mais se dedicar aos seus princípios básicos do período inicial.

E, visto que a coletividade local já tinha sua própria igreja, os dirigentes da Associação Salnó-Tsor decidiram organizar uma instituição comunitária para dar prosseguimento às atividades e, através de uma eleição popular, instituíram uma diretoria comunitária, a quem entregaram a tarefa de prosseguir as atividades da coletividade local. Foram eleitos para essa diretoria:

Dikran Echrafian: Presidente
Hagop Manuchakian: Secretário
Sanazar Lopoian: Tesoureiro
Hagop Keghetsikian: Conselheiro
Arsen Burbulhan: Conselheiro
Zefri Mghdessian: Conselheiro
Stepan Paladjian: Conselheiro

Corpo da primeira diretoria da Coletividade
Armênia de Presidente Altino
Sentados, da esquerda para a direita: Stepan Paladjian, Dikran
Echrafian, Sanazar Lopoian, Arsen Burbulhan, Hagop Guzelian.
De pé, da esquerda para a direita: Hagop Manuchakian,
Zefri Mghdessian

A preocupação principal desse Conselho Comunitário, bem como das diretorias eleitas que a sucederam, foi a preservação da escola. Infelizmente, devido à falta de uma cooperação maior entre os armênios de Presidente Altino, ao invés de ajudarem a diretoria, as pessoas quase sempre criaram dificuldades inoportunas, enquanto as diretorias consecutivas tentavam, com muito sacrifício, mantê-la. Essa pequena coletividade também não ficou imune das divergências, atitudes negativas e interesses mesquinhos, os quais, além de serem infundados, só serviram para atrapalhar significativamente as atividades internas da coletividade.

Em maio de 1944, a coletividade armênia de Presidente Altino elegeu, em votação secreta, o seu Conselho Comunitário, que formou a sua mesa diretiva da seguinte forma:

Garabed Guendjian: Presidente
Vartkes Tavitian: Secretário
Haigazun Chirinian: Tesoureiro
Gabriel Atchabahian: Conselheiro
Dikran Echrafian: Conselheiro
Sarkis Altebarmakian: Conselheiro
Aram Seferian: Conselheiro

Garabed Guendjian nasceu em Sis, no ano de 1906, filho de Bedros Guendjian. Em 1919, recebeu sua educação primária no Orfanato Armênio de Adaná, e depois viajou para Beirute, Líbano, onde seguiu a profissão de cabeleireiro.

Em 1926, Guendjian chegou ao Brasil e se estabeleceu em Presidente Altino, trabalhando no comércio. Foi membro da Diretoria Comunitária entre os anos de 1944 a 1946, exercendo o cargo de presidente. Na gestão dessa diretoria, foi construída a sacristia da igreja e o prédio da escola.

Garabed Guendjian

Sarkis Altebarmakian
Natural de Sis, membro do Conselho
Comunitário na gestão 1944-1947
e abnegado atuante na coletividade
armênia de Presidente Altino

Haigazun Chirinian
Natural de Sis, membro e secretário
do Conselho Comunitário
na gestão 1944-1947

Um dos primeiros trabalhos deste Conselho Comunitário foi a de dotar a igreja de uma sacristia, cuja lacuna fazia-se sentir. Praticamente sem esbarrar em maiores dificuldades, e com a colaboração do público, foi possível construir essa sacristia.

Animado pelo êxito dessa primeira iniciativa, o Conselho começou a pensar na construção do prédio da escola, que se tornava imprescindível. Lançou-se a uma arrecadação popular e, finalmente, no dia 8 de julho de 1945, no domingo de *Vartavar* [Festa da Transfiguração de Jesus Cristo], realizou a cerimônia solene da pedra fundamental do prédio da escola.

Os celebrantes da missa, padre Yeznig Vartanian e o arcipreste Gabriel Samuelian, acompanhados por uma procissão religiosa, abençoaram as quatro pedras fundamentais da escola, das quais o padrinho da pedra fundamental dedicada a São Mesrop[21] foi o garoto Daniel Danielian; o padrinho da pedra dedicada a São Sahak[22] foi Krikor Tchalekian; o padrinho da pedra dedicada ao rei Vramchabuh[23] foi o garoto Hovhannés Kassardjian; e a o padrinho da pedra fundamental dedicada ao Patriarca Armênio Kherimian Hayrig[24] foi Harutiun Tavitian. Em sucintas palavras, o padre Yeznig Vartanian falou sobre o valor da escola armênia e elogiou o espírito empreendedor dos armênios de Presidente Altino, exortando-os a continuarem essa cooperação fraternal, "graças à qual Presidente Altino será uma pequena, porém exemplar coletividade armênia, digna de todo elogio", enfatizou o padre.

Missak Tateossian

Missak Tateossian nasceu em 1913, na cidade de Fr'ndjak. Durante o genocídio, foi deportado para Homs, ali permanecendo junto aos árabes, e esqueceu a língua materna. Depois do armistício, foi aceito no orfanato dos armênios católicos, de onde, em 1931, veio para o Brasil e se estabeleceu na cidade de São Paulo.

Entre 1942 a 1944, trabalhou como professor na escola armênia de Presiden-

---

21 Criador do alfabeto armênio no século V.
22 O Catholicós-Patriarca naquela época.
23 O rei armênio naquele período.
24 Século XIX, em Constantinopla, na época do Império Turco-Otomano.

te Altino. Atualmente, ocupa-se do comércio. Tateossian foi o armênio que introduziu o escotismo aos compatriotas radicados tanto em São Paulo como em Presidente Altino, preparando grupos de escoteiros armênios, os quais, no entanto, lamentavelmente não mais existem hoje em dia.

Vartkes Tavitian
Natural de Sis, presidente do Conselho Comunitário na gestão 1944-1947

Gabriel Atchabahian
Natural de Sis, membro do Conselho Comunitário na gestão 1944-1947

Arsen Burbulhan
Natural de Bitlis, ex-membro do Conselho Comunitário

Sarkis Guludjian
Natural de Sis, uma das figuras mais antigas da coletividade armênia de Presidente Altino

De 1932 a 1940, os conselhos comunitários de Presidente Altino conseguiram, com muito sacrifício, manter a escola local em funcionamento. Como naquela época essa coletividade ainda não se encontrava em fase de estruturação e não havia alcançado uma condição financeira próspera, não tinha capacidade para assumir muitos compromissos. Mas, a partir dos anos 1940, a coletividade finalmente começou a mostrar sinais de progresso, e não se pode desconsiderar a louvável atividade do Conselho, gestão 1944-1946, pois apenas com os recursos oriundos dos membros da coletividade, e graças à sua brilhante atividade, conseguiu dotar a coletividade com uma sacristia e um prédio para a escola. Em junho de 1946, como o prédio da escola estava construído, mas ainda faltavam os rebocos finais, o Conselho Comunitário não mediu esforços para concluir esses trabalhos, cuja demora era causada principalmente pelos parcos recursos financeiros.

Com a conclusão da construção da escola, a coletividade armênia de Presidente Altino superou as maiores dificuldades de sua vida comunitária interna, e, se os próximos conselhos revelarem o mesmo fervor e determinação ao trabalho quanto o conselho da gestão 1944-1946 revelou, é acima de qualquer dúvida que a coletividade armênia de Presidente Altino será uma coletividade exemplar no que concerne à sua organização.

Nahabet Ekizian
Natural de Tchomakhlu, uma das
figuras antigas de Presidente Altino

Escoteiros de Presidente Altino com o seu chefe, Missak Tateosssian

UNIÃO GERAL ARMÊNIA DE BENEFICÊNCIA

Em 1917, a União Beneficente Armênia, que se formara na cidade de São Paulo, no estado homônimo, não era a filial da conhecida União Geral Armênia de Beneficência, e tinha um caráter exclusivamente local, com seu projeto próprio. Ela surgiu na época da guerra, com o intuito de ajudar os compatriotas que passavam por necessidades prementes, e todas as quantias arrecadadas foram encaminhadas para Boghos Nubar Paxá[25]. Mas a União Beneficente Armênia do Brasil não tinha vínculos com União Geral Armênia de Beneficência (UGAB).

Efetivamente, a filial da UGAB foi formada pela primeira vez no Brasil no dia 26 de fevereiro de 1932, como se explica a seguir.

Em 1931, um pastor evangélico chamado Haig Assadurian viajou de Paris para Buenos Aires, numa missão especial da Igreja Evangélica Armênia. Quando regressava de Buenos Aires, ao passar por São Paulo, onde permaneceu alguns dias, verificou os trabalhos levados adiante pela Igreja Evangélica Armênia no Brasil. Durante sua estadia na capital paulista, Assadurian teve um encontro com Kiud Mekhitarian, a quem parecia conhecer há algum tempo.

Ao chegar a Paris, num encontro que teve com Vahan Malezian, da diretoria central da UGAB, na França, Assadurian informou a Malezian que Kiud Mekhitarian estava em São Paulo. Malezian, que era um velho conhecido de Kiud Mekhitarian, desde a época em que este era um religioso, quando ainda estava na cidade de Sis, mandou uma carta para Mekhitarian, datada de 15 de julho de 1931, solicitando que este assumisse a iniciativa de organizar uma filial da UGAB na cidade de São Paulo. Malezian também enviou, separadamente,

---

[25] Um dos fundadores e presidente da União Geral Armênia de Beneficência.

o estatuto e algumas publicações sobre as atividades dessa instituição. Kiud Mekhitarian, após receber a carta, enviou a seguinte resposta, datada de 20 de agosto de 1931:

[...] *Fiquei feliz ao receber vossa carta datada de 15 de julho, e agradeço ao reverendo pastor Haig Assadurian, que criou esta oportunidade, rompendo um longo fio de silêncio entre nós.*

Apesar da minha grande vontade, eu não vos escrevi antes por dois motivos: primeiro, porque não tinha o vosso endereço, e em segundo lugar por achar que, possivelmente, a nossa velha amizade estivesse abalada, considerando a minha posição anterior e a situação atual.

Na vossa missiva, há um pedido para que eu assuma a iniciativa de organizar uma filial da UGAB em São Paulo e, para maior elucidação, num envelope separado, também recebi os livretos O que é a União Geral Armênia de Beneficência e Nubar e Nubarachen, assim como três cópias do estatuto geral, os relatórios dos anos 1927-1929 e o último número da revista Miutiun [União].

Confesso que, antes da vossa carta, eu recebi uma outra, datada de 2 de julho, enviada pelo reverendo Pastor Assadurian, com o mesmo pedido, a quem respondi imediatamente..... sou um admirador e elogio as atividades patrióticas da UGAB, logo, considero que seria uma honra poder ajudar. Caso eu receba da Diretoria Central desta organização, localizada em Paris, uma carta e as orientações necessárias, tentarei organizar uma filial nesta cidade, com a cooperação de alguns amigos de confiança.

O reverendo Assadurian, durante o breve período que permaneceu em São Paulo, conseguiu apenas se ocupar pela formação de uma igreja evangélica e, por isso, não teve a oportunidade de se familiarizar com a vida comunitária.

Nesta coletividade, que conta com 2.500 a 3.000 pessoas, nada há de confortante; quem sabe o Sr. Levon Mosditchian, que está em Paris para ver suas crianças, possa preencher essa lacuna.

Quero informar, ademais, que também encaminhei uma carta, na data de hoje, para o Sr. Mosditchian, e pedi-lhe que fosse visitar (se já não o fez) a secretaria da vossa Diretoria Central, mantivesse contatos e realizasse as consultas necessárias sobre a probabilidade da abertura de uma filial da UGAB em São Paulo.

Apesar da minha debilidade física e minha decisão de manter-me afastado da vida pública, e levando-se em consideração a inédita crise econômica vigente, principalmente em São Paulo, depois do regresso do Sr. Mosditchian, que não demorará, tentaremos satisfazer o desejo da Diretoria Central quanto à inauguração de uma filial da UGAB no Brasil. Salientar que a Libra esterlina, que era cotada a 40 mil reis (atualmente cruzeiros), subiu para 79 mil reis, e o dólar, que era avaliado em 8 mil reis, está na casa dos 16 mil reis. Portanto, podem imaginar com que dificuldades os simples trabalhadores ou funcionários conseguem manter o sustento diário.

Mesmo assim, devo dizer com orgulho que, felizmente, não temos sequer um armênio pedinte, enquanto de outras nacionalidades existem aos milhares. Com minha consideração e amizade, permaneço sinceramente,

Kiud Mekhitarian

Em resposta, Vahan Malezian enviou a seguinte carta, datada de 23 de outubro de 1931, para Kiud Mekhitarian:

[...] Tivemos a satisfação de receber a vossa última missiva, e ficamos felizes ao saber que existe da vossa parte a disposição para fundar uma filial local da UGAB, junto com pessoas adictas à ideia, e depois do retorno do Sr. Mosditchian da Europa.

Recentemente, tivemos o prazer de receber a visita do Sr. Mosditchian, e mantivemos com ele uma longa troca de opiniões quanto à formação de uma filial em São Paulo. O Sr. Mosditchian prometeu que irá manter mais um contato conosco antes de regressar para o Brasil, e levará consigo algumas cartas de recomendação. Estamos convictos de que, unindo as mãos, apesar da crise, em pouco tempo conseguiremos fundar uma filial da UGAB em São Paulo, para o benefício da nação e da pátria.

Estamos felizes, pois esta foi uma bela oportunidade para restabelecermos nossas antigas relações de amizade, que foram interrompidas por algum período, por razões de força maior.

Há cinco ou seis semanas, mandamos os livretos solicitados.

Com cordiais cumprimentos — Delegado/dirigente

Vahan Malezian

Após receber essa carta, e com o retorno de Levon Mosditchian de Paris, Kiud Mekhitarian tomou a iniciativa dos trabalhos preliminares para a formação de uma filial da União Geral Armênia de Beneficência, e uma vez que, de acordo com a disposição do artigo 23 do estatuto dessa instituição, seriam necessários no mínimo dez membros para formar uma filial, junto com Levon Mosditchian, começou a contatar dez pessoas, as quais foram convidadas para uma reunião consultiva.

Assim, estavam presentes à reunião consultiva as seguintes pessoas: Vahram Keutenedjian, Ghazar Nazarian, Peniamin Gaidzakian, pastor Garabed Kerikian, Manuel Kherlakian, Apraham Tchorbadjian, Kevork Muradian, Zacaria Debelian, Kiud Mekhitarian e Levon Mosditchian.

Levon Mosditchian nasceu em 1896, na cidade de Cesárea, filho de Kevork H. Mosditchian. Ainda criança, foi com os pais para Izmir, onde recebeu sua educação primária. Depois da tragédia de Izmir, em 1924, veio com a família para o Brasil. Morou com a família no Rio de Janeiro por um ano, e depois toda a família veio para São Paulo, onde Levon começou a trabalhar no comércio de tapetes orientais.

Levon Mosditchian foi um dos fundadores da filial de São Paulo da União Geral Armênia de Beneficência, em 1932.

Levon Mosditchian

A reunião consultiva foi realizada no dia 26 de fevereiro de 1932, na sala de reuniões da Igreja Apostólica Armênia de São Paulo, onde Kiud Mekhitarian apresentou a sugestão de formar uma filial da UGAB em São Paulo.

Por unanimidade, os presentes confirmaram a utilidade da UGAB e, elogiando as atividades benéficas dessa instituição, agradeceram o convite formulado e aceitaram tornar-se membros, fundando, destarte, a filial de São Paulo da União Geral Armênia de Beneficência.

Os membros fundadores da nova filial decidiram nomear, por unanimidade, Vahram Keutenedjian para o cargo de presidente de honra, outorgando-lhe poderes para formar a mesa diretiva como ele quisesse.

Vahram Keutenedjian, visivelmente emocionado pela extraordinária confiança e respeito revelados para com sua pessoa, e depois de receber a promessa de colaboração pelos presentes, aceitou a sua indicação e prometeu empenhar-se pelos trabalhos da UGAB, uma organização muito importante para a nação armênia, e ajudar na formação de uma filial digna de respeito. A seguir, convidou Kiud Mekhitarian para o cargo de presidente, Peniamin Gaidzakian para o de secretário e Ghazar Nazarian para o de tesoureiro.

Já se colocara o alicerce da filial brasileira da UGAB, e estava formada a mesa diretiva; faltava apenas trabalhar pelo seu fortalecimento e perpetuidade.

Quase um mês depois da formação da filial de São Paulo da UGAB, Kiud Mekhitarian enviou a seguinte carta, datada de 25 de março de 1932, para Vahan Malezian:

> [...] O ditado popular diz: "Antes tarde do que nunca"; e é por isso que demorei tanto para responder a vossa carta do dia 21 de dezembro, pois queria ter a firmeza para comunicar-lhe a boa notícia da formação da filial da UGAB de São Paulo.
>
> Junto com o meu amigo Levon Mosditchian, refletimos muito até encontrarmos a melhor forma. Convidamos, então, dez pessoas para a reunião de fundação, e temos, hoje, a satisfação de informar que todas as pessoas que contatamos aceitaram o nosso convite, e nos honraram com a sua presença.
>
> Como já havia mencionado em minha carta anterior (20 de agosto de 1931), apesar de ter tomado a decisão de me afastar da vida pública, aceitei participar desta missão, espontaneamente, e assumi a maior parte do trabalho; e, como se o cargo de presidente por si só não fosse o suficiente, também assumi o compromisso de preparar as atas e correspondências, para o bem e êxito do trabalho, e espero poder cumprir toda essa responsabilidade a termo. Esta seria a minha grande recompensa.
>
> Com sólido amor de amizade, vosso sinceramente,
>
> *Kiud Mekhitarian*

Na fase inicial, a recém-formada filial da UGAB atuou com grande afinco e, em pouco tempo, conseguiu reunir quinze novos membros. Ao fim de dez meses de atividade, a filial brasileira da UGAB mandou para a tesouraria da diretoria central, em Paris, um cheque no valor de 2.524,75 francos franceses, quantia essa oriunda dos ingressos de festas e mensalidades dos membros, mas essa foi a única atividade prática dessa filial tão promissora.

Doravante, a instituição começaria a declinar, sem ter atingido o seu momento áureo. Vahram Keutenedjian pediu demissão e se afastou da entidade, sem dar uma justificativa plausível para essa decisão. Kiud Mekhitarian, argumentando fragilidade da saúde, deixou de trazer sua participação ativa. Os outros membros, seguindo o exemplo dos dois, interromperam suas mensalidades e não compareceram mais às reuniões. Levon Mosditchian e Ghazar

Nazarian tiveram de visitar, de porta em porta, os associados, pedindo-lhes que voltassem a se reunir a fim de evitar a aniquilação dessa filial, mas todos os esforços foram em vão.

Através de cartas, a Diretoria Central da UGAB pediu que Kiud Mekhitarian e Levon Mosditchian fizessem o possível para criar um novo movimento e reerguer a instituição, mas mesmo esses apelos não surtiram efeito, pois tanto Kiud Mekhitarian como Vahram Keutenedjian não queriam mais se envolver nesse trabalho. E, assim, a filial da União Geral Armênia de Beneficência de São Paulo deixou de funcionar.

Acatando os apelos da Diretoria Central de Paris, anos depois, no dia 21 de junho de 1937, Levon Mosditchian conseguiu estabelecer uma nova filial dessa instituição com os armênios que moravam no subúrbio de Santana, sob a presidência de Panós Pambukdjian, mas essa filial também não teve a capacidade de criar uma atividade positiva, e sucumbiu ainda em sua fase embrionária.

Até o ano de 1946, não se fez outra tentativa de formar uma filial da UGAB no Brasil. Nesse ano, o Legado Patriarcal para a América do Sul, Sua Eminência Arcebispo Karekin Khatchadurian, veio ao Brasil, com a missão de realizar uma arrecadação para o Fundo de Repatriação, e no dia 23 de setembro de 1946, durante um encontro público, fundou a UGAB, com a adesão de 89 concidadãos. Nesse encontro, por uma votação secreta, formou-se também a diretoria provisória da filial de São Paulo da UGAB, assim constituída: Jorge Gaidzakian, Kurken Hovakian, Takvor Kirakossian, Yervant Mekhitarian, Dr. Krikor Yaghsezian, Torós Harmandarian, Karnig Bazarian, Socrat Magarian e Harutiun Poladian.

O arcebispo designou o padre Gabriel Samuelian como seu representante na diretoria, para dirigir não só as atividades da recém-formada filial, como também para coordenar os trabalhos de arrecadação, que, como em todos os lugares, também no Brasil ficou a cargo da UGAB.

A recém-eleita diretoria da UGAB, não conseguindo concluir a referida arrecadação até o dia 31 de dezembro de 1946, alegando falta de tempo, não pôde lançar-se ao trabalho de arregimentar mais associados para a instituição. Mas o seu espírito de empreendimento e a vontade manifestada inspiravam a esperança de que o Brasil teria, doravante, uma filial permanente da União Geral Armênia de Beneficência.

ESCOLAS

Pré-escola armeno-brasileira

Um dos traços característicos do caráter da raça armênia é sua extraordinária cautela para construir uma igreja armênia. Depois de exílios forçados, desterros e até expatriação voluntária, quando um grupo de armênios se reúne no estrangeiro, o principal assunto de suas conversas gira em torno de ter um local de oração e, uma vez que esse desejo se torna o tema de suas conversas, cedo ou tarde eles conseguem realizá-lo, como se fossem imbuídos do instinto de preservação nacional e buscassem, assim, a única circunstância de se salvarem da assimilação, ou talvez, ao ouvirem em suas igrejas os ofícios realizados sob os ritos em língua armênia, saciem a saudade de sua pátria.

O povo armênio, de tanto identificar as palavras igreja e escola, ao construir uma igreja, entendem que também há ali uma escola, porque, toda vez que eles erguem uma igreja armênia, a escola armênia tem sido sua parte inseparável. O armênio simplesmente não consegue aceitar o fato de existir uma igreja armênia sem a respectiva escola; eis o motivo pelo qual, para ter uma escola, eles antes constroem uma capela, como se para justificar a presença da escola armênia.

Em 1924, a coletividade armênia de São Paulo já possuía o seu local de oração provisório. E, se já havia esse lar de oração, a presença de uma escola provisória também se tornava tema de discussão.

Naquele ano, Kiud Mekhitarian tornava-se o intérprete dos sentimentos do povo, através de uma reportagem datada de 20 de outubro de 1924 e publicada na edição de número 3.859 do dia 10 de janeiro de 1925 do diário armênio *Hayrenik*, editado na América do Norte. Nessa reportagem, depois de fornecer informações sobre o encerramento da gestão do corpo tutorial da recém-estabelecida igreja e a eleição de um corpo, refletia sobre a necessidade de uma escola: "A coletividade armênia de São Paulo também necessita de uma escola, para prover uma educação nacional aos seus filhos; caso contrário, a próxima geração será totalmente alienada e dissidente, sob a influência de escolas de outros idiomas".

A ideia de se ter uma escola já fazia parte dos temas de conversas dos membros da coletividade armênia; faltava apenas adotar a corajosa iniciativa para consegui-la.

O dia 12 de março de 1928 estava reservado para a concretização dessa ideia, e Kiud Mekhitaian, junto com sua esposa, Sra. Lúcia Mekhitaian, e a Srta. Ferida Kevorkian, tiveram a honra de dar início a este belo e profícuo trabalho em prol da armenidade.

As duas senhoras, fundadoras da Associação das Senhoras Progressistas Armênias, tornar-se-iam também as fundadoras da primeira escola armênia estabelecida em solo brasileiro, que seria inaugurada no dia 12 de março de 1928 com apenas três alunos, mas dentro de um mês o número dos alunos chegaria a oitenta.

O corpo docente da recém-inaugurada escola era constituído por:
Sra. Lúcia Mekhitariam — voluntária
Srta. Ferida Kevorkian — voluntária
Srta. Eliza Demirdjian — voluntária
Sra. Aghavni Bardakdjian — remunerada
Srta. Yevpimé Basmadjian — remunerada

Elas ensinavam os idiomas armênio e português, assim como matemática, música, bordados e ginástica.

Esta escola, que era administrada com o empenho da Associação das Senhoras Progressistas Armênias, chamava-se Pré-Escola Armeno-Brasileira, e funcionou até fins de 1930. Em 1931, juntou-se à escola Yeghiché Turian, da Associação Compatriota de Marach, sob a tutoria do Conselho Comunitário, vindo a ser chamada, doravante, Hay Azkayin Turian Varjaran, sendo registrada na Secretaria de Educação de São Paulo sob o nome de "José Bonifácio".

ESCOLA DA ASSOCIAÇÃO COMPATRIOTA DE MARACH E ADJACÊNCIAS

Quase um mês depois da abertura da escola da Associação das Senhoras Progressistas Armênias, no dia 16 de abril de 1928, a Associação Compatriota de Marach e Adjacências, sob iniciativa do Prof. Peniamin Gaydzakian, fundou uma outra escola armênia com quarenta alunos e alunas, tendo como professoras a Srta. Mari Terzian e a Sra. Keter Balian.

Essa escola atuou por um ano, depois do qual os evangélicos armênios se separaram dos apostólicos e abriram sua própria escola, tendo como professora a Srta. Mariam Terzian e uma brasileira como seu auxiliar. A escola dos evangélicos ainda mantinha sua atuação até o ano de 1947.

ESCOLA YEGHICHÉ TURIAN

Em 1929, após a separação dos evangélicos, a Associação Compatriota de Marach e Adjacências também se dissolveu, e a escola ficou abandonada, uma vez que o ex-corpo tutorial cessou suas atividades. Os objetos da escola foram entregues a Serovpé Pambukian, natural de Marach, para que este os vendesse e, com os recursos oriundos da venda, pagasse o aluguel atrasado de um mês e fechasse a escola. Por outro lado, o proprietário do imóvel, que era uma pessoa muito exigente e severa, ameaçava jogar os objetos e pertences da escola no meio da rua se o imóvel não fosse desocupado o quanto antes ou se não fosse renovado o aluguel.

Serovpé Pambukian pensava em transformar os objetos materiais da escola em dinheiro, e estava quase confuso, quando um grupo de *marachtsi* sugeriu-lhe que, ao invés de se preocupar em vender os objetos da escola, pensasse na reabertura da escola, e prometeram trazer suas contribuições morais e materiais, se Serovpé Pambukian assumisse a incumbência de reabrir a escola. Os concidadãos que fizeram essa proporta foram Krikor Kumruyan, Sarkis Kumruyan, Nazaret Distchekenian, Hovhannés Distchekenian, Nercés Boyadjian, Kevork Muradian, Arsen Momdjian, Levon Seraidarian e Missak Kahvedjian, todos naturais de Marach.

A notícia dessa sugestão do grupo de *marachtsi* para Serovpé Pambukian se alastrou rapidamente e fez com que todos os compatriotas de Marach dessem sua anuência para a continuidade da escola. Estimulado por esse comportamento positivo de seus concidadãos, Serovpé Pambukian reabriu a escola para o ano letivo de 1929 e convidou para ocupar as vagas de professoras a Sra. Lia Nercessian, a Srta. Lia Apkarian e uma professora brasileira. A escola contava com sessenta alunos de ambos os sexos.

Por um ano inteiro, graças ao apoio moral e material de seus concidadãos, Serovpé Pambukian conseguiu prover a parte financeira da escola e concluir o ano letivo com êxito.

Em 1930, ao ver que a plena responsabilidade da escola estaria acima das condições de uma única pessoa, e visto que os compatriotas de Marach cuidavam de todas as despesas da escola, Serovpé Pambukian achou ser mais conveniente entregar a administração da escola diretamente à Associação Compatriota de Marach, que assumiu com satisfação essa responsabilidade, renomeando a escola para Escola Yeghiché Turian, e convidando para o corpo docente a Sra. Lia Nercessian, Harutiun Kalaidjian e uma brasileira.

Em 1931, a essa escola uniu-se a Pré-Escola Armeno-Brasileira, da Associação das Senhoras Progressistas Armênias, e com essa fusão o número dos alunos subiu para 213, com seis professores, dos quais quatro armênios e dois brasileiros.

Em 1932, para assumir o cargo de diretor da escola, foi convidado Nercés Boyadjian, que, com três professores armênios e dois brasileiros, conseguiu concluir um ano letivo frutífero, apesar das densas dificuldades financeiras.

A partir de 1932, a escola passou à administração do Conselho Comunitário, mas esse corpo estava numa situação sem saída, pois as lutas partidárias intolerantes e os destrutíveis disse que disse de diversos grupelhos havia transformado a vida interna da coletividade num caos, e qualquer plano para a continuidade da escola estava fadado ao fracasso. Os esforços do Conselho Comunitário encontravam interferências e tornavam-se ineficazes, e era provável que não fosse viável a reabertura da escola se não fosse lançada a ideia de se formar uma Associação dos Amantes da Educação, ideia essa cuja realização assumiu a filial de São Paulo da Associação Cultural Armênia (Tachnagtsutiun).

O Comitê do Hay Heghapokhagan Tachnagtsutiun de São Paulo, sem distinção partidária, convidou para uma reunião consultiva um número significativo de concidadãos, aos quais apresentou sua sugestão de formação da Associação dos Amantes da Educação como o melhor meio de se manter a existência da escola.

A reunião consultiva considerou ser muito oportuna a sugestão apresentada e, na mesma hora, fundou a Associação dos Amantes da Educação, cujos membros comprometeram-se a ajudar na preservação e manutenção da escola através de uma determinada contribuição mensal.

Ardavazt Manissadjian

Ardavazt Manissadjian nasceu em 1897, na cidade de Garin, filho de Meguerditch Manisadjian. Foi deportado em 1915 para Der-el-Zor, sendo alvo de muitos sofrimentos. Ao chegar a Kemakh, seu irmão maior e muitos outros armênios foram afastados da caravana e mortos. Sua mãe, não suportando a perda do filho, morreu nas proximidades da cidade de Kharpert. Ardavazt colocou o corpo de sua mãe numa torrente, sem sequer ter tempo para cobri-la de terra, e prosseguiu o caminho da deportação com sua irmã e irmão caçula. Perto de Merdin, os irmãos se perderam e nunca mais se viram.

Ardavazt permaneceu em Merdin por vários meses, servindo famílias *kildani*, mas um dia foi encontrado e levado para "Amelé Tabur", onde trabalhou por muitos meses na construção de estradas, sob o chicotear dos soldados turcos, como milhares de outros armênios escravos, aguentando os mais densos sofrimentos. Um dia, graças à intervenção de um administrador armênio no exército turco, Ardavazt foi enviado para servir oficiais do exército alemão, em Mussul, onde permaneceu até a conquista dessa cidade pelos ingleses. Após reencontrar sua liberdade, começou a procurar seus irmãos. Após longas e inúteis buscas e sem esperança, viajou para Alepo e começou a trabalhar no comércio. Logo que conseguiu juntar algum capital, transformou o dinheiro em mercadorias e viajou para a cidade de Urfá. Mal havia conseguido abrir uma loja e atuar no comércio, eis que começaram as lutas dessa cidade, durante as quais perdeu tudo que tinha conseguido juntar. Ardavazt participou das lutas de Urfá com os guardas armênios. Depois dessas lutas, retornou a Alepo e, algum tempo, depois casou com sua concidadã Diranuhi Altunian. Chegou ao Brasil em 1929 e se estabeleceu na cidade de São Paulo, ocupando-se da profissão de alfaiate. Em 1930, mandou trazer sua esposa e o filho. Atualmente, ocupa-se do comércio.

Ardavazt Manissadjian foi um dos que conceberam a ideia de formar a Associação dos Amantes da Educação e um de seus membros fundadores. É um dos raros armênios que não para diante dos sacrifícios materiais, e tenta assegurar uma educação superior ao seu único filho, Antranik Manissadjian, que é um dos melhores estudantes da Faculdade Estatal de Medicina, e não há dúvidas de que justificará os sacrifícios de seus pais.

Ardavazt Manissadjian é um dos colaboradores morais e materiais da publicação deste livro, e é o presidente da comissão de publicação.

A ideia da Associação dos Amantes da Cultura teve ótima receptividade por parte dos membros da coletividade, e houve anos em que ela teve mais de 250 membros, os quais, através de suas contribuições mensais, ajudaram a escola, livrando-a do perigo de fechar.

A Associação Amantes da Cultura, logo após a sua formação, instituiu dois corpos, a intendência e o corpo financeiro. Ao primeiro foi entregue a incumbência da imediata vigilância e administração da escola, enquanto ao segundo atribuiu-se a responsabilidade de prover os meios financeiros e a tarefa de cobrar as contribuições mensais dos membros da Associação.

Faziam parte da primeira diretoria da intendência:
Onnig Darakdjian — Presidente
Aram Tchalekian — Secretário
Apel Kaloustian — Tesoureiro
Vahan Tchorbadjian — Vice-presidente
Ardachés Poghassian — Vice-secretário

Eram membros do corpo financeiro: Harutiun Djehdian, Aram Tchalekian, Issahak Khatchadurian, Sarkis Kaloustian, Garabed Ekizian, Boghos Pambukian, Kersam Altunian, Stepan Darakdjian, Manug Mahseredjian, Missak Kahvedjian e Sarkis Kahvedjian.

Vahan Tchorbadjian

Vahan Tchorbadjian nasceu em 1898, na cidade de Marach, filho de Garabed Tchorbadjian. Recebeu sua educação primária na escola Central de Marach. Em 1915, foi deportado para Alepo, ali permanecendo até o armistício. Após a ocupação de Marach pelos franceses, ele voltou para sua cidade natal, onde participou das lutas armeno-turcas, e depois voltou mais uma vez a Alepo. Chegou ao Brasil em 1926, estabelecendo-se na cidade de São Paulo e ocupando-se do comércio.

Vahan Tchorbadjian foi um dos fundadores da Associação dos Amantes da Cultura e, com poucas interrupções, foi membro da intendência da escola por quinze anos, exercendo as funções de vice-presidente, secretário e, principalmente, tesoureiro. Ele foi um dos que mais se dedicaram pela preservação da escola, e um fervoroso e dedicado compatriota.

Sarkis Kaloustian nasceu em 1896, na cidade de Akchehir, filho de Manoug Kaloustian. Em 1915, foi deportado para Damasco, onde seu pai faleceu. Chegou ao Brasil em 1923 e se estabeleceu na cidade de São Paulo. Atualmente, junto com seu irmão Apel, tem uma fábrica de malas de viagem em imóvel próprio, que é uma das maiores e melhores fábricas dos armênios que atuam nesse segmento.

Sarkis Kaloustian foi um dos fundadores da Associação dos Amantes da Cultura e um dos aplicados membros do corpo financeiro dessa entidade. É também membro do Conselho Representativo.

Sarkis Kaloustian

Issahag Khatchadurian nasceu na cidade de Aintab, em 1896, filho de Khatchadur Khatchadurian. Recebeu sua educação primária na escola Nercessian, na sua cidade natal. Desde criança, Issahag sempre revelou grande tendência e amor pelo esporte, e foi um dos primeiros membros do grupo de educação física Hamazasp, na cidade de Aintab.

Em 1915, Issahag foi deportado para Alepo, onde seu pai faleceu. Em 1918, voltou para Aintab e participou das lutas de autodefesa da cidade. Em 1924, foi um dos fundadores da União Geral Armênia de Cultura Física [Homenetmen] na cidade de Alepo, e permaneceu como

Issahag Khatchadurian

membro ativo até o ano de 1928, quando veio para o Brasil com a família e se estabeleceu na cidade de São Paulo, onde instalou uma fábrica de sapatos. Foi membro da Associação dos Amantes da Educação, da intendência da escola, do corpo tutorial e do Conselho Representativo. Foi, ademais, um dos organizadores do Homenetmen de São Paulo e membro permanente da diretoria dessa agremiação até o desmembramento da instituição.

O recém-formado corpo tutorial da escola Turian, eleito pela Associação dos Amantes da Educação, convidou o professor Hagop Tchilian, natural de Kessab, para assumir a direção da escola para o ano letivo de 1933, assim como duas professoras armênias e três brasileiras.

Graças à atividade dinâmica e solidária da Associação dos Amantes da Educação e do corpo financeiro da intendência da escola, o ano letivo de 1933 foi encerrado sem o registro de sérias dificuldades financeiras, e o receio inicial de que a escola seria fechada foi dissipado.

Para o ano letivo de 1934, a Associação Educativa convidou para a intendência os seguintes compatriotas: Nazaret Kumruyan, Dkran Avakian, Vahan Tchorbadjian, o dentista Vahram Zakarian, Ghazar Eminian, Issahag Khatchadurian e Dikran Asdurian.

Mais uma vez, a direção da escola ficou a cargo do Prof. Hagop Tchilian e, para lecionar, foram convidadas a Srta. Varsenig Zakarian, a Srta. Ester Mamigonian e quatro professoras brasileiras.

Novamente, as atividades desenvolvidas pela Associação dos Amantes da Educação, pela intendência e pelo corpo financeiro, além de serem empolgantes, foram muito solidárias e serviram de exemplo, e o povo da coletividade, indistintamente, trouxe com carinho a sua parcela de participação, ajudando a manter a escola moral e financeiramente. Assim, os compromissos financeiros perderam o cunho tenebroso, de uma densa carga; ao invés de ser um aspecto negativo no fim do ano, desta vez sobrava ainda uma quantia modesta na caixa da tesouraria.

Hagop Tchilian nasceu em Kessab, no dia 26 de maio de 1896, filho de Harutiun Tchilian. Recebeu sua educação na escola Sahakian, na sua cidade natal, sendo um dos primeiros formandos desse educandário. Por dois anos lecionou em Kessab e, em 1915, passou para Djebel, onde trabalhou como mascate. Chegou ao Brasil em 1926 e fixou residência na cidade de Santos, onde se ocupou do comércio. Em 1933, foi convidado a assumir a direção da escola Turian, exercendo essa função até fins de 1936, quando o cargo foi entregue a Sakó Hagopian.

Hagop Tchilian

Em 1940, foi mais uma vez convidado a assumir a direção da escola, e permaneceu nessa função até o final do ano letivo de 1947.

Hagop Tchilian é um professor muito compreensível, consciente e dedicado. Trabalha com muito afinco e tenta ser útil a todos. Fora do horário escolar, assumiu também a coordenação da Associação das Formandas da escola Turian e organizou muitas palestras, além do trabalho dedicado e espontâneo de ensinar o idioma armênio, escrito e falado, às associadas dessa entidade que vinham do interior do estado ou de outras regiões para São Paulo. Essa dedicação merece todo elogio.

Harutiun Kalaidjian nasceu em Zeitun, em 1900, filho de Krikor Kalaidjian. Recebeu sua educação primária na escola paroquial Surp Krikor Lussavoritch [São Gregório, o Iluminador], na sua cidade natal, e depois continuou seus estudos na escola Central.

Em 1915, foi deportado para Deir-el-Zor, onde seu pai foi morto. Depois de permanecer por quinze meses com grupos árabes, fugiu para Mussul, de onde foi encaminhado para Bagdá e,

Harutiun Kalaidjian

mais tarde, para o Egito, junto com os órfãos que foram salvos e recolhidos. Formou-se no orfanato, em 1922, e viajou para Beirute, Líbano, onde começou a trabalhar como carpinteiro. Casou em 1924 e veio com a família para o Brasil, em 1926, fixando residência na cidade de São Paulo. Aqui, exerceu primeiramente a profissão que aprendera, mas depois começou a trabalhar no comércio. Em 1930, foi nomeado professor na escola da Associação Compatriota de Marach e, um ano depois, na escola Turian. Foi professor, alternadamente, nas escolas armênias de Santana e de Presidente Altino. Atualmente, ministra aulas particulares de armênio nas famílias da coletividade.

Harutiun Kalaidjian foi um dos fundadores da Associação Compatriota de Zeitun e secretário permanente dessa entidade. Foi também membro-fundador da Associação da Juventude Armênia Mista e um dos editores do jornal *Yerant*.

Em 1935, a Associação dos Amantes da Educação convidou para assumirem a intendência da escola os seguintes compatriotas: Vahan Tchorbadjian, Nazaret Kumruyan, Karekin Tuffenkdjian, Dikran Avakian, Issahak Khatchadurian, Apel Kaloustian e Ghazar Eminian.

A nova intendência, estimulada pelo equilíbrio orçamentário escolar dos anos anteriores e pelo apoio moral e material da coletividade, decidiu melhorar o nível do ensino da escola para justificar o sacrifício do povo e, com esse intuito, decidiu convidar o professor Sakó Hagopian, natural de Khrim, que morava em Paris, França. Hagopian fora um dos alunos do Seminário Kevorkian, em Etchmiadzin, na Armênia, e foi o organizador e dirigente do coral Sipan de Paris. A informação sobre a pessoa de Sakó Hagopian chegara a São Paulo por uma fonte do Tachnagtsutiun.

Sakó Hagopian chegou a São Paulo em maio de 1935 e assumiu a direção da escola, completando um ano letivo tranquilo, ou que seria melhor chamar de um período de reorganização escolar.

Em 1936, foram convidadas as seguintes pessoas para fazer parte da intendência: Vahan Tchrbadjian, Nazaret Kumruyan, Karekin Tuffenkdjian, Dikran Avakian, Boghos Pambukian.

Nesse período, além do diretor Sakó Hagopian, a escola possuía uma professora armênia, a Srta. Eufrônia Kalemkearian, e mais cinco professoras brasileiras e 250 alunos de ambos os sexos, distribuídos em cinco salas de aula.

A ascensão da escola havia começado; sob a consciente e sábia gerência de Sakó Hagopian, o crescimento e progresso tornavam-se cada vez mais visíveis, fazendo com que aumentasse também o carinho da coletividade para com a escola, o que possibilitou o encerramento do ano letivo com êxito.

À Associação dos Amantes da Educação e à intendência da escola não mais preocupavam o orçamento desta, e a atenção de todos estava concentrada agora no progresso da escola, e Sakó Hagopian justificava plenamente a confiança que todos haviam depositado nele.

Em 1937, foram convidadas as seguintes pessoas para assumir a intendência: Harutiun Djehdian, Vahan Tchorbadjian, Karekin Tuffenkdjian, Yenovk Khatchadurian e Boghos Pambukian.

Ghazar Eminian nasceu em Nor Djughá, na Pérsia, em 19 de janeiro de 1900. Recebeu sua educação primária na escola local Gananian. Em 1915, foi enviado para a Índia, para estudar no Seminário Armênio de Ciências Humanas, em Calcutá. Depois de concluir o referido curso, Ghazar continuou seus estudos no colégio inglês de Allahabad e, mais tarde, assumiu a função de escrevente na maior empresa armênia de Calcutá, a Harutiun e Companhia.

Chegou ao Brasil em 1924 e se estabeleceu na cidade de São Paulo, trabalhando no comércio. Casou no ano de 1927 com a Srta. Diruhi Kiurkdjian. Ghazar Eminian foi um dos fundadores e membros da União da Juventude Armênia, assim como membro da intendência da escola Turian.

Ghazar Eminian

Boghos Pambukian nasceu em 1903, em Marach, filho de Panós Pambukian. Em 1915, foi deportado com a família para Hama, onde permaneceu até o armistício. Voltou para Marach em 1918, e foi testemunha ocular dos massacres contra os armênios nessa cidade. Depois foi para Adana, Damasco e Beirute, de onde veio para o Brasil com a família em 1926, fixando residência na cidade de São Paulo e abrindo uma fábrica de calçados com seus dois irmãos.

Boghos Pambukian foi membro da Associação Compatriota de Marach, do Conselho Paroquial, do corpo representativo e da intendência da escola.

Boghos Pambukian

Pode-se considerar o ano de 1937 como o "século de ouro" da escola Turian. Graças aos esforços de Ghazar Aghá Nazarian, a escola foi reconhecida oficialmente pelas autoridades e adquiriu o direito de fornecer diplomas de conclusão do curso, e os formandos tiveram o direito de se matricularem em escolas de nível médio. É muito importante destacar isso, pois, de acordo com as leis locais, os alunos de uma escola primária não reconhecida, independentemente do nível do ensino, não podem frequentar escolas de nível intermediário.

Assim, a escola teve a sua primeira safra de formandos, o que encheu de orgulho e felicidade os corações dos pais.

Os primeiros formandos da escola foram: Srtas. Vartouhie Saatdjian, Mari Tchorichian, Nazeli Brussalian, Tejkhuhi Tchilian, Iskuhi Hamparian, e os rapazes Sarkis Djehdian, Manug Kumruyan, Khatcher Zeituntsian.

Nesse período de grande entusiasmo, graças ao progresso da escola, eis que surgiu o pedido de demissão do diretor Sakó Hagopian, cuja esposa ficara em Paris. Hagopian justificou o pedido de sua demissão apontando as dificuldades de seus familiares, mas, diante dos insistentes pedidos da intendência da escola, voltou atrás da decisão tomada e continuou suas atividades.

Durante o ano letivo de 1938, a intendência foi constituida por Harutiun Djehdian, Yervant Marzbanian, Karekin Tufenkdjian, Vahan Tchorbadjian, Sarkis Kaloustian.

Nesse período, o corpo docente permaneceu o mesmo e a escola teve um ano letivo muito bom, com a segunda turma de formandos.

A intendência de 1939 era constituída das seguintes pessoas: Harutiun Djehdian, Vahakn Minassian, Vahan Tchorbadjian, Hovhannés Distchekenian, Karekin Tuffendkian, Onnig Darakdjian, Issahak Khatchadurian.

Também essa intendência efetuou com muito zelo suas obrigações, mantendo equilibrado o orçamento escolar e dando condições para que Sakó Hagopian completasse um ano letivo tranquilo e frutífero, seguindo os anos anteriores, agora com a terceira turma de formandos.

A intendência de 1940 foi composta por Kevork Muradian, Manug Sahakian, Sarkis Kaloustian, Paren Bazarian, Rupen Kiurkdjian. Mas foi nesse ano que a escola Turian recebeu um grande abalo, pois o dedicado, simpático e zeloso diretor Sakó Hagopian apresentou novamente a sua demissão, desta vez em caráter irreversível, e a seguir viajou para a América do Norte.

Manug Sahakian nasceu em 1903 na cidade de Akchehir, filho de Nazaret Sahakian. Apesar de ter ficado imune da deportação de 1915, não pôde escapar da tragédia das guerras greco-turcas e foi deportado para Kharpert, ali permanecendo por dois anos, e depois se mudou para Alepo. Chegou ao Brasil em 1926 e estebeleceu-se na cidade de São Paulo, onde abriu uma fábrica de calçados com seu irmão. Em 1931, casou com a Srta. Iskuhi Chakarian, natural de Tokat. Foi membro da Associação dos Amantes da Educação, do corpo representativo e da intendência da escola.

Manug Sahakian

Sakó Hagopian era membro do Partido Tchnagtsutiun[26], e uma das causas principais de seu afastamento de São Paulo foram seus próprios companhei-

---
26 Também conhecido como Federação Revolucionária Armênia.

ros. Como professor meticuloso, estimulava as pessoas de bons princípios e chamava à sensatez os culpados e preguiçosos. Para Hagopian, não existiam companheiros ricos ou pobres, ele era um professor armênio, e os pequeninos que eram entregues aos seus cuidados eram filhos de armênios, os quais tentava educar e moldar da melhor maneira possível. No entanto, lamentavelmente, nem todos compreendiam esta tão louvável conduta do professor, ao contrário, soava como insulto para alguns compatriotas e até para seus companheiros da instituição, os quais começaram a tramar contra ele silenciosamente. Sakó Hagopian, que tinha uma remuneração adequada, cansado da luta oculta desencadeada contra sua pessoa, não quis mais permanecer em São Paulo e viajou; mas deve-se dizer também que influiu nessa tomada de decisão o seu desejo de conhecer outro país.

Sakó Hagopian foi bastante útil para a coletividade armênia de São Paulo. O coral da igreja que ele formara teve participação ativa nas cerimônias das missas até o ano de 1943; o coral Armênia, também organizado por ele, realizou eventos culturais agradáveis para a coletividade armênia de São Paulo, apresentando as operetas *Archin mal Alan*", *Uch Lini, Nuch Lini* [*Antes tarde do que nunca*] e alguns trechos da famosa ópera *Anuch*, além de *Darabanki Tasse* [*A lição do sofrimento*], *Yerajechdagan Drame* [*Drama musical*], *Dazghigner u Titerner* [*Flores e borboletas*], *Anahid* etc. A sua aptidão nesse ramo cultural e a função que cumpriu com grande êxito fizeram com que muitos membros da coletividade que estavam indiferentes ou afastados dos eventos armênios começassem a frequentar em grande número esses eventos, usufruindo horas agradáveis e, ao mesmo tempo, estimulando as atividades.

Enquanto Sakó Hagopian esteve em São Paulo, a escola ganhou a simpatia e o carinho de todos. Os pais mandavam seus filhos à escola armênia sem qualquer argumento contrário, razão pela qual o uso do idioma armênio começou a se generalizar dentro da nova geração.

A Associação e a intendência, ao ver que não mais poderiam influir na decisão tomada pelo professor, decidiram organizar uma despedida, durante a qual a coletividade armênia de São Paulo expressou sua gratidão a um professor que trabalhou incansavelmente, de forma consciente, e, com sua elogiável dedicação, honrou e engrandeceu a categoria dos professores armênios.

Rupen Kiurkdjian nasceu em Kharpert, no dia 26 de dezembro de 1902, filho de Kevork Kiurkdjian. Recebeu sua educação primária na escola paroquial Surp Hagovpá [São Tiago].

Ficou imune da tragédia da deportação de 1915 graças aos seus amigos assírios, que o registraram como um assírio.

Em 1923, em consequência dos movimentos kemalistas[27], a vida na cidade de Kharpert se tornara insuportável. Assim, Rupen Kiurkdjian decidiu fugir para a Síria, de onde viajou para o Brasil em 1929, fixou residência na cidade de São Paulo e começou a trabalhar como mecânico (tem uma oficina mecânica de automóveis junto com seu irmão).

Foi membro da Associação dos Amantes da Educação, do corpo representativo e da intendência da escola, assim como atuou como secretário do Conselho Central dos armênios do Brasil.

Rupen Kiurkdjian

Avedis Asdurian nasceu em Marach no dia 6 de janeiro de 1917, fiho de Hovhannés Asdurian. Recebeu sua educação primária na escola Evangélica de Damasco.

Chegou ao Brasil no ano de 1928 e fixou residência na cidade de São Paulo, onde abriu uma fábrica de sapatos com seu irmão.

Por longos anos, Asdurian foi membro da intendência da escola Turian e executou com muito carinho as tarefas assumidas.

Avedis Asdurian

---

27 De Kemal Ataturk, fundador da República da Turquia.

Depois que Sakó Hagopian deixou o Brasil, a intendência da época chamou de volta o Prof. Hagop Tchilian para reassumir a direção da escola Turian, e desde 1940 até fins do ano de 1947 o professor ainda exercia essa função, auxiliado pela professora Srta. Mari Pambukian e mais cinco professoras brasileiras.

Hagop Tchilian trabalhou com afinco e tentava, na medida do possível, ser útil aos alunos. Todos os anos, sucessivamente, saíam novos grupos de formandos e a escola, conhecida pelas autoridades do ensino como escola primária José Bonifácio, era considerada uma das melhores escolas de educação primária da cidade. Destaque-se aqui que a inteligência dos alunos armênios sempre foi e tem sido elogiada pelos fiscais do ensino.

A Srta. Mari Pambukian nasceu em Beirute, no dia 15 de agosto de 1925, filha de Sarkis Pambukian. Completou seus estudos na escola Turian, em São Paulo, e exerce a função de professora auxiliar desde 1940. É membro da diretoria da Associação das Moças Formadas da escola.

Srta. Mari Pambukian

Paren Bazarian nasceu em 1923, na cidade de Marach, filho de Harutiun Bazarian. Foi deportado para Alepo em 1915, e em 1926 viajou para Marselha, França, de onde chegou ao Brasil em 1929.

Foi membro e representante da Tchom no Brasil durante a assembleia de delegados dessa entidade, realizada no ano de 1941, em Buenos Aires.

Também foi membro da entidade assistencial aos pobres e da intendência da escola. Reside em São Paulo e atua no comércio.

Paren Bazarian

A partida de Sakó Hagopian também criou um vazio no segmento musical da coletividade, além da queda da simpatia do público para com a escola. Não foram poucos os compatriotas que, usando argumentos razoáveis ou não, retiraram seus filhos da escola armênia.

A Associação dos Amantes da Educação e as sucessivas intendências da escola fizeram o melhor de si para mantê-la. Mas uma das principais dificuldades era também a ausência de um imóvel apropriado ou adequado, lacuna essa que refletiu na coletividade, e o objetivo principal da grande arrecadação realizada entre os anos de 1944-1945 era sanar essa questão. Pode-se dizer que foi no ano de 1948 que a coletividade armênia conseguiu, finalmente, ter uma escola própria e adequada.

A intendência de 1941-1942 foi constituída por Garabed Dadian, Kevork Muradian, Manug Sahakan, Sarkis Kaloustian, Rupen Kiurkdjian e Paren Bazarian.

Harutiun Kechichian nasceu em 1905 na cidade de Marach, filho de Nazaret Kechichian. Como seu pai era soldado, a família ficou imune da tragédia da deportação.

Em 1922, Harutiun viajou com a família para Damasco, de onde todos vieram para o Brasil, em 1927, e fixaram residência na cidade de São Paulo, e pouco depois instalaram uma fábrica de sapatos.

Harutiun Kechichian foi membro da Associação Compatriota de Marach e do corpo representativo. Atualmente, possui uma fábrica de fiação, com as máquinas mais avançadas.

Harutiun Kechichian

Armenak Borazanian nasceu na aldeia de Erikoluk, região de Kessab, filho de Missak Borazanian. Chegou ao Brasil em 1922 e estabeleceu-se na cidade de Santos, ocupando-se do comércio. Atualmente, vive na cidade de São Paulo. Foi membro da intendência da escola.

Armenak Borazanian

A intendência de 1943-1944 foi formada por Harutiun Kechichian, Meguerditch Arakelian, Kegham Kissajikian, Avedis Asdurian e Armenak Borazanian.

Fizeram parte da intendência de 1945-1946 Vahan Tchorbadjian, Iknadios Der Parseghian, Karekin Tuffenkdjian, Sarkis Kahvedjian, Avedis Asdurian, Boghos Tavitian e Kegham Kissajikian.

Ao se referir à escola armênia Turian de São Paulo, só se pode tecer palavras de elogio à Associação dos Amantes da Educação, cuja maioria dos membros sequer teve filhos que frequentassem essa escola; no entanto, induzidos pelo louvável sentimento patriótico de ensinar a ler, escrever e falar o idioma armênio à tenra geração da coletividade armênia, através de suas contribuições materiais e morais, essas pessoas tentaram manter de pé a escola, evitando o encerramento das atividades educacionais.

Ao elogiar os esforços dessa Associação, não objetivamos diminuir o valor da própria coletividade armênia, pois tem sido essa mesma coletividade que, através das arrecadações que foram coordenadas pela Associação, sempre ofereceu sua ajuda para manter e preservar a escola. Também graças às doações da coletividade foram dados os primeiros passos rumo à construção do prédio da escola, e espera-se que essa construção seja concluída em 1948, aliviando a coletividade de um grande peso e preocupação.

O Conselho Administrativo Central decidiu esperar pela conclusão da construção do prédio da escola para depois começar a pensar no melhoramento do padrão do ensino.

Iknadios Der Parseghian nasceu na região de Van-Aykesdan, em 1898, filho de Timóteos Der Parseghian. Recebeu sua educação primária na escola paroquial de Norachen, e depois ingressou no colégio americano, na mesma cidade. Em 1915, na primeira deportação de Van, foi transferido para Yerevan com seu pai, e em 1918 foi para a Índia, pela Pérsia, e se estabeleceu na cidade de Calcutá, trabalhando como sapateiro. Chegou ao Brasil em 1924 e fixou residência na cidade de São Paulo, ocupando-se do comércio. Em 1930, casou com a Sra. Sofia Iskenderian, natural de Eskichehir, e tem um filho e três filhas.

Iknadios Der Parseghian

Iknadios Der Parseghian foi um dos membros atuantes da União da Juventude Armênia, membro do corpo representativo e da intendência da escola. É um dos colaboradores da publicação deste livro, como tesoureiro da comissão de publicação.

Boghos Tavitian nasceu em Marach, em 1908. Em 1915, foi deportado com seus pais para Alepo, e em 1925 chegou ao Brasil e se instalou na cidade de Botucatu, interior do estado de São Paulo, onde começou a trabalhar no comércio. Atualmente, vive na cidade de São Paulo, mas mantém sua casa comercial em Botucatu.

Boghos Tavitian é membro da Associação dos Amantes da Educação desde 1944 e, como membro da intendência da escola, demonstra uma atividade brilhante.

Boghos Tavitian

Os formandos do ano letivo de 1945 da escola armênia Hay Azkayin Turian Varjaran e o corpo docente. Sentado, no centro, o diretor Hagop Tchilian. Ao seu lado, à esquerda, a Srta. Mari Pambukian; as demais sentadas são as professoras brasileiras

QUARTO PERÍODO

No limiar da construção da igreja São Jorge

Nove anos depois da fracassada tentativa de construir uma igreja, eis que a questão da construção da igreja ressurgiu, mas, desta vez, como resultado de uma conversa entre o padre Samuelian e Rizkallah Jorge Tahanian.

Um dia, quando o padre se encontrava com o Sr. Rizkallah, surgiu o assunto da igreja, e Rizkallah Jorge disse ao padre: "Se o povo fizer um pedido escrito para mim, então construirei a igreja".

Para não perder mais tempo, o padre redigiu uma carta-pedido e, junto com Ghazar Nazarian, visitou os compatriotas da coletividade, conseguindo coletar trezentas assinaturas. Concluída essa missão, levou a carta pessoalmente para Rizkallah Jorge Tahanian.

O pedido apresentado dizia:

Nós, os abaixo assinados, membros da coletividade Armênia de São Paulo, temos como nosso dirigente espiritual o padre da Igreja Apostólica Armênia, cuja assinatura vai em primeiro lugar nesta solicitação, e por outro lado temos Vossa Senhoria, um bom cristão e uma pessoa digna de grande valor para a coletividade armênia de São Paulo e para o povo do local de vosso nascimento. Tomamos a liberdade de dirigirmo-nos a Vossa Excelência, e através desta carta solicitamos à Vossa Senhoria que se digne a construir uma igreja em São Paulo, para que os membros desta coletividade tenham a possibilidade de realizar seus cultos, como fazem outros povos, deixando a formação de um corpo administrativo-jurídico ao critério de Vosa Senhoria. A construção desta igreja será um daqueles gestos humanitários dos quais a Vossa vida é repleta.

São Paulo, 4 de junho de 1936
Padre Gabriel Samuelian
e mais trezentas assinaturas

Essa solicitação, que o padre entregou pessoalmente ao Sr. Rizkallah Jorge Tahanian, parece que satisfez o pensamento do benfeitor, que, sem consultar ninguém, tomou as providências necessárias e, em fevereiro de 1937, lançou-se ao trabalho de colocar os alicerces da igreja, no terreno que ele havia comprado na rua Senador Queiroz especialmente para essa finalidade.

Em 2 de março de 1937, o corpo tutorial formado pela Associação Compatriota de Marach distribuiu o seguinte comunicado ao público da coletividade armênia:

Respeitáveis compatriotas,

De acordo com os repetidos pedidos efetuados há anos pela nossa coletividade, o benfeitor da comunidade, Senhor Rizkallah Jorge Tahanian decidiu dotar a coletividade armênia com uma Santa Igreja, a ser construída com seus próprios recursos, cujo lançamento terá lugar no próximo domingo, na festa de Ramos.

Convidamos, efusivamente, Vossas Excelências e respectivas famílias, imbuídas dos sentimentos tradicionais de amor pela igreja, tais como vossos antepassados, a esta cerimônia espiritual.

Comunicamos a todos que no domingo, dia 21 de março, às 10h00 da manhã, após a Santa Missa a procissão se dirigirá, solenemente, até o local onde será construída a Igreja São Jorge, e exatamente às 10h30 será realizada a consagração da pedra fundamental e oração de ação de graças pela saúde e longa vida ao respeitável benemérito Senhor Rizkallah Jorge Tahanian e sua família.

Roga-se não levar as crianças, para receber os convidados estrangeiros adequadamente e demonstrar uma perfeita disciplina organizacional.

São Paulo, 2 de março de 1937
Corpo Tutorial da Igreja Apostólica Armênia

No dia 10 de março de 1937, foi distribuido o seguinte convite que continha a assinatura do Padre Samuelian:

CONVITE

Temos a honra de convidá-los e vossas excelesntíssimas famílias à cerimônia da santa unção da pedra fundamental da Igreja Apostólica Armênia São Jorge, que terá lugar no dia 21 corrente, no Domingo de Ramos, após a Santa Missa, às 10h30, de onde a procissão se dirigirá, solenemente, ao local da construção da nova igreja, sito à Rua Senador Queiroz, Nº 35.

Como é do conhecimento desta coletividade, a igreja será construída para todos os armênios do Brasil com os recursos próprios do benemérito da nação, Senhor Rizkallah Jorge Tahanian.
Em nome do corpo tutorial da Igreja Apostólica Armênia,
São Paulo, em 10 de março de 1937.
Abençoa-vos

Padre Gabriel Samuelian

CONSAGRAÇÃO DAS PEDRAS FUNDAMENTAIS DA IGREJA SÃO JORGE

No dia 21 de março de 1937, Domingo de Ramos, o imóvel que servia como igreja estava repleto por uma multidão incomum. O povo estava feliz e entusiasmado, enquanto as nuvens acobertavam a cidade, como se o céu estivesse triste; parecia que a chuva torrencial que já começara manifestava de algum modo a sua insatisfação, tentando atrapalhar a cerimônia do dia, que tinha um significado histórico para a coletividade armênia do Brasil.

As pessoas, que geralmente dão pouca importância às manifestações da natureza, também esta vez não quiseram adivinhar o seu mistério, e, precisamente às 10h30, como previamente estabelecido, sob a liderança do padre Gabriel Samuelian, os clérigos e uma enorme procissão dos membros da coletividade dirigiram-se até o local do terreno, entoando cânticos e hinos religiosos. No local da construção, o engenheiro responsável pela obra já abrira os alicerces da primeira igreja armênia na cidade de São Paulo e a segunda que seria erguida em solo brasileiro. O benfeitor Rizkallah Jorge Tahanian e toda a sua família já se encontravam no local e, sob o tremular das bandeiras do Brasil, da Armênia e da Síria, aguardavam a chegada da procissão.

O momento era emocionante; o povo armênio no exílio, porém irredutível por seu monumento de fé, realizaria dali a poucos minutos a cerimônia de lançamento da sua Igreja Apostólica Armênia. Todos estavam contentes, apesar do céu que parecia não compartilhar essa felicidade, pois parecia estar triste e chorava... O barulho da chuva forte parecia ensurdecer o som dos cânticos; os pingos da chuva, ao apagarem a chama do incensário, impediam que as pústulas da fragrância do incenso se elevassem até o Todo Poderoso, a cuja glorificação seria erguido este lar de oração e fé.

O sacerdote, sem desviar sua atenção ao céu, que apagara a chama do incensário, começou a entoar o cântico "Seja feliz, Santa Igreja" (Urakh ler, Surp

Yegueghetsi), dando início à cerimônia de benção das pedras fundamentais, e, de acordo com a tradição da igreja, abençoou as pedras dedicadas aos doze apóstolos, aos quatro evangelistas e ao segundo iluminador da Igreja Armênia, São Gregório, o Iluminador, e cada pedra fundamental recebeu um padrinho:

1	Apóstolo S. Pedro	Rizkallah Jorge Tahanian
2	Apóstolo S. André	Jorge Rizkallah Jorge Tahanian
3	Apóstolo S. Felipe	Habib Saccab
4	Apóstolo S. Gregório Iluminador	Mikael Der Markossian
5	Apóstolo S. Bartolomeu	Alfredo Naccach
6	Apóstolo Simeão Gananats	Setrag Naccach
7	Evangelista Mateus	Najib Rizkallah Jorge Tahanian
8	Evangelista Marcos	Salim Rizkallah Jorge Tahanian
9	Evangelista Lucas	Alberto Najib Tahanian
10	Evangelista João	Alfredo Jorge Tahanian
11	Evangelista Paulo	Antônio Jorge Tahanian
12	Apóstolo S. Tiago de Zepetá	Eduardo Der Markossian
13	Apóstolo S. Tomás	José Der Markossian
14	Apóstolo S. Tiago de Alpiá	Salim Naccach
15	Apóstolo S. Tadeu	Mário Naccach
16	Apóstolo S. Madátia	Anver Hovhannés Tahan

Depois que as pedras fundamentais foram ungidas através das leituras e cânticos sagrados e colocadas uma por uma em seus lugares, o segundo filho do benfeitor Rizkallah Jorge Tahanian, Najib Rizkallah Jorge Tahanian, leu o seguinte discurso em português:

Respeitáveis líderes religiosos, representantes da imprensa, membros das coletividades armênia e síria, senhoras e senhores.

É para mim uma grande honra, pois realizo um dever sagrado neste momento histórico.

Disse histórico simplesmente porque esta cerimônia é o primeiro sinal das aspirações da coletividade armênia longe de sua pátria.

Por ocasião desta modesta porém calorosa cerimônia, considero ser minha obrigação manifestar o amor de meus estimados pais, os quais, inspirados pela fé cristã, constroem para os armênios do Brasil esta primeira capela neste solo hospitaleiro do Brasil.

É difícil a minha missão, e poder realizá-la da melhor forma, pois faltam para mim conhecimentos suficientes, porém o amor paternal e esta singular oportunidade que se apresenta para ser-lhes útil me entusiasmam para recitar minhas humildes palavras.

Meus pais são sírios de nascimento, porém armênios de origem, e, sendo radicados hoje neste Brasil gigante, eles são brasileiros de coração e pela lei. Entrementes, eles não podiam ficar apáticos aos sentimentos emanados da profundeza de suas almas e para com os apelos dos armênios de São Paulo.

Para a coletividade armênia do Brasil, a falta de uma igreja tornava-se visível a cada momento e ocasião, principalmente depois da guerra, quando o número dos membros da dedicada e trabalhadora coletividade armênia começou a aumentar. Tornava-se necessário, pois, que, tal como em diferentes coletividades, também esta coletividade tivesse o seu templo, e assim suas necessidades espirituais e religiosas seriam plenamente satisfeitas.

Neste momento, quando realizamos esta festa da colocação das pedras fundamentais da igreja São Jorge, esperamos que num futuro próximo os que realizam sua adoração religiosa encontrem a doce paz e o bem-estar entre os homens.

Meus respeitáveis pais, como muitos outros armênios da Síria, migraram há muitos anos de Alepo e se estabeleceram nesta cidade, e, ao se dedicarem à realização dos seus anseios, da mesma forma que os armênios do Brasil, eis que decidiram erguer, a partir de hoje, a igreja armênia São Jorge, para a Glória de Deus e a felicidade de Seus filhos.

Daqui a alguns meses, os armênios de São Paulo terão o direito de usufruir esta igreja, mas a coletividade armênia sabe também, evidentemente, que na vida não existe nenhum direito sem a conscientização do valor correspondente à obrigação.

Portanto, é vosso dever, armênios apostólicos, reunir-vos ao redor deste templo com toda a concepção social e religiosa e compreensão dos princípios.

Este templo é o primeiro sorriso do vosso grande futuro; assim sendo, aproveitem esta determinação sólida, aproveitem a união e mescla do cimento com o ferro que erguerá a vossa igreja, e que esta união sirva de exemplo a vós, pois dessa união emana vossa força, o vosso valor e a harmonia da coletividade armênia.

No futuro próximo, no céu dinâmico do Piratininga, será possível ouvir o tinir dos sinos da igreja São Jorge, que vos convidará em nome de Jesus, conclamando: "Venham a mim os cansados e oprimidos, e eu vos defenderei. Ao meu lado, vos encontrareis a paz espiritual".

Por isso, já no primeiro soar dos sinos, a coletividade armênia terá a igreja dos seus anseios, que é a primeira neste país glorioso e que, sem dúvida, incentivará os armênios do Brasil a se dedicar para maiores realizações.

Neste momento solene, em nome dos meus pais, tenho a honra de dizer-lhes: armênios do Brasil, esta é a vossa igreja.

Infelizmente, o barulho da intensa chuva quase não permitia que os presentes ouvissem o belo discurso proferido por Najib Rizkallah Jorge Tahanian, que estava protegido debaixo de um guarda-chuva; mas a cerimônia havia começado e precisava ser concluída. Agora era a vez do pastor espiritual dos armênios do Brasil, que, também debaixo de um guarda-chuva, leu o seguinte discurso:

Vossas Excelências, respeitáveis senhores, estimado público, senhoras e senhores;
Que esta festa de fundação da igreja S. Jorge, hoje, que é a realização da ideia tão acariciada por todos nós há muitos anos, graças ao grande benemérito nacional Senhor Rizkallah Jorge Tahanian e sua gentil família, seja uma oportunidade para nossa empolgação espiritual, para as almas amantes da religião e da igreja; que seja motivo de orgulho para os que amam a nação, e momento de manifestação de simpatia e admiração para os não armênios, os quais verão a prova palpável da vitalidade de uma raça perseguida e injustiçada, e conhecerão o surgimento milenar do povo armênio e sua cultura.

É uma tradição nacional construir igreja e escola armênias lado a lado, para que a luz da religião reflita e preencha a escola armênia e, reciprocamente, os frutos da evolução da escola armênia sejam postos no santo altar da igreja. Igreja e escola são os dois baluartes da nossa nação. Enquanto o inimigo perseguidor tentou quebrar e arrancar estes nossos dois braços vitais e exterminar a nossa existência, nós devemos dar glórias, glórias mis, pois o Todo Poderoso, ao atribuir o bem, nos induziu a este país hospitaleiro. Agradecemos com gratidão, por usufruirmos plena tranquilidade graças à benevolência do gentil governo e a simpatia do povo hospitaleiro do Brasil, onde vivemos como cidadãos honestos, obtendo toda graça.

E agora, quando o Senhor Rizkallah Jorge Tahanian constrói um dos braços da preservação da nacionalidade com seus recursos próprios, deixando-nos com sentimento de gratidão eterna, pesa sobre nós a nobre obrigação de começarmos, a partir de agora, a preocuparmo-nos com a construção do outro braço, isto é, a escola e a diocese.

Acredito que o meu estimado povo saberá como tomar essa iniciativa e realizar sua obrigação, já que o Senhor Rizkallah Jorge Tahanian também disponibiliza um terreno adjacente à igreja. A benfeitoria do Senhor Rizkallah Jorge Tahanian não é a primeira nem será a última, evidentemente.

O Senhor Rizkallah Jorge Tahanian é um fiel que ama a religião e a nação, prende-se com sua família à sua religião iluminadora e, graças à sua abnegação e fé, constrói esta santa igreja Apostólica Armênia.

Nesta oportunidade, abençoamos o benfeitor e rogamos para que Deus mantenha este local sagrado inabalável para sempre.

Imbuídos de sentimentos muito profundos, em nome da nossa nação e dos armênios desta coletividade, manifestamos nossa gratidão e sinceros agradeci-

mentos ao nosso grande benfeitor, Senhor Rizkallah Jorge Tahanian, assim como à sua digníssima esposa, Senhora Zekié, e aos seus filhos, Jorge, Najib e Selim, assim como todos os seus entes familiares, que neste rincão do mundo dotam a nossa coletividade com a igreja São Jorge, colaborando enormemente com a preservação da nossa existência nacional.

Rogamos a Deus nas Alturas para que mantenha e proteja o benfeitor e seus familiares com fé sólida e amor, outorgando-lhes uma longa vida.

No meio da porta central da Igreja, dentro de uma caixa especial, foi depositada a seguinte declaração:

Bênção da pedra fundamental da igreja São Jorge: no dia 21 de março do ano do Senhor de 1937, à Rua Senador Queiroz, Nº 35, na cidade de São Paulo, estado de São Paulo, no Domingo de Ramos, às 11 horas, com a presença do corpo eclesiástico, do Senhor Rizkallah Jorge Tahanian e família, multidões das coletividades armênia e síria, além de amigos da cidade de São Paulo, e a presença de repórteres armênios e brasileiros, realizou-se a bênção da pedra fundamental da igreja São Jorge, que o Senhor Rizkallah Jorge Tahanian e família mandaram construir no seu terreno próprio, dotando a coletividade armênia com uma igreja, graças à abnegação, moral e fé para com Deus.

A cerimônia foi realizada pelo arcipreste Gabriel Samuelian e 16 padrinhos simbolizando 16 santos, de acordo com o rito da igreja Apostólica Armênia.

Depois de encerrada a cerimônia de colocação das 16 pedras mostradas no mapa anexo, houve discurso por parte da família do Senhor Rizkallah Jorge Tahanian, e também por parte da coletividade armênia, como demonstração de gesto dos sentimentos de gratidão.

Estes discursos, assim como as fotografias da família Rizkallah Jorge Tahanian, as reportagens escritas em diversos idiomas nos jornais e todos os registros relacionados a esta elogiável iniciativa, são guardados nesta caixa, que é depositada neste local.

São Paulo, 21 de março de 1937

Já se realizara o ato de fundação da igreja, e ela seria construída. O público da coletividade, que não juntara ao seu anseio sequer a mínima parcela de sacrifício, se dispersou contente e alegre, deixando para o rico Rizkallah Jorge Tahanian o prosseguimento do trabalho que ele iniciara. O benfeitor, por sua vez, não tendo a necessidade da interferência de outras pessoas, prosseguiu com a construção da igreja e jamais deixou de acompanhar, pessoalmente, todo dia de manhã, os trabalhos ali realizados, examinando detalhadamente cada tijolo, cada grão de areia. Ele demonstrou um carinho muito maior à construção da igreja do que quando mandava erguer grandes prédios.

Às vésperas da inauguração da igreja São Jorge

Em março de 1938, a igreja já estava construída e preparada; faltava apenas organizar os trabalhos preparatórios para a realização das cerimônias de abertura.

Rizkallah Jorge Tahanian, baseado no pedido que se lhe fora apresentado pela coletividade na carta datada de 4 de junho de 1936, sem sentir a necessidade da anuência dos membros da coletividade e consultando apenas o padre Samuelian, formou um Conselho Paroquial provisório da igreja, constituído de dezesseis membros, como segue:

1. Setrak Naccach
2. Levon Apovian
3. Apraham Tchorbadjian
4. Levon Sayegh
5. Mihran Nahas
6. Keork Muradian
7. Pedro Nazarian
8. Salim Sayegh
9. Alfredo Naccach
10. Eduardo Der Markossian
11. Armando Sayegh
12. Cailo Siufi
13. Levon Demirdjian
14. Zacaria Geokdjian
15. Serovpé Pambukian
16. Jorge Rizkallah Jorge

Conforme convites previamente encaminhados, no dia 1º de abril de 1938, os membros do recém-constituído Conselho Paroquial se reuniram na igreja recém-construída. Faltavam apenas seis convidados, mas isso não impedia que a reunião fosse realizada.

Antes de iniciarem os trabalhos da reunião, os presentes nomearam o benfeitor Rizkallah Jorge Tahanian como o presidente plenipotenciário do Conselho, outorgando-lhe o direito de formar a mesa diretiva:

Aceitando o cargo que se lhe fora oferecido, o benfeitor lançou-se ao trabalho e formou a seguinte mesa diretiva:

Eduardo Der Markossian: Secretário
Mihran Nahas: 2º secretário
Levon Apovian: Tesoureiro

Achando as nomeações muito convenientes, e uma vez que o Conselho já tomara sua estrutura formal, os presentes começaram os trabalhos efetivos.

Três dos seis membros ausentes do Conselho Paroquial provisório, Zacaria Geokdjian, Armando Sayegh e Camilo Siufi, haviam mandado suas renúncias por escrito. A reunião analisou esse fato e pediu ao presidente que convidasse três outros compatriotas para completar o número do Conselho.

Rizkallah Jorge Tahanian, que já havia determinado a data de inauguração da igreja para o dia 10 de abril, levou em consideração esse caso e pediu aos membros do Conselho que começassem a providenciar os trabalhos preparatórios necessários.

O Conselho decidiu dedicar-se a realizar a inauguração da igreja de forma solene, na medida do possível, e, para tal, convidar não só todos os armênios do Brasil, mas também representantes das autoridades do governo federal, estadual e municipal. Uma vez elaborado o esboço dos convites e apresentado ao Conselho para tomar conhecimento, deu-se ao secretário a incumbência de imprimir, imediatamente, duzentos convites em idioma português e quinhentos em armênio, a fim de realizar sua distribuição em tempo hábil.

Quanto aos demais detalhes, os conselheiros decidiram entregar a Eduardo Der Markossian, Mihran Nahas e Pedro Nazarian a tarefa de preparar o discurso a ser lido em nome da coletividade no ato de inauguração da igreja. E, como símbolo de gratidão e demonstração de respeito, entregar um cartão de ouro ao benfeitor Senhor Rizkallah Jorge Tahanian, não só como reconhecimento das múltiplas benfeitorias por ele realizadas, mas, principalmente, por ter ele construído uma igreja no seu terreno particular e com seus próprios recursos.

Na mesma reunião, o Conselho Paroquial refletiu sobre os lamentáveis acontecimentos ocorridos por ocasião da cerimônia de inauguração da pedra fundamental da igreja, quando surgiram várias manifestações quando a bandeira tricolor armênia foi hasteada, e, considerando o fato de a inauguração da igreja ter um aspecto puramente religioso, decidiu que, além do pavilhão nacional brasileiro, que é a bandeira do país, nenhum outra seria hasteada, se assim fosse conveniente.

Nas reuniões dos dias 6 e 8 de abril de 1938, o Conselho Paroquial analisou os detalhes da programação da cerimônia de inauguração. Decidiu-se cobrir a porta da igreja com fitas que tenham as cores da bandeira brasileira (verde e amarela), como homenagem ao país hospitaleiro, e foi preparada a seguinte programação:

1 - Às 9h45 do dia 10 de abril de 1938, os sinos da nova igreja começam a soar, e o padre se dirige da velha igreja à nova.

2 - Exatamente às 10h00, o Padre faz uma oração diante da porta da igreja.

3 - Logo depois, a Sra. Zekié Tahanian corta a fita que sela a porta da igreja.

4 - Rizkallah Jorge Tahanian abre a porta da igreja.

5 - O padre e o coral, entoando cânticos religiosos e seguidos pelos fiéis, adentram a igreja, onde o sacerdote abençoa a igreja recém-construída.

6 - O sacerdote faz um discurso.

7 - Os benfeitores discursam.

8 - Discurso em nome da coletividade armênia e entrega do cartão de ouro ao benfeitor.

9 - Prováveis discursos não previstos.

O Conselho nomeou três comissões para recepcionar os convidados:

a) Para os convidados que falam armênio — Levon Apovian, Kevork Muradian, Missak Kahvedjian.

b) Para os convidados que falam o idioma árabe — Setrak Naccach, Alfredo Naccach, Levon Sayegh e Salim Sayegh.

c) Para os que falam português — Pedro Nazarian, Mihran Nahas.

A leitura do discurso em nome da coletividade, que, conforme previamente estabelecido, seria feita por Pedro Nazarian, como homenagem ao seu pai, Ghazar Aghá Nazarian, que tanto labutara pela construção de uma igreja, mas faleceu sem ter concretizado esse seu desejo, devido à debilidade física de Pedro Nazarian, ficou a cargo de Andréas Jafferian.

Nessa reunião do Conselho Paroquial, atendendo a um convite especial, compareceram alguns membros do conselho anterior: Krikor Kumruyan, Nazaret Tcholakian, Missak Kahvedjiane Garabed Tangurian, os quais foram convidados para completar o número do corpo do Conselho. Desses, Garabed Tangurian recusou-se a participar, mas os outros aceitaram os cargos sugeridos.

O recém-formado Conselho Paroquial, depois de fazer os acertos necessários sobre a cerimônia de inauguração da igreja, e para vigiar a parte financeira da nova igreja, elegeu dois corpos, sendo um de caráter permanente e o outro provisório.

Incumbiu-se o corpo permanente de vigiar as bandejas da igreja, aos domingos, e essa função foi entegue a Krikor Kumruyan e Nazaret Tcholakian. Já o corpo extraordinário (ou provisório) ficaria encarregado de arrecadar doações de *Yughakin* [custo do óleo, em tradução literal] e outras oferendas, por ocasião das grande festas de Natal e Páscoa, sob a responsabilidade das seguintes pessoas: Alfredo Naccach, Pedro Nazarian Levon Apovian, Levon Sayegh e Salim Sayegh.

INAUGURAÇÃO DA IGREJA ARMÊNIA SÃO JORGE

Conforme determinado pelo benfeitor Rizkallah Jorge Tahanian, o dia 10 de abril de 1938, Domingo de Ramos, foi reservado para inauguração da recém-construída igreja São Jorge. Exato um ano antes, também no Domingo de Ramos, havia sido realizada a cerimônia do lançamento da pedra fundamental dessa igreja.

Primeira igreja armênia de São Paulo – igreja São Jorge –, erguida pelo benfeitor Rizkallah Jorge Tahanian

Manhã do Domingo de Ramos, 10 de abril de 1938: não há nenhum armênio que vive longe de sua pátria, expatriado, que não relembre de sua pátria, não recorde os grupos intermináveis de noivas e moças ornamentadas tais como flores, as quais, com seus vestidos festivos, sorridentes e felizes, nesse dia de Ramos iam e enchiam as igrejas armênias, transformando-as num jardim vivo.

O Domingo de Ramos do ano de 1938 foi um dia histórico para a coletividade armênia de São Paulo, pois nesse dia seria realizada a cerimônia de abertura da recém-construída igreja São Jorge, e a partir dessa data a coletividade armênia de São Paulo teria o seu local de oração, a Igreja Apostólica Armêna, símbolo da pátria.

Muito antes do horário estabelecido, uma multidão que representava a coletividade armênia compareceu ao local que servira até então como igreja, expressando muito felicidade e alegria.

Após a Santa Missa, o padre, os clérigos e os fieis presentes estavam alvoroçados, pois aproximava-se o momento histórico. Faltavam apenas os últimos detalhes da procissão solene para que esta rumasse até a nova igreja. Tudo já havia sido estipulado e estava pronto para que se movesse adiante, tão logo fosse dado o sinal para se movimentar.

Nesse momento de grande ansiedade e agitação, eis que, de repente, os sinos da nova igreja começaram a tinir, dim... dim... dim... Esses eram os sinos de múltiplas línguas que vinham da primeira igreja armênia de São Paulo, em solo brasileiro, essas que eram testemunhas inanimadas porém vivas da garra indestrutível, da fé inabalável e da esperança imortal, que anunciavam a própria presença da igreja armênia e chamavam os fiéis armênios à igreja, ao inextinguível lar da esperança, para colocar sobre o altar dedicado ao Todo-Poderoso as orações e os suspiros do sofredor, os murmúrios da saudade à pátria....

O momento era deveras emocionante e também misterioso; todos estavam felizes e contentes, pois finalmente, neste país hospitaleiro, eis que eles conseguiam ter a chance de possuir sua própria capela, onde doravante seria possível realizar o rito religioso armênio, poder adorar o seu Deus livremente, o Deus do armênio.

Como resposta ao soar dos primeiros sinos da igreja, a procissão formada na saída da velha igreja, sob a liderança do padre Gabriel Samuelian, através dos cantos de salmos e o incensar, começou a se movimentar lentamente até a nova igreja São Jorge onde, diante da porta principal, o benfeitor Rizkallah Jorge Tahanian e sua esposa, Sra. Zekié, junto com seus três filhos, noras e netos, esperavam a chegada da procissão.

A fachada externa da nova igreja estava ornamentada com flores típicas do clima brasileiro, enquanto a porta da igreja estava selada com uma fita nas cores verde e amarela, smbolizando a vegetação e a riqueza da fauna brasileira, que atingem proporções legendárias.

O pátio da igreja, assim como a rua e as janelas e sacadas das casas vizinhas, estava repleto não só de armênios, mas de uma multidão de curiosos de todas as raças e etnias, fazendo com que essa cerimônia de inauguração tomasse as proporções de um fato realmente extraordinário.

Exatamente às 9h50, a grande procissão chegou diante da nova igreja e deu-se início à cerimônia religiosa. Quando os clérigos começaram a entoar o cântico "Zoghormutian ko tur'n pats mez Der" (Abri a nós, Senhor, a Tua porta de misericórdia), a Sra. Zekíe Tahanian cortou a fita bicolor que selava a porta da igreja e, logo a seguir, Rizkallah Jorge Tahanian abriu a porta da igreja com ambas as mãos. O sacerdote e todos os seguidores da procissão adentraram a igreja.

A disciplina era perfeita, graças às providências e a vigilância adotadas pela comissão organizadora. Junto com os fiéis, também adentraram a igreja repórteres de jornais, assim como representantes religiosos da Igreja Ortodoxa.

A igreja estava iluminada pela reflexão das luzes das lâmpadas elétricas, e parecia que ela recebia os fiéis com o sorriso de uma noiva que chegara ao seu objetivo, inspirando respeito e orgulho a todos.

Ao entrar na igreja, o padre começou a incensar os quatro cantos da igreja e, com o cântico "Urakh ler Surp Yegueghetsi" [Seja feliz, Santa Igreja], dirigiu-se ao altar.

A seguir, deu-se início ao rito próprio da Igreja Apostólica Armênia, com a leitura dos livros sagrados e dos Evangelhos.

Terminadas as cerimônias religiosas, o padre Gabriel Samuelian usou da palavra e agradeceu, primeiramente, ao governo hospitaleiro e humano do Brasil, sob cuja égide vive em paz e relativamente feliz a numericamente pequena coletividade armênia do Brasil. A seguir, exortou a religiosidade do benfeitor Rizkallah Jorge Tahanian e sua esposa, Sra. Zekié, e todas as benemerências que eles têm realizado. O padre também foi intérprete dos sentimentos de gratidão de toda a coletividade armênia do Brasil e da nação armênia, ao elogiar os sacrifícios assumidos pelos benfeitores a fim de dotar essa coletividade com uma igreja armênia, e abençoou o casal benfeitor, assim como seus filhos Jorge, Nagib e Salim, as netas e os netos, e todos os entes familiares.

Imediatamente depois das palavras do padre, subiu ao altar o filho primogênito do benfeitor, Jorg Rizkallah Jorge Tahanian, que leu o seguinte discurso, em idioma português:

[...] Este dia foi um momento feliz na vida dos meus pais, pois eles viram a realização de seus sonhos, uma felicidade geral e ímpar, porque o sonho de todos nós vinha de longe.

Lembro, como se fosse hoje (conversas em família), anos atrás, desde a minha infância com meus irmãos, quando todos nós ainda éramos pequenos, quando ouvíamos os planos de nossos pais, para construir uma igreja para a coletividade armênia de São Paulo.

Este objetivo foi cada vez mais impulsionado com o crescimento da coletividade armênia e o aumento de seus anseios espirituais a cada dia.

Das coletividades que se estabeleceram aqui, a coletividade armênia do Brasil é considerada como a mais nova.

O povo armênio, no decurso da história, soube vencer inúmeras dificuldades no meio onde viveu.

O país armênio representava uma ponte entre a Ásia e a Europa, e, por sua posição geográfica, tem sido um eterno campo de batalha, onde lutavam os exércitos das nações, que sempre lutavam ora pela religião, ora por conquistas, e frequentemente para seus caprichos humanos.

Nesse inferno humano, onde os sofrimentos superaram até mesmo as imaginações dantescas, o povo armênio soube manter a sua fé cristã e preservar suas tradições religiosas de geração a geração, onde estivesse, no Oriente ou no Ocidente, na paz ou na guerra, no sucesso ou na miséria.

Dizem que a fé é uma escada que leva ao céu; dizem, também, que o céu é a felicidade na terra; e dizem, finalmente, que a felicidade na terra é composta pelas benesses almejadas.

Se tudo isso é verdadeiro sob o aspecto filosófico, posso afirmar, então, que nós nos encontramos no paraíso terrestre.

Aqui, neste momento histórico, sob a cúpula deste templo, cuja inauguração realizamos hoje, existem almas brilhantes cheias de gratidão, fiéis fervorosos cujas orações foram ouvidas. Um povo inteiro está feliz, neste Domingo de Ramos, que significa uma grande Festa. Também me sinto feliz, como vós todos, e algo mais por esta honra que se me é outorgada, para oferecer, em nome de meus pais, esta igreja São Jorge para o público armênio de São Paulo.

A história da igreja São Jorge era um sonho coberto de ouro, moldado nos corações, mentes e almas de todos nós; era uma ideia sublime, que aos poucos amadureceu e, na ocasião apropriada, o apelo que a coletividade armênia enviou para meus pais para a concretização deste sonho acelerou o seu amadurecimento.

O sonho transformou-se em realidade, e hoje, irmanados graças a Deus, enquanto os sinos entoam nos vales e colinas de Piratininga de São Paulo, nós elevamos nossos braços ao céu e sentimos o palpitar de nossos corações, a mescla de lágrimas de felicidade neste sentimento espiritual, e, junto com nossas orações de agradecimento e gratidão, damos Glória a Deus em prol da felicidade de Seus filhos, pois através da fé inabalável foi possível realizar a principal tendência nesta coletividade de São Paulo.

Também vós, ó membros da coletividade armênia, que durante séculos, nos sofrimentos e alegrias, portastes a fé de Cristo como armamento e armadura, e eis que hoje, mais do que nunca, sentirdes os milagres da fé que tendes para com Deus, ao ouvir a primeira Missa na igreja São Jorge, que é uma das benesses de Deus.

A igreja São Jorge é um templo para cultivar ainda mais o amor para com Deus, e amor para com os semelhantes, para cultivar a religião, para concentrardes com plena bondade vosso corações nesta diocese, para vos rumardes com nobres princípios e pensamentos como um homem, e através desta união criar uma força potente e realizar atividades ainda maiores, e organizar a âncora jurídica e social desta coletividade.

Agora é a vossa vez, armênios radicados no Brasil, para comprovardes a vossa atividade frutífera, vossas capacidades e para organizardes legal e socialmente, pois o campo é amplo e as necessidades são ilimitadas e prementes.

A igreja São Jorge é a primeira realidade palpável nesta coletividade, e aguarda de vós maiores realizações. O Brasil é abundante aos que trabalham com fé.

O Brasil, seguindo o exemplo da doutrina de Cristo, abre os seus braços e acolhe aos que, com honestidade, buscam no seu seio o refúgio e a paz.

Em todos os momentos da vida, ao pensarmos em Deus, na pátria e na família, somos obrigados a elevar nossos votos sinceros à dimensão da liberdade deste país, o país do Cruzeiro do Sul, o país da ordem e do progresso, que é este adorável Brasil.

Sempre com a fé cristã, com a mesma fé que salvou a nação armênia, com a fé que iluminou o destino do Brasil, com a fé que induziu todas as nações civilizadas e, finalmente, com a fé que este Domingo de Ramos nos outorga, a igreja São Jorge é uma canção de fé: Hosana ao Todo-Poderoso.

Com este discurso, o primogênito do benfeitor entregou formalmente à coletividade armênia a igreja São Jorge, para que ali orasse livremente, mas também não esqueceu de lembrar a coletividade de sua obrigação, repetindo, indiretamente, o desejo de seu pai, que queria ver construída uma escola armênia com os esforços da coletividade armênia ao lado da igreja, uma escola que não apenas faz parte inseparável da igreja armênia, mas que também seria o visível compromisso de sacrifício em prol do patriotismo.

Depois do discurso de Jorge Rizkallah Jorge Tahanian, subiu ao altar Andréas Jafferian, que, em nome da coletividade armênia, dirigu sua palavra ao benfeitor, no idioma português:

É com satisfação especial que tomo a palavra em nome da coletividade armênia para saudar Vossa Excelência e manifestar a nossa gratidão.

Saúdo, porque, ao caminhar pelas estradas espinhosas da vida, Vossa Excelência conseguiu manter puro e inabalável a fé rumo ao Mestre Divino.

Gratidão, porque, com um sacrifício maravilhoso, pudeste vir até nós para nos oferecer este templo, que era o maior anseio de nossas almas, e que servirá no futuro para unir nossas forças e fortalecer esta coletividade com os laços de amizade dos que formam esta coletividade, para sempre vivermos como uma família, unidos a Deus, à pátria, e com ideais da família e liberdade.

Ao construir esta igreja, Vossa Excelência tornou possível aquilo que fora um sonho, e é por isso que os sinos dobram com tanto júbilo; o tinir dos sinos é aquele bálsamo Divino que vem alegrar os corações de um povo mártir, que, apesar de passar por tantas perseguições terríveis e inúmeros sofrimentos, através de sua fé sólida, seu patriotismo e honradez, ainda mantém a sua existência neste mundo.

Desejaríamos poder manifestar nossa plena gratidão em compensação ao bem que Vossa Excelência tem nos feito, mas, além desta grande felicidade que sobressai de nossos corações, e que certamente pode ser lida em nossos rostos, não temos um meio financeiro que pudesse justificar, devidamente, a nossa gratidão. Daí o porquê deste presente (referindo-se ao cartão de ouro), que temos a honra de entregar a vós em nome da coletividade armênia.

Este singelo cartão de ouro, com suas palavras simples, será um símbolo de gratidão e servirá para lembrar a esta e às futuras gerações o vosso gesto cristão. Esta humilde recordação nós a oferecemos para Vossa Excelência, e nela embutimos nossas almas, nossos corações e orações, para que Deus vos ofereça plena felicidade espiritual.

No cartão de ouro oferecido pela coletividade armênia para o benfeitor Rizkallah Jorge Tahanian, além de uma mensagem em português, também estava escrita a seguinte mensagem, preparada pelo Prof. Hagop Kalemkearian, natural de Marach: "Dedicatória de profunda e eterna gratidão aos benfeitores Senhor e Sra. Rizkallah Jorge Tahanian, que construíram esta bela igreja armênia, nomeada de São Jorge, na cidade de São Paulo".

Também havia no cartão um belo brilhante.

A seguir, usaram da palavra os senhores Hagop Kalemkearian, Onnig Darakdjan e Yervant Mekhitarian. Todos os oradores elogiaram o alto valor dessa benfeitoria, guiada por nobres sentimentos religiosos por parte do ilustre benfeitor, assim como suas virtudes pessoais.

Depois dos palestrantes armênios, usou da palavra o representante e lugar-tenente do bispo da Igreja Ortodoxa, o arquimandrita Isaías Abbud, que, no idioma árabe, elogiou o benfeitor Rizkallah Jorge Tahanian como um incansável trabalhador, grande benfeitor e um cristão dotado de fé sólida, e concluiu seu discurso dizendo:

Senhor Rizkallah, se o senhor construiu esta igreja apenas para sua vaidade, eu não lhe darei os meus parabéns. Mas, se o senhor ergueu este maravilhoso templo para comprovar a sua fé sincera, então terei a grande satisfação de cumprimentá-lo cordialmente.

Também em árabe, usaram da palavra Pares Dabbak e o Dr. Nassib Sayegh, um advogado sírio. Ambos destacaram as virtudes pessoais de Rizkallah, assim como elogiaram o valor inestimável dessa doação para a coletividade armênia de São Paulo.

Com essa cerimônia solene, a inauguração da recém-construída igreja armênia São Jorge deu-se por encerrada, e a igreja foi concedida formalmente à coletividade armênia de São Paulo.

Doações

A fim de concluir as instalações internas da recém-construída igreja São Jorge, foram feitas as seguintes doações:

O benfeitor Rizkallah Jorge Tahanian doou três candelabros com três divisões para o altar da igreja.

Doze candeias elétricas e um globo de cristal, com o desenho da Última Ceia e uma corrente de bronze.

Dois candelabros, cada um com quatro luzes elétricos, para as paredes laterais do Altar.

Uma tocha grande de bronze fundido, com 24 lâmpadas elétricas, pesando 120 kg, para ser pendurada no centro da igreja.

Uma tocha fundida com nove divisões e quatro lâmpadas.

Quatro tochas fundidas com cinco lâmpadas.

Três candelabros com três lâmpadas cada, para serem fixadas nas paredes.

Duas tochas com duas divisões cada e duas lâmpadas, fixadas à porta de entrada.

Doze pequenos vasos de metal, colocados nas colunas dedicadas aos doze apóstolos.

Associação Compatriota de Hadjin: um grande quadro a óleo figurando Maria, Mãe de Deus, carregando o Menino Jesus, para o altar.

Mikael Der Markossian e família: uma grande cortina vermelha de veludo para o Altar, ornamentada com os desenhos da crucificação de Jesus e as três Marias; assim como a doação de dois abanicos, com cruzes douradas nos dois lados.

Levon Apovian: três cortinas de veludo, na cor azul-marinho, para as portas da sacristia e uma para o Santo Comunhão.

Setrak Naccach: três bancos compridos de imbua (madeira nobre).

Alfredo Naccach: quatro bancos compridos de imbua.

Camilo Sayegh: três bancos compridos de imbua e uma candeia de prata.

Irmãos Hagop Boghos Avedissian: meia dúzia de candeias.

Associação Compatriota de Sis: uma cadeira episcopal.

ATIVIDADE DO CONSELHO PAROQUIAL RECÉM-NOMEADO

Depois da inauguração e abertura oficial da igreja, o Conselho Paroquial nomeado teve apenas quatro sessões ordinárias — ou, ao menos, foram quatro atas de reuniões que ela deixou registradas.

Dessa quatro reuniões, na sessão do dia 6 de maio de 1938 o Conselho levou à sua pauta a questão das receitas da igreja, e decidiu adotar uma tabela geral para alguns ritos. Assim, cuidar-se-ia da parte da receita da igreja, assim como não daria margem à disseminação de comentários e fofocas entre os membros da coletividade.

Ao considerar os pagamentos voluntários até então efetuados pelos compatriotas da coletividade para a realização desses ritos religiosos, e tendo como parâmetro uma média desses pagamentos, o Conselho determinou estabelecer as seguintes taxas:

Casamento realizado em residência		150,00 cruzeiros
Casamento realizado na igreja	Categoria I	150,00 cruzeiros
Casamento realizado na igreja	Categoria II	100,00 cruzeiros
Casamento realizado na igreja	Categoria III	70,00 cruzeiros
Batizado na igreja	Categoria I	100,00 cruzeiros
Batizado na igreja	Categoria II	60,00 cruzeiros
Batizado na igreja	Categoria III	40,00 cruzeiros
Missa de 7º dia de falecimento	Categoria I	150,00 cruzeiros
Missa de 7º dia de falecimento	Categoria II	100,00 cruzeiros
Missa de 7º dia de falecimento	Categoria III	50,00 cruzeiros

A taxa de missa de 7º dia de falecimento era para os domingos, e se fosse realizada durante a semana, além da taxa acima mencionada, seria ainda cobrada um adicional de 50,00 cruzeiros.

Já a missa (ou réquiem) comum para a intenção de um falecido não tinha uma determinada taxa; o fiel daria sua contribuição espontânea para a igreja.

Na reunião do dia 17 de maio de 1938, ao refletir sobre a administração das receitas da igreja, os conselheiros decidiram dividir a receita proveniente da seguinte forma: 60% para o sacerdote; 5% para os clérigos; 10% para o fundo de auxílio aos pobres; 5% para os clérigos; e 25% para o fundo da igreja.

Nessa mesma reunião, acentuou-se a necessidade de um estatuto da igreja. Apesar de os conselhos anteriores terem trabalhado guiados pelo estatuto/regulamento vigente, que inclusive fora aprovado pelas autoridades governamentais, ele não mais satisfazia os tópicos do pedido popular apresentado no dia 4 de julho de 1936 ao benfeitor Rizkallah Jorge Tahanian. Consequentemente, também não satisfazia ao próprio benfeitor. Por isso, considerando ser necessária a confecção de um novo estatuto, o Conselho designou uma comissão, à qual caberia o trabalho de preparar um novo estatuto/regulamento. Foram membros dessa comissão: Eduardo Der Markossian, Mihran Nahas, Pedro Nazarian, Apraham Tchrbadjian e Salim Sayegh.

Essa comissão levou alguns meses até preparar o estatuto e apresentá-lo aos conselheiros.

O Conselho Paroquial, em suas reuniões de 14 e 27 de julho de 1938, depois de ler e fazer algumas correções, deu um formato final, aprovou e pôs em vigor o estatuto, como segue:

ESTATUTO — REGULAMENTOS DO CONSELHO ADMINISTRATIVO DA IGREJA APOSTÓLICA ARMÊNIA DO BRASIL

CAPÍTULO I
DA DENOMINAÇÃO, SEDE E OBJETIVOS

Artigo 1 - Denomina-se a presente instituição de "Conselho Administrativo da Igreja Apostólica Armênia do Brasil", com sua sede permanente na cidade de São Paulo, capital do estado de São Paulo, tendo como objetivos:

a) É da pretensão desta instituição a aquisição de bens imóveis através de angariações públicas da coletividade armênia, ou através das receitas normais da igreja.

b) Zelar pelo patrimônio móvel e imóvel que pertencem à coletividade, assim como suas receitas, de acordo com as determinações deste estatuto.

c) Reprentar a coletividade em todas as atividades oficiais.

d) Estabelecer comissões, zelar pelas suas necessidades financeiras, sociais e religiosas.

e) Construir nesta cidade uma sede diocesana ou episcopal.

f) Analisar e solucionar todas as questões que se apresentam pela autoridade superior, sejam elas de cunho social ou religioso, que tenham ligação com os interesses da coletividade; representar ou defendê-las.

g) Em nome da coletividade armênia, tentar manter a religião e a igreja através de todos os meios práticos e permitidos.

h) Este estatuto é substituível através da decisão da assembleia e de acordo com as determinações deste estatuto.

i) Examinar e vigiar as receitas da igreja.

j) Ordenar no Brasil ou convidar do exterior padres, conforme permitem as condições.

Artigo 2 - O Conselho não acatará nem aceitará as sugestões que estejam em contrariedade às leis da Igreja Apostólica Armênia e às leis locais.

Artigo 3 - O idioma oficial do Conselho é o português; logo, as reuniões, discussões, registros, correspondências para a cidade ou as aldeias devem ser preparados no idioma português, e as correspondências emitidas ao exterior, caso sejam necessárias, devem ser escritas no idioma do país destinatário.

CAPÍTULO II

Artigo 4 - O Conselho Administrativo da Igreja Apostólica Armênia terá os seguintes corpos:

a) Corpo Consultivo (Assembleia Representativa).
b) Conselho Administrativo da igreja ou Comissão Executiva.
c) Comissão Fiscal.

CAPÍTULO III
DO CORPO CONSULTIVO

Artigo 5 - O Corpo Consultivo é constituído de 40 membros, eleitos de acordo com a disposição do artigo 8º e conformando-o ao artigo 9º. Depois de eleito, este Corpo elegerá, com voto secreto, a sua Mesa Diretiva (presidente, vice-presidente e secretário). As decisões deste Corpo formarão parte indelével deste Estatuto/regulamento.

Artigo 6 - O presidente deste Corpo pode ser apenas um bispo ou um eclesiástio de grau elevado; na sua ausência, um laico do Conselho, ao existir apenas um funcionário religioso, este renunciará da presidência para dar lugar ao membro laico eleito pelo Conselho.

Artigo 7 - Podem ser membros elegíveis filhos da Igreja Apostólica Armênia, com 30 anos de idade completados, personalidades reconhecidas, idôneas e aptas a defender os interesses da coletividade armênia.

Artigo 8 - *O direito de eleger os membros deste Conselho é reservado tão somente ao Senhor Rizkallah Jorge Tahanian e ao Padre Gabriel Samuelian, os quais decidirão em conjunto, visto que anteriormente não existiu ou existe um outro corpo que regulamente esta questão e, ao mesmo tempo, como elogio às muitas tarefas que ambos têm realizado para a coletividade armênia.*

Artigo 9 - *Caso o número dos membros diminua, o que pode ocorrer por motivo de renúncia ou morte, na primeira sessão, com a presença de 21 membros através de votação secreta, serão eleitas tantas pessoas quantas forem necessárias para completar o quadro dos conselheiros.*

Artigo 10 - *Este Conselho realizará uma reunião ao ano, na primeira quinzena do mês de janeiro, a fim de:*
  a) Eleger o Conselho Administrativo da Igreja.
  b) Examinar as contas das receitas e despesas e o relatório apresentados pelo Conselho e aprovado pela Comissão Fiscal.
  c) Deliberar e preparar o projeto das próximas atividades do Conselho Administrativo.
  d) Advertir os membros do Conselho Administrativo que tenham falhado em suas obrigações.
  e) Afastar da Assembleia Consultiva, do Conselho Administrativo e da Comissão Fiscal todos os membros que têm trabalhado contra os interesses da igreja, devidamente comprovados.
  f) Eleger novos membros para a Assembleia Consultiva, caso seja necessário.
  g) Eleger a Comissão Fissal.

Artigo 11 - *O Corpo Consultivo pode realizar reuniões extraordinárias, às quais devem comparecer dois terços de seu quadro, através de um comunicado afixado com 15 dias de antecedência na porta da igreja e a publicação da convocação num jornal local, ou através do envio de convites individuais a todos os membros do Conselho, quando há a intenção de:*
  a) alterar o presente estatuto, quando a lei local, os corpos religiosos superiores ou os interesses gerais da coletividade assim exigirem;
  b) eleger um presidente, caso o primeiro tenha renunciado ou venha a falecer;
  c) discutir e decidir comprar, com certas condições lucrativas, ou substituir os bens pertencentes à coletividade; neste caso, é imprescindível a presença de 3/4 dos membros do Conselho.

Artigo 12 - *São da competência do presidente:*
  a) Abrir e encerrar a reunião.

b) Dirigir a reunião sem participar das discussões; votar apenas para mudar o equilíbrio (voto de minerva).

c) De acordo com a disposição do artigo 11º ou pela necessidade comprovada, convocar uma reunião.

d) Durante a reunião, exigir esclarecimentos dos corpos competentes.

e) Assinar, junto com o presidente do Conselho Administrativo, as incumbências legais da instituição.

Artigo 13 - O vice-presidente substitui o presidente na ausência deste, assumindo suas atribuições e obrigações.

Artigo 14 - É da obrigação do secretário:
a) Assumir o cargo de presidente, na ausência do presidente e/ou do vice-presidente.
b) Manter um livro de registro das reuniões.
c) Receber e emitir as correspondências competentes à sua função.

CAPÍTULO IV
DO CONSELHO ADMINISTRATIVO DA IGREJA E SEUS MEMBROS

Artigo 15 - O Conselho Administrativo é composto de 9 membros, 8 civis e 1 eclesiástico. Sua gestão é de 2 (dois) anos. Terá presidente de honra, presidente, vice-presidente, secretário, vice-secretário, tesoureiro, vice-tesoureiro, um conselheiro e um chefe religioso.

Artigo 16 - Podem se eleger como membros do Conselho Administrativo todos os filhos da Igreja Apostólica Armênia que tenham completado 21 anos de idade, conhecidos como pessoas idôneas e dignos de serem membros da diretoria. São eleitos através do voto direto pelo Conselho Consultivo. As funções de presidente e de vice-presidente são exercidas pelos membros do Conselho Consultivo.

Artigo 17 - O Conselho Administrativo realiza reunião mensal, e reuniões extraordinárias quando as circunstâncias assim exigirem. As reuniões serão consideradas legais quando estão presentes 5 de seus membros. O seu objetivo e a função são:

a) Executar o itinerário de trabalho apresentado pela Assembleia superior.

b) Designar comissões constituídas de compatriotas conhecidos para o benefício da coletividade, assim como contratar ou dispensar auxiliares e encarregados.

c) Cobrar e manter as receitas relativas à igreja, arrecadações, contribuições comunitárias (Azkayin Durk), bem como efetuar os pagamentos das contas e/ou dívidas da igreja, extraídas das receitas.

d) Vigiar os bens móveis e imóveis da igreja.

e) Vigiar as liturgias eclesiásticas, mantendo sempre contato com o Arcebispado da América do Sul, para receber as necessidades da igreja.

f) Trabalhar em conjunto com o Corpo Consultivo para ter patrimônios da coletividade; atuar com eles, assim como para o aprimoramento de todos os trabalhos, dentro de suas limitações de atribuições.

g) Anualmente, apresentar um relatório ao Conselho, assim como, a qualquer época, o balanço financeiro detalhado ao ser assim exigido pelo Corpo Consultivo, e também suas sugestões e opiniões.

Artigo 18 - Cabe ao presidente do Conselho Administrativo:
a) Abrir e encerrar, presidir e apresentar pautas da ordem do dia à reunião.
b) Dar a voz a quem queira se manifestar, e negar, se assim achar conveniente.
c) Administrar as discussões sem participar delas; sujeitar a votação as decisões a serem adotadas sem participar da votação; e apenas quando houver empate de votos ter o direito de exercer o direito do voto minerva.
d) Nos movimentos financeiros, assinar com o tesoureiro, e nas correspondências oficiais assinar juntamente com o presidente de honra e o secretário.
e) Exigir contas das comissões formadas por objetivos específicos pelo Conselho Administrativo. Estas comissões, uma vez concluídas suas obrigações, serão consideradas automaticamente dissolvidas.
f) Chamar a atenção dos membros que falham.

Artigo 19 - É função do secretário:
a) Presidir as reuniões, na ausência do presidente e do vice-presidente.
b) Manter um caderno de registros e os registros das entradas e saídas da igreja.
c) Ter as cópias de todas as correspondências num arquivo organizado, ter os registros dos membros da coletividade (recenseamento) não só na cidade, mas também em todo o Brasil, se possível.
d) Receber, remeter e assinar correspondências, salvo os documentos oficiais, que devem ter a assinatura do presidente.
e) Apresentar um relatório anual e, quando for exigido pelo Conselho Administrativo, apresentar o relatório financeiro da igreja.

Artigo 20 - Cabe ao tesoureiro:
a) Ter um livro de movimento de caixa para as necessidades da igreja.
b) De acordo com o artigo 16, receber e manter todas as receitas emitindo recibos correspondentes.

c) Efetuar os pagamentos corriqueiros e necessários, sempre sob a anuência dos conselheiros, e em caso de despesas maiores, somente depois de obter a autorização do Conselho Administrativo.

d) Depositar na conta bancária do Conselho Administrativo os valores acima de 500 cruzeiros. De acordo com a decisão do Conselho Administrativo, ter à sua disposição até 500 cruzeiros para efetuar pequenos pagamentos.

e) O tesoureiro é o único responsável pela quantia que está à sua disposição.

f) Junto com o presidente, assinar a movimentação financeira.

g) A cada trimestre, apresentar um relatório para o Conselho Administrativo, entregando as contas para o presidente, para que este possa, por sua vez, apresentar a situação financeira da igreja para o Conselho Administrativo.

Artigo 21 - Cabe ao administrador ou encarregado:
a) Comprar todos os objetos que são necessários para as atividades do Conseho Administrativo.

b) Comprar, zelar e preparar todo o material e objetos que são necessários para as cerimônias da igreja.

c) Manter um caderno de registro de todos os objetos.

d) Efetuar as compras com o acompanhamento de um membro designado pelo padre, pelo tesoureiro ou pelo Conselho.

Artigo 23 - É da incumbência do chefe religioso:
a) Dar os devidos esclarecimentos ao Corpo Consultivo e ao Conselho Administrativo quanto às questões referentes ao ritos e dogmas religiosos da Igreja Apostólica Armênia.

b) Empenhar-se pela preservação das cerimônias religiosas da Igreja Apostólica Armênia, e tentar difundi-las na coletividade armênia.

c) Manter registros específicos de casamentos, batizados e óbitos.

d) Acatar as decisões da assembleia, assim como do líder supremo da Igreja Apostólica Armênia; não pode realizar alterações ou diminuir as cerimônias e tradições religiosas.

e) Visitar os fiéis e confortá-los espiritualmente, tanto na cidade como em outras localidades. Para visitar locais distantes, deve consultar o Conselho e, à sua volta, apresentar um relatório.

Artigo 24 - O padre, que serve à coletividade e à igreja, deve viver em condições adequadas e cômodas. Cabe só ao Conselho Administrativo providenciar o seu sustento e a sua receita necessária.

CAPÍTULO V
DA COMISSÃO FISCAL E SEUS MEMBROS

Artigo 25 - A Comissão Fiscal é eleita pelo Corpo Consultivo e sua gestão é de dois anos. A Comissão Fiscal terá a função de:

a) Examinar os registros do Conselho Administrativo, para poder apresentar seu relato para o Corpo Consultivo.

b) Terá o direito de comparecer às sessões do Conselho Administrativo e discutir nas questões da ordem do dia, sem, porém, ter o direito de votar.

c) Vigiar a execução dos projetos preparados pelo Corpo Consultivo.

d) Exigir do presidente do Corpo Consultivo a convocação de reuniões extraordinárias, quando for detectada falha do Conselho Administrativo.

CAPÍTULO VI

Artigo 26 - Todas as receitas da igreja, quais sejam, as receitas emanadas das bandejas da igreja e doações, as receitas das taxas de batizado, casamento, falecimento, receitas provenientes de imóveis e outras receitas não previstas, pertencem à tesouraria do Conselho Administrativo da Igreja Apostólica Armênia, com a finalidade de servir à manutenção da igreja, construção de prédios adjacentes e para aprimorar a instituição.

Artigo 27 - Os bens móveis e imóveis da igreja pertencem à coletividade armênia, a cada indivíduo, igualitariamente. Em caso de dissolução, 50% desses bens serão destinados à Santa Casa de Misericórdia de São Paulo, e os outros 50% serão destinados a uma outra Igreja Apostólica Armênia, sob determinação do Patriarca Supremo e Catholicós de Todos os Armênios.

Artigo 28 - Toda doação não pode contrariar as disposições deste Estatuto; em casos atípicos, os doadores devem apresentar suas sugestões ao Conselho Administrativo, que é o órgão com direito de decisão.

Artigo 29 - Qualquer questão não prevista neste Estatuto deverá ser resolvida pela Assembleia Geral, somente em casos extraordinários, quando há a necessidade de uma solução premente, de acordo com a legislação local vigente e as normas da Igreja Apostólica Armênia.

Artigo 30 - A Comissão preparatória deste Estatuto, que foi designada pelo Conselho Administrativo Provisório, de acordo com a disposição do artigo 8º do presente Estatuto, o apresentou ao Senhor Rizkallah Jorge Tahanian e ao Padre Gabriel Samuelian, os quais, por sua vez, o aprovaram e o mesmo entrou em vigor.

Assinaram: 1. Rizkallah Jorge Tahanian; 2. Padre Gabriel Samuelian; 3. Jorge Rizkallah Jorge Tahanan; 4. Eduardo Der Markossian; 5. Salim Sayegh; 6. Pedro Nazarian; 7. Mihran Nahas; 8. Levon Apovian; 9. Setrak Naccach; 10. Kevork Muradian; 11. Apraham Tchorbadjian; 12. Krikor Kumruyan; 13. Nazaret Tcholakian; 14. Nazaret Kechchian.

O estatuto foi formalmente registrado no dia 18 de dezembro de 1939 no Cartórtio de Registro de Títulos e Documentos Oficial Dr. Cyro Costa Filho. De acordo com a disposição desse estatuto, pela primeira vez um corpo consultivo (ou Conselho Representativo) constituído de quarenta membros foi reconhecido como a autoridade suprema da coletividade armênia. O direito de eleger estava reservado ao benfeitor Rizkallah Jorge Tahanian e ao padre Gabriel Samuelian, os quais, depois de aprovar o estatuto, chegaram a formar uma relação de quarenta pessoas, dos quais vinte eram compatriotas que falavam o idioma árabe e vinte eram que falavam armênio. Mas, devido às circunstâncias, essas pessoas não foram convocadas para assumirem suas funções e, até o surgimento de novos fatos, a direção das atividades da coletividade permaneceu nas mãos do Conselho Administrativo nomeado.

Salim Sayegh

Salim Sayegh nasceu em 1899, na idade de Alepo, Síria, filho de Khatchadur Sayegh, que havia se estabelecido nessa cidade, migrando de Aintab, e onde trabalhava como ourives. Salim recebeu sua educação primária na escola dos evangélicos de Alepo, e depois seguiu a profissão de ourives, que era a profissão de sua família. Em 1919, casou com a Srta. Mari Khatchadurian, natural de Alepo. Chegou com a família ao Brasil em 1921 e se estabeleceu na cidade de São Paulo, onde exerce sua profissão até esta data.

Foi membro do Conselho Administrativo da igreja por diversas gestões. A partir de 1932, é membro e tesoureiro do Corpo de Auxílio aos Pobres, revelando uma atividade consciente. É um dos compatriotas que fala o idioma armênio mais interessado pela vida comunitária. Tem apoiado e colaborado com todas as iniciativas comunitárias. Nos anos de 1944-1945, foi um dos membros da comissão arrecadadora da grande arrecadação comunitária.

À VÉSPERA DE TRANSFORMAR A AMÉRICA DO SUL NUMA DIOCESE SEPARADA

Como já explicamos nas páginas iniciais deste livro, pode-se considerar a América do Sul como a mais recente entre as regiões que acolheram coletividades armênias. Nesse aspecto, Buenos Aires e Montevidéu foram as primeiras cidades para onde migraram e se estabeleceram os primeiros armênios. A migração dos armênios para o Brasil foi por acaso, pois aqui chegaram de Montevidéu ou de Buenos Aires, sempre considerando exceção, naturalmente, o caso do Sr. Mihran Latif, cuja chegada ao Brasil ocorreu sob circunstâncias extraordinárias.

Se efetivamente Buenos Aires e Montevidéu foram as primeiras cidades para onde migraram os primeiros armênios que vieram à América do Sul, as causas disso foram:

1 - Essas duas cidades, graças à grande propaganda que fizeram, eram bem mais conhecidas, e os seus nomes eram tema das conversas entre as pessoas numa cidade como Marselha, onde as pessoas que sofriam de doenças de vista e que não podiam viajar para a América do Norte buscavam um outro país que as recebesse sem a exigência de exames de tracoma.

2 - Os climas dessas duas cidades (Buenos Aires e Montevidéu) correspondiam e eram quase semelhantes às condições climáticas dos países de origem desses imigrantes, o que os estimulava a empreenderem viagem para essa região, enquanto as histórias legendários sobre a febre amarela, serpentes e cobras venenosas e insetos, além do calor excessivo do Brasil, naturalmente assustavam e afastavam os armênios deste país.

3 - Naqueles anos, parecia que Buenos Aires e Montevidéu eram cidades mais lucrativas, sob o aspecto comercial, e eram belos centros atraentes, fato que interessava muito aos armênios expatriados que buscavam trabalho, apesar de a cidade do Rio de Janeiro, capital da República do Brasil ser considerada, hoje, uma das mais belas do mundo, e São Paulo ser a cidade industrial mais desenvolvida em toda a América do Sul, sem nenhum comparação, ao menos até hoje.

Como cidades que acolheram os primeiros migrantes armênios, é evidente que Buenos Aires e Montevidéu possuíam maior concentração de armênios, e, destas, Buenos Aires está em primeiro lugar até hoje; e é muito natural que, sendo a mais antiga e mais populosa das coletividades armênias na região, a necessidade de uma estrutura organizacional da coletividade, como igreja e escola, fosse mais sentida ali, assim como via-se a necessidade de transformar a América do Sul numa diocese separada, e começou-se a desenvolver um trabalho nesse aspecto.

Em 1934, a coletividade armênia de Buenos Aires, além de já possuir uma organização interna exemplar, tinha também um corpo tutorial formado por pessoas competentes, muitas escolas e jornais, e já se cogitava transformar a América do Sul numa diocese separada e autônoma.

A Intendência da Igreja Apostólica Armênia de Buenos Aires já tomara os trabalhos preparatórios nessa direção, e nem é preciso dizer que o programa preparado com muito cuidado foi o resultado de longas e sensatas deliberações, que foi encaminhado para o Conselho Administrativo da Igreja Apstólica Armênia de São Paulo, capeado por uma carta datada de 24 de fevereiro de 1934, que dizia:

Respeitável Diretoria da Associação Comunitária Armênia
São Paulo,
Estamos encaminhando, em anexo, o programa da conferência intercomunitária que preparamos apenas para vosso conhecimento.
No dia 29 de abril de 1934, terá lugar a referida conferência, e rogamos que encaminhem também o vosso representante, de acordo com a vossa conveniência.
Estamos certos de que esta conferência terá sua ampla utilidade não só com a eleição de um primaz, mas nesta ocasião se criará um laço assíduo entre as coletividades.
Com nossos efusivos cumprimentos, permanecemos
Respeitosamente.

Pela Intendência da Igreja Apostólica Armênia
T. Medzadur — Diretor Executivo

PROGRAMA

A Intendência da Igreja Apostólica Armênia de Buenos Aires, de acordo com a disposição do parágrafo terceiro do artigo 1º do Capítulo I do seu Estatuto/Regulamento, considerando sua competência de eleger um Primaz para a América do Sul, decidiu contatar as congêneres de São Paulo, Montevidéu e Córdoba, as quais têm as mesmas competências que ela;
Visto que os armênios estabelecidos nas três repúblicas da América do Sul, Brasil, Uruguai e Argentina, formam um número grande e possuem uma situação financeira estável, e, por outro lado, haja visto que já possuem seus estabeleci-

mentos comprovadamente organizados e reconhecidos pelas autoridades locais, com seus próprios Estatutos e regulamentos, mas falta-lhes a iniciativa de um trabalho generalizado;

Logo, esta Intendência da Igreja Apostólica Armênia decidiu tomar a iniciativa de realizar os trabalhos preparatórios e, para facilitar esse trabalho, preparou o Estatuto de uma Conferência, intercomunitária submetendo-o, previamente, às Intendências da Igreja Apostólica Armênia, à apreciação e anuência das instituições e organizações, para que cada uma delas possa efetuar alterações ou reduções.

Este estatuto tem competência apenas para a realização da referida Conferência e resolução da questão diocesana. O lavramento do Estatuto definitivo e geral fundamental interdiocesano ou diocesano ficará para o futuro.

São considerados os princípio fundamentais da Constituição Nacional Armênia (Azkayhin Sahmanatrutyun), a situação peculiar da América do Sul, e as disposições dos Estatutos já existentes das instituições, que são sujeitos aos controle das respectivas autoridades locais.

Consideram-se apenas os princípios essenciais da Constituição Nacional Armênia, que podem ser acomodados às leis das autoridades locais.

FORMAÇÃO DA CONFERÊNCIA INTERCOMUNITÁRIA

Podem participar da Conferência intercomunitária com direito a voto a Intendência da Igreja Apostólica Armênia de Buenos Aires, com um voto; as Intendências dos subúrbios, com um voto; representando as associações compatriotas e as organizações ideológico-partidárias, com um voto; Montevidéu, um voto; Córdoba, um voto; São Paulo, dois votos.

Obs.: Córdoba, Montevidéu e São Paulo podem decidir por si o modo de escolha de seus delegados, considerando as condições de suas respectivas regiões.

O local da realização da reunião intercomunitária dos delegados será a cidade de Buenos Aires.

A Intendência da Igreja Apostólica Armênia de Buenos Aires providenciará o local da reunião e as pequenas despesas referentes aos trabalhos secretariais.

Os delegados participantes e os representantes terão o mesmo direito de palavra.

A reunião elegerá a Mesa Diretiva, assim constituída: um presidente e um secretário, como de regra.

As decisões da reunião serão aprovadas com a maioria simples.

A Ordem do Dia da reunião intercomunitária dos delegados terá os seguintes itens:

1 - A questão do orçamento geral do primaz e da diocese, e a formação do orçamento.

2 - Eleição do primaz.

3 - Escolha da sede da cúria diocesana.
4 - A divisão das contribuições à diocese, de forma proporcional.
5 - Delimitação das relações e inter-relacionamento existentes entre o primaz, as intendências existentes e o povo.
6 - Definição das competências e deveres do primaz.

O PRIMAZ

A Intendência da Igreja Apostólica Armênia, de acordo com a disposição do parágrafo 3º do artigo 1º do seu Estatuto/regulamento, elege o seu Primaz e pede sua aprovação pelo Catholicós de Todos os Armênios, em S. Etchomiadzin, na Armênia.

São das competências e deveres do Primaz:

1 - Vigiar a exímia atuação da Constituição da Igreja Nacional Armênia, e apresentar suas observações ou sugestões à diretoria da Intendência da Igreja Apostólica Armênia.

2 - Como presidente de honra, participar das reuniões da diretoria da Intendência da Igreja Apostólica Armênia, com direito a voz, porém não a voto.

3 - Presidir as reuniões judiciais e religiosas e vigiar pela sua execução infalível.

4 - Como chefe espiritual da Igreja Apostólica Armênia da Argentina, cuidar dos cultos religiosos e das atividades cônscios dos padres. Nesse aspecto, apresentar sugestões à diretoria da Intendência da Igreja Apostólica Armênia e, em concomitância com essa diretoria, tomar as medidas necessárias.

5 - Realizar a escolha dos funcionários da igreja e. com a aprovação da diretoria, efetuar as ordenações religiosas ou, se necessário, punir de acordo com as normas da igreja.

6 - Sendo o presidente de honra das Intendências paroquiais e do Conselho Educacional, vigiar os processos eleitorais e as atividades, sendo cauteloso na execução infalível dos programas de ensino.

7 - Deverá permanecer totalmente neutro nas atividades ideológico-partidárias, sem exercer qualquer papel nessas organizações; como chefe espiritual, deve manter relacionamento com todos, indistintamente.

8 - Na Argentina, sua sede será a cidade de Buenos Aires, no prédio do Centro Armênio, até que o Intendência disponha de um outro local.

9 - O orçamento da Intendência deverá dispor de um salário especial para o Primaz, além dos presentes voluntários dados pelo povo;

10 - Os bairros e as regiões mais afastadas devem participar e contribuir com as despesas do Primaz.

11 - Cabe ao Primaz dividir a cidade de Buenos Aires em setores religiosos, assim como os centros com concentração de armênios nas regiões mais afastadas, designando para cada região um pastor espiritual, sempre sob sua vigilância.

12 - Caso o Primaz incorra num ato incompatível com seu cargo, a Intendência da Igreja Apostólica Armênia de Buenos Aires, junto com representantes das Intendências de outras regiões, convocará uma assembleia geral de delegados e, apenas com a maioria de dois terços dos votos, poderá solicitar a intervenção do Catholicós de Todos os Armênios, exigindo que seja tomada a providência necessária. Para tomar sua decisão, a Intendência deve primeiro realizar uma assembleia geral extraordinária, que poderá tomar qualquer decisão com dois terços dos presentes.

13 - O Primaz é obrigado a aceitar e executar o Estatuto/regulamento da Intendência da Igreja Apostólica Armênia de Buenos Aires, que deve ser aprovado e registrado junto às autoridades locais.

14 - Na qualidade de presidente de honra, o Primaz deve comparecer às assembleias dos delegados, assim como às reuniões ordinárias ou assembleias gerais extraordinárias.

15 - A Intendência tem a obrigação de cuidar de todas as necessidades do Primaz e, para mantê-lo numa posição digna, deve fazer o possível, concedendo-lhe o salário de .... pesos; e deixando sob sua disposição um zelador e todo o funcionalismo de seu escritório.

16 - A gestão do Primaz é de quatro anos, depois da qual se deve realizar nova eleição, podendo o Primaz ser reeleito.

17 - O procedimento para a eleição do Primaz será determinado pela assembleia dos delegados.

Obs.: A assembleia dos delegados será realizada no dia 29 de abril de 1934, em Buenos Aires.

Lamentavelmente, esta tão importante iniciativa da Intendência da Igreja Apostólica Armênia de Buenos Aires, essencial para as coletividades armênias da América do Sul, aconteceu num dos períodos mais desmantelados da vida interna da coletividade armênia de São Paulo. Não existia um conselho administrativo legalmente eleito pelo povo e, se não houvesse a Associação Compatriota de Marach, que estava encarregada da vigilância e zelo da igreja armênia, que conseguiu reabrir a igreja fechada e a administrava através de um corpo que ela nomeara, certamente não existiriam nem o Conselho Administrativo nem sequer um local de oração. Foi esse o motivo pelo qual o pastor espiritual dos armênios de São Paulo, padre Gabriel Samuelian, apesar de já ter recebido a carta e o programa enviados pela Intendência da Igreja Apostólica Armênia de Buenos Aires, não se encontrava em condições de dar andamento à solicitação feita e era obrigado a manter silêncio.

A Intendência da Igreja Apostólica Armênia de Buenos Aires havia mandado uma carta com o mesmo teor para as coletividades armênias de São

Paulo e Montevidéu junto com o seu programa, e, como resultado disso, a Associação Geral da Coletividade Armênia de Montevidéu encaminhou uma carta datada de 27 de março de 1934 para a Intendência da Igreja Armênia de São Paulo, na qual dizia:

[...] *Recebemos de Buenos Aires uma carta datada de 26 de fevereiro de 1934, juntamente com o programa, sobre a questão de se eleger um Primaz para a América do Sul. Certamente eles devem ter mandado uma carta sobre este assunto também para a vossa Intendência, e gostaríamos de saber qual é a vossa opinião sobre esta questão.*

Enviamos a cópia da carta que remetemos a eles, como segue:

"[...] Para eleger um Primaz para a América do Sul, quanto ao envio de um delegado de Montevidéu, conforme pleiteado em vossa missiva do dia 26 de fevereiro, queremos antes de mais nada manifestar nossos cordiais agradecimentos por esta iniciativa tão importante para a nossa nação. A Associação Comunitária leu atentamente o programa e, sem poder sair de suas contradições, mas, principalmente, não tendo condições de determinar um delegado, realizou uma assembleia geral no dia 25 corrente, na qual, antes de decidir sobre o delegado/ representante, elegeu-se uma comissão para entrar em contato com os senhores, e só depois enviar um delegado.

A comissão chegou à conclusão de que:

1 - É prematura a realização de uma assembleia de delegados no dia 29 de abril.

2 - Antes disso, seria importante e necessário delinear um regulamento constitucional para a América do Sul e enviá-lo ao Santo Catholicós, para sua aprovação.

3 - Junto com o programa constitucional, rogar de Sua Santidade que declare a América do Sul como uma diocese separada, com sua Diocese distinta.

4 - Para redigir este regulamento constitucional, é necessário convidar pessoas especializadas, aptas e conhecedoras da Constituição Nacional de Constantinopla e da América do Norte, assim como delegados que tenham conhecimento das circunstâncias locais.

5 - Para administrar suas atividades eclesiásticas e educacionais, Buenos Aires, São Paulo e Montevidéu têm seus programas aprovados pelas respectivas autoridades locais, portanto o Primaz da América do Sul não pode adotar o programa da Intendência da Igreja Apostólica Armênia de Buenos Aires, mas, apesar de respeitá-lo, deve seguir um regulamento Constitucional preparado para todos.

6 - Vemos contradições na eleição de delegados. Os delegados devem ser eleitos conforme a proporção numérica. Para nós, causará surpresa se as associações compatriotas e as organizações ideológico-partidárias chegarem a um acordo e elegerem um delegado.

7 - Segundo o vosso cálculo, Buenos Aires terá três votos, Córdoba um voto, São Paulo dois, Montevidéu um, totalizando 7 votos. Será que essas 7 pessoas redigirão um regulamento constitucional e elegerão o Primaz?

Em nossa modesta opinião, para concentrar a eleição de um Primaz apenas em 7 pessoas, seria necessário dar-lhes a alma de Pedro para não tropeçarem.

Logo, para nós seria melhor que a assembleia dos delegados tivesse a incumbência de delinear um regulamento constitucional depois de a América do Sul ter sido declarada como uma Diocese separada, e doravante encontrar candidatos para a Diocese, e eleger o melhor deles.

Pela Associação Comunitária Armênia de Montevidéu,

Hovhannés Aharonian"

O pastor espiritual dos armênios de São Paulo, padre Gabriel Samuelian, depois de receber essa carta, juntou-a à carta que recebera de Buenos Aires, sem poder respondê-la. A falta de um corpo oficial o impedia de responder pessoalmente ou tomar qualquer decisão. A eleição de um primaz era um trabalho de responsabilidade pública e, se não era possível reunir o público da coletividade para as atividades locais, então tornava-se ainda mais difícil, para não dizer impossível, ocupar-se do trabalho de eleição de um primaz. Ademais, as atividades diárias do padre eram tantas que ele não podia ocupar-se de outros problemas.

Em uma carta datada de 10 de abril de 1934, enviada para a Intendência da Igreja Armênia de São Paulo, a Intendência da Igreja Apostólica Armênia de Buenos Aires escrevia:

[...] Ao verificar que ainda não recebemos qualquer resposta à nossa carta datada de 26 de fevereiro de 1934 que vos encaminhamos, e ao observar que a Diretoria Comunitária de Montevidéu, através de sua carta, manifestou o desejo de se adiar por mais um tempo a assembleia de delegados, vimos por meio desta pedir também a vossa opinião, para podermos tomar as devidas providências.

Também esta carta recebida de Buenos Aires foi juntar-se às anteriores, pois o padre não estava em condições nem disposto a se ocupar com tal assunto, e, assim, também esta última carta permaneceu sem resposta, tal qual as anteriores.

A Intendência da Igreja Apostólica Armênia de Buenos Aires, diante do silêncio da autoridade armênia de São Paulo, que provavelmente atribuía a um desprezo ou indiferença, e da carta recebida de Montevidéu, que abrangia uma disposição para discussão, decidiu renunciar ao seu projeto de realizar uma conferência intercomunitária e se fechou em si própria; tentou colocar as coletividades de Montevidéu e de São Paulo perante uma realidade consumada e, provavelmente induzida pelas sugestões de Kiud Mekhitarian, centralizou sua atenção no arcebispo Karekin Khatchadurian. Assim, começou a manter correspondências com o Patriarca Supremo e Catholicós de Todos os Armênios, em S. Etchmiadzin, não deixando, ao mesmo tempo, de trocar correspondência com o arcebispo Karekin Khatchadurian, que naquele período realizava um turnê pastoral na região da Califórnia.

Nesse emaranhado de acontecimentos, a diretoria da Igreja Armênia de São Paulo recebeu uma carta da Intendência da Igreja Apostólica Armênia de Buenos Aires, datada de 16 de fevereiro de 1937, que capeava a cópia de uma carta que a Intendência de Buenos Aires havia recebido do arcebispo Karekin Khatchadurian, que dizia:

[...] Recebemos a vossa missiva datada de 12 de setembro de 1936, pela qual a vossa Intendência nos convida a realizarmos uma visita pastoral à vossa região, também revelando o vosso desejo de eleger um primaz, para manter o procedimento normal das atividades eclesiástico-religiosas.

Comunicamos que recebemos do Santo Patriarca, em consequência da vossa solicitação, a bula especial de Sua Santidade, em nome dos armênios da América do Sul, nos ordenando a visitá-los e organizar vossas coletividades e as intendências, conforme os regulamentos eclesiásticos que operam nas dioceses, e, em concomitância ao anseio do povo e consentimento das condições locais, formar uma diocese ou vicariato.

Destarte, comunicando este fato à Vossa honrosa Intendência, sugerimos que nos forneçam detalhes prévias, como segue:

a) O desejo de formar uma diocese separada é o desejo apenas das vossas coletividade ou também das demais coletividades?

b) Enviem um exemplar do estatuto que vossa Intendência adota atualmente e, se possível, também das demais coletividades, caso elas também possuam.

c) Tomem as devidas providências quanto às despesas do nosso transporte, dentro das limitações de moderação e decoro.

Até agora não pudemos comunicar-lhes sobre a nossa vinda, uma vez que estávamos ocupados realizando visitas pastorais às coletividades armênias da região oriental dos Estados Unidos e atarefados com trabalhos eclesiásticos; em breve estaremos na Califórnia, onde concluiremos nossos trabalhos e até fins de fevereiro ou início de março, se Deus assim permitir, empenharemos viagem rumo à vossa região. Rogamos a bênção de Deus a vós e vossa coletividade, bem como a todos os armênios da América do Sul.

Com minhas orações,

Arcebispo Karekin Khatchadurian

A Intendência da Igreja Apostólica Armênia de Buenos Aires, ao enviar a cópia dessa carta do arcebispo Karekin Khatchadurian para a Intendência da Igreja Armênia de São Paulo, não só queria manter a coletividade armênia de São Paulo inteirada desses acontecimentos, que eram questões importantes para as coletividades, mas também queria fazer entender, de forma silenciosa, que ela era sabedora da utilidade da organização legal comunitária armênia, e teria realizado e realiza sua obrigação e esperava que a coletividade armênia de São Paulo também mostrasse o sinal de sua vitalidade. Já a Intendência da Igreja Armênia de São Paulo, ou melhor, o padre Samuelian, por sua vez, realizou sua obrigação e pôs essa carta junto com as outras e a aposentou.

Deve-se confessar que este foi também um período atípico para a coletividade armênia de São Paulo. Rizkallah Jorge Tahanian há havia se empenhado na construção da igreja, e o padre estava tão embriagado pela perspectiva de se ter, finalmente, uma igreja que nem tinha tempo para se preocupar com outros assuntos. Por outro lado, há anos não existia uma intendência legalmente constituída com votação dos membros da coletividade, e o que havia era um grupo de concidadãos convidados pela Associação Compatriota de Marach, cuja obrigação era manter afastado o perigo de fechar a igreja, portanto, a ausência de um corpo legalmente constituído era a causa de não poder dar andamento a questões dessa envergadura.

O arcebispo Karekin Khatchadurian, como consequência das correspondências que mantivera em caráter pessoal com o saudoso Kiud Mekhitarian e de forma oficial com a Intendência da Igreja Apostólica Armênia de Buenos Aires, assim como considerando a distância entre os continentes norte e sul-americanos, a dificuldade de manutenção de laços entre ambos e o número dos armênios na América do Sul, possivelmente já com sua opinião formada, e possivelmente como resultado da troca de correspondência que ele mantivera com o Catholicós de Todos os Armênios, o Conselho Paroquial de São Paulo recebeu, desta vez de Marselha, França, a seguinte carta do arcebispo Karekin Khatchadurian, datada de 13 de outuro de 1937:

*Aos respeitáveis servos espirituais e
à digna Intendência dos armênios do Brasil
São Paulo, Brasil*

Sob a piedosa determinação de Sua Santidade e de acordo com a disposição da bula de número 400, as coletividades armênias radicadas nas repúblicas da América do Sul terão sua prelazia, sob a denominação "PRELAZIA DOS ARMÊNIOS DA AMÉRICA DO SUL".

Foi-nos incumbida a missão de visitarmos a vossa região, como representante do Catholicós, para organizar esta recém-decretada diocese, conforme os regulamentos e a Constituição da Igreja Armênia, e realizar visita em todas as regiões onde há armênios.

Através deste comunicado, temos a certeza de que os religiosos, corpos oficiais e todo o povo das coletividades revelarão o devido apoio cordial, para podermos concluir esta nossa missão que se nos foi confiada de forma frutífera e com êxito, em prol da vossa coletividade e para o conforto do nosso agraciado Patriarca Supremo.

Com cordiais saudações, vos abençoa

Arcebispo Karekin Khatchadurian
Legado Catholicossal dos Armênos da América do Sul

Essa carta do arcebispo Karekin colocava a coletividade armênia de São Paulo diante de um fato concreto. Tanto o padre como o Conselho Administrativo provisório, querendo ou não, eram obrigados a dar sinais de sua existência e, finalmente, mandaram uma missiva de agradecimento ao Catholicós de Todos os Armênios, e receberam do Patriarca de Todos os Armênios a seguinte carta datada de 30 de janeiro de 1938:

*Ao
Respeitável Conselho Paroquial da Igreja Apostólica Armênia de São Paulo
Saudações e bênçãos Patriarcais.*

Recebemos, no seu devido tempo, a vossa carta manifestando satisfação e felicitando a resolução que tomamos, pela qual o membro da Congregação da Santa Sede, o nosso estimado arcebispo Karekin Khatchadurian irá até vós como Legado Patriarcal e Primaz. Vossos sinceros sentimentos filiais são sinais e provas do profundo amor e respeito filial para com a Santa Sede de Etchmiadzin e o Catholicossato de Todos os Armênios, o que nos conforta o coração e a alma.

Estamos plenamente convictos de que a Vossa Intendência receberá com muito carinho o Legado Patriarcal que usufrui a nossa total confiança, revelando o devido apoio e colaboração, a fim de que o primaz possa cumprir a termo suas tarefas e responsabilidades.

Que Deus abençoe o nosso povo apátrida que reside na América do Sul. É o nosso desejo que o espírito religioso e patriótico de São Gregório, o Iluminador, acalente vossos corações, ao acender a chama do amor, para que a Santa Sede de Etchmiadzin e o Catholicossato de Todos os Armênios permaneçam sempre vivos e dinâmicos, fontes da vitalidade do povo armênio, e que a nossa pátria em reconstrução e em fase de desenvolvimento, com seu glorioso passado, seja um novo baluarte e ajunte no seu seio os armênios que aos poucos se dispersam na diáspora.

Desejamos à Vossa nobre Intendência vigor e plenas condições, para poder realizar as sagradas obrigações assumidas perante o povo com pleno êxito, amor, coragem e responsabilidade, para a felicidade do povo armênio e Nosso conforto.

Com Nossa bênção Patriarcal e orações,

Khoren I, Catholicós de todos os armênios
Nº 72
Santa Sede de Etchmiadzin, em 30 de janeiro de 1938

Através de uma breve carta datada de 1º de março de 1938, o Arcebispo Karekin Khatchadurian comunicou ao Conselho Administrativo dos Armênios de São Paulo que no dia 17 de março embarcaria com o vapor *Marsília* e chegaria ao Rio de Janeiro no dia 29 do mesmo mês. E, visto que ele seguiria diretamente para Buenos Aires, pediu um encontro no Rio de Janeiro, no navio, com os representantes da coletividade armênia do Brasil.

Assim que recebeu essa carta, o padre convocou o Conselho Administrativo provisório para uma reunião consultiva. A reunião decidiu que o padre iria para o Rio de Janeiro, no dia 28 de março, para recepcionar o arcebispo Khatchadurian, e uma delegação de São Paulo iria até Santos, uma vez que o navio faria uma escala nesse porto e ali permaneceria por algumas horas. A delegação eleita constituía as seguintes pessoas: Kiud Mekhitarian, Leon Apovian, Apraham Tchorbadjian, Sakó Hagopian e Arsen Momdjian.

Às 6h30 horas da manhã do dia 30 de março de 1938, o vapor *Marsília* ancorou no porto de Santos. Os representantes da coletividade armênia de São Paulo tiveram um encontro de aproximadamente duas horas com o arcebispo, no navio, e mais tarde o Legado Patriarcal prosseguiu sua viagem para Buenos Aires.

O padre Gabriel Samuelian, com nome de batismo de Nigoghayós, nasceu na cidade de Sparta, na província de Kônia, no dia 25 de novembro de 1883, filho de Hadji Samuel Samuelian. Recebeu sua educação primária na escola local Aramian, depois diplomou-se na escola Idadie e, mais tarde, seguiu a profissão de tapeçaria, por longos anos trabalhando nas empresas Alber Alioti e Oriental Carpeti, na função de desenhista técnico. Desde tenra idade, revelou grande amor pela igreja, sendo clérigo e depois chefe dos clérigos, até sua ordenação como padre. Antes de adentrar na vida religiosa, foi membro do Corpo de Auxílio aos Pobres, do Conselho Paroquial e da Intendência da escola, funções essas que ele exerceu por muitos anos.

Padre Gabriel Samuelian

Em 11 de novembro de 1912, foi ordenado padre na igreja São Sião de Maghsina, pelas mãos do bispo Balian, para servir na igreja da Virgem Maria, Mãe de Deus (Surp Asdvadzadzin), recebendo então o nome de padre Gabriel.

Sua primeira atividade foi a de reconstruir, com a ajuda do povo, a igreja de S. Asdvadzadzin na cidade de Sparta, que fora destruída pelo terremoto de 1914.

Em 23 de maio de 1915, foi deportado com mais dezoito compatriotas para Sultaniê, compartilhando os sofrimentos de 8 mil armênios da cidade de Zeitun. Seu sofrimento no exílio, felizmente, perdurou por menos de três meses, graças ao governador da província de Kônia, Djelal, que o mandou buscar de volta.

Entre 1918 e 1921, o padre Gabriel exerceu a função de lugar-tenente da Primazia de Kônia, colaborando com a Diretoria da Imigração, tentando aproveitar a sua autoridade de eclesiástico para amenizar um pouco os sofrimentos dos migrantes.

Durante a insurreição de Kônia, em 1921, foi preso como suspeito junto com os condenados à forca, mas também se livrou desses perigo graças à amizade que mantinha com o Tchelebi dos Mevlevis, e pela forte interferência deste.

Em 30 de maio de 1921 o padre foi deportado, mais uma vez, para Dikranaguerd [Tigranocetra], mas adoeceu em Svaz e, graças aos esforços do saudoso primaz de Svaz, o *Vartabed* Sarkis Adjemian e Sarkis Batalian, conseguiu permanecer em Svaz.

Em novembro de 1923, foi para Beirute e, depois de ali permanecer por cinco meses, veio com a família para o Brasil, aqui aportando no dia 8 de julho de 1923, e se estabeleceu na cidade de São Paulo.

Numa carta datada de 13 de dezembro de 1932, o saudoso primaz da América do Norte, arcebispo Ghevont Turian, concedeu-lhe permissão para usar a cruz peitoril e capa magna florida[28], mas, com o falecimento do primaz Turian, a emissão dessa bula sofreu um atraso, até que numa bula datada de 7 de junho de 1937 o saudoso Catholicós Khoren I confirmou a graça concedida, e em abril de 1944 o enviado Catholicossal dos Armênios da América do Sul, S. E. arcebispo Karekin Khatchadurian, através de uma bula concedeu-lhe o grau de "mor" [*avakutiun*] como recompensa por seus serviços e dedicação de muitos anos.

O padre Gabriel Samuelian foi o primeiro eclesiástico a pisar em solo brasileiro e o primeiro pastor espiritual dos armênios do Brasil. Em agosto de 1923, ao assumir formalmente sua função de pastor espiritual, lançou-se imediatamente às suas atividades, tentando desenvolver tanto a organização da igreja como a vida interna dessa coletividade, enfrentando inúmeros empecilhos e dificuldades, e conduziu sozinho sua função até o ano de 1943, quando se viu obrigado a renunciar, forçando a coletividade a nomear um vigário auxiliar.

O padre Gabriel Samuelian é uma pessoa cônscia de suas obrigações, com vasto conhecimento dos ritos e cantos eclesiásticos, e tem carregado a sua cruz com muita paciência, frequentemente tolerando malversações infundadas e inoportunas. Na medida do possível e dentro de suas limitações, tem sido útil ao seu rebanho, enfrentando muitas dificuldades e conformando-se com densas privações. Até a conclusão deste livro, ele continuava a servir ao seu rebanho atuando, simultaneamente, como lugar-tenente do enviado Catholicossal para a América do Sul e como presidente de honra do Conselho Administrativo Central dos Armênios do Brasil.

---

28 Ambas de uso religioso.

PRIMEIRA VISITA DO LEGADO CATHOLICOSSAL AOS ARMÊNIOS DO BRASIL

No mês de setembro de 1938, o Legado Catholicossal Venerável Arcebispo Karekin Khatchadurian realizou sua primeira visita formal à coletividade armênia do Brasil. Além do Conselho Administrativo, todos os representantes das associações compatriotas, assim como muitos membros da coletividade, foram até o porto de Santos para recepcionar o arcebispo, de onde todos seguiram em um trem especial para São Paulo.

A multidão, que já estava esperando na estação de trem, recebeu com grande honrarias e sob chuva de flores o seu representante espiritual, não esquecendo de tomar todas as medidas viáveis para que esta fosse uma recepção gloriosa. Da estação de trem, a procissão acompanhou o arcebispo até a recém-construída igreja São Jorge.

Já na igreja, o pastor espiritual dos armênios do Brasil, padre Gabriel Samelian, saudou e deu as boas-vindas ao arcebispo, e a seguir o filho primogênito do benfeitor Rizkallah Jorge Tahanian, Jorge Rizkallah Tahanian, em nome da coletividade e do Conselho Administrativo da igreja (cujo presidente era ele), leu o seguinte discurso em idioma português:

Sua Eminência,
Hoje, a coletividade armênia de São Paulo recebe com alegria a aguardada visita de Vossa Eminência.

Neste momento, ao apresentarmos nossas boas-vindas à Vossa Eminência, augúrios que emanam dos corações de milhares de armênios que residem em São Paulo, vos digo, sinceramente, que a Vossa estadia neste país hospitaleiro será uma oportunidade de alegria e satisfação para a Vossa alma. Vós, estimado Arcebispo, encontrareis aqui em São Paulo uma coletividade estável, apesar de sua formação recente.

Na esfera econômica, também esta coletividade começou se organizar, a exemplo de outras coletividades.

No setor espiritual, que certamente mais atrai a Vossa atenção, a coletividade armênia já tem esta igreja São Jorge, que sempre manterá acesa nos corações dos armênios a fé que tem iluminado o horizonte da nação armênia através dos séculos, preservando-a.

Aqui, no Brasil, além das duas virtudes milenares nacionais, quais sejam, a fé cristã e o amor à nação, nós acrescentamos outra grande virtude, qual seja, o amor pelo Brasil, que nos aceita com seus braços abertos, e onde temos os nossos lares e que é a pátria de nossos filhos.

E, neste dia memorável, nós também recepcionamos Vossa Eminência e sentimos, dentro de nossos corações, nossa gratidão pela Vossa visita.

Depois desse sucinto porém belo discurso de Jorge Rizkallah Jorge Tahanian, o arcebispo deu o seu breve sermão e dispensou os fiéis presentes com uma oração, e dirigiu-se até o hotel onde se hospedaria, para o devido descanso.

Na noite do mesmo dia, foi servido um banquete no hotel, em homenagem ao arcebispo, do qual participaram 45 convidados.

Sucessivamente, brindaram com discursos Apraham Tchorbadjian, que refletiu sobre a realização do sonho de muitos anos da coletividade armênia de São Paulo, com a construção da igreja São Jorge, e, aproveitando a presença de Sua Eminência, sugeriu que se erguesse também a escola armênia no terreno doado pelo benfeitor Rizkallah Jorge Tahanian, ao lado da igreja, e sugeriu passar essa iniciativa ao Sr. Jorge Rizkallah Jorge Tanahian, filho primogênito do benfeitor, e ao Sr. Vahram Keutenedjian.

O diretor da escola Turian, Sakó Hagopian, por sua vez, enfatizou a importância da escola armênia, como importante fator de preservação da armenidade, e destacou a necessidade de efetuar essa construção.

Ao final, o Legado Patriarcal levantou-se, segurando a taça em suas mãos, e, em um discurso de brinde de meia hora, estimulou os presentes e disse, ao concluir: "Não me entusiasmo pelas manifestações de respeito, nem me desanimo pelas críticas; ao contrário, atribuo os êxitos ao povo, e as falhas, se houver, a mim".

O banquete terminou às 11h30 e os presentes começaram a se despedir do arcebispo, levando consigo as melhores impressões.

Essa foi a primeira vez que um religioso de alto escalão pisava em solo brasileiro; foi a primeira vez que a coletividade armênia do Brasil recebia a visita de um alto eclesiástico armênio, e todos estavam entusiasmados, com grandes esperanças atadas com essa visita, e todos estavam convictos de que a presença de Sua Eminência solucionaria, com facilidade, uma das maiores questões da coletividade, qual seja, a construção de um prédio escolar.

Jorge Rizkallah Jorge Tahanian, cujo nome em armênio era Kevork Asdvadzadur Tch'raghatsbanian, nasceu na cidade de São Paulo em 1901, primogênito do benfeitor dos armênios do Brasil, Rizkallah Jorge Tahanian. Recebeu sua educação primária no colégio de São Bento, do convento dos católicos, que ficava perto da residência da família, prosseguiu seus estudos no famoso colégio

Mackenzie, concluindo-o em 1909, e depois começou a trabalhar no ramo do comércio para ajudar o seu pai, que, perto da sua grande fábrica metalúrgica, mantinha também uma grande loja comercial de metais.

Em 1921, viajou com seus pais para Alepo. Com essa viagem, seu pai queria visitar a sua cidade natal e também os locais sagrados em Jerusalém, e também desejava que o seu filho, que já era um jovem adulto, casasse com uma moça armênia. E concluiu o seu objetivo, ao casar Jorge com a bela moça Mari Der Markossian, filha de uma destacada família de Alepo.

Ao voltar para o Brasil, o jovem Jorge, que já se casara e formara uma família, lançou-se ao trabalho com muito entusiasmo, assumindo a direção geral do setor comercial dos negócios de seu pai. Graças à aptidão, amor ao trabalho e espírito empreendedor, virtudes herdadas do seu pai, Jorge Rizkallah Jorge Tahanian deu um novo e maior impulso à área comercial, transformando o seu negócio em uma das melhores casa comerciais do tipo.

Em 1937, acompanhado de sua esposa, visitou novamente Alepo e Jerusalém, não esquecendo, nesse ínterim, de realizar importantes doações monetárias para a igreja armênia de Alepo e o convento de São Tiago (Serpots Hagopiants). Em 1945, quando seu pai, Rizkallah Jorge Tahanian, sofria pela preocupação de encontrar um terreno conveniente para construir uma nova igreja, foi ele, Jorge, que achou o extenso e promissor terreno localizado à avenida Tiradentes, número 847, e por sugestão do seu pai, preferiu registrar o terreno em nome do seu pai do que em seu próprio, a fim de que o seu progenitor tivesse a possibilidade de realizar o seu projeto e construir, nesse local, a igreja São Jorge. Foi nesse mesmo terreno que a coletividade armênia ergueu o prédio de sua escola. Sem a habilidade de Jorge Rizkallah Jorge Tahanian e o seu generoso pensamento de se tornar útil à coletividade armênia, esta coletividade não teria a possibilidade de ter um terreno com a extensão necessária neste local conveniente. Jorge Rizkallah Jorge Tahanian estimulou a iniciativa do seu pai, ao respeitar a sua intenção, que por si só foi também um elogiável serviço prestado à coletividade armênia.

Jorge Rizkallah Jorge Tahanian tem três filhas e um filho. Sua filha primogênita, Rosa, é casada com o geólogo-engenheiro Dr. Michel Mahfuz, um jovem aristocrata sírio cristão. Dr. Michel assumiu a construção da recém-erguida igreja São Jorge. Também é de sua autoria as plantas da igreja e da escola, cujas construções ele acompanhou e orientou.

A segunda filha de Jorge Rizkallah Jorge Tahanian casou com um jovem médico, Dr. Pedro Camasmié, também filho de uma destacada família cristã síria. D. Pedro trabalha nos principais hospitais da cidade de São Paulo, assim como mantém sua clínica particular, onde atende seus pacientes.

Apesar de ser filho de um milionário e, por sua vez, ter grandes condições financeiras, Jorge Rizkallah Jorge Tahanian é uma pessoa muito simples e de fácil comunicação. Como seu pai, tenta ser útil à coletividade armênia da melhor maneira e com todos os meios possíveis. É a figura autêntica do seu pai, e está acima de qualquer dúvida que será o merecido sucessor dele. A coletividade armênia ainda terá muitas oportunidades para desfrutar de seus serviços valiosos.

Em 1946, espontaneamente, ele assumiu o compromisso de cuidar das despesas de um bolsista por seis anos. A partir de 1938, exerce o cargo de presidente do Conselho Administrativo Central.

A CONSAGRAÇÃO DA IGREJA SÃO JORGE E A ATUAÇÃO DO LEGADO PATRIARCAL

Depois de chegar a São Paulo, o Núncio Catholicossal Arcebispo Karekin Khatchadurian dava início às suas atividades através da consagração solene da recém-construída igreja São Jorge.

Com sua determinação, a Intendência da Igreja distribuiu o seguinte comunicado ao público da coletividade:

Está entre nós o Núncio Catholicossal Arcebispo Karekin Khatchadurian, que tem a incumbência de organizar a Diocese dos Armênios da América do Sul, e realizará a cerimônia de consagração da recém-construída igreja São Jorge, nesta cidade. Conosco há dois meses, ele confortará o nosso povo com seus sermões e mensagens.

Convidamos, cordialmente, todos os armênios radicados no Brasil a comparecerem, através de seus representantes, a esta inesquecível e emocionante cerimônia, fazendo renascer dentro de nós as mais puras inspirações que gotejam da fé de nossos antepassados e sempre em concomitância com clarividência, e que formam a âncora firme da nossa existência.

Que este dia de consagração da igreja recém-construída seja considerado um dia de promessa, que juntará os corações dos armênios desta coletividade com dupla consagração, para pôr o alicerce moral da alta e necessária percepção da unidade da igreja.

No dia 24 de setembro de 1938, festa da Santa Cruz de Varak, realizou-se a consagração da igreja São Jorge.

Tanto a presença do arcebispo como o ato de consagração da igreja fizeram com que quase a absoluta totalidade dos armênios residentes em São Paulo comparecesse à igreja, que estava repleta de uma multidão de homens e mulheres.

Às 10 horas da manhã, na sala de reuniões adjacente à igreja, formou-se uma procissão de jovens estudantes de ambos os sexos e clérigos, os quais entoavam hinos religiosos, portando em suas mãos folhas de tamareiras e de oliveiras. A procissão era encabeçada pelo arcebispo e o padre Gabriel Samuelian.

A procissão começou a avançar com o cântico "Urakh Ler Surp Yegeghetsi" [Seja bem-vinda Santa Igreja], e adentrou pela porta central da igreja, ao entoar o cântico "Hrachapar Asdvadz" [Deus Maravilhoso e Glorioso], dedicado ao Patriarca dos armênios.

O arcebispo, o padre e parte dos clérigos subiram ao Altar, e assim deu-se início à cerimônia de consagração.

Por meio da execução dos cânticos, foram ungidas as colunas e cruzes dedicadas aos doze apóstolos, quatro evangelistas, aos iluminadores da Igreja, aos Patriarcas Sahak, Mesrop, Nercés Ch'norhali, Narekatsi e outros patriarcas e santos nacionais, assim como foi consagrada a pia batismal.

Finda essa cerimônia, o filho do meio do benfeitor, Najib Rizkallah Jorge Tahanian, leu um discurso em idioma português, a cujo conteúdo, infelizmente, não pudemos ter acesso.

Às 11h00 começou a missa solene, que contou com a participação do coral Kussan, sob a regência do Dr. Vahakn Minassian, e o coral dos alunos da escola Turian, regido pelo diretor da escola, Sakó Hagopian.

Essa cerimônia autêntica armênia foi encerrada às 13h30, e o público presente se dispersou muito feliz e satisfeito, cada um dos presentes levando consigo medalhas peitoris de bronze da igreja São Jorge, os quais haviam sido preparados especialmente para esse evento.

A igreja São Jorge, construída pelo benfeitor Rizkallah Jorge Tahanian, eliminou uma grande preocupação da coletividade armênia de São Paulo; restava solucionar a questão de se ter um prédio para a escola, que era tão importante quanto a necessidade de uma igreja. Apesar de a coletividade sentir falta disso, nenhum passo prático havia sido tomado ainda nesse aspecto, talvez pela ausência de uma iniciativa por parte de uma pessoa competente e dono de uma determinação sólida.

Em 5 de novembro de 1938, a coletividade armênia de São Paulo ofereceu um chá de honra ao arcebispo Karekin Khatchadurian, realizado no Salão Português, onde usaram da palavra Onnig Darakdjian, Hagop Kalemkearian e o pastor Garabed Kerikian.

Nessa ocasião, considerando ser a melhor oportunidade, em resposta aos discursos proferidos, o arcebispo enfatizou a necessidade de um imóvel para a escola, exortando os presentes para que os membros da coletividade completassem essa lacuna por meio de uma arrecadação, e no mesmo ato ele próprio abriu essa arrecadação, registrando uma doação de 500 (quinhentos) cruzeiros. Seguindo o exemplo do arcebispo, os presentes também registraram suas contribuições, e assim foi registrado no papel a arrecadação de 35.000 (trinta e cinco mil) cruzeiros.

No entanto, a iniciativa que começara com entusiasmo não teve um líder que lhe desse prosseguimento com a coragem necessária. Nem o arcebispo, nem o padre e sequer a Intendência da Igreja da época deram andamento a esse trabalho; parece que todos esperavam, mais uma vez, que surgisse um ou vários benfeitores que completassem essa exigência. Mas o tal (ou tais) rico tão sonhado não apareceu, e ninguém assumiu a amolação de construir um imóvel com o dinheiro do povo comum, provavelmente por não se ter uma ideia da força coletiva. Consequentemente, não se lançou ao trabalho de arrecadar as quantias registradas no livro de doações, como também não mais se pensou em dar continuidade à arrecadação. Não houve quem registrasse a doação de quantias substanciais, e ninguém acreditava que poderia ser possível juntar uma quantia grande que viabilizasse a construção de um prédio para a escola a partir de contribuições menores. Assim, o assunto da arrecadação foi esquecido, a ideia da construção de uma escola ficou na estaca zero e todos se precaviam de falar sobre esse assunto.

Em 17 de novembro de 1938, atendendo a convite formulado pela Diretoria Executiva da igreja da comunidade evangélica armênia, o arcebispo Karekin Khatchadurian fez uma pregação no salão dos evangélicos. Depois do evento, foi oferecido um chá na residência de Mihran Lapoian, onde foram proferidos discursos e houve um pequeno programa cultural com cantos e poesias.

A primeira visita do arcebispo ao Brasil resumiu-se à cerimônia de consagração da igreja São Jorge, diversas pregações e sermões. Considerando suficiente sua permanência de dois meses em São Paulo, o arcebispo retornou para Buenos Aires sem poder realizar a ideia de construir o prédio da escola. A coletividade armênia de São Paulo ficara indiferente aos seus apelos e exortações, mas talvez fosse melhor dizer que o arcebispo e o público da coletividade não se entenderam mutuamente.

Pouco depois de chegar a Buenos Aires, por um ofício datado de 27 de novembro de 1927, o arcebispo enviou um estatuto/regulamento provisório ao Conselho Administrativo da Igreja Armênia de São Paulo, ordenando sua execução até novas determinações.

Esse passo do núncio patriarcal não foi acatado com satisfação pelo Conselho Administrativo da Igreja, que já tinha o seu estatuto devidamente reconhecido pelas autoridades locais. O arcebispo até podia realizar alterações no estatuto vigente, mas ignorá-lo completamente era algo que, sob o aspecto do inter-relacionamento, podia não levar a um resultado frutífero.

REGULAMENTO INTERNO PROVISÓRIO PARA O CONSELHO ADMINISTRATIVO DOS ARMÊNIOS DO BRASIL E PARA O PASTOR ESPIRITUAL

A Diretoria Central da Igreja Armênia do Brasil localiza-se na cidade de São Paulo, no estado homônimo, e chama-se CONSELHO CENTRAL ADMINISTRATIVO DOS ARMÊNIOS DO BRASIL.

O Conselho Central Administrativo é constituído de 11 (onze) membros, sendo seu presidente legal o pastor espiritual dos armênios do Brasil, na qualidade de lugar-tenente do Enviado Catholicossal dos Armênios da América do Sul.

A função do primeiro presidente será exercida pelo Sr. Jorge Rizkallah Jorge Tahanian, filho maior do presidente de honra deste Conselho e construtor da igreja São Jorge, Sr. Rizkallah Jorge Tahanian.

São incumbências do Conselho Central Administrativo:
1. Cuidar da preservação das igrejas e das necessidades financeiras, e transmitir aos filhos armênios uma educação condizente com o espírito da Igreja Armênia e de acordo com o ensinamento religioso e de cidadania. A Intendência nomeada para este trabalho deve manter seu contato com o Conselho Administrativo, de quem receberá o valor financeiro previsto no orçamento da igreja, para a execução de sua tarefa.

2. Cuidar dos pobres e dos enfermos carentes, através do Corpo de Apoio aos Necessitados.

3. Examinar e solucionar as discussões familiares internas de forma conciliadora. O Conselho Administrativo tem competência de formar, com esse objetivo, um corpo conciliador, composto de pessoas condizentes e sob sua responsabilidade. O pastor espiritual será o presidente desse corpo.

4. Tentar seguir corretamente o orçamento anual da igreja.

5. Não poupar esforços para alcançar a contribuição eclesiástica ao limite previsto.

6. Caso seja viável, assegurar a totalidade da receita e aumentar a remuneração mensal do pastor espiritual para 800 cruzeiros.

7. Manter relacionamento com o Núncio Patriarcal.

8. Também manter laços com todas as intendências eclesiásticas e religiosas existentes no Brasil. Essas intendências devem ser aprovadas e reconhecidas pelo Conselho Administrativo.

9. Todas as correspondências administrativas devem ser assinadas pelo pastor espiritual, o presidente e o secretário.

São incumbências do Pastor Espiritual:

1. Realizar, sem falta, os ritos e liturgias religiosas na igreja São Jorge, aos sábados à noite e domingos, assim como os dias de festas importantes.

2. Periodicamente, realizar liturgias à noite nas capelas de Osasco e Santana.

3. Visitar as casas dos fiéis regularmente e, principalmente, os enfermos e necessitados, para confortá-los e realizar a função de autoridade espiritual. Para viabilizar, principalmente, as visitas aos enfermos em determinada hora, é necessário ter em casa um aparelho telefônico.

4. Periodicamente, também visitar locais distantes.

5. Em caso de ausência da cidade, comunicar sua viagem ao presidente do Conselho Administrativo.

6. Realizar os sacramentos de batismos e casamentos obrigatoriamente nas igrejas; fica terminantemente proibido realizar tais sacramentos em ambientes públicos. Exceção se faz aos batismos, podendo realizá-los em casa, quando houver algum impedimento ou o perigo iminente de morte da criança, ou quando a residência do batizando ser desprovida da facilidade de contato com qualquer igreja. Realizam-se em casa os casamentos pela segunda vez, assim como os casamentos daqueles que se encontram em localidades muito longínquas.

7. Não realizar qualquer batizado ou casamento sem ver primeiro o recibo de pagamento fornecido pelo corpo responsável; exceto para as localidades muito distantes, de onde as importâncias oferecidas em nome da igreja são entregues à caixa do Conselho Administrativo. Neste caso, o padre celebrante deve entregar recibo correspondente a quem efetua o pagamento e, da mesma forma, receber um recibo do tesoureiro do Conselho Administrativo.

Observações:

1. A pessoa que deseja realizar sacramento de batismo ou de casamento numa igreja fora de seu bairro deve realizar seu pagamento para ambas as igrejas. É dever do padre relembrar este regulamento e executá-lo, e só realizar o respectivo sacramento mediante os recibos de pagamento emitidos pelas duas igrejas.

2. Fica extinta a taxa percentual estabelecida para o padre e todos os funcionários da igreja, sendo esta substituída por taxas estabelecidas. Continua sendo direito do padre a bandeja circulada na igreja em seu nome e as doações espontâneas para ele.

Este regulamento interno permanecerá em vigor até nova determinação.

Aprovamos para sua execução

Legado Catholicossal Arcebispo Karekin Khatchadurian

A SEGUNDA VISITA DO ARCEBISPO AOS ARMÊNIOS DO BRASIL

Em março de 1940, o vicário catholicossal arcebispo Karekin Khatchadurian realizou sua segunda visita à coletividade armênia do Brasil. O Conselho Administrativo Central providenciou os preparativos necessários para receber devidamente o arcebispo; mas, desta vez, a sua vinda não surtiu o mesmo entusiasmo nos membros da coletividade como na ocasião da sua primeira visita.

O benfeitor Rizkallah Jorge Tahanian providenciou um apartamento num de seus prédios e o preparou especialmente para o arcebispo, para onde o ilustre visitante foi encaminhado.

Desta vez, o arcebispo trouxera consigo um estatuto novo e mais amplo, que já fora submetido à aceitação e aprovação do Patriarca de Todos os Armênios, e que serviria como guia definitivo e oficial da diocese da Igreja Armênia do Brasil.

A seguir, apresentamos este estatuto na sua íntegra, porque até fins de 1947 ele continuava como o guia oficial dos armênios do Brasil, apesar de que, em 1944, o Conselho Administrativo Central, para poder atuar legalmente, registrara no cartório esse estatuto, depois de efetuar algumas mudanças, para adaptá-lo às leis do país, e apesar de não ter sofrido mudanças bruscas na sua essência. Portanto, omitimos aqui as alterações singelas.

ESTATUTO DA DIOCESE DA IGREJA ARMÊNIA DO BRASIL

CAPÍTULO I
Da Denominação e Objetivos

Artigo 1 — Todos os armênios que residem no território da República do Brasil reconhecem a jurisdição espiritual da Igreja Apostólica Armênia e se sujeitam às suas normas e regulamentos, fazendo parte de um estabelecimento religioso cuja denominação oficial é DIOCESE DA IGREJA ARMÊNIA DO BRASIL.

Art. 2 — São os objetivos deste estabelecimento:
a) Solucionar as questões religiosas, eclesiásticas e familiares do público armênio, de acordo com as normas e regulamentos da Igreja Armênia.
b) Estimular o desenvolvimento da vida eclesiástica, moral, civil e cultural da coletividade.
c) Unir moralmente todos os armênios que residem neste país e, como uma coletividade religiosa, representá-la perante a autoridade Suprema da Igreja Armênia, o Catholicossato de Todos os Armênios na Santa Sede de Etchmiadzin, assim como perante as autoridades locais.
d) Optar e escolher iniciativas religiosas, beneficentes e culturais.
e) De forma legal, providenciar os meios financeiros necessários para a realização dos objetivos almejados por este estabelecimento.

Art. 3 — Para a realização das propostas aqui apresentadas, a organização diocesana poderá manter sucursais nos locais onde existe grande número de armênios, abrir nesses locais igrejas ou capelas e escolas, eleger religiosos, criar estabelecimentos beneficentes e assumir sua responsabilidade organizacional, administrativa e executiva, apresentar receitas financeiras e providenciar capital próprio para assegurar a atividade frutífera deles, e dar-lhes a orientação necessária.

Art. 4 — De toda maneira, o estabelecimento diocesano deve conciliar sua postura e atividades com as normas e princípios da Igreja Armênia, respeitando, ademais, todas as leis da República.

CAPÍTULO II
Dos Membros atuantes

Art. 5 — Podem ser membros atuantes do estabelecimento diocesano todos os armênios ou aqueles de origem armênia, de ambos os sexos, que tenham completado 21 anos de idade, possuidores de boa conduta e reputação pessoal, que tenham registrado seus nomes no livro de arquivos da igreja e que contribuem com o Azkayin Durk no valor mínimo de cinco cruzeiros por mês.

Obs.: Também podem ser eleitos como membros atuantes todos aqueles cuja absoluta incapacidade financeira é confirmada pelo órgão competente.

CAPÍTULO III
Da Formação da Diretoria

Art. 6 — São elementos constituintes da formação da Diretoria da Diocese:
a) o Corpo Representativo;
b) o Primaz;
c) o Conselho Administrativo Central;
d) a Comissão Fiscal.

A) Corpo Representativo

Art. 7 — O estabelecimento diocesano terá o seu Corpo Representativo, constituído por 40 membros. Os eclesiásticos são membros naturais.

Art. 8 — O Corpo Representativo é eleito com votação secreta e de direito dos membros atuantes, pela maioria simples dos votos.

Art. 9 — Cada bairro ou distrito com até 125 pessoas terá 1 representante. Caso os bairros ou distritos não atinjam esse número, eles devem se unir para poder completar o número mínimo necessário e ter um representante.

Art. 10 — Podem ser eleitos membros para este corpo todos aqueles que são membros atuantes da igreja com direito adquirido, que tenham completado a idade de 25 anos.

Art. 11 — São direitos e obrigações do Corpo Representativo:
a) eleger o Primaz;
b) eleger o Conselho Administrativo Central;
c) eleger delegados para participar da eleição do Catholicós;
d) ouvir os relatórios anuais do primaz e do Conselho Administrativo, e dar o seu voto de confiança ou desconfiança;
e) examinar e aprovar o relatório financeiro anual do Conselho Administrativo Central;
f) demitir o primaz e o Conselho Administrativo Central; em caso de demissão do primaz, a decisão deve ser tomada pelo Conselho Administrativo Central,

que deverá se comunicar e submeter essa decisão à aprovação da autoridade máxima da Igreja;

Obs.: *Em tempos normais, caso não venha qualquer resposta dentro do prazo de quatro meses, depois do segundo relato enviado, a demissão será considerada decisiva e válida, e realiza-se uma nova eleição.*

g) *resolver e solucionar os densos problemas administrativos.*

Art. 12 — *As convocações para reuniões ordinárias e extraordinárias do Corpo Representativo são realizadas por escrito a cada membro, ao menos duas semanas antes de sua realização.*

Art. 13 — *As decisões deste corpo são aprovadas por meio de votação secreta e com os votos da metade mais um dos presentes, salvo em casos excepcionais, por exemplo, a demissão do primaz e do Conselho Administrativo, ou em casos de compra e/ou venda de igrejas ou imóveis para igrejas, em que serão necessários os votos de 2/3 de todos os membros.*

Art. 14 — *As sessões do Corpo Representativo são consideradas legais com a presença de 2/3 dos membros.*

Obs.: *Caso a assembleia não contabilize maioria legal após duas tentativas, na terceira chamada a reunião será considerada válida se estiverem presentes ao menos 2/5 dos membros.*

Art. 15 — *O Corpo Representativo também pode realizar reuniões extraordinárias a pedido ou sugestão do Primaz com a anuência do Conselho Administrativo, e/ou a pedido da Autoridade Espiritual Suprema, sendo necessária a presença de 1/4 dos membros do Corpo Representativo.*

Art. 16 — *O Corpo Representativo é uma assembleia permanente, e a cada ano se renovam 5/8 de seus membros.*

Na primeira vez, essa alteração será decidida por meio de um sorteio entre seus membros.

B) Primaz

Art. 17 — *O primaz é eleito pela Assembleia Representativa, através de votação secreta e com a maioria simples dos votos. Ele será escolhido de uma lista com três candidos, preparada pelo Conselho Administrativo Central e deliberado em conjunto com a mesa do Corpo Representativo.*

Obs.: *Nessa assembleia, é obrigatória a presença de dois terços dos membros.*

Art. 18 — O Conselho Administrativo Central deve comunicar a eleição realizada ao Patriarcado de Todos os Armênios através de um relatório, à guisa de aprovação e deferimento.

Obs.: Até o recebimento da aprovação patriarcal, o eleito não pode assumir suas funções, salvo quando se trata de reeleição do primaz.

Art. 19 — São direitos e obrigações do primaz:

a) vigiar a execução da disciplina religiosa e a fluência regular das liturgias, bem como a correta execução deste estatuto;

b) estimular todas as iniciativas previstas neste estatuto, através de todos os meios viáveis;

c) presidir todas as sessões ordinárias e extraordinárias do Corpo Representativo, do Conselho Administrativo Central e, em caso de necessidade, também as reuniões de todas as comissões constituídas.

Obs.: O primaz não tem direito a voto, exceto em casos de empate em votações, quando o seu voto exercerá um papel decisório. Mas, em se tratando de sua pessoa propriamente dita, caso ele achar conveniente ou se a maioria dos membros assim pedir, ele pode/deve ausentar-se da sessão.

d) zelar pela correta execução das decisões do Corpo Representativo e do Conselho Administrativo Central;

e) assinar, junto com o presidente e o secretário, todas as correspondências e documentos oficiais que acatam as decisões do Conselho Administrativo Central;

f) em situações obrigatórias, ele próprio pode solucionar as questões, assumindo, porém, a incumbência de apresentar os devidos esclarecimentos e explanações na sessão seguinte. Não cabe ao primaz tomar medidas extraordinárias sem ter o aval prévio do Conselho ou da mesa do Conselho;

g) submeter a reavaliação as decisões tomadas durante sua ausência, e aceitar uma decisão tomada pela segunda vez, quando esta não infringir ou estar em discordância com as disposições deste estatuto.

C) Conselho Administrativo Central

Art. 21 — A diocese da Igreja Armênia do Brasil é administrada por um Conselho Administrativo Central, eleito pelo Corpo Representativo e aprovado por carta de bênção do primaz.

Art. 22 — O Conselho Administrativo Central compõe-se de sete membros, dos quais dois são religiosos. Na ausência desses dois, o número será completado com civis.

Art. 23 — Os sete membros do Conselho Administrativo Central terão seus suplentes, também eleitos pelo Corpo Representativo com maioria simples dos votos. Serão três suplentes, dois civis e um religioso.

Art. 24 — Podem tornar-se membros e/ou suplentes do Conselho Administrativo Central apenas as pessoas que fazem parte da igreja ao menos há um ano, e que estejam em dia com suas contribuições, possuam bom caráter e competência, que saibam ler e escrever, que respeitam e executam os princípios cristãos e os regulamentos da Igreja Armênia, e que não tenham sido condenados pelas autoridades eclesiásticas ou civis por qualquer ato abominável

Obs.: Na primeira vez, abole-se a exigência de ser um membro da Igreja por um ano; mas é necessário o pagamento da anuidade por ocasião da eleição. Esta exceção vale, ademais, aos que desejam tornar-se membros do Corpo Representativo.

Art. 25 — O Conselho Administrativo Central é eleito para uma gestão bienal. Seus membros podem ser reeleitos. Mas este Conselho será renovado da seguinte forma: ao fim do primeiro ano de sua gestão, através de um sorteio, serão cessados três de seus membros e, ao fim do segundo ano, os quatro restantes. E assim sucessivamente, seguindo a regra.

Obs. I: Até a posse dos novos eleitos, os membros cessantes permanecem nos seus cargos.

Obs. II: Os suplentes também cessam, com o fim da gestão de seus respectivos titulares a cada ano, e são indicados novos suplentes.

Obs. III: A função dos suplentes é substituir os membros que se afastam de seus cargos por motivo de demissão, em caso de longa enfermidade, ausência por mais de dois meses e morte.

Art. 26 — Anualmente, o Conselho Administrativo Central elege o seu presidente, vice-presidente, secretário, vice-secretário e um tesoureiro. Os demais membros são conselheiros.

Art. 27 — O primaz é presidente de honra natural e permanente do Conselho Administrativo Central; na sua ausência, o mesmo cargo será exercido pelo seu lugar-tenente.

Art. 28 — O Conselho Administrativo Central realiza suas reuniões ordinárias no mínimo a cada quinze dias ou mais vezes, quando a pauta da ordem do dia assim exigir, por sugestão do presidente, da mesa ou de quatro de seus membros.

Art. 29 — As sessões do Conselho Administrativo Central são consideradas legais quando estão presentes quatro membros. As decisões são tomadas com *a aprovação da maioria dos presentes. As decisões da reunião são registradas num livro especial e são assinadas pelo presidente de honra, pelo presidente do Conselho e pelo secretário.*

Art. 30 — São direitos e deveres do Conselho Administrativo Central:
a) dirigir e administrar o estabelecimento diocesano, executar todos os trabalhos que sejam importantes e úteis para o seu progresso, sem impedimento legal, ou que não sejam da competência do Corpo Representativo;
b) conseguir patrimônios móveis e imóveis e administrá-los, através de compra ou doação. Se for necessário, e com o consentimento do Corpo Representativo, transferi-los ou hipotecar, exceto os imóveis religiosos ou culturais;
c) abrir uma conta corrente num banco local e ali depositar as importâncias que pertencem ao Conselho, e emitir cheques nos valores disponíveis;
d) nomear e/ou demitir funcionários;
e) estimular, tanto financeira como moralmente, as iniciativas culturais;
f) assinar todos os documentos, de cunho coletivo ou individual, que são importantes e correspondem aos objetivos deste estabelecimento;
g) caso seja necessário, formar comissões para dividir os trabalhos e para obter resultados frutíferos.

D) Comissão fiscal
Art. 31 — Anualmente, o Corpo Representativo elegerá uma Comissão Fiscal constituída de três elementos, os quais podem ser reeleitos.

Art. 32 — É tarefa e dever desta Comissão examinar o Livro de Caixa do Conselho Administrativo Central, aprovar os balanços anuais e, se necessário for, apresentar informações e esclarecimentos verbais ou por escrito, comunicando ao Corpo Representativo, ou apresentar suas observações, caso as tenha, mas somente após o recebimento das devidas explanações do Conselho Administrativo Central

Da Mesa do Conselho Administrativo Central
Art. 33 — São direitos e deveres do presidente do Conselho Administrativo Central:
a) representar o Conselho Administrativo Central em todas os litígios legais, com a competência legal que se lhe é atribuída;
b) presidir as reuniões e dirigir as sessões;
c) vigiar, juntamente com o presidente de honra, a execução fiel das decisões tomadas pelo Corpo Representativo e o Conselho Administrativo Central e de acordo com este estatuto;

d) assinar, junto com o presidente de honra e o secretário as decisões da reunião, todas as cartas e documentos oficiais;
e) assinar com o tesoureiro todos os cheques de pagamentos e balanços.

Art. 34 — *Na ausência do presidente, o vice-presidente dirige a reunião com todas as prerrogativas do presidente. Já na ausência dos dois, os membros presentes escolhem entre si um membro para ser o presidente da sessão do dia.*
Obs.: O presidente ou o vice-presidente podem comentar as decisões tomadas durante suas ausências, mas não têm o direito de insistir para mudar as decisões já tomadas.

Art. 35 — *São direitos e deveres do secretário do Conselho Administrativo Central:*
a) manter um livro de registro das atas;
b) registrar, num livro exclusivo, os nomes dos membros da igreja, seus endereços e a data dos respectivos ingressos;
c) manter e preservar todos os arquivos e documentos referentes à diretoria;
d) assinar com o presidente todas as cartas e documentos relacionados à execução das decisões do Conselho.

Art. 36 — *Quando, por algum motivo, o presidente se ausentar, o vice-presidente o substituirá, arcando com todas as prerrogativas do presidente. Já na ausência dos dois, um membro designado pelo Conselho cumprirá esta função.*

Art. 37 — *São direitos e atribuições do tesoureiro:*
a) manter em dia as contas e realizar os pagamentos nos seus vencimentos, sob anuência e consentimento do Conselho Administrativo Central;
b) cobrar as contribuições realizadas para o estabelecimento;
c) preparar o balanço anual;
d) Apresentar relatório ao Conselho, a qualquer momento, quando assim for exigido pelo Conselho, e também ao Corpo Fiscal, com o conhecimento do Conselho;
e) assinar com o presidente os cheques de pagamentos e outros documentos alusivos a pagamentos.

Da Alteração Estatutária

Art. 38 — *Alterações neste estatuto podem ser realizadas apenas por meio de uma assembleia geral que deve ser convocada exclusivamente pelo Corpo Representativo com este propósito, e que deve ser numa sessão plenária e com os votos de dois terços de seus membros. Caso não se consiga preencher o número exigido na primeira convocação, a sessão será adiada por 15 dias, para uma segunda convocação. Na segunda convocação, a assembleia será considerada legal com a presença da metade mais um dos membros, mas, também desta vez, as decisões serão acatadas somente com os votos de dois terços dos presentes. Os itens alterados não entrarão em vigor até que recebam a aprovação legal.*

Da Dissolução do Estabelecimento
Art. 39 — A diocese da Igreja Armênia do Brasil deixa de existir somente quando, na República, não mais existirem fiéis que pertençam à Igreja Apostólica Armênia. Neste caso, as igrejas e todos os objetos de culto são transferidos ao Patriarcado Armênio de Jerusalém, e os estabelecimentos culturais e beneficentes são entregues ao governo local.

S. E. Arcebispo Karekin Khatchadurian
Vicário Catholicossal dos armênios da América do Sul no seu escritório

O vicário Catholicossal arcebispo Karekin Khatchadurian dirigiu a primeira eleição do corpo representativo dos Armênios do Brasil, em cuja primeira sessão foi lido, aprovado e assinado o estatuto por ele apresentado. Assinaram: 1. Levon Apovian; 2. Toros Tchalian; 3. Manug Sahakian; 4. Nazaret Kechichian; 5. Stepan Darakdjian; 6. Karekin Tufenkdjian; 7. Garabed Ekizian; 8. Nazaret Tcholakian; 9. Missak Kahvegian; 10. Paren Bazarian; 11. Hagop Tchilian; 12. Mihran Boyadjian; 13. Arsen Momdjian; 14. Hovhannés Distchekenian; 15. Eduardo Der Markossian; 16. Dr. Krikor Yaghsezian; 17. Eduardo Marzbanian; 18. Andreas Jaferian; 19. Pedro Nazarian; 20. Salim Sayegh.

No dia 19 de janeiro de 1941, o corpo representativo elegeu o "CONSELHO ADMINISTRATIVO CENTRAL", cujos membros eram: Jorge Rizkallah Jorge Tahanian, Levon Apovian, Eduardo Der Markossian, Pedro Nazarian, Mihran Boyadjian, Rupen Kiurkdjian e Sakó Hagopian.

Este corpo realizou sua primeira reunião no dia 24 de janeiro de 1941, na residência do arcebispo Khatchadurian, com a presença do padre e apenas quatro membros; ausentaram-se Jorge Rizkallah Jorge Tahanian, Eduardo Der Markossian e Pedro Nazarian.

Sua Eminência abriu a primeira reunião do recém-eleito Conselho Administrativo, e leu o seguinte discurso:

Senhores Eduardo Der Markossian, Jorge Rizkallah Jorge Tahanian, Mihran Boyadjian, Pedro Nazarian, Rupen Kiurkdjian, Sacó Hagopian; ilustres membros do Conselho Administrativo Central dos armênios do Brasil.

É com alegria e satisfação que aprovamos e saudamos este respeitável Conselho Administrativo Central, eleito pela Assembleia Representativa no dia 19 de janeiro, em primeira convocação, de acordo com os regulamentos do novo estatuto.

O Conselho Administrativo Central, como corpo executivo, é o eixo da máquina administrativa desta diocese. São visíveis suas atribuições, delineadas pelos artigos 21 e 23, os quais têm um cunho eclesiástico, educacional, social e cultural.

Manter pura e na altura de sua vocação a igreja, auxiliar e impulsionar as atividades educacionais, zelar pela vida social interna para preservá-la imperecível dentro da esfera de sua missão tradicional visando o melhor, ter o cuidado de criar e estimular iniciativas culturais, são essas as condições necessárias para a conduta religiosa e moral, em prol da sustentação da nossa nação, e a cuja execução este Conselho deve estar sempre atento.

Seria uma redundância afirmar que tais trabalhos logram êxito apenas quando o Conselho colhe sua força fundamental e inspiração através da fé revelada na função assumida, com vigor, esforço indelével e espírito de dedicação consciente.

Esperamos e fazemos votos para observar nos senhores esta força de inspiração que aciona tal trabalho. Outra garantia para uma atividade frutífera advém da ordem e disciplina. Estamos convictos de que essa será, também, a doutrina deste Conselho. A avaliação do valor econômico-administrativo deve ser observada na gerência das atividades eclesiástico-nacionais, algo que facilita os trabalhos para a máquina administrativa.

Uma das iniciativas prementes será a construção de uma escola, que, lamentavelmente, apesar do nosso desejo ardente e esforços, não se concretizou, mas que se tornará objeto da maior preocupação deste Conselho.

O segundo tópico é a criação de uma instituição cultural, para manter vivos nesta coletividade o amor e o zelo pelos valores nacionais.

O terceiro deve ser o trabalho de arrecadação para as vítimas da guerra, trabalho esse que já se iniciou e deve ter continuidade, pois a necessidade é premente.

Em quarto lugar vem a atividade do serviço social, para solucionar e conciliar as discussões familiares e comunitárias, visando manter em patamar elevado a moral da coletividade.

São estas, em linhas sucintas, as incumbências às quais certamente não faltará o devido cuidado por parte de cada membro do vosso respeitável Conselho, ao revelar capacidade de desenvolver estas incumbências tanto de modo pessoal como coletivamente.

É para nós um desejo e para os senhores, evidentemente, um dever manter-nos informados sobre vossos trabalhos e atividades desenvolvidas. Isto é muito importante se queremos manter sólida a nossa recém-constituída diocese, o laço moral interno dos armênios da América do Sul, através da criação e preservação de uma união abrangente e desejável.

Se, por um lado, a coroação dos nossos anseios será um conforto espiritual para nós, por outro assegurará os interesses morais e úteis desta nobre coletividade. E é a esta missão que este Conselho deve se dedicar, com a mais profunda conscientização e seriedade admirável.

Ansiamos, ademais, que o nosso povo também não deixe de realizar suas obrigações de forma espontânea, avaliando positivamente e estimulando todas as iniciativas comunitárias e os esforços do vosso corpo administrativo.

Para vosso conhecimento, comunicamos que o reverendo padre Gabriel Samuelian é o nosso representante na vossa coletividade. Ele tem a função de presidir todas as reuniões, de acordo com o artigo 27 do nosso estatuto.

Assim sendo, desejamos, cordialmente, que Deus abençoe vosso Conselho Administrativo Central, e vos outorgue uma atividade frutífera com muito êxito.

Depois desse belo discurso cuidadosamente preparado e lido pelo arcebispo Karekin Khatchadurian, realizou-se a eleição da mesa do Conselho, que chegou ao seguinte resultado:

Jorge Rizkallah Jorge Tahanian: Presidente
Levon Apovian: Vice-presidente
Rupen Kiurkdjian: Secretário em armênio
Eduardo Der Markossian: Secretário em português
Mihran Boyadjian: Tesoureiro
Pedro Nazarian: Conselheiro
Sakó Hagopian: Conselheiro

Após a eleição da mesa, nessa sua primeira reunião, o Conselho Administrativo Central deu início a uma série de deliberações. Ao levarem em consideração o realçamento da igreja, os conselheiros acharam ser importante fazer alguns acertos sobre questões alusivas aos funcionários da igreja e outros assuntos correlatos, a fim de evitar a ocorrência de erros ao confiar a execução dos serviços da igreja a pessoas voluntárias ou esporádicas. Logo, acharam que seria importante ter, dentro das limitações financeiras da coletividade, porém recebendo salários razoáveis, um diácono, um sacristão e um regente para o coral da igreja, os quais, como funcionários remunerados, deveriam assumir suas obrigações e exercer em termo as respectivas funções.

Os conselheiros também pensaram sobre outros trabalhos em nível comunitário, a fim de passar a responsabilidade da execução desses serviços a diversas comissões, para alcançar um resultado rápido e satisfatório. Porém, deixaram a definição dessas questões para a reunião seguinte, ficando por ora satisfeitos com a designação de uma comissão que se empenharia na preparação da previsão orçamentária. Essa comissão era constituída pelo padre Gabriel Samuelian, Levon Apovian e Mihran Boyadjian.

No dia 31 de janeiro de 1941, o Conselho Administrativo Central realizou sua segunda reunião, também na residência do arcebispo Khatchadurian, à qual compareceram, mais uma vez, os quatro conselheiros que estavam presentes na primeira reunião.

O Conselho ocupou-se da previsão orçamentária da gestão de 1941 e, depois de moldá-la definitivamente, decidiu apresentá-la à assembleia representativa para aprovação, e só depois pô-la em práica.

O Conselho também deliberou sobre a formação das comissões, e chegou à seguinte conclusão:

a) Comissão de realçamento da igreja — constituída de sete elementos: Levon Apovian, Sra. Mariam Zeituntsian, Sra. Menuch Tilbeian, Sra. Berdjanuch Pilavjian, Missak Kahvegian, Nazaret Tcholakian e Nazaret Kechichian.

b) Comissão financeira — constituída de seis elementos: Levon Mosditchian, Eduardo Der Markossian, Mihran Nahas, Mihran Boyadjian, Serovpé Pambukian e Manug Sahakian.

c) Comissão de serviços sociais — com cinco elementos: Levon Apovian, Mindig Tchebukdjian, Andreas Jafferian, Harutiun Djehdian e Kevork Muradian.

d) Comissão cultural — formada por treze pessoas: Sra. Arminé Minassian, Peniamin Gaydzakian, Kevork Gaydzakian, Kurken Hovakian, Dr. Krikor Yaghsezian, Dr. Vahakn Minassian, Dr. Vahram Zakarian, Sra. Zabel Gaydzakian, Sakó Hagopian, Sra. Maró Hagopian, Srta. Efronia Kalemkearian, Srta. Nevart Garabedian.

e) Comissão de arrecadação — formada por Armenak Kahtalian, Garabed Korukian, Manuel Kherlakian, Manug Sahakian, Mihran Lapoyan, Mihran

Nahas, Mihran Boyadjian, Harutiun Kechichian, Nazaret Distchekenian, Salim Sayegh, Stepan Darakdjian, Onnig Metchikian.

Finda a formação das comissões, pediu-se ao secretário que preparasse as respectivas cartas-convite. A reunião também decidiu, como gesto de gratidão, proclamar o Sr. Rizkallah Jorge Tahanian como presidente vitalício da assembleia representativa e comunicar essa decisão por escrito ao benfeitor.

Essa reunião, sob aspecto de planejamento organizacional, foi a mais frutífera das reuniões realizadas com a presença do arcebispo, mas não logrou nenhum resultado prático, uma vez que as comissões constituídas não vigoraram e ficaram apenas registradas no papel, e nenhuma delas teve qualquer atividade positiva; algumas sequer chegaram a se reunir.

O arcebispo, que vigiaria as atividades do recém-eleito Conselho Administrativo Central, acompanhou os primeiros passos através de seus conselhos e sugestões, mas, no mês de março de 1941, despediu-se da coletividade armênia do Brasil e voltou para Buenos Aires, depois de uma permanência de treze meses em São Paulo.

O Conselho Administrativo Central revelou sua gratidão e respeito à Sua Eminência, oferecendo-lhe uma recepção de despedida e desejando-lhe boa viagem.

Quanto ao imóvel para a escola, que era um dos assuntos prementes e vitais para a coletividade, também desta vez não foi possível encontrar uma solução prática. Assim, o arcebispo partiu do Brasil sem ter conseguido resolver essa importante questão.

A demolição da igreja São Jorge

Logo depois que o arcebispo retornou a Buenos Aires, certamente satisfeito por ter conseguido estruturar o trabalho organizacional da vida interna dos armênios do Brasil e tê-la colocado em um patamar normal, eis que surgiu a notícia de que a prefeitura da cidade de São Paulo, entre outras benfeitorias e mudanças que realizaria na cidade e, principalmente, no sistema viário, tomara a decisão de demolir a recém-construída Igreja Armênia São Jorge, uma vez que ela se localizava numa rua que seria alargada e transformada numa avenida.

Evidentemente, essa notícia deixou os membros do Conselho Administrativo Central muito preocupados, e eles tentaram saber até onde isso era verdade. Infelizmente, a notícia espalhada não era infundada; os jornais locais haviam divulgado com detalhes o projeto da prefeitura, cuja execução teria início em breve.

Restava ao Conselho Administrativo Central dar a devida importância a esse fato novo, e assim, na reunião do dia 16 de maio de 1941, ao analisar a questão da demolição da igreja, o Conselho foi obrigado a declarar sua incapacidade, pois tanto o terreno como o próprio prédio da igreja eram patrimônios de Rizkallah Jorge Tahanian e, assim sendo, a coletividade armênia não tinha voz nem qualquer direito junto às autoridades e perante a lei.

Apesar de ter permanecido um ano inteiro em São Paulo, o arcebispo não conseguiu convencer o benfeitor a transferir o terreno e o imóvel da igreja legalmente para a coletividade, e eis que o governo da cidade tomava a decisão de demolir um imóvel que pertencia a uma só pessoa, e não a uma coletividade. Como ao Conselho Administrativo Central não competia nenhum direito legal para tomar alguma ação e pedir à prefeitura que cancelasse esse projeto, restava-lhe apenas a alternativa de encaminhar uma carta urgente para Rizkallah Jorge Tahanian, pedindo sua opinião sobre esse problema.

Na 10ª reunião, realizada em 17 de julho de 1941, ao não encontrar nenhuma saída, o Conselho estava profundamente preocupado. Já era certo que a igreja seria demolida, e Rizkallah Jorge Tahanian não mandara nenhuma resposta, seja por escrito ou verbal. Numa reação psicológica própria às pessoas incapazes e a fim de ficarem imunes de qualquer responsabilidade futura, os conselheiros decidiram então enviar uma segunda carta para Rizkallah Jorge Tahanian, pedindo novamente o seu parecer.

Estranhamente, ao invés de responder a ambas as cartas encaminhadas pelo Conselho Administrativo Central, e sem consultar o Conselho, no início do mês de agosto de 1940, Rizkallah Jorge Tahanian ofereceu o salão adjacente à igreja para o zelador, para seu uso como residência, salão esse que até então era utilizado para realizar as reuniões.

Magoado com essa atitude, o Conselho Administrativo Central, demonstrando um conformismo próprio a pessoas desmotivadas e incapazes, mas ainda tentando buscar alguma solução, pediu ao padre Gabriel Samuelian e Levon Apovian que contatassem imediatamente o benfeitor para fazê-lo entender que a decisão que ele tomara não era correta, pois o Conselho precisava daquele salão e os conselheiros se dispunham a alugar uma casa para o zelador.

A comissão cumpriu sua missão, mas Rizkallah Jorge Tahanian era uma pessoa irredutível e não desistia facilmente das decisões tomadas, principalmente com relação aos seus imóveis. O Conselho foi incapaz de mudar essa decisão e foi obrigada a silenciar-se, passando a reunir-se na igreja.

Na reunião de 1º de novembro de 1942, o padre informou ao Conselho Administrativo Central que Rizkallah Jorge Tahanian, apesar de ter-lhe comunicado verbalmente, recusava categoricamente manter contato com qualquer corpo, ou dialogar com qualquer pessoa sobre a questão da igreja, mas estava disposto a construir outra igreja no lugar da que seria demolida, e procurava um terreno adequado com essa finalidade.

Ao Conselho cabia apenas manter silêncio e aguardar, pois não tinha outra alternativa; o padre era o único elo de contato com Rizkallah Jorge Tahanian; caso houvesse alguma novidade, o religioso comunicaria aos conselheiros.

Em 2 de maio de 1943 foi celebrada a última missa na igreja São Jorge, e, ao fim do culto, o padre comunicou aos fiéis que essa fora a última missa nessa igreja, uma vez que, dentro de mais alguns dias, a prefeitura iria demoli-la. Mas o público, que esperara quinze longos anos pela construção de sua igreja, recebeu com indiferença essa notícia; havia mais de um ano que todos sabiam disso, e ninguém parecia estar abalado, ninguém revelou qualquer sentimento de dor nem indignação. Em toda a coletividade armênia de São Paulo havia apenas uma pessoa que realmente sentia essa dor, só uma pessoa amaldiçoava a decisão tomada, e essa pessoa era o benfeitor da igreja, Rizkallah Jorge Tahanian. Ele ficou muito entristecido com a demolição da igreja, como se tivesse perdido um filho; estava tomado pela aparência de um enlutado e inconformado, pois se evaporava no ar o seu tão sonhado projeto de longos anos; era o seu templo da fé que estava prestes a ser demolido, esta igreja que ele construíra com tão carinho e tanta dedicação, um trabalho incansável que lhe custara muitas preocupações por anos afora, além de inúmeras e infinitas discussões, discórdias e noites sem sono. Ele dizia que a construção da "moderna civilização", as pás e máquinas que iriam demolir um templo de Deus, eram obras satânicas, apenas serviriam para fluir o trânsito para as pessoas e automóveis que passariam por essa via; inúmeros automóveis iriam transitar pela nova avenida, "abençoando" esta obra importante e útil da prefeitura. Mas Rizkallah Jorge Tahanian não queria enxergar essas melhorias realizadas pela prefeitura, estava muito sensibilizado, tão emocionado e irritado que sequer queria falar com alguém, principalmente em se tratando da igreja. Por várias vezes, ele se recusou a deliberar com o Conselho Administrativo Central sobre essa questão, e preferia ficar sozinho e refletir; só ele podia sentir a dimensão e o peso desse golpe. Logo, preferia sofrer sozinho. Era a mágoa de um ancião fiel e temeroso a Deus...

A igreja armênia São Jorge foi talvez a primeira igreja a ter uma duração tão breve, não só entre as igrejas armênias, mas provavelmente entre todas as demais igrejas construídas ao redor do mundo. Sua construção começou em 1937, ela foi inaugurada em 10 de abril de 1938, e sua demolição começou em dia 10 de maio de 1943, mal completando uma existência de cinco anos — e uma igreja por cuja construção a coletividade armênia esperara quinze longos anos.

Sua pedra fundamental foi colocada num dia chuvoso; sua demolição, num dia belo e ensolarado...

A igreja São Jorge semidemolida

A igreja São Jorge já não mais existia. Em 15 de junho de 1943, os armênios que passavam pela rua Senador Queiroz apontavam com o dedo o local da avenida onde outrora erguia-se sua bela igreja.

A partir de maio de 1943 e até fins de dezembro, a coletividade armênia de São Paulo teve a oportunidade de comparecer somente a três cerimônias religiosas, todas realizadas por ocasião de réquiens de sétimo dia de falecimento. O Conselho Administrativo Central, apesar de todos o seu empenho, foi incapaz de encontrar uma salão razoável perto do centro para transformá-lo num local de oração provisório. Por sua vez, Rizkallah Jorge Tahanian, apesar do seu desejo sincero, não conseguiu encontrar um terreno apropriado ao redor do centro para construir uma nova igreja. O público da coletividade, sabendo da existência da autoridade comunitária, a quem cabia tomar as medidas necessárias, já começava a dar sinais de impaciência. Todos sabiam da promessa feita pelo benfeitor Rizkallah Jorge Tahanian, quando este lhes dissera: "Vou construir uma outra igreja, fiquem despreocupados", mas, mesmo assim, a demora no cumprimento dessa promessa começava a causar certa irritação e deixava em dúvida o público da coletividade.

As mãos do Conselho Administrativo Central estavam atadas; os conselheiros sabiam que Rizkallah Jorge Tahanian estava procurando um terreno adequado, e que sua promessa de "vou construir uma nova igreja" era sincera. Portanto, não queriam irritá-lo ou pressioná-lo, mesmo porque ainda nem haviam achado o terreno. Por outro lado, chegavam ao conhecimento do Conselho as reclamações por parte dos membros da coletividade, que exigiam não mais depositar esperanças no benfeitor, mas dar início imediato a uma arrecadação na coletividade e construir uma nova igreja com recursos próprios.

A igreja que seria construída deveria ser no centro ou nas adjacências da região central da cidade, mas os preços dos terrenos nessas localidades, devido à guerra, haviam aumentado excessivamente. O Conselho Administrativo Central não tinha coragem para se lançar a tal iniciativa, pois era mais do que certo que a quantia arrecadada na coletividade mal daria para adquirir um terreno... E de onde sairia o dinheiro para a construção da igreja e o prédio adjacente para a escola, prelazia e salão de festas? Tudo isso ficaria acima das condições e capacidade financeira da coletividade, e mais uma vez seria necessário ter o apoio de um milionário como o Sr. Rizkallah Jorge Tahanian para conseguir alcançar os objetivos. Restava ao Conselho agir com prudência, para não magoar o benfeitor, cujo auxílio seria de grande valia.

Deve-se confessar que o Conselho Administrativo Central agiu com a cautela e sabedoria necessárias; de um lado, estimulou entre o público da coletividade o espírito de iniciativa e autoconfiança, mas, de outro lado, tentou não aborrecer o benfeitor Rizkallah Jorge Tahanian, fazendo-o entender, ao mesmo tempo, que a coletividade não era mais aquela de vinte anos atrás, e que ela já havia alcançado certa estabilidade e estava disposta a fazer sacrifícios.

Mihran Boyadjian nasceu em Urfá, no dia 6 de janeiro de 1907, filho de Kevork Boyadjian. Em 1915, foi deportado para Alepo. Recebeu sua educação primária no orfanato Aharonian e no orfanato francês.

Depois de concluir seus estudos, trabalhou como sapateiro. Chegou ao Brasil em 1926, onde começou a trabalhar no comércio. Estabeleceu-se na cidade de São Paulo, onde possui uma loja e uma malharia. Em 19 de abril de

1939, casou com a Srta. Maria Stepanian. Hoje, o casal tem três filhos: um menino e duas meninas.

Mihran Boyadjian é membro da Associação dos Amantes da Educação, da Associação Compatriota de Urfá, do Conselho Representativo, e desde 1940 é membro do Conselho Administrativo Central, exercendo a função de tesoureiro. Foi um dos primeiros a estimular, moral e financeiramente, o programa radiofônico *Melodias Armênias* da *Hora Armênia*. Zeloso pela preservação da escola armênia Turian, sempre ajuda a escola tanto moral como financeiramente. Uma das fases mais brilhantes de sua atuação na coletividade foi sua incansável e enérgica colaboração na arrecadação comunitária, entre os anos de 1944 e 1945. Como membro do Conselho Administrativo Central, além das funções assumidas, aceitou também ser vice-tesoureiro, arcando assim com uma parcela importante dos trabalhos registrados na grande arrecadação comunitária. Participou da comissão arrecadadora, disponibilizando seu automóvel e trazendo sua espontânea contribuição, detalhes que revelam sua alta disposição, digna de um caráter nobre.

O Sr. Mihran Boyadjian é um dos que têm colaborado moral e financeiramente para a publicação deste livro.

Mihran Boyadjian

QUINTO PERÍODO
A escolha de um novo padre

Depois da despedida do diretor da escola Turian, Prof. Sakó Hagopian, em 1941, que deixou o Brasil definitivamente, o Conselho Administrativo Cental perdeu um de seus valiosos membros, e, para preencher sua lacuna, foi convidado o suplente, Dr. Krikor Yaghsezian, para completar o quadro do Conselho. A mesa do Conselho passou a ser constituída por:
Jorge Rizkallah Jorge Tahanian: Presidente
Levon Apovian: Vice-presidente
Rupen Kiurkdjian: Secretário em armênio
Eduardo Der Markossian: Secretário em português
Mihran Boyadjian: Tesoureiro
Pedro Nazarian: Conselheiro
Dr. Krikor Yaghsezian: Conselheiro

Durante a gestão dessa diretoria, em janeiro de 1943, o pastor espiritual dos armênios do Brasil, o padre Gabriel Samuelian, apresentou sua carta de demissão ao Conselho Administrativo Central, dando como argumentos sua fragilidade física e a idade avançada.

O Conselho, que já estava bastante atribulado com a demolição da igreja, tinha agora mais um problema para resolver com esse pedido de demissão do padre. Por causa da guerra, a vinda de um novo padre do exterior era quase impossível. Assim sendo, restava ao Conselho procurar um candidato local para o cargo.

Deve-se dizer, por outro lado, que a questão de eclesiástico na coletividade não era uma novidade, pois havia vários anos que o padre Gabriel, sempre com o argumento de sua saúde precária, vinha falando sobre a necessidade de se conseguir um auxiliar seu, e esse assunto fora debatido em 1941, por ocasião da presença do arcebispo Khatchadurian. Naquela ocasião, o arcebispo aconselhara inclusive trazer para São Paulo o *vartabed* [padre celibatário, monsenhor] Chavarch Kouyoumdjian, da Congregação Armênia de Jerusalém, e já consultara o Patriarcado Armênio de Jerusalém nesse aspecto. Mas a coletividade armênia de São Paulo, mais que um *vartabed*, sentia a necessidade de ter um padre, e isso foi comunicado ao arcebispo Karekin Khatchadurian. Como este não dispunha de nenhum padre no momento, não deu resposta e a questão ficou aberta, provavelmente ao aguardo do fim da guerra para que se pudesse tomar alguma decisão. Mas a carta de demissão apresentada pelo padre Samuelian deixou o Conselho Administrativo Central diante de uma situação delicada e na premente necessidade de solucionar essa questão.

Em busca de um candidato adequado para ser nomeado como futuro padre, o Conselho Administrativo Central concentrou sua atenção em três prováveis candidatos: o diácono Arsen Momdjian (natural de Marach) e o *tbir* [coroinha] Hagop Kiurkdjian (natural de Ak'chehir) e Yeghiché Vartanian (ex-professor, natural de Van). Os dois primeiros eram experientes nos ritos e cânticos da igreja, além de conhecerem os membros da coletividade; já o terceiro não era tão conhecido — era quase um estranho.

Apesar de não ter sido divulgado nenhum comunicado oficial, todos sabiam da decisão do padre e o empenho do Conselho Administrativo em busca de um novo padre para a coletividade. Mesmo assim, quase ninguém estava preocupado com essa questão, como se a coletividade tivesse delegado essa obrigação unicamente ao Conselho, que, por sua vez, para se livrar da responsabilidade futura, decidiu consultar e obter a resposta dos três candidatos, para depois sujeitar a escolha final do candidato mais adequado aos membros da coletividade. Destarte, o Conselho contatou primeiro o diácono Arsen Momdjian e, depois, o *tbir* Hagop Kiurkdjian, mas ambos recusaram a oferta; restava então o terceiro candidato.

No dia 5 de fevereiro de 1943, no escritório da fábrica de calçados de Levon Apovian, o Conselho Administrativo Central realizou uma reunião, à qual foi também convidado Yeghiché Vartanian. Durante esse encontro, os conselheiros sugeriram formalmente ao candidato que aceitasse a proposta apresentada. Vartanian, que não era muito conhecido no meio da coletividade, mas cujos poucos amigos que tinha tentavam há meses convencê-lo a aceitar essa proposta, depois de ouvir os conselheiros, disse que ele foi um dos alunos da escola Jarankavorats[29], mas que por mais de 35 anos não praticou os ritos e cânticos da igreja e, de tudo que aprendera no seminário, certamente não lembrava mais de muita coisa. Por isso, ele achava ser injusto aceitar a proposta, pois, segundo explicou, uma das condições básicas para um padre era o seu conhecimento dos cantos e ritos religiosos.

Depois de ouvirem os argumentos de Yeghizhé Vartanian, os conselheiros concluíram que isso não seria um motivo impeditivo, e insistiram para que

---

29 Seminário em Jerusalém.

Vartanian aceitasse a proposta; disseram, inclusive, que depois ele poderia aprimorar seus conhecimentos, e solicitaram-lhe que não recusasse o pedido por eles apresentado, uma vez que, na situação em que se encontrava, a coletividade precisava de uma pessoa ativa, e eles estavam convictos de que Yeghiché Vartanian possuía essa característica e iria justificar as esperanças nele depositadas.

Ao ceder, finalmente, aos insistentes apelos dos conselheiros, Yeghiché Vartanian declarou: "Se for nestas condições, então aceito, mas gostaria que a minha escolha não fosse apenas uma indicação do vosso Conselho, mas que tivesse também o consentimento de toda a coletividade".

Os conselheiros asseguraram-lhe que já haviam consultado a opinião de muitas pessoas e estavam convictos de que também o público da coletividade estaria de acordo.

Em 20 de março de 1943, conforme previamente agendado, os membros do Conselho Levon Apovian e Dr. Krikor Yaghsezian se encontraram com Yehgiché Vartanian e comunicaram-lhe que o Conselho Administrativo Central "informará, oficialmente, ao arcebispo Khatchadurian sobre a vossa candidatura. Portanto, é necessário que juntemos à nossa carta o vosso *curriculum vitae*".

Vartanian, ao ver que estava diante de uma realidade quase concretizada, quis hesitar novamente, mas os visitantes conseguiram convencê-lo mais uma vez e partiram, levando consigo seu *curriculum vitae*.

Por outro lado, a fim de evitar futuras inconveniências e enredos, o Conselho Administrativo Central decidiu obter a decisão final dos três candidatos e só depois enviar a carta para o vicário catholicossal. Com esse intuito, os conselheiros Levon Apovian e Dr. Krikor Yaghsezian contataram uma vez mais os senhores Arsen Momdjian e Hagop Kiurkdjian e pediram a confirmação final destes. Após obter a recusa definitiva dos dois, o Conselho Administrativo Central preparou seu relatório e o enviou para o arcebispo Khatchadurian.

O arcebispo já ouvira o nome de Yeghiché Vartanian, mas não o conhecia pessoalmente, razão pela qual, depois de receber o ofício do Conselho Administrativo Central, em uma carta datada de 13 de abril de 1943, sugeriu ao Conselho que confirmasse definitivamente a vontade de Yeghiché Vartanian, para ter a certeza absoluta de que este tinha "virtude e capacidade". O arcebispo também exigiu o endosso de quinhentos membros da coletividade, aprovado e assinado pelo pastor espiritual da coletividade, padre Gabriel Samuelian.

Na noite de 30 de março de 1943, o padre Samuelian e Levon Apovian foram visitar Yeghiché Vartanian e lhe comunicaram as exigências impostas pelo arcebispo. À primeira pergunta, Vartanian foi rápido na resposta: "Evidentemente, se há alguém que me obriga, é a minha consciência, para que eu sirva minha nação e o meu povo". Quanto à segunda pergunta, Vartanian respondeu: "Não sou um infiel; com relação às melodias e cânticos eclesiásticos, digo: infelizmente, não os conheço nem tenho uma voz muito agradável. Mas, se a pergunta é sobre outras capacidades, então esta pergunta não deve ser dirigida à minha pessoa. É o vosso Conselho e as pessoas desta coletividade que devem julgar e responder".

Quanto à terceira exigência do arcebiso, ou seja, a de coletar o endosso de quinhentos membros da coletividade, Vartanian respondeu: "O arcebispo está com a razão; se de fato esse não for o desejo do povo, não posso aceitar este cargo. Aliás, foi exatamente esta condição que eu próprio impus durante a vossa primeira visita, em 5 de fevereiro, quando os senhores vieram pedir o meu consentimento".

Durante o encontro, o padre e o Sr. Apovian comunicaram a Yeghiché Vartanian que o Conselho Administrativo Central estava organizando um ato público em memória dos mártires armênios, que seria realizado no dia 2 de maio na igreja, e pediram que Yeghiché Vartanian também usasse da palavra nessa ocasião.

O Conselho Administrativo Central, ao convidar Vartanian para usar da palavra, tinha o objetivo de:

a) apresentá-lo ao público, pois Vartanian não era muito conhecido no meio da coletividade, apesar de muitos já terem ouvido falar dele;

b) por meio desse discurso, fazer que tanto o público da coletividade como o Conselho Administrativo conhecessem melhor sua capacidade, ou ao menos formassem uma ideia abrangente sobre sua pessoa;

c) realizar um plebiscito no local para saber a opinião dos presentes.

No dia 2 de maio de 1943, realizou-se a última missa na igreja armênia São Jorge. Finda a cerimônia religiosa, houve ofício de Hokehanhisd [Réquiem], em memória dos mártires do genocídio, seguido por um ato solene. Entre outros oradores do dia, Yeghiché Vartanian também foi convidado e proferiu o seguinte discurso:

Compatriotas,

Efetivamente, hoje é dia de rememoração dos mártires armênios, e todo o povo armênio que sobreviveu ao genocídio tem o sagrado dever moral de reverenciar, diante destes púlpitos que simbolizam os jazigos de nossos mártires sepultados ou os que ficaram sem túmulos.

Vocês, armênios de São Paulo, vocês também têm o dever sagrado de reverenciar diante destes túmulos, diante dos túmulos de vossos mártires, pois eles morreram para que vocês pudessem viver, e, se vocês não vivem do jeito como esses mártires desejariam que vocês vivessem, a culpa não é vossa nem é deles, mas da degeneração da moralidade no mundo, cujas vítimas foram os vossos mártires, cujas vítimas são vocês, hoje, e cuja vítima é todo o povo armênio.

Que a igreja cristã armênia nos perdoe, pois, apesar de estarmos sob os seus arcos, a nossa respiração cheira o sangue, ao invés de exalar a fé cristã. Que nos perdoe a igreja cristã armênia se, ao invés de nossos lábios murmurarem por orações, protestam palavras venenosas de vingança e de ódio ilimitado, porque nós fomos injustiçados e feridos, e os injustiçados, os feridos não podem ter a indulgência divina, porque são homens, e o homem não pode ser Deus.

Os sábios dizem que, durante as cerimônias oficiais, apenas os loucos é que não conseguem manter a calma. Isso pode ser verdadeiro, mas para mim não tem valor. Como posso me preocupar se as pessoas, meus compatriotas que não entendem minha língua, me chamem de louco? Como posso, num dia como este, em que homenageamos os nossos mártires, manter a minha calma se não posso ver ao menos um de meus companheiros de arma com os quais, de braços dados, lutamos contra um inimigo incomparavelmente superior, com a esperança de salvarmos o nosso povo? Como posso manter a frieza, se ao invés de estarmos diante dos túmulos que cobrem os corpos ensanguentados dos nossos companheiros de armas, molhados pela chuva e tal qual uma ave perseguido pelos ventos, estamos amparados sob os arcos desta igreja e, tal qual um ladrão, olhamos os quatro cantos com o receio de que alguém pode ouvir estas palavras e, se não ficar satisfeito, pode interpretá-las de forma errada? Como poderei manter a minha calma se não estou no solo da pátria armênia, se estou privado da liberdade e das circunstâncias de realizar minha obrigação sagrada em respeito aos nossos mártires que sacrificaram suas vidas em prol da preservação da nossa nação? Se a felicidade da vida ou a liberdade se concentram apenas no ingerir de um pedaço de pão, que tal felicidade seja reservada aos cães farejadores e aos gatos famintos, porque eu não quero este tipo de liberdade, não preciso dessa forma de felicidade. Nossos mártires compraram com o seu sangue sagrado o caminho pelo qual seguirá a nossa nação, e cada pessoa em cujas veias circula o puríssimo sangue de nossos gloriosos antepassados tem o dever de seguir este caminho, porque é por essa estrada que a nossa nação alcançará sua salvação, através dessa única rota, consagrada com o sangue de nossos milhares de mártires.

De certa forma nós somos afortunados, pois, em solo estrangeiro e a milhares de milhas distantes da nossa querida mãe-pátria e dos túmulos de nossos queridos mártires, temos a possibilidade de reverenciarmos a memória deles sob a proteção da Igreja Armênia.

Estamos numa igreja armênia, mesmo que soem ilegítimos aos nossos ouvidos da fé cristã os cânticos de nossos novos mártires, porque o sopro deles é completamente diferente do sopro do cântico dedicado à memória dos mártires Vartanants há tantos séculos[30]. Nossos novos mártires nos obrigam a entoarmos o cântico deles, onde também está embutido o seguinte legado:

"Tanta maldade se nossos filhos perdoarem,
Que o mundo inteiro amaldiçoe o armênio!"

Este é um legado e ao mesmo tempo uma maldição dirigida às gerações de sobreviventes. Armênios, acautelem-se da maldição dos nossos mártires, porque essa maldição é impiedosa aos que traem a mensagem deles...

Nossos mártires morreram para nos legarem a nossa pátria, e o mar de sangue que derramaram não foi à toa, porque hoje nós temos a nossa pátria, mesmo que ela seja pequena e tênue, dependente do cuidado alheio. Mas ela é nossa, é o núcleo autêntico e verdadeiro da sonhada pátria de nossos mártires. Se um pedaço de ouro não adere ao formato de um adorno desejado para alguns, isso não significa que essa valiosa matéria-prima deixou de ser ouro. Chegará o dia em que o ourives experiente o transformará num belo ornamento, de acordo com o gosto de todos nós; aguardemos, pois o tempo, este remédio que cura todas as enfermidades, realizará o seu trabalho. Enquanto isso, tenhamos carinho com esse pedaço de ouro que é valioso, que é nosso e que será nosso, e um dia revelará o seu valor autêntico, e deixará abismados os incrédulos que, mesmo sofrendo tanto por não terem uma ideia plena da moral deturpada do mundo, desprezam tudo que lhes pertence, odeiam tudo que nasceu e é oriundo do sangue dos mártires, menosprezam tudo que o povo trabalhador e verdadeiramente amante da pátria constrói com a força de seus braços e irriga com o seu suor, para que um dia, um feliz dia, nós, que padecemos como migrantes, possamos voltar para lá e sentir orgulho pela pátria fértil e vibrante.

Não posso conceber por que o povo armênio vem repetindo as palavras "rememoração aos mártires" ao invés de destacar esses acontecimentos como "lembrança dos combates heroicos". Não sei por que deposita gotas de lágrimas em seus olhos, ao invés de lançar faíscas de vingança imortal. Será que somos tão frágeis que só sabemos chorar e lamentar? É mais provável que isso seja o peso da maldição dos nossos heróis antepassados que recai sobre a cabeça fraca e receosa desta geração.

Compatriotas, acautelai-vos! Acautelai-vos da maldição de vossos milhares de mártires. Sigam o exemplo deles, vivam como autênticos armênios e para o povo armênio. Somente assim vocês conseguirão respeitar, verdadeira e efetivamente, a lembrança de vossos mártires que morreram para que vocês pudessem viver. Eles não esperam só o respeito de vocês, mas também o trabalho e autêntico patriotismo.

Respeito à memória dos nossos mártires.

---

30 Comandante Vartan Mamigonian e seus 1.036 soldados, que tombaram na luta épica contra os persas mazdeístas no ano de 451 d.C.

Este discurso surtiu a impressão esperada. Era a primeira vez que a coletividade armênia de São Paulo ouvia um discurso de Yeghiché Vartanian, apesar de ele já estar no Brasil desde o mês de outubro de 1923.

Depois das palavras de Vartanian, o padre Gabriel Samuelian comunicou aos presentes que essa era a última missa na igreja, uma vez que a prefeitura iria demolir o imóvel, e, depois de fazer votos pela construção de uma nova igreja em breve, declarou que, por motivo de sua saúde fragilizada e por estar muito cansado, estava formalmente deixando sua função pastoral, mas o orador, Sr. Yeghiché Vartanian, havia sido escolhido pelo Conselho Administrativo Central como o candidato para o cargo de padre, e, se o povo era unânime quanto a essa candidatura, que manifestasse a sua vontade assinando no livro de adesão que se encontrava sobre a mesa à entrada da igreja.

Os fiéis que se encontravam na igreja dirigiram-se até o local onde se encontrava o referido livro, e todos registraram seus nomes.

Saliente-se que na primeira página desse livro estava escrito:

De acordo com o estatuto da Igreja Apostólica Armênia e a lei patriarcal, uma coletividade pode convidar para assumir a função sacerdotal a pessoa que a mesma coletividade considera ser apto para esta missão, e, quando dez por cento do número dos componentes da coletividade assinam, comprovam que a pessoa convidada é merecedora e digna do cargo responsável que assumirá.
Conselho Administrativo Central dos Armênios do Brasil
Padre Gabriel Samuelian, Levon Apovian, Mihran Boyadjian,
Pedro Nazarian, Dr. Krikor Yaghsezian, Rupen Kiurkdjian

Na segunda página do livro, estava escrito:

Nós, os abaixo-assinados, com nosso desejo convidamos o Sr. Yeghché Vartanian para aceitar e assumir a função de pastor espiritual da nossa coletividade, e testemunhamos, com total tranquilidade da nossa consciência, que achamos ser ele a pessoa conveniente para exercer a função sacerdotal.

(Seguem as assinaturas dos aderentes)

Karekin Tufenkdjian nasceu na cidade de Yozgat, em 1907, filho de Hagop Tufenkdjian, que viajou para a Romênia em 1909, com o intuito de também levar para lá sua família. A guerra de 1914, no entanto, impediu que esse projeto se concretizasse, e a família nunca mais se reuniu. Em 1915, Karekin perdeu sua mãe, ficando órfão aos 8 anos de idade e carregando os piores sofrimentos de uma orfandade.

Completamente só e desolado, o pequeno Karekin foi obrigado a servir um militar turco, com quem viajou para Ancara, ali permanecendo até 1918. No mesmo ano, viajou com esse militar para Constantinopla, onde ficou sabendo, através de uma mulher grega, que nessa cidade viviam muitos armênios e existiam diversos orfanatos. O menino Karekin, que sabia de sua origem armênia, passados seis meses, conseguiu fugir da casa do militar turco e encontrou abrigo no orfanato de Khas Kiugh, de onde foi transferido para o orfanato armênio de Kuleli, ali ficando até o ano de 1922.

Karekin Tufenkdjian

Como era um garoto muito inteligente e promissor, foi transferido para a escola da Associação dos Suíços Amigos dos Armênios. No mesmo ano, em 1922, temendo o movimento kemalista, os fundadores da escola levaram todos os 130 alunos e funcionários para a Suíça, na aldeia de Bneyé, perto de Genebra, onde fundaram a Escola Armênia e acomodaram os recém-chegados. Um ano depois, Karekin foi transferido para Genebra, onde se localizava a sede dessa escola, e em 1917 concluiu o curso de técnico eletrônico. Em novembro daquele ano, Karekin chegou ao Brasil e, graças à sua formação, em pouco tempo conseguiu um emprego na empresa de energia elétrica anglo-canadense Light & Power, onde ele continua a trabalhar.

Foi membro da Associação dos Jovens Armênios e da Associação dos Órfãos Adultos (Tchom). Como membro da equipe editorial do jornal *Yerant*, foi um dos atuantes mais dinâmicos. Ademais, foi membro do corpo representativo e da intendência da escola Turian. Entre 1943 e 1947, foi secretário do Conselho Administrativo Central. Em todas as funções exercidas, Karekin Tufenkidjian revelou sua aptidão e caráter bondoso, sempre disposto a qualquer sacrifício. Em 1932, casou com Anitsa, filha do pastor espiritual dos armênios do Brasil, padre Gabriel Samuelian. Tem três filhos, sendo dois meninos e uma menina.

Em sua reunião do dia 4 de maio de 1943, o Conselho Administrativo Central analisou a carta datada de 13 de março de 1943 do arcebispo Khatchadurian sobre a indicação do novo padre. Ao refletir sobre as exigências apresentadas pelo arcebispo, o Conselho observou que todas as exigências tinham sido cumpridas, uma vez que os conselheiros Dr. Krikor Yaghsezian e Levon Apovian já contataram o candidato, receberam seu consentimento e o *curriculum vitae*, e o Conselho os passara para o corpo representativo, que dera sua aprovação à candidatura de Yeghiché Vartanian, ao declarar que "este é o candidato mais conveniente". Quanto às quinhentas assinaturas, os compatriotas que estiveram na igreja no dia 2 de maio, mais de duzentos, assinaram todos o livro de adesão; faltava apenas completar o número mínimo exigido. Para concluir esse trabalho, o Conselho designou Levon Apovian e Mihran Boyadjian. Assim, restava apenas completar as assinaturas e depois informar ao vicário catholicossal, comunicando, ao mesmo tempo, que não seria possível enviar-lhe o livro de adesão com as assinaturas dos fiéis e a carta de pedido de demissão do padre Samuelian, visto que, por causa da guerra, o correio não aceitava o envio de correspondências em idioma estrangeiro, entre os quais o armênio. Logo, esses documentos ficariam arquivados com a diretoria e seriam apresentados ao arcebispo na primeira oportunidade.

Em 30 de maio de 1943, o trabalho da escolha do novo padre já estava concluído. Mais de 510 assinaturas foram registradas no livro de adesão, e não havia mais a necessidade de prosseguir com esse trabalho, já que o número havia ultrapassado em dez o mínimo exigido. Deve-se dizer que o arcebispo consentira que as mulheres também participassem da coleta de assinaturas, mas, como já havia 510 assinaturas (com nomes masculinos), e uma vez que ninguém fazia qualquer objeção, isso por si significava que a coletividade era unânime quanto à escolha do novo padre. Restava agora a ordenação do padre.

Esse período coincidiu com a mudança dos membros no Conselho Administrativo Central. De acordo com o estatuto, tanto o corpo representativo quanto o Conselho Administrativo Central precisavam realizar eleições; daí porque, às 15h00 do dia 2 de maio de 1943, conforme comunicado distribuído com antecedência pelo Conselho Administrativo Central, realizou-se a votação para escolha dos novos conselheiros da igreja São Jorge.

No entanto, as eleições do corpo representativo e do Conselho Administrativo Central não surtiram a curiosidade esperada entre o público da coletividade. Quando a votação terminou e as urnas foram abertas, verificou-se que apenas 41 pessoas compareceram e votaram. E ainda: junto com as cédulas de votação depositadas na urna, foi localizada uma carta contendo trinta assinaturas. A carta sugeria que o corpo representativo assim como o Conselho Administrativo Central continuassem suas atividades até o término da construção da nova igreja, visto que, por causa da guerra, o país estava passando por uma fase complicada, além de não haver contestação pública contra os membros dos dois corpos da coletividade.

Essa carta colocava o Conselho Administrativo Central diante de questões difíceis: 1ª) poucos eleitores haviam comparecido à eleição, o que não legalizava a votação — de acordo com os regulamentos do estatuto da igreja, seria necessário convocar novas eleições, mas não existia local adequado, visto que a igreja estava na iminência de ser demolida, e as condições políticas do país também não as viabilizavam, além de não haver nenhuma garantia de que, na iminência de realizar uma segunda eleição, com data a ser definida, um número maior de eleitores compareceria; 2ª) caso o Conselho aceitasse a sugestão manifestada na carta que continha trinta assinaturas, isso podia suscitar protestos e reclamações por parte dos 41 votantes que compareceram à votação. O que devia ser feito, então?

Depois de longas deliberações, o Conselho Administrativo Central acatou a sugestão que o conselheiro Dr. Krikor Yaghsezian apresentou, qual seja, a de aceitar a sugestão contida na carta com trinta assinaturas e, através de um comunicado escrito, reconduzir todos os membros do Conselho Administrativo Central aos seus cargos até então exercidos. E, uma vez que os conselheiros Jorge Rizkallah Jorge Tahanian e Eduardo Der Markossian há muito tempo não mais compareciam às reuniões, de acordo com os regulamentos do estatuto, eles automaticamente estavam demitidos. Também deveria se proceder à demissão de um terceiro membro do Conselho, conforme o regulamento do estatuto, este por sorteio entre os conselheiros, e depois seria necessário convocar três novos conselheiros entre os candidatos que mais votos receberam na última eleição, completando, destarte, o quadro dos membros do Conselho. Assim, ao menos, o problema seria parcialmente resolvido, e tanto os trinta assinantes da carta quanto os 41 votantes não teriam argumentos para contestar, e os regulamentos do estatuto seriam respeitados.

Considerando ser essa uma alternativa conveniente, o Conselho a pôs em execução e na mesma hora fez um sorteio para ver qual de seus membros cessaria. O sorteio incidiu sobre o Dr. Krikor Yaghsezian, que encerrou suas atividades como membro do Conselho.

O secretário, Rupen Kiurkdjian, alegando suas atribuições e trabalho pessoal, pediu afastamento e apresentou sua demissão. Assim, dos cinco membros do Conselho, só restavam três. Para completar seu quadro, decidiu-se convocar quatro dos mais votados pelos 41 eleitores. Os que haviam recebido maior número de votos eram Andreas Jafferian, Arsen Momdjian, Karekin Tufenkdjian e Mihran Nahas.

O diácono Arsen Momdjian, filho de Avedis Momdjian, nasceu em Marach em agosto de 1906. Recebeu sua educação primária na escola paroquial da igreja Surp Sarkis [Santo Expedito]. Em 1915, foi deportado para Alepo, onde permaneceu até o armistício. Voltou para Marach em 1919, mas, depois da queda da cidade, voltou para Alepo e trabalhou no ramo de calçados até 1926, quando chegou ao Brasil e se estabeleceu na cidade de São Paulo. Aqui, ele abriu uma fábrica de calçados que mantém até hoje.

Em 1928, casou com sua concidadã Srta. Azniv Saghbazarian, e o casal teve três meninos e duas meninas. Em 1927, foi um dos fundadores e membro atuante da Associação Comunitária; em 1929, foi membro da Associação Compatriota de Marach e tesoureiro da escola aberta por essa entidade. Em 1931, foi o presidente do coral e, em 1934, membro da Associação Compatriota de Marach e presidente do corpo tutorial.

Diácono Arsen Momdjian

No dia 2 de outubro de 1938, foi ordenado diácono pelas mãos do vicário catholicossal arcebispo Karekin Khatchadurian; foi o primeiro armênio a receber um grau eclesiástico em solo brasileiro. Foi membro do Conselho Administrativo Central na gestão 1943-1947 e membro da comissão de arrecadação formada por esse Conselho. Foi indicado como candidato para ser ordenado padre em 1943, mas recusou-se a assumir tal responsabilidade.

Imbuído de um caráter afável e bondoso, o diácono Arsen Momdjian é respeitado e estimado por toda a coletividade armênia de São Paulo. Merece elogio o seu zelo pela Igreja Apostólica Armênia, e os serviços prestados por ele à igreja armênia São Jorge, em São Paulo, são muitos e próprios do seu bom caráter.

Desde sua chegada ao Brasil e até o término deste livro, Arsen tem participado de todas as cerimônias religiosas, sem visar qualquer retribuição. Tem participado de todas as arrecadações comunitárias, demonstrando suas elogiáveis qualidades de dedicação, sacrifício e amor à sua nação e igreja.

O Sr. Arsen Momdjian é um dos incentivadores morais e materiais da publicação deste livro.

Na reunião realizada no dia 16 de julho de 1943, todos os membros do Conselho estavam presentes. Antes da instalação da mesa diretiva, os conselheiros decidiram, unanimemente, nomear o filho primogênito do benfeitor Rizkallah Jorge Tahanian, o Sr. Jorge Rizkallah Jorge Tahanian, como presidente de honra da reunião, sem se ater à questão de se ele compareceria ou não às reuniões. A seguir, elegeram a mesa diretiva, assim constituída:

Jorge Rizkallah Jorge Tahanian: Presidente de honra
Levon Apovian: Presidente
Andreas Jafferian: Vice-presidente
Karekin Tufendjian: Secretário em armênio
Mihran Nahas: Secretário em português
Mihran Boyadjian: Tesoureiro
Bedros Nazarian: Conselheiro
Arsen Momdjian: Conselheiro

Além dos assuntos rotineiros, o recém-eleito Conselho Administrativo Central tinha diante de si questões bem maiores e importantes, tais como a construção da igreja e a ordenação do padre.

A igreja já fora demolida em maio e a coletividade estava privada das cerimônias religiosas. A primeira decisão do Conselho foi encontrar um local de oração provisório, a qualquer custo, algo que não foi possível realizar, pois não foi possível encontrar um salão adequado para esse fim perto do centro.

O Conselho enviou uma carta para o arcebispo Khatchadurian, datada de 21 de agosto de 1943, comunicando a constituição do seu quadro de conselheiros e a escolha do candidato para a função eclesiástica, e pediu ao arcebispo que visitasse São Paulo para realizar a ordenação sacerdotal do futuro eclesiástico, já que a coletividade também desejava ver e acompanhar essa cerimônia.

Em carta datada de 30 de agosto de 1943, o arcebispo aprovou o recém-eleito Conselho Administrativo Central, mas comunicou, simultaneamente, que não lhe seria possível vir ao Brasil, pois estava cheio de compromissos e também por causa de sua saúde fragilizada, e pediu que o Conselho encaminhasse o Sr. Yeghiché Vartanian a Buenos Aires, onde seria realizada a cerimônia de sua ordenação.

O Conselho Administrativo Central enviou outra carta para o arcebispo, solicitando-lhe a gentileza de vir ao Brasil para ordenar o padre. Mas Sua Eminência não era uma pessoa que mudava facilmente sua decisão, e voltou a exigir que o Conselho enviasse o futuro padre para Buenos Aires.

O Conselho teve que aceitar e conformar-se, e no dia 25 de outubro de 1943 solicitou às autoridades um passaporte para o futuro padre, o que ficou pronto apenas no dia 5 de fevereiro de 1944, e no dia 12 do mesmo mês Yeghché Vartanian viajou para a Argentina.

Ao chegar a Buenos Aires, Vartanian se apresentou ao arcebispo Khatchadurian e transmitiu o desejo do Conselho Administrativo Central.

No dia da Festa de Vartanants, 17 de fevereiro de 1944, na catedral armênia São Gregório Iluminador, o arcebispo outorgou a Vartanian os graus de diácono e diácono-mor (ou superior), já que os quatro graus preliminares o futuro padre já havia recebido durante sua época estudantil, no seminário Jarankavorats.

Em 5 de março de 1944, domingo do "Pródigo", o arcebispo fez a ordenação do padre Vartanian, que a partir daquele dia mudou seu nome laico de Yeghiché para o nome eclesiástico de Yeznig. O recém-ordenado padre ficou isolado por quarenta dias num quarto que lhe foi destinado, como fase preparatória para sua nova missão religiosa. O arcebispo confiou esse trabalho ao diácono Garabed Baltaian, natural de Malgara, na época com 64 anos de idade, com grande experiência e preparo nas cerimônias e ritos da Igreja Armênia, além de ser um experiente músico.

No dia 6 de abril de 1944, quinta-feira santa, o recém-ordenado padre Yeznig Vartanian celebrou a sua primeira missa e, no dia 8, na noite de *Djerakaluits* [Sábado de Glória], celebrou sua segunda missa na igreja armênia localizada no bairro de Flores, na capital argentina. Sua terceira missa foi realizada solenemente em 16 de abril, *Nor Guiragui* [Novo Domingo], na catedral armênia São Gregório Iluminador, em Buenos Aires, com o acompanhamento do coral de quatro vozes Gomidás, regido por Levon Vartabedian, natural de Van. Nesse dia, o padre Vartanian deu sermão sobre o tema "Por que devemos amar a Igreja Armênia?", recebendo o elogio irrestrito do arcebispo.

Em 19 de abril de 1944, o padre Vartanian despediu-se de Sua Eminência e voltou de avião para o Brasil, chegando a São Paulo às 17h00. No aeroporto, ele foi recebido pelo padre Gabriel Samuelian, os membros do Conselho

Administrativo Central e um grande número de membros da coletividade, de onde uma caravana de automóveis se dirigiu até a escola "Turian". No local, os alunos da escola, sob a liderança do diretor, o Prof. Hagop Tchilian, e grande número do público da coletividade, haviam preparado uma bela recepção com cantos e flores.

O padre Samuelian saudou a vinda do novo padre, com quem trocou um beijo fraternal. A seguir, o padre Yeghichpe Vartanian agradeceu a recepção e prometeu dedicar todo o seu tempo e capacidades a serviço de toda a coletividade.

Findas as formalidades de saudação, o novo padre foi conduzido à residência do presidente do Conselho Administrativo Central, Sr. Levon Apovian, onde, num círculo restrito, foi-lhe oferecido um jantar num ambiente agradável e descontraído.

PERÍODO INDEFINIDO E TUMULTUADO

A partir do mês de outubro de 1943, a questão da construção da igreja tornou-se um tema de calorosas discussões na coletividade armênia de São Paulo. Muitos compatriotas sugeriam não mais esperar pela igreja que seria construída por Rizkallah Jorge Tahanian, pois achavam que a construção podia demorar ainda décadas, como ocorrera por ocasião da construção da primeira igreja. "A coletividade já cresceu numericamente e é suficientemente abastada, e não pode permanecer por muito mais tempo sem a sua igreja, ou tornar-se objeto do capricho de um benfeitor. O Conselho Administrativo Central deve ouvir a opinião da coletividade" — essa e outras manifestações semelhantes tornavam-se cada vez mais comuns.

O Conselho Administrativo Central encontrava-se diante de duas situações: de um lado, queria manter aceso esse sentimento dos membros da coletividade, pois numa eventual necessidade seria possível aproveitá-lo, mas, por outro lado, a enorme dimensão e volume do trabalho o obrigava a permanecer cauteloso e buscar uma linguagem de entendimento com o benfeitor.

Nesse emaranhado de coisas, chegou ao conhecimento do Conselho o fato de Rizkallah Jorge Tahanian ter achado um terreno adequado localizado na avenida Tiradentes, e que já negociara o respectivo valor; faltava concluir a documentação da transferência oficial do terreno, e só depois de tudo regularizado dar-se-ia início à construção da igreja.

A notícia foi recebida com alegria e grande alívio, e o Conselho Administrativo Central concentrou sua atenção na questão da construção, nesse terreno anexo à igreja, do prédio para a escola, a prelazia e um salão para reuniões e eventos. Nesse aspecto, inclusive, na reunião realizada no dia 24 de novembro de 1943, o Conselho elaborou cuidadosamente um projeto, a fim de dar início a uma arrecadação com a coletividade para a construção do referido prédio.

Enquanto se discutia a forma de realização da arrecadação, surgiu uma dúvida: será que, depois de construir a igreja, o benfeitor a passaria para a coletividade, ou seria uma igreja particular, como ocorrera com a igreja que foi demolida, quando a coletividade não tivera nenhum direito legal e jurídico? E, caso a igreja não fosse transferida para a coletividade, então como é que a coletividade iria construir um prédio oneroso num terreno que pertencia apenas a uma pessoa?

Sem dúvida, essas questões eram sérias e assumiram proporções ainda maiores quando Rizkallah Jorge Tahanian comunicou, novamente, que ele não falaria com ninguém senão com o padre, pois não queria falar sobre a construção da igreja com quer quer que fosse. Como prova disso, ele entregou a planta do terreno e o desenho da futura igreja para o padre Gabriel, para que este, caso assim desejasse, os mostrasse para alguns compatriotas. O padre mostrou esses documentos, informalmente, aos membros do Conselho na reunião do dia 20 de janeiro de 1944, apenas para manter os conselheiros a par do assunto.

Magoados por esse desprezo e estranha postura de Rizkallah Jorge Tahanian, os conselheiros decidiram:

a) dar início à arrecadação geral na coletividade e, por meio dos recursos do povo, construir a igreja e a escola;

b) se a arrecadação popular não surtisse o resultado esperado, tentar buscar outros beneméritos que pudessem contribuir com 50.000 cruzeiros ou mais à vista, e declará-los como benfeitores pela construção da igreja e escola;

c) desconsiderar as decisões acima citadas caso o benfeitor Rizkallah Jorge Tahanian comunicasse que, finda a construção, a igreja passaria a ser patrimônio da coletividade, junto com o terreno adjacente.

Na mesma reunião, os conselheiros formaram uma comissão para, no dia seguinte, contatar Rizkallah Jorge Tahanian e informar-lhe sobre a decisão do Conselho, e após receber sua resposta final, seria decidido tomar os passos necessários. Para visitar o benfeitor, foram indicados o padre Gabriel Samuelian, Levon Apovian e Arsen Momdjian.

No dia 21 de janeiro de 1944, o Conselho Administrativo Central realizou uma reunião extraordinária para ouvir o relato trazido pela comissão, depois do encontro que mantivera com o benfeitor.

A comissão havia cumprido sua missão com a brevidade exigida. Visitara o benfeitor Rizkallah Jorge Tahanian e transmitira-lhe a decisão do Conselho, e trazia a resposta de Rizkallah, qual seja:

a) ele [Rizkallah] construiria a igreja com seus próprios recursos, assumindo todas as despesas, e não queria qualquer participação da coletividade nesse trabalho;

b) não aceitava e não levaria em consideração a opinião ou o ponto de vista do público da coletividade quanto aos trabalhos que ele realizaria;

c) depois de concluída a construção da igreja, a questão de doá-la para a coletividade ou mantê-la como sua propriedade dependeria absolutamente de sua vontade, e no momento não tinha nada mais a declarar sobre esse assunto.

Após ouvir o relato da comissão, e para se livrar de futura responsabilidade, o Conselho decidiu levar essa questão ao conhecimento do corpo representativo, para se chegar a uma conclusão final.

O assunto já tomava um aspecto grave, e parecia haver apenas duas alternativas:

a) conformar-se e esperar que o benfeitor construísse a igreja, e, depois de concluída a construção, ficaria ao seu critério transformá-la ou não em patrimônio da coletividade;

b) agindo com desprezo ante o desprezo, construir a igreja com recursos da coletividade, ignorando a igreja que seria construída pelo benfeitor, que seria uma igreja particular de Rizkallah Jorge Tahanian, com quem a coletividade não teria mais nenhum vínculo nem assunto a tratar.

Em 30 de janeiro de 1944, a convite do Conselho Administrativo Central, realizou-se a sessão mista da reunião do Conselho e do corpo representativo. Em nome do Conselho Administrativo Central, Yeghiché Vartanian explicou aos presentes a complexa situação criada e pediu o parecer do corpo representativo.

Mal havia terminado sua explanação, dos quatro cantos da sala surgiram manifestações e palavras de protesto. Sem qualquer distinção, todos os presentes consideraram que o prestígio da coletividade foi atingido, e exigiram que o Conselho Administrativo Central tomasse uma posição decisiva e comunicasse ao benfeitor que, se depois de construir a igreja ele desejava doá-la à coletividade, através de uma transferência legalizada, a coletividade aceitaria esse gesto com imensa gratidão, mas, caso terminada a construção a igreja, ela permanecesse como um patrimônio privado, aí então ele podia construir tantas igrejas quantas desejasse, pois isso não interessaria mais à coletividade armênia, e os membros dessa coletividade ergueriam com muito custo e sacrifícios a sua igreja, a escola e os prédios adjacentes.

Depois de assegurar o parecer do corpo representativo, o Conselho Administrativo Central decidiu formar uma nova comissão para contatar pela última vez o Sr. Rizkallah Jorge Tahanian, para comunicar-lhe de forma clara o desejo da coletividade. A comissão tentaria usar uma linguagem cautelosa em busca de uma conciliação, mas, qualquer que fosse o resultado desse encontro, seria o contato derradeiro e definitivo. Caso o encontro malograsse e levasse a um rompimento de ambas as partes, não haveria problemas, pois o que importava naquele momento era ter um desfecho dessa situação indefinida e, logo a seguir, o Conselho Administrativo Central daria início ao trabalho necessário.

Foram nomeados como integrantes dessa comissão Andreas Jafferian, Mihran Boyadjian e Arsen Momdjian.

Por várias vezes a comissão tentou agendar um encontro com Rizkallah Jorge Tahanian, mas não teve êxito. Sob o pretexto de viagem, ou alegando estar doente e até estar extremamente ocupado, Rizkallah se esquivava de agendar o pretendido encontro.

O papel desempenhado no evento de chá

Enquanto os fatos acima se desenrolavam, Yeghiché Vartanian voltava para São Paulo já como padre, agora com o nome de Yeznig, e trazia consigo o certificado que outorgava ao padre Gabrial Samuelian o grau de *Avak* [arcipreste].

Na sessão do dia 19 de maio de 1944, o Conselho Administrativo Central reavaliou a decisão tomada na reunião extraordinária de 22 de abril, quando decidira oferecer uma recepção de chá em homenagem aos dois padres: ao padre Gabriel Samuelian, pela outorga do grau de *Avakutyun* (arcipreste), e ao padre Yeznig, por sua recente ordenação. A comissão organizadora do evento informou ao Conselho que já havia reservado o salão, e os conselheiros começaram a tratar dos últimos preparativos.

Nessa reunião, o padre Yeznig sugeriu e o Conselho decidiu enviar uma comissão especial para visitar Rizkallah Jorge Tahanian e conseguir alguns detalhes sobre a construção da igreja e, se fosse possível, aproveitar o evento para transmitir alguma informação atualizada ao público, ou melhor, aproveitar o evento para solucionar de vez a questão da construção da igreja e obter uma declaração pública do benfeitor.

Para tal missão, foram nomeados Levon Apovian, Arsen Momdjian, Andreas Jafferian, Bedros Nazarian e Mihran Boyadjian, os quais conseguiram contatar Rizkallah Jorge Tahanian e apresentaram o seguinte relato ao Conselho, na reunião do dia 31 de maio de 1944:

Rizkallah Jorge Tahanian informou que já adquirira o terreno localizado na avenida Tiradentes, e concluíra todas as formalidades da transferência dos documentos; ele construiria a igreja com seus próprios recursos e a doaria, com os terrenos adjacentes, à coletividade armênia do Brasil, sob a condição de que a coletividade construísse os demais prédios, ou seja, escola, prelazia, salão de festas e casa do zelador. O benfeitor também autorizava o Conselho a transmitir essa sua decisão no evento de chá, mas gostaria que a declaração fosse registrada e que, antes de ser lida, fosse-lhe mostrada para seu conhecimento.

O relato da comissão era mais que otimista; os conselheiros saudaram a boa notícia, pois assim a esperança pelo êxito voltava e crescia. Destarte, o Conselho incumbiu o vice-presidente, Andreas Jafferian, de preparar uma declaração escrita a respeito do anúncio de Rizkallah, para ser transmitida ao público presente no evento de chá.

Mihran Nahas

Mihran Nahas, filho de Avedis Nahas, nasceu em 1907. Seu avô, membro da destacada família Yeni Dunyá, migrou da cidade de Zeitun e se estabeleceu em Alepo, enquanto sua mãe, Berdjuhi, migrou de Erzerum para Alepo. Mihran recebeu sua educação primária na escola armênia Haigazian, em Alepo. Perdeu seu pai em 1915, de morte natural, e veio com a família para o Brasil, em 1921, fixou residência na cidade de São Paulo e continuou seus estudos, concluindo a escola superior de comércio Álvares Penteado.

Mihran Nahas foi um dos fundadores da União da Juventude Armênia e um de seus membros atuantes. Foi membro do corpo representativo, assim como presidente do Conselho Administrativo Central na gestão de 1943-1947. Fez parte da comissão de arrecadação, colocando frequentemente à disposição dessa comissão o seu automóvel. Entre os armênios de fala árabe, esse jovem patriota, dinâmico e dedicado foi quem mais se preocupou com o cotidiano da coletividade. Junto com seu irmão Karnig, tem uma fábrica de gravatas que é uma das mais conceituadas e conhecidas dentro do seu ramo em São Paulo; os irmãos também possuem uma loja atacadista de tecidos.

Mihran Nahas é um dos que tem colaborado moral e financeiramente para a publicação deste livro.

Na noite do dia 4 de junho de 1924, nos amplos salões do esporte clube Pinheiros, realizou-se o evento em homenagem aos dois padres da coletividade, com a presença de quatrocentos convidados, assim como o benfeitor Rizkallah Jorge Tahanian, sua esposa Sra. Zekié e os filhos.

Precisamente às 20h30, um dos membros do Conselho Administrativo Central, Mihran Nahas, que havia sido designado para ser o apresentador do evento, subiu ao palco e saudou os presentes. A seguir, convidou o coral Melodias Armênias, organizado e regido pelo doutor Vahakn Minassian e composto por sessenta pessoas, a executar a canção "Hayrig, Hayrig, Ko Hayrenik" [Pai, pai, tua pátria]. A seguir, usou da palavra o presidente do Conselho Administrativo Central, Levon Apovian, que cumprimentou os dois padres, um por ter recebido o grau de "arcipreste" e o outro por sua recente ordenação.

O padre Yeznig Vartanian, sentado à ponta da mesa de honra, leu a carta de outorga de grau de "arcipreste" emitida pelo vicário catholicossal arcebispo Karekin Khatchadurian para o padre Gabriel Samuelian, e depois da leitura entregou a carta para o padre Gabriel. Com aplausos calorosos, os presentes manifestaram a grande satisfação que sentiam por essa outorga.

A seguir, foi convidado ao palco o vice-presidente do Conselho Administrativo Central, Andreas Jafferian, que, em nome do Conselho Administrativo Central, leu um discurso em idioma português. Em nome do Conselho, Jafferian cumprimentou os dois padres e, a seguir, dirigindo a palavra aos presentes, comunicou que o benemérito Rizkallah Jorge Tahanian, aproveitando esse evento, havia formalmente autorizado o Conselho Administrativo Central a comunicar à coletividade, oficialmente, a aquisição do terreno localizado à avenida Tiradentes, e que os trabalhos de construção da nova igreja seriam iniciados em breve (aplausos dos presentes). Andreas Jafferian teceu palavras de elogio e de agradecimento ao benfeitor Rizkallah Jorge Tahanian e, dirigindo seu discurso para o público presente, acrescentou:

Já que o benfeitor Sr. Rizkallah prometeu construir a igreja, duvidar dessa promessa doravante é um pecado, e agora será a vez da nossa coletividade; nós devemos construir o prédio da escola e os adjacentes à igreja, tão logo possível.

O Conselho Administrativo Central decidiu realizar este trabalho a todo custo, evidentemente depositando sua esperança nos senhores, e, por estar convicto da boa disposição de todos, não duvida quanto ao seu êxito (aplausos prolongados).

Depois das palavras de Andreas Jafferian, o arcipreste Gabriel Samuelian levantou-se e leu o seguinte discurso:

Reverendo padre Yeznig, ilustríssimo senhor Peniamin Gaidzakian, representante da coletividade armênia evangélica, estimadas senhoras e estimados senhores.
O vicário catholicossal para a América do Sul, Sua Eminência arcebispo Karekin Khatchadurian, através de um telegrama datado de 8 de abril, por ocasião da Páscoa, e através da comenda trazida pelo reverendo padre Yeznig Vartanian, como elogio aos nossos bons préstimos de longos anos, a mim outorgou o título de arcipreste. O Conselho Administrativo Central, ao elogiar este ato do arcebispo, manifestou o desejo de divulgá-lo ao público desta coletividade, através deste evento de hoje. Estimados, considero este momento que desfrutamos como uma prova de amor e de homenagem não para minha pessoa ou minhas atividades, mas à tão valiosa e nobre força que é a nossa igreja nacional, que, apesar de todas as perseguições e catástrofes, nos últimos vinte anos manteve imaculada a nossa nação, manteve vivo e erguido o nosso povo, tão longe da mãe-pátria, nestas longínquas terras.
Com festas desta envergadura, glorificamos esta força salvadora, e isso é um dever de nobre patriotismo, e, além dos meus agradecimentos a vós todos, também registro aqui os meus cumprimentos.
Durante anos, meu empenho e meu desejo maior foram ter ao meu lado um companheiro da igreja, porque esta coletividade já cresceu numericamente e continua a crescer cada vez mais. Com minha saúde precária, começava a ficar sem forças para realizar todas as tarefas e suprir as necessidades espirituais do nosso público; não podia mais cuidar de todas as suas necessidades, e assim, finalmente, no ano passado, minhas insistências e sugestões foram acatadas pelo Conselho Administrativo Central, que aceitou minha solicitação e, com a decisão do corpo representativo, pudemos escolher, em conjunto, uma pessoa respeitável, o Sr. Yeghiché Vartanian, que também foi eleito pela vontade da coletividade.
Como sabem, para ser ordenado e assumir suas obrigações religiosas, ele teve que viajar para Buenos Aires, esteve junto de Sua Eminência arcebispo Karekin Khatchadurian, que, no dia 5 março deste ano, presidiu a cerimônia de ordenação do nosso padre, dando-lhe o nome de Yeznig. Depois de assumir a sua função, glória à Providência, ele voltou para o Brasil e encontra-se entre nós há um mês e meio.

O reverendo padre Yeznig, dedicado à sua vocação, exerce agora suas atividades e tem assumido parte da administração espiritual da nossa coletividade. Hoje, mais uma vez, na presença de todos os senhores, gostaria de cumprimentá-lo e desejar a ele que possa pastorear o seu rebanho tal qual um pastor valente, com muita saúde e prosperidade.

Estimados amigos,

Para o ser humano, o zelo pelos valores nacionais é um sentimento natural e enfático, pois visa preservar sua própria existência e alcançar seus ideais. O indivíduo que é privado deste sentimento mais parece um andarilho sem rumo, sem lar nem círculo, que se esquiva e torna-se uma criatura inútil.

Na Europa, cada nação, seja ela grande ou pequena, rica ou pobre, forte ou fraca, para manter sua existência e enfrentar as horríveis ondas do temporal da matança e avassaladora destruição, armada até os dentes, continua a guerra decidida a derramar a última gota de sangue de seus filhos para salvar a própria honra, sua existência, e para não ser varrida do mapa.

A nação armênia, talvez pela primeira vez na história, parcialmente distante deste fogo inflável, parte na Armênia Soviética e outra parte dispersa nos quatro cantos do mundo, ao menos por enquanto, felizmente está imune da destruição radical, mas, por outro lado, deve estar atenta ao perigo de aleijamento pacífico e assimilação gradativa, as quais ameaçam hoje as coletividades armênias espalhadas em todos os países.

Com sentimento de sincera gratidão, a nossa coletividade deve muito a este país abençoado e cheio de encantos cativantes, cuja hospitalidade e benesses desfrutamos graças ao seu governo generoso e ao povo hospitaleiro. Para viver, ter vida e estender sua existência através das gerações, os armênios do Brasil têm em suas mãos duas armas potentes, porém inofensivas, quais sejam: a Igreja Armênia e a escola.

Sem dúvida, cada armênio sabe muito bem que durante séculos, principalmente diante da inundação das hordas semicultas provenientes do Oriente, a Igreja Armênia transformou-se numa muralha sólida e defendeu a subsistência nacional, e, quando o idioma armênio era eliminado com a amputação dos falantes desta língua, a liturgia armênia que se realizava furtivamente nos subterrâneos inflamava o espírito nacional, assim como crescia o sentimento e responsabilidade heroica. Até hoje, a Igreja Armênia continua sendo o local de encontro de seus filhos, desde o mais idoso até o mais jovem, o local de encontro daqueles que são imbuídos do sentimento nacional, e ela continuará neste seu papel salvador contra qualquer perseguição e pressão. E se nossos antepassados conseguiram manter a subsistência e superar as dominações de povos bárbaros, então nós, que usufruímos todas as benesses deste país livre, temos a obrigação de manter os obeliscos de preservação da nossa nação, dos quais faz parte a nossa igreja.

A tão importante preservação da igreja é aceita de forma tão acentuada entre nosso povo que não só as coletividades, mas também indivíduos têm erguido em toda parte esse "obelisco" onde há armênios. Assim como em outras localidades, também aqui, em São Paulo, nós tivemos e ainda temos pessoas cheias de nobres sentimentos, entre os quais se destaca o ilustre benfeitor da nossa coletividade, senhor Rizkallah Jorge Tahanian, sua esposa Zekié e a família, que construíram a igreja armênia São Jorge no Brasil, mas, infelizmente, por motivos alheios à sua e nossa vontade, fomos obrigados a perdê-la. Mas a fé deles não esmoreceu, e, como são dotados por sentimentos religiosos e patrióticos, eis que hoje, mais uma vez, eles nos prometem reerguer o lar de Deus, de modo ainda mais glorioso e digno de Deus. Os detalhes sobre este assunto tivemos a satisfação de ouvir, formalmente, do representante do Conselho Administrativo Central.

Uma das outras colunas de preservação da nação é a nossa escola. Temos na nossa coletividade uma escola, que há muitos anos mantém sua subsistência à custa de muitas dificuldades. Nesta ocasião, sinto ser o meu dever manifestar, publicamente, meus agradecimentos àquelas pessoas humildes e modestas, os amantes do ensino, graças às quais a escola viveu e chegou ao grau honroso que ocupa hoje.

Quanto ao aspecto da preservação nacional, se a igreja armênia é um dos estabelecimentos dignos de gratidão, deve-se levar em consideração o povo armênio, que tem abrilhantado este estabelecimento, e também os religiosos iluminados, que têm sido força de inspiração e de resistência. Da mesma forma, os honrados pioneiros da cultura armênia também souberam florir o espírito armênio através da literatura, como que soldando dois diamantes num só anel, isto é, a igreja e a escola, mesclando e aproximando-as do coração e da alma do povo armênio. Se desejamos eternizar a igreja armênia e mantê-la ao mesmo tempo brilhante e próspera, para que ela possa continuar o seu papel patriótico e incentivador, devemos dar-lhe toda a força necessária por tanto tempo quanto o armênio mantiver a chama do seu amor e respeito pela sua própria igreja e a escola. Eis a minha mensagem neste dia (aplausos).

Ao fim, o recém-ordenado padre Yeznig Vartanian levantou-se. Assim que ele se pôs de pé, os presentes o saudaram com um prolongado e caloroso aplauso. Sorridente, o padre Yeznig agradeceu com a cabeça e começou a falar:

Estou profundamente emocionado e muito grato pelas manifestações de simpatia às quais fui objeto, sem ser digno. Atribuo esta simpática manifestação dirigida mais aos organizadores deste evento e às pessoas bondosas do que ao meu valor pessoal.

Porém, se não me considero digno dessas manifestações, ao menos aceito que elas me sirvam como estímulos valiosos, pois, após dedicar a alvorada da minha vida ao povo armênio, com a mesma ênfase também quero dedicar o crepúsculo da minha vida à coletividade armênia do Brasil.

O juramento que efetuei, ajoelhado diante do altar da catedral armênia São Gregório Iluminador, no dia 5 de março de 1944, considero ser a continuação daquele juramento que fizera em 1908, quando ainda estava no convento de Varak, construído nas encostas da montanha homônima. Nossos professores, que eram mais orientadores revolucionários de que meros educadores, ao nos entregarem os diplomas de conclusão, pediram que jurássemos servir ao povo armênio durante toda a nossa vida, a este povo que tinha tudo, mas sentia a necessidade de dirigentes dedicados e idealistas. E eu, fiel a este voto, fiz o que era humanamente possível, aquilo que estava dentro do meu alcance. Em segundo lugar, considero também o juramento que fiz, a continuidade daquele juramento que, no mês de abril de 1915, numa noite escura e tenebrosa, quando a cidade de Van, onde nasci, estava cercada por inimigos sanguinários, e as bocas dos canhões e metralhadoras, unidas a milhares de outras bocas selvagens, devidamente preparadas e de prontidão, aguardavam receber a derradeira ordem para exterminar, sob o fogo infernal de seus tiros e disparos, um punhado de gente cujo pecado era apenas o de ser armênio. Naquele dia, naquela noite de trevas, nós, que havíamos assumido a liderança e coordenávamos a autodefesa de Van, reunidos em nosso quartel-general, fizemos uma última avaliação sobre a situação e o que deveríamos fazer, e todos de pé, de cabeça erguida e com um movimento decisivo, colocamos nossas mãos sobre nossas armas e juramos não dar as costas ao inimigo, juramos estimular com nosso próprio exemplo e atitude pessoal os soldados que estavam sob o nosso comando. E eu, fiel a esse juramento, fiz o que me cabia e tanto quanto minhas modestas forças me permitiam realizar. Considero ser a continuação daquele juramento que fiz em 1920, quando a mim foi confiada a administração de um orfanato de 1.500 órfãos e órfãs no deserto de Nahr-el-Omar, na Mesopotâmia; órfãos esses cujos pais, pelo menos a maioria deles, eu conhecera ainda na minha cidade natal; pais que foram vítimas durante o último recuo, em 1918, alguns mortos por disparos de armas e outros por diversas doenças. E eu, fiel ao meu juramento, fiz aquilo que cabia às minhas forças e limitações até fins de 1924, quando então me afastei da atividade pública para ter um pouco de descanso, e também para cuidar da minha vida particular.

"Khorhurt martgan gamk Asdudzó" [O homem propõe, Deus dispõe], diz o nosso velho provérbio popular. E eu, depois de passar uma vida vazia por vinte anos, como se por uma súbita determinação da Providência, eis que novamente retorno à atividade pública. Para ser sincero, não quero esconder e digo que já

pensara sobre muitas carreiras na minha vida, mas, se havia uma que jamais passara por meu pensamento, era a possibilidade da carreira eclesiástica; eis o motivo por que vejo a mão da Providência nesta escolha.

Como já afirmei aos membros do Conselho Administrativo Central antes de começar a usar esta vestimenta preta, e que também manifestei ao arcebispo Khatchadurian, em Buenos Aires, e não hesito em repetir hoje, diante dos senhores, aceito o uso desta batina como meio para poder servir da melhor maneira ao meu povo, de quem sou um filho humilde.

Fiz o juramento solene, que certamente será o último, porque já sou um religioso, e porque tenho uma idade avançada. As manifestações de simpatia por parte dos senhores atiçam em mim as faíscas ainda não apagadas daquele vigor com o qual sempre trabalharei no limite de minhas capacidades. Mas, desta vez, para poder realizar um trabalho, dependo do vosso movimento, pois são os senhores que me darão a viabilidade de trabalhar.

Fico grato a vós todos, pois foi o vosso voto me transformou num padre. Com esse passo, os senhores não deram apenas uma demonstração de simpatia, mas um voto de confiança, e quero manifestar meus agradecimentos por essa confiança irrestrita. Agora sou um padre, e um padre armênio que é concidadão do grande Khrimian Hayrig[31] não pode contentar-se apenas em realizar cerimônias fúnebres para enterrar vossos mortos, batizar ou casar vossos filhos. Um padre armênio quer ver o sangue armênio circulando nas veias de seus filhos; um padre armênio não pede de seus filhos, mas exige de cada pai e cada mãe que eduquem seus filhos como armênios, pensem em salvar a nação da degeneração, e o melhor meio para alcançar esse objetivo é através da igreja e a escola armênias.

Os senhores pediram que eu usasse esta batina para vos guiar, e eu a aceito com muito respeito. Aqui me encontro, diante de vós, para aclamar: armênios do Brasil, tem chegado a hora, mexam-se e justifiquem o nome armênio. Nós precisamos de uma igreja, de uma escola e um salão, eis as nossas necessidades momentâneas. Olhem com atenção ao vosso redor; temos muitos fiéis, porém falta-nos um lar de oração; temos centenas de filhos em idade escolar, porém não temos um prédio escolar; a cada semana surgem festas, noivados, casamentos, porém falta-nos um local próprio para nos reunirmos. Para achar um salão, mesmo com dinheiro na mão, somos obrigados a bater nas portas de estranhos com a aparência de mendigos miseráveis.

O Conselho Administrativo Central foi obrigado a prorrogar este encontro por causa da indisponibilidade de um salão. Esta é uma situação que desonra nossa coletividade, que deve ter um fim o quanto antes. Os senhores elegeram

---

31 Alusão feita ao saudoso Catholicós Kherimian, carinhosamente apelidado de "pai" (*Hayrig*) pelo padre.

um Conselho Administrativo Central, em que todos os conselheiros são pessoas dotadas de boa índole e com as melhores intenções. Eles decidiram dar um fim a esta situação, eles prometem nos ajudar a fim de concretizarmos nossos anseios coletivos, mas eles poderão levar este projeto a cabo, com trabalho planejado e com êxito, só se tiverem o vosso apoio e a vossa colaboração ativa.

Mesmo numericamente pequena, a nossa coletividade tem plenas condições de realizar milagres; ela tem condições de executar um trabalho bem maior do que a coletividade armênia radicada em Buenos Aires, e para isso basta fazer um apelo ao nosso sentimento, à nossa dignidade. Deixemos de lado por um momento nossos sectarismos e pensamentos partidários ou de grupos, e todos unidos, transformados num só coração e dando as mãos, exclamemos: "Somos irmãos", e em primeiro lugar somos armênios, e devemos ter apenas um pensamento, ou seja, o de preservação desta coletividade, e aí os senhores observarão que conseguiremos alcançar nossos objetivos com muita facilidade. Juntemos à palavra o trabalho e, antes de abrirmos nossas bocas para falarmos somente de nossos desejos, abramos primeiro nossos bolsos com uma postura viril, com o sentimento de um autêntico armênio; ofereçamos para construir, e assim alcançaremos nossos desejos.

Nenhum dos senhores falirá se pagar um por cento do que possui; todos permanecerão como estão; mas a vossa força coletiva realizará um trabalho valioso, que será destacado e elogiado eternamente.

A partir deste momento, o padre Yeznig continuou seu discurso no idioma português:

Ouviram, nas palavras do vice-presidente do Conselho Administrativo Central, Sr. Andreas Jafferian, a promessa que o magnânimo benfeitor desta coletividade, o senhor Rizkallah Jorge Tahanian, fez em público (aplausos). Ele se encontra aqui, entre nós, está sentado ao meu lado e ouve estas palavras, e depois as comparará com nossas atividades. Todos os senhores o conhecem, sabem muito bem que ele não é uma pessoa só de falar, mas uma pessoa que executa o trabalho. Para o Sr. Rizkallah Jorge Tahanian, um grama de trabalho positivo equivale a mais de um milhão de gramas de palavras fúteis. Ele tem razão, e assim são todos os homens de pensamento positivo.

Através desta sua grande doação, o nosso respeitável benfeitor não só demonstra a nobreza do seu caráter, a bondade do coração, a grandeza de sua fé e nobre sentimento, mas com esta sua doação ele nos revela que nas suas veias ainda circula o sangue do armênio que cresceu junto às altas montanhas de Sassun, um dos símbolos da nossa luta de libertação (neste momento, o discurso foi in-

terrompido pelos aplausos efusivos dos presentes). Nascido na cidade de Alepo, e apesar de não saber falar o idioma de seus antepassados, o nosso estimado benfeitor, ao tomar este passo, nos ensina que o leão que cresce nas montanhas, se, por causa das circunstâncias, ele cria seu filhote na cidade, este sempre terá o orgulho de um leão galhardo, e não será como um filhote de gato interesseiro (aplausos estridentes).

Estimado Senhor Rizkallah, ao reservar a divulgação do comunicado oficial da vossa grande doação para esta data, e ao comparecer com vossa família a este evento em homenagem aos dois padres, o senhor e sua família concedem a nós um gesto especial de respeito, pelo qual queira Vossa Excelência aceitar nossos cordiais agradecimentos. A nação armênia tem sido mãe de muitos benfeitores generosos, um dos quais é Vossa Excelência. Este povo sabe respeitar seus filhos magnânimos de forma digna, e a coletividade armênia do Brasil, que é uma partícula do povo armênio, não vê com indiferença o vosso trabalho magnânimo, e saberá manifestar o seu respeito no devido tempo, de uma forma digna à vossa postura.

Em nome desta coletividade, manifesto meus agradecimentos à Vossa Senhoria e digníssima esposa, Sra. Zekié, aos vossos filhos e toda a família, rogando a bênção Divina a todos vós.

Em nome da coletividade armênia do Brasil, prometo-lhe, formalmente, que nós construiremos no terreno doado por vossa senhoria, ao lado da igreja que será erguida por Vossa Senhoria, a escola, a prelazia e o salão de festas de um modo bem maior do que vossa senhoria almeja (aplausos prolongados e calorosos).

(fim citação)

Depois dessas palavras, o padre mais uma vez voltou a falar em armênio:

Estimados irmãos e irmãs, que o tema das vossas conversas e o objeto da vossa preocupação cotidiana, a partir deste momento, seja a igreja e a escola. Que cada pessoa seja o pregador pela realização deste nosso sonho, que cada um esteja preparado, pois o Conselho Administrativo Central, tão logo estejam concluídos os trabalhos preliminares, dará início a uma arrecadação geral; serão necessários valores vultosos; portanto, que todos estejam prontos; quando os membros da comissão de arrecadação vos contatarem, não fiquem surpresos com isso. Abram de forma espontânea vossos bolsos, sejam generosos, porque contruiremos um Centro Armênio para todos os armênios, indistintamente.

Assim sendo, ao trabalho, meus irmãos e irmãs armênios, ao trabalho com passos firmes, pois devemos ter o nosso Centro Armênio, e de uma forma tão majestosa que os outros nos elogiarão.

Os público presente, que já interrompera várias vezes as palavras empolgantes do padre Yeznig Vartanian, ao fim do seu discurso demonstrou um entusiasmo que atingiu o seu ápice com aplausos estrondosos e exclamações. Estava claro, finalmente, que doravante não haveria mais motivo para receios, pois a coletividade estava entusiasmada além do que se imaginava e disposta; assim, não haveria motivo algum para que a arrecadação falhasse ou enfraquecesse; restava a circunspecta conclusão dos trabalhos preliminares para dar início à efetiva arrecadação.

Depois dos discursos pronunciados, deu-se início à recepção, durante a qual os presentes passaram horas agradáveis até depois da meia-noite.

Esse evento, tanto pelo seu significado como pelo êxito alcançado, bem como por sua perfeita organização e disciplina, foi um fato singular na história da coletividade armênia do Brasil.

Bedros Nazarian nasceu no dia 21 de junho de 1901, em São Paulo, capital do estado homônimo. É filho de Ghazar Aghá Nazarian, natural de Kharpert. Recebeu sua educação primária na escola Prudente de Moraes e, depois, continuou seus estudos no colégio Coração de Jesus. Em 14 de maio de 1914, seu pai o enviou para Aintab, em companhia de um compatriota, Hagop Manuchakian, para que o jovem Bedros pudesse continuar os seus estudos naquela cidade. Mas ao chegar em Iskenderun, na Turquia, já eclodira a Primeira Guerra Mundial. Assim, Bedros foi obrigado a permanecer ali e, depois de algum tempo, seguiu para Alepo, ficando imune da deportação. Em 1919, estimulado pelos movimentos voluntários, quis se inscrever na Legião Armênia, formada pelos franceses, com mais quinhentos jovens, mas, por causa de um desentendimento entre os franceses e os jovens voluntários armênios, todos foram rejeitados. Voltou ao Brasil em 1920 e começou a trabalhar no comércio. Foi um dos fundadores e membros da União Geral Armênia de Cultura Física, formada em 1924, proprietário do jornal *Gaydz*, assim como membro

Bedros Nazarian

do corpo representativo e do Conselho Administrativo Central. Exerceu a função de tesoureiro da grande arrecadação realizada na coletividade entre os anos de 1944 e 1947.

Como seu pai, Ghazar Aghá Nazarian, Bedros também é um digno compatriota, gentil e sempre disposto a ajudar sua coletividade. É respeitado e estimado por todos. Também assumiu o cargo de diretor-responsável do jornal *Hayasdaní Tsayn* [*A Voz da Armênia*], lançado em 1947.

Bedros Nazarian é um dos incentivadores morais e materiais da publicação deste livro.

TRABALHOS PRELIMINARES E A CAMPANHA DE ARRECADAÇÃO

Depois da grande recepção realizada no esporte clube Pinheiros, em 4 de junho de 1924, o Conselho Administrativo Central estava disposto a começar imediatamente a arrecadação, mas alguns murmúrios que se fizeram ouvir dentro da coletividade alertaram-no de que seria mais conveniente, antes de tomar qualquer iniciativa, obter um documento formal assinado por Rizkallah Jorge Tahanian que garantisse a transferência do terreno da igreja e das áreas adjacentes para a coletividade armênia. Os membros da coletividade não confiavam nas promessas verbais de Rizkallah: "Ele promete hoje, mas amanhã pode recusar", era o que todos diziam, e foi por esse motivo que o Conselho Administrativo tentou obter primeiro um documento assinado pelo benfeitor e só depois dar início à campanha de arrecadação. Por vários meses consecutivos, os dois padres e os membros do Conselho Administrativo Central tentaram convencer o benfeitor a preparar tal documento, e tentaram convencê-lo de que aquele documento contribuiria enormemente para o êxito da arrecadação.

Por outro lado, o Conselho Administrativo Central, com os dois padres e o conselheiro Bedros Nazarian, começaram a consultar a opinião do segundo milionário da coletividade armênia do Brasil, Vahram Keutenedjian, pois achavam que, se o rico armênio assumisse a dianteira e inaugurasse o livro de ouro de arrecadação com um valor substancial, então o êxito da campanha estaria assegurado.

Vahram Keutenedjian, no entanto, disse ao Conseho que, apesar de uma contribuição sua apresentar um valor significativo para a coletividade, ela, no entanto, não teria nenhum valor legal, e o Conselho não devia dar início à arrecadação, pois o estatuto da coletividade ainda não estava registrado nos órgãos competentes. Portanto, faltava legitimidade ao Conselho Administrativo Central para agir como representante legal da coletividade armênia com as autoridades. E, sendo assim, Vahram Keutenedjian considerava ser inoportuno falar sobre qualquer arrecadação naquele momento.

Keutenedjian tinha razão, e suas observações eram plausíveis. Mas deve-se afirmar também que o Conselho Administrativo Central não estava alheio à legislação, e havia traduzido para o português o estatuto ainda em vigor, adaptando-o às leis locais, e, depois de ter recebido a aprovação do corpo representativo, o havia encaminhado para as autoridades competentes para o devido registro e aprovação. Depois de ouvir as observações de Vahram Keutenedjian, o Conselho designou o seu vice-presidente, Andreas Jafferian, para acompanhar o caso e acelerar o trabalho do registro e aprovação do estatuto.

Com iniciativa notável e por quinze dias ininterruptos, Andreas Jafferian até deixou temporariamente os seus afazeres particulares e procurou resolver tal pendência. Finalmente, na reunião do dia 19 de novembro de 1944, Jafferian comunicou aos seus colegas do Conselho que o estatuto, bem como o atual Conselho Administrativo Central, com seus conselheiros e dois eclesiásticos, estavam aprovados e devidamente reconhecidos pelas autoridades: o primeiro, como o estatuto oficial da coletividade armênia, e o segundo, como o corpo legalmente constituído, representando a coletividade armênia perante as autoridades.

Estava, portanto, eliminado o maior obstáculo para dar início à campanha de arrecadação; restava apenas acertar os detalhes finais da forma de execução.

Vahram Keutenedjian nasceu em Constantinopla, no dia 13 de fevereiro de 1883, filho do fabricante de guarda-chuvas Meguerditch Keutenedjian, natural de Ag'n. Com 1 ano de idade, mudou-se com a família para a cidade de Sebastia, onde recebeu sua educação primária. Em 1908, voltou a Constantinopla e de lá chegou ao Brasil em 1911, fixando residência na cidade de São Paulo e começando a trabalhar no comércio.

Casou em 1911 com a Srta. Claudina Gasparian, filha de Markar Gasparian, natural de Kharpert, um dos primeiros armênios a chegar a São Paulo e um dos fundadores da primeira loja comercial nesta cidade.

Vahram Keutenedjian

Após a morte do sogro, Vahram assumiu a administração da loja e, em pouco tempo, graças à sua inteligência e talento natural para o comércio, logrou um sucesso brilhante. Em 1924, fundou uma fábrica de tecelagem com o nome de Lanifício Vahram, que é uma das maiores e melhores do seu gênero em toda a América do Sul.

Vahram Keutenedjian foi um dos pioneiros que se dedicaram à estruturação interna da coletividade armênia. De 1923 até 1930, foi membro de todos os conselhos comunitários. Foi membro da Associação Comunitária, formada em 1927, na qual ocupou o cargo de presidente. Até fins de 1932, ele participou da vida comunitária e tentou sempre estar presente a todos os eventos e festas; mas, quando sua situação financeira começou a avançar a passos acelerados, aos poucos se afastou do meio armênio, em parte por estar extremamente atarefado com seus afazeres, e, por outro lado, pela brusca mudança do seu círculo de relacionamento, em consequência de sua situação econômica.

Graças à sua ajuda, foi possível concluir a construção da igreja armênia no subúrbio de Presidente Altino. Ele teve uma grande participação na arrecadação realizada nos anos de 1944-1945, ao contribuir com a destacada doação de 200.000 (duzentos mil) cruzeiros.

Vahram Keutenedjian é pai de três filhos, Marcar, Meguerditch, Ubirajara, e duas filhas, Ayidé e Hripsimé. Por serem batizados numa igreja não armênia e terem estudado em escolas locais, seus filhos não têm noção da nação da qual descendem, nem sentem a necessidade disso.

Vahram Keutenedjian tem participado de todas as arrecadações realizadas na coletividade. Além de colaborar com a escola Turian, é membro da coletividade e paga regularmente sua contribuição comunitária. Goza de grande prestígio e respeito no círculo empresarial, e a coletividade armênia sente-se orgulhosa pelo sucesso deste seu filho, e espera que ele continue a trazer sua colaboração moral e material em prol do progresso e desenvolvimento das atividades desta coletividade.

Na reunião do dia 24 de agosto de 1944, o padre Yeznig Vartanian comunicou aos conselheiros que ele, junto com o presidente do Conselho, Levon Apovian, manteve um contato pessoal com Rizkallah Jorge Tahanian, a quem ambos tentaram convencer, mais uma vez, a assinar o documento necessário, pois assim o Conselho teria condições de iniciar a arrecadação com o público da coletividade, assegurando a todos que o benfeitor já doara o terreno à coletividade. Apesar de Rizkallah não lhes ter respondido de forma clara e definitiva, sugerira, no entanto, que o Conselho Administrativo Central preparasse o documento solicitado e depois o apresentasse para ele, e, se fosse viável assiná-lo, então ele assim o faria.

Os conselheiros eram pessoas práticas; portanto, sem perder mais tempo, decidiram imediatamente preparar o documento de compromisso no idioma português e o enviaram para o benfeitor, esperando receber sua decisão.

Durante a preparação do documento, foram consideradas as prováveis alterações que o benfeitor poderia exigir; por isso, foi colocado o máximo de empenho para redigir o documento de forma muita clara para não dar vazão a dúvidas ou discordâncias, e para não perder mais tempo com negociações.

O documento preparado pelo Conselho Administrativo Central dizia:

Excelentíssimo Senhor Rizkallah Jorge Tahanian;
De acordo a consulta realizada entre Vossa Excelência, o Conselho Administrativo Central, os reverendos padres Gabriel Samuelian e Yeznig Vartanian sobre a questão da construção de uma escola, prelazia, salão de festas e uma residência para o zelador no terreno localizado à avenida Tiradentes, adquirido por Vossa Excelência para a construção da igreja, e a fim de se chegar a um desfecho positivo e definitivo, relacionado tanto com a construção dos respectivos prédios quanto à doação dos terrenos da igreja e adjacências por Vossa Excelência para a coletividade armênia, e principalmente no que concerne a esta última, visto que isso facilitará enormemente os trabalhos que o Conselho Administrativo Central pretende realizar junto ao público desta coletividade, e ainda a fim de garantir à Vossa Excelência que o Conselho Administrativo Central sem falta assumirá a responsabilidade de construir os prédios mencionados, tomamos a liberdade de apresentar-lhe o documento que ora anexamos, em duas vias, que servirá como base do acordo final estabelecido entre Vossa Excelência, o Conselho Administrativo Central e nossos dois padres:

MINUTA DO DOCUMENTO SOBRE COMPROMISSO RECÍPROCO

"Eu, Rizkallah Jorge Tahanian e minha esposa, Sra. Zekie Rizkallah Jorge Tahanian, obedecendo às sugestões emanadas de nossas almas, a fim de satisfazer um antigo desejo familiar e atendendo ao apelo da coletividade armênia, chegamos ao acordo recíproco com o Conselho Administrativo Central e os dois padres para construirmos uma igreja para a coletividade da Igreja Apostólica Armênia de São Paulo, e doá-la-emos com seu respectivo terreno e os terrenos adjacentes para a coletividade da Igreja Apostólica Armênia, e esta última ali erguerá uma escola, prelazia, salão de festas e a residência do zelador com seus próprios recursos.

O referido terreno é nossa propriedade particular e localiza-se na avenida Tiradentes, número 847, com 25 metros de largura e 87 metros de comprimento. Termos e condições:

1. A igreja será construída com nossos recursos próprios, e a obra será executada pelo engenheiro e obreiros indicados por nós, sem nenhum laço com as demais construções.

2. O Conselho Administrativo Central assumirá a incumbência de construir, apenas e tão somente com as doações dos filhos da Igreja Apostólica Armênia, os prédios abaixo mencionados no terreno adjacente à igreja, e cujo valor global não deve ser inferior a 800.000 (oitocentos mil) cruzeiros:

a) escola;
b) prelazia;
c) salão de festas;
d) residência para o zelador.

Tais construções devem ser realizadas de acordo com o estilo arquitetônico da igreja armênia, para se completarem mutuamente e terem um visual condizente.

3. O Conselho Administrativo Central deve designar três de seus sete conselheiros para administrarem e vigiarem as obras de construção.

4. O Conselho Administrativo Central deve modificar e adaptar às leis locais o seu estatuto, que deve ser registrado e reconhecido oficialmente pelas autoridades competentes, e também ser aprovado pela assembleia representativa da coletividade, que atualmente compõe-se de 40 membros.

5. O Conselho Administrativo Central nos outorga o direito de realizarmos ementas no estatuto que será modificado, sob a condição de que os artigos que sofrerão alterações não comprometam a administração e melhoramento da igreja, nem prejudiquem a dignidade da coletividade.

6. Depois de ter recebido da prefeitura a aprovação das plantas da escola, prelazia, salão de festas e da residência para o zelador, à véspera do contrato a ser firmado com o engenheiro responsável e os obreiros, o Conselho Administrativo Central deve depositar, em seu nome e para uso exclusivo das referidas obras de construção, 25% do valor total dos custos da construção num banco local de confiança.

7. Após a conclusão de todas as construções, isto é, da escola, prelazia, salão de festas e residência do zelador, na véspera da abertura, a fim de dar um brilho maior à inauguração, realizaremos a doação, ou seja, a transferência formal dos terrenos onde se localizam a igreja e as demais construções para a Coletividade Armênia, e as entregaremos aos cuidados e administração do Conselho Administrativo Central de São Paulo, eleito legalmente e de acordo com os termos do estatuto.

8. A construção das obras terá início simultêneo, e deverá ser concluída dentro do prazo de dois anos, contado a partir da data da aprovação da planta pela prefeitura.

9. Encerrada a construção, e caso seja necessário, o Conselho Administrativo Central pode introduzir alterações ou acrescentar novos artigos no seu estatuto, com nosso consentimento.

Este compromisso recíproco deve ser executado levando-se em consideração seus mínimos detalhes. Os membros do Conselho Administrativo Central que assinam o presente documento são responsáveis, direta e pessoalmente, pela execução das construções; caso contrário, a promessa de doação que ora pactuamos fica violada, sem efeito e sem validade."

Esse documento foi preparado em duas vias, para que, depois do consentimento do benfeitor, fosse assinado por ambas as partes, ficando uma das cópias com o benfeitor e outra com o Conselho Administrativo Central.

Na reunião do dia 9 de setembro de 1944, o Conselho tinha na sua ordem do dia as contrapropostas de Rizkallah Jorge Tahanian, que basicamente mantinha os itens do contrato remetido pelo Conselho, mas sugeria efetuar apenas duas alterações, quais sejam:

a) Antes de iniciar os trabalhos da construção, depositar 50% do valor total do orçamento previsto para a execução das obras num banco.

b) Os prédios a serem erguidos podem ter um valor coletivo de no mínimo 1.000.000,00 (um milhão) de cruzeiros.

O Conselho Administrativo Central, ao observar que as modificações sugeridas eram alterações insignificantes e sem motivos sérios de argumentação contrária, decidiu aceitá-las integralmente e enviou uma carta para o benfeitor comunicando que as modificações foram aprovadas. Na mesma correspondência, foi solicitado ao benfeitor que marcasse uma data para que, junto com o Conselho Administrativo Central, num encontro formal, o documento de compromisso fosse assinado. Depois disso, o Conselho teria condições de dar início ao trabalho de arrecadação.

Às 20h30 do dia 4 de outubro de 1944, atendendo a um convite do benfeitor Rizkallah Jorge Tahanian, todos os membros do Conselho Administrativo Central, acompanhados pelos dois padres, chegaram à sua residência.

Rizkallah Jorge Tahanian recebeu os visitantes com muito boa disposição, feliz e diferente de sua postura habitual; conduziu-os até o salão nobre de sua residência, que estava "inundado" de luzes por todos os cantos. Ao ato estavam presentes seus três filhos, Jorge, Nagib e Salim, assim como seu secretário particular, o sírio Fares Tabak. Estava claro que o benfeitor havia se empenhado ao máximo para dar um aspecto solene ao ato de assinatura do documento de compromisso recíproco.

Após as formalidades de boas-vindas, o padre Yeznig Vartanian levantou-se e agradeceu ao benfeitor por ter atendido o desejo do Conselho Administrativo Central, marcando este importante encontro onde seria lido e depois assinado por ambas as partes, formalmente, o documento de compromisso recíproco, dando assim ao Conselho Administrativo Central a possibilidade dar início ao seu trabalho de arrecadação.

Com grande satisfação, o benfeitor respondeu que ele estava disposto a ajudar o Conselho Administrativo Central na medida do possível para dar início a esse trabalho de grande utilidade, e pediu para que fosse lido formalmente o documento que seria assinado.

O vice-presidente do Conselho Administrativo Central, Andreas Jafferian, deu então início à leitura do documento, item por item e com pausas após a leitura de cada artigo, para ver se todos concordavam ou se haveria alguma observação por parte dos presentes.

A leitura do documento foi concluída sem nenhuma interrupção ou observação. O padre Yeznig, mais uma vez, levantou e perguntou se alguém teria alguma objeção ou comentário a fazer e, depois que todos exclamaram "não" em uníssono, pediu ao benfeitor Rizkallah Jorge Tahanian que honrasse os presentes assinando em primeiro lugar o documento.

Sempre sorridente e de bom humor, o velho benfeitor aproximou-se da mesa e tomou das mãos do vice-presidente do Conselho Administrativo Central, Andreas Jafferian, a caneta-tinteiro e assinou as duas vias do compromisso mútuo.

Logo depois de registrar sua assinatura, os presentes saudaram esse ato de Rizkallah Jorge Tahanian com calorosos aplausos e grande entusiasmo.

Com uma expressão de rara satisfação revelada aos presentes, o benfeitor levantou-se e disse: "Tenho a esperança de que Deus todo piedoso laureará com êxito esta nossa iniciativa, já que ela é induzida somente por sentimentos de ser útil à coletividade armênia, assim como para glorificar o nome do Senhor". A seguir, passou a caneta para o padre Yeznig Vartanian, e assim, sucessivamente, todos os membros do Conselho Administrativo Central assinaram o documento; a cada assinatura, seguiam-se calorosos aplausos.

Depois de todos já terem assinado o documento, que transcorreu sob um enorme entusiasmo, os serviçais do benfeitor entraram portando bandejas com garrafas e taças de champanha.

O padre Gabriel Samuelian, segurando em uma das mãos a taça, levantou-a, teceu palavras de votos de felicidade e, em nome da coletividade armênia, agradeceu ao benfeitor por este nobre gesto de doação, abençoando-o e toda sua família.

A seguir, usou da palavra o secretário particular do benfeitor, Fares Tabak, que cumprimentou a coletividade armênia por seu empreendedorismo, e disse que a coletividade estava com sorte por ter um benfeitor tão gentil, generoso e cheio de bons sentimentos como o Sr. Rizkallah Jorge Tahanian, acrescentando que, "apesar de a coletividade síria ser numericamente maior e financeiramente mais estruturada, confesso que esta não tem tanta garra de iniciativa, e até hoje não tivemos benfeitores da altura do Sr. Rizkallah na nossa coletividade". Ao fim de suas palavras, Tabak mais uma vez transmitiu seus cordiais cumprimentos e felicitou a coletividade armênia.

Também tomaram a palavra Andreas Jafferian, os filhos do benfeitor, Jorge e Nagib, que reciprocamente teceram elogios mútuos e fizeram votos de muito êxito.

No fim, o padre Yeznig Vartanian levantou-se e agradeceu ao benfeitor por esta sua nobre e inesquecível atitude, e manifestou seus cordiais cumprimentos também à esposa do benfeitor, a Sra. Zekié, aos filhos e toda a família, que compartilharam naquele momento a emoção do grande benfeitor, e acrescentou, dizendo:

Vossa Excelência, senhor Rizkallah Jorge, de acordo com o documento que acabamos de assinar, evidentemente levando em consideração os interesses do povo, deseja que o valor total dos prédios que serão construídos seja de um milhão de cruzeiros. Eu quero dizer que a coletividade armênia vos promete construí-los no equivalente a um milhão e duzentos mil cruzeiros. Com relação aos sentimentos de gratidão, a coletividade armênia tem plena convicção e consciência, e entende a grande dimensão da Vossa bondade, e no devido tempo saberá dignificar e respeitar o seu benfeitor, de acordo com os vossos sentimentos e o passo tomado, e de uma forma condizente ao prestígio da coletividade.

O povo armênio sempre tem sido dedicado, e sua disposição de fazer sacrifícios é uma de suas virtudes nacionais. Toda vez que benfeitores como Vossa Excelência tomam iniciativas e a dianteira dos anseios populares, o povo, por sua vez, sempre destaca e engrandece o benfeitor. Tenho a certeza de que também desta vez o nosso povo colocará este valor no seu patamar máximo. Ao ter em mãos a vossa assinatura, não mais tememos nem temos a menor dúvida sobre o êxito dos trabalhos já programados. Estamos gratos de coração a Vossa Excelência por esta nobre doação, pois através dela Vossa Excelência não está doando apenas uma igreja à coletividade armênia, mas também uma escola, pois, sem o terreno que foi doado, a coletividade armênia enfrentaria grandes dificuldades e seria obrigada a arcar com sacrifícios financeiros superiores à sua capacidade. Com esta doação, Vossa Excelência facilitou enormemente o nosso trabalho, aliviando o nosso peso. O povo sabe de tudo isso, e por este motivo vos transmite, por intermédio de seus represenantes, que somos nós, a seguinte manifestação: "Nosso gentil benfeitor da coletividade, senhor Rizkallah Jorge Tahanian, agradecemos e somos-lhe gratos. Que o todo bondoso Deus, o Deus do povo armênio vos recompense de forma abundante".

Com exclamações de amém... amém... e aplausos prolongados, encerrava-se esta cerimônia solene de assinatura do documento de compromisso recíproco.

Considerando a idade avançada do benfeitor, e para não cansá-lo mais, passados uns dez minutos, os membros do Conselho Administrativo Central pediram licença para se despedir. Mas Rizkallah Jorge Tahanian, interrompendo, exclamou: "Hoje é um grande dia de alegria para mim, e não quero que o dia acabe logo; portanto, peço-lhes que fiquem mais um pouco", e pediu que todos sentassem, iniciando uma longa e alegre conversa que se estendeu até depois da meia-noite.

Desta vez, Rizkallah Jorge Tahanian estava de fato feliz e contente, e via-se, visivelmente, que ele sentia uma verdadeira satisfação íntima pela doação que acabava de selar, alegria essa que estava estampada na sinceridade de suas palavras e gestos.

Levon Apovian

Levon Apovian nasceu em 1885 na cidade de Marach, filho de Avedis Apovian. Recebeu sua educação primária na escola Central de Marach, e depois começou a trabalhar no comércio. Foi deportado para Alepo, em 1915, e ali permaneceu até o armistício. Empolgado com a conquista de Marach pelas forças francesas, decidiu voltar à sua cidade natal. Com a recuo dos franceses, quando o líder dos turcos *tcheten*, Ali Keledji, entrava na cidade, ele foi atingido de raspão por um disparo de arma; pouco depois viajou com a família novamente para Alepo, de onde veio para o Brasil em

1926, fixando residência na cidade de São Paulo e começando a trabalhar no comércio. Atualmente, possui uma grande fábrica de calçados, em sociedade com seu filho maior, Krikor. A fábrica é instalada em imóvel próprio; também possui uma loja atacadista de calçados.

Graças à sua aptidão comercial e incansável trabalho, Levon Apovian, que é um dos armênios que chegaram ao Brasil depois de 1923, tem logrado um êxito financeiro brilhante.

Apovian foi um dos fundadores da Associação Compatriota de Marach e por um período exerceu o cargo de presidente. A partir de 1930, foi membro do Conselho Comunitário e do Conselho Administrativo Central como tesoureiro, vice-presidente e secretário. Na sua gestão, quando ele era presidente do Conselho Administrativo Central, deu-se início à arrecadação comunitária para a construção da escola e os prédios adjacentes. Nessa época, Levon Apovian revelou grande aptidão, sendo um incansável administrador. Apesar de sua idade avançada, sem levar em consideração a chuva ou o sol, noite ou dia, acompanhou os trabalhos da comissão arrecadadora e, junto com seus colegas, conseguiu concluir com êxito a tarefa assumida.

O Sr. Levon Apovian tem sido um dos compatriotas que mais se dedicam às atividades da coletividade armênia, assim como um dos mais efusivos defensores e apoiadores da Igreja Apostólica Armênia e da preservação da escola, revelando uma postura louvável e digna de um patriota armênio.

Levon Apovian é um dos incentivadores morais e materiais da publicação deste livro.

Após receber o documento com a assinatura de Rizkallah Jorge Tahanian, o Conselho Administrativo Central passou a trabalhar exaustivamente. Sua primeira tarefa foi a de entregar a confecção das plantas dos prédios a serem construídos para alguns engenheiros, assim como formar as comissões arrecadadoras, e, na reunião do dia 30 de outubro de 1944, decidiu convidar 22 compatriotas para que ajudassem o Conselho como membros da comissão de arrecadação.

Na reunião de 10 de novembro de 1944, apenas oito dos 22 convidados compareceram e prometeram ajudar nos trabalhos de arrecadação. Na reunião de 13 de novembro de 1944, todos os detalhes e minúcias sobre a arrecadação já estavam definidos, e foram verificados e conferidos todos os recibos e o livro de ouro.

Na primeira página do livro de ouro foi registrada a seguinte declaração, em português:

Este livro de ouro contém 86 folhas, numeradas à mão da 1 a 86, assinadas pelos membros do Conselho Administrativo Central da Igreja Apostólica Armênia. Este livro destina-se ao registro de todas as doações que são realizadas para a construção do prédio cultural e os demais da Igreja Apostólica Armênia, ou seja, escola, prelazia, salão de festas e uma residência para o zelador. Esses prédios serão construídos no terreno localizado à avenida Tiradentes, nº 847, que foi doado para nossa coletividade pelo benfeitor desta coletividade, senhor Rizkallah Jorge Tahanian, e sua esposa, sra. Zekié, os quais construirão uma igreja no mesmo terreno com seus recursos próprios e a doarão à coletividade armênia.

Assinaram a declaração Jorge Rizkallah Jorge Tahanian, arcipreste Gabriel Samuelian, padre Yeznig Vartanian, Levon Apovian, Karekin Tufenkdjian, Mihran Boyadjian, Andreas Jafferian, Mihran Avedis Nahas, Bedros Nazarian e Arsen Momdjian.

Foi marcado para o dia 15 de novembro o início da arrecadação, e o livro de ouro foi inaugurado pelos próprios membros do Conselho Administrativo Central, que fizeram as seguintes contribuições:

Arcipreste Gabriel Samuelian	Cr$ 2.000,00
Padre Yeznig Vartanian	Cr$ 1.000,00
Diácono Arsen Momdjian	Cr$ 3.000,00
Levon Apovian e filho	Cr$30.000,00
Bedros Nazarian e irmãos	Cr$ 50.000,00
Mihran Boyadjian	Cr$15.000,00
Andreas Jafferian	Cr$ 10.000,00
Mihran Avedis Nahas	Cr$ 5.000,00
Karekin Tufenkdjian	Cr$ 2.000,00
Total	Cr$ 118.000,00

No seu primeiro passo, a arrecadação logrou êxito e prometia um futuro brilhante. Só o Conselho Administrativo Central, com os dois padres, registrou a importância de Cr$ 118.000,00 (cento e dezoito mil cruzeiros).

No dia 15 de novembro de 1944, a comissão de arrecadação teve o seu primeiro contato com o público da coletividade, e a partir dessa data e a cada sábado à noite, por um período de cinco semanas, sem que as condições climáticas fossem motivo de impedimento ou retardamento dos trabalhos, a comissão bateu de porta em porta e visitou os membros da coletividade, evidentemente agendando com antecedência junto com os compatriotas a sua visita. Em geral, esse trabalho semanal terminava por volta da meia-noite.

Em 30 de julho de 1945 a arrecadação já fora concluída, e o livro de ouro registrava o respeitável valor de Cr$ 1.400.000,00 (um milhão e quatrocentos mil cruzeiros), de cujo total Cr$ 1.200.000,00 (um milhão e duzentos mil cruzeiros) foram depositados no banco naquele mesmo dia, e o restante, de entradas parceladas, foi depositado periodicamente.

É impossível não elogiar essa postura irrestrita dos membros da coletividade armênia e o estímulo demonstrado por eles, algo que deu ânimo e força à atividade do Conselho Administrativo Central. Toda a coletividade armênia de São Paulo, desde o mais humilde trabalhador até os mais abastados e milionários, trouxe cada um sua participação espontânea e cordial à arrecadação.

Todo o peso do trabalho de arrecadação recaiu praticamente sobre os ombros do Conselho Administrativo, que desenvolveu essa tarefa com muito zelo, amor e sem qualquer reclamação.

Além dos dois padres, que eram membros permanentes da comissão arrecadadora, também trouxeram suas valiosas participações os seguintes compatriotas:

Apraham Tchorbadjian, que foi um dos mais dinâmicos membros da comissão organizadora — apesar de sua idade avançada, revelou uma disposição ímpar e uma garra inesgotável; também merecem destaque Nazaret Distchekenian, Krikor Gananian, Iknadios Der Parseghian, Rupen Kiurkdjian, Garabed Gananian, Kevork Maksudian, Sarkis Kaloustian, Salim Sayegh e Garabed Kouyoumdjian.

Por sua vez, os jovens do programa radiofônico *Melodias Armênias* colaboraram ativamente no trabalho de arrecadação, pois desde o primeiro dia até o último, em todos os programas dominicais e de forma ininterrupta, através das ondas da emissora, divulgaram a relação semanal dos doadores e os valores arrecadados, assim como os comunicados recebidos do Conselho Administrativo Central, de modo que a cada domingo toda a coletividade armênia ficava a par da arrecadação e podia acompanhar o curso dos trabalhos realizados.

Com sua colaboração voluntária, o estudante da Faculdade de Medicina Antranik Manissadjian também revelou um serviço notável, pois, com sua máquina de escrever, ele ajudou o padre Yeznig Vartanian escrevendo as informações e relatórios que seriam narrados no programa radiofônico, os quais ele entregava pessoalmente aos responsáveis do programa radiofônico *Melodias Armênias*.

Sra. Mari Khatchadurian

A Sra. Mari Khatchadurian nasceu em Aintab no ano de 1901, filha de Soghomon Kabakian. Recebeu sua educação primária na escola dos Educadores de Aintab. Em 1921, casou com seu conterrâneo Issahak Khatchadurian. O casal chegou ao Brasil em 1928 e fixou residência na cidade de São Paulo. Entre 1944 e 1945, ela foi a primeira mulher armênia a participar na arrecadação em prol da construção da escola, com sua contribuição de Cr$ 5.000,00 (cinco mil cruzeiros), o que serviu de exemplo para muitas outras senhoras armênias. A Sra. Mari tem participado de todas as arrecadações de forma generosa. É uma mulher patriota e gentil.

Garabed Gananian

Garabed Gananian é natural de Ag'n, nasceu em 1900, filho de Meguerditch Gananian. Em 1915, quando os armênios de Ag'n foram expulsos de suas casas e da cidade amarrados uns aos outros nos braços para serem assassinados, seu pai, graças a uma navalha que guardara com muito cuidado, cortou os nós da corda que amarravam-lhe os braços e atirou-se no rio Eufrates. Os soldados começaram a atirar por algum tempo na direção onde o corajoso armênio havia se jogado, mas, ao não detectarem nenhum movimento, acharam que ele havia morrido e continuaram a caminhar com suas vítimas. Nadando debaixo da água, Meguerditch passou à margem oposta do rio e se abrigou numa aldeia chamada Vank [Convento], habitada por uma maioria grega. Na manhã seguinte, quando secava suas roupas ao sol sentado numa pedra, um entregador de cartas turco chamado Ahmed, que era conhecido pelos moradores de Ag'n, viu-o e, apesar das súplicas de Megueritch, matou-o e jogou seu corpo no rio.

Sua mãe, Manuchag, com cinco filhos menores, ficou por algum tempo abrigada na aldeia de Medz Akarag [Grande Fazenda], e depois voltou a Ag'n. Em 1919, o adolescente Garabed foi a Constantinopla para encarregar-se do patrimônio de seu pai, e chegou à capital do Império Otomano no dia em que todos os armênios da cidade estavam aguardando a volta do patriarca Zaven do exílio.

Em 1922, quando os movimentos kemalistas tomavam mais força, Gabared decidiu afastar-se de Constantinopla e foi primeiro à Grécia e, de lá, seguiu para a Síria, onde sua mãe havia chegado de Ag'n com os outros quatro filhos. A família chegou ao Brasil em 1926 e se estabeleceu na cidade de São Paulo. Ainda um adolescente inexperiente, Garabed começou a trabalhar junto com seus dois irmãos pequenos, e pouco tempo depois abriu uma loja e mais tarde uma fábrica de calçados.

Casou no ano de 1939 com a Srta. Archaguhi Guedikian, natural de Hadjin. Atualmente, ele e seus irmãos trabalham em sociedade no comércio atacadista de calçados, num imóvel próprio.

Foi membro da comissão arrecadadora nos anos de 1944-1945, demonstrando um trabalho dinâmico.

A arrecadação também se estendeu aos armênios que moravam fora da cidade de São Paulo, em 25 cidades distintas. O padre Yeznig Vartanian realizou três viagens num total de doze dias a essas cidades, tendo como companheiro Nazaret Distchekenian, natural de Marach, que, além de deixar o seu trabalho e dispor de tempo, cuidou ainda de toda a despesa da viagem, imbuído do nobre pensamento de evitar maiores despesas à tesouraria da coletividade.

As últimas duas viagens perduraram por trinta dias. Krikor Gananian, natural de Ag'n, acompanhou o padre Yeznig, e todas as despesas dos dois ficaram a cargo do irmão maior de Krikor, Nichan Gananian, que, além de já ter participado da arrecadação com Cr$ 15.000,00 (quinze mil cruzeiros), com esse gesto de assumir as despesas de viagem do padre e do seu irmão menor, demonstrou o alto grau de patriotismo e o puro sentimento de ser útil ao trabalho de arrecadação.

Nas três viagens realizadas, foi possível arrecadar um valor significativo de Cr$ 100.000,00 (cem mil cruzeiros).

Assim, da mesma forma que seus compatriotas de São Paulo, também os residentes nas 25 cidades visitadas, indistintamente, não hesitaram e atenderam com alegria o pedido de colaboração, deram suas participações ativas e revelaram seus sentimentos de autênticos armênios.

Nichan Gananian

Nichan Gananian nasceu em Ag'n, em 1905, filho de Meguerditch Gananian. Chegou com a família ao Brasil em 1926, e se estabeleceu na cidade de São Paulo.

Casou em 1946 com a Srta. Vrejuhi Guenjian, filha de Pailak Guenjian, natural de Erzerum. Além de participar da arrecadação para a construção da escola, Nichan também assumiu todas as despesas de viagem do seu irmão Krikor e do padre Yeznig Vartanian nas cidades do interior.

Krikor Gananian

Krikor Gananian nasceu em Ag'n, em 1908, filho de Meguerditch Gananian. Chegou com a família ao Brasil, em 1926, e fixou residência na cidade de São Paulo, onde trabalha com seus irmãos Garabed e Nichan no comércio atacadista.

Entre 1944 e 1945, foi membro da comissão de arrecadação do Conselho Administrativo Central. Acompanhou o padre Yeznig Vartanian por trinta dias em duas viagens realizadas às cidades do interior para ajudar na arrecadação da comissão. É um jovem dinâmico, dedicado e ativo.

Pode-se dizer que esta arrecadação popular logrou um sucesso além do esperado. A coletividade armênia do Brasil estava tão empolgada que, independentemente das doações pessoais, também houve participações coletivas. A Cruz Vermelha Armênia de São Paulo doou Cr$ 31.620,00 (trinta e um mil e seiscentos e vinte cruzeiros), a União da Juventude Armênia contribuiu com Cr$ 10.000,00 (dez mil cruzeiros), e a Associação das Formandas da Escola Turian, com Cr$ 4.000,00 (quatro mil cruzeiros).

Essas doações coletivas foram realizadas apenas entre os associados de cada entidade, e boa parte dos membros dessas entidades também colaborou com doações pessoais, provavelmente com quantias bem maiores.

A coletividade armênia do Brasil agia como que transformada num só coração e numa só alma, e dignificava a si própria. Toda honra aos integrantes desta coletividade.

Antranik Manissadjian nasceu em 19 de junho de 1924, filho do casal Ardavazt e Dikranuhi Manissadjian. A família chegou ao Brasil no dia 30 de dezembro de 1930 e fixou residência na cidade de São Paulo. Antranik recebeu sua educação primária na escola armênia Turian e depois no colégio Arquidiocesano, concluindo-o em 1934. Em 1936, frequentou o ginásio Nossa Senhora do Carmo, e concluiu o curso em 1940. Em 1942, para entrar na Faculdade de Medicina, participou das provas do colégio Universitário, onde, dos 320 candidatos, apenas 62 seriam aprovados; Antranik foi um dos mais brilhantes e foi admitido na Faculdade. Em 1944, participou das provas da Faculdade de Medicina do estado, onde, dos 270 candidatos, apenas oitenta seriam admitidos. Também ali, depois de realizar uma prova brilhante, conseguiu vaga nessa faculdade, onde continua seus estudos e é conhecido como um dos melhores alunos.

Antranik Manissadjian

Antranik Manissadjian se dispôs voluntariamente a trazer sua contribuição à arrecadação, ajudando o padre Yeznig Vartanian nos trabalhos escritos. Este jovem sério, inteligente e laborioso promete ter um futuro com muito êxito.

Kevork Maksudian nasceu em 1899, em Aintab. Recebeu sua educação primária na escola Ateneu, na sua cidade natal. Em 1914, foi deportado para Hama, onde permaneceu até o armistício, e depois voltou a Aintab e participou das lutas de autodefesa daquela cidade. Em 1920, viajou para Alepo e de lá veio para o Brasil em 1926, fixando residência na cidade de São Paulo, onde abriu uma fábrica de tecelagem.

Em 1934, casou com a Srta. Chaké Tchorbadjian, natural de Marach. Maksudian é um dos fundadores da Associação Compatriota de Marach e membro da diretoria. Entre os anos de 1944 e 1945, foi membro da comissão de arrecadação, revelando uma atividade dinâmica.

Kevork Maksudian é um dos que colaboraram moral e financeiramente para a publicação deste livro.

Kevork Maksudian

Garabed Kouyoumdjian nasceu em Aintab, em 1892, filho de Serapião Kouyoumdjian. Recebeu sua educação primária na escola local Vartanian e, em 1909, frequentou a escola militar. No ano seguinte, em 1910, sem ter concluído ainda seus estudos, serviu na milícia e alcançou o grau de sargento. Chegou ao Brasil em 1930 e fixou residência na cidade de São Paulo, onde começou a atuar no comércio.

Em 1944-1945, foi membro da comissão arrecadadora. Faleceu no dia 8 de abril de 1945. O saudoso era uma pessoa bondosa, dedicada e um bom patriota.

Garabed Kouyoumdjian

Manuk Chahbazian nasceu em 1905, na cidade de Kharpert. Chegou ao Brasil em 1925, onde já moravam seus irmãos. Em 1929, em sociedade com seus irmãos, fundou uma lavanderia mecânica chamada Lavanderia América, que é uma das melhores e a única no seu gênero entre os armênios de São Paulo.

Por ter estabelecido um círculo de amizade com a esfera policial, Manuk Chahbazian tem se tornado uma pessoa muito útil para a coletividade armênia local no que concerne a questões policiais e de segurança.

Manuk Chahbazian

SOLENIDADE DE FUNDAÇÃO DA IGREJA SÃO JORGE, DA ESCOLA E DOS PRÉDIOS ADJACENTES

Mesmo sendo um realista, o homem às vezes se depara com tantos fatos que, até de forma involuntária, forçosamente vê a presença da Providência em tudo. "Cada maldade tem sua bondade", diz o provérbio popular, e, efetivamente, assim como todos os provérbios populares, este também não fica imune da verdade; ao menos foi o que aconteceu com a demolição da igreja armênia São Jorge, em São Paulo.

Em maio de 1942, quando as pás do progresso concluíam o trabalho de demolir a igreja armênia São Jorge, entristecendo até o limite da desesperança o benfeitor Resvala Jorge Tahanian e deixando sem esperanças a coletividade armênia, pode-se dizer que foi uma benéfica determinação Divina, pois, tal como no provérbio popular, do mal nasceria um bem.

Além de ser pequena, a igreja ora derrubada, junto com seu também pequeno terreno adjacente, não era suficiente para satisfazer as necessidades desta coletividade, tal como a construção de prédios correspondentes, e não permitia a possibilidade de se tornar um centro armênio; no máximo, seria uma capela ilhada, que de forma nenhuma poderia satisfazer as necessidades da coletividade. Sua demolição foi motivo para que se buscasse um novo terreno onde, além da igreja, viabilizou-se a construção dos prédios adjacentes que eram necessários para a coletividade armênia, criando assim um Centro Armênio, cuja presença tornara-se um imperativo.

Nos primeiros dias, Rizkallah Jorge Tahanian não tinha tanta confiança no êxito da arrecadação popular, mas, quando foi informado, em fevereiro de 1945, que o valor da arrecadação chegara a Cr$ 900.000,00 (novecentos mil cruzeiros), sua dúvida se dissipou e começou a se movimentar rapidamente. Assim, mandou preparar a maquete e o desenho da igreja e, à guisa de conhecimento, os enviou para o Conselho Administrativo Central, comunicando, simultaneamente, que no Domingo de Ramos, dia 25 de março de 1945, realizaria o ato formal de fundação da construção da igreja, e pediu que fossem tomadas as devidas providências para que se realizasse com toda pompa a cerimônia de colocação da pedra fundamental.

O Conselho Administrativo Central, que, através do padre Yeznig Vartanian, já prometera oficialmente ao benfeitor Rizkallah Jorge Tahanian a realização também da colocação das pedras fundamentais tanto da escola como dos prédios adjacentes, passou imediatamente aos trabalhos necessários: pediu ao engenheiro que preparasse uma cópia da maquete dos prédios para mostrá-la no dia do ato de fundação; mandou imprimir convites com imagens da igreja, escola e prédios adjacentes, e os distribuiu entre toda a coletividade, sem esquecer os compatriotas residentes em cidades distantes.

O convite, composto em idioma português, dizia o seguinte:

Ato de colocação das pedras fundamentais da igreja Apostólica Armênia São Jorge no Brasil, assim como dos prédios culturais adjacentes.

O Conselho Administrativo Central da Igreja Apostólica Armênia do Brasil tem a honra de convidá-los com vossos familiares para a cerimônia formal da colocação das pedras fundamentais da igreja Apostólica Armênia São Jorge e dos prédios culturais adjacentes.

A igreja será construída com os meios próprios do benfeitor Senhor Rizkallah Jorge Tahanian e sua digníssima esposa, Senhora Zekie Tahanian, e os demais prédios culturais serão construídos pela coletividade armênia do Brasil.

As cerimônias solenes serão realizadas no dia 25 de março, no domingo de Ramos, às 10:00 horas, na Avenida Tiradentes, no. 847.

A Missa campal terá início às 08:30 horas, e a unção das pedras fundamentais, precisamente às 10:00 horas.

Pela Conselho Central Administrativo,
Arcipreste Gabriel Samuelian Padre Yeznig Vartanian

O Conselho Administrativo Central, em concomitância com o benfeitor Rizkallah Jorge Tahanan, convidou altas autoridades civis e militares do país para o ato de fundação, assim como representantes das igrejas ortodoxas das coletividades síria e libanesa, além de repórteres de jornais e rádios locais.

Com seus próprios recursos, o benfeitor mandou construir três fendas de madeira, e foram alugadas trezentas cadeiras para serem postas sob os toldos, onde seriam recepcionados os convidados especiais.

Sobre o chão do terreno onde seria erguida a igreja, foi construído um altar provisório de madeira para a celebração da missa.

O entusiasmo era tamanho que o benfeitor Rizkallah Jorge Tahanian vigiava pessoalmente todo esse trabalho de preparação. Ele dobrou seus cuidados no buraco onde seria depositada a caixa contendo os documentos alusivos à cerimônia de fundação.

Todos os cuidados haviam sido tomados com seus mínimos detalhes; todos estavam alegres, quando um súbito e inesperado acontecimento veio desanimar a ponto de desesperar o velho benfeitor.

No sábado, dia 24 de março, Rizkallah Jorge Tahanian e os dois padres vigiavam pessoalmente as últimas operações da montagem, arrumação e ornamentação dos toldos com flores. O céu estava nublado, os estampidos ensurdecedores dos relâmpagos que se faziam ouvir esporadicamente ameaçavam a vinda de um terrível temporal. Rizkallah Jorge Tahanian estava muito nervoso e totalmente indisposto a falar, com seu semblante mais nublado que o céu, o que revelava uma preocupação interna que o atormentava.

De repente, começou a cair uma chuva torrencial, enquanto o benfeitor e os dois padres, com movimentos visivelmente nervosos, se protegiam debaixo de uma das tendas. Visivelmente cansado e desanimado, Rizkallah Jorge Tahanian se esticou numa das cadeiras e balançou a cabeça, sem esperança, e num tom pleno de amargura disse: "É inútil, Deus não amava os armênios; a fundação da primeira igreja foi perturbada por causa da chuva, vai acontecer o mesmo também agora... Deus não ama os armênios, não ama...".

O padre Yeznig, com pena do velho benfeitor, que realmente estava sofrendo naquele momento, tentou dar um tom de humor e falou, com um gargalhar: "O senhor está equivocado, Sr. Rizkallah, Deus nos ama, ele mandou esta chuva agora para ajudar o povo, porque havia necessidade dessa chuva, e amanhã, durante a nossa cerimônia, não vai cair nenhuma gota de chuva, porque nossa festa não precisará de chuva, e nós aproveitaremos da vantagem de um dia fresco e bonito, e realizaremos uma festa gloriosa".

Enquanto o padre pronunciava essas palavras, o temporal de chuva destruiu por completo o pequeno buraco preparado com argila, onde seria depositada a caixa contendo os documentos da fundação da igreja. Essa parte do terreno transformara-se num pequeno lago, e até o local do buraco desaparecera. Com a aniquilação desse buraco, Rizkallah certamente sentia a aflição que sentiria se um de seus edifícios desmoronasse por acidente, e isso para ele não era um bom sinal. Continuou a abanar a cabeça e disse, novamente: "Não, isto não é um bom sinal... Deus não gosta dos armênios...".

A terrível chuva torrencial de duas horas parou, as nuvens começaram a se movimentar e se afastar lentamente, o céu azul começou a sorrir sob as nuvens, os trabalhadores estrangeiros e armênios que estavam no local começaram a trabalhar com suas pás e instrumentos, abrindo caneletas no chão para mudar o rumo do escoamento das águas acumuladas. Depois de meia hora apareceu o buraco, cheio de água e completamente danificado. Alguns armênios passaram a puxar a água e limpar o buraco. Dois pedreiros imediatamente começaram a reconstruir o buraco, que ficou recuperado em pouco tempo e adquiriu seu formato anterior. Já era noite quando Rizkallah Jorge Tahanian se retirou do local, levantando seu olhar ao céu com desconfiança e com o coração ofegante, e murmurando: "Não, Deus não gosta dos armênios...".

No dia seguinte, 25 de março, Domingo de Ramos, às 6h00 da manhã, o terreno da igreja começou a ser tomado por uma multidão. Apesar do céu nublado, no entanto não havia o perigo de chuva, e pode-se dizer até que era um dia maravilhoso para uma comemoração ao ar livre, pois não era necessário preocupar-se com a chuva nem o sol.

Exatamente às 8h30, o celebrante da missa, arcipreste Gabriel Samuelian, com a participação do clero, dava início ao ofício da missa. A multidão que aos poucos se amontoava já tomava todo o terreno, enquanto os toldos estavam lotados pelos convidados. Todos portavam pequenos botões peitoris com as cores da bandeira brasileira, e, por ser dia da festa de Ramos, foram distribuídos aos presentes ramos de tâmara e de oliva, os quais, misturados às vestimentas coloridas e festivas das moças e noivas, aparentavam um cenário deslumbrante. O microfone colocado no altar, a missa e os cânticos religiosos executados pelo clero e o coral faziam-se ouvir de forma igual em cada canto do terreno, deixando todos os presentes muito satisfeitos e felizes.

A primeira missa campal armênia realizada em solo brasileiro foi concluída; a chuva e o sol respeitaram a cerimônia do dia, pois nem um nem outro quis incomodar o povo armênio, que viera até ali para testemunhar e acompanhar a cerimônia do ato de inauguração das estufas de sua alma e mente. Não, Deus ama o povo armênio.

E, precisamente às 10h00, deu-se início à cerimônia de colocação das pedras fundamentais. O segundo filho do benemérito, Najib Rizkallah Jorge Tahanian, subiu ao palco móvel da igreja e, diante do microfone ali colocado, em nome de seus pais, leu o seguinte discurso no idioma português:

Respeitáveis senhores representantes das autoridades civis, militares, da municipalidade; reverendos representantes eclesiásticos, digníssimos representantes da imprensa, da rádio, das instituições beneficentes, senhoras, senhoritas e senhores.

Há exatos oito anos, também num Domingo de Ramos, comparecíamos à cerimônia solene de fundação da primeira igreja São Jorge, da coletividade armênia do Brasil.

Em 21 de março de 1937, realizava-se no terreno localizado à rua Senador Queiroz, no. 35, essa cerimônia solene, onde, passado um ano, foi erguida a igreja armênia São Jorge.

Foi o sonho de nossas almas que se tornava uma realidade, mas que pouco depois seria condenado a desaparecer, entre nossos lamentos e pesares.

Quando, em nome do progresso, as escavadeiras começaram a rasgar as ruas, para abrir novas e largas avenidas, muitas igrejas foram demolidas, entre as quais também se encontrava a nossa igreja São Jorge. Igrejas essas cuja lembrança ficará viva para sempre nos corações de toda a população em geral, e no coração da coletividade armênia em especial.

Apesar do choque ocasionado pela perda da igreja, apesar das dificuldades atuais, apesar de os valores do terrenos terem sido encarecidos excessivamente e, finalmente, apesar de muitos empecilhos, a fé cristã que inspirou meus pais a construir neste solo hospitaleiro brasileiro o primeiro templo armênio para a coletividade armênia aqui radicada jamais perdeu a sua força, porque a voz de suas emoções e os contínuos apelos dos armênios de Piratininga (também uma referência à cidade de São Paulo) jamais permitiriam que esse entusiasmo e a disposição se enfraquecessem, ao contrário, levaram-nos a buscar um novo terreno, para ali reerguer a igreja São Jorge.

Diariamente, do coração de cada armênio elevava-se ao Todo Poderoso orações fervorosas de devoção, para que se tornasse viável encontrar um terreno adequado, onde se poderia erguer a igreja São Jorge, que concentraria sob o mesmo teto todos os filhos da Igreja Apostólica Armênia, a fim de prover-lhes a doutrina cristã, o amor de Cristo crucificado, a vida virtuosa do santos e apóstolos.

Essas orações fervorosas foram ouvidas, e, qual um milagre, logo apareceu o terreno procurado localizado na maior avenida de São Paulo, amplo e valoroso, grande e adequado, onde neste momento realizamos com grande regozijo o ato de fundação solene, e sob cujos alicerces, em pouco tempo elevar-se-á a igreja São Jorge, maior, melhor e para a glória do Criador celestial e para a alegria de seus filhos na terra.

O provérbio popular diz que "há males que trazem o bem". A igreja São Jorge que se localizava na rua Senador Queiroz foi demolida para dar lugar à avenida "Circular"; para dar lugar também à maior virtude para a coletividade armênia. Foi comprado um terreno num dos melhores pontos e com uma área duas vezes maior. A igreja terá a mesma forma arquitetônica da construção anterior, mas será maior no seu todo.

Neste mesmo terreno, a coletividade construirá uma grande escola cujo nome será "José Bonifácio", com um salão próprio para suas festas, uma prelazia e prédios adjacentes, cujos atos de fundação também são realizados hoje.

Desta forma, a coletividade armênia terá um valioso patrimônio num mesmo terreno, agrupando e concentrando seus estabelecimentos religiosos, sociais e culturais, e esta é uma virtude incomum e até rara em São Paulo.

Em breve, se Deus assim permitir, ao término da construção da igreja, que será erguida com os meios próprios dos meus pais, assim como o terreno que foi comprado com seus meios próprios, a coletividade armênia terá concluídas as construções projetadas, cuja estimativa de orçamento gira em torno de um milhão de cruzeiros. Aí então, durante a cerimônia de inauguração, meus pais dirão aos armênios radicados no Brasil: "O que aqui se encontra é vosso, permaneçam sempre unidos, para que possam manter e ampliar este patrimônio".

Nesta avenida, que tem o nome de um mártir nacional, Tiradentes, na nossa igreja que será erguida, recordaremos todos os mártires da igreja e adoraremos o maior deles, o nosso Senhor Jesus Cristo.

Também neste local teremos a escola "José Bonifácio", um nome que evoca o patriotismo e o ideal republicano no Brasil, com os quais aumentaremos nossa fé religiosa e civil, o nosso patriotismo.

Nos tempos atuais, as igrejas não são meros locais de oração, mas educandários de civilidade, assim como forças da preservação da moralidade com relação a perigosos idealismos para a civilização.

A igreja armênia acompanhou a evolução dos séculos, resistiu às perseguições periódicas nos meios inimigos onde viveu, mas sempre foi o símbolo de sua nacionalidade e o fiel protetor de uma fé inquebrantável no que tange ao cristianismo e ao destino de sua raça.

Assim será também a igreja São Jorge neste solo abençoado, será a porta sólida para as almas sofridas, e, quando os sinos da igreja São Jorge começarem a tinir novamente através das margens límpidas do legendário Tietê (um rio que passa pela cidade), já no primeiro sino se repetirão a palavras que o Salvador pronunciou à margem do rio Jordão: "Venham a mim os cansados e eu vos aliviarei".

Quando os senhores estiverem ajoelhados nesta igreja fixando seus olhares ao céu e pedindo a clemência Divina, para o bem de suas famílias e da vossa pátria longínqua, devem sempre pensar também neste amado Brasil, que é a vossa *segunda pátria, e cuja bandeira verde e amarela, orgulhosa e vitoriosa, sugere para sempre a ordem, o trabalho e progresso; uma bandeira nobre, que estende sua ampla proteção a todos, com igualdade, justiça e abundância.*

Milhares de mãos, com aplausos ensurdecedores, saudaram esse belo discurso de Najib Rizkallah Jorge Tahanian. Do outro lado, sob o toldo especialmente preparado para os convidados especiais, o benfeitor Rizkallah Jorge Tahanian estava sentado com sua família e, com um sorriso de grande satisfação e um vigor próprio de um jovem, retribuía os cumprimentos das autoridades presentes com forte apertar de mãos. Todos os presentes estavam alegres, e o velho benfeitor, muito satisfeito e feliz.

Najib Rizkallah Jorge Tahanian nasceu em São Paulo, no dia 24 de abril de 1902, sendo o segundo filho do benfeitor Rizkallah Jorge Tahanian. Recebeu sua educação primária na escola dos sírios, e dominou a língua árabe com tal perfeição que, já aos 15 anos de idade, era conhecido como o estudante que melhor dava palestras nessa língua.

Em 1911, ainda com 10 anos, acompanhou seus pais na viagem para a Síria, e voltou com fortes impressões de adolescente adquiridas no Oriente, as quais davam a ele uma grande simpatia pela pátria de seus pais. Mais uma vez acompanhou seus pais, em 1921, numa outra viagem para a Síria, onde houve

Najib Rizkallah Jorge Tahanian

o casamento do seu irmão maior, Jorge. Nessa festa, proferiu um discurso em árabe, deixando assombrados todos os convidados, que ficaram encantados pela aptidão com o idioma árabe de um jovem de 19 anos que nascera e crescera no Brasil. No mesmo ano, ele visitou Jerusalém e, depois dessa última viagem, se dedicou à vida profissional, em parceria com seu pai, na fábrica de metalurgia da família.

Em 1927, casou com Olga Camismie, filha de Tufik Camismie, uma rica família Síria, e hoje tem dois filhos e uma filha. Por ocasião do seu casamento, junto com sua esposa, passou um ano viajando pelos Estados Unidos e vários países da Europa.

Najib Rizkallah Jorge Tahanian é muito sério, bem preparado, com aptidão para fazer discursos e, apesar de ser filho de um milionário, é um jovem muito trabalhador e bem afável, acessível e sempre disponível. Às vezes comparece com a família aos eventos importantes da coletividade armênia, mas, infelizmente, o fato de não entender o idioma armênio o impede de manter maior contato com o círculo armênio. Tem sido unânime em estimular todas as iniciativas benevolentes do seu pai, principalmente a construção da igreja.

Em 1948, Najib Rizkallah Jorge Tahanian foi designado como membro permanente do Conselho Consultivo do Consulado da Síria, fato este que pode ser considerado como prova do grande respeito de que gozava com a coletividade armênia.

Salim Rizkallah Jorge Tahanian nasceu em São Paulo no dia 13 de maio de 1904 e é o terceiro e último filho do benfeitor Rizkallah Jorge Tahanian. Recebeu sua educação primária e superior no destacado colégio Mackenzie, concluindo-o em 1922 como economista-contador. Acompanhou seus pais todas as vezes que eles viajaram para a Síria e Jerusalém. Para ampliar sua especialidade, viajou duas vezes para a Argentina para realizar pesquisas na área de economia. Com o mesmo objetivo, também visitou diversos países da Europa e da África. Em 1939, casou com a filha de uma destacada família cristã síria radicada em São Paulo, a Srta. Alice Abud, e o casal tem três filhos homens. Imediatamente depois do seu casamento, viajou para a América do Norte em companhia de sua esposa, onde permaneceu por seis meses. Atualmente, ocupa a função de diretor comercial da grande loja de objetos e utensílios metálicos fundada por seu pai.

Salim Rizkallah Jorge Tahanian é membro de diversas associações e entidades culturais e esportivas brasileiras e sírias, sendo o presidente do Conselho

Salim Rizkallah Jorge Tahanian

Administrativo e da Diretoria Executiva de algumas delas. Por desenvolver com consciência e zelo todas as funções assumidas, é respeitado por todos. É também membro do Conselho Representativo da coletividade armênia do Brasil.

Apesar de ser filho de um milionário, Salim Rizkallah Jorge Tahanian é modesto e afável, virtudes que fazem parte inseparável do caráter de todos os membros da família Tahanian. Como seus outros irmãos, tem sido unânime em aprovar todas as iniciativas benéficas de seu pai.

Depois do disurso de Najib Rizkallah Jorge Tahanian, o arcipreste Gabriel Sauelian aproximou-se do microfone, ainda com seu traje da Santa Missa, e leu o seguintes discurso:

Respeitáveis eclesiásticos, digníssimos senhores, estimado e abençoado povo presente;

Como as igrejas de todas as nações, também a nossa igreja tem a história de sua fundação, e a tradição da fundação da igreja armênia remonta aos primeiros iluminadores, os apóstolos Tadeu e Bartolomeu, que pregaram o Evangelho na Armênia, e mais tarde, através de São Gregório, o Iluminador, foi erguida a maravilhosa Igreja Armênia, que tem sido um célebre estabelecimento no transcurso dos séculos, mantendo-se inabalável e inquebrantável. A igreja tem sido a força da unidade das diversas camadas sociais de todo o povo armênio, a âncora da existência nacional em todas as partes.

Para uma nação, a igreja é o centro da força coletiva e da união, e para nós ela tem sido uma pátria, um local de confraternização, um local seguro para o conforto dos corações afligidos e a porta da esperança celestial.

Tem-se tornado uma tradição nacional construir a igreja e a escola lado a lado. Igreja e escola são os dois braços de uma nação; o inimigo que nos perseguiu tentou quebrar e eliminar esses dois braços, mas damos graças, mil graças, pois a Providência universal, determinando o bem, nos induziu para este país hospitaleiro.

Agradecemos e somos gratos, pois o Brasil abriu amplamente suas portas para nós, nos aceitou, e aqui nós usufruímos a mais perfeita tranquilidade e liberdade, graças à benevolência do bondoso governo do Brasil e da simpatia do povo hospitaleiro brasileiro, e vivemos gozando todos os dias os méritos de cidadãos honestos. Viva o Brasil.

Exclamo "Viva o Brasil" porque, através dos anos, entre outros, este país nutriu e amparou no seu seio uma personalidade de origem da cidade de Sassun, nascido em Alepo, o senhor Rizkallah Jorge Tahanian, uma pessoa bondosa, patriota e com muita fé, que se transformou no benemérito da nossa nação, ou melhor, um presente de Deus para a coletividade armênia do Brasil, literalmente um autêntico armênio.

Hoje, nesta festa do lançamento da pedra fundamental da igreja São Jorge, a sua benemerência se eternizará através dos séculos nos corações de todos os armênios que residem neste país.

Há anos, o benfeitor Rizkallah Jorge Tahanian teve a sabedoria de que a igreja e a escola são as colunas que mantêm a existência de uma nação; e, ao observar que esta coletividade estava aos poucos crescendo numericamente, fez a promessa de construir uma igreja com seus próprios recursos e, ao mesmo tempo, sugeriu à nossa coletividade que assumisse o compromisso de construir a outra coluna, ou seja, a escola e os prédios adjacentes. Mas, visto que a coletividade não estava em condições de acatar sua sugestão, e sendo cumpridor de sua palavra e promessa, com seus próprios recursos empenhou-se na construção da igreja São Jorge, no terreno localizado à rua Senador Queiroz, cujo ato de fundação foi realizado no dia 21 de março de 1937, no Domingo de Ramos.

A construção chegou ao fim em 1938, e realizamos a inauguração da igreja também no Domingo de Ramos desse ano. Após usufruirmos essa benfeitoria por cinco anos, a Prefeitura de São Paulo nos notificou informando que a área deveria ser desocupada, pois ali passaria uma avenida; consequentemente, a igreja seria demolida e, evidentemente, a Prefeitura pagou pela desocupação e demolição da igreja. Apesar de este fato ter nos entristecido profundamente, parece que foi um sinal positivo de Deus, porque o benfeitor, assim como nós, desejávamos e ansiávamos construir num mesmo local a igreja e a escola.

Apesar de muita dificuldade e empenho, o senhor Rizkallah Jorge Tahanian teve a felicidade de finalmente encontrar este terreno de grandes dimensões, onde será erguida a igreja e a escola, com seus prédios adjacentes. Ele coloca a pedra fundamental e construirá este lar de oração com fé sólida, e com a mesma fé o nosso povo deve permanecer fiel à sua fé com amor, mantendo sempre iluminada sua igreja, mantendo com carinho a escola que é o educandário de seus filhos e futuras gerações, estas duas colunas que têm sido os maiores pilares inquebrantáveis da nossa sobrevivência através dos séculos.

O senhor Rizkallah Jorge Tahanian não só efetua a fundação da igreja hoje, mas, com sua benemerência, faz com que isso seja um motivo para a fundação da escola e os prédios adjacentes. Viva, mil vezes viva! Nesta oportunidade, abençoo todos os colaboradores e desejo que este local sagrado, com sua escola, prédios adjacentes e o nosso povo permaneçam inabaláveis para sempre. Desejo que Deus dignifique no Seu reino celestial os pais do nosso benfeitor, os saudosos Kevork e Maria.

Com muita emoção, em nome da nossa nação, do Conselho Central Administrativo e da coletividade armênia do Brasil, manifesto meus agradecimentos e gratidão ao nosso grande benemérito, senhor Rizkallah Jorge Tahanian, à sua digníssima esposa, senhora Zekié, e seus filhos, pois neste longínquo rincão do mundo dotam a nossa coletividade com esta Santa Igreja, e ainda doam o resto do terreno para a construção da escola e os prédios adjacentes, este que é um enorme apoio à nossa preservação nacional.

Estendemos, também, nossos agradecimentos a todos doadores que trouxeram suas valiosas participações nesta grande obra nacional, e peço a Deus nas Alturas para que mantenha com fé sólida e amor a vós todos, com vossas famílias, e vos recompense a todos, outorgando aos beneméritos da nossa nação vida longa e muita felicidade. Amém.

Sob os aplausos entusiasmados dos presentes, o arcipreste cedeu o espaço diante do microfone ao vice-presidente do Conselho Central Administrativo dos armênios do Brasil, Sr. Andreas (André) Jafferian, que, em nome deste Conselho, leu o seguinte discurso no idioma português:

[...] O Conselho Central Administrativo da Igreja Apostólica Armênia do Brasil desejou que eu fosse o intérprete dos sentimentos dos armênios que residem neste país abençoado.

Neste momento, quando nós, de origem e nascença armênia, mas também cidadãos do Brasil, somos testemunhas oculares desta cerimônia solene de fundação dos futuros prédios, construções essas que, sem dúvida, comprovam a continuidade da nossa fé cristã e da nossa antiga civilização, as quais herdamos dos nossos antepassados, prédios esses que são a igreja São Jorge e uma escola. E este fato, vos digo com toda sinceridade, senhores, preenche com orgulho minha alma.

Ao festejarmos este Domingo de Ramos, este dia memorável, que conquista todo o pensamento dos cristãos em todo o mundo, também festejamos o início de uma nova instituição, que fortalece e enobrece a vida cristã: ela é a igreja armênia do Brasil.

A igreja armênia, senhores, é reconhecida em todas as partes do mundo; sua difusão tem sido uma vida plenamente nacional, isto é, ela é disseminada somente nos armênios, mas isso não significa que ela pertence apenas aos armênios; ao contrário, ela pertence a toda a humanidade, sem distinção de raça, língua ou cor, porque seus princípios são estabelecidos sobre a universalidade e apostolado.

Esta Igreja foi estabelecida pelos apóstolos Tadeu e Bartolomeu na distante e pequena Armênia, e ali ela começou a crescer para se tornar a primeira igreja cristã aceita e adotada formalmente como religião oficial de estado pelo rei armênio Dertad, no ano do Senhor de 303. Isso aconteceu dez anos antes da famosa declaração de Milão, quando o imperador Constantino, amigo do rei dos armênios, declarou o cristianismo como religião oficial e livre dentro das fronteiras do Império Romano. Sendo reconhecido nos seus princípios universais e apostólicos, doravante esta Igreja faria parte da grande igreja universal, que é conhecida como cristianismo universal.

Da Armênia, ela se espalhou aos países vizinhos, mas isso não foi realizado pelos apóstolos, como aconteceu no caso da igreja de Roma, mas com o empreendedorismo individual de armênios que, não podendo viver no seu país e cultivar a sua religião, eram forçados a deixar o seu lar, levando consigo sua religião, sua fé e sua civilização, expandindo-as para outros países, graças à extrema piedade nos seus corações.

E, por assim agir, evidentemente surgiria o valor máximo da religião cristã, que se transmitiu de geração a geração, e, ao utilizar os mais puros princípios, eles não só difundiram a igreja, como também herdaram grandes benfeitores, sob cujas valiosas contribuições tornou-se viável a construção de belas igrejas e destacados educandários, transformados em grandes benevolências, e aos quais somos gratos eternamente.

A ocasião é oportuna para lembrarmos os nomes de alguns benfeitores da nossa época: Vahan Khorasandjian, que construiu a igreja armênia em Marselha, um belo exemplar da arquitetura armênia. Outro é Mantachian, que construiu uma igreja armênia em Paris. Há ainda Gulbenkian, que construiu a igreja armênia em Londres; Nicotian, que construiu a igreja armênia de Buenos Aires, e o destacado membro da nossa coletividade, originário de Bagdá, o Sr. Simão Karibian, que encontra-se aqui, entre nós, e que construiu a escola armênia em Basra. E, finalmente, eis o nosso mui respeitável benfeitor, o senhor Rizkallah Jorg Tahanian, que construirá a igreja dos armênios no Brasil.

Se nós estamos aqui, hoje, para realizarmos a fundação destas nossas instituições, devemos isso ao máximo de esforço do povo da nossa coletividade, mas jamais podemos esquecer o nome de Rizkallah Jorge Tahanian, em cujo coração encontramos a iniciativa deste glorioso acontecimento.

É o nosso dever comunicar em alto som, aqui, que teremos honrado a nós próprios e permaneceremos eternamente gratos ao aceitar esta grande doação pelas mãos desta mão bondosa, um exemplo de honradez e modéstia, pois ele construirá e dedicará a nós esta igreja e também o terreno sobre o qual será erguida a nossa escola.

Eu disse à custa de enorme sacrifício, e é possível que se encontrem entre os presentes pessoas que considerem inconvenientes essas palavras. No entanto, a verdade não é assim, pois o nosso grande benfeitor, para chegar a esta posição *que lhe condicionou a realizar uma doação dessa envergadura, foi graças ao seu trabalho honesto e incansável de muitos anos. Sabemos muito bem que ele trabalhou como um peão, e sua posição atual é resultado do seu suor e trabalho, e hoje, apesar da sua postura venerável, ele ainda continua a trabalhar tal qual um peão, porque ele ama o trabalho.*

As construções da igreja e da escola preencherão uma grande lacuna na vida dos armênios do Brasil, satisfazendo, principalmente, o desejo do nosso grande benfeitor, que sempre quis ver ao lado da igreja a presença da escola, para preservar a cultura armênia, cuja falta faz se sentir hoje no Brasil.

No sentimento amplo da palavra, a cultura armênia é originária da Arênia, mas deve-se confessar também que seu berço encontra-se na perspicácia e inteligência de São Sahak, grande visionário, e na genialidade de São Mesrop, esses dois autores da criação do alfabeto armênio, a cuja invenção o povo armênio deve a plena independência de sua cultura.

Aqueles que ajudarem moral e materialmente a construção e preservação de escolas armênias, das quais uma será erguida no terreno dedicado pelo benfeitor Rizkallah Jorge Tahanian, estarão perpetuando o trabalho iniciado por São Mesrop. Portanto, se há pessoas entre nós que por um ou outro motivo ainda não trouxeram sua partícula de participação, a ocasião é oportuna para que seus nomes também sejam imortalizados perante as futuras gerações.

Antes de concluir minhas palavras, considero ser uma obrigação sagrada para mim, nesta feliz oportunidade, em nome do Conselho Administrativo Central da Igreja Apostólica Armênia e da coletividade armênia do Brasil, manifestar nossos profundos agradecimentos às autoridades deste grande país e para todos os que direta ou indiretamente nos ajudaram para que esta bela obra seja concluída com êxito.

Devo destacar o nome do entusiasta e ativo prefeito da nossa cidade, Dr. Francisco Maia, que, ao saber a causa à qual este terreno servirá, facilitou ao Rizkallah Jorge Tahanian sua aquisição imediata, revelando, assim, a racionalidade e boa intenção do governo brasileiro para com as igrejas estrangeiras.

Manifestamos nossos profundos agradecimentos também aos filhos do nosso benfeitor, Jorge, Najib e Salim, que colaboraram sinceramente com seus pais na concretização desta iniciativa, revelando assim a grandeza de um caráter nobre.

Nossos profundos agradecimentos ao nosso magnânimo e zeloso povo e aos seus filhos nascidos no Brasil, os quais, sem nenhuma distinção de profissão religiosa, trouxeram suas valiosas e abundantes participações materiais, possibilitando que realizássemos com êxito uma arrecadação inédita e jamais vista.

Profundos agradecimentos principalmente pela confiança ilimitada que a nossa coletividade depositou no Conselho Administrativo Central.

Rogamos a Deus para ser dignos de ver a conclusão definitiva do trabalho ora iniciado, e agradeçamos com alegria por ter induzido nossos passos até este país abençoado chamado Brasil (aplausos ininterruptos).

Andreas (André) Jafferian

Andreas (André) Jafferian nasceu em Kharpert, em 1901, filho de Bedros Jafferian. Recebeu sua educação primária na escola Central de sua cidade natal. Em 1915, foi deportado junto com seus pais. Perto da região de Malátia, no vale chamado de Kehtsé, junto com outros armênios, seu pai foi assassinado por soldados turcos, enquanto sua mãe, não suportando a terrível dor e os sofrimentos da deportação, alguns dias depois adoeceu e também morreu. Com seu sobrinho por parte da irmã, Levon Demirdjian, que havia voltado do Brasil para Kharpert para receber uma educação armênia, Andreas prosseguiu a viagem de deportação e chegaram a uma cidade árabe denominada Veran Chehir, onde um curdo o levou à força para sua aldeia, Seolmez, nas redondezas de Neverek, na região de Dikranakert (Tigranocerta).

Por sete anos, Andreas Jafferian pastoreou as ovelhas desse curdo, que deu ao armênio o nome de Abdul Kerim. No da 25 de junho de 1921, fugiu às escondidas da aldeia e, depois de andar por três meses e sozinho, perambulando vagamente, finalmente chegu a Dikranakert, e no mesmo ano voltou a Kharpert. No orfanato dessa cidade, encontrou uma de suas três irmãs, Lúcia Jafferian (mais tarde Sra. Lúcia Mekhitarian). Em 29 de setembro de 1922 contratou alguns curdos e, viajando só durante as noites, foi a Alepo. No dia 30 de janeiro de 1923 chegou ao Brasil e se estabeleceu na cidade de São Paulo, começando a trabalhar no comércio. Em 1932, casou com a Srta. Ester Nazarian, filha de um dos velhos armênios de Kharpert, Ghazar Aghá Nazarian. O casal tem três filhos, dos quais dois do sexo feminino.

Andreas Jafferian foi um dos fundadores da Associação Armênia de Cultura Física, formada no ano de 1924, e foi o último presidente da Associação dos Órfãos Maiores [Tchom, na sigla em armênio], além de ser membro do Conselho Representativo dos armênios do Brasil e, entre os anos de 1943 e 1947, membro e vice-presidente do Conselho Administrativo Central. Tem revelado grande vigor no trabalho de reconhecimento e registro do estatuto da coletividade armênia, logrando com êxito esse trabalho denso. Também tem tido grande atuação e demonstrado entusiasmo na grande arrecadação comunitária de 1944, realizando plenamente sua incumbência como membro do Conselho Administrativo Central. Atuante, incansável, afável, sério, impregnado de sentimentos patrióticos, é um compatriota que trabalha em prol do progresso desta coletividade. Possui três lojas comerciais e uma fábrica de roupa íntima.

Andreas Jafferian adquiriu a cidadania brasileira e é um dos colaboradores morais e materiais para a publicação deste livro.

Mal Andreas Jafferian havia concluído seu discurso e os presentes ainda o aplaudiam freneticamente, quando, com um rápido movimento juvenil, subiu ao palco e aproximou-se do microfone o neto de Rizkallah Jorge Tahanian, Alberto Najib Tahanian, com 16 anos de idade, e, com uma voz nítida e pronúncia bem treinada, leu o seguinte discurso em português:

[...] Estou orgulhoso por terem me dado esta oportunidade, neste momento solene, para pronunciar algumas palavras à coletividade armênia de São Paulo, que se encontra neste momento em grande alegria, ao ver concretizado o mais nobre e mais puro de seus anseios, isto é, o de ter uma igreja para poder se reunir e para poder enviar suas orações e pedidos a Deus.

Senhores, a igreja não é um mero prédio que nos encantará com sua arquitetura e arte; a igreja é um local sagrado, um ambiente onde se cultiva a doutrina cristã, que transforma a criatura humana em um ser nobre e cujo coração palpita com o amor aos seus semelhantes; a igreja é o local de concentração dos cristãos, unidos com a mesma fé, abençoados pelo mesmo Deus.

Armênios! Esta terra de Piratininga (um nome dado como sinônimo para a cidade de São Paulo) não é só grande por sua extensão, mas por seu trabalho inigualável, contribuindo para o crescimento material e espiritual do Brasil, deste grande e gigantesco Brasil, da vossa segunda pátria, a pátria de seus filhos, que também será a pátria de seus netos, esta inigualável e hospitaleira pátria, que não impõe discriminação linguística, racial, situação social nem religiosa, mas é guiada apenas e tão somente por sentimentos incondicionais de fraternidade.

Ao se estabelecerem aqui, os senhores têm a obrigação de respeitar aquelas tradições e costumes que herdaram de uma raça que é notável por seu alto patriotismo, seu sincero amor à religião; e, por este mesmo motivo, ao se transferirem do seu país para um país estrangeiro, os senhores trouxeram consigo a vossa profissão da fé e a vossa religião, que os senhores devem continuar a manter.

Por muitos anos, a coletividade armênia do Brasil sentia a falta de uma igreja, principalmente quando esta coletividade começava a crescer numericamente a cada dia, aumentando, paralelamente, a necessidade de satisfazer suas necessidades espirituais. As orações dos senhores para ter uma igreja se elevaram até o trono do Todo Poderoso e d'Ele receberam uma alma bondosa, um armênio que residente no Brasil, e que construirá este templo para a glória de Deus.

Aqui estais, e aqui estamos nós, para a cerimônia de fundação da igreja São Jorge, que será a vossa igreja e que será construída por meu estimado avô, Rizkallah Jorge Tahanian. Que esta santa igreja seja a primeira que abrirá o caminho para o surgimento de muitas outras igrejas semelhantes espalhadas nesta terra abençoada. Que o Todo Bondoso Deus toque no coração de outras almas benevolentes, para seguirem o exemplo dessa iniciativa de caráter puramente religiosa. Aqui, neste templo, os senhores encontrarão um lar amigo, que absolverá vossos pecados e aliviará vossas dores, vos estimulará e fortalecerá nos momentos de abatimento, e dará força para suportarem vosso desânimo e cansaço.

Graças à misericórdia de Deus, em breve, quando erguermos o nosso olhar para o céu, que neste momento cobre este local, em seu lugar veremos uma cúpula, e sob essa cúpula veremos muitos braços erguidos, os braços dos armênios de São Paulo que oram e agradecem a Deus por terem finalmente a igreja tão sonhada e construída em tempo recorde. E, nesse momento solene, terei a honra de dizer a vós, em nome dos meus estimados avôs: armênios do Brasil, eis a vossa igreja.

Alberto Najib Tahanian

Alberto Najib Tahanian nasceu em São Paulo no dia 18 de outubro de 1928. É filho de Najib Tahanian, segundo filho do benfeitor Rizkallah Jorge Tahanian. Recebeu sua educação primária na escola Elvira Brandão e, em 1940, passou para o colégio São Luiz, concluindo-o em 1944. Em 1946, prosseguiu seus estudos na área científica nessa escola para se preparar aos exames de admissão da Faculdade de Engenharia. Pretende seguir a carreira de engenharia civil.

Sua aptidão para escrever e falar tornou-o um dos estudantes mais destacados na sua escola.

Em 1944, participou do concurso de ciências na sua escola, conquistando o primeiro prêmio e a cadeira de Coelho Neto, um dos destacados poetas do Brasil, que é um dos maiores orgulhos de sua escola.

Alberto Najib Tahanian é um jovem dinâmico, inteligente e promissor. O discurso que leu por ocasião da cerimônia de fundação da igreja, tanto pelo conteúdo como pela sua habilidade de apresentação, deixou uma grande impressão nos presentes.

Depois das belas palavras do jovem orador, que mereceram os aplausos calorosos dos presentes, também usaram da palavra Fares Tabak, em nome das coletividades síria e libanesa, a escritora Sra. Salva S. Atlas, em nome do Pronto-Socorro Sírio-Libanês, e Elias André Saad, em nome dos inteletuais sírios e libaneses. Todos os oradores elogiaram o benfeitor Rizkallah Jorge Tahanian, enfatizando suas benfeitorias, as quais, com o compromisso próprio das almas gentis, não se limitam apenas aos limites da esfera patriótica, porque o benfeitor também conhecia as coletividades armênias da Síria e do Líbano, em cujos orfanatos havia erguido, com recursos próprios, um prédio que continha o seu nome. Os oradores também elogiaram o espírito de sacrifício do povo armênio, o amor pelo trabalho e sua aptidão pelo progresso. No fim, os oradores cumprimentaram a coletividade armênia, que, apesar de ser uma das coletividades mais novas radicadas no Brasil, em pouco tempo já tem conquistado seu lugar honroso nas esferas comercial e industrial e, dando atenção à esfera intelectual, construirá, ao lado da igreja, o seu lar da chama intelectual, o que certamente criará um desenvolvimento intelectual paralelamente ao progresso financeiro.

A Sra. Salva S. Atlas concluiu seu discurso com as seguintes palavras:

[...] A luz nasce do oriente; os povos orientais levam consigo a verdadeira luz. Em qualquer lugar que os armênios vão, os senhores, como um povo oriental, levam consigo a luz do Oriente. Então, difundem-na com a mesma valentia como têm feito até agora, porque a luz difundida pelos senhores é a luz do Oriente, e ela é a perfeita luz entre todas.

Por último, aproximou-se do microfone do palco o filho de Ardavazt Manissadjian, natural de Erzerum, o aluno da Faculdade de Medicina de São Paulo, Antranik Manissadjian, que leu no idioma português o ATO do dia, que seria depositado junto com a pedra fundamental da igreja.

ATO DA FUNDAÇÃO DA IGREJA APOSTÓLICA ARMÊNIA SÃO JORGE E DOS PRÉDIOS ADJACENTES

No dia 25 de março do ano do Salvador de 1945, Domingo de Ramos, às 10 horas da manhã, teve lugar o ato solene de fundação da Igreja Apostólica Armênia São Jorge e de seus prédios adjacentes. À cerimônia compareceram representantes civis e militares do estado e da prefeitura, representantes da Igreja Ortodoxa, repórteres de jornais e emissoras radiofônicas, assim como um grande número dos membros das coletividades síria e libanesa.

O terreno foi doado pelo benfeitor Senhor Rizkallah Jorge Tahanian e sua esposa, Senhora Zekié, os quais, com seus recursos próprios, construirão também a igreja São Jorge, enquanto os prédios adjacentes serão construídos por meio da coletividade armênia, para cujas construções tem sido previsto o orçamento de um milhão e quatrocentos mil cruzeiros, na moeda corrente brasileira do dia.

As pedras fundamentais foram abençoadas pelo arcipreste Gabriel Samuelian (natural de Esparta, província de Kônia, e pelo recém-ordenado padre Yeznig Vartanian (natural de Van, província de Vaspurakan). Nesta época, o primaz da América do Sul era Sua Eminência arcebispo Karekin Khatchadurian (natural de Trabizonda), como o lugar-tenente catholicossal dos Armênios da América do Sul.

As pedras fundamentais da igreja São Jorge foram colocadas pelo benfeitor Senhor Rizkallah Jorge Tahanian e sua esposa, Senhora Zekié, ambos nascidos em Alepo (Síria). O Senhor Rizkallah Jorge Tahanian é de origem da cidade de Sassun, e a Senhora Zekié, de Tchemchegadzak.

As quatro pedras laterais dos prédios culturais (escola) receberam os seguintes nomes e foram colocadas pelos seguintes compatriotas:

a) Pedra S. Mesrop — padrinho Vahram Keutenedjian, natural de Constantinopla, filho de pais da cidade de Agn.

b) Pedra S. Sahak — padrinho Simão Karibian, da cidade de Bagdá.

c) Pedra rei Vramchabuh — padrinho Levon Apovian, de Marach.

d) Pedra Khrimian Hairig — padrinho Bedros Nazarian, brasileiro, filho de Ghazar Aghá Nazarian, natural de Kharpert.

Por ocasião da colocação das pedras fundamentais da igreja, usaram da palavra Najib Rizkallah Jorge Tahanian, segundo filho do benfeitor, em nome de seus pais, a quem respondeu Andreas Jafferian, em nome da coletividade armênia. A seguir usaram da palavra o arcipreste Gabrial Samuelian, que elogiou a benfeitoria do benemérito, abençoou-o e também sua família; o neto do benfeitor, Alberto Najib Tahanian; Farez Tabak, em nome das coletividades síria e libanesa; Senhora Salva A. Atlas e Elia André Saad, que elogiaram o benfeitor e estimaram o empreendedorismo, a laboriosidade e aptidões do povo armênio.

Durante a colocação das pedras fundamentais da escola, usou da palavra o padre Yeznig Vartanian, explicando o valor da escola e elogiando a generosidade do povo armênio, que tornou viável a construção da escola e dos prédios adjacentes.

Todos os discursos proferidos, assim como tudo que foi escrito com referência a esta solenidade, foram depositados numa bandeja especial de vidro e enterrados sob o alicerce da igreja, que se localiza à avenida Tiradentes, no. 847, na cidade de São Paulo, no estado homônimo, Brasil.

São Paulo, 25 de março de 1945
Assinado por quase todos os presentes

Nesta bandeja de vidro também foi colocada uma placa de latão, sobre a qual foi gravada, no idioma português, a seguinte mensagem:

Aos 25 dias do mês de março do ano do Salvador de 1945, no Domingo de Ramos, realizou-se a solenidade de fundação da igreja armênia São Jorge. O terreno foi doado pelo benemérito Senhor Rizkallah Jorge Tahanian e sua esposa, digníssima Senhora Zekié, naturais de Alepo (Síria). As pedras fundamentais foram ungidas pelo arcipreste Gabriel Samuelian (natural de Esparta — Turquia) e pelo padre Yeznig Samuelian (natural de Van — Armênia).

Depois de fechar esta bandeja de vidro com uma tampa metálica especial e lacrada com cera, foi entregue para o benfeitor Rizkallah Jorge Tahanian e sua esposa, Zeiké, que a seguraram em suas mãos e, sob aplausos ensurdecedores, com as próprias mãos a depositaram no pequeno buraco especialmente preparado com cimento; fecharam-no com a tampa e cimentaram-no. A seguir, cada uma das altas autoridades convidadas se aproximou e repetiu esse gesto, cobrindo com cimento os quatros cantos da tampa do buraco, usando para essa operação a pá prateada que o benfeitor Rizkallah Jorge Tahanian mandara preaparar propriamente para essa cerimônia.

Durante a cerimônia de fundação da igreja, quando a procissão religiosa aproximava-se dos alicerces entoando cânticos religiosos, foi sacrificado um carneiro; e, depois de depositar o receptáculo com os documentos no buraco especialmente preparado com aos alicerces da igreja, foi sacrificado um outro carneiro, em respeito à velha tradição armênia de *madagh* [oferenda].

Os dois padres abençoam
as pedras fundamentais da igreja

O benfeitor Rizkallah Jorge Tahanian
e sua esposa, Zekié, seguram o
receptáculo com os documentos a serem
depositados na fundação da igreja

A fundação da igreja São Jorge foi assim encerrada, e a procissão religiosa seguiu aos alicerces da escola, entoando o *charagan* [cântico] "A força da Santa Cruz". Quando a procissão se aproximou do local, o sangue vermelho de um outro carneiro começou a pintar os alicerces da escola. Também aqui a velha tradição de *madagh* não havia sido esquecida.

Os três carneiros foram doados por três compatriotas, e a carne desses animais foi mais tarde distribuída aos pobres, como é de hábito.

Após a colocação da bandeja no
buraco especial, o benfeitor Rizkallah
Jorge Tahanian coloca a primeira
argila de cimento

O segundo filho do benfeitor, Najib
Tahanian, em nome do seu pai, lê o
discurso de doação

A senhora Zekié Tahanian coloca a argila

Os dois padres colocam a argila

Nos quatro cantos dos alicerces da escola estavam aguardando os padrinhos das pedras fundamentais, segurando cada um em suas mãos pedras sobre lencinhos brancos. Os eclesiásticos abençoaram uma por uma essas pedras e cada padrinho depositou as pedras no local previamente preparado, sob os aplausos estrondosos dos presentes.

O carneiro a ser sacrificado diante do altar móvel

Realiza-se o sacrifício

Os reverendos padres abençoam o carneiro

Os padres Gabriel Samuelian e Yeznig Vartanian abençoam as pedras fundamentais da escola

Após colocarem as pedras nos seus devidos lugares, a procissão religiosa, os quatro padrinhos e o benfeitor Rizkallah Jorge Tahanian, ao som do cântico "Hrachapar Asdvadz" (Deus Maravilhoso), aproximaram-se da porta principal da escola e se colocaram diante de um buraco especialmente aberto. Nesse momento subiu ao altar móvel e aproximou-se do microfone o padre Yeznig Vartanian.

Os presentes, que acompanhavam magnetizados os mínimos detalhes da cerimônia, tão logo o padre Yeznig aproximou-se do microfone, saudaram-no com calorosos aplausos. Contagiado pelo entusiasmo geral dos presentes, o padre agradeceu abanando as mãos e, após transmitir seus agradecimentos ao microfone, pediu que se fizesse silêncio, e a seguir proferiu o seguinte discurso:

O presidente do Conselho Administrativo Central dos Armênios do Brasil e padrinho da pedra fundamental com o nome do rei Vramchabuh, sr. Levon Apovian, aguarda, segurando em suas mãos a pedra, o encerramento da cerimônia de bênção da pedra

Os quatro padrinhos das quatro pedras fundamentais da escola e o benfeitor Rizkallah, que segura em suas mãos o receptáculo com os documentos que serão depositados no alicerce da escola. Em primeiro plano, da esquerda para a direita: Simão Kariian, Rizkallah J. Tahanian, Vaham Keutenedjian, Levon Apovian e Pedro Nazarian

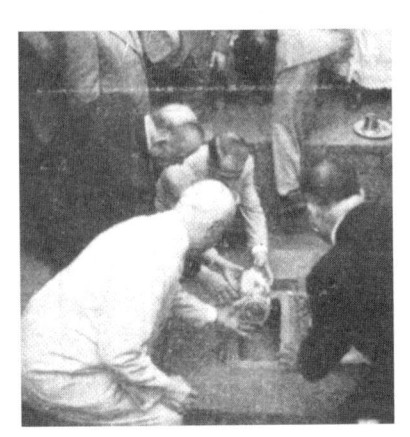

Simão Karibian, Rizkallah J. Tahanian e Vaham Keutenedjian depositam a bandeja com os documentos no buraco especialmente cavado

Rizkallah Jorge Tahanian fecha com a pá de bronze a primeira cal do cimento

S. Karibian coloca o receptáculo   V. Keutenedjian fecha a cavidade com a pá

Meu querido povo,

Estou feliz e contente, porque o meu povo está feliz e alegre, hoje. Nestes aplausos, cada um colocou a sua efetiva disposição, o seu coração e sua alma. Estou muito feliz e alegre, porque a coletividade armênia do Brasil, neste país hospitaleiro, apesar de usufruir de forma abundante e livremente todas as benesses, mantém imaculado o caráter armênio que tem herdado de seus antecessores, zela pela preservação de sua igreja e sua língua materna, e, com uma disposição louvável de sacrifício, própria do caráter do povo armênio, grande e pequeno, jovem e idoso, senhora ou moça, rico ou pobre, todos, todos indistintamente, como um só coração e uma só alma, unindo as mãos, guiados pelos mesmos sentimentos, deram e contribuíram para que seja construída a nossa escola, para que se erga o nosso palco. A nossa escola, onde nossos filhos nascidos no Brasil irão aprender o abecedário armênio do imortal MESROP. Nosso palco, onde em nossas festas e encontros falaremos e ouviremos a nossa maravilhosa língua de HAIK.

A construção da escola, do salão de festas, da prelazia e dos préios adjacentes, cujo ato de fundação realizamos neste momento, são provas gritantes da consciência nacional dos armênios que residem no Brasil, pela preservação dos valores nacionais, pela existência da vida armênia e a firme vontade de viver do povo armênio. Toda honra e glória ao povo armênio, aos armênios radicados no Brasil (aplausos efusivos).

A nossa coletividade sabe tão bem que aqui, nesta terra hospitaleira, não é a espada do nosso inimigo secular que ameaça sua existência; mas sabe ainda que também aqui a sua existência não está imune do perigo. A nossa coletividade tem a consciência do massacre branco, sabe que desta vez não é a espada que espelhará sobre sua cabeça, mas belas flores que exalam perfumes encantadores, perfumes que exalam dos frascos que se aproximam de seus olhos e do seu nariz, para embebedar, adormecer, deslumbrar e matá-la. Mas a coletividade, ao construir sua escola, seu palco, coloca uns óculos aos seus olhos, para não se tornar vesga, uma máscara no seu rosto, para não se embebedar, toma um remédio convalescente para não morrer; eis o motivo para que eu, na qualidade do vosso pastor espiritual, venha repetir-lhe, com uma imensa felicidade: glória e honra a ti, povo armênio, a ti, meu amado povo armênio que reside no Brasil, vocês têm o direito de dizer, com todo orgulho: nós somos os dignos descendentes de nossos gloriosos antepassados (aplausos).

Houve aqueles que duvidaram, felizmente uma minoria, os quais, quando terminava meus discursos em ocasiões anteriores em prol da construção destes prédios, se aproximavam de mim e murmuravam: "Padre, a quantia que o senhor está prevendo para a construção destes prédios é muito elevada e acima da capacidade da coletividade, será muito difícil lograr êxito nessa iniciativa". No entanto, tais pessoas eram ingênuas e não sabiam o que significa a vontade de um povo; talvez eles não conhecessem o povo armênio nem tivessem qualquer ideia sobre a força popular. Mas o povo, com esta iniciativa, demonstrou a sua força e o seu valor.

A arrecadação para a construção desses prédios, agora posso sem receio comunicar em público, já foi concluída com sucesso total (aplausos efusivos), e, como prova do que falo, quero anunciar-lhes com satisfação que aqui, durante esta cerimônia, quando realizávamos o ato de fundação da igreja, um dos membros do Conselho Administrativo Central aproximou-se de mim e murmurou ao meu ouvido: "Der babá [padre], parabéns, o senhor Vahram Keutenedjian entregou um cheque no valor de duzentos mil cruzeiros para a construção da nossa escola (aplausos intermitentes), e também informou que os irmãos Gasparian, cunhados de Vahram, bem provavelmente também doarão uma quantia equivalente" (aplausos). Estimados, será que vocês podem fazer uma ideia de que somente com a gentil doação do senhor Vahram Keutenedjian nós já temos um milhão e duzentos mil cruzeiros (fortes aplausos), sem contar ainda com a doação dos irmãos Gasparian? Não temos dúvida de que receberemos em breve também essa doação. Como os senhores podem observar, tenho razão quando digo que a arrecadação iniciada já foi coroada com êxito, e que não mais receamos empreender a construção de nossos prédios, pois os senhores cumpriram a termo a vossa obrigação, e, se Deus assim permitir, assim como estamos realizando, hoje, o ato de fundação destes prédios, da mesma forma, em breve, realizaremos a festa de inauguração oficial deles (aplausos efusivos e prolongados).

Povo amado, neste momento solene, como vosso pastor espiritual, manifesto em público meu agradecimento a todos os doadores, a todo o povo armênio, que incentivaram moral e materialmente esta iniciativa. Meu agradecimento a todos os membros do Conselho Administrativo Central, os quais, sem exceção, se dedicaram a este trabalho com a alma e coração, muitas vezes até comprometendo suas atividades pessoais. Eles trabalharam diuturnamente e nós devemos ao incansável e dinâmico trabalho deles o êxito total desta grande iniciativa.

Meus agradecimentos se estendem também aos membros das Comissões de Arrecadação, que tão gentilmente e com grande dedicação colaboraram com os membros do Conselho Administrativo Central, despendendo tempo e fazendo o melhor de si.

O Conselho Administrativo Central é consciente das suas atribuições, e estejam convictos de que ele não medirá esforços para construir e entregar aos senhores um belo prédio digno do vosso sacrifício.

O entusiasmo atual e a satisfação sentida que os senhores revelam agora não terá comparação com a satisfação a ser sentida por ocasião da inauguração destes prédios, pois aí esse sentimento será incomparavelmente maior, porque naquele dia toda a coletividade se aproximará destes prédios com a cabeça erguida, e cada pessoa, do mais rico ao mais humilde e o trabalhador que vive no seu dia a dia, ao olhar estes prédios, poderá exclamar, com orgulho: "Um dos tijolos destes belos prédios foi comprado com meu óbolo" (aplausos entusiasmados).

Que o Todo Bondoso Deus faça com que a nossa atormentada nação seja digna de Sua imensa misericórdia e compaixão, e que recompense o nosso povo radicado no Brasil com Sua inesgotável bondade e classifique as circunstâncias de modo que, num dia feliz, todos reunidos possamos voltar à nossa querida pátria, e, tal como nos contos de livros, sob o teto da nossa pátria, possamos contar aos nossos netos sobre estas cerimônias solenes, dizendo, ademais, que deixamos esses prédios com muita alegria como presentes ao generoso povo brasileiro, como sinal da nossa gratidão (fortes aplausos).

Depois do discurso do padre Yeznig, as cópias dos discursos escritos e uma cópia do ato do dia, junto com uma placa de bronze, foram depositadas numa bandeja de vidro, que, depois de ser fechada com uma tampa metálica especial, foi lacrada com cera e entregue aos quatro padrinhos, os quais, segurando a bandeja em suas mãos, a colocaram num buraco especialmente cavado com cimento, e cobriram o buraco com uma tampa de pedra. A seguir, os quatro padrinhos, seguidos pelos dois padres e altas autoridades presentes, colocaram argamassa de cimento ao redor da tampa do buraco, utilizando uma pá de bronze.

A placa de bronze trazia esculpida a seguinte mensagem:

No dia 25 de março do ano do Salvador de 1945, no Domingo de Ramos, realizou-se a fundação da escola armênia e dos prédios adjacentes, a serem construídos ao lado da Igreja Armênia São Jorge. O terreno foi doado pelo benfeitor Rizkallah Jorge Tahanian e sua esposa, a Sra. Zekié, e os prédios serão construídos com os recursos financeiros da Coletividade Armênia do Brasil.

Neste período, o Conselho Administrativo Central da Igreja Apostólica Armênia do Brasil era constituído pelos seguintes membros:

Reverendo arcipreste Gabriel Samuelian, reverendo padre Yeznig Vartanian, os senhores Jorge Rizkallah Jorge Tahanian, Levon Apovian, Andreas Jafferian, Bedros Nazarian, Mihran Boyadjian, Arsen Momdjian, Mihran Nahas, Karekin Tufenkdjian.

Concluiu-se a cerimônia de fundação da igreja, da escola e dos prédios adjacentes. Os convidados começaram a se aproximar do benfeitor Rizkallah Jorge Tahanian, sua esposa Zekié, assim como de seus filhos e dos membros do Conselho Administrativo Central, e com apertos de mãos se despediram. O público presente, por sua vez, estava feliz e entusiasmado e se dissolveu com ótima disposição e com as melhores impressões.

Após a cerimônia solene, o Conselho Administrativo Central prosseguiu com sua arrecadação e se ocupou, por outro lado, com o trabalho de preparar a planta de construção dos prédios para apresentá-la para aprovação da prefeitura.

Para ter a aprovação da prefeitura e a autorização para iniciar a obra de construção foram necessários oito longos meses de trabalho e, finalmente, deu-se início efetivamente à obra da igreja no dia 1º de setembro de 1945, e da escola com os prédios adjacentes no dia 16 de fevereiro de 1946, quando o valor previsto de 1.400.000 cruzeiros já estava arrecadado e encontrava-se depositado no banco.

Da esquerda para a direita: Simão Karibian, Vahram Keutenedjian, Sra. Claudina Keutenedjian, Sra. Mari Tahanian e Jorge Tahanian, durante a cerimônia oficial de fundação da escola, ouvem o discurso do padre Yeznig Vartanian. Pela manifestação de seus rostos, é possível dimensionar a impressão estampada nesta celebração festiva

Após a solenidade de fundação da igreja e da escola, um grupo de compatriotas e o padre Yeznig Vartanian, ao saírem do local. Da esquerda para a direita: o menino Pedro Jafferian, o vice-presidente do Conselho Administrativo Central, Andreas Jafferian, o presidente da Associação Compatriota de Hadjin, Hampartsum Balabanian, o padre Yeznig Vartanian, o presidente de Akhkadakh'nam [órgão assistencial aos pobres], Hagop Azadian, Vartan Tchorbadjian e seu filho

Na fileira de trás, da esquerda para a direita: membro do Conselho Administrativo Central e primeiro-tesoureiro da construção da escola, Pedro Nazarian; Sérgio Nazarian (filho mais velho de Pedro) e Vart (filho mais velho do irmão do padre Yeznig Vartanian)

Fachada do prédio da escola

MAIS ALGUMAS PALAVRAS SOBRE A FORMA DE ARRECADAÇÃO

Os que aderiram à arrecadação não eram obrigados a efetuar o pagamento dos valores registrados por eles de uma só vez, à vista; cada doador pagaria 40% do valor total no ato, e o resto em até seis meses, em uma, duas e até seis parcelas. O Conselho Administrativo Central preparou os recibos adequados e entregou ao banco, que, por sua vez, comunicava ao titular o dia do pagamento. Assim, as pessoas iam até a agência bancária, apresentavam seus boletos, efetuavam o pagamento e recebiam o respectivo comprovante de pagamento, onde constava o carimbo com a palavra "RECEBEMOS" e a data do recebimento. Com esse sistema de arrecadação, o dinheiro de cada contribuinte entrava diretamente na conta bancária. Essa forma de cobrança bancária ficou sob a responsabilidade do maior e mais destacado banco da cidade, o Banco de São Paulo, que efetuou todas essas operações de cobrança gratuitamente, como um gesto de colaboração para uma iniciativa beneficente.

Os recibos continham três assinaturas: uma dos dois padres, como presidentes de honra do Conselho Administrativo Central, quais sejam, arcipreste Gabriel Samuelian e padre Yeznig Vartanian; um dos presidentes do Conselho, a saber: Jorge Rizkallah Jorge Tahanian e Levon Apovian; um dos dois tesoureiros, que eram: Bedros Nazarian e Mihran Boyadjian. As assinaturas desses seis estavam legalizadas e reconhecidas na agência bancária, e tanto para o caso dos recibos de cobrança como também para qualquer operação de movimentação da conta, era necessária a assinatura de três dos seis.

Esse sistema de cobrança, além de ser muito conveniente, fez crescer o conceito da coletividade armênia, porque, no dia de pagamento, que era geralmente marcado para o dia 20 de cada mês, todos os contribuintes iam até a agência bancária e lotavam o saguão de entrada, causando admiração aos funcionários do banco, que ficavam maravilhados em vista desse esforço e sacrifício dos armênios, exclamando: "Estes armênios têm um caráter elevado; eles vêm aqui e esperam horas afora nas filas para ofertar suas contribuições". Também não faltavam autoridades locais ou estrangeiras que, ao se referirem aos armênios, diziam: "Se alguém quer conhecer o espírito de dedicação dos armênios, que venha a esta agência do Banco São Paulo no dia 20 de cada mês, para ver a enorme multidão de armênios que vem e aguarda por horas para efetuar o pagamento de suas contribuições voluntárias".

A coletividade armênia do Brasil merece esses elogios honrosos, porque tudo que se diz e se fala é verdade. Os membros desta coletividade realizaram suas obrigações, pagando os valores da arrecadação que haviam assumido espontaneamente. Glória ao povo armênio, honra à coletividade armênia de São Paulo.

Rizkallah Jorge Tahanian

Rizkallah Jorge Tahanian, com o nome armênio de Asdvadzadur Kevork Tcheraghatsbanian, nasceu no ano de 1867, na cidade de Alepo, Síria, filho de Kevork Tcheraghatsbanian, originário da cidade de Sassun. Seu pai, um ferreiro de condições modestas, não conseguiu oferecer ao filho uma educação escolar, mas deu a ele uma profissão que, unida à sua aptidão nata e laboriosidade, garantiu a este um futuro brilhante e um nome invejável e digno.

Em 1895, o jovem Rizkallah Jorge Tahanian já era um mestre fundidor e um talentoso metalúrgico, quando decidiu contrair matrimônio com sua compatriota, a Sra. Zekié Naccachian. Já no primeiro ano de casamento, ao ver que o ambiente de Alepo não correspondia aos seus anseios, decidiu viajar para o Brasil, país do qual havia colhido muitas informações encorajadoras de seus concidadãos árabes.

Chegando ao Brasil, estabeleceu-se na cidade de São Paulo, onde inicialmente trabalhou numa metalúrgica como um trabalhador comum, mas depois, graças ao seu vasto conhecimento na sua profissão e sua laboriosidade, alcançou o posto de gerente-geral da fábrica. Após três anos, considerando ser uma perda de tempo trabalhar para outros, largou a fábrica e abriu uma pequena oficina própria.

Muito dedicado ao trabalho, este jovem esperto na sua profissão, segundo ele próprio conta, varou muitas noites na sua oficina, sem se importar com o sono ou cansaço, principalmente quando o objeto a ser fundido ou fabricado carecia de cuidados especiais e de maestria. Com qualquer trabalho que assumia na sua área de atuação, mesmo sendo difícil ou se carecesse de um trabalho intenso, Rizkallah não desistia e sempre deixava os seus clientes extremamente satisfeitos.

A fama de sua maestria se alastrou rapidamente, e o número de seus clientes começou a aumentar cada vez mais. Sua primeira ação foi a compra de um prédio de dois andares localizado à rua Florêncio de Abreu; o andar superior ele reservou para sua moradia, enquanto o piso térreo foi transformado numa metalúrgica, que funciona até hoje. A pequena fábrica, que começara quase sem máquinas nos primeiros dias, deu lugar a uma grande empresa, dotada das mais modernas máquinas nessa linha de atuação. A aquisição desse imóvel foi o início do seu êxito profissional, e foi no andar superior que nasceu o seu primogênito, a quem deu o nome de Jorge, em respeito à memória de seu pai.

A presença de um filho o entusiasmaria tanto que, misturando noite e dia, ele aumentou o ritmo do seu trabalho para garantir o futuro do seu tão amado recém-nascido filho. Esse jovem visionário decidiu doravante que o futuro de seus filhos e o seu descanso quando a velhice chegasse poderiam ser assegurados com o investimento em imóveis, e assim, sem pedir qualquer sugestão a ninguém, começou a investir todo o dinheiro que tinha disponível na aquisição de bens imóveis; comprou muitos prédios e, após demoli-los, transformou-os em edifícios de múltiplos andares, criando destarte fontes de renda fixas e tornando-se dono de um rico e forte patrimônio. Seus imóveis, ao se valorizarem por si só com o decorrer do tempo, o transformaram num dos proprietários de imóveis mais destacados e ricos da cidade de São Paulo. Não há um rico cuja riqueza seja consequência total do suor do trabalho como Rizkallah Jorge Tahanian; efetivamente, sua enorme riqueza é o fruto verdadeiro do seu trabalho incansável e torrencial, o que lhe causa um justo orgulho. Ele aceita sua riqueza como uma dádiva de Deus, pois, sendo um fiel piedoso, considera ser a benevolência uma obrigação. Foi sua fé religiosa que o induziu à construção da primeira igreja armênia de São Paulo, em 1937, que teve uma vida de pouco menos de quatro anos. A prefeitura a demoliu para abrir uma nova avenida no local. É difícil descrever a aflição que este bondoso ancião sentiu por ocasião da demolição da igreja que ele mandara construir. Também não foi menos difícil o trabalho de achar um terreno adequado para construir uma nova igreja, mas, graças à sua determinação férrea, foi-lhe possível conseguir um terreno adequado e com a área necessária, e no ano de 1945 realizou a cerimônia de colocação da pedra fundamental da nova igreja, cuja construção só seria concluída em 1948. Esta nova igreja, com uma característica arquitetônica autenticamente ao estilo das igrejas armênias, é incomparavelmente mais bonita e vistosa, além de ser maior em comparação com a primeira igreja que foi demolida pela prefeitura de São Paulo. A construção dessa igreja, que carece de enorme investimento financeiro, o benfeitor assumiu com seus próprios recursos e, assim como a igreja com o terreno, também doou o grande terreno adjacente para a coletividade armênia, onde esta coletividade ergueu um belo e enorme prédio que traz orgulho aos armênios do Brasil. Nesse prédio funcionam a escola, a prelazia, um grande e maravilhoso salão de festas e apartamentos especiais com todas as comodidades, que servem como moradia para o bispo, um padre e um zelador.

O benfeitor Rizkallah Jorge Tahanian, além desse valioso presente para a coletividade armênia de São Paulo, também ergueu o campanário da igreja armênia de Alepo, Síria, onde está colocado o seu busto, e doou também o sino do referido campanário.

Suas benfeitorias, no entanto, não ficaram resumidas ao circuito armênio; ele construiu um dos prédios grandes do orfanato dos sírios, localizado na cidade de São Paulo, que recebeu o seu nome. Em 1932, no asilo que os sírios construíram no bairro de Vila Mascote, o benfeitor mandou construir uma unidade especial com seus próprios recursos financeiros. Em 1934, enviou 1.000 libras esterlinas para concluir a construção do asilo dos sírios, em Alepo. Em 1945, mandou 1.000 dólares para a conclusão das obras do hospital dos sírios, em Alepo. No mesmo ano, doou 50.000 cruzeiros para a construção de um outro asilo sob iniciativa da instituição feminina Mão Branca, das senhoras sírias de São Paulo. Quando a coletividade síria do Brasil começou uma campanha de arrecadação, em 1947, para a aquisição do imóvel do consulado sírio no Rio de Janeiro, como um sírio, o benfeitor participou dessa arrecadação com 200.000 cruzeiros, cujo pagamento realizou de uma só vez. Sua reputação de benfeitor, mais que entre os armênios, tem sido alastrado principalmente nos círculos sírios de São Paulo e Alepo, sendo que estes últimos publicaram um livreto especial em idioma árabe, no qual, além da biografia do benfeitor, têm registrado e elogiado todas as benfeitorias que ele tem realizado para o povo da sua cidade natal, sem distinção racial ou religiosa. Suas benemerências foram altamente elogiadas, inclusive, pelo governo da Síria, que, em 1935, o recompensou com a medalha de honra Legião de Honra, por ocasião de sua visita a Alepo naquele ano.

Rizkallah Jorge Tahanian provou na prática seu amor à religião ao visitar três vezes Jerusalém, e a cada visita efetuou doações abundantes ao convento armênio Surp Hagovpiants (São Tiago) de Jerusalém.

Seu caráter de homem prático, unido à sua vasta experiência, tornaram-no uma figura singular. Rizkallah Jorge Tahanian está sempre disposto e é conciso, porém com humor alegre, e em toda conversa revela uma maturidade que encanta seus interlocutores. Tem uma firme determinação e não desvia sequer um fio de cabelo do seu conhecimento.

Ele é de fala árabe, não sabe sequer uma palavra em armênio, mas, toda vez que surge a oportunidade, comunica com orgulho sua origem armênia. É muito meticuloso pela preservação da Igreja Armênia:

Quando eu era ainda uma criança, meu pai segurava na minha mão todas as manhãs e me levava para a igreja dos armênios; ele me ensinou a amar a igreja armênia; só essa lembrança do meu pai é suficiente para que eu ame a igreja armênia e trabalhe pela sua perpetuidade e seu resplendor.

Estas são as palavras que o benfeitor gosta de repetir toda as vezes que surge uma oportunidade.

A fama das benfeitorias de Rizkallah Jorge Tahanian também chegou à Santa Sede de Etchmiadzin e ao conhecimento do Patriarca Supremo de Todos os Armênos, Sua Santidade Kevork IV, que enviou ao benfeitor, através do Legado Catholicossal para a América do Sul, arcebispo Karekin Khatchadurian, a medalha de primeiro grau de São Gregório, o Iluminador, ornamentada com diamantes, juntamente com uma bula de bênção patriarcal. Essa condecoração e a bula de bênção será entregue ao benfeitor por ocasião da cerimônia de inauguração da nova igreja São Jorge.

O povo armênio, que sempre sabe respeitar seus valiosos filhos, sem dúvida saberá também honrar e respeitar a lembrança deste grande benfeitor. A coletividade armênia de São Paulo já tem planejado erguer o busto de bronze de Rizkallah Jorge Tahanian no pequeno pátio localizado diante da porta principal de entrada da nova igreja São Jorge, para eternizar a memória do benfeitor virtuoso.

Rizkallah Jorge Tahanian tem três filhos: Jorge, Najib e Salim. Seu filho primogênito, Jorge, é casado com a Srta. Marie Der Markossian, natural de Alepo, e os outros dois filhos casaram-se com moças sírias.

Escrever a biografia minuciosa deste bondoso benfeitor ancião que teve a felicidade de ver o seu bisneto seria o mesmo que escrever um volume à parte, algo que fica longe da possibilidade de inserir na presente obra, pois já temos citado diversas vezes o benfeitor e suas benfeitorias ao relatarmos a história da coletividade armênia de São Paulo, e, portanto, consideramos ser desnecessário repetir aqui tudo novamente.

A igreja São Jorge que ele construiu, por si só, diz mais do que o necessário sobre este grande benemérito. Seu nome está assiduamente ligado à história da coletividade armênia do Brasil, e o futuro historiador saberá engrandecer, com páginas mais valorosas, as inesquecíveis benfeitorias deste grandioso benfeitor.

Rizkallah Jorge Tahanian não tem sido sortudo apenas na esfera material, mas também no importante aspecto da formação de sua família. Sua esposa, a Sra. Zekié, quando mais jovem, foi uma bela moça e, depois de casada, uma mãe digna. Com seu marido, ela compartilhou os sentimentos religiosos e a disposição para obras beneméritas, jamais contrariando as iniciativas benevolentes do seu esposo, mas sempre estimulando e incentivando seu companheiro.

Lembrar as benfeitorias de Rizkallah Jorge Tahanian sem lembrar o nome desta mãe virtuosa, Sra. Zekié Tahanian, seria pecar contra a verdade. Os três filhos do casal devem a herança do caráter nobre e virtuoso à educação recebida no lar por esta piedosa e generosa mulher, bem conhecida em toda a coletividade armênia desde o início até o fim, fato que tornou todos os membros da família Tahanian dignos do autêntico respeito e gratidão da coletividade armênia de São Paulo.

Sra. Zekié Tahanian

Os armênios do distrito de Sant'anna

Sant'Anna é um dos distritos mais próximos da cidade de São Paulo, e hoje já está unido à cidade, sendo considerado um dos bairros da extremidade desta cidade. Há anos, numerosos armênios vivem nesse local, e a maioria já possui sua casa própria.

Em geral, os armênios de Sant'Anna são empregados ou cocheiros; há também os pequenos comerciantes, profissionais liberais e pequenos empresários, todos com condições financeiros modestas, laboriosos e autossuficientes.

Os armênios desse distrito, zelosos da educação armênia de seus filhos, assumindo todo tipo de sacrifícios, compraram um terreno e ali construíram um pequeno e modesto prédio para servir como escola; uma iniciativa que teve o incentivo e apoio financeiro de Apraham Tchorbadjian, membro da família Tchorbadjian, natural de Marach.

Apraham Tchorbadjian nasceu em Marach, no dia 19 de agosto de 1879, filho de Garabed Tchorbadjian. Recebeu sua educação primária na escola da igreja Surp Stepanós [São Estéfano), na sua cidade natal, e formou-se pela escola Getronagan [Central] em 1893, depois do qual começou a trabalhar no comércio. Casou em 1898 e, até o ano de 1910, exerceu esporadicamente diversas funções em sua coletividade, sendo membro do conselho da igreja Surp Stepanós e do conselho curador da escola local.

Mudou-se com a família para Alepo, em 1910, onde estabeleceu uma loja atacadista de tecidos, vivendo uma fase financeira brilhante. Mas, com o eclodir da Primeira Guerra Mundial, em 1914, perdeu quase tudo que tinha conseguido até então. Em 1920, viajou para a Inglaterra com o intuito de renovar sua atividade comercial, mas, com o surgimento do movimento kemalista, os preços das mercadorias começaram a despencar e ele foi obrigado a voltar para Alepo. Finalmente, em 1928, chegou ao Brasil com a família e se estabeleceu na cidade de São Paulo, onde atualmente se ocupa com o comércio atacadista de calçados junto com seu irmão e o genro.

Apraham Tchorbadjian

Em 1932, Apraham Tchorbadjian foi o presidente e membro do conselho da Igreja Armênia de São Paulo, revelando uma atividade muito frutífera. No mesmo ano, estimulou e ajudou financeiramente a construção da escola armênia do distrito de Sant'Anna.

Em 1944, foi um dos membros da comissão da grande arrecadação da coletividade que mais se dedicaram para o êxito dessa iniciativa, demonstrando uma atuação dinâmica, digna de todo elogio.

Em 4 de maio de 1933, os armênios de Sant'Anna, imbuídos de um orgulho merecido, com a participação de uma multidão oriunda de São Paulo e do próprio distrito, realizaram a festa de inauguração da recém-construída escola. A solenidade foi presidida pelo arcipreste Gabriel Samuelian e, durante o evento, usaram da palavra os senhores Nazaret Kumruyan, Dr. Vahakn Minassian e Sukias Ekizian, os quais elogiaram esse empreendedorismo dos armênios residentes em Sant'Anna e a preocupação em oferecer aos seus filhos e descendentes uma educação armênia.

Após a festa, foi colocada em remate a chave da nova escola, e a premiada foi a Sra. (viúva) Berdjanuch Plavdjian, natural de Marach, que preferiu conceder a honra de abrir a porta da escola ao seu filho, Sr. Stepan Pilavdjian. Este, por sua vez, abriu formalmente a porta da escola, sob os aplausos de todos os presentes.

No entanto, o trabalho que começara com grande entusiasmo e solidariedade, passado pouco tempo, enfrentou uma fase de grandes confusões; começaram a surgir discussões ridículas, tais como "eu sou da cidade, você é da aldeia", assim como confrontos ideológicos entre os Hentchakian e Tachnaktsagan, e a recém-inaugurada escola, que se chamava Nubarian, dividiu-se em dois: a escola Nubarian ficou nas mãos dos *hentchakians*, e os *tachnaktsagans* fundaram uma outra escola, com o nome de Sahag-Mesrop.

Em 1937, graças à intervenção da Diretoria Comunitária de São Paulo, ambos os lados se conciliaram e as escolas voltaram a se unir. Porém, tal iniciativa de conciliação não perduraria muito; as paixões ideológicas seriam reacendidas, culminando em novas discussões, brigas e muita confusão, o que levou ao desmantelamento e fechamento definitivo da escola de San'Anna.

O prédio da escola permaneceu fechado por meses, e os alunos ficaram sem aula. Não foi possível buscar uma solução ou concórdia, pois nenhuma das partes, assim como os "da cidade" ou "da aldeia", sequer quis mais pensar em reabrir a escola, ao menos cada um separadamente, e nem mesmo a diretoria da coletividade armênia de São Paulo quis se ocupar com tais problemas, pois também os armênios do distrito de Sant'Anna não estavam interessados em ouvir os conselhos da diretoria da coletividade de São Paulo.

Nesse período, uma entidade formada por militares aproximou-se de alguns armênios que residiam na região e conseguiu convencê-los, ao sugerir que "ofereçam este prédio para nós, e nós abriremos uma escola e vamos ensinar seus filhos gratuitamente". Os ingênuos armênios, entusiasmados pela promessa de dar a seus filhos um ensino gratuito, sem comunicar a diretoria da coletividade armênia de São Paulo, acataram a sugestão apresentada e, sem consciência dos fatos, assinaram folhas brancas. Essa entidade militar humanitária e benevolente preencheu como quis uma declaração no espaço superior em branco do documento, sob cujos termos e de forma taciturna transferia o prédio ao nome dessa entidade e autorizava a abertura da escola.

Felizmente, não havia escapado à atenção das autoridades locais a atividade dessa entidade militar, razão pela qual foram iniciadas investigações secretas e, finalmente, foi verificado que essa entidade fora constituída com objetivos políticos escusos. Após se certificar desses fatos, as autoridades de segurança prenderam os chefes, encerraram as atividades dessa suposta organização e, como consequência, a escola foi fechada.

Por ocasião dessas prisões, eis que surgiram casos de falsificação muito mais fortes, semelhantes ao da escola armênia de Sant'Anna. As autoridades então abriram inquéritos e processos judiciais.

No dia 24 de novembro de 1943, os armênios de Sant'Anna prepararam uma carta aberta com 81 assinaturas e a apresentaram para o Conselho Administrativo Central dos armênios de São Paulo, rogando que fossem tomadas as medidas necessários para a retomada da escola.

Com um advogado, o Conselho Administrativo Central abriu um processo e, no dia 23 de março de 1944, o juiz autorizou a entrega das chaves da escola para os armênios, que teriam o direito de usar o prédio até que, por meios legais definitivos, fosse dada a sentença de retornar o prédio para o nome dos armênios.

Sem ter condições de abrir uma escola imediatamente e, ao mesmo tempo, para não deixar esse prédio vazio e obsoleto, decidiram transformá-lo numa capela, onde todos os domingos se realiza uma cerimônia religiosa.

Até fins de 1947, o processo judicial ainda não havia sido terminado, e não se sabe se será possível transferir o prédio para o nome dos armênios.

Assim, um prédio que fora adquirido com o óbolo dos compatriotas, por causa de desentendimentos infantis, dores de cabeça desnecessárias e, principalmente, por atitudes totalmente imaturas e ingênuas, criou um problema adicional e despesas desnecessárias para levar adiante o processo judicial.

Em 1947, as intrigas internas e contrariedades entre os armênios de Sant'Anna não mais existiam, e os armênios desse distrito viviam em paz e tranquilidade.

Existem cem famílias armênias no distrito de Sant'Anna.

Antranig Miksian

Antranig Miksian nasceu em Kilis, no dia 15 de março de 1921, filho de Yacoub Miksian. Chegou com seus pais ao Brasil no ano de 1926, e a família estabeleceu-se na cidade de São Paulo, onde seu pai fundou uma indústria de máquinas. Antranig Miksian recebeu sua educação primária na escola armênia Turian, em São Paulo, e depois prosseguiu seus estudos na escola fundamental Prudente de Moraes. Em 1934, foi admitido no colégio Mackenzie, que concluiu em 1939.

Em 1940, começou a frequentar o curso preparatório para a Faculdade de Medicina e, em 1942, após realizar uma exame brilhante, conseguiu entrar na Faculdade de Medicina de São Paulo, sendo um dos melhores alunos do curso.

Antranig Miksian é um dos dois estudantes de medicina da coletividade armênia de São Paulo, sendo o primeiro em ordem cronológica. Fala fluentemente o armênio e sua preferência é o meio armênio. Este estudante inteligente e laborioso inspira esperança de que justificará todos os sacrifícios de seus pais.

Antranig Miksian concluirá a faculdade em 1948.

Hovhannés Israelian

Hovhannés Israelian nasceu em São Paulo, no dia 2 de setembro de 1925. É filho de Garabed Israelian, natural de Kharpert, e recebeu sua educação primária na escola armênia Turian, em São Paulo. Após concluir os quatro anos de ensino, começou a frequentar a escola Ernesto Dom Antônio Joaquim Melo e, em 1937, a escola Nossa Senhora do Carmo, concluindo-a brilhantemente no ano de 1941. Em 1942, começou a frequentar o curso preparatório para a Escola Politécnica, concluindo-o em

1943. Em 1944 começou seus estudos na Escola Politécnica, escolhendo o curso de química, que concluirá em fins de 1948.

Hovhannés Israelian é um jovem inteligente, sério, laborioso e promissor e, sem dúvida, justificará os sacrifícios de seus pais. Fala um armênio fluente e tem preferência pelo círculo armênio.

O Dr. Gaspar Debelian nasceu no Brasil, na cidade de São Paulo, em 17 de janeiro de 1917, filho de Stepan Debelian, que veio para o Brasil em 1912 e se estabeleceu na cidade de Rio Preto, estado de São Paulo, sendo o fundador da pequena coletividade armênia daquela cidade. Passados alguns anos, mudou-se e estabeleceu-se na cidade de São Paulo.

Dr. Gaspar Debelian recebeu sua educação primária na escola Prudente de Moraes, e depois continuou no colégio Mackenzie, onde recebeu sua educação colegial e superior, diplomando-se em 1940 como engenheiro civil. É um dos oficiais de reserva do exército brasileiro, no grau de cabo de segunda divisão da artilharia do exército.

É o primeiro e único engenheiro nos armênios do Brasil. Apesar de ainda jovem e iniciante, devido à aptidão

Dr. Gaspar Debelian

revelada, ele já é um engenheiro procurado e está no caminho de ganhar uma fama muito honrosa. É acima de qualquer dúvida que, como um jovem engenheiro, ele será um dos orgulhos da coletividade armênia de São Paulo.

Apesar de ter nascido no Brasil, o Dr. Gaspar Debelian fala armênio fluente e prefere o ambiente armênio.

―――― ENTIDADES COMPATRIOTAS ――――
Associação dos Compatriotas de Zeitun

Como já tivemos a oportunidade de dizer, o ano de 1928 foi uma data de singular significância para a coletividade armênia de São Paulo. Foi nesse ano que, além do surgimento dos partidos políticos, também teve lugar a formação de muitas associações e entidades compatriotas, pequenas ou grandes. Parecia que formar uma instituição estava na moda, como uma epidemia que se transmitia a todos e da qual não ficaram imunes os armênios originários da cidade de Zeitun.

Em 1928, Harutiun Kaialdjian, Harutiun Boyamia, Hovsep Tovmassian e Badvagan Sankikian fundaram a Associação Compatriota de Zeitun.

Zelosos por seu nome, os *zeituntsi*, pouco depois de sua formação, tornaram-se membros dessa nova entidade, tendo como objetivo transformar a associação na mais destacada entre as demais. Assim, o seu primeiro trabalho foi instituir um curso noturno para ensinar a ler e escrever os jovens analfabetos originários de Zeitun, e o ensino ficou a cargo de Harutiun Kalaidjian.

A recém-formada associação, que começara suas atividades com grande entusiasmo, passados alguns meses apresentou ao público da coletividade a peça teatral *Zeitun*, de autoria de S. Chahen.

Em 1929, a associação já estava devidamente organizada e atuava regularmente, sob o comando de uma diretoria eleita em votação secreta, como segue:

Harutiun Boyamdian: Presidente
Ardachés Poghassian: Secretário
Nichan Sankikian: Tesoureiro

No dia 27 de março de 1929, no grande salão do clube Germânia, a Associação Compatriota de Zeitun realizou uma homenagem solene em memória das vítimas de Zeitun, à qual compareceu uma enorme multidão. No mesmo ano, participou como uma associação da coletividade armênia à solenidade em homenagem aos mártires armênios, no dia 24 de abril, organizada pela Associação Comunitária, assim como da festa comemorativa do dia 28 de maio, organizada pelo partido Tachnagtsutiun.

Em 1931, a associação realizou sua assembleia geral, com a presença de 32 membros, e elegeu sua nova diretoria em votação secreta, ficando assim constituída:

Pastor Garabed Kerikian: Presidente
Ardachés Poghassian: Secretário
Levon Yezeguielian: Tesoureiro
Levon Mekhitaian: Conselheiro
Hagop Tovmassian: Conselheiro
Garabed Avanian: Conselheiro

Essa diretoria ficou inalterada até o fim de 1937, quando a associação cessou seus trabalhos, sem, porém, encerrar suas atividades formalmente.

Ardachés Poghassian

Ardachés Poghassian nasceu em Zeitun no ano de 1903, filho de Kevork Poghassian. Em 1915, foi deportado para Der-El-Zor, onde passou uma vida penosa até o armistício de 1918, voltando novamente a Zeitun. Sua mãe era a neta do famoso Deli-Kechichi, da cidade de Zeitun.

Durante o ataque desencadeado pelas forças kemalistas, Ardachés se uniu ao grupo de autodefesa que se retirou às montanhas da região e, depois de travar uma luta desigual e heroica por quatro a cinco meses, foi um dos que se salvaram e chegaram até Alepo.

Chegou ao Brasil em 1928, e em 1938 casou com a Srta. Arpiné Tchorbadjian, filha de de Apraham Tchorbadjian, natural de Marach. Ardachés Poghassian foi um dos membros ativos da Associação Compatriota de Zeitun. Trabalha como quitandeiro.

Em 1937, a Associação Compatriota de Marach organizou um evento solene dedicado ao famoso *vartabed* e herói das lutas de autodefesa de 1895 em Zeitun, Prtoghimeos [Bartolomeu].

Durante sua atuação formal, essa associação realizou eventos esporádicos, participou nas atividades das demais instituições e partidos políticos da coletividade, além de promover seus próprios e típicos eventos *zeituntsi* e inaugurar uma pequena biblioteca e organizar várias palestras, visando sempre manter unidos os compatriotas de Zeitun.

Em 17 de setembro de 1944, sob a iniciativa de Hovhannés Bzdikian, natural de Zeitun, e com a participação de todos os conterrâneos de Zeitun, foi realizado um evento solene em memória de mártires antigos e novos de Zeitun. A missa e a cerimônia de réquiem foram realizadas na capela armênia de Sant'Anna. Depois da missa, a solenidade cívica foi realizada no mesmo local, com um programa cultural adequado à ocasião, com números de canto e declamação. A convite da diretoria, foi o orador do evento o padre Yeznig Vartanian, que refletiu sobre o histórico de Zeitun, evocou os heróis daquela cidade, estimulou os compatriotas sobreviventes de Zeitun e os exortou a seguir o exemplo de seus antecedentes, cuidar de seus valores históricos e tradições, lutar contra a dissimilação e estar disposto a voltar à pátria já no primeiro apelo.

Nesse evento, a associação doou uma veste completa de missa para a capela armênia de Sant'Anna.

Em 1946, havia no Brasil 34 famílias de Zeitun, das quais oito em cidades do interior e o restante em São Paulo. O número total dos *zeituntsi* somava 185 pessoas, das quais 73 homens e mulheres casados, 62 meninos e moços e cinquenta meninas e moças.

As 34 famílias de origem *zeituntsi* no Brasil exerciam as seguintes ocupações:
Oito famílias em cidades do interior — comerciantes (lojistas).
Nove famílias na cidade de São Paulo — comerciantes (quitandas).
Duas famílias — fabricantes de calçados.
Duas famílias — sapateiros.
Seis famílias — fruteiros (ambulantes).
Sete famílias — trabalhadores diversos e profissionais liberais.

Em 1944, após a cerimônia solene em homenagem aos mártires de Zeitun, diante da capela armênia de Sant'anna

A Associação Compatriota de Zeitun não atuava mais, porém, ao mesmo tempo, existia formalmente em fins de 1947. Se não atuava ou não tinha nenhuma atividade dentro da coletividade, por outro lado, tinha uma presença, pois esses compatriotas se reuniam quando havia a necessidade de realizar alguma coisa em conjunto, e conseguiam lograr com êxito em suas iniciativas. Eles zelam muito pelo nome e prestígio de Zeitun. O seguinte episódio, ocorrido em 1933, dá uma ideia do temperamento e raciocínio dos *zeituntsi*:

Um dia, um *tachnaktsagan* natural de Zeitun viu uma discussão entre um *hentchakian* natural de Zeitun e um outro *tachnaktsagan*, que não era conterrâneo dos dois primeiros. A discussão, que tinha cunho político, aos poucos começou a esquentar e os dois se enfrentaram fisicamente. O *tachnaktsagan* que via tudo isso entrou no meio do dois para separá-los, mas não segurou o *hentchakian* tão forte, e este ainda conseguiu dar uma tapa ao seu adversário *tachnaktsagan*. Mais tarde, quando lhe perguntaram por que motivo ele tolerou que um simpatizante do partido Hentchakian desse uma tapa no seu colega *tachnaktsagan*, este *zeituntsi* respondeu, calmamente: "Porque, apesar de que quem bateu era um *hentchakian*, ele era um *zeituntsi*, e meu colega, apesar de ser um *tachnaktsagan*, não é de Zeitun. Qualquer *zeituntsi*, seja lá o que for, não pode receber tapa na cara!".

Hovsep Tovmassian nasceu em Frnuz, em 1895, filho de Hovhannés Tovmassian. Recebeu sua educação primária na escola paroquial da igreja Surp Asdvadzadzin. Em 1915, foi deportado para Der-el-Zor e, de lá, para Mussul e Kirkuk, de onde foi levado como soldado para trabalhar na construção de estradas. Alguns meses depois, conseguiu fugir com quatro amigos, dos quais dois morreram ao entrar numa aldeia turca. Ao se aproximarem de Mussul, os dois amigos se separaram. Hovsep se misturou aos árabes que transitavam pela ponte de Mussul e conseguiu entrar na cidade sem ser notado pelos soldados que guardavam a entrada de Mussul. Depois de permanecer por alguns dias com alguns conterrâneos, maquiado e disfarçado, misturou-se às mulheres que iam até uma fábrica dirigida pelos alemães, onde voltou a se vestir normalmente como homem e começou a trabalhar até o armistício, quando decidiu retornar a Zeitun.

Participou da última batalha heroica de Zeitun e foi um dos 450 conterrâneos que se retiraram às montanhas. Depois de travar uma luta diária desigual por quatro a cinco meses contra os soldados turcos e os *tchetens*, foi um dos poucos sobreviventes que conseguiram chegar à cidade de Kilis.

Hovsep Tovmassian foi um dos fundadores da Associação Compatriota de Zeitun. Atualmente, residente na cidade de Araraquara, interior do estado de São Paulo, e se ocupa do comércio.

Hovsep Tovmassian

Garabed Avanian, o *topal varjabed* [professor manco], nasceu em 1870, na aldeia de Avak Gal, Zeitun. Recebeu sua educação primária na escola Getronagan [Central] de Zeitun, e depois começou a lecionar na sua aldeia natal.

Garabed Avanian

Participou das lutas desencadeadas em 1895, quando ficou ferido do pé e ficou manco para resto de sua vida, daí o apelo de *topal varjabed*.

Em 1915, foi deportado para a região da cidade de Damasco, ali permanecendo até o armistício, e logo depois voltou à sua aldeia.

Em 1920, foi novamente deportado para a localidade de Kharpert, na aldeia de Djermuk. Em 1923, foi com a família para Alepo e, em 1930, chegou ao Brasil e se estabeleceu na cidade de São Paulo, trabalhando numa quitanda. Faleceu em 22 de julho de 1940.

Garabed Avanian foi um dos fundadores da Associação Compatriota de Zeitun.

Hagop Boyamian   **Manuel Setian**

Hagop Boyamian nasceu em Zeitun. É um dos sobreviventes da conhecida família Boyamian daquela cidade. Reside na cidade de Araraquara, interior do estado de São Paulo, e atua no comércio.

Manuel Setian é um sobrevivente da cidade de Zeitun, reside na cidade de Araraquara, estado de São Paulo, e atua no comércio.

Movsés Mardirossian é um sobrevivente da cidade de Zeitun, reside na cidade de Araraquara, estado de São Paulo, e atua no comércio.

Movsés Mardirossian

Associação dos Compatriotas de Sis

A migração dos armênios da cidade de Sis e adjacências começou a partir de 1926. Naquele ano, muito se falava sobre o Brasil na Síria. Houve até quem pensasse em organizar ondas migratórias em massa, e, se isso não foi possível, ao menos esses rumores foram motivo para que um número grande de armênios migrasse para o Brasil.

No dia 15 de agosto de 1929, sob a iniciativa de Hovhannés Kouyoumdjian e Bedros Erzinian, ambos naturais de Sis, junto com mais 33 conterrâneos daquela cidade e adjacências, houve uma reunião na residência de Hovhannés Kouyoumdjian e, depois de uma breve deliberação, fundaram a Associação Compatriota de Sis e Adjacências e, na mesma oportunidade, após uma votação secreta, elegeram a diretoria, que ficou assim constituída:

Hovhannés Kouyoumdjian: Presidente
Missak Kassardjian: Secretário
Krikor Artichian: Tesoureiro

Bedros Erziniain: Conselheiro
Minas Bogazlian: Conselheiro

A recém-formada associação, sob o comando de sua diretoria, se empenhou numa atividade dinâmica, organizando para seus conterrâneos de Sis e das aldeias adjacentes encontro sociais com o intuito de reunir o compatriotas. Formada por atores nativos de Sis, apresentou à coletividade armênia a peça teatral *Dantch'vadzner* [*Os sofridos*], que foi bastante elogiada pelo público da coletividade.

Krikor Artichian nasceu em Sis, em 1881, filho de Harutiun Artichian. Foi deportado para Damasco em 1915, onde permaneceu até o armistício. Voltando a Sis, foi testemunha ocular e participou das lutas de autodefesa da cidade de Sis, mas depois foi para Adana, de lá para a Grécia e, finalmente, chegou ao Brasil em 1927, fixando residência na cidade de São Paulo e ocupando-se da profissão de alfaiate.

Krikor Artichian foi um dos fundadores da Associação Compatriota de Sis e exerceu a função de tesoureiro até a sua morte, em 16 de janeiro de 1942.

Krikor Artichian

Essa entidade, que desde o dia de sua formação já se lançara à preparação de seu estatuto organizacional, apenas em 1933 conseguiu registrá-lo e ter o respectivo reconhecimento legal das autoridades. Em 1935, a diretoria encaminhou seu estatuto ao diário *Armênia*, publicado em Buenos Aires, para que fosse publicado, e depois o distribuiu para seus associados.

Apresentamos a seguir o referido "Estatuto — Regulamento", no qual se destaca o artigo 28, por ser algo singular no seu gênero.

ESTATUTO — REGULAMENTO
DA ASSOCIAÇÃO COMPATRIOTA DE SIS
(Fundada em 15 de dezembro de 1933 na cidade de São Paulo, Brasil)

Da Denominação
Denomina-se esta entidade de Associação Compatriota de Sis e Adjacências.

Dos Objetivos
Artigo 1 — Esta Associação tem como objetivos reunir todos os conterrâneos da cidade de Sis e adjacências, criar um fundo, empreender pelo autodesenvolvimento intelectual, moral e físico dos compatriotas, ajudar aos conterrâneos em fase de necessidade, assim como aos incapazes de trabalhar.

Dos Meios de Receitas
Artigo 2 — Para realizar os objetivos desta Associação, admitem-se as seguintes fontes de receitas: mensalidades dos associados; eventos sociais, apresentações teatrais e outras, encontros familiares e sociais e doações.

Dos Associados
Artigo 3 — Podem ser membros desta Associação todos os conterrâneos de Sis e adjacências, sem distinção de gênero (sexo), que aceitem o presente Estatuto — Regulamento e efetuem suas obrigações morais e materiais.

Artigo 4 — Os membros menores de 20 anos de idade não podem participar das eleições.

Artigo 5 — Cada membro tem o dever de efetuar o pagamento de sua contribuição mensalmente.

Artigo 6 — Os membros que não efetuam suas obrigações financeiras por seis meses não terão direito a participar das eleições nem de ser eleitos; e aqueles que não efetuam suas obrigações financeiras por um ano cessam de ser membros desta Associação, exceto os incapazes.

Artigo 7 — O associado que se demite desta Associação por qualquer motivo, ou que é expulso por algum motivo muito grave, não terá direito de exigir nada desta Associação.

Artigo 8 — Os membros que se demitiram da Associação, caso queiram voltar e se reintegrar a esta Associação, na primeira gestão anual, devem pagar seis meses a mais do valor mensal estabelecido para os associados, e na segunda gestão anual, doze meses; só assim é que eles serão aceitos de volta.

Artigo 9 — Esta Associação é fundada sob o contexto de ajuda e subvenção, sem qualquer caráter partidário ou político.

Artigo 10 — *Cada associado deve contribuir mensalmente ao mínimo com dois cruzeiros.*

Da Constituição Administrativa

Artigo 11 — *Esta Associação terá uma diretoria constituída de 5 — 7 — 9 membros, eleita pela assembleia geral dos associados e com voto secreto.*

Artigo 12 — *A diretoria elege sua mesa diretiva: presidente, secretário, tesoureiro e conselheiros.*

Artigo 13 — *As assembleias gerais são realizadas a cada bimestre, e são consideradas legais com a presença da metade mais um de seus associados. Caso não exista maioria na primeira e segunda convocações, a próxima convocação será considerada legal com a presença de 1/3 dos associados.*

Artigo 14 — *Todo associado tem o dever de comparecer às assembleias gerais. Aqueles que têm alguma justificativa plausível, devem previamente comunicar a diretoria, justificando sua ausência por escrito.*

Artigo 15 — *A assembleia geral vigia as atividades realizadas pela diretoria e, caso seja necessário, pode demiti-la com 2/3 dos votos dos membros da Associação.*

Artigo 16 — *Assim como os demais membros, também os membros da diretoria serão considerados demitidos ao se ausentarem três vezes das reuniões da diretoria.*

Artigo 17 — *Os ex-membros da diretoria podem ser reeleitos.*

Artigo 18 — *Caso um dos membros da diretoria se demita, será substituído pelo associado que tem recebido a maioria dos votos na eleição.*

Artigo 19 — *A diretoria tem uma gestão anual, com reuniões ordinárias a cada quinzena.*

Artigo 20 — *A diretoria tem o dever de realizar assembleias gerais dos associados a cada dois meses e apresentar seu relatório financeiro e de atividades.*

Artigo 21 — *O presidente convoca a diretoria para as reuniões e supervisiona os trabalhos. Ele assina os documentos e correspondências oficiais.*

Artigo 22 — *O secretário supervisiona os registros da Associação, a biblioteca e todos os bens que pertencem à Associação.*

Artigo 23 — *O tesoureiro supervisiona a tesouraria da Associação, realiza compras e mantém as contas da Associação.*

Artigo 24 — *Uma cópia dos movimento de caixa do tesoureiro fica com o presidente.*

Artigo 25 — *Caso o valor disponível com o tesoureiro ultrapasse os 300 cruzeiros, ele será depositado numa conta bancária segura, com a assinatura dos membros da diretoria.*

Artigo 26 — *Os membros da diretoria são responsáveis, coletivamente, pelas atividades financeiras e por todas as demais atividades da Associação.*

Artigo 27 — *Caso o número dos associados fique abaixo de 7 (sete), a Associação será considerada como dissolvida.*

Artigo 28 — *Caso a Associação permaneça dissolvida por dois anos, os 7 membros que restaram terão o direito de apoderar-se das finanças e bens da Associação.*

Os artigos supracitados foram aprovados pelo associados da Associação Compatriota de Sis e adjacências, e reconhecidos pelas autoridades brasileiras em dezembro de 1933.

Secretário	*Tesoureiro*	*Presidente*
Zareh Kassardjian	*Krikor Artichian*	*Diran Kassardjan*

Conselheiros: Samuel Kerikian, Gabriel Seferian, Hagop Guzelian, Piuzant Altebarmakian.

Diran Kassardjian nasceu em 1877, na cidade de Sis, filho de Panos Kassardjian. Recebeu sua educação primária na escola dos evangélicos, na sua cidade natal, e depois dedicou-se à profissão agrícola. Em 1915, foi deportado para Alepo, de onde veio para o Brasil com a família, em 1930, e estabeleceu-se na cidade de São Paulo, onde possui uma fábrica de cintas.

Em 1933, foi eleito presidente da Associação Compatriota de Sis, revelando uma atividade dinâmica.

Diran Kassardjian

Até fins de 1944, a Associação Compatriota de Sis desenvolveu uma atividade muito dinâmica, principalmente no que concerne aos encontros familiares e sociais, tendo um efeito muito benéfico para criar o respeito mútuo e simpatia entre os conterrâneos de Sis. A entidade também auxiliou os conterrâneos necessitados e, com suas intervenções fraternais, solucionou as discussões entre seus conterrâneos.

Em 1937, a Associação tomou um aspecto de abandono quando parte de seus associados se transferiu para as cidades do interior do estado de São Paulo. A diretoria da Associação desse período, levando com consideração a situação deplorável da entidade, e pensando que, quando a entidade se reorganizasse, poderia utilizar da melhor maneira sua sede própria, com o dinheiro disponível na sua tesouraria, decidiu comprar, em nome da Associação, um terreno com a dimensão de 10 x 50 metros no distrito de Presidente Altino, onde os preços dos terrenos estavam relativamente baratos.

Em 1938, por ocasião da construção da igreja São Jorge, em São Paulo, os conterrâneos de Sis, tomados pela ideia de dar um presente à igreja em nome de sua entidade, mandaram construir um belo assento episcopal com o dinheiro disponível na tesouraria, e o doaram para a igreja. Com isso, a entidade ficou completamente sem reservas financeiras.

A tesouraria da Associação ficou sem dinheiro, e os associados haviam cessado suas contribuições mensais à entidade; a diretoria também não realizava mais os encontros familiares e sociais; ademais, as reuniões ordinárias da diretoria e as assembleias gerais dos associados também não eram mais realizadas, e aparentemente a Associação havia sido entregue ao esquecimento, parecendo estar dissolvida, sem que isso fosse formalmente declarado; e essa situação perdurou até o ano de 1944.

Zareh Kassardjian nasceu em Sis, em 1893, filho de Setrak Kassardjian. Recebeu sua educação primária na escola armênia de sua cidade natal e, depois, frequentou por um ano a escola americana da cidade de Darson. Em 1915, foi deportado para Alepo, de onde veio para o Brasil em 1928, começando a trabalhar no comércio.

Entre 1930 e 1936 ocupou a pasta de secretário da Associação Compatriota de Sis. Foi também membro da diretoria da igreja armênia de São Paulo e da intendência da escola. Atualmente reside na cidade de Itararé e ocupa-se do comércio.

Zareh Kassardjian

Em 1943, todos os compatriotas de Sis residentes no Brasil realizaram uma cerimônia de réquiem na igreja armênia São João Batista, em Presidente Altino, em memória de todos os falecidos e mártires da cidade de Sis. O celebrante da missa, padre Yeznig Vartanian, fez o histórico de Sis e exortou os sobreviventes conterrâneos dessa cidade a seguirem o exemplo de seus antecessores, amando sua nação e sua pátria, lutando contra a miscigenação e estando prontos para voltarem à pátria já na primeira oportunidade.

Nessa ocasião, os conterrâneos de Sis doaram vestes de missa para a igreja São João Batista.

A Associação Compatriota de Sis chegou a contar com sessenta membros, mas chegou a ficar com suas atividades paralisadas e à beira do esquecimento até o ano de 1944, quando conterrâneos de Sis que residiam em Presidente

Altino, entusiasmados pela disposição revelada por ocasião da missa e cerimônia de réquiem de 1943, se uniram e reorganizaram a instituição com 42 associados. A nova diretoria enviou cartas para os conterrâneos de Sis que residiam em cidades longínquas, comunicando-lhes a reorganização da entidade e pedindo a filiação destes, recebendo, em pouco tempo, a anuência e concordância de quase todos.

A Associação reformulada foi assim constituída:
Garabed Geonjian: Presidente
Vartkés Tavitian: Secretário
Haigazun Chirinan: Tesoureiro
Sarkis Altebarmakian: Conselheiro
Aram Seferian: Conselheiro
Yeghiá Meguerditchian: Conselheiro
Setrak Khatchikian: Conselheiro

Por estar ocupado com os trabalhos de reorganização, a nova diretoria não teve a possibilidade de vir a público até fins de 1945. Os refiliados e novos associados pagavam regularmente suas contribuições mensais, e havia a esperança de que a Associação teria uma atividade útil, como em sua fase inicial.

Em fins de 1946, dos moradores da cidade de Sis e adjacências, residiam no Brasil 63 famílias, totalizando 330 pessoas. Todos eles, quase sem exceção, moravam no estado de São Paulo, espalhados em diversas cidades. Apesar de os *sissetsi*[32] que moravam na cidade de São Paulo formarem um número significativo, a maioria deles, no entanto, residia no distrito de Presidente Altino, onde quase todos tinham residências próprias e lojas comerciais. Os conterrâneos de Sis e adjacências eram autossuficientes e viviam uma vida modesta, porém tranquila. A maioria era constituída de pequenos comerciais, e não havia entre eles pessoas abastadas ou muito ricas.

Minas Bogazlian, cujo sobrenome verdadeiro era Bogazdelikian, nasceu na cidade de Sis, em 1880, filho de Hagop Bogazdelikian.

Recebeu sua educação primária na sua cidade natal e depois se dedicou à agricultura. Em 1915, foi deportado para Alepo, onde, com sua carroça puxada por um boi, ocupou-se do transporte militar até o armistício, quando retornou a Sis.

---

[32] Naturais de Sis.

Em 1919, com o surgimento do movimento kemalista, Sis foi cercada e os armênios da cidade ajudaram as escassas unidades do exército francês, conseguindo enfrentar os avanços dos kemalistas por quatro meses. Minas Bogazdelikian foi um dos destacados capitães dos grupos de autodefesa de Sis. Quando, graças à ajuda dos exércitos franceses que chegaram do exterior, os armênios de Sis se mudaram para a cidade de Adana, Minas se reuniu a eles e de lá foi para Beirute, Líbano, de onde chegou ao Brasil, em 1926, e se estabeleceu na cidade de São Paulo, ocupando-se do comércio.

Minas Bogazlian

Minas Bozagdelikian foi um dos fundadores da Associação Compatriota de Sis e Adjacências, assim como membro e tesoureiro da diretoria da Igreja Armênia de São Paulo.

Atualmente, reside na cidade de Barbarema, interior do estado de São Paulo, e atua no comércio.

Associação dos Compatriotas de Hadjin

A Associação Compatriota de Hadjin foi constituída em 15 de abril de 1928, e pode-se dizer que é fruto autêntico da epidemia de formação de entidades compatriotas armênias em solo brasleiro.

Desde seu início, a Associação visou dar a si própria um cunho especial de autoridade, não só para que todos os conterrâneos *hadjintsi*[33] fossem obrigados a se afiliar a essa entidade, mas, principalmente, para oferecer serviços úteis aos seus associados e à nação em geral, mantendo-se em seu alto patamar moral.

---

33 Naturais de Hadjin.

Indubitavelmente, o resultado desses seus objetivos culminaria com o envio de uma correspondência ao Conselho Comunitário dos Armênios de São Paulo, a qual, por ser interessante, transcrevemos a seguir.

No. 2
Digníssimo Conselho Comunitário de São Paulo

Respeitáveis senhores,
É com satisfação que vimos comunicar-lhes a formação da Associação Compatriota de Hadjin, a partir de 15/4/1926.
Roga-se de Vossas Senhorias que qualquer pedido apresentado por parte de um hadjentsi não seja aceito se ele não portar um documento formal emitido pela nossa Associação.
A diretoria da nossa entidade é constituída de cinco pessoas, a saber:
1 - Sr. Samuel Djanikian: Presidente
2 - Sr. Bedros Tchalian: Secretário
3 - Sr. Missak Nercessian: Tesoureiro
4 - Sr. Hampartsum Tcholakian: Conselheiro
5 - Sr. Torós Gdikian: Conselheiro

Pela Associação Compatriota de Hadjin
São Paulo, 3/5/1928
Presidente Samuel Djanikian
Secretário Bedros Tchalian

Em resposta a essa carta, o Conselho Comunitário enviou a seguinte missiva, datada de 6 de maio de 1928, à Associação Compatriota de Hadjin:

[...] Acusamos com satisfação o recebimento da vossa carta no. 2, data de 3/5/1928, e desejamos êxito à vossa entidade.
Pedimos da vossa diretoria fornecer-nos maior e amplo esclarecimento sobre a que se refere o não aceitar qualquer pedido apresentado por parte de um hadjentsi se ele não portar um documento formal emitido por vossa entidade.

A Associação, por sua vez, enviou a seguinte reposta explanatória ao Conselho Comunitário:

No. 12
Digníssimo Conselho Comunitário

Nesta

Acusamos o recebimento da vossa correspondência datada de 6 de maio de 1928, em que Vossas Senhorias nos pedem uma explanação sobre qualquer pedido que seja apresentado para Vs. Ss. por um hadjentsi.

Pedimos encarecidamente do vosso egrégio Conselho que, caso qualquer hadjentsi vos contate para realizar batizado ou casamento, vosso Conselho peça-lhe um documento formal da nossa Associação. Não visamos qualquer outro objetivo.

Pela Associação Compatriota de Hadjin
São Paulo, 28/5/1928
Presidente Samuel Djanikian
Secretário Bedros Tchalian

Como é possível observar por esta última carta, que registra o número 12, a Associação Compatriota de Hadjin estava em atividade dinâmica. Uma entidade que tinha apenas quarenta dias de existência já havia emitido doze cartas formais, fato que mostra a seriedade com a qual seus fundadores haviam se lançado ao trabalho.

Apesar de as correspondências trocadas com o Conselho Comunitário não serem claras, pois não se explicita o objetivo de forma nítida, mais tarde foi possível averiguar que os motivos fundamentais dessas cartas foram, primeiramente, elevar a autoridade da Associação em relação aos conterrâneos *hadjentsi* e, em segundo lugar, revelar o zelo da Associação quanto à preservação dos costumes e hábitos armênios da região de Hadjin. Assim, a entidade queria impedir a coabitação ou matrimônios ilegais de seus conterrâneos que porventura quisessem se aproveitar das oportunidades para se envolver em círculos não armênios, evitar qualquer atividade que estivesse contra as regras e os valores eclesiásticos e nacionais armênios e, finalmente, manter na sua devida altura a boa fama nacional dos *hadjentsi*.

Em 26 de outubro de 1929, a Associação Compatriota de Hadjin realizou um evento alusivo ao nono aniversário da queda de Hadjin, que foi preenchido com um impressionante programa cultural. Após o evento, com a participação de 38 membros, foi eleita uma nova diretoria, constituída por Simon Gagossian, Samuel Djanikian, Ghevont Yergat, Avak Djanikian, Hampartsum Balabanian, Kevork Hanemian e Guiragos Melengichian.

Simon Gagossian

Simon Gagossian nasceu em Hadjin, em 25 de de junho de 1892, filho de Guiragos Gagossian. Recebeu sua educação primária na escola Azadian. Em 1915, foi deportado para Der-el-Zor, saboreando todas as amarguras do exílio. Em 1918, foi designado como funcionário no escritório de recenseamento dos migrantes, em Mussul. Entre os anos de 1920 e 1922 foi membro do Conselho da igreja católica armênia de Constantinopla. De 1922 a 1927, foi membro ativo da intendência do Conselho Comunitário dos Armênios Católicos, do centro tutelar e auxílio aos pobres.

Em 1928, viajou com a família para Buenos Aires e, depois de um ano, veio para o Brasil, onde trabalha no comércio. Foi membro do Conselho Comunitário dos armênios do Brasil, membro da Associação Compatriota de Hadjin e repórter oficial do periódico bimestral *Hadjin*, publicado em Los Angeles, Califórnia.

Na gestão desta diretoria, a Associação decidiu manter contato com a Associação de Reconstrução Central e Hadjin, na Califórnia, transformando-se doravante numa das filiais dessa instituição, com quem manteve relacionamento regular até fins de 1939, quando, devido às circunstâncias da Segunda Guerra Mundial, os contatos foram interrompidos e até o fim do ano de 1946 ainda não haviam sido restabelecidos.

Em 1933, a Associação Compatriota de Hadjin concluiu e enviou para a sede central, em Los Angeles, a parte que lhe cabia, no valor de 300 dólares, para ser doada às obras de construção do bairro Nor Hadjin (Nova Hadjn), na cidade de Nubarachen, na Armênia.

Samuel Djanikian nasceu em Hadjin, em 1901, filho de Torós Djanikian. Recebeu a educação primária na escola paroquial da igreja Surp [São] Torós, e depois começou a trabalhar como alfaiate. Em 1915, foi deportado para Racca, onde permaneceu até o armistício, retornando a seguir para sua cidade natal. Participou das lutas heroicas de Hadjin, em 1920, revelando as virtudes louváveis de um guerreiro corajoso e destemido.

Após a queda de Hadjin, foi um dos que se retiraram às montanhas e, com a companhia de uma pessoa, depois de uma sofrida caminhada de 25 dias, chegou a Adana numa situação deplorável e quase morrendo.

Samuel Djanikian

Em 1925, já em Beirute, Líbano, casou com sua conterrânea Srta. Maritsa Boyadjian, e veio com a família para o Brasil em 1926. Em 1946, ele já estava estabelecido na cidade de Araçatuba, interior do estado de São Paulo, e atuava no comércio.

Samuel Djanikian foi um dos fundadores da Associação da Juventude Armênia, além de um dos fundadores da Associação Compatriota de Hadjn, onde exerceu o cargo de presidente da fase inicial dessa entidade.

Por muitos anos, a Associação de Reconstrução de Hadjin de São Paulo trouxe grande contribuição para seus conterrâneos enfermos ou necessitados. Com a força do dinheiro, conseguiu trazer ao Brasil os conterrâneos que não tinham permissão de entrada ao país. Com a realização de eventos evocativos, tem respeitado e homenageado os mártires que tombaram nas lutas de autodefesa de Hadjin, realizando missas e cerimônias de réquiem. Também tem participado em eventos semelhantes realizados por outras entidades, e chegou a doar um grande e belo quadro a óleo que representa a Nossa Senhora, Mãe de Deus, com o Menino Jesus no seu colo, e que foi fixado no centro do altar da igreja.

Em fins do ano de 1946, a Associação Compatriota de Hadjin, ou "Associação Compatriota de Reconstrução de Hadjin", ainda mantinha sua existência, apesar de, por diversas circunstâncias, suas atividades públicas estarem interrompidas. A diretoria, no entanto, continuava a realizar suas reuniões periódicas, os associados continuavam a pagar suas contribuições mensais, os laços entre todos os conterrâneos permanecia forte e todos esperavam com certa impaciência por dias melhores para recomeçarem a desenvolver suas atividades públicas dentro da coletividade.

Em 1946, a diretoria estava assim constituída:
Hampartsum Balabanian: Presidente
Himayak Burjakian: Vice-presidente
Mardiros Nercessian: Secretário
Yeghiá Balekian: Tesoureiro
Kevork Hanemian: Conselheiro
Avak Boyadjian: Conselheiro
Ghevont Yergat: Conselheiro

O número dos armênios naturais de Hadjin que residem no Brasil é de aproximadamente duzentas pessoas. Todos são autossuficientes e em geral atuam no comércio, mas há também os profissionais liberais. Apesar de nesse grupo não existirem pessoas de grande porte financeiro, quase todos eles são da classe média.

Hampartsum Balabanian

Hampartsum Balabanian nasceu em Hadjin, em 1903, filho de Atam Balabanian. Recebeu sua educação primária na escola paroquial Surp Kevork [São Jorge] em Hadjin. Em 1915, foi deportado para Hama, onde permaneceu até o armistício. Durante as lutas desencadeadas em Hadjin, ele se encontrava em Adana e se juntou ao grupo voluntário que pretendia se dirigir até Hadjin para ajudar seus conterrâneos, mas não lhes foi possível lograr êxito. Aborrecidos com esse fracasso, decidiram criar um grupo sabotador e, como vingança, começaram a realizar incursões contra aldeias turcas. Numa dessas incursões, Hampartsum foi capturado pelos franceses e ficou detido numa prisão por dois anos.

Em 1924, casou com a Srta. Azaduhi Nahabedian, natural de Cesárea, e em 1926 veio para o Brasill e se estabeleceu na cidade de Campo Grande, no estado de Mato Grosso, onde trabalhou no comércio.

Desde 1943, Hampartsum Balabanian vive na cidade de São Paulo e continua sua atividade comercial em Campo Grande. Foi um dos fervorosos atuantes da Associação Compatriota de Hadjin, exercendo o cargo de presidente na gestão de 1945-1946.

Bedros Tchalian nasceu em Hadjin, no dia 10 de dezembro de 1902, filho de Iknadios Tchalian. Recebeu sua educação primária na escola central da Associação Unida. Em 1915, foi deportado com seus pais para Damasco, Síria, de onde retornou para Hadjin, em 1916. Em 1921, quando os franceses começaram a recuar para a Cilícia, a família Tchalian também foi obrigada a voltar para Damasco.

Em fins de 1926, Bedros Tchalian chegou ao Brasil e se estabeleceu na cidade de São Paulo, onde começou a trabalhar no ramo de calçados. Em 1930, trouxe seus pais e, no dia 8 de fevereiro de 1931, casou com a Srta. Vartanuch Keklikian, natural de Vahga (Feké). O casal tem quatro filhos e uma filha.

Bedros Tchalian

Bedros Tchalian tem uma grande fábrica de calçados, localizada em imóvel próprio, e usufrui uma situação financeira privilegiada. Foi um dos fundadores da Associação Compatriota de Hadjin e um dos membros mais atuantes e dinâmicos, assim como o presidente da reunião fundadora da referida entidade.

Yeghiá Balekian

Yeghiá Balekian nasceu em Hadjin, em 1895, filho de Simon Balekian. Em 1908, alistou-se e serviu no exército turco até o ano de 1914. Pouco depois de voltar ao seu lar, alistou-se novamente em virtude da convocação do governo pela eclosão da Primeira Guerra Mundial, e permaneceu no exército turco até o armistício.

Chegou ao Brasil em 1926 e se estabeleceu na cidade de São Paulo, ocupando-se do comércio e conserto de máquinas de costura.

Yeghiá Balekian é um dos membros mais dinâmicos da Associação Compatriota de Hadjin, além de tesoureiro da diretoria.

Associação dos Compatriotas de Adana

Os conterrâneos *adanatsiner*[34] também não escaparam da moda de organizar sua associação de conterrâneos. Dezoito pessoas naturais de Adana e um grego que falava turco, de Noé Mikael, reuniram-se na residência de Manug Mahseredjian, e depois de uma breve consulta, declararam como formada a Associação Compatriota de Adana, e no próprio local escolheram uma diretoria, assim constituída:

Krikor Geondjian: Presidente
Sarkis Kalaidjian: Secretário
Manug Mahseredjian: Tesoureiro

---

34 De Adana.

O principal objetivo dessa entidade, como o de todas as outras que tinham os mesmos princípios, foi organizar eventos públicos e ajudar seus conterrâneos necessitados. Mas, como o valor das mensalidades oriundas das contribuições dos associados era muito reduzido, efetuavam arrecadações entre os associados e, com isso, conseguiam dar ajudas consideráveis para alguns enfermos e conterrâneos necessitados, entre elas conseguir a passagem de volta à Síria para um de seus compatriotas.

A Associação Compatriota de Adana efetivamente só realizou um evento: um encontro familiar que se passou num ambiente muito alegre e divertido.

Essa entidade teve uma vida efêmera; em 1938, ela já havia desmoronado completamente e caído no esquecimento. O número limitado dos associados e, principalmente, a necessidade de muito trabalho e luta pela sua sobrevivência fez com que o dinamismo e vigor do período inicial começasse a se apagar entre os membros, até o seu desaparecimento definitivo.

Em 1946, moravam no Brasil quase oitenta pessoas de Adana, e sua maioria era constituída de pequenos empresários e profissionais liberais, todos autossuficientes, mas não havia entre eles pessoas abastadas ou ricas.

Manug Mahseredjian nasceu em Adana, em 1895, e recebeu sua educação primária na escola armênia Apkarian, depois da qual começou a trabalhar como sapateiro. Em 1915, por estar servindo na oficina militar de Adana, ficou imune da deportação. Em 1921, quando os franceses começaram o recuo da Cilícia, foi para Beirute, Líbano, de onde veio para o Brasil, em 1928, e se estabeleceu na cidade de São Paulo, ocupando-se do comércio.

Manug Mahseredjian foi um dos fundadores da Associação Compatriota de Adana e exerceu o cargo de tesoureiro na diretoria. Também atuou no Conselho Financeiro da escola armênia Turian, em São Paulo.

Manug Mahseredjian

Apraham Muradian

Apraham Muradian nasceu na cidade de Adana, em 1892, filho de Murad Muradian. Recebeu sua educação primária na escola armênia Apkarian, na sua cidade natal, e depois começou a trabalhar como quitandeiro.

Dezessete dias antes do início da deportação de 1915, casou com sua conterrânea Srta. Narig Malkassian, e o casal tem quatro filhos — dois garotos e duas meninas.

Em 1915, foi deportado para Ras-ul--Ain, ali permanecendo até o armistício, e depois retornou à sua cidade natal. Em fins de 1921, quando os franceses estavam recuando para a Cilícia, foi para o Chipre e, três anos depois, para Beirute, Líbano, de onde chegou ao Brasil em 1926, fixando residência na cidade de São Paulo.

Atualmente, Apraham Muradian possui uma fábrica de calçados. Foi membro da intendência da igreja armênia de São Paulo e membro do Fundo de Auxílio aos Pobres, onde desenvolveu um trabalho piedoso, exercendo o cargo de tesoureiro. Foi um dos fundadores da Associação Compatriota de Adana, onde atuou no cargo de presidente por algum tempo.

Associação dos Compatriotas de Aintab

Em 1936, os armênios originários da cidade de Aintab que moravam em São Paulo, tal como os demais armênios oriundos de outras cidades[35], fundaram uma associação com o nome de Associação Compatriota de Aintab, tendo como objetivo fortalecer os laços entre os concidadãos por meio da realização de encontros periódicos, ajudando os enfermos necessitados ou os concidadãos infortunados ou fracassados.

Fiéis aos seus princípios, eles promoveram mesas de chás familiares autênticas para os *aintabtsi*[36], eventos culturais e atividades de lazer, ajudaram seus concidadãos enfermos ou necessitados e solucionaram discordâncias e discussões entre seus concidadãos.

Essa associação compatriota teve uma atuação de apenas de dois anos e, como se estivesse cansada do modismo, definhou aos poucos e finalmente se dissolveu.

Os *aintabtsi* contam que, muitos anos antes de 1914, existiam entre os armênios da cidade de Aintab associações de profissionais estabelecidas no princípio da ajuda mútua, tais como as associações de ferreiros, caldeireiros, ourives, sapateiros, tecelões, em resumo, a maioria das profissionais e até os pequenos comerciantes e empresários tinham suas próprias associações, contribuindo semanalmente com certa importância.

Os valores arrecadados ficavam com o tesoureiro, e quando um de seus membros precisasse de algum dinheiro, em vez de pedir de estranhos, pedia da reserva da associação à qual o membro pertencia e recebia a quantia necessitada em forma de empréstimo, com o compromisso de devolver em uma ou duas parcelas, com o acréscimo de um pequeno juro. Esses empréstimos eram realizados principalmente no outono, quando todos se preparavam para estocar seus abastecimentos para a estação do inverno.

Esta bela forma de ajuda mútua provavelmente era própria aos armênios de Aintab, pois foi a primeira vez que o autor destas linhas soube algo do tipo, referindo-se às associações compatriotas formadas com os mesmos princípios.

---

35 Da Armênia Ocidental.
36 Originários da cidade de Aintab.

Em 1938, Sarkis Baghdoian, natural de Aintab, apresentou a seus concidadãos a sugestão de formar uma associação semelhante às existentes na sua cidade natal, porém, desta vez como uma associação pan-aintabiana em São Paulo. A sugestão foi objeto de discussão e troca de opiniões, e, um dia 23, concidadãos de Aintab decidiram fundar uma entidade sob o nome de Associação de Mútuo Interesse dos Armênios de Aintab, cuja direção foi confiada a uma diretoria constituída de sete pessoas, a saber: Dr. Krikor Yaghsezian, Kevork Kouyoumdjian, Kevork Maksudian, Isahak Khatchadurian, Azad Tarikian e Movsés Baghdoian.

Podiam filiar-se à associação tão somente os *aintabtsi*. Cada associado deveria entregar a quantia mensal de 20 cruzeiros ao tesoureiro, e este registrava as quantias recebidas com os respectivos nomes dos contribuintes num livro especial e, posteriormente, depositava a quantia arrecadada, em seu nome, numa conta da Caixa Econômica Federal.

A quantia arrecadada pela Associação era utilizada a favor da entidade, com empréstimos a juros, explorando atividades comerciais ou patrimoniais, e, quando a Associação lograsse um capital condizente, seria viável transformá-la numa sociedade anônima com fins lucrativos.

A Associação não possuía um estatuto elaborado e escrito, e qualquer associado que desejasse afastar-se da entidade poderia receber de volta as contribuições que fizera até então na íntegra, assim como o lucro proporcional proveniente dos juros, caso a entidade obtivesse qualquer lucro.

Mensalmente, a Associação realizava uma assembleia geral de seus associados, que tratava inicialmente dos assuntos gerais e, ao fim, tomava o aspecto de uma reunião entre concidadãos, com comes e bebes, transformando-se o encontro numa noite alegre.

Cada um desses encontros era realizado na residência de um associado, cujos gastos eram assumidos pelos associados, sem que se fosse preciso usar o dinheiro do caixa da tesouraria da entidade.

Essa associação dos compatriotas de Aintab desempenhou um certo papel de Caixa Econômica para seus associados e, além de sua parte financeira, contribuiu para o fortalecimento dos laços entre seus concidadãos, através dos encontros e reuniões mensais, zelando muito pela vida financeira e moral, além de dar ajuda aos seus associados em caso de necessidade.

Desde sua formação até o ano de 1944, a mesma diretoria desempenhou os trabalhos administrativos, cujo tesoureiro era Kevork Kouyoumdjian. Somente depois de sua morte é que foi eleita uma nova diretoria, formada por Dr. Krikor Yaghsezian, Kevork Maksudian, Garabed Pandjardjian, Isahak Khathadurian, Suren Kouyoumdjian, Antranig Miksian e Kevork Muradian.

A função de tesoureiro foi delegada ao Dr. Krikor Yaghsezian, que, junto com Kevork Maksudian e Garabed Pandjardjian, realizava as operações financeiras da entidade.

A Associação Compatriota de Aintab foi constituída sob o princípio de absoluta confiança. O dinheiro, que na fase inicial ficava depositado numa conta bancária em nome do tesoureiro, por ter aumentado, passou a ser depositado na Caixa Econômica Federal em nome de diversos membros, e os comprovantes ficavam com o tesoureiro.

Caso necessite de dinheiro e seja necessário retirar uma importância do banco, o tesoureiro e seus dois companheiros, que podem ser chamados também de mesa diretiva ou corpo executivo, têm a competência de efetuar retiradas para destiná-las aos seus objetivos, reportando depois à assembleia geral.

A Associação, que foi fundada com 23 membros, já em 1946 contava com 45 associados, e a contribuições mensal havia subido para 30 cruzeiros. Também tinha à disposição, depositada na Caixa Econômica, em nome de diversos membros da entidade, uma importância de 100.000,00 (cem mil) cruzeiros, que rendia dividendos mensais.

Esta entidade com fins lucrativos, pelas aparências, não só está imune dos riscos de uma dissolução, como também mostra sinais de se fortalecer ainda mais e, possivelmente, daqui a algum tempo, pode adquirir o aspecto de uma empresa com fins lucrativos muito útil, visto que a Associação está pensando em investir em imóveis o seu capital, trabalho esse que pode começar lentamente, mas que tem toda a probabilidade de vislumbrar um futuro sólido.

Sarkis Baghdoian nasceu na cidade de Aintab, em 1883, filho de Markar Baghdoian, cujo avô migrou do povoado de Chigarents, na cidade de Much, e se estabeleceu em Aintab.

Em 1914, alistou-se e serviu no exército turco até o armistício, quando retornou para Aintab e, de lá, viajou para Alepo com a família, onde montou uma fundição e trabalhou nessa atividade por oito anos.

Chegou ao Brasil com a família em 1921 e fixou residência na cidade

Sarkis Baghdoian

de São Paulo, onde atua no comércio. Foi um dos fundadores da Associação Compatriota de Aintab, assim como membro de uma entidade que cuida de pessoas carentes.

Associação Compatriota de Urfá

Armênios residentes na cidade de São Paulo, que eram naturais da cidade de Urfá, cuja chegada ao Brasil se deu em 1910, foram os que demoraram mais para formarem sua associação compatriota, pois essa ideia se materializou somente em 1943.

No dia 3 de setembro de 1943, um grupo de *urfatsis* [naturais da cidade de Urfá], se reuniram na residência de Garabed Baidarian e, após uma rápida troca de opiniões, fundaram a Associação Compatriota de Urfá, cujos objetivos eram:

a) Através de encontros periódicos, fortalecer os laços entre seus concidadãos.

b) Dar ajuda moral e material aos concidadãos necessitados,

c) Tentar trazer para a Associação os jovens, com a finalidade de fortalecer neles o espírito e os sentimentos armênios.

Os que lançaram a ideia de criar esta Associação e os dirigentes eram, em geral, pessoas com boa situação financeira, mas não dispostos a se ocuparem com atividades sociais, inclusive não tinham nem achavam ser necessário ter um estatuto ou regulamento devidamente elaborado com muitos ou apenas alguns artigos, e desejavam apenas trazer suas contribuições benéficas e sem alardes para seus concidadãos, razão pela qual, apesar de sua existência havia três anos, a maioria dos membros da coletividade armênia desconhecia sua existência. Os associados pagavam regularmente suas contribuições mensais e ajudavam seus compatriotas carentes, evidentemente quando surgia a premência de trazer seu apoio ou auxílio.

Em 1946, a diretoria da Associação era formada por:

Arsen Kahtalian: Presidente

Archag Boyadjian: Vice-presidente

Armenag Vosgueritchian: Secretário
Garabed Baidarian: Vice-secretário
Meguerditch Attarian: Tesoureiro

Nesse mesmo ano, a entidade contava com 48 associados.

Um dos casos mais curiosos era a inexistência de uma taxa mínima de mensalidade de associado; cada membro pagava tanto quanto desejava ou podia.

De todas as associações compatriotas existentes no Brasil, a Associação Compatriota de Urfá é a única entidade que decidiu não desenvolver qualquer atividade pública, preferindo concentrar-se em si própria.

Existem em todo o Brasil 52 famílias armênias de Urfá, totalizando 225 pessoas, entre adultos e menores. A maioria dessas pessoas reside na cidade de São Paulo.

Comparativamente ao seu número, os armênios provenientes da cidade de Urfá são os que possuem melhor situação material, com raras exceções. A maioria está acima da classe média, e há também entre eles pessoas dotadas de grande capacidade.

Diretoria de 1946 da Associação Compatriota de Urfá.
Sentados, esquerda para a direita: Arsen Kahtalian, Armenag Vosgueritchian.
De pé, da esquerda para a direita: Garabed Baidarian, Meguerditch Attarian, Archag Boyadjian

Associação
Cultural Armênia

A Associação Cultural Armênia foi a derradeira entidade constituída em São Paulo, formada por um grupo numeroso de jovens que anteriormente pertenceram a diversas correntes políticas armênias ou totalmente neutros; seria melhor denominá-la de um agrupamento de maioria armênia, apesar de eles próprios não desejarem assumir essa denominação, provavelmente levando em consideração as condições políticas do país. Entrementes, ao se considerarem amigos sinceros da Armênia Soviética, não se intimidavam em revelar sua simpatia sem reservas também pelos dogmas soviéticos.

A Associação Cultural Armênia foi formada no dia 18 de agosto de 1944, e, devido às circunstâncias da guerra em que o Brasil também se envolvera, no dia de sua formação, decidiram convidar o representante da polícia e realizaram a reunião no idioma português, para que o governo soubesse os objetivos da entidade e não surgissem dúvidas a seu respeito.

Como a Associação tinha um projeto de cunho totalmente cultural, sua constituição e atuação foram legalmente confirmadas pelas autoridades.

Em dezembro de 1944, a entidade foi revelada ao público da coletividade através de um evento cultural bem preparado, no salão do clube Pinheiros. Essa apresentação, recheada de declamações, canções e atos cênicos, que tinha a incumbência de ser uma iniciativa cultural, comprovou a presença de uma vertente ideológica comunista, e ao final o público presente se dispersou sob a impressão de que surgira um partido comunista no Brasil. Mesmo que os dirigentes dessa Associação tentassem convencer o público de que eles haviam organizado tão somente uma entidade cultural, e tinham apenas a intenção de difundir o amor pela Armênia Soviética, no seu íntimo, porém, eles próprios sabiam que o público gostava da verdade e não era preciso ficar intimidado, uma vez o Partido Comunista teria o mesmo direito de existir, tanto quanto os demais partidos políticos.

Em 18 de agosto de 1945, por ocasião do primeiro aniversário da fundação da Associação Cultural Armênia, a diretoria organizou seu segundo evento, que contou somente com a presença seus associados. Nesta festa, foi lançado o jornal mimeografado *Verelk* [Elevação], que tinha o formato de 12 cm de largura e 31 cm de comprimento em 11 páginas, com conteúdo bilíngue, em armênio e português.

Na primeira página do seu primeiro número, o jornal *Verelk* trazia o seguinte editorial:

Através de caminhos amplos, os homens andam para se reerguerem; para nós, armênios, seria lamentável se permanecêssemos inertes, como observadores retrógrados, nesta época de grande desenvolvimento social e intelectual. Neste pequeno espaço e no limite de nossas capacidades, queremos trazer a nossa parcela de colaboração a este novo período secular que já começara.

Após uma vitoriosa atividade anual, esta publicação que ora surge, o Verelk, é o mensageiro de boas notícias na realização de nossos anseios.

Assim, a Associação Cultural Armênia de São Paulo mais uma vez demonstra sua força e viabilidade.

O jornal Verelk é fruto do incansável trabalho de muitos de nossos companheiros e companheiras anônimos. O surgimento do Verelk enche com alegria os corações dos nossos companheiros e companheiras de todas as idades, e promete um crescimento perpétuo.

Tomara, pois, que possa servir aos seus objetivos sugeridos.

O jornal visava valorizar e expandir a cultura armênia e o amor pela pátria armênia para os corações dos jovens armênios nascidos fora de sua terra natal, assim como criar neles simpatia para com a Armênia Soviética.

**Três números do jornal *Verelk*,
órgão oficial da Associação Cultural Armênia**

Em 29 de setembro de 1945, a entidade apresentou a peça *Namus*, do escritor armênio Chirvanzaté, no Teatro Municipal de São Paulo, cuja receita foi dedicada ao Fundo de Auxílio às Vítimas Armênias da Guerra. Para tornar esse evento exitoso, cobriram-no com aspecto comunitário, e toda a coletividade, sem distinção ideológico-partidária ou religiosa, estimulou tal iniciativa, adquirindo quase todos os ingressos disponíveis nesse grande teatro.

Uma comissão formada por representantes de todas as instituições partidárias e religiosas incumbiu-se da venda dos ingressos, e todos efetuaram a termo a missão que se lhes fora confiada.

A entidade, que já atingia quase cem associados, era dirigida por uma diretoria de doze membros:

Vartevar Poladian: Presidente
Hagop (Jacó) Bazarian: Vice-presidente
Zaven Sabundjian: Secretário
Barkev Kerikian: Vice-secretário
Harutiun Hototian: Tesoureiro
Minas Hadjenlian: Vice-tesoureiro
Meguerditch Ekizlerian: Orador oficial
Takvor Guiragossian: Administrador geral
Garabed Gebelian: Dirigente da área cultural
Movsés Baghdoian: Dirigente da área literária
Levon Tchobanian: Dirigente do setor de festas
Vahram Boghossian: Bibliotecário

Em 1947, a Associação Cultural Armênia era a única entidade que tinha sua sede própria (clube), devidamente mobiliada, onde todos os associados se reuniam diariamente para utilizar a biblioteca e a sala de leitura.

Como a formação da Associação Cultural Armênia ainda é muito recente, não é possível prever sua durabilidade. Assim como as últimas iniciativas, também esta associação, em 1946, de acordo com o hábito armênio, ainda vivia o entusiasmo e a dinâmica atuação registrados na véspera do seu nascimento: noites culturais, encontros e festas se sucediam uns aos outros, e o Dia da Vitória e, principalmente, o 29 de novembro, data da sovietização da Armênia, eram celebrados com grande destaque. Por serem sinceros patriotas, todos haviam optado pelo lema "Rumo à Pátria", aguardando ansiosamente aquele momento feliz em que o governo da Armênia Soviética, enviando a chamada de repatriamento, tornaria possível a retorno deles à mãe-pátria.

Ao refletir sobre o futuro da Associação Cultural, na minha opinião, deve-se levar em consideração a seguinte condição: a experiência nos sugere que, como uma mera associação cultural, esta entidade está fadada a ter uma vida efêmera, pelas circunstâncias, costumes e caráter armênio, e pelo fato de atuar fora de sua terra natal; portanto, não se pode esperar longevidade dela. Como partido político, no entanto, ela já existe e assim prosseguirá, mesmo que as atuais condições favoráveis de repente mudem, comprometendo sua existência.

Vartevar Poladian nasceu no dia 6 de janeiro de 1914, na cidade de Adana, filho de Manuk Poladian, natural de Zeitun. Como seu pai servia no exército turco, Vartevar ficou imune do exílio e das deportações de 1915. No armistício, seu pai voltou para Anada e, em 1921, a família viajou para a Grécia, e Vartevar recebeu sua educação primária na escola armênia local. Depois, seguiu a profissão de fotógrafo.

Em 1931, Vartevar chegou ao Brasil com sua família e se estabeleceu na cidade de São Paulo, trabalhando como fotógrafo e alcançando uma situação financeira estável.

Vartevar foi um dos fundadores e o presidente da Associação Cultural Armênia, formada em 1944. É um jovem dinâmico e patriota.

Vartevar Poladian

Kurken Hovaguian nasceu em 1890, em Trebizonda, e recebeu sua educação primária na escola americana de Esmírnia (Izmir), prosseguindo seus estudos no colégio Americano, concluindo-o em 1907.

Em 1914, encontrava-se na Rússia a negócios e, quando foi declarada a guerra, passou a servir na marinha russa de

Kurken Hovaguian

Sevasdapol, na função de guia e intérprete. Como um bom conhecedor de todas as praias da província de Trebizonda, prestou grandes serviços à armada russa, revelando os alvos a serem bombardeados.

Chegou ao Brasil no ano de 1926 e trabalha no ramo de exportação de café para a Romênia, sendo nomeado como representante da divulgação do café brasileiro naquele país. Casou com uma austríaca na cidade de Bucareste, em 1930.

Estabeleceu domicílio na cidade de São Paulo a partir de 1930, onde atua no ramo comercial. Foi membro e um dos dinâmicos atuantes do Comitê de Auxílio aos Armênios Vítimas da Guerra, formado em 1945, exercendo a função de secretário. Também é membro da diretoria provisória da filial brasileira da União Geral Armênia de Beneficência (UGAB), formada no ano de 1946. Kurken Hovaguian adquiriu a cidadania brasileira.

Diran Mosditchian nasceu em 1908, na cidade de Ezmírnia (Izmir), filho de Kevork H. Mosditchian, natural de Cesárea. Recebeu sua educação primária na escola Boyadjian, na sua cidade natal.

Durante a tragédia de Ezmírina, em 1921, mudou-se com a família para Paris, onde prosseguiu seus estudos numa escola comercial.

Chegou ao Brasil em 1928, junto com seu irmão Levon Mosditchian, mas retornou a Paris em 1934 para ficar junto com seus pais, e lá também se casou.

Na véspera da eclosão da Segunda Guerra Mundial, em 1939, Diran Mosditchian conseguiu voltar para o Brasil e se estabeleceu na cidade de São Paulo, onde, junto com seu irmão, atua no comércio de tapeçaria oriental. Os irmãos possuem uma loja de objetos antigos e valiosos que é uma das melhores do gênero.

Diran Mosditchian

Diran Mosditchian foi dirigente e presidente do grupo esportivo Sevan, desenvolvendo uma atividade frutífera.

— COMUNIDADES —

A comunidade católica armênia

A existência dos armênios católicos no Brasil começou a se revelar a partir de 1924, quando o número dos armênios procedentes da Cilícia começou a aumentar com a chegada de novos imigrantes.

A ideia de reunir os armênios do rito católico e de formar uma comunidade eclesiástica distinta foi criada pelos membros da família Kherlakian, natural da cidade de Marach, sob a direção de Servop Kherlakian. Em 1933, foi mandada uma carta para o Patriarca-Catholicós dos armênios católicos, Sua Eminência Arpiarian, solicitando que fosse enviado um pastor espiritual para os armênios católicos no Brasil. Sua Eminência, atendendo o pedido desses armênios, enviou para o Brasil o jovem *vartabed* Vicente Tavitian, natural de Ankara, que havia recém-concluído a escola eclesiástica Levonian, em Roma.

O padre Vicente chegou a São Paulo no ano de 1934 e passou imediatamente a se empenhar na organização da comunidade católica armênia.

Sua primeira preocupação foi a de possuírem uma igreja própria e, nesse sentido, contatou o arcebispo metropolitano e conseguiu colocar à disposição da comunidade católica armênia uma igreja localizada à avenida Tiradentes, com seu prédio amplo e a escola. Na fase inicial, ele também abriu uma escola, mas, passado pouco tempo, achando ser esta uma atividade muito esgotante, fechou-a definitivamente.

Para dirigir sua comunidade, padre Vicente formou um corpo constituído de seis elementos, com os quais e sob sua presidência elaborou e executou as atividades corriqueiras.

Em 1934, a diretoria executiva dos armênios católicos era formada por Kevork Aprikian, Kevork Pambukian, Minas Yapudjian, Nazar Baboghlian, Manuel Kodjoian e Hagop Sizvatian.

A coletividade católica armênia do Brasil conta com aproximadamente setenta famílias, cuja maioria é oriunda da cidade de Marach. Parte dessas famílias tem uma situação financeira cômoda, e as demais são autossuficientes.

Da comunidade católica armênia destaca-se Manuel Kherlakian, natural de Marach, que tem uma saudável situação econômica e cuja fábrica de sapatos é uma das maiores e melhores entre os armênios de São Paulo.

Padre Vicente Tavitian

O padre Vicente Tavitian nasceu na cidade de Ankara, em 1907, filho de Hovsep Tavitian, que era o diretor da Dívida Pública naquela cidade. Vicente Tavitian recebeu sua educação primária na escola Mekhitarian, na cidade de Garin.

Depois de permanecer um período com sua família, Vicente continuou seus estudos na escola eclesiástica Levonian, em Roma, onde se formou no ano de 1931, no grau de *vartabed*. No mesmo ano, a pedido do bispo da comunidade católica armênia do Egito, Vicente foi para esse país, onde atuou como pastor espiritual da comunidade católica armênia do Cairo por dois anos, e por um ano na cidade de Alexandria.

Em 1934, a pedido dos armênios católicos do Brasil, o Patriarca-Catholicós dos armênios católicos da Síria, Sua Eminência Arpiarian, encaminhou-o para São Paulo, onde ele atuou até fins de 1947.

O padre Vicente é uma pessoa liberal, dinâmica e atuante, e tem sido útil para todos os armênios que se dirigiram a ele sem distinção de crença, ajudando-os principalmente a tirar seus documentos de identidade.

Foi ele que, pela primeira vez, organizou e pôs à disposição da comunidade católica armênia a igreja localizada na avenida Tiradentes, em São Paulo.

Manuel Kherlakian nasceu em Marach, no dia 1º de agosto de 1904, filho de Apraham Kherlakian. Em 1914, conseguiu passar para Alepo, onde permaneceu até o armistício, ficando, portanto, imune dos sofrimentos da deportação. Em 1920, voltou para Marach e foi testemunha ocular dos massacres contra os armênios naquela cidade, e, assim que teve uma oportunidade, foi novamente para Alepo.

Chegou ao Brasil em 1923 e se estabeleceu na cidade de São Paulo, onde fundou, primeiramente, uma fábrica de gravatas, depois uma de roupas prontas e, em 1930, uma fábrica de calçados que é, hoje, uma das melhores do seu gênero entre as demais pertencentes a outros armênios. Manuel Kherlakian é um dos armênios que chegaram ao Brasil depois de 1923 e que obtiveram grande êxito nos ramos comercial e industrial, ganhando para si uma situação econômica sólida. É uma das figuras importantes da comunidade católica armênia e um dos iniciadores da organização eclesiástica de sua comunidade.

Manuel Kherlakian

Manuel Kherlakian foi membro da primeira Associação Compatriota de Marach e tem participado da arrecadação para a construção da escola armênia. É meticuloso com a pureza das tradições armênias e casou dois de seus três filhos com filhas de conterrâneos armênios da comunidade apostólica armênia, e é acima de dúvida que ele terá o mesmo zelo com relação ao seu filho e sua filha que ainda estão solteiros.

Harutiun Kalaidjian nasceu em Marach, em 1895, filho de Krikor Kalaidjian. Recebeu sua educação primária na escola dos católicos e depois seguiu a profissão de sapateiro. Por estar servindo o exército turco, em 1915, ficou imune aos sofrimentos da deportação. No armistício, ao voltar para sua cidade natal, casou com a sua conterrânea Srta. Nuritsa Aintablian, e o casal tem quatro filhos e duas filhas.

Em 1921, os kemalistas mais uma vez o levaram para servir como soldado, até o ano de 1923, quando conseguiu escapar para Alepo. Chegou ao Brasil com a

Harutiun Kalaidjian

família em 1928 e se estabeleceu na cidade de São Paulo. Atualmente, possui uma importante fábrica de calçados em imóvel próprio e tem uma situação econômica saudável.

Em 1947, doou de forma espontânea um órgão para a recém-construída igreja São Jorge, comprovando assim o seu patriotismo.

Serop (ou Serovp) Kherlakian nasceu no dia 8 de julho de 1888, na cidade de Marach, filho de Chukri Kherlakian. Chegou ao Brasil com a família em 1928 e fixou residência na cidade de São Paulo, ocupando-se com o comércio. Foi o principal incentivador da organização eclesiástica da comunidade católica armênia.

Serop Kherlakian

Setrak Tateossian nasceu em Fendedjak, em 1909. Durante o genocídio, perdeu seus pais, sofrendo as amarguras de um órfão deportado. Em 1926, chegou ao Brasil e se estabeleceu na cidade de São Paulo, ocupando-se da profissão de alfaiate. Apesar de ser filho de pais da igreja apostólica armênia, por ter crescido e frequentado a escola do orfanato dos armênios católicos, Setrak esqueceu e não prosseguiu com a profissão da Igreja Apostólica Armênia.

Setrak Tateossian foi um dos fundadores da Associação dos Órfãos Adultos e um de seus ativos membros.

Setrak Tateossian

A comunidade evangélica armênia

A comunidade dos evangélicos (protestantes) armênios no Brasil surgiu em 1927, e também depois da chegada dos migrantes oriundos da Cilícia. A iniciativa de se organizar essa comunidade foi assumida pelo Prof. Peniamin Gaidzakian, natural de Albistan.

Em 1927, o Prof. Gaidzakian, ao saber que se encontrava em São Paulo um pastor evangélico assírio que falava o idioma turco, cujo nome era Mikael Bezmanian, tomou a iniciativa de convidá-lo para realizar um culto religioso e, com esse intuito, ofereceu a sua residência.

O pastor Bezmanian aceitou o convite e por três semanas consecutivas, com a participação de evangélicos armênios naturais de Marach, Albistan e Sis, realizou cultos religiosos na residência do Prof. Peniamin Gaidzakian.

Como o número dos seguidores evangélicos começava a aumentar, a residência do Prof. Gaidzakian ficava cada vez mais apertada para que todos pudessem participar dos cultos; razão pela qual, eles decidiram fazer um pedido à comunidade evangélica dos sírios, que mui gentilmente cedeu o seu local de reuniões e os armênios evangélicos ali realizaram seus cultos religiosos por seis meses consecutivos, sob a direção do pastor Bezmanian.

Passado esse período, a comunidade, que já assumira um aspecto organizado, achou ser mais conveniente alugar um salão, assim como pagar um módico salário para o pastor Bezmanian.

Na véspera da estruturação organizacional da comunidade evangélica armênia, além do Prof. Peniamin Gaidzakian, demonstraram uma dedicação especial os seguintes compatriotas: Meguerditch Basmadjian, Luder Marachlian, Apraham Partamian, Mihran Lapoian e Nazar Setian.

Peniamin Gaidzakian nasceu em 1879, em Albistan, filho de Sarkis Gaidzakian. Recebeu sua educação primária da escola dos evangélicos, na sua cidade natal, depois na escola evangélica da cidade de Marach e, mais tarde, prosseguiu seus estudos no colégio da cidade de Darson; após concluir o curso, foi nomeado

Peniamin Gaidzakian

professor assistente nesse colégio. Passado um ano, foi a Marach para seguir um curso trimestral na Fauldade de Teologia. Depois de concluir esse curso, voltou a Darson e exerceu a função de pregador na igreja evangélica da referida cidade. Em 1909, por causa da dissolução da igreja evangélica, começou a trabalhar no colégio Surp Boghos [São Paulo], como professor de matemática, assim prosseguindo até o ano de 1915.

Para se livrar da deportação, assumiu um trabalho no moinho da família Chalvardjian, que trabalhava para suprir o exército turco, ali permanecendo até o armistício. Depois de ficar em Albistan, Marach e Adana por um tempo, em 1922, foi nomeado diretor do orfanato de Djebel, instalado pela organização Near Eats Relief, exercendo essa função até o ano de 1925, quando chegou ao Brasil com a família e se estabeleceu na cidade de São Paulo, trabalhando no comércio.

Peniamin Gaidzakian tem sido o iniciador da organização da comunidade evangélica armênia, sendo o seu atual pastor pregador. De caráter afável, sensato, bondoso, é uma personalidade religiosa respeitada por toda a coletividade amênia.

Em 1931, quando regressava de Buenos Aires, passou por São Paulo o pastor evangélico armênio Haig Assadurian, que permaneceu uma semana na capital paulista e empenhou-se na organização da comunidade evangélica armênia local. Os evangélicos armênios tiveram dias de grande entusiasmo durante o período que o pastor Assadurian ficou em São Paulo.

Mas, assim que o pastor deixou São Paulo e retornou para Paris, surgiu uma discordância dentro da comunidade evangélica armênia e, como consequência desse desentendimento, o pastor Mikael Bezmanian demitiu-se de sua função de pregador geral e, junto com um grupo de evangélicos armênios, estabeleceu uma igreja evangélica separada, que até o ano de 1945 ainda existia formalmente.

Os demais evangélicos, que formavam a maioria, se concentraram ao redor do Prof. Peniamin Gaidzakian, que continuou a realizar as reuniões religiosas.

Essa situação perdurou por aproximadamente um ano e meio, até que a comunidade decidiu convidar o pastor Garabed Kerikian, natural de Zeitun, uma pessoa honesta e dotada de sentimentos patrióticos, que por dez longos anos assumiu a função que se fora lhe confiada, revelando à sua comunidade o mais belo exemplo de sacrifício e dedicação.

O pastor Garabed Kerikian faleceu no ano de 1944, e coube, mais uma vez, ao Prof. Peniamin Gaidzakian a missão de reassumir a direção dos trabalhos da comunidade evangélica armênia, função essa que ele ainda exercia até fins de 1947.

O pastor Garabed Kerikian nasceu em Zeitun, em 1872, filho do sapateiro Asdur Kerikian, que era conheido pelo apelido de "Mavi". Recebeu sua educação primária na escola evangélica de Zeitun, concluindo-a em 1902, e depois foi nomeado como professor-pregador, atuando nas cidades de Zeitun, Marach, Adana e, mais tarde, na Grécia.

Chegou ao Brasil com a família em 20 de setembro de 1920, estabeleceu-se na cidade de São Paulo, e em 1930 foi convidado para ser o pastor efetivo da Igreja Evangélica Armênia, função essa que ele desempenhou recebendo como recompensa uma remuneração muito

Pastor Garabed Kerikian

insignificante até o ano de 1940, quando, por causa de uma enfermidade, foi obrigado a pedir demissão, e faleceu em 1944.

O pastor Garabed Kerikian era extremamente honesto, afável, bondoso e um cristão temente a Deus. Tinha grande e sincero respeito pela Igreja Apostólica Armênia, denominando-a de "a nossa Igreja Mãe".

Desde 1931, a comunidade evangélica armênia mantém uma pequena escola com aproximadamente quarenta crianças de ambos os sexos, cuja administração foi entregue aos cuidados da Srta. Makruhi Kaloustian. A comunidade tem uma associação das senhoras, cuja preocupação fundamental tem sido a manutenção e preservação do local de reuniões e da escola, bem como cuidar da comunidade e dar conforto e ajudar as famílias necessitadas, realizando visitas, confortando-as e, em caso de necessidade, ajudando-as.

A comunidade fundou uma entidade juvenil com o nome de Zarkatsman Archaluis [Alvorada de Progresso], que periodicamente faz apresentações ao público da coletividade, e a cujas apresentações a coletividade tem comparecido e estimulado, sem distinção de credo.

Jorge Gaidzakian

Jorge Gaidzakian nasceu em Albistan, em 1899, e recebeu sua educação primária na escola dos evangélicos, na sua cidade natal, e depois no colégio da cidade de Darson, mas não conseguiu concluir o curso devido à eclosão da guerra de 1914.

Em 1915, conseguiu fugir de Darson para Alepo, onde conseguiu um trabalho na estrada de ferro alemã, e viajou para Serdjehan, ali permanecendo até o armistício.

Em 1923, casou com Zabel Pladian, filha de Vartan Poladian, da cidade de Marach. Até 1935, assumiu diversas funções na organização americana de apoio aos órfãos Near East Relief, na Síria, exercendo o cargo de diretor-geral em seis escolas primárias evangélicas estabelecidas em acampamentos de órfãos de Nahr Ibrahim, Malmetein e Antelias, e também na cidade de Beirute.

Mudou-se para o Brasil junto com a família, em 1935, e fixou residência na cidade de São Paulo, onde começou a trabalhar no comércio. É o presidente da asssociação evangélica armênia Zarkatsman Archaluis e da União Geral Armênia de Beneficência de São Paulo, formada em 1946.

A Srta. Makruhi Kaloustian nasceu na cidade de Marach, em 1896, filha de Hampartsum Kaloustian. Recebeu sua educação primária na escola feminina de Adana. Entre 1913 e 1914, trabalhou como professora na pré-escola (jardim de infância) inaugurada pelos americanos e, de 1915 a 1921, foi professora na escola americana de Tarsus.

Em 1922, viajou para Constantinopla e de lá para a Suíça, trabalhando como professora na escola armênia inaugurada por Graf Bonard, na aldeia de Brien, nos arredores de Genebra, até o ano de 1928, quando se mudou para o Brasil.

Srta. Makruhi Kaloustian

Em 1929, foi contratada como professora na escola da Associação das Senhoras Progressistas Armênias, em São Paulo, e em 1931 passou para a escola dos evangélicos armênios, onde continuava a atuar até fins de 1947.

Makruhi Kaloustian é uma professora honesta e piedosa, que zela pelos sentimentos patrióticos e pela preservação da língua armênia e é estimada e respeitada por todos.

Em geral, os evangélicos armênios têm uma situação econômica estável, mas também há os que já alcançaram grande êxito financeiro.

Em 1944, decidiram ter uma sede própria e, para concretizar esse objetivo, começaram a tomar os primeiros passos, vagarosos, porém com muita determinação.

Ao se referir às comunidades católica e evangélica armênias, não podemos deixar de considerar a seguinte situação: entre ambas essas comunidades, quanto ao aspecto religioso, existem elementos fanáticos; fato esse que não achamos ser estranho ou atípico. A feliz revelação é que os sentimentos patrióticos entre todos eles mantêm-se fortes; não há os que digam "Não sou armênio, sou católico", "Não sou armênio, sou evangélico". E mais: na arrecadação realizada em 1944 pela comunidade da Igreja Apostólica Armênia para a construção da escola e de um salão de festas, todos participaram espontaneamente e com muito carinho. Apesar de a comunidade apostólica armênia, mais por um sentimento cortês, não ter se dirigido diretamente aos membros das comunidades católica e evangélica armênias, eles realizaram esse seu dever patriótico como armênios, e merecem todo o nosso elogio e consideração.

Houve membros da comunidade evangélica que entregaram pessoalmente suas contribuições nas mãos do padre Yeznig Vartanian, nesse momento revelando que infelizmente ninguém havia se dirigido até eles com essa finalidade, e acrescentando:

O fato de sermos da comunidade evangélica armênia não nos distingue da nossa nação; se somos evangélicos por profissão da fé, somos, no entanto, armênios de coração e alma. Os senhores construirão uma escola armênia, e nós, como armênios, somos obrigados a trazer nossa parcela de contribuição.

Houve também membros da comunidade católica armênia que, ao entregarem suas contribuições para o padre Yeznig, disseram:

Somos católicos, porque somos filhos de pais católicos, foi assim que crescemos, mas sabemos que a profissão da fé não tem nada a ver com a nacionalidade. Dentro da igreja, somos católicos e, fora dela, somos armênios e queremos permanecer como armênios, e é nosso dever cumprir com nossas obrigações para com a nossa nação com todo amor, e toda vez que for necessário.

Tais manifestações por parte de armênios católicos e evangélicos, além de ser o resultado de uma lógica saudável, são revelações muito satisfatórias, e o cultivo desses pensamentos sentimentos positivos entre os membros dessas duas comunidades faz com que diminuam e até se eliminem os sentimentos negativos no coração da nação armênia, criando, ao contrário, uma união fraternal de cooperação, que pode ter resultados grandes e benéficos para todos.

A Sra. Rosa Gaidzakian nasceu no ano de 1898, em Marach, filha de Hagopdjan Artunian; ela é a esposa do Prof. Peniamin Gaidzakian. Rosa foi membro da diretoria da Associação das Senhoras Progressistas Armênias. É também membro da Associação das Senhoras da Comunidade Evangélica Armênia, sendo um dos membros ativos.

Mihran Lapoian nasceu em Marach. Foi um dos organizadores da formação da Igreja Evangélica Armênia e um dos membros dessa comunidade.

Sra. Rosa Gaidzakian

Nazar Set Gazeboyukian nasceu em Marach. É um dos ativos colaboradores da formação da Igreja Evangélica Armênia.

Mihran Lapoian    **Nazar Set Gazeboyukian**

Meguerditch Basmadjian nasceu em Darson. Foi um dos colaboradores para a estruturação da comunidade evangélica armênia e um dos membros da diretoria da igreja.

Apraham Partamian nasceu em Marach. Foi um dos colaboradores no início da estruturação da comunidade da Igreja Evangélica Armênia.

Meguerditch Basmadjian **Apraham Partamian**

Outras religiões ou seitas difundidas entre os armênios do Brasil

O Brasil, esta enorme cratera de raças, possui representantes de todas as raças e nações existentes no mundo. Consequentemente, tem também uma coleção do pensamento, compreensão, hábitos, comportamentos, religiões e profissões de fé dessas raças e nacionalidades. Não há uma religião ou profissão de fé que não tenha ramificação com seguidores. Um país grande, um povo formado com a miscigenação de raças e nacionalidades, e onde não há restrições: eis o motivo pelo qual as religiões e seitas, que são muitas, atuam livremente.

O povo armênio, apesar de se distinguir em certos traços peculiares das demais nacionalidades — e nesses traços nós encontramos uma característica nacional autêntica —, assim mesmo, como povo, se assemelha a todos os outros povos. Também entre nós não faltam pessoas que, por ausência de uma determinação sólida, são enganadas pelas aparências e se entregam às novidades, principalmente no que concerne a questões religiosas ou de profissão da fé, e, às vezes, chegam a ser tão fanáticas que se torna inútil falar-lhes sobre a nova religião ou profissão de fé adotada por elas, como se fossem encantadas e convencidas de que elas eram cegas e Deus abrira seus olhos por milagre e lhes mostrara o caminho da verdade.

Não seria possível que os armênios, como um povo, ao adentrarem neste enorme caldeirão de raças e nacionalidades, não fossem influenciados pelo ambiente que os cercava, portanto, seria impossível que não surgissem os que aderem a uma ou outra religião, a uma ou outra seita, de forma consciente ou inconsciente, por convicção ou por mera impressão.

Uma das muitas seitas existentes no Brasil é a BATISTA, uma das diversas seitas evangélicas, que tem encontrado bastante difusão no Brasil. Eles mantêm uma grande banheira cheia de água sob o púlpito de suas igrejas, onde o novo irmão deve ser batizado para se livrar de seus pecados e buscar o caminho da verdade. Em 1946, alguns poucos armênios do Brasil já seguiam essa seita, tendo sido imersos nessa banheira, despidos de seus pecados e encontrado o caminho da verdade. O mais curioso é que, ao serem consumidos por essa sua nova seita, passaram a ver todas as pessoas que seguiam outro caminho que não o escolhido por eles como seguidores de caminhos tortuosos, e lamentavam pela cegueira destes. Os seguidores dessa seita ficam totalmente distantes da Igreja Apostólica Armênia ou da capela evangélica.

Outra seita é a Sociedade do Amor. São formados por filhos da Igreja Apostólica Armênia e não pretendem separar-se dela; frequentam a Igreja Armênia, fazem a confissão e tomam a hóstia, e as mulheres cobrem suas cabeças com um pano preto. Uma ou duas vezes por semana, eles realizam reuniões de oração, ocasião em que geralmente um deles, que tem mais competência, prega e os outros o escutam. Durante suas orações, todos juntos eles entoam cânticos religiosos. São pessoas bondosas e temerosas a Deus, e essa irmandade empenha-se em exercer os princípios cristãos, portanto, não prejudicam a Igreja Armênia nessa situação atual.

A Sociedade ou Irmandade do Amor trouxe ao Brasil armênios da região da Cilícia [Armênia Menor] e tem muitos seguidores entre os armênios daqui, principalmente mulheres, e mais parece ser uma sociedade de mulheres idosas, apesar de englobar também moças e jovens mulheres, e também alguns homens.

Mais importante e mais curioso é o caso dos espíritas. Trata-se de uma religião que, desde 1932, tem encontrado grande número de seguidores no Brasil, principalmente em detrimento da Igreja Católica Romana. Nos estados de São Paulo, Minas Gerais e Rio de Janeiro, principalmente, são raras as cidades onde essa nova religião não tenha estabelecido seus locais de oração, e só na cidade de São Paulo é provável que existam mais de cem centros espíritas.

Os espíritas se dividem em duas partes: os kardecistas, que seguem os ensinamentos de Allan Kardec, e os redentores, sendo que cada qual se considera ortodoxo, denominando o outro como charlatão.

Foge do nosso tema falar sobre essa nova religião, cuja existência é uma nova revelação oriunda das profundezas das mais modernas religiões na história da humanidade, moldada pelo francês Allan Kardec, que é considerado o Messias dos espíritas.

O espiritismo já é considerado, hoje, uma religião séria no Brasil, e com toda probabilidade tem milhões de seguidores. Citamos essa religião porque também entre os armênios residentes no Brasil ela encontrou seus seguidores, apesar de serem em número reduzido, porém tem a possibilidade de crescer através da propaganda astuta da qual lança mão, que influencia e deixa grande impressão geralmente sobre as pessoas simples e com pouca determinação.

São propensos a seguir essa nova religião principalmente os enfermos, os fisicamente fracos ou aqueles que se encontram em fase financeira difícil. Os espíritas pregam nas mentes dessas pobres pessoas o seguinte: que as doenças ou a infelicidade financeira são trabalhos de maus espíritos, que essas pessoas são capazes de se libertar das influências desses maus espíritos apenas mediante a intercessão dos bons espíritos, e que essa intercessão se dá somente quando essas pobres criaturas começam a frequentar os centros espíritas, onde então terão essa possibilidade.

Talvez seja interessante relatar aqui para os leitores alguns dos contatos que tive com seguidores dessa religião. Apresento suas narrativas a seguir, para se ter uma ideia dos frequentadores desses centros.

Uma vez interroguei uma senhora idosa, mãe de uma família pobre, de cuja casa as doenças não se ausentavam. Seu único filho, apesar de trabalhar muito, não conseguia criar uma situação financeira estável para sua família numerosa. Sua mulher era analfabeta e não conhecia o idioma português. Um dia, um dos armênios que já adotara a religião espírita convenceu-a a frequentar o centro espírita para se livrar da influência dos maus espíritos, que não permitiam que a situação precária da família melhorasse. A pobre mulher, para se livrar da doença, e levada por seus sentimentos puros e ingênuos, começou a frequentar o centro espírita todas as quartas à noite. Perguntei-lhe:

"O que fazem os espíritas, e o que você faz ao chegar lá?"

"Meu querido, não entendo nada do que eles dizem; todas as vezes que vou ali, levo comigo uma garrafa de água que coloco sobre a mesa, me acomodo num cantinho e começo a orar. Quando todos se levantam para ir embra, eu também me levanto, pego minha garrafa e volto para casa. Todos tomamos dessa água, dizem que é bom, dissipa doenças e traz sorte."

"Mas o que fazem eles?", insisti.

"Fazem nada, apenas falam, fecham seus olhos, às vezes um deles lê um livro, acho que é o Evangelho, e o que fala acho que é pregação. É palavra de Deus, sei lá o que é."

"A senhora teve algum benefício desde que começou a frequentar esse centro?"

Uma tristeza caiu no semblante da pobre mulher, e ela respondeu com uma voz quase inaudível:

"Ainda não, mas continuarei a frequentar, quem sabe, talvez um dia Deus vai ouvir a minha voz e os bons espíritos vão me ajudar."

Numa outra ocasião, tive uma conversa com um armênio idoso e solteiro, que morava numa cidade distante no interior do estado de São Paulo e era um comerciante bem-sucedido. Eu já sabia que essa pessoa aderira ao espiritismo. Perguntei-lhe:

"Por que o senhor não muda para a capital paulista? Que prazer tem em morar neste mundo longínquo, nesta vida ilhada, uma vez que o senhor já possui capital suficiente e não teria nenhuma dificuldade para se estabelecer em São Paulo?"

Com uma lentidão própria aos orientais, o homem tirou um cigarro da caixa de fumo, com alguns movimentos rituais o acendeu e, depois de algumas baforadas, disse:

"Tentei algumas vezes me estabelecer em São Paulo, mas o insucesso tem-me perseguido; mas quando venho para cidades ou povoados distantes, onde não há nenhum prazer além de aspirar o pó da terra, meu trabalho progride."

"Talvez por não assumir despesas", respondi para ele, seriamente.

"Não", disse ele prontamente, "aqui também se gasta quando quiser. Estou pagando a dívida da minha vida anterior, pois pode ser que eu tenha afastado muitas pessoas de suas famílias e tenha as deportado, talvez tenha destruído muitas famílias, tanto que hoje, mesmo desejando formar uma família, não consegui e fiquei sem um lar familiar; quis morar em cidades populosas e limpas, mas fui obrigado a morar em lugares assim, quase despovoados; mas, mesmo assim, estou satisfeito com esta minha vida no exílio, e tento limpar a minha alma com a ajuda de boas almas, para que, se eu não alcançar a perfeição e seja obrigado a voltar a este mundo, pelo menos não me submeta a privações desta forma".

Um outro dia, conversei com um armênio que morava numa cidade no interior do estado de São Paulo, cuja boa fase financeira obscurecera e, como isso não bastasse, em consequência de um impiedosa enfermidade, havia perdido também a visão de um dos olhos e, apesar de ter consultado muitos médicos e ter despendido grandes quantias em dinheiro, não conseguira recuperar a visão. Eu já sabia que essa pessoa se convertera e era um espírita fanático, mas, mesmo assim, perguntei-lhe:

"Que prejuízo o senhor teve da Igreja Apostólica Armênia para decidir converter-se ao espiritismo?"

"Não tive nenhum prejuízo, mas também não tive nenhuma vantagem!"

"E por acaso teve alguma vantagem no espiritismo?"

"Sim, muita..."

"E qual foi?", retruquei.

"Sabe por que perdi a visão do meu olho?"

"Por causa da doença", respondi.

"Não!", disse ele prontamente, "a doença é uma causa externa. Perdi a visão do meu olho para a expiação dos meus pecados, porque antes desta, na minha vida anterior, certamente eu devo ter arrancado o olho de alguém, e agora Deus tomou a minha vista para punir-me. Tudo que sofremos nesta vida é fruto autêntico da nossa vida passada. Estou satisfeito, pois o espiritismo abriu os meus olhos e me mostrou o caminho correto. Agora trabalho, evidentemente com a ajuda das boas almas, para conseguir ter uma vida em que minha alma se purifique das coisas imundas e, caso seja obrigado a retornar a este mundo mais uma vez, que seja não para sofrer, mas para voltar a ser útil aos outros".

De acordo com as informações obtidas, e para se ter uma ideia abrangente sobre os armênios que seguem o espiritismo, considero ser importante registrar também a expressão manifestada por um dos armênios mais esclarecidos que aderira ao espiritismo, como segue:

Nas organizações primitivas das igrejas Católica e Evangélica, a ausência de qualquer progresso e transformação moderna, assim como suas exigências não naturais, não cristãs e não missionárias, assim como suas exigências não cristãs que não são as primeiras, e o modus vivendi da grande maioria do clero, com seus entendimentos repreensíveis e radicais sobre as necessidades materiais, me forçaram a abandonar todos os meus sentimentos religiosos.

Depois de muitos anos, as impressões que colhi da natureza e da vida humana me induziram, novamente, rumo ao invisível, fizeram com que eu começasse a ler e pesquisar seriamente, além do Evangelho e o Livro dos Apóstolos, também a ciência espírita, participar das orações e sessões espíritas, realizar ensaios práticos e ouvir declarações das almas de personalidades históricas ou de amigos e pessoas queridas já falecidas, que são acima de qualquer dúvida. Portanto, as explanações concedidas sobre o espiritismo, a imortalidade das almas, a redenção dos pecados e a existência de um Criador são muito mais desinteressadas, são mais sinceras e mais lógicas para mim, e a condição do espiritismo na cura de doenças físicas e mentais, como uma realidade verdadeira, então concordo com aquele Mandamento de Cristo, que diz: Ide, pois, evangelizar os mancos e cegos, curai os enfermos, afastai os demônios etc.

Eis por que hoje, como cristão, tenho aceitado e abraçado o espiritismo.

É possível ainda prosseguir com histórias de encontros e diálogos dessa natureza, mas sentimo-nos satisfeitos com esses relatos e não queremos prolongar mais, para não nos tornarmos cansativos. Digamos, apenas, que é esse o pensamento dos armênios espíritas, e é essa a situação dos armênios que seguem o espiritismo. E, como disse, apesar de essa religião ser algo novo para os armênios e de serem ainda poucos seus seguidores, são muitas as probabilidades de sua expansão, principalmente quando aumentam os casos de fraquezas físicas, enfermidades e infortúnios financeiros.

Pelo menos por enquanto, são essas as religiões e seitas espalhadas entre os armênios do Brasil, mas se de repente, amanhã, surgirem outras "novidades", é acima de dúvida que também estas encontrarão nos armênios daqui os seus adeptos, e, para confirmar o que digo, quero citar que, em 1944, quando estava em viagem a Buenos Aires, ouvi sobre o surgimento de uma nova religião denominada de "papa" ou "papismo", ou seja, nada mais que uma nova seita do islamismo, e não fiquei surpreso ao saber que também havia alguns armênios que aderiram a ela.

Incriminar a Igreja Armênia e seu clero ao alegar que não estão aptos a manter seus filhos afastados dessas novas seitas ou religiões é uma acusação gratuita e nada mais, porque a aparência é natural e geral. O espiritismo, que é tão difundido e continua a se alastrar no Brasil, principalmente em detrimento da Igreja Católica Apostólica Romana, não é o resultado da indiferença ou desorganização desta última, mas a manifestação do desejo espontâneo e indomável da humanidade em busca de novidades.

A eleição do Catholicós de todos os armênios e a coletividade armênia do Brasil

O ano de 1945 foi uma data singular na história da nação armênia, pois foi nesse ano que se realizou a eleição do Patriarca Supremo de Todos os Armênios.

O governo da Armênia Soviética estava, finalmente, em condições de efetuar a eleição de um novo Catholicós para o trono patriarcal que ficara vago, e isso foi realizado conforme o costume habitual, com a votação de todo o povo armênio, desde a mãe-pátria até os mais longínquos rincões da diáspora.

Em 10 de fevereiro de 1945, o Legado Patriarcal para a América do Sul, Sua Eminência arcebispo Karekin Khatchadurian recebia um telegrama de Etchmiadzin, solicitando a presença de dois representantes civis e um religioso da região da América do Sul, cujos nomes deveriam ser informados por meio de telegrama, a fim de participarem da eleição patriarcal (catholicossal) que seria realizada na sede da Igreja Apostólica Armênia, em Etchmiadzin.

No dia 28 de fevereiro, o arcebispo convidou o Conselho Administrativo Central dos Armênios de Buenos Aires para uma reunião formal, ocasião em que comunicou aos conselheiros a incumbência que recebera de Etchmiadzin.

Por não termos em mãos o livro de atas das reuniões do Conselho Administrativo Central de Buenos Aires nem as cópias das correspondências, e entendendo que as informações dadas verbalmente podem conter falhas involuntárias, preferimos omitir os acontecimentos ocorridos em Buenos Aires, e limitamo-nos a registrar apenas o que tem sido feito na coletividade armênia do Brasil.

Desde a eclosão da Segunda Guerra Mundial até o mês de outubro de 1945, as correspondências entre os armênios do Brasil e da Argentina, por causa da censura, não podiam ser realizadas no idioma armênio, mas apenas em português ou espanhol, razão pela qual os contatos por correspondência entre o Legado Catholicossal dos Armênios da América do Sul e o Conselho Administrativo Central do Brasil, apesar da guerra, jamais foram interrompidas.

Por outro lado, com a censura, a coletividade armênia do Brasil ficou quase rompida com o exterior, por causa da suspensão da vinda e circulação de jornais em língua armênia, e os armênios no exterior não sabiam o que se passava na coletividade local. Enquanto isso, todas as coletividades armênias da diáspora acompanhavam e se ocupavam com os assuntos diários, entre os quais a questão da eleição patriarcal/catholicossal, e os armênios do Brasil, além de não receber sequer a mínima notícia, ficavam completamente sem saber do que ocorria nas demais coletividades e na Armênia.

O Legado Catholicossal residente em Buenos Aires, com motivos apenas conhecidos por ele, sequer lembrou de remeter uma breve carta, ao menos para transmitir uma informação e manter a coletividade armênia a par dos acontecimentos.

Um dia, chegou a São Paulo, procedente de Buenos Aires, um compatriota de nome Onnig Darakdjian, trazendo consigo a seguinte carta dirigida ao Conselho Administrativo Central dos Armênios do Brasil:

Buenos Aires, 30 de março de 1945
Reverendo
Arcipreste Gabriel Samuelian
Nosso Lugar-Tenente no Brasil e
Respeitáveis membros do Conselho Administrativo Central
São Paulo — Brasil

Estou muito feliz por terem realizado a fundação da igreja São Jorge. O início de uma boa obra também supõe sua boa conclusão. Desejo, cordialmente, que isso se torne uma bela realidade em breve.

Evidentemente, o nosso estimado Sr. Rizkallah Jorge não esquecerá que também desta vez essa igreja será um belo exemplo da ARQUITETURA ARMÊNIA, como já havia escrito para ele muitas vezes e que, por sua vez, me prometeu cumprir. Como um cristão piedoso, tenho a certeza de que ele não titubeará em realizar esta sua promessa cordial.

Se Deus me permitir que eu vá a Etchmiadzin, para participar da Assembleia Eclesiástico-Nacional que terá lugar entre os dias 10 e 16 de janeiro, ocasião em que será escolhido o Patriarca Supremo e serão examinadas as "QUESTÕES DE RESPONSABILIDADE", citarei o nome do Sr. Rizkallah com os devidos elogios ao novo Catholicós e aos demais delegados presentes, e espero que o benfeitor, não medindo nenhum sacrifício financeiro, tenha a clarividência de executar a incumbência assumida, ou seja, a de erguer um templo honroso e agradável a Deus e aos armênios. É evidente que, junto com a bênção de Deus, uma Bula Patriarcal será a recompensa insubstituível para esta sua dedicação, que ficará registrada e lembrada eternamente.

Estou muito feliz, também, pois nosso digno povo residente no Brasil, atendendo a sábia sugestão do Sr. Rizkallah, já tem assegurado um valor suficiente para a construção da escola e os prédios adjacentes. Não tenho dúvida de que a Vossa digna Diretoria também teve sua louvável participação neste trabalho, e merece a nossa bênção.

Com a vontade de Deus, ao retornar de Etchmiadzin, com grande solenidade ungirei a igreja São Jorge com o novo Miuron Sagrado [Óleo Sagrado] preparado com flores da Armênia, assim como abençoarei os demais prédios e o nosso mui estimado povo, transmitindo a todos as boas notícias da Armênia.

Orai todos com fé sincera para mim e para todos os delegados que me acompanharão na viagem à Armênia, para que façamos uma viagem tranquila.

Ficarei muito feliz e satisfeito se, junto com a doação de dinheiro dos armênios da Argentina, eu também pudesse apresentar a doação da coletividade armênia do Brasil para a Santa Etchmiadzin e a Mãe-Pátria, como prenda dos sentimentos puros e de gratidão. Esperamos que os senhores Rizkallah Jorge e Vahram Keutenedjian liderem esta incumbência sagrada. É imperativo dar premência a esta iniciativa, visto a escassez do tempo.

Apesar de ter permanecido longe dos senhores por vários anos, devido às circunstâncias, no entanto, gostaria que soubessem que estou sempre convosco com o coração e mente, e oro sempre pelo bem-estar, saúde e prosperidade de vós todos. Assim sendo, aproveito o ensejo para renovar meus votos por ocasião da Páscoa.

Com bênçãos e saudações Patriarcais,

Arcebispo Karekin Khatchadurian
Legado Catholicossal dos Armênios da América do Sul

Ao fazer a entrega dessa carta, o Sr. Onnig Darakdjian também deu as seguintes explanações:

A eleição do Catholicós teria lugar na Santa Sede de Etchmiadzin, que solicitara três delegados da América do Sul, dos quais dois seriam civis e um eclesiástico. O eclesiástico seria o arcebispo e Legado Patriarcal, enquanto os dois civis já haviam sido escolhidos pelo próprio arcebispo, dos quais um era o presidente do Conselho Administrativo Central dos Armênios de Buenos Aires, Sr. Sahag Baktchedjan, que viajaria com seus recursos próprios, e o segundo, o Sr. Israel Arslan, que viajaria com os recursos da coletividade, se esta pudesse assumir essa despesa.

O conteúdo da carta do arcebispo, que chegou às mãos do Conselho Administrativo Central no dia 27 de abril, assim como as informações complementares fornecidas pelo Sr. Onnig Darakdjian, tiveram o efeito de uma bomba nos membros do Conselho Administrativo e em toda a coletividade armênia de São Paulo. Antes de tomar uma decisão sobre uma questão tão importante, o arcebispo poderia ouvir a opinião da coletividade armênia do Brasil. Por que não teria ele informado tudo isso com a devida antecedência? Qual teria sido o motivo desse desprezo demonstrado para com a coletividade armênia do Brasil?

Tão logo de posse da referida carta, o Conselho Administrativo Central decidiu que também deveria enviar o seu representante para a Armênia, e no mesmo dia, 27 de abril, enviou o seguinte telegrama ao arcebispo: "A coletividade armênia do Brasl deseja enviar o seu representante a Etchmiadzin, e está disposta a providenciar as despesas. Aguardamos vossa anuência e determinação".

Simultaneamente, foi redigida a seguinte carta escrita, no idioma português, que foi enviada por correio aéreo para o arcebispo no dia 28 de abril:

São Paulo, 28 de abril de 1945

Sua Eminência
Arcebispo Karekin Khatchadurian
Legado Catholicossal para os armênios da América do Sul

Estimado Srpazan [Arcebispo]
Através da Vossa última missiva, soubemos que Vossa Eminência partirá em breve para a Santa Sede de Etchmiadzin para participar da Assembleia Eclesiástico-Nacional, que tratará da eleição do Patriarca Supremo e Catholicós de Todos os Armênios. Também fomos informados, pelo Sr. Onnig Darakdjian, que dois delegados civis o acompanharão, na qualidade de delegados representando os armênios da América do Sul, e que esses senores cuidarão pessoalmente de suas despesas de viagem, ou a coletividade armênia de Buenos Aires cuidará dessa questão.

O Conselho Administrativo Central dos armênios do Brasil está profundamente entristecido pelo fato de Vossa Eminência não ter-nos mantido a par destes acontecimentos, devidamente e em tempo hábil.

Conforme as informações que foram fornecidas, esses dois delegados irão representar os armênios da América do Sul; mas este Conselho acredita que a coletividade armênia do Brasil também deveria eleger e encaminhar o seu representante local, assumindo, evidentemente, a responsabilidade financeira.

Assim sendo, e por meio da presente carta, este Conselho solicita de Vossa Eminência que reconheça este nosso direito, ou comprove o contrário.

Caso nosso direito seja reconhecido, solicitamos que Vossa Eminência nos envie por volta de correio aéreo suas orientações necessárias para que possamos providenciar a viagem do nosso delegado.

Também aproveitamos o ensejo para agradecer o envio do Santo Miuron, que nos foi entregue pelo Sr. Onnig Darakdjian.

Sem mais no momento, aguardamos suas instruções e desejamos à Vossa Eminência e aos delegados uma boa viagem e feliz regresso. Deus esteja convosco.

Em nome do Conselho Administrativo Central da Igreja Armênia do Brasil,

Presidente de honra Arcipreste Gabriel Samuelian
Presidente Levon Apovian
Secretário Karekin Tufendjian

Passados quatro dias, o Conselho recebeu o seguinte telegrama: "Aguardem o recebimento da minha carta que segue por correio aéreo".

A coletividade armênia encontrava-se em grande alvoroço; o povo desejava enviar o seu representante para Armênia, e isso seria uma oportunidade única para receber informações verídicas da mãe-pátria. O desejo de receber notícias através de uma testemunha ocular era tanto que todos até já falavam sobre possíveis candidatos. Os membros do Conselho Administrativo Central estavam sujeitos aos questionamentos diários dos membros ansiosos da coletividade, e todos queriam saber o que se passava, ou o que o arcebispo havia escrito na sua carta.

Passado oito dias, em 6 de maio, chegava a seguinte carta do arcebispo Khatchadurian, escrita em português:

Buenos Aires, 28 de abril de 1945
Reverendo Arcipreste Gabriel Samuelian
Nosso Lugar-Tenente no Brasi e Presidente de Honra do
Conselho Administrativo Cenral
São Paulo — Brasil

Recebi o telegrama do Conselho Administrativo Central dos armênios do Brasil, datado 27 de abril.

Os armênios da América do Sul têm direito a três votos, para participar da Assembleia Eclesiástico-Nacional; um desses deve ser eclesiástico, e dois civis, dos quais um representando a Diocese Armênia da Argentina, que conta com 16 mil armênios, e o outro representando as Dioceses do Brasil e Uruguai, que juntas têm quase 12 mil armênios. Cada diocese, com 15 mil membros, tem o direito de se apresentar com um delegado.

A Assembleia Eclesiástico-Nacional terá lugar enre os dias 16 e 20 de maio, na Santa Sede de Etchmiadzin. Para viajar, somos obrigado a comunicar à Santa

Sede o nome do delegado, os nomes dos pais, a data e o local do seu nascimento, a profissão, nacionalidade.

O passaporte deve ter o visto do Cônsul da União Soviética. Quanto à viagem propriamente dita, lamentamos, mas não podemos dar qualquer recomendação ou ordem, pois também nós não temos recebido, até esta data, a autorização e o visto de entrada do Consulado da União Soviética, nem sabemos o roteiro da viagem. Pretendemos coordenar isso em Nova York.

Eis o que sabemos e podemos informar-lhes.

Saudamos todos os membros da Vossa Diretoria e a nossa estimada coletividade. Com nosso amor Paternal,

Arcebispo Karekin Khatchadurian
Legado Catholicossal para os Armênios da América do Sul

Essa carta do arcebispo teve o mesmo efeito de jogar água fria sobre uma fogueira; o Brasil não podia ter o seu representante, uma vez que tinha apenas entre 5 mil e 6 mil armênios, enquanto precisaria ter uma diocese com 15 mil armênios para ter o direito de enviar o seu representante legal. Essa objeção fundamental já era suficiente para ser evasivo, usar formas incertas em correspondências; o que se diria então de tentar falar sobre todas as dificuldades... tornava-se algo inútil. Já as coletividades armênias do Brasil e do Uruguai, juntas, teriam o direito de ter um delegado, e o arcebispo já escolhera tal candidato. Não valia a pena fazer qualquer objeção, e o Conselho Administrativo Central foi obrigado a comunicar esse fato ao público da coletividade e, mesmo lamentando, conformar-se com as determinações já adotadas.

Passaram-se dias e semanas inteiras, mas não chegava qualquer informação complementar; ninguém sabia o que o arcebispo estava fazendo em Buenos Aires. Será que ele já empenhara viagem? Ou quando é que os delegados iriam zarpar? Toda a coletividade aguardava qualquer notícia ansiosamente, e as pessoas até começaram a criticar e difamar o Conselho Administrativo Central, ao dizer que "o arcebispo já veio e passou pelo Brasil, e o Conselho Administrativo Central, além de não ir ao seu encontro, também não informou o público da coletividade". Houve até os que avançaram demais nas suas acusações e chegaram a afirmar: "Nós desejávamos receber os delegados e o arcebispo e entregar-lhes uma coroa de flores, pedindo que levem nossas saudações à nossa querida mãe-pátria. Por que o Conselho Administrativo Central nos privou desta ínfima satisfação espiritual?". Outros, com a intenção de lançar a culpa em pessoas específicas, achavam que o recém-ordenado padre Yeznig Vartanian era o culpado disso, acusando-o de ser o causador de toda essa discrição desnecessária.

Mas, de repente, no dia 22 de maio de 1945, chegou a notícia de que o delegado armênio da Argentina, Sahag Baktchedjian, na sua escala aérea, passaria por São Paulo em 24 de maio, e permaneceria no aeroporto apenas meia hora, para depois prosseguir viagem ao Rio de Janeiro e, de lá, para a Armênia.

A notícia difundida confundia e era estranha. O que se sabia era que partiriam de Buenos Aires os senhores Sahag Batktchedjian, Israel Arslan e o próprio arcebispo Khatchadurian. Como e por que então informava-se apenas o nome de Sahag Baktchedjian, e, quanto aos outros dois, será que eles já havia partido antes, ou iriam viajar depois? E a pergunta que mais intrigava os armênios do Brasil era: por que motivo a coletividade armênia do Brasil não foi informada por fontes oficiais, quais eram as causas disso, o que estava acontecendo...? Surgiam ainda mil e uma outras suposições e perguntas dentro da coletividade, e não havia uma resposta certa.

O Conselho Administrativo Central não podia permanecer isento e não dar importância aos fatos, razão pela qual começou a vasculhar de onde tais notícias surgiam, e qual seria a verdade.

Feliz ou infelizmente, a notícia difundida era verdadeira, e chegara ao conhecimento de alguns compatriotas daqui, ou em outras palavras, que o Partido Social Democrata Hentchakian dos armênios da Argentina havia comunicado aos afiliados da mesma organização armênia no Brasil que o "companheiro" Sahag Baktchedjian passaria por São Paulo no dia 24 de maio e permaneceria no aeroporto da cidade apenas por meia hora. É natural que esse comunicado fosse feito para que os seus companheiros de São Paulo pudessem recepcioná-lo à altura, mas não falaram com ninguém sobre os outros dois delegados.

Imediatamente após averiguar essa informação, o Conselho Administrativo Central enviou ao aeroporto de São Paulo o seu representante para verificar a lista dos passageiros do avião que viria de Buenos Aires, no dia 24 de maio, e aí foi verificado que, além do nome de Sahag Baktchedjian, também constava o nome de um outro armênio, Sr. Khatchadur Khatchadurian. Felizmente, o arcipreste Gabriel Samuelian sabia que o nome de registro do arcebispo Khatchadurian era Khatchadur. E, apesar de a lista dos passageiros não mencionar que se tratava do arcebispo, não havia dúvida de que Khatchadur Khatchadurian era o próprio arcebispo que acompanhava Sahag Bakctehdjian.

Sumariamente, o Conselho Administrativo Central realizou uma reunião extraordinária, em que decidiu não levar em consideração essa atitude inesperada do arcebispo, mas, em companhia dos dois eclesiásticos da coletividade armênia local, ir até o aeroporto para desejar boa viagem aos delegados, assim como para saber por que motivo, ao invés de dois representantes civis, apenas um viajava nessa missão.

Aqueles que acusavam o Conselho Administrativo Central e os padres estavam envergonhados, porque ficou claro para todos que a negligência ocorrera por parte do arcebispo Khatchadurian, e não dos dois padres e do Conselho Administrativo Central dos armênios do Brasil, pois estes realmente não sabiam nada dos acontecimentos.

Às 16 horas do dia 24 de maio de 1945, os dois padres e os membros do Conselho, assim como muitos compatriotas da coletividade, aguardavam com ansiedade a chegada do avião proveniente de Buenos Aires, quando o alto-falante do aeroporto anunciou que o avião procedente da Argentina estava atrasado e, por causa das condições meteorológicas desfavoráveis, ele não prosseguiria viagem para o Rio de Janeiro, passando a noite em São Paulo.

Às 18 horas, o avião chegou ao aeroporto de São Paulo e, entre outros passageiros, também desembarcaram o arcebispo e o Sr. Baktchedjian, os quais foram recebido pela comitiva da coletividade armênia, e, em caravana de automóveis, todos se dirigiram até um dos melhores hotéis da cidade.

Às 20 horas, houve uma recepção de honra para o arcebispo e seu acompanhante, Sr. Sahag Baktchedjian, na sede da Associação Cultural Armênia.

Tanto o arcebispo como o S. Baktchedjian incentivaram os presentes com seus discursos e prometeram trazer informações precisas na volta de viagem e levar as saudações dos armênios do Brasil à mãe-pátria.

Em seu discurso, o arcebispo sugeriu que se realizasse imediatamente uma arrecadação e o montante arrecadado seria encaminhando para ele no endereço da Diocese de Nova York, para que pudesse levar consigo e entregar ao Patriarca de Todos os Armênios, em nome da coletividade armênia do Brasil.

Na manhã seguinte, 25 de maio de 1945, às 10 horas, o arcebispo e o Sr. Baktchedjian seguiram viagem. Além dos dois padres e membros do Conselho Administrativo Central, foi se despedir dos dois viajantes um número considerável de compatriotas.

O fato mais curioso é que, enquanto o arcebispo permaneceu algumas horas em São Paulo, ele não teve tempo para se reunir com o Conselho Administrativo Central para dar uma explicação sobre os passos que adotara. Às perguntas que lhe foram dirigidas, respondeu em tom lacônico e com breves palavras, dizendo: "Já era tarde e já aconteceu". E, quanto à ausência do Sr. Israel Arslan nesta viagem, disse que o Sr. Arslan não pôde viajar por causa de falta de recursos. Mas, se houve outros motivos não revelados ou escondidos debaixo dos panos, isso não nos foi informado, mesmo porque se trata de uma questão pertinente à vida interna da coletividade armênia coirmã, e refletir sobre ela está fora do nosso objetivo. Sabemos apenas que a América do Sul não foi representada devidamente na Assembleia Eclesiático-Nacional. Por quê...? Quem foi o culpado...?

Num telegrama enviado de Nova York, datado 8 de junho de 1945, o arcebispo Khatchadurian dizia: "Mandem o dinheiro em meu nome, ao endereço da prelazia".

O arcebispo referia-se a sua sugestão sobre a realização de uma arrecadação, por ocasião de sua passagem por São Paulo, talvez pensando que tal arrecadação já tivesse sido realizada, mas o fato é que não se pensou em realizar qualquer arrecadação, pois os membros da coletividade estavam magoados e, consequentemente, não havia nenhum ambiente favorável para se efetuar tal campanha. Portanto, o telegrama mencionado ficou sem resposta.

Passaram-se dias, semanas e meses, e não se recebia nenhuma informação, nenhum comunicado do arcebispo ou do Sr. Sahag Baktchedjan. Ninguém sabia ao certo se eles haviam prosseguido viagem até a Armênia ou não, não se sabia nada a esse respeito.

Um dia, a coletividade armênia viu publicada na edição do dia 13 de setembro de 1945 do jornal *Armênia*, de Buenos Aires, a seguinte carta do arcebispo Khatchadurian:

Damasco, 30 de julho de 1945
Sua Excelência e estimado
Monsenhor N. Dolabdjian
Lugar-Tenente Nosso em Buenos Aires

Estimado irmão em Cristo,
Não foi possível escrever esta carta da Armênia para o senhor. Não pudemos comparecer à Assembleia Eclesiástico-Nacional nem à eleição catholicossal e a consagração. Demos nossa anuência por escrito sobre a eleição realizada.
Com unanimidade, foi eleito o Lugar-Tenente Catholicossal, como Catholicós Kevork VI de Todos os Armênios.
Sua Santidade teve curiosidade com nossa Diocese, e recebeu as devidas explanações. Foi a pessoa mais adequada para tal função eclesiástica, uma vez que ele usufrui a simpatia das autoridades da Armênia e do governo central, assim como de todo o povo. É uma pessoa aplicada, muito racional e ativo.
Foram devolvidos para a Santa Sede de Etchmiadzin importantes prédios de conventos e outros patrimônios, entre os quais o Seminário. Aos poucos, outros também serão devolvidos.
Temos motivos para sentirmo-nos otimistas quanto ao futuro da Mãe-Pátria e de Etchmiadzin. Cremos que nossos sonhos de séculos serão concretizados. Sopra um espírito saudável em todo lugar. Por algum tempo, a guerra estagnou aquele espírito criativo elevado de construção, cujo resultado vimos com orgu-

lho na capital, Yerevan. O testemunho de vinte anos é mais que reconfortante e alentador. Uma atividade fervorosa desenvolvida em todas as esferas culturais pode apenas arrebatar uma grande admiração dos corações de cada patriota.

Finda a guerra, os trabalhos de reconstrução e desenvolvimento começaram com um novo ímpeto sólido. Ademais, considera-se ter chegado a hora para se falar, claramente, sobre as justas reivindicações nacionais, e não somente falar, mas também atuar com seriedade neste rumo.

Acho que consegui com que nestas poucas linhas vocês pudessem entender; peço que transmitam estas minhas considerações às instâncias oficiais e do púlpito, para o nosso amado povo. Posso demorar um pouco para voltar. Se Deus assim permitir, antes de regressar à Argentina, pretendo visitar Califórnia, Brasil e Uruguai. Evidentemente, o Sr. Sahag Baktchedjian há de falar sobre isso, pois ele chegará antes de mim a Buenos Aires.

Também trarei boas notícias, as quais transmitirei pessoalmente aos beneméritos da nossa igreja.

Certamente, a construção da igreja de Flores deve ter sido concluída. Se Deus permitir, realizaremos sua consagração com meu regresso.

Para a Associação Armênia de Cultura Física — Homenetmen — trago terra da Armênia, e para a igreja que será construída em Montevidéu, uma pedra fundamental desde Etchmiadzin.

Nossa viagem aérea não foi difícil, e espero que as outras viagens continuem a ser da mesma forma, confortáveis.

Queiram transmitir meus cumprimentos e saudações patriarcais à Associação das Senhoras, e peço-lhes que enviem, o quanto antes, as roupas que elas iriam preparar para mandar à Armênia, em nome de Sua Santidade. Seria desejável que também juntassem roupas e calçados usados, para serem enviados ao mesmo endereço. É visível a necessidade desses itens, por causa da guerra. Queiram também recomendar isso para a nossa coletividade de Montevidéu.

Queiram transmitir minhas cordiais saudações às autoridades comunitárias e ao nosso povo, assim como ao nosso clero.

Com meus cumprimentos,

Arebispo Karekin Khatchadurian
Legado Catholicossal para os Armênios da América do Sul

A leitura desta carta do arcebispo/Legado Patriarcal, publicado no jornal *Armênia*, acalmou um pouco a preocupação geral, pois era, afinal, uma notícia, e o arcebispo teve a bondade de escrever algo para seu substituto, mesmo que não tivesse sequer citado o nome da coletividade armênia do Brasil.

Nessa carta que o jornal publicou, por não ter nenhuma citação sobre os armênios do Brasil, supunha-se que o arcebispo tivesse mandado também uma carta separada para o Conselho Administrativo Central dos Armênios do Brasil; mas, se assim fosse, onde estaria tal carta, e por que ela demoraria tanto tempo para chegar ao seu destino?

No dia 18 de outubro de 1945, chegou a seguinte carta do arcebispo:

Nova York, em 10 de outubro de 1945
Reverendo
Arcipreste Gabriel Samuelian
São Paulo

Estimado Reverendo,
Depois de uma viagem marítima de 19 dias, chegamos a Nova York ontem, de onde irei para a Califórnia e, após ali permanecer por aproximadamente um mês, se Deus assim permitir, regressarei para São Paulo em viagem aérea, e pretendo permanecer convosco apenas duas semanas.

Do recém-eleito Patriarca Supremo recebi uma Bula de bênção para o Sr. Rizkallah, assim como a medalha de primeiro grau São Gregório Iluminador, adornada com diamantes, como recompensa à sua construção da igreja, com a esperança de que esse templo tenha sido construído com o estilo arquitetônico religioso autêntico armênio. Trarei comigo uma pedra de Etchmiadzin, que será depositada num canto especial da recém-construída igreja.

Espero que estejam bem; trago boas notícias. Minhas saudações e bênçãos a todos, indistintamente.

Com minhas cordiais saudações,
ARCEBISPO KAREKIN KHATHADURIAN

P.S.: No dia de iniciar a minha viagem, mandarei um telegrama. Peço que aluguem um salão NEUTRO, para transmitir ao nosso povo as novidades que trago. Organizem também um evento de chá, em homenagem ao Sr. Rizkallah, quando entregarei a ele a Bula Patriarcal e a medalha de honra.

Depois de receber essa carta do arcebispo, o Conselho Administrativo Central dos Armênios do Brasil começou a organizar os preparativos para oferecer uma recepção digna a Sua Eminência, principalmente agora que ele vinha da Armênia e, certamente, traria consigo informações de testemunha ocular.

Enquanto o Conselho Administrativo Central se ocupava com esses preparativos, surgiu a notícia de que no dia 4 de novembro de 1945 chegaria ao Rio de Janeiro o delegado dos armênios da Argentina, Sr. Sahag Baktchedjian, e, dois dias depois, em 6 de novembro, ele estaria em São Paulo. Essa informação foi também divulgada pelo Partido Henchakian e, ao mesmo tempo, alguns compatriotas se apresentaram ao presidente do Conselho Administrativo Central e sugeriram-lhe que fosse organizada uma recepção comunitária para o Sr. Baktchedjian. O presidente então convocou os conselheiros para uma reunião especial e apresentou-lhes a sugestão recebida.

O Conselho Administrativo Central devia levar em conta a sugestão recebida e fornecer uma resposta, e, durante sua reunião extraordinária, decidiu informar à comissão organizadora que o Conselho não havia recebido formalmente a notícia da vinda do Sr. Sahag Baktchedjian. Portanto, como um corpo oficial, não podia organizar uma recepção comunitária, levando em consideração principalmente que tal recepção estava reservada para o arcebispo Khatchadurian, que, sendo o Legado Catholicossal dos armênios da América do Sul, era também, por sua vez, o representante dos armênios do Brasil. Afora isso, o Conselho já recebera alguns pedidos do arcebispo nesse sentido e devia obedecer e cumpri-los a contento. Assim sendo, pediu à comissão organizadora da recepção que assumisse a incumbência de recepcionar o Sr. Sahag Baktchedjian, enquanto ele, o Conselho, estaria disposto a oferecer todo mérito ao visitante informalmente, uma vez que se tratava de um mensageiro oriundo da mãe-pátria, além de um delegado da coletividade e presidente do Conselho Administrativo Central da coletividade coirmã da Argentina.

Depois de comunicar essa decisão verbalmente pelo padre Yeznig Vartanian aos respectivos compatriotas (comissão organizadora da recepção), o Conselho Administrativo decidiu enviar, em seu nome, os dois eclesiásticos, o presidente Levon Apovian e o vice-secretário Mihran Nahas à estação ferroviária, na noite do dia 6 de novembro, para darem as boas vindas ao Sr. Baktchedjian, e no dia seguinte, 7 de novembro, todos os membros do Conselho foram até o hotel onde este se encontrava para dar-lhe as boas-vindas.

Durante sua reunião, o Conselho recebeu a seguinte carta:

> [...] *Temos a satisfação de informar-lhes, e através dos senhores a todos os membros da vossa instituição, que o delegado dos armênios da Argentina para a Assembleia Eclesiástico-Nacional, Sr. Sahag Batktcedjian, tendo retornado da Armênia, no dia 6 de novembro de 1945, terça-feira, às 19h00, estará chegando à nossa cidade. Logo, vos convidamos para que estejam presentes para sua recepção, na estação ferroviária.*
>
> *A primeira apresentação pública do respeitável delegado terá lugar às 21h00 do dia 8 de novembro de 1945, no salão do Conservatório Musical, sito à avenida São João, no. 269. Rogamos que considerem esta missiva como convite.*

Certos de que Vossas Senhorias acatarão este nosso convite, antecipamos nossos profundos agradecimentos.
Respeitosamente,

Comissão Organizadora

De acordo com sua decisão, no dia 6 de novembro, o Conselho Administrativo Central enviou à estação ferroviária as pessoas previamente designadas para recepcionar o Sr. Sahag Baktchedjian, a quem acompanharam até o hotel de sua estadia e, após um breve contato, despediram-se do visitante.

Na noite do dia 7 de novembro, sob conhecimento da comissão de recepção, os membros do Conselho Administrativo Central, acompanhados pelos dois eclesiásticos da coletividade, foram até o hotel para dar ao Sr. Baktchedjian as boas-vindas e, depois de um encontro agradável de aproximadamente meia hora, despediram-se do visitante.

No dia 8 de novembro, por meio de uma circular, a comissão de recepção comunicou ao público da coletividade que naquela mesma noite, às 21h00, no salão do Conservatório Musical, o delegado da coletividade armênia da Argentina, Sr. Sahag Baktchedjian, falaria ao público e transmitiria as novidades trazidas da mãe-pátria.

No horário estabelecido, os membros do Conselho Administrativo Central e os dois padres chegaram ao salão, onde um grande público já estava presente e aguardava ansiosamente o início da palestra. Finalmente, sob aplausos fervorosos, abriu-se a cortina e apareceu no palco o Sr. Sahag Baktchedjian, rodeado pelos membros da comissão de recepção, entre os quais ocuparam seus lugares de honra o arcipreste Gabriel Samuelian, o padre Yeznig Vartanian, o padre Vicente Tavitian, da Igreja Católica Armênia, o representante dos armênios evangélicos, Prof. Peniamin Gaydzakian, e o presidente do Conselho Administrativo Central, Levon Apovian.

Num discurso de quase três horas de duração, o Sr. Sahag Baktchedjian descreveu a Armênia Soviética, mostrando com dados numéricos o progresso em diversos setores, e, com exemplos, revelou o grau de patriotismo do povo armênio, revelando com que entusiasmo o povo pátrio aguarda a ampliação das fronteiras e com que fé crê na realização desse seu sonho, e como o povo e as autoridades da Armênia se interessam pela situação dos armênios da diáspora e aguardam ansiosamente pela ampliação das fronteiras da Armênia, para terem a possibilidade de organizar a tão esperada repatriação. Baktchedjian assegurou aos presentes que, logo depois da ampliação das fronteiras, o governo aceitará todos os armênios que queiram voltar à mãe-pátria, sem considerar as questões político-partidárias. Explicou, ademais, como a nova geração é diferente, e que não há mais lugar para discursos e aplausos, mas dá-se grande importância apenas e tão somente ao trabalho e ao homem trabalhador, e o trabalho é que domina, e não a exploração. A seguir, Baktchedjian destacou a grande escassez de vestimentas e roupas em geral, em consequência da guerra, e fez um apelo para que seja oferecida ajuda aos irmãos que erguem a pátria, remetendo-lhes urgentemente tais roupas. E acrescentou: "As roupas que enviareis têm uma importância premente, hoje. Já amanhã, isto é, daqui a um ano, eles terão superado essa dificuldade".

O orador lamentou que a América do Sul não tivesse sido representada à altura na Assembleia Eclesiástico-Nacional que elegeu o novo Catholicós de Todos os Armênios. Disse que a América do Sul podia enviar quatro ou cinco delegados, e não apenas um, e que fossem pessoas bem representadas a fim de poder fornecer informações detalhadas sobre a nossa região, e lamentou não poderem ter comparecido à Assembleia Eclesiástico-Nacional nem à eleição do Catholicós por terem chegado atrasado.

Na noite do dia 9 de novembro, no Hotel Bardaun, a comissão organizadora havia preparado um banquete de honra, do qual participaram 126 pessoas, entre as quais os membros do Conselho Administrativo Central e o padre Yeznig Vartanian. Foram declamadas várias palavras de saudações e brindes, assim como foram feitas muitas perguntas sobre a Armênia, às quais o Sr. Sahag Baktchedjian respondeu, dando amplas explanações. O evento se prolongou até a meia-noite, num ambiente descontraído, e depois todos se despediram muito alegres.

Às 10h00 da manhã do dia 10 de novembro de 1945, o delegado Sahag Naktchedjian retornou para Buenos Aires, despedindo-se calorosamente de todos os que se dirigiram até o aeroporto para desejar-lhe uma boa viagem, entre os quais o presidente do Conselho Administrativo Central, Levon Apovian, o vice-tesoureiro Mihran Nahas e o padre Yeznig Vartanian.

Todas as despesas de estadia e recepção da visita do Sr. Sahag Baktchedjian ficaram a cargo da Associação Compatriota de Hadjin, que não mediu esforços para dar o melhor conforto e honrar da melhor maneira o seu compatriota *hadjentsi*.

Sahag Baktchedjian nasceu em Hadjin, em 10 de setembro de 1890, filho de Manug Baktchedjian. Recebeu sua educação primária na escola da paróquia armênia Surp Asdvadzadzin [Santa Mãe de Deus], e depois começou a trabalhar como alfaiate. Em 1912, para escapar do alistamento militar, saiu do país e foi direto para Buenos Aires, Argentina, onde continuou a atuar na profissão de alfaiate.

Em 1923, começou a trabalhar no comércio, encontrando grande êxito e assegurando uma vantajosa posição financeira. Casou em 1926 com a Srta. Aghavni Bekarian, natural de Constantinopla[37], e tem dois casais de filhos. Foi um compatriota que trouxe fervorosa atuação nas atividades eclesiásticas e comunitárias da Igreja Armênia na Argentina. Durante a gestão de 1944-1945, ocupou a pasta de presidente do Conselho Administrativo Central local.

Sahag Baktchedjian

Na qualidade de delegado dos armênios da Argentina, no dia 24 de maio, em companhia do Legado Catholicossal arcebispo Karekin Khatchadurian, viajou para a Armênia a fim de participar da eleição do novo Catholicós de Todos os Armênios. Em 10 de outubro de 1945, depois de quase seis meses de ausência, regressou a Buenos Aires, cuidando ele próprio de todas as despesas de sua viagem.

O Conselho Administrativo Central encontrava-se em compasso de espera. O arcebispo Khatchadurian, apesar de ter enviado uma carta datada de 10 de outubro, de Nova York, não havia definido a data de sua vinda, apesar de prometer mandar um telegrama no dia de sua viagem. O programa de recepção já estava preparado, restava saber a data exata da chegada para providenciar os últimos detalhes.

Em 15 de novembro de 1945, o Conselho Administrativo Central recebia a seguinte carta do arcebispo:

---

37 Atual Istambul.

Sacramento (Califórnia), em 7 de novembro de 1945

Reverendo Arcipreste Gabriel Samuelian
Nosso Lugar-Tenente no Brasil
Estimado Reverendo,

Se Deus assim permitir, sairei de Washington, de avião, no dia 12 de dezembro, rumo ao Brasil. Primeiramente, desembarcarei no Rio de Janeiro, onde permanecerei alguns dias, para falar com o nosso povo local uma noite, em um salão. Depois, chegarei de trem ou de avião a São Paulo, onde permanecerei por volta de um mês, passando os dias do Natal convosco.

Queiram providenciar um salão adequado para que ali seja oferecida uma recepção em homenagem a Rizkallah Jorge, a quem entregarei a medalha de ouro de primeiro grau de São Gregório, Iluminador, outorgada pela Sua Santidade o Catholicós de Todos os Armênios, junto com a Bula Patriarcal.

Espero que já tenham começado a construção da igreja, e certamente não esqueceram que ela deve ser erguida de acordo com a arquitetura das igrejas armênias, como é o desejo de Sua Santidade, que é manifestado, também, na Bula Patriarcal. Também trago uma pequena pedra de Etchmiadzin, para que seja depositada num local adequado.

Não trago comigo vestimenta episcopal. Seria bom que os senhores pudessem mandar preparar uma tiara com mitra para as ocasiões adequadas.

Aceite minhas cordiais saudações e bênçãos, extensivas ao padre Yeznig, ao Conselho Administrativo Central e a toda vossa coletividade.

Com bênção de
Arcebispo Karekin

A parte mais difícil para recepcionar o arcebispo Khatchadurian foi a busca de um salão adequado. O Conselho Administrativo Central sabia muito bem que, apesar de Sahag Bakchedjian ter transmitido à coletividade tudo que vira e ouvira e provavelmente não deixara muitas opções para o arcebispo, a nostálgica coletividade desejaria mais uma vez comparecer ao salão onde o arcebispo lhes falaria. Era necessário, portanto, encontrar um salão confortável sem maior delonga, para evitar surpresas de última hora, principalmente agora que o arcebispo havia comunicado a data de sua chegada.

O Conselho Administrativo Central resolveu a questão do salão e começou a se ocupar com os demais itens alusivos à recepção propriamente dita, quando, no dia 10 de dezembro de 1945, recebeu um telegrama do arcebispo informando que ele embarcaria em 12 de janeiro pela empresa Miami e chegaria ao Rio de Janeiro no dia 15. Isso significava que ele havia prorrogado sua viagem por um mês.

E assim foi: no dia 15 de janeiro de 1945, o arcebispo chegou ao aeroporto do Rio de Janeiro, onde estavam presentes o padre Yeznig Vartanian e o presidente do Conselho Administrativo Central, Levon Apovian, os quais, junto com os dirigentes e membros da coletividade armênia local, o recepcionaram e o levaram a um dos melhores hotéis do Rio, o Hotel Serrador.

Na noite de 17 de janeiro, num salão alugado especialmente para essa finalidade e organizado pela diretoria da comunidade armênia do Rio de Janeiro, Sua Eminência falou aos poucos membros da coletividade local e, com suas palavras, os entusiasmou.

No dia 19 de janeiro, o arcebispo se despediu dos armênios do Rio de Janeiro e, junto com as pessoas vindas de São Paulo, empreendeu viagem aérea para a capital paulista.

Saliente-se aqui que, apesar de numericamente pequena, a coletividade armênia do Rio de Janeiro cuidou de todas as despesas de estadia de Sua Eminência e das personalidades de São Paulo que foram recepcioná-lo na Cidade Maravilhosa, fazendo o melhor de si para dar-lhes a melhor acolhida possível.

Em São Paulo, foram recepcionar Sua Eminência no aeroporto o arcipreste Gabriel Samuelian, o benfeitor Rizkallah Jorge Tahanian e seu filho Selim, os membros do Conselho Administrativo Central e um bom número dos membros da coletividade armênia local, os quais, formando uma caravana de automóveis, conduziram o arcebispo para um dos melhores hotéis da cidade, onde Sua Eminência foi hospedado num apartamento especial.

No dia 21 de janeiro, nos amplos salões do clube Pinheiros, o arcebispo Khatchadurian proferiu uma palestra, contando aos presentes tudo que vira, ouvira e sentira em sua viagem à Armênia, e, em meio a um entusiasmo geral, arrancou aplausos ensurdecedores de todos os presentes.

Apesar de, em seu relato, o arcebispo não ter acrescentado nenhuma novidade, os depoimentos fornecidos por um eclesiástico de alto grau sobre o desenvolvimento da mãe-pátria em todas as esferas estavam acima de qualquer dúvida e estimulavam a todos. Os presentes estavam satisfeitos, pois o arcebispo confirmava o que Sahag Baktchedjian dissera antes, mas de um jeito mais figurativo e com belo linguajar.

Antes do discurso de Sua Eminência, o arcipreste Gabriel Samuelian leu uma bula do Catholicós de Todos os Armênios encaminhada para o arcebispo Khatchadurian, pela qual Sua Santidade reconfirmava o arcebispo na função de Legado Catholicossal para os armênios da América do Sul, com o pedido de organizar as novas dioceses e realizar a eleição de um novo primaz.

O Conselho Administrativo Central não mediu esforços para que a palestra do arcebispo Khatchadurian se transformasse numa realização solene, impressionante e bela, o que foi efetivamente feito. Ao evento também trouxe sua participação o coral do programa radiofônico armênio *Melodias Armênias*, sob a regência do Dr. Vahakn Minassian, que, com a execução de canções patrióticas, atiçou ainda mais o ambiente de entusiasmo.

No dia 27 de janeiro, Sua Eminência celebrou uma missa e deu o seu sermão na igreja anglicana, comunicando, entre outras coisas, que voltaria ao Brasil em dezembro próximo, e dessa vez celebraria a missa na recém-construída igreja armênia São Jorge, que esperava estar concluída até essa data.

O arcebispo havia pedido, na sua carta datada de 17 de novembro e encaminhada de Sacramento, Califórnia, que se preparasse um evento de chá num amplo salão da cidade, em homenagem ao Sr. Rizkallah Jorge Tahanian. Durante essa homenagem, ele entregaria ao benfeitor a bula de bênção patriarcal de Sua Santidade, assim como a medalha de primeiro grau São Gregório Iluminador, dourada e ornamentada de diamantes. O Conselho Administrativo Central já comunicara esse fato ao benfeitor, e havia alugado o salão, organizado os preparativos e até mandado imprimir os convites, quando, inesperadamente, faleceu o irmão maior de Rizkallah. O arcebispo foi obrigado a pedir que se prorrogasse o evento, transferindo-o para a solenidade de inauguração da nova igreja.

A noite do dia 28 de janeiro de 1946 ficará registrada para a coletividade armênia do Brasil, pois nesse dia o Conselho Administrativo Central preparou para a noite uma recepção de boas-vindas em homenagem ao Legado Catholicossal e arcebispo Karekin Khatchadurian, à qual compareceram o benfeitor Rizkallah Jorge Tahanian, sua esposa Zekié e seus filhos Jorge e Selim, assim como 250 compatriotas.

No salão de um dos hotéis mais destacados da cidade, as luzes dos belos lustres reluziam as mesas ornamentadas com flores, ao redor das quais os membros da coletividade armênia, sorridentes e felizes, foram homenagear o arcebispo Karekin Khatchadurian, que retornava da mãe-pátria com tantas novidades alentadoras.

O presidente do Conselho Adminstrativo Central, Levn Apovian, abriu o programa da noite e, depois de dar as boas-vindas ao ilustre visitante, passou a palavra ao vice-presidente do Conselho, Andreas Jafferian, que era o orador oficial da noite.

Após o discurso patriótico de Jafferian, Sua Eminência usou da palavra e disse:

Como testemunha ocular, posso assegurar-lhes que a mãe-pátria progride com passos enormes em todas as esferas, mas principalmente no segmento cul-

tural, que está acima de todo comentário. A guerra cessou por algum período os trabalhos em geral, mas graças a Deus esse ritmo já foi retomado. O povo armênio é dedicado, dinâmico e autoconfiante; ele encara o futuro com grandes esperanças. O sistema soviético não tem difamado o patriotismo do armênio, ao contrário, este sentimento tem sido renovado e tomado um novo impulso de autoconfiança, o que é algo muito confortante. Tanto o governo central soviético como o governo do nosso país veem com olhos favoráveis a igreja e o clero armênio, e desejam que a igreja armênia permaneça no seu patamar elevado, e, como prova desse sentimento, eles devolveram ao Catholicós parte dos prédios de conventos, entre os quais está o Seminário de Etchmiadzin (Djemaran), e permitiram a sua reabertura, cuja despesa de quarenta alunos os armênios da diáspora assumirão. Tenho a certeza de que os armênios da América do Sul receberão com grande alegria esta boa notícia e, evidentemente, desejará também realizar sua parcela de obrigação, principalmente quando esta parcela que recai sobre nós é muito pouca e não densa. A América do Sul cuidará das despesas de seis anos de estudo de cinco estudantes. Desses cinco, dois serão mantidos pela coletividade armênia da Argentina, dois pela coletividade armênia do Brasil e um pelos armênios do Uruguai. Se cada um dos senhores registrasse uma pequena quantia como pagamento anual em prol desse dois estudantes, então os senhores teriam acatado, sem dificuldades, o desejo de Sua Santidade e estariam contribuindo com a nossa mãe-pátria e a Igreja Armênia. Para cada estudante, está previsto o valor anual de 500 dólares americanos (em moeda brasileira, aproximadamente 10.000,00 cruzeiros).

Tão logo o arcebispo concluiu seu discurso e sentava sob os intermitentes aplausos dos presentes, eis que o filho maior do benfeitor Jorge Rizkallah Tahanian levantou-se e comunicou, em português, que assumia as despesas de seis anos para um aluno.

Com um aplauso estrondoso, os presentes saudaram esse gesto elogiável de Jorge Rizkallah Jorge Tahanian, manifestando nesses aplausos calorosos os sentimentos de gratidão e entusiasmo.

Poucos momentos depois, quando os aplausos haviam cessado aos poucos, um dos membros da coletividade armênia local, Apraham Tchorbadjian, natural de Marach, saiu lentamente da mesa onde estava, dirigiu-se até o arcebispo e, num tom emocionado, saudou-o, dizendo que o Legado Catholicossal era a "POMBA DA ANUNCIAÇÃO", e acrescentou: "Sua Eminência, as despesas totais de seis anos de ensino para o segundo estudante serão assumidas pelos irmãos Tchorbadjian (Apraham, Vahan e Vartan), e Stepan Pilavjian".

O entusiasmo dos presentes chegava ao ápice extremo, os aplausos e gritos de saudação não cessavam mais, e todos estavam tão embebidos pelo ambiente contagiante de confraternidade que pareciam ter até esquecido onde se encontravam naquele instante.

Em meio a esse entusiasmo geral, o padre Yeznig Vartanian levantou-se e, no idioma português, elogiou as iniciativa tomadas por Jorge Rizkallah Jorge Tahanian e os irmãos Tchorbadjian e, em nome da coletividade armênia do Brasil, manifestou-lhes seus agradecimentos, dizendo: "Com este passo, os senhores não só provaram a disposição prática de dedicação e a nobreza do vosso coração, mas, principalmente, elevaram o valor desta coletividade".

A seguir, dirigindo suas palavras ao arcebispo Khatchadurian, disse: "Estimado Serpazan, a coletividade armênia do Brasil não somente cuidará das despesas de dois estudantes por um período de seis anos, mas também estará disposta a ajudar a sua mãe-pátria em proporções muito maiores, toda vez que receba essa possibilidade da pátria".

A impressão deixada neste jantar era bela e muito agradável, e todos estavam muito satisfeitos e felizes. Se, por ocasião da eleição de Sua Santidade o Catholicós, o arcebispo Khatchadurian havia ignorado a coletividade armênia do Brasil, ao menos nesta sua missão de buscar beneméritos para arcarem com as despesas dos estudantes no seminário de S. Etchmiadzin, ele não só valorizou como também colocou no mesmo patamar de altura esta coletividade com a sua coirmã da Argentina.

Às 9h40 da manhã do dia 29 de janeiro de 1946, Sua Eminência despediu-se da coletividade armênia de São Paulo e embarcou rumo a Montevidéu.

Em 29 de janeiro de 1946, sua eminência arcebispo Khatchadurian na sua despedida da coletividade armênia, no aeroporto de São Paulo

ARMÊNIOS RESIDENTES NO ESTADO DO RIO GRANDE NO SUL

O estado do Rio Grande do Sul, por onde os primeiros armênios vieram ao Brasil, apesar de ter um clima muito mais temperado, não pôde seduzir os migrantes armênios e teve apenas o papel de uma parada temporária, pois por ali permaneceram algum tempo os armênios oriundos de Montevidéu, seguindo posteriormente para São Paulo. O motivo disso é que os armênios que vinham para o Brasil eram propensos ao comércio, e não ao trabalho nos campos ou em obras. Nesse aspecto, o estado de São Paulo e, principalmente, sua capital homônima tornavam-se mais atrativos para esse tino comercial. Os armênios que chegavam à cidade de São Paulo, considerada o coração industrial e mais lucrativo do Brasil, além de não quererem afastar-se mais dela, motivaram outros compatriotas e transformaram-na no centro da coletividade armênia do Brasil.

Em 1946, residiam em Porto Alegre, capital do estado do Rio Grande do Sul, dezoito famílias de armênios, compostos de pequenos comerciantes e profissionais liberais, mas entre eles não havia pessoas financeiramente destacadas.

Esta pequena coletividade não usufruía nem podia ter qualquer atividade cultural comunitária armênia. Cada família vivia por si só, preocupada com seu cotidiano. Devido à grande distância de São Paulo (três dias de viagem marítima e três dias de ferrovia), os armênios desse estado estavam privados da possibilidade de manter contato com seus conterrâneos da capital paulista, e as autoridades comunitárias de São Paulo (sem que se queira culpá-las por tal ausência) quase não se preocuparam com estes, por causa da enorme distância e outras dificuldades, e até hoje nunca enviou qualquer eclesiástico até lá; assim, esse pequeno agrupamento de armênios permanece ilhado naqueles estado sulino, abandonado à própria sorte. A única cura prática disso seria o repatriamento deles à mãe-pátria, algo que precisaria ser organizado formalmente, depois de obter a aceitação desses armênios.

Em 1945, por ocasião da construção da escola armênia e do salão de festas, em São Paulo, o padre Yeznig Vartanian relembrou dessa pequena coletividade e, através de uma carta, solicitou o apoio e a parcela de participação deles. Os armênios de Porto Alegre acataram o pedido apresentado e enviaram um cheque no valor de 4.000,00 (quatro mil) cruzeiros para o Conselho Administrativo Central, revelando assim, na prática, seus sentimentos patrióticos armênios e o caráter nacional de dedicação.

Apresentamos a seguir a relação dos armênios que residem na cidade de Porto Alegre:

1 - Krikor Messikian (de Sebástia) — casal com um filho. Comerciante.

2 - Loghofet Bozuyan (de Yozgat) — casal com três filhos, sendo dois meninos e uma menina. Comerciante.

3 - Chimavon Kechichian (de Bebek, região de Yozgat) — casal sem filhos. Comerciante.

4 - Kevork Panossian (de Kastemun) — casal com um casal de filhos pequenos. Comerciante.

5 - Barkev Tutikian (de Guemerek) — casal com um casal de filhos. Comerciante.

6 - Garabet Ghalburian (de Guemerek) — casal com um casal de filhos. Comerciante.

7 - Yervant Tutikian (de Guemerek) — casal com uma filha. Comerciante.

8 - Hovsep Assarian (de Sebástia) — solteiro. Comerciante.

9 - Hovsep Tabakdjian (de Albistan) — casal com um filho pequeno. Sapateiro.

10 - Armenak Gakavian (de Van) — solteiro. Ourives.

11 - Apraham Tachdjian (de Kessab) — solteiro. Comerciante.

12 - Dr. Gaspar Der Gabrielian (de Alexandropol) — casal com uma filha. Médico. (É irmão do saudoso presidente da Armênia Soviética, Smpad Der Gabrielian).

13 - Sukias Ekizian (de Tchomakhlú) — casal com um filho pequeno. Comerciante.

14 - Arakel Danielian (de Kharpert) — casal com um casal de filhos. Comerciante.

15 - Manug Tcherkezian (de Tchomakhlú) — casal com um filho. Comerciante.

16 - Manuel Kiureghian (de Terzili, região de Yozgat) — casal com seis filhos, um menino e cinco meninas. Comerciante.

17 - Gabriel Harutiunian (de Terzili, região de Yozgat) — casal com uma filha. Comerciante.

18 - Hovhannés Ekizian (de Tchomakhlú) — solteiro. Comerciante.

No estado do Rio Grande do Sul, além da cidade de Porto Alegre, há um armênio chamado Mekhitar Asdurian, que mora na aldeia chamada Viaduto, é casado com uma nativa e é pai de oito filhos; mas não se pode dizer que constituiu uma família armênia.

Um outro armênio, Torkom Nikolian, natural de Van, vive na cidade de Santa Maria. Por possuir um estabelecimento comercial nessa cidade, Torkom passa a maior parte do ano ali, mas, na verdade, tem residência fixa na cidade de São Paulo.

Pode ser que existam, ainda, alguns outros armênios perdidos nas cidades interioranas ou aldeias deste grande estado — falava-se, por exemplo, sobre um fotógrafo ambulante armênio —, mas, infelizmente, se efetivamente os há, é muito difícil, para não dizer quase impossível, obter alguma informação sobre eles, e é um trabalho que está além de nossas possibilidades.

Torkom Nikolian nasceu no povoado de Badagants, na aldeia de Kavach (ex-R'chduni), na região de Vasburagan, em 1909. Por ocasião da primeira retirada de Vasburagan, em 1915, partiu com a família para o Cáucaso, onde perdeu seus pais e permaneceu com seu tio paterno. Recebeu sua educação primária na escola montada sob uma tenda no deserto de Bakuba, na cidade homônima, na região da Mesopotâmia. Em 1924, conseguiu viajar para a Índia, onde foi aceito no seminário armênio de Calcutá. Ao concluir seus estudos, começou a frequentar o curso preparatório para a Faculdade de Medicina da Universidade Católica, mas não pôde concluí-lo por dificuldades financeiras.

Torkom Nikolian

Chegou ao Brasil em 1935 e começou a trabalhar no comércio. Em sociedade com seu compatriota Iknadios Der Parseghian, estabeleceu casas comerciais nas cidades de Santa Maria e Passo Fundo, razão pela qual passa a maior parte do ano no estado de Rio Grande do Sul.

Em 1º de junh de 1946, casou com Armenuhi Demirdjian, filha de um dos armênios mais antigos de São Paulo, Hagop Demirdjian, natural de Kharpert.

Torkom Nikolian é um jovem dotado de caráter elevado e gentil. É membro da comissão formada para a publicação deste livro, e um dos incentivadores, moral e materialmente, dessa comissão.

Dr. Gaspar Der Gabrielian, filho do padre Gabriel Der Gabrielian, nasceu no dia 5 de fevereiro de 1883, em Alexandropol (atual Leninakan, segunda cidade da Armênia Sociética).

Em 1905, concluiu o curso colegial na cidade de Tbilisi e viajou imediatamente para Berlim, para frequentar o curso de medicina, concluindo-o em 1911.

Atualmente, Dr. Gaspar Der Gabrielian reside na cidade de Porto Alegre, estado de Rio Grande do Sul, e atua como médico.

Dr. Gaspar Der Gabrielian

ARMÊNIOS RESIDENTES NO ESTADO DE MINAS GERAIS

O estado de Minas Gerais é um dos maiores e mais populosos estados do Brasil, limítrofe com o estado de São Paulo. Talvez seja esse o motivo pelo qual, há muitos anos, em diversas cidades na divisa entre os estados de São Paulo e Minas Gerais, tenham se estabelecido vários armênios, alcançando uma situação financeira estável.

Em 1946, havia armênios nas seguintes cidades: Uberaba, Uberlândia, Araguari, Guaxupé e Poços de Caldas. Dessas, Uberaba foi a primeira cidade com a presença do elemento armênio, desde o ano de 1900, enquanto nas demais cidades citadas os armênios fixaram residência depois de 1926.

Quanto ao aspecto da vida comunitária armênia, os armênios residentes do estado e Minas Gerais têm sido mais felizes em comparação com os armênios residentes em estados mais longínquos. Por estarem mais próximos do estado de São Paulo (24 horas de viagem ferroviária), tiveram contato contínuo não só por causa de sua atuação comercial, mas porque, de vez em quando, recebem a visita de padres da coletividade armênia de São Paulo.

Em 1945, por ocasião da arrecadação para a construção da escola armênia e o salão de festas dos armênios de São Paulo, o padre Yeznig Vartanian fez uma visita especial aos armênios residentes nessas cidades, e todos trouxeram suas espontâneas parcelas de contribuição, assegurando uma quantia considerável.

Assim como em todos os lugares, sempre que lhes foi solicitado, os armênios residentes no estado de Minas Gerais não se negaram a trazer sua valiosa participação para qualquer iniciativa comunitária armênia.

A seguir, apresentamos a relação dos armênios que residem nessas cidades:

UBERABA

1 - Hovsep Kahtalian (de Urfá) — casal e cinco filhos, sendo dois meninos e três meninas. Comerciante.
2 - Hovsep Krikorian (de Termen, região de Sebástia) — solteiro. Comerciante.
3 - Bedros Jokazian (de Urfá) — casal sem filhos. Comeciante.
4 - Hovhannés .... (de Urfá) — casal sem filhos. Comerciante.

UBERLÂNDIA

1 - Bedros Baidarian (de Urfá) — casal com uma filha. Comerciante.
2 - Sarkis Aprahamian (de Deort-Yol) — casal. Comerciante.
3 - Jorge Naccach (de Alepo) — solteiro. Comerciante.
4 - Jack Kurkdjibachian (de Ancara) — casal com um filho. Lapidador e comerciante de diamantes.
5 - Hmayak Hagopian (de Yozgat) — casal. Relojoeiro.
6 - Alfonso Sayan (de Mezré) — solteiro. Com ele vivem sua mãe, a irmã e o irmão. Comerciante.
7 - Dadjad Tachdjian (de Mezré) — casal com um filho e duas filhas. Comerciante.
8 - Gaspar Isbirian (de Mezré) — solteiro. Comerciante.
9 - Mihran Kalaidjian (de São Paulo, filho de pais naturais de Kharpert) — casal com três filhas.

ARAGUARI

1 - Krikor Boghossian (de Deort-Yol) — casal com um casal de filhos. Comerciante.
2 - Sarkis Simonian (de Deort-Yol) — casal com um filho. Comerciante.
3 - Mário Keochkerian (de Deort-Yol) — casal com dois filhos. Comerciante.
4 - Hagop Baronian (de Papert) — casal com um casal de filhos. Lapidador e comerciante de diamantes.
5 - Hovhannés Berberian (de Urfá) — casal. Comerciante.
6 - Sarkis Manukian (de Cesárea) — casal. Comerciante.

GUAXUPÉ

1 - Hagop Jundurian (de Hadjin) — casal com oito filhos, sendo quatro meninos e quatro meninas. Comerciante.
2 - Yeghiché Guedikian (de Hadjin) — casal com oito filhos, sendo seis meninos e duas meninas. Comerciante.
3 - Panos Kiredjian (de Marach) — casal com quatro filhos, sendo três meninos e uma menina.

POÇOS DE CALDAS

1 - Archavir Kadayan (de Konia) — casal com três filhos, sendo dois meninos e uma menina. Comerciante.
2 - Mateus Abukhanian (de Deort-Yol) — casal com dois filhos. Comerciante.

Observação: na cidade de Poços de Caldas encontram-se as mais famosas águas minerais do Brasil, que recebem as visitas de muitos turistas e enfermos de muitos países.

ARMÊNIOS RESIDENTES NO ESTADO DO CEARÁ

O estado do Ceará é um dos estados ao nordeste do Brasil, onde periodicamente surgem secas que sujeitam à miséria os habitantes locais, os quais, sem muitas perspectivas de progredir, migram para outros locais e estados brasileiros, um quadro que até ameaça esvaziar esse estado de seus habitantes.

Nas últimas décadas, à custa de grandes dispêndios financeiros, o governo federal do Brasil tomou a iniciativa de construir malhas de irrigação e tenta, ao menos, eliminar a crise de água potável, mas ainda há muito que fazer para salvar este estado da presença da estiagem.

Em 1911, chegou ao Brasil um jovem chamado Rupen Atamian, natural do povoado de Hayni, província de Dikranaguerd[38], e se estabeleceu na cidade de Fortaleza, estado do Ceará, ocupando-se do comércio. Pouco depois, mandou chamar seus irmãos Mardiros e Onabed, assim como seu tio e a esposa dele. Estes últimos, alguns anos depois, mudaram para a América do Norte, enquanto os demais permaneceram no Ceará.

Passados seis anos, em 1918, Rupen Atamian mudou para Belém, capital do estado do Pará, onde inaugurou uma serralheria que, devido à sua dimensão, foi considerada uma das maiores e melhores do gênero, criando, assim, para si uma posição financeira e social invejada.

---

38 Atual Diarbekir.

Rupen Atamian, como dissemos, foi o fundador da numericamente reduzida coletividade armênia da cidade de Fortaleza, no estado do Ceará, onde, no transcorrer dos anos, diversos imigrantes armênios oriundos de Hayni se estabeleceram.

Em 1946, moravam na cidade de Fortaleza seis famílias armênias, das quais cinco de Hayni e uma natural de Akchehir.

Além dessas seis famílias, havia também quatro armênios de Hayni que contraíram matrimônio com estrangeiros ou nativos, razão pela qual são considerados como dissolvidos.

Essas seis famílias perfaziam quarenta pessoas, e os armênios que casaram com nativos totalizavam dezesseis pessoas, somando ao todo 56 pessoas.

Também os armênios desse estado, por se localizarem demasiadamente longe de São Paulo (quinze dias de viagem a vapor), considerado o núcleo da coletividade armênia do Brasil, não conseguiram manter qualquer relação com esses compatriotas. Algumas vezes ao ano um ou outro deles viajava a negócios para o Rio de Janeiro ou São Paulo, e era só nessas ocasiões que eles mantinham um breve encontro com os armênios do sudeste.

Devido às circunstâncias, portanto, esses armênios permanecem completamente ilhados e abandonados à sua própria sorte.

Rupen Atamian nasceu no povoado de Hayni, província de Dikranaguerd, em 1911. Com o objetivo de viajar para a América do Norte, Rupen foi a Marselha, França, mas, por causa de um problema na vista, não conseguiu embarcar ao seu destino. Decidiu vir ao Brasil e se estabeleceu na cidade de Fortaleza, estado do Ceará, para onde também mandou chamar seus irmãos, tios e conterrâneos. É considerado o fundador da pequena coletividade armênia de Fortaleza.

Em 1918, mudou-se sozinho para a cidade de Belém, estado do Pará, onde montou uma serralheria e em pouco tempo conseguiu lograr êxito financeiro e social.

Rupen Atamian

Adoecido, faleceu em 1937. Rupen Atamian era solteiro.

ARMÊNIOS RESIDENTES NO ESTADO DE MATO GROSSO

Mato Grosso é o segundo maior estado do Brasil, também limítrofe com o estado de São Paulo. Apesar de distante da cidade de São Paulo, a quatro dias de viagem ferroviária, há armênios que vivem por lá há muitos anos. Ainda não se sabe com certeza quem foi o primeiro armênio nem a data exata de sua chegada a esse estado, mas sabe-se que em 1915 a cidade de Campo Grande, no estado de Mato Grosso, era considerada a segunda cidade, depois de São Paulo, quanto à concentração de armênios.

Como dissemos, apesar de sua longa distância comparada à cidade de São Paulo, os armênios que residiam nesse estado, ou, melhor dizendo, os armênios residentes em Campo Grande, já revelavam belos exemplos de sua dedicação ao participarem, na medida de suas capacidades, de qualquer iniciativa comunitária armênia toda vez que lhes foi pedida alguma colaboração.

Efetivamente os armênios residentes no estado de Mato Grosso se destacaram com suas valiosas contribuições à primeira entidade beneficente armênia formada em solo brasileiro, em 1915, qual seja, a Cruz Vermelha Armênia, assim como à União Beneficente Armênia, pois há registros de elogios deixados tanto por uma como outra instituição.

Em 1946, o número de armênios residentes nesse estado havia diminuído: apenas oito famílias ainda continuavam ali, constituídas de comerciantes em boa situação financeira.

Por terem laços comerciais com a cidade de São Paulo, os armênios de Mato Grosso vinham para São Paulo constantemente e, em consequência, mantinham contatos com círculos armênios daqui. Há inclusive os que moram hoje na capital paulista, mas mantêm seus negócios comerciais em Campo Grande.

Em 1944-1945, por ocasião da arrecadação para a construção da escola armênia de São Paulo, apesar de não terem recebido a visita de nenhuma autoridade comunitária, muitos dos armênios que vinham até São Paulo em viagem de negócios não deixaram de trazer suas valiosas contribuições espontâneas.

Dizia-se que em algumas cidades distantes de Campo Grande também existiam alguns armênios, mas, infelizmente, não nos foi possível averiguar o número certo deles nem as cidades onde residiam.

ARMÊNIOS RESIDENTES NO ESTADO DE SÃO PAULO

O estado de São Paulo abrange a maioria dos armênios, e a capital homônima é o núcleo desta coletividade, onde estão 80% dos armênios que vivem no Brasil.

Em 1946, além da cidade de São Paulo, também havia armênios que residiam nas seguintes cidades do estado:

1 - Salto
2 - Itu
3 - Campinas
4 - Casa Branca
5 - Ribeirão Preto
6 - Franca
7 - Jaú
8 - São Carlos
9 - Barretos
10 - Araraquara
11 - Catanduva
12 - São José do Rio Preto
13 - Mirassol
14 - Tanabi
15 - Palestina
16 - Cosmorama
17 - Borborema
18 - Novo Horizonte
19 - Putirindaba
20 - Jaboticabal
21 - Monte Alto
22 - Tabatinguara
23 - Itapetininga
24 - Sorocaba
25 - Tatuí
26 - Itararé
27 - Agudos
28 - Botucatu
29 - Garça
30 - Lins
31 - Araçatuba
32 - Valparaíso
33 - Andradina
34 - Guararapes
35 - Alfredo Castilho
36 - Pereira Barreto
37 - Penápolis
38 - Birigui
39 - Vila Mesquita
40 - Álvaro de Carvalho

Em vinte dessas cidades havia apenas uma família armênia, e nas demais, mais de uma; todas as famílias, sem exceção, eram constituídas de comerciantes, e algumas eram proprietárias de suas próprias residências; 70% dos comerciantes estavam em boa situação financeira e haviam criado uma vida estável, e 30% mal conseguiam garantir o seu sustento diário.

São atividades dos armênios residentes no Brasil:
- comerciantes: 70%
- profissionais liberais: 20%
- profissionais empregados: 5%
- empresários: 5%

Das fábricas abertas pelos armênios, destacavam-se em primeiro lugar as calçadistas, por seu número, evidentemente. Existiam, ademais, fábricas de tecelagem, seda, gravatas, metalúrgicas, de costura, de bolsas e malas para viagem, sacos e sacolas de papel e papelão e de tapeçaria.

As profissões adotadas pelos armênios do Brasil eram: sapateiros, alfaiates, ferreiros, maquinaria, ourives, panificadores, lapidação de diamantes, barbeiros e cabeleireiros, carroceiros etc.

Em 1946, existiam entre os armênios de todo o Brasil:

Um arquiteto.

Nove dentistas.

Dois estudantes do curso superior da área de medicina.

Um estudante da área de química.

Dois correspondentes de jornais locais.

Além de muitos contabilistas ou estudantes de contabilidade.

Apenas alguns dos armênios mais antigos que chegaram ao Brasil e seus filhos eram proprietários de bens imóveis, e apenas 8% dos demais membros da coletividade tinham residência própria.

A coletividade armênia do Brasil, em seu conjunto, possuía duas igrejas, uma capela e dois prédios escolares. Uma das igrejas situava-se em Presidente Altino, um dos subúrbios da cidade de São Paulo, sendo a primeira igreja amênia construída em solo brasileiro, e ao seu lado foi erguido o prédio da escola, que, por sua vez, foi o primeiro prédio escolar armênio no Brasil.

A segunda igreja estava localizada na cidade de São Paulo, e ao seu lado começou a ser construído o prédio da escola, um salão para festas e a prelazia. Já a capela estava localizada em Santana, um dos bairros da cidade de São Paulo, e foi construída inicialmente para servir como escola, mas hoje atua como uma capela.

Depois da construção da igreja São Jorge e a escola armênia na cidade de São Paulo, a coletividade armênia do Brasil possuía um patrimônio de imóveis no valor de aproximadamente 5.000.000,00 (cinco milhões) de cruzeiros, na moeda de 1946, sem contar a igreja e escola em Presidente Altino e a capela de Santana, as quais também constam como propriedades da coletividade.

A coletividade armênia do Brasil, que atingiu o patamar de *kaghut* (coletividade) propriamente dita depois do ano de 1924, apesar de ser muito nova no seu aspecto, provavelmente é uma das coletividades que mais alcançara êxito em tão pouco tempo. Pobres, no sentido lato da palavra, não os há; nunca houve pedintes ou mendigos, e espera-se que jamais isso ocorra.

Os sentimentos com relação à mãe-pátria armênia são muito sólidos, mas, caso seja iniciado um repatriamento, não se sabe ao certo quantos irão manifestar o desejo de voltar à mãe-pátria; isso o futuro não distante é que esclarecerá.

O Dr. Vahinag Kehyayan nasceu no dia 17 de janeiro de 1903, em Cesárea, filho do padre Mateus Kehyayan. Recebeu sua educação primária na escola armênia de Eodemich. Em 1921, com a ajuda financeira do tio paterno, Sarkis Kehyayan, Vahinag viajou para a Alemanha e frequentou escola de odontologia da cidade de Hannover, concluindo-a em 1929.

Em 1931, viajou para a Grécia e começou a atuar como dentista, em Atenas. No dia 18 de novembro de 1933, casou com a Srta. Mari Sarafian, natural de Ismir, e o casal teve dois filhos.

Em 1940, conseguiu chegar ao Brasil e se estabeleceu na cidade de São Paulo. Atualmente, atua como dentista, profissão essa que exerce com muito afinco e talento, sendo especializado em dentaduras postiças.

Dr. Vahinag Kehyayan

Karnig Nahas nasceu em 1913, na cidade de Alepo, filho de Avedis Nahas, natural de Zeitun, oriundo da conhecida família Yeni Dunia. Recebeu sua educação primária na escola primária Prudente de Moraes e, mais tarde, diplomou-se como contador pela faculdade Álvares Penteado.

Desde sua infância, Karnig revelou grande amor à ginástica e à educação física e, por isso, foi um dos destacados esportistas de corrida do renomado clube Espéria, na cidade de São Paulo.

Durante os anos de 1933-1942, consagrou-se campeão na modalidade de corrida: cinco vezes no estado de São Paulo, duas vezes no campeonato bra-

Karnig Nahas

sileiro e uma vez em toda a América do Sul. Esta última premiação Karnig conquistou em Buenos Aires, República Argentina, nos Jogos Olímpicos Pan-Americanos realizados na capital argentina. Depois das competições, quando a delegação brasileira regressou ao Rio de Janeiro, os integrantes foram recebidos pelo presidente da República, Dr. Getúlio Vargas, que cumprimentou pessoalmente a equipe vencedora e, como homenagem aos esportistas, decretou feriado naquele dia na capital do Brasil.

Em 8 de junho de 1946, Karnig Nahas casou com a Srta. Berta Mahr'daui, filha do sírio Jamil Mahr'daui. A cerimônia religiosa do casamento foi realizada segundo os ritos armênios.

Karnig Nahas possui uma fábrica de gravatas em sociedade com seu irmão, Mihran, que é a maior entre as fábricas de armênios que atuam nesse ramo de atividade, e também é uma das melhores em toda a cidade de São Paulo. Os irmãos Nahas possuem ainda uma grande loja atacadista no ramo de tecidos.

Karnig Nahas é o único entre todos os armênios radicados no Brasil que tem logrado grande êxito no atletismo, e consagrou-se de forma merecida como um campeão.

ARMÊNIOS RESIDENTES NA CIDADE DE SÃO JOSÉ DO RIO PRETO

Em 1946, São José do Rio Preto era a segunda cidade com maior número de armênios estabelecidos no estado de São Paulo, com vinte famílias, compostas por dezenove homens, 23 mulheres, 46 moços ou meninos e 23 moças ou meninas. No total, 120 pessoas.

São José do Rio Preto é uma das belas cidades localizadas no centro do estado de São Paulo, e Stepan Debelian foi o primeiro armênio a se estabelecer nessa cidade, em 1919, junto com sua família, e em 1923 mudou-se para São Paulo. No mesmo ano, chegou e se estabeleceu em São José do Rio Preto Gabriel Manukian, natural de Alepo, que continua a morar lá, sendo o armênio mais antigo da cidade. Depois dele, começaram a chegar outros armênios, e a maioria se ocupou do comércio ambulante na fase inicial, mais tarde começando a abrir suas lojas. Em 1946, todos eles eram comerciantes bem-sucedidos e alguns já possuíam suas próprias residências.

A maioria absoluta dos armênios residentes em São José do Rio Preto é originária da cidade de Albistan. Os evangélicos são maioria, em segundo lugar vêm os apostólicos ortodoxos e em terceiro os católicos. Apesar da diversidade das profissões de fé, a intercomunicação entre eles é fluente e não há problemas entre eles. É possível que haja correntes ideológicas, mas também nessa esfera não existe luta partidária.

Até o ano de 1939, os armênios que residem em São José do Rio Preto viviam por si só, isto é, cada um concentrava sua atenção no seu trabalho; ninguém se preocupava com eles, e tampouco eles com outros. Apesar de estarem a uma distância de 14 horas de viagem ferroviária de São Paulo, e periodicamente receberem visitas de eclesiásticos da igreja armênia da capital, mesmo assim essa pequena coletividade não pôde organizar sua vida comunitária armênia.

Em 1939, quando o Legado Catholicossal para a América do Sul, Sua Eminência arcebispo Karekin Khatchadurian visitou os armênios do Brasil, também esteve com os armênios de São José do Rio Preto, os quais, sem nenhuma distinção de credo e todos unidos, organizaram uma recepção digna para o arcebispo na estação ferroviária da cidade, com pétalas de flores e intermináveis aplausos e saudações de boas-vindas, e, com uma caravana de veículos, levaram o ilustre visitante até um apartamento especial à sua disposição. Na mesma noite, ofereceram-lhe uma recepção, cuja organização esteve a cargo de Yeghiché Vartanian (futuro padre Yeznig Vartanian), que naquele ano morava na cidade de Catanduva e tinha sido convidado pelos armênios de São José do Rio Preto especialmente para coordenar esse evento.

Em nome da coletividade armênia local, Yeghiché Vartanian fez uso da palavra e, depois dele, foia vez do padre Gabriel Samuelian e do diretor da escola armênia Turian, Sakó Hagopian, os quais estavam na comitiva do arcebispo. Ao fim, o arcebispo Karekin Khatchadurian discursou por mais de meia hora e, com sua mensagem patriarcal, entusiasmou e exortou os presentes a manterem com carinho os valores nacionais armênios.

O arcebispo permaneceu três dias na cidade de São José do Rio Preto; celebrou uma missa na igreja ortodoxa da cidade, e depois organizou a Associação Armênia de Rio Preto, para atuar com fins beneficentes, e cujo comando entregou pra uma diretoria, assim constituída: Minas Kouyoumdjian, presidente (falecido em 1946); Krikor Topdjian, secretário; Missak Yakoubian, tesoureiro; Meguerditch Gulesserian e Garabed Karabachian, conselheiros.

Eram membros dessa Associação todos os armênios da cidade, indistintamente, e todos contribuíam com um valor mensal; com a quantia arrecadada pelas mensalidades, por um bom tempo eles conseguiram cuidar e ajudar um armênio necessitado, que algum tempo depois veio a falecer.

A Associação, que começara suas atividades com entusiasmo, teve uma existência de apenas três anos. Por falta de contatos por parte da capital ou alguém que mostrasse a necessidade da continuidade dessa entidade, e mesmo porque não havia mais ninguém necessitado nessa pequena coletividade, a Associação aos poucos se desmantelou, silenciosamente, os membros não mais contribuíam com suas mensalidades e, sem divulgar formalmente, paralisou suas atividades e, finalmente, extinguiu-se. Em 1946, a entidade ainda mantinha na sua conta bancária a importância de 1.300,00 (um mil e trezentos) cruzeiros.

Em 1943, as cidades e povoados da região chamada Araraquarense tiveram a ideia de fornecer um avião de guerra para o exército brasileiro como presente, e começaram a arregimentar uma arrecadação Visto que a cidade de São José do Rio Preto pertencia a essa região, também ali foi iniciada uma arrecadação, e naturalmente os armênios que moravam nessa cidade não podiam ficar indiferentes. Porém, ao invés de participarem individualmente, decidiram participar em nome de todos os armênios da cidade e, após arrecadar uma quantia de 4.000,00 (quatro mil) cruzeiros, em nome dos armênios, entregaram-na para o prefeito da cidade, que agradeceu e a recebeu, elogiando os sentimentos dessa pequena coletividade.

Foram organizadores dessa arrecadação Minas Kouyoumdjian, Meguerditch Gulessrian e Garabed Karabachian.

Em junho de 1944, o prefeito de São José do Rio Preto declarou, formalmente, que entre os dias 15 e 23 de julho vindouro seria comemorado o cinquentenário de fundação da cidade com grande pompa, e exortou os habitantes da cidade a apoiar as iniciativas da prefeitura, para que as festas lograssem o êxito esperado de forma exemplar.

Uma agitação tomou conta da cidade; associações, instituições e até comerciantes começaram a se preparar para participar desse grande evento. Também desta vez, a pequena coletividade armênia não queria ficar à margem da comemoração, razão pela qual eles se reuniram na residência de Meguerditch Gulesserian, para ver de que forma poderiam participar. Nesse primeiro encontro, não foi possível delinear um objetivo e uma diretriz; todos queriam participar de forma que trouxesse orgulho para o nome armênio.

Um segundo encontro foi realizado na residência de Missak Yakoubian, onde, depois de uma prolongada discussão sobre o assunto, foi decidido doar para a cidade o busto de bronze de Duque de Caxias, conhecido como o patrono do exército brasileiro; presente esse que deixaria felizes os brasileiros e, ao mesmo tempo, seria uma lembrança honrosa oferecida pela coletividade armênia de São José do Rio Preto.

A ideia foi acatada e todos os presentes, uníssonos, decidiram eleger uma comissão e encarregá-la da realização do projeto. Foram designados membros dessa comissão Missak Yakoubian, Haig Vartanian, Garabed Karabachian e Harutiun Kouyoumdjian. Em seguida, realizaram uma arrecadação e entregaram a quantia coletada a Missak Yakoubian, nomeado como tesoureiro da comissão.

Havia pouco tempo, e era necessário agir com pressa. Quinze dias depois, aconteceu o terceiro encontro na residência de Missak Yakoubian, e a comissão deu o seguinte relatório sobre suas atividades:

A comissão havia contatado o escultor, acertado o valor e encomendado a estátua. O busto de Duque de Caxias seria esculpido em tamanho natural, e seria apoiado sobre uma plataforma de dois metros de altura. O valor total seria de 9.000,00 (nove mil) cruzeiros, e parte do pagamento já havia sido antecipado.

Além disso, a comissão havia solicitado uma audiência com o prefeito, que recebeu os membros da comissão e aceitou com muita satisfação o presente da coletividade armênia. Nesse encontro também foi decidido o local de instalação do monumento, no parque público da cidade, sugestão feita pela comissão. Também foi estabelecida a data de inauguração, 23 de julho, às 10h30.

Um dos membros da comissão, Haig Vartanian, depois desse relato, acrescentou que o prefeito ficou tão contente com esse gesto dos armênios que sugeriu à comissão dos festejos da prefeitura convidar o comandante militar do estado de São Paulo para dar um brilho maior à cerimônia da pedra fundamental do referido monumento, e ele próprio assumiu a responsabilidade de coordenar os trabalhos.

O relato entusiasmou muito os armênios reunidos e, para dar um brilho maior à participação deles nos eventos comemorativos da cidade, eles decidiram colocar anúncios pagos de meia página nas edições especiais dos dois diários locais, para cumprimentar o cinquentenário da cidade, assim como contatar a emissora de rádio da cidade e, nos dias 21, 22 e 23 de julho, por três vezes ao dia e com intervalos de tempo, transmitir os cumprimentos da coletividade armênia por ocasião do cinquentenário da cidade.

A comissão organizadora executou a termo todas as incumbências que assumira e, no dia 16 de julho, os dois jornais de São José do Rio Preto publicavam a notícia sobre a doação da coletividade armênia.

O jornal *A Notícia* trazia a matéria com o título "A coletividade armênia de São José do Rio Preto doa estátua de Duque de Caxias à cidade":

No dia 23 de julho, será realizada a cerimônia da pedra fundamental deste monumento artístico.

A coletividade armênia, que se estabeleceu nesta cidade há apenas alguns anos, através de um passo nobre e simpático revela a prova de sua gratidão a esta cidade.

Esta coletividade trabalhadora, por meio de seus representantes, apresentou ao senhor Prefeito e à Comissão Organizadora dos festejos do cinquentenário sua sugestão de dedicar uma estátua a Duque de Caxias, patrono do exército brasileiro, que será erguida na praça Rui Barbosa, e bem em frente à estatua de Rui Barbosa.

É um trabalho artístico preparado com muito zelo, cuja miniatura foi entregue ontem e deixou muito contente a Comissão Executiva. Esta obra artística será executada pelo ateliê Marmoraria Paulista, cujo proprietário é Paulo Vitali.

No dia 23, sob a presença do comandante militar da 2ª região militar do Brasil, general Horta Barbosa, será realizada a cerimônia de lançamento da pedra fundamental desta estátua. Quanto à estátua em si, ela será inaugurada durante o último mês do ano.

Aos dois lados do pedestal serão colocadas duas placas de bronze, uma sobre a doação da coletividade armênia e a outra por ocasião do cinquentenário da cidade, imortalizando, com isso, o gesto agradável desta coletividade para com a nossa cidade.

O jornal *Folha do Rio Preto*, com a manchete "Um passo nobre da coletividade armênia: doação do monumento de Duque de Caxias à nossa cidade", escrevia:

Soubemos, com grande satisfação, que a pequena porém laboriosa coletividade armênia doará a nossa cidade a estátua de Duque de Caxias.

É um ato elogiável, que recorda o passado, e os armênios merecerão nossa eterna gratidão por este grande presente. É uma obra artística valiosa esta estátua do Duque de Caxias, este incansável militar que prestou um grande serviço para a união dos estados do Brasil e sua pacificação.

Os armênios de Rio Preto, que aqui se estabeleceram há apenas alguns anos, através deste gesto, realizam um brilhante trabalho, que será digno de nós, brasileiros.

Assim como a estátua de Rui Barbosa, que se encontra localizada no parque público na praça homônima e faz-nos recordar sempre o seu doador, Embaixador José Carlos Macedo Soares, também esta bela doação fará com que nos lembremos sempre dos armênios, que têm revelado de forma destacada o seu amor ao trabalho, e os quais se assemelham a nós com seu coração e pensamento, e cujos desejos e amor para com a nação e a pátria brasileira são os mesmos que os nossos. O Brasil é a segunda pátria deles, onde não lhes foi rejeitada a cooperação fraternal dos brasileiros.

Rio Preto, esta cidade dinâmica do alto araraquarense, tem apenas umas seis obras artísticas valiosas, e iremos acrescentar agora, com grande satisfação, este valioso presente, esta obra de recordação que é composta da doação de uma estátua que será colocada no parque público da praça Rui Barbosa, provavelmente diante da estátua do grande orador.

Comunicamos aos nossos leitores que já foram tomadas as providências das operações necessárias, e uma comissão por parte dos doadores da estátua se apresentou ao Prefeito, que acatou com muita satisfação esta atitude nobre e digna dos armênios que residem nesta cidade. Em breve, imediatamente depois que a estátua ficar pronta, que atualmente está sendo preparada num lindo aspecto artístico, será marcada a data de sua inauguração, que acontecerá no decorrer dos últimos meses do ano. Na ocasião, o nosso Prefeito convidará as autoridades militares do mais alto escalão para comparecerem ao ato solene.

Devemos acrescentar, também, que a cerimônia de lançamento da pedra fundamental da estátua será realizada no dia 23 corrente, e será um dos mais importantes eventos entre os eventos solenes dedicados ao cinquentenário da nossa cidade.

Fica registrado assim este feliz comunicado alusivo à bela doação da coletividade armênia, que, através de uma estátua de bronze, eternizará o nome de uma de nossas maiores personalidades e a figura mais relevante da história do Brasil, Duque de Caxias, que é o patrono do nosso exército nacional.

Em 23 de julho de 1944, às 10h30, realizou-se a inauguração da plataforma da estátua doada pelos armênios, à qual compareceram altas autoridades da cidade de São José do Rio Preto e cidades adjacentes, como também o representante do comandante geral militar do estado de São Paulo, todos os integrantes da coletividade armênia local e um enorme público.

Em nome da coletividade armênia, usou da palavra Harutiun Kouyoudjian, que, ao dirigir suas palavras ao prefeito, ao representante do comandante militar e ao público presente, em nome da coletividade armênia, cumprimentou o transcurso de cinquentenário da cidade, acrescentando que, por ocasião desta feliz oportunidade, os armênios de Rio Preto manifestavam o sentimento de gratidão ao Brasil e ao seu povo generoso, doando seu modesto presente a essa bela cidade.

Harutiun Kouyoumdjian concluiu seu discurso sob os aplausos estrondosos dos presentes. A seguir, usou da palavra o prefeito, Dr. Philadelo Gouveia Neto, que, após tecer palavras de elogio, afirmou que, como prefeito da cidade, aceitava com gratidão o valioso e honroso presente doado pela coletividade armênia local para sua cidade.

Também usou da palavra o representante do comandante geral militar, major Djalma Guimarães Fonseca, que transmitiu aos armênios de Rio Preto os agradecimentos do comandante geral e do exército por essa bela iniciativa.

Passado um mês após essa solenidade, a estátua já se encontrava pronta. Num contato mantido com o prefeito, ficou estabelecido que a inauguração dela seria realizada no dia 15 de novembro, e o ato solene seria presidido pelo comandante geral militar do estado de São Paulo, cuja presença o prefeito já providenciara. A coletividade armênia de Rio Preto aguardava com ansiedade a chegada da data agendada, mas acontecimentos políticos inesperados no país fizeram com que essa inauguração fosse adiada. Tanto o prefeito como o comandante geral militar foram substituídos. As autoridades estavam tão preocupadas com as súbitas mudanças ocorridas que não tinham tempo para se preocupar com a inauguração de uma estátua; essa situação perduraria por vários meses.

O Brasil todo estava empenhado com os preparativos da eleição presidencial; todas as autoridades e o povo estavam envolvidos com esse assunto que tinha importância vital para o país, e, sendo assim, a cidade de São José do Rio Preto não podia ser exceção, razão pela qual a inauguração da estátua caiu no esquecimento.

A coletividade armênia dessa cidade, ao ver que os acontecimentos alusivos aos preparativos das eleições ainda podiam levar algum tempo, decidiram dar um fim ao assunto e, no mês de junho de 1945, a comissão executiva solicitou o agendamento de um encontro com o recém-eleito prefeito da cidade, e durante o referido encontro realizado relembrou ao primeiro mandatário da cidade a questão da estátua, solicitando que fossem tomadas as providências para a realização da inauguração desta.

O prefeito recebeu a comitiva armênia com muita simpatia e lamentou o adiamento da inauguração do busto de Duque de Caxias por motivos de força maior, e prometeu fazer tudo ao seu alcance para concretizar esse projeto e comunicar a delegação imediatamente.

No dia 20 de agosto de 1945, o prefeito enviou uma mensagem à coletividade armênia informando que no dia 25 corrente, Dia do Soldado, seria realizada a inauguração da estátua, e sugeriu que uma comissão fosse visitar a prefeitura para preparar em conjunto o programa da cerimônia solene.

Acatando o pedido do prefeito, a coletividade armênia imediatamente enviou à prefeitura sua comissão executiva, que, junto com o prefeito, preparou o programa inaugural.

Na ocasião, o prefeito informou que, lamentavelmente, devido aos trabalhos preliminares alusivos à eleição presidencial no país, o comandante geral militar do estado não poderia comparecer à solenidade de inauguração; portanto, a cerimônia teria uma conotação puramente local.

No dia 25 de agosto de 1945, dia dedicado ao soldado brasileiro, às 16h00, com a presença do prefeito e demais altas autoridades, uma contingência de soldados, escoteiros, organizações e entidades da cidade e um enorme público, realizou-se a inauguração da estátua.

A estátua de Duque de Caxias estava coberta por uma grande bandeira brasileira, e todos aguardavam com ansiedade o início da cerimônia, quando a banda militar entoou o hino nacional brasileiro. Os militares e escoteiros ficaram em posição de prontidão, e todos os presentes tiraram seus chapéus. Nesse momento, o prefeito aproximou-se e pausadamente começou a hastear a bandeira que cobria a estátua. Assim que a estátua ficou exposta, o público presente saudou com aplausos ensurdecedores, abafando até o som da banda.

A banda já encerrara sua apresentação, mas os aplausos, ainda não, quando Harutiun Kouyoumdjian aproximou-se da plataforma e, em nome da coletividade armênia, leu o seguinte discurso:

Excelentíssimo senhor Prefeito, ilustres representantes civis e militares e nobre povo do Brasil;

Hoje é um dia de grande júbilo para a pequena coletividade armênia de São José do Rio Preto, porque neste dia eis que temos a possibilidade de comprovar na prática o mínimo de nossa gratidão, ao doarmos a esta cidade florida a estátua do patrono do exército brasileiro, o imortal Duque de Caxias (aplausos estrondosos). A hospitalidade que nós tivemos neste país abençoado e o comportamento fraternal que recebemos do gentil povo brasileiro preenchem com tanta gratidão nossos corações que é acima de nossas forças poder expressá-la. É pequeno, tão pequeno este presente, pois nem chega a corresponder às benesses que usufruímos, mas podem estar certos, senhores, que temos depositado sob os alicerces desta estátua do Duque de Caxias o nosso coração e sentimentos autênticos. Agradecemos, somos gratos e sentimo-nos honrados pois o senhor prefeito e a cidade de São José do Rio Preto aceitaram tão gentilmente este nosso modesto presente (aplausos).

Esta estátua que se ergue aqui, neste belo parque público da cidade de São José do Rio Preto, é testemunha do amor sincero e profunda gratidão que esta pequena coletividade armênia revela para com o grande Brasil e seu povo generoso; ela vos assegura, senhores, que, enquanto existirem armênios residindo ao vosso lado, eles serão filhos autênticos deste país, labutarão em prol do progresso e desenvolvimento deste país gigantesco e abençoado. Portanto, é com grande alegria que a coletividade armênia doa a esta cidade a estátua de Duque de Caxias, e sente-se muito feliz e grata por a terem aceito. Por isso, conclamamos unidos: Viva o Brasil, viva o povo do Brasil gigante.

Os milhares de presentes responderam com prolongados aplausos às palavras de Harutiun Kouyoumdjian, e a seguir o ex-prefeito Dr. Philadelfo Gouveia Neto se aproximou da plataforma e, em nome do prefeito, da cidade e do exército brasileiro, agradeceu a coletividade armênia e, elogiando esta atitude de um punhado de armênios, disse:

Cerimônia de inauguração da estátua: Harutiun Kouyoumdjian discursa ao doar a estátua à cidade de São José do Rio Preto

O ex-prefeito de São José do Rio Preto, ao agradecer à coletividade armênia em nome da cidade e do exército

Os armênios, ao erguerem bem em frente da estátua do maior pensador do Brasil, Rui Barbosa, a estátua do organizador e patrono do exército brasileiro, Duque de Caxias, querem nos dizer: vejam, brasileiros, de um lado está a estátua do organizador do vosso pensamento e educação e, do outro, a da vossa força física e militar; olhem a estes dois gigantes e sigam os seus exemplos, concentrem e *organizem vossas forças intelectuais e físicas e, através da cooperação harmoniosa, elevem o brasileiro e o Brasil, colocando-os no patamar dos gigantes progressistas bem organizados do mundo. E isso não é nada impossível, se pudermos e sabermos aproveitar desta bela lição que se nos é dada agora.*

Neste momento solene, em nome da cidade, do exército e de todo o Brasil, manifesto meus agradecimentos a este punhado de armênios humildes e trabalhadores, os quais, através desta sua iniciativa, comprovam que, como eles vieram aqui para viver conosco, eles também sabem amar o nosso país e nossos gigantes imortais (aplausos).

A cerimônia terminou e o público se dispersou com as melhores impressões. Por ocasião do cinquentenário da cidade de São José do Rio Preto, a pequena coletividade armênia local trouxe sua respeitável participação, sendo a primeira com essa sua doação valiosa. As autoridades civis e militares da cidade, bem como toda a população, expressaram sua simpatia aos armênios por esse gesto elogiável.

Na frente da plataforma que sustenta a estátua, há uma placa de bronze com a seguinte inscrição:

"*A coletividade armênia de Rio Preto dedica esta estátua por ocasião do transcurso do cinquentenário desta cidade, como uma justa homenagem àquele que foi um exemplo de civilidade e bravura: Luiz Alves de Lima e Silva, patrono do glorioso exército brasileiro*" (Duque de Caxias é o título dele).

Haig Vartanian e sua família
Uma das famílias que residem em São José do Rio Preto: sentados (da direita para a esquerda): Haig Vartanian, Krikor Vartanian, Sra. Nazenig Vartanian; de pé (da direita para a esquerda): Seta Vartanian, Vahé Vartanian, Vartan Vartanian e Hasmig Muradian

Do lado oposto da plataforma, foi colocada uma outra placa de bronze, que traz a seguinte inscrição: "Foi inaugurada com a presença de altas autoridades aos 14 dias do mês de julho de 1944, por ocasião do cinquentenário de Rio Preto. 19 de julho 1894-1944".

A estátua construída pelos armênios de São José do Rio Preto foi a primeira no seu gênero preparada por recursos dos armênios em todo o território brasileiro, assim como o primeiro presente doado pelos armênios ao Brasil e aos brasileiros.

Garabed Karabachian

Garabed Karabachian nasceu em Albistan, no dia 12 de março de 1900, filho de Harutiun Karabachian. Com menos de quarenta dias de vida, teve a infelicidade de perder seu pai, que morreu ao não suportar as temíveis torturas sofridas na prisão turca. Garabed recebeu sua educação primária na escola armênia da sua cidade natal, e foi aluno do professor Mihran Azagharian.

Em 1915, foi exilado para Deir-el--Zor, onde um homem da etnia *tcherkez* o levou à força para sua aldeia. Depois de pastorear por dois anos as ovelhas do *tcherkez*, conseguiu fugir para Musseb e de lá para Alepo. Declarado o armistício, voltou para Albistan, para onde também haviam retornado alguns de seus conterrâneos. Mas, pouco depois de ter começado os trabalhos de reconstruir seu lar destruído, em 1922 foi obrigado a abandonar mais uma vez a cidade e refugiar-se na idade de Alepo, onde casou com sua conterrânea Srta. Sarik Topdjian, e o casal teve sete filhos.

Chegou com a família ao Brasil em 1926 e, depois de atuar por algum período como mascate ambulante, estabeleceu-se em São José do Rio Preto, uma das importantes cidades no interior do estado de São Paulo, onde atualmente trabalha no comércio, em seu prédio próprio.

Graças à sua espertezza e laboriosidade, conseguiu alcançar uma situação financeira estável. É membro conhecido da coletividade armênia local, assim como da diretoria da Associação Armênia de São José do Rio Preto, formada pelo Legado Patriarcal, assim como da comissão que elaborou a ideia e mandou preparar a estátua de Duque de Caxias, dedicada pela pequena coletividade armênia de São José do Rio Preto a essa cidade paulista.

Krikor Topdjian nasceu em Albistan, em 6 de janeiro de 1901, filho de Hovhannés Topdjian. Recebeu sua educação primária na escola armênia de sua cidade natal, sendo aluno do professor Mihran Aghazarian.

Em 1915, foi exilado para Deir-el-Zor e, em fins de 1917, conseguiu fugir para Mussul, onde os turcos o detiveram e mandaram para trabalhar na abertura de estradas.

Depois de servir por nove meses como um verdadeiro escravo sob as chicotadas turcas, libertou-se com o estabelecimento do armistício e voltou para Albistan. Pouco depois de ter começado a reconstruir seu lar destruído, foi obrigado a se afastar da cidade em consequência dos movimentos kemalistas, foi para a Síria e atuou como professor entre os anos de 1925 e 1928 na região de Kessab.

Krikor Topdjian

Em 1928, chegou ao Brasil com a família e, depois de trabalhar por algum tempo como mascate ambulante, estabeleceu-se na cidade de São José do Rio Preto, atuando no ramo do comércio.

Graças à sua laboriosidade, conseguiu alcançar uma situação financeira estável. Possui sua residência própria e, em 1955, casou com a Srta. Nazenik, natural da cidade de Urfá. O casal tem seis filhos e uma filha. É membro da Associação Armênia de São José do Rio Preto e bem conhecido entre os compatriotas da coletividade armênia local.

ARMÊNIOS RESIDENTES NA CIDADE DE JAÚ

Jaú é uma das cidades pequenas, porém muito bonitas localizadas na região central do estado de São Paulo. Com uma área extensa e por estar cercada com fazendas de café bem cultivadas, ela tem recebido o título de "Rainha do Café". A terra muito fértil e as fazendas frutíferas fizeram com que os fazendeiros, sem exceção, se tornassem muito prósperos, dando à cidade o aspecto de uma coletânea de ricaços.

Desde 1927, vivem nesta cidade algumas famílias armênias, que, numa primeira fase, se ocuparam com o comércio ambulante, mas em pouco tempo tornaram-se proprietários de lojas comerciais, alcançando uma boa situação financeira e logrando boa fama de honestos e dignos comerciantes.

Em 1945, por ocasião da grande arrecadação comunitária para a construção da escola armênia em São Paulo, quando este autor que vos escreve visitou os armênios que residem nas cidades do interior do estado de São Paulo, pediu dos armênios residentes em todas essas cidades que tirassem fotografias coletivas e enviassem para que fossem publicadas neste livro. Infelizmente, meus pedidos se evaporaram no ar, e eu não pude ter o êxito de transformar esta obra numa bela recordação ilustrada. A única cidade de onde recebi uma fotografia foi Jaú, a qual revelamos abaixo, e também incompleta, visto que ela reúne apenas duas famílias, enquanto nós sabemos que há cinco famílias armênias na idade de Jaú.

Fotografia de armênios que residem em Jaú
1º grupo: sentados (da direita para a esquerda): Sra. Margarida Torkomian, Sra. Haiganuch Torkomian (de óculos), Srta. Vartuhi Sahak Torkomian; de pé (da direita para a esquerda): Vartkés S. Torkomian, Krikor Sahak Torkomian, Nazar Torkomian, natural de Afion Karahissar. 2º grupo: sentados (da direita para a esquerda): Sra. Hripsimé Daghlian, Luiz Daghian, (sentado na frente) Carlos Daghlian; de pé (da direita para a esquerda): Levon Daghlian, Jacó Daghlian, de Aitab

Em geral, os armênios que residem nas cidades do interior do estado não se preocupam com o ensino do idioma armênio aos seus filhos; apenas poucos têm dado importância à língua materna. A família Torkomian, natural de Afion Karahissar, estabelecida na cidade de Jaú, é uma dessas poucas famílias em que os filhos falam o armênio de forma até bastante adiantada.

O mensário *Ararat*

Em outubro de 1946, começou a circular em São Paulo o jornal *Ararat*, exclusivamente no idioma português e publicado numa gráfica, que no seu primeiro número trazia o seguinte editorial:

Uma explicação
Ararat é um jornal que propõe trazer informações sobre a situação econômica e cultural da Armênia Soviética. Sua principal obrigação é defender, incondicionalmente, as reivindicações territoriais da Armênia, até a sua derradeira e plena conquista, para que ela, a Armênia, tenha condições de abrigar todos os seus filhos que foram expulsos de suas terras natais, e os quais hoje, mais do que nunca, querem retornar à sua querida pátria.
É este o plano do qual Ararat não se afastará e seguirá, sem adentrar em discussões ideológicas, sejam elas econômicas, políticas, sociais, filosóficas ou religiosas; manter-se-á distante principalmente da propaganda política, seja qual for sua coloração. E isso porque Ararat quer ser o porta-voz e expressar os sentimentos e desejos do povo armênio, e neste ponto não deve haver partidarismo. A Armênia tem seus problemas, e a solução desses problemas não depende apenas deste ou daquele agrupamento, mas da cooperação de todos os armênios patrióticos. Só unidos internamente e em colaboração com o governo da Armênia e a União Soviética é que os armênios da diáspora podem decidir a questão vital das reivindicações territoriais.
Aquele que conhece a vida amarga cheia de horrores e sofrimentos dos armênios nestes últimos seis séculos entenderá facilmente por que as reivindicações territoriais dos armênios devem ser protegidas de forma incondicional, e quem conhece a triste história interna do povo armênio, que é cheia de divisões e enfraquecida pelas facções partidárias, entenderá facilmente a premente necessidade de se formar uma união nacional. É crime qualquer traição que queira

destruir uma colaboração fraternal desta envergadura, porque qualquer passo errôneo destruirá um dos alicerces mais importantes da Armênia histórica, pois é exatamente esse desacordo que desejam todos aqueles procuram, a todo custo, fugir de suas responsabilidades para com um povo que tem se sacrificado tanto e assaltado nestes últimos cinquenta anos.

E justamente por esse motivo, a fim de podermos vencer esta luta, devemos deixar de lado toda espécie de incompreensões, varrendo-as para uma segunda linha, e unidos fraternalmente devemos lutar pela solução definitiva desta questão vital.

Não devemos dividir o mundo entre armênios e não armênios, mas, sim, entre amigos e inimigos do povo armênio, dando forças aos primeiros e lutando contra os outros, independentemente de sua camada social, religião, raça ou nação a que pertencem.

Para que possamos vencer uma luta que tanto exige de nós, qual seja, a Questão Armênia, em primeiro lugar é importante organizarmos todos os nossos meios e recursos disponíveis, e a publicação de um jornal vem a ser um desses meios. Naturalmente não será um jornal que dará o veredicto do êxito de uma questão tão importante, mas é acima de qualquer dúvida que ele ajudará à solução destas questões, esclarecendo a nossa Causa e difundindo-a entre os povos; e isso é algo que ninguém pode negar.

A Questão Armênia é justa, e considerando a necessidade de apoiá-la é que sugerimos a nossa modesta cooperação, ao publicarmos o mensário Ararat.

E, com o intuito de vir a ser realmente o porta-voz do povo armênio, e que possa cumprir suas obrigações fielmente, o Ararat permanecerá independente, sem se sujeitar a ninguém, exceto ao povo armênio. Apesar de a história da publicidade ter demonstrado que são poucos os jornais independentes que têm conseguido sobreviver, no entanto este periódico prefere ser um dessas raridades, e prefere cessar suas atividades a se sujeitar a este ou aquele agrupamento econômico ou político.

Ararat veio para ser um jornal popular e, como tal, pertence ao povo armênio, e serão os armênios do Brasil que decidirão quanto ao seu futuro, e dirão se ele viverá ou perecerá.

Na história da coletividade armênia do Brasil, era a primeira vez que um jornal devidamente impresso surgia redigido completamente no idioma português e, o que é mais importante, sem ser o resultado de um trabalho partidário ou de algum grupo ideológico.

O criador da iniciativa de publicar esse jornal foi um jovem cujo nome era Hagop (Jacó) Bazarian, natural de Marach, e era ele o redator do jornal. Não só a publicação, mas também a busca de materiais e sua respectiva classificação pesavam sobre seus ombros, tendo como colaborador um outro jovem, Levon Yakoubian, natural de Alepo, que, por sua vez, há anos vem se dedicando à publicidade e trabalha como revisor nos jornais *Folha da Manhã* e *Folha da Tarde*, dois destacados diários brasileiros que são publicados em São Paulo. Yakoubian também escreve diversos artigos, principalmente sobre a Questão Armênia.

Todos os trabalhos realizados no primeiro e no segundo número de *Ararat* foram efetuados por esses dois jovens, que certamente assim continuarão fazendo, se puderem obter recursos financeiros.

Os primeiros dois números de *Ararat*, que circularam com mil exemplares cada, custaram 4.000 cruzeiros a esses jovens, que conseguiram juntar essa importância através de uma arrecadação entre amigos e conhecidos, e também registrando assinantes do jornal. É muito claro que apenas com arrecadações não se pode garantir e torna-se quase que inviável a existência de um jornal.

Apesar de esses dois jovens terem declarado no editorial do primeiro número do jornal que ficariam afastados de influências ideológico-partidárias, no entanto, por serem eles socialistas[39] fanáticos e convictos, o jornal também adotaria o mesmo rumo e o tem adotado, e nesse ponto eles não devem ser culpados, já que essa é a convicção deles.

A equipe editorial do jornal *Ararat* era composta por:

Hagop (Jacó) Bazarian	Redator	Natural de Marach
Levon Yakoubian	Secretário	Natural de Alepo
Sra. Meire Apocalipse	Responsável	Brasileira (esposa do redator)

O jornal tinha 48 cm de comprimento por 33 cm de largura, publicado com seis páginas, em papel de boa qualidade e com impecável impressão. Os dois números de *Ararat* traziam, cada um, oito fotografias.

Todos os jornais de São Paulo divulgaram aos seus leitores o surgimento do *Ararat* e, entre eles, o *Jornal de Notícias* escreveu:

Sob a redação de Hagop (Jacó) Bazarian, foi lançado em São Paulo o jornal de nome "Ararat". Completamente dedicado à coletividade armênia de São Paulo, o primeiro número do novo jornal apresenta belos trabalhos sobre a questão da luta dos armênios para conseguirem a devolução dos territórios usurpados pelos turcos.

Este jornal apartidário, que tem uma bela impressão e um rumo democrático, certamente terá uma boa aceitação pela coletividade armênia desta cidade.

---

39 Da vertente comunista.

O ânimo, idealismo e a vontade de trabalho desses dois jovens empenhados na publicação do jornal *Ararat*, assim como a aptidão deles na esfera publicitária, são sem dúvida algo de se admirar e digno de elogios. Mas, infelizmente, o que falta a esses dois jovens promissores é um dos recursos mais importantes, o meio financeiro.

Hagop (Jacó) Bazarian

Hagop Bazarian ou Saghbazarian nasceu em Marach, em 1919, filho de Harutiun Saghbazarian. Em 1922, mudou-se com a família para Alepo e, em 1926, para Marselha, de onde veio para o Brasil em 1928, e se estabeleceu na cidade de Itapetininga, interior do estado de São Paulo, onde recebeu sua educação primária, completando-a em 1933. Concluiu a escola comercial em 1936, e o curso colegial em 1940. Ao se mudar para a cidade de São Paulo, prosseguiu seus estudos na Faculdade de Filosofia, concluindo o curso em 1944. Depois de trabalhar como professor por dois anos, seguiu o ramo do jornalismo e, em 1946, trabalhava no jornal *Hoje*.

Em 1943, ainda um estudante, casou com uma de suas colegas da Faculdade de Filosofia, a brasileira Srta. Meire Apocalipse, que é a diretora-responsável do jornal *Ararat*.

Em 1946, junto com Levon Yakoubian, Bazarian lançou o jornal *Ararat*, uma publicação mensal em idioma português.

Hagop (Jacó) Bazarian é um jovem exageradamente idealista, sincero, inteligente e demonstra grande aptidão na esfera publicitária.

Levon Yakoubian nasceu em Alepo, em 15 de dezembro de 1925, filho de Missak Yakoubian. Chegou com seus pais ao Brasil em 1928 e, depois de perambular por várias cidades, a família estabeleceu-se na cidade de São José do Rio Preto, no interior do estado de São Paulo, onde Levon recebeu sua educação primária e intermediária.

Logo depois de concluir o curso ginasial, começou a trabalhar no jornal *Folha do Rio Preto*, na cidade onde morava, assumindo a função de auxiliar de redação e publicando poesias e artigos abordando questões cotidianas e, às vezes, enviando artigos para a revista mensal *Vida Nova*, do Rio de Janeiro.

Em 1942, começou a seguir o curso preparatório para a Faculdade de Medicina, mas logo foi obrigado a desistir da ideia, por causa de dificuldades financeiras, e porque seu pai queria que Levon abraçasse a esfera comercial, razão pela qual não o ajudou, por não acatar suas ordens.

Levon Yakoubian

Em 1945, Levon trabalhava para os jornais *Folha da Manhã* e *Folha da Noite*, exercendo a função de revisor e escrevendo nesses jornais artigos sobre a Questão Armênia.

Em 1946, junto com Hagop Bazarian, começou a publicar o jornal mensal *Ararat*.

Levon Yakoubian é um jovem dotado de um caráter rebelde e imbuído de dom poético. É acima de qualquer dúvida que, sob condições favoráveis e num ambiente construtivo, tornar-se-ia e quem sabe ainda pode vir a tornar-se uma figura proveitosa e conhecida.

Depois de lançar alguns números, o jornal *Ararat* conseguiu aglomerar um grupo de jovens comunistas armênios, os quais, reunidos ao redor do jornal, elegeram uma diretoria de sete membros para vigiar o rumo e assegurar as necessidades da parte financeira do jornal.

Graças à dedicação incansável desses jovens, no primeiro semestre de 1947 a crise financeira do jornal parecia atenuada, e a publicação seguia de forma esporádica, livrando assim os precursores da iniciativa do jornal da densa preocupação de cuidar também das despesas de publicação, mas também sendo motivo para que o jornal abandonasse sua máscara de "apartidário" e se tornasse um porta-voz dos comunistas.

Essa coragem dos publicistas de certa parte foi o resultado da mudança da poítica do país, com o estabelecimento de quadros democráticos, apesar de que, já em fins do primeiro semestre de 1947, mesmo o país mantendo externamente sua doutrina democrática, foram fechadas as sedes dos socialistas de cunho comunista e foi eliminado o seu direito de atuarem como partidos políticos, sendo seus membros considerados suspeitos e perigosos. Indubitavelmente, caso um dia sejam tomadas semelhantes decisões quanto aos jornais comunistas, o *Ararat* também terá o mesmo destino.

Por intermédio da agênia de notícias Tass, da União Soviética, o jornal *Ararat* recebia da Armênia notícias diárias e até artigos e diversas fotografias.

Como um jornal publicado no idioma português, o *Ararat* tem um uma bela apresentação e seu conteúdo é diversificado, rico e interessante; faz a propaganda da Causa Armênia de forma bastante exitosa. Houve tentativas de criar conflitos partidários, mas, felizmente, o jornal seguiu os conselhos que lhe foram dados e, em prol da solidariedade e paz da coletividade, não se envolveu nessas intrigas, e, se assim continuar, isto é, a serviço da Causa Armênia e sem se ocupar com intrigas partidárias desnecessárias, provavelmente terá o estímulo da coletividade armênia e ficará livre do perigo de ter de encerrar suas atividades.

Jornal *Ararat*

Voz da Armênia

No dia 11 de janeiro de 1947 foi lançado na cidade de São Paulo um jornal bilíngue armênio-português chamado *Voz da Armênia*, publicado numa gráfica e cuja equipe de redação era composta por:

Dr. Hagop Kaiserlian: Responsável pelo jornal
Pedro Nazarian: Diretor responsável
Yervant Mekhitarian: Redator-chefe

Logo abaixo do seu nome, o jornal destacava: "Jornal político, literário e social".

Mas não dizia sua periodicidade, o que fez supor que, desde o seu primeiro dia, o jornal não tinha condições de definir como seria publicado: diário, semanal, mensal? É provável que essa circunstância dependesse das condições e dos meios financeiros.

O primeiro número desse jornal tinha as seguintes dimensões: 34 cm de largura e 48 cm de comprimento, com seis páginas, das quais quatro no idioma armênio e duas em português. Trazia doze fotografias variadas e era impresso em papel de muito boa qualidade.

Apresentamos a seguir o texto do primeiro editorial do jornal:

Aos nossos leitores,
Por ocasião do lançamento do jornal Voz da Armênia
Acatando o insistente anseio de um grande segmento dos armênios do Brasil e em especial de São Paulo, tentamos adentrar, mais uma vez, na esfera ingrata porém dócil da imprensa armênia, através deste jornal.
Não há dúvidas de que devemos o nascimento deste "V.A." aos sacrifícios extraordinários de algumas dedicadas almas que são encontradas geralmente em todos os segmentos populares, e também em todas as coletividades.
Não objetivamos fazer mera publicidade, nem temos a intenção de induzir um ensaio literário; sabemos que isso fica bem longe das limitações de nossa capacidade, razão pela qual aceitamos desde já que estamos aquém da possibilidade de fonecer uma publicação perfeita ao nosso público. O que será dito é

nada mais que tentar preencher, na medida do possível, a falta de um jornal nesta coletividade, que sente tanta necessidade disso, principalmente nos dias de hoje.

Efetivamente, uma coletividade destacada, como é a coletividade armênia do Brasil, há tempos sofria da ausência de um jornal. A sua voz, isto é, a voz do armênio do Brasil, nunca ultrapassou o contorno do seu ambiente e apenas encontrou uma simples repercussão limitada, e isso absolutamente por não possuir um jornal. Um jornal que pudesse manifestar seus sentimentos, apresentar suas reivindicações, cuidar de suas necessidades e, finalmente, tornar-se útil à sociedade e defender os interesses da população, onde e quando for necessário.

Com o lançament do "V.A.", não temos a intenção de defendermos os interesses setoriais nem criar um meio de vida aos que se aglomeram ao seu lado e que dispendem vigor e trabalho, mas de forma consciente e espontaneamente, com convicção e sem outros interesses, e finalmente, com o puro sentimento de patriotismo, ficar à disposição do povo, atuar com o povo e para o povo.

Como dissemos, não seremos a expressão de nenhuma corrente, mas isso não significa que não possuímos diretriz própria. Ao contrário, manteremos e cada vez mais fortaleceremos patriotismo sem condescendência e com perfeita autenticidade, e agiremos para construir uma ponte sólida entre a mãe pátria e esta coletividade, visando aprimorar e desenvolver a nossa cultura.

A nossa bandeira será a pátria e a coletividade, manter os interesses de ambas acima de tudo, até que a segunda um dia se dissolva na primeira, até que o armênio mais simples possa saudar a ensolarada Armênia Soviética e selar o seu beijo caloroso e nostálgico com séculos de saudade o sagrado solo pátrio.

É nosso objetivo, também, estreitar cada vez mais nossos laços culturais com a nossa pátria adotiva, o glorioso Brasil e seu povo gentil. E é por este motivo que imprimimos duas páginas do nosso jornal no idioma português, o que significa dar meios e possibilidades à nova geração armênia do Brasil para que manifeste suas tendências, aprimore e amplie seus conhecimentos sobre a realidade armênia.

Já conhecemos, mas devemos aprender ainda mais sobre este grande país, o Brasil, que nos acolheu e hospedou. Devemos aprofundar ainda mais nossos conhecimentos sobre este país. Que o nosso amor e dedicação ao Brasil sejam tão puros e autênticos quanto o nosso amor puro pela Armênia Soviética.

À Voz da Armênia torna-se fundamental seguir as diretrizes e rumos acima mencionados, para cuja realização aplicará todos os seus recursos morais e financeiros, e jamais enfraquecerá diante de qualquer obstáculo. Qualquer êxito nesta empreitada, o menor que seja, consideraremos como a melhor recompensa aos nossos esforços, os quais estamos dispostos a esgotar junto com os brasileiros de origem armênia que se aglomeram ao nosso redor.

Pátria e armênios do Brasil, a vós dedicamos o jornal Voz da Armênia, colocamos à vossa inteira disposição esta publicação. Convosco ele respirará e convosco ele viverá, fortalecerá e será um jornal oficial.

As letras do jornal *Voz da Armênia* são as mesmas utilizadas para a publicação do jornal *Gaydz*, sendo, portanto, propriedade da sucursal de São Paulo do Partido Social Democrata Hentchakian. Consequentemente, o jornal *Voz da Armênia* tem recebido o apoio financeiro e moral dessa organização política; o redator é um destacado membro e um dos dirigentes dessa organização em São Paulo, enquanto o jornal se esforça para se apresentar como uma publicação apartidária, principalmente quando diz em seu editorial que "não seremos a expressão de nenhuma corrente".

Por outro lado, não sabemos se esse jornal terá uma vida longa; sabemos, no entanto, que tudo dependerá da criação de recursos financeiros, pois, considerando o número dos membros da coletividade, não se pode esperar tanta coisa, já que em 1947 a *Voz da Armênia* era a terceira publicação surgida com os recursos dessa coletividade, e previa-se o surgimento de um quarto jornal, provavelmente dirigido por um grupo de jovens.

Se a coletividade armênia de São Palo ainda não teve um diário regular, as causas disso são, primeiro, que ainda não achou uma pessoa que esteja devidamente preparada para assumir efetivamente tal tarefa; em segundo lugar, porque, como dissemos, trata-se de uma coletividade limitada numericamente e dividida em várias correntes, sendo que nenhuma dessas correntes é suficientemente sólida para arcar com todas as necessidades financeiras e manter tranquilamente uma publicação regular; e, em terceiro lugar, a concretização de um único jornal abrangente que tivesse a colaboração de toda a coletividade parece ser algo absolutamente impossível de se realizar,

Jornal *Voz da Armênia*

não só pela existência de correntes e facções distintas, mas porque cada um quer ser o líder e aparecer mais que o outro.

De qualquer forma, o surgimento do jornal bilíngue *Voz da Armênia* é interessante, e os sacrifícios que seus idealizadores assumiram merecem o nosso elogio.

O rumo traçado, ao menos desde o seu primeiro número, é elogiável porque não se inclinou a nenhum interesse partidário-ideológico mesquinho.

─ ··●·· ─

Revista Cultural Brasil-Armênia

Em janeiro de 1947, foi lançada uma publicação mensal cujo nome era *Revista Cultural Brasil-Armênia*, e sua equipe editorial era composta por:

Diretor-responsável	Adil J. Douglas	Brasileiro
Redator-chefe	Krikor Budakian	Natural de Sis
Redador-adjunto	Antranig Barsumian	Natural de Marach

O editorial ou o artigo de fundo do primeiro número era assinado pelo diretor-resposável, Adil J. Douglas, e, pelo interesse que ele suscita, o apresentamos na íntegra:

Esta revista é um presente para a Coletividade Armênia de São Paulo

Cada pessoa que emigra do país onde nascera mantém no fundo do seu coração uma história triste ou alegre. Logo, em qualquer lugar que venha a se estabelecer, ela sempre revelará uma saudade inesquecível de sua terra natal onde seus pais acompanharam seus primeiros passos.

A coletividade armênia de São Paulo não seria uma exceção a essa tendência natural; seus precursores, ainda na época em que São Paulo era uma pequena cidade, estimularam os compatriotas que desejavam migrar a um país próspero e livre, onde pudessem trabalhar e viver em paz e livremente. Alguns chegaram com alegria e a esperança de conseguir criar uma vida tranquila e promissora; já outros, apesar de também terem vindo com alguma esperança, no entanto traziam consigo amargas recordações, sem saber se algum dia teriam a possi-

bilidade de rever seus entes queridos que não puderam os acompanhar. Todos, porém, vieram com a visão e a perspectiva dos pivôs elevados das montanha Ararat e Arakadz, refletidos nas correntes inquietas dos rios Tigres e Eufrates e nas águas tranquilas dos grandes lagos Van, Sevan e Urmia.

Num país estrangeiro, será que eles podiam esquecer as montanhas sagradas do seu país natal? Será que podiam eles esquecer tudo aquilo que haviam aprendido de seus antepassados, de seus professores e mestres, dos dirigentes confiáveis?

O povo armênio tem uma bela história e não pode deixá-la cair no esquecimento; sua civilização surgiu muitos séculos antes da civilização atual, e possui língua própria. Não foram poucos os que tentaram dominar e aniquilar esta nação, roubar o fruto do seu suor, mas o armênio nunca sucumbiu diante das potências dominadores e nunca deixou se levar por aqueles que tentaram usurpar seu país. Ao contrário, nas horas mais difíceis, eles sempre se uniram. Hoje, dezenas de milhares de armênios vivem além das fronteiras de sua pátria, que atualmente faz parte da União Soviética.

Este é um povo extraordinariamente inteligente; um armênio, mesmo que não tenha frequentado e concluído um curso superior na Universidade Estatal de Yerevan (Yerevan é a capital da Armênia), consegue recitar fluentemente poesias lendárias, entoar canções e apresentar danças típicas e populares.

As danças populares armênias são lindas e ricas, e os filhos dos armênios em São Paulo sabem representá-las com muita categoria.

Já temos testemunhado, nesta cidade, a capacidade cultural deste povo maravilhoso, cuja aptidão para o trabalho não foi prejudicada em detrimento do seu amor e dedicação ao trabalho.

Um povo que ama a sua pátria e sempre soube protegê-la, e que tem amor ao trabalho e à arte, merece toda forma de elogios, e também pode esperar o mesmo entusiasmo dos seus filhos no país onde estes nasceram, em prol do desenvolvimento da sua nova pátria, que de forma tão benévola acolheu e hospedou seus pais.

Somos testemunhas oculares do progresso da coletividade armênia local; armênios e seus filhos têm se empenhado em trabalhos honrosos, têm inaugurado fábricas e aberto lojas. Seus filhos são estudiosos e muitos deles já são formados em diversas áreas de atividade profissional. Como verdadeiros cristãos, adotando os hábitos do país que os tem acolhido usufruindo da liberdade do nosso país, eles construíram suas igrejas, do rito ortodoxo.

Atualmente, eles estão construindo a igreja armênia São Jorge, localizada à avenida Tiradentes, que em breve tornar-se-á a igreja mãe desta coletividade, e no terreno atrás desta igreja erguerão uma escola com o nome de José Bonifácio. Esta escola é um presente da coletividade armênia aos seus filhos e futuras gerações.

Efetivamente, os armênios que participam do progresso deste país abençoado já se familiarizaram com nossos costumes e hábitos e aprenderam com facilidade nossa língua. Um armênio, ao falar em português, quase não revelará sua condição de estrangeiro, e temos observado que ele não considera ser uma infâmia se apresentar como é, mas ele também deseja ser um bom brasileiro.

Um povo que possui esses valores não deixaria de pensar, também, em ter o seu próprio jornal. A coletividade já tem um jornal, e eis que agora surge o primeiro número desta revista mensal, que são estas páginas e por onde serão divulgadas a cultura armênia e brasileira. Esta publicação será ilustrada e servirá para registrar e difundir as notícias da coletividade armênia junto às demais, que se encontram espalhadas nos quatro cantos do mundo. Neste momento, ao apresentarmos esta revista, desejamos manifestar nossa satisfação com os intelectuais da coletividade armênia, por trazerem sua colaboração e por revelarem uma conduta tão generosa para com o país que nos acolheu.

Cientes do frutífero trabalho, temos a certeza de que o juízo e o espírito impressos nestas páginas serão substanciais, com os quais se constrói o tronco do círculo de seus intelectuais.

Todo o conteúdo do primeiro número dessa revista, exceto alguns artigos, foi o resultado da mente fértil e trabalho incansável do redator, Krikor Budakian, o que, aliás, demonstra claramente a acentuada aptidão deste jovem promissor no campo literário, com plena possibilidade de alcançar um futuro brilhante se os meios e as circunstâncias assim o favorecerem.

Desde o primeiro número da *Revista Brasil-Armênia*, vê-se que o rumo adotado tem sido útil, pois pretende-se difundir o povo armênio e sua cultura entre os brasileiros, assim como divulgar a justa Causa Armênia sem qualquer conotação partidária e oferecer aos jovens dessa coletividade que nasceram no Brasil uma revista redigida em português com sopro armênio, possibilitando-lhes que se manifestem por meio de suas páginas.

A revista, publicada com recursos dos armênios daqui, talvez nem precisasse ter um diretor-responsável não armênio, uma vez que há muitos armênios nascidos no Brasil ou que já adquiriram sua cidadania brasileira. Todavia, tudo leva a supor que os editores devem ter levado em consideração alguns aspectos políticos, os quais, na nossa opinião, são precauções exageradas.

O primeiro número da revista continha dezoito páginas, incluindo as capas, e foi impresso em papel de boa qualidade. A primeira página trazia a fotografia do mausoléu erguido no túmulo do general Antranig, e ainda outras 25 fotografias de diversas pesonalidades e compatriotas.

As dimensões da revista eram 27 cm de comprimento com 18,5 cm de largura, sendo vendida a 3 cruzeiros o número avulso, e a assinatura anual a 20 cruzeiros.

Logo na primeira coluna da segunda página, aparece uma informação dizendo que a revista pertence a uma associação chamada Revista Cultural Brasil--Armênia, formada por um grupo de compatriotas. No entanto, sabe-se que é uma iniciativa de *tachnagtsagans*[40] e, consequentemente, pertence a essa organização, formal ou informalmente. Caso ela consiga seguir o caminho traçado e divulgado no seu primeiro número, sem dúvida terá uma grande utilidade. Não podemos opinar ao certo quanto à sua durabilidade, já que sua extinção seria motivada não tanto pela falta de recursos financeiros, mas pela ausência de colaboradores do setor literário.

Revista Cultural Brasil-Armênia, publicação mensal. Número dedicado ao 28 de maio

A nós resta fazer votos para que as ambições, interesses mesquinhos e individualistas não deturpem a linguagem adotada por seus idealizadores e editores, dos qual a Torre de Babel está repleta, e desejamos que seus editores e colaboradores possam seguir pelo caminho ideológico mais puro, sempre fieis à trajetória do primeiro número e levando adiante o trabalho ora iniciado, elevando sempre o seu nome e o nome da coletividade à qual pertencem e servem.

ARMÊNIOS RESIDENTES EM CASA BRANCA

Casa Branca é uma cidade pequena localizada no interior do estado de São Paulo; são seis horas de viagem ferroviária a partir da cidade de São Paulo.

Em 1932, o jovem Krikor Sanossian, natural de Karaman, se estabeleceu nesta cidade e abriu uma loja comercial de pequenos utensílios. Em pouco tempo, esse jovem laborioso e econômico alcançou tamanho êxito que, já em 1935, conseguiu comprar a loja onde trabalhava, além do grande terreno adjacente. Em 1937, nesse terreno que estava localizado atrás de sua loja, ele

---

40 Membros do partido político Tachnagtsutiun – Ho.Hi.Ta.

construiu uma fábrica de produção de manteiga, uma atividade que conhecera anteriormente, quando trabalhara numa fábrica similar. Tanto a loja como a pequena fábrica de produção de manteiga caminhavam bem, mas faltava ao Krikor uma pessoa de confiança. Assim, em 1939, ele decidiu chamar o seu irmão Megeurditch com a família, e, tão logo este chegou ao Brasil, começou a trabalhar com Krikor. Passado algum tempo, a pequena fábrica cresceu e não conseguia mais satisfazer a demanda, razão pela qual os dois irmãos decidiram construir um novo e moderno prédio para a fábrica, tudo de acordo com as exigências das autoridades do fitossanitário. A nova fábrica transformou-se numa das melhores do seu segmento no interior de São Paulo, tanto por suas instalações físicas como pelas máquinas especializadas que possuía.

Em 1947, a fábrica estava devidamente registrada em nome de Krikor, e a loja, em nome de Meguerditch.

A fábrica chama-se Ararat, que é também a marca da manteiga ali produzida, aliás muito procurada e elogiada na cidade de São Paulo.

A produção de manteiga depende da quantidade de leite, e pode utilizar até 4.500 litros de leite por dia. A manteiga é vendida em recipientes de lata com capacidade para 5 ou 10 kg, e nos recipientes aparece a bela e colorida imagem do monte Ararat, com o desenho de campos amplos e floridos que se estendem diante do monte, onde pastam muitos bois e vacas. Acima da imagem do monte, em forma de arco e em letras maiúsculas, aparece o nome "ARARAT".

Sanossian compra todo o leite que utiliza das fazendas adjacentes. Logo, sua produção depende diretamente da produção de leite desses fornecedores, e de acordo com as condições climáticas, sujeitas a alterações. Após extrair a manteiga do leite, ele coalha o resto, seca o iogurte e o vende para as fábricas de botões.

Em todo o Brasil, Krikor Sanossian é o único armênio a atuar nesta esfera de produção, com a qual tem alcançado uma situação econômica invejosa, e como um fabricante de manteiga de alta qualidade, logrando um nome honrado.

Até fins de 1947, além da família Sanossian não havia outros armênios na cidade de Casa Branca. Krikor é solteiro, e Meguerditch, casado, pai de quatro filhas menores de idade. Somando tudo, o número dos armênios residentes na cidade de Casa Branca perfaz sete pessoas.

Krikor Sanossian nasceu em Karaman [na Turquia], em 1911, filho de Hagop Sanossian. Em 1915, foi deportado com a família para Racca, onde perdeu sua mãe e um dos irmãos. Em 1916, conseguiram viajar para Alepo, onde permaneceram até o armistício.

Em 1918, Krikor voltou para Karaman com sua família, sendo apenas uma das cinquenta famílias de um total de trezentas que haviam sobrevivido e retornado à sua cidade natal, sendo que cada uma dessas cinquenta famílias havia perdido muitos de seus membros a caminho da deportação. Mal essas famílias começavam a reconstruir seus lares, em 1922, foram atingidas por uma outra tragédia, com o surgimento do movimento kemalista e o início da guerra turco-grega. Esses acontecimentos foram motivo para que todas as pessoas do sexo masculino acima de 13 anos de idade fossem deportadas, entre as quais estavam o pai de Krikor e o irmão de Meguerditch, este último ainda um estudante na escola turca Idadiê. Ao final daquele ano, os turcos deram um prazo de trinta dias para que os cristãos deixassem a cidade, e um dia os enfiaram nos trens e enviaram todos para Dersin, de onde um navio grego transportou trezentos gregos e armênios para a ilha de Korfu, entre os quais se encontrava Krikor.

Krikor Sanossian

Em 1924, o pai e o irmão de Krikor se livraram da deportação e foram à cidade de Trípoli, onde encontraram seus parentes. Começaram então a enviar cartas em busca de Krikor e, finalmente, quando o encontraram, trouxeram-no com eles.

Em 1926, Krikor viajou para Montevidéu e depois chegou ao Brasil. Após perambular de cidade em cidade nos estados de Minas Gerais e Paraná, em 1932 ele foi se estabelecer na cidade de Casa Branca, no interior do estado de São Paulo, onde começou a trabalhar no comércio, vendendo miudezas. Em 1935, conseguiu comprar a loja onde atuava, e também o grande terreno adjacente. Em 1937, fundou uma pequena fábrica para produção de manteiga. Em 1939, trouxe seu irmão Meguerditch, que até então morava em Trípoli com sua família. Em 1940, começou a erguer o prédio da fábrica, dotando-a de maquinaria moderna. O nome da fábrica e a marca da manteiga é Ararat, produto bem conhecido e muito procurado no mercado consumidor.

O prédio da fábrica de manteiga "Ararat", propriedade de Krikor Sanossian, na cidade de Casa Branca

Meguerditch Sanossian

Meguerditch Sanossian nasceu na cidade de Karaman, em 1904, filho de Hagop Sanossian. Recebeu sua educação primária na escola Nercessian, em sua cidade natal. Em 1915, voltou com a família para Karaman, onde começou a frequentar a escola turca Idadiê. Em 1921, foi deportado para Sebástia, onde, graças aos esforços do saudoso *vartabed* Sarkis Adjemian, foi libertado e entrou no orfanato americano. Em 1921, o orfanato foi transferido pelos americanos para a pequena ilha Lutras Edipsos, na Grécia. Ali, Krikor começou a escrever e enviar cartas para as dioceses armênias de Alepo e Beirute, em busca de informações sobre sua família. Finalmente, a diocese armênia de Alepo informou que seus pais e seus familiares estavam em Trípoli, para onde ele viajou e juntou-se à sua família.

Em 1937, Krikor casou com sua conterrânea Srta. Serpuhi Merdinian, e o casal tem quatro filhas. Em 1939, veio para o Brasil com a família e se estabeleceu na cidade de Casa Branca, interior do estado de São Paulo, onde ele e seu irmão Krikor possuem uma fábrica de produção de manteiga de nome "Ararat", assim como uma loja de miudezas.

Os Sanossians são os únicos armênios que moram na cidade de Casa Branca.

Comissão de Apoio à Repatriação (Nerkaght)

O ano de 1946 permanecerá na nossa história nacional como uma data importante, pois foi nesse ano que o governo da Armênia, com a anuência e permissão do governo central da União Soviética, abriu as portas do país e começou a aceitar os armênios do exterior que desejavam emigrar para a Armênia. Essa foi, portanto, a data da realização dos sonhos de longos anos para muitos armênios que sofriam na diáspora e estavam ansiosos para retornar à mãe-pátria, e por isso será sempre lembrada.

A onda migratória já havia começado; os jornais armênios descreviam e informavam sobre as caravanas de migrantes da Síria, Grécia, Irã e dos Bálcãs. Em toda a diáspora, surgiu um grande entusiasmo que tomava proporções de impaciência e ansiedade. Todos queriam usufruir o quanto antes a felicidade de chegar e beijar o solo pátrio; todos queriam se livrar da condição de estrangeiros espalhados no exterior.

A milhares de milhas de distância da Armênia, a pequena coletividade que estava no Brasil não podia ficar indiferente a esse entusiasmo generalizado. Também aqui, o coração do povo palpitava fortemente; o desejo de retornar à mãe-pátria era intensa, e os armênios do Brasil queriam usufruir a felicidade de emigrar e voltar à pátria Armênia. Mas faltavam pessoas competentes que se preocupassem com a numericamente pequena coletividade armênia do Brasil. As autoridades da coletividade e o Conselho Administrativo Central não tinham recebido qualquer informação oficial; sabia-se apenas que o movimento migratório de retorno dos armênios à Armênia já começara, e todos queriam saber quando é que chegaria a vez dos armênios daqui, e quando o governo da Armênia enviaria seus representantes para o Brasil, como havia feito no caso dos armênios da Síria, para organizar e esquematizar a emigração. De certo o governo da Armênia deveria saber o que fazer, restava apenas aguardar com paciência. Tomar a iniciativa de preparar este tão responsável trabalho sem ter uma orientação oficial podia até complicar e pôr em dificuldade os planos do governo da Armênia. Era assim que o Conselho Administrativo Central da coletividade armênia do Brasil interpretava, sugerindo aos impacientes que ficassem calmos e aguardassem até a chegada de maiores instruções.

Passaram-se os dias e meses sem que chegasse nenhuma notícia e qualquer instrução. Até mesmo o Legado Catholicossal para a América do Sul, Sua Eminência arcebispo Karekin Khatchadurian, por ocasião de sua visita ao Brasil, em 1946, para tratar da arrecadação de fundos para a emigração, não pôde dar uma explicação clara e sugeriu que todos aguardassem até a chegada de comunicados oficiais. "Esperem, a vossa situação é boa e até melhor que a de muitos armênios que estão nas demais coletividades. A Armênia Soviética dá preferência aos que estão passando maiores dificuldades, e essa atitude é correta. Saibam que este movimento visa a todos os armênios, indistintamente; logo, também chegará a vossa vez. Resta-vos aguardar com paciência", disse o arcebispo Khatchadurian.

No entanto, esse pensamento e conduta das autoridades e personalidades da coletividade não satisfazia o público e aqueles que estavam impacientes e queriam emigrar para a Armênia, e as pessoas exigiam que fossem tomadas iniciativas nesse aspecto. "A criança que não chora não mama", diziam, exigindo que fossem iniciados os trabalhos, a fim de que o governo da Armênia soubesse que a coletividade armênia do Brasil também desejava se integrar a esse movimento e tomasse as providências adequadas.

O Conselho Administrativo Central, na qualidade de um corpo legalmente constituído, havia decidido manter a ordem e aguardar maiores informações, razão pela qual não queria acatar os pedidos e reclamações verbais ou por escrito que recebia dos membros da coletividade. Essa postura em nada agradava o público da coletividade, que estava impacienntte e, levado pelo entusiasmo, decidiu tomar sua própria iniciativa, desprezando inclusive a decisão do Conselho Administrativo Central, por achar que este órgão da coletividade não demonstrava o devido interesse pela questão.

Assim sendo, em junho de 1946, por volta de trinta membros da coletividade armênia do Brasil se reuniram na sala de reuniões da Associação Cultural Armênia e decidiram formar uma Comissão de Apoio à Emigração, e lançaram-se imediatamente ao trabalho. Foram eleitos membros dessa comissão: Bedros Chamlian, Stepan Sukiassian, Alexandre Apkarian, Hagop Boyadjian e Hagop (Jacó) Bazarian.

Alguns dias depois dessa nomeação, a Comissão contatou o cônsul da União Soviética no Rio de Janeiro e manifestou-lhe o desejo de emigração dos armênios do Brasil, solicitando informações sobre o procedimento.

O Consulado acatou o pedido da Comissão e enviou cópias de um formulário de solicitação e um questionário, apresentando os detalhes necessários:

(Cópia do pedido de solicitação)
Ilustríssimo Senhor S. Rezov
Chefe do setor consular do
Consulado da URSS no Brasil
Rua Conde de Bonfim, 706
Rio de Janeiro
Respeitável Sr. S. Rezov,

Eu, ..., abaixo-assinado, venho por meio deste apresentar meu pedido a este Consulado, para emigrar à Armênia Soviética com minha família, constituída de .... pessoas.

Anexo à presente meu relatório completo sobre este meu objetivo.

Ao aguardo de uma resposta positiva a este meu pedido, agradeço antecipadamente e permaneço,

   Respeitosamente,
      Assinatura ....
Endereço para correspondência:
Nome: ....
Rua: ....
Cidade: ....

A esse pedido deveria ser anexado também o seguinte questionário:

Relação biográfica de .... e de sua família, constituída de .... pessoas.
   Nome e sobrenome: ....
   Filho(a): ....
   Local e data de nascimento: ....
   Cidadania (citar o país): ....
   Data da chegada ao Brasil: ....
   Profissão: ....
   Ocupação atual: ....
   Nível de escolaridade: ....
   Nome/sobrenome da esposa: ....

Nome(s) do(s) filho(s) menores de 16 anos de idade e respectivo local de nascimento: ....
Observações: ....

Na sua carta, o Consulado também lembrava que o membro da família acima de 16 anos de idade deveria preencher questionário separado. Já os menores de 16 anos de idade seriam incluídos na lista do pai ou, na ausência deste, na da mãe.

A Comissão de Apoio à Emigração estava extremamente entusiasmada diante desse surpreendente sucesso. Passou a imprimir muitas cópias do questionário e da carta de pedido e os distribuiu entre o público da coletividade, avisando aos que desejavam emigrar que preenchessem o documentos e encaminhassem diretamente ao Consulado da União Soviética, no Rio de Janeiro.

Antes do término do mês, muitos pedidos e formulários já haviam chegado ao Consulado da União Soviética, contendo os nome de quinhentas pessoas. Estimulados pela prontidão revelada e por intermédio do Consulado da União Soviética, em novembro de 1946, a Comissão encaminhou uma carta para Papken Asdvadzadurian, presidente do Comitê Adjunto ao Soviete de Ministros da R.S.S. da Armênia para recepção e acomodação dos armênios do exterior, órgão este subordinado ao Conselho dos Ministros da Armênia Soviética. A carta da Comissão expressava o desejo dos armênios do Brasil e pedia orientação das autoridades competentes.

Em maio de 1947, através do Consulado da União Soviética no Rio de Janeiro, a Comissão de Apoio à Emigração recebeu a seguinte carta:

Soviete dos Ministérios da R.S.S. da Armênia
Comitê de recepção e acomodação dos armênios emigrados do exterior
Nº 114   20 de março de 1947
À
Comissão de Apoio à Emigração
São Paulo, Brasil

Recebemos a vossa carta, onde informam os anseios dos armênios residentes em São Paulo de emigrar para a Armênia Soviética e sobre a formação da vossa Comissão de Apoio à Emigração.

Comunicamos que, neste ano de 1947, é viável realizar a emigração de um número não muito expressivo de armênios da América do Sul.

Para solucionar estas questões na prática e no local, prevê-se em breve o envio do nosso representante para a América do Sul, para quem os senhores podem dirigir-se.

Poderão obter do nosso representante as respostas para todas as perguntas do vosso interesse.

Por enquanto, seria interessante que nos informassem o número total dos armênios que desejam vir para a Armênia Soviética, assim como se os senhores poderiam criar um fundo financeiro com o fim de ajudar as famílias necessitadas.
Respeitosamente,
P. Asdadzadurian
Presidente do
Comitê adjunto ao Soviete de ministros da R.S.S.A. para
recepção e acomodação dos armênios do exterior.

De posse dessa carta, a Comissão de Apoio à Emigração, entusiasmada pelo trabalho realizado e o êxito logrado, e a fim de poder levar adiante os trabalhos mais intensos que certamente surgiriam mais adiante, decidiu incrementar seu corpo e elegeu novos membros, a saber: Nercés Boyadjian, Hovnan Tekeyan e Harutiun Hototian. No salão semiconcluído da escola da coletividade, a Comissão organizou um encontro e leu ao público presente o conteúdo da carta recebida da Armênia, comunicando ao mesmo tempo que, de acordo com a determinação do Consulado da União Soviética, os compatriotas que quisessem emigrar não mais precisariam enviar seus formulários e os pedidos para o Consulado, mas poderiam entregá-los à Comissão, que, por sua vez, juntando esses documentos, os encaminharia ao Consulado.

Após essa reunião pública, a Comissão de Apoio à Emigração se transformaria no corpo que estabeleceria contato entre os armênios que queriam emigrar e o Consulado da União Soviética, e achou necessário incrementar ainda mais seu organismo, convidando os seguintes compatriotas: Takvor Guiragossian, Yervant Mekhitarian, Hampartsum Balabanian, Zaven Sabundjian e Samuel Janikian.

Essa Comissão, que já contava com treze membros, mandou a seguinte carta datada de 2 de agosto de 1947 para a Armênia, por intermédio do Consulado da União Soiética no Rio de Janeiro:

2 de agosto de 1947
São Paulo, Brasil
Respeitável companheiro P. Asdvadzadurian
Presidente do Comitê adjunto ao Soviete de ministros da R.S.S. da
Armênia para recepção e acomodação dos armênios do exterior
   Yerevan
Respeitáveis companheiros,

Com imensa alegria recebemos a vossa carta datada de 20 de março de 1947. Já contamos com 800 (oitocentas) pessoas que se registraram para emigrar. Destas, 700 (setecentas) desejam viajar para a Pátria já neste ano, na primeira caravana, e a lista dos nomes já foi encaminhada no devido tempo para o Consulado da União Soviética no Rio de Janeiro.

Dentro dos que pretendem viajar na primeira caravana, existem por volta de 200 carentes, para os quais tentaremos assegurar a ajuda fraternal da coletividade armênia de São Paulo.

Agurdamos ansiosos a chegada dos vossos representantes, para podermos tomar as providências definitivas conforme as orientações que receberemos.

Temos ampliado a equipe da Comissão de Apoio à Emigração, como segue: Presidente: Takvor Guiragossian; vice-presidente: Yervant Mekhitarian; secretários em português: Hago p Bazarian e Zaven Sabundjian; secretários em armênio: Nercés Boyadjian e Stepan Sukiassian; tesoureiro: Hampartsum Balabanian e vice-tesoureiro: Hovnan Tekeyan. Conselheiros: Haop Boyadjian, Aleksan Apkarian, Harutiun Hototian, Samuel Janikian e Bedros Chamlian.

Respeitosamente e com cordiais saudações,
Em nome da Comissão de Apoio à Emigração

Presidente Takvor Guiragossian
Secretário Nercés Boyadjian

No mês de setembro de 1947, mil pessoas, ou seja, um quinto de toda a coletividade armênia do Brasil, já estavam inscritas para viajar à Armênia. Desse número, oitocentas haviam manifestado o desejo de viajar na primeira caravana, e trezentas dessas, entre adultos e menores, haviam informado que não tinham condições de cuidar de suas passagens de transporte. A Comissão de Apoio à Emigração, seguindo a orientação de P. Asdvadzadurian, organizou uma comissão de arrecadação para pedir que o público da coletividade ajudasse com as despesas de passagem. Por outro lado, tomou a iniciativa de organizar um grupo de trinta a cinquenta pessoas, e esperava ansiosamente a chegada dos representantes oficiais provenientes da Armênia Soviética para efetivamente iniciar os trabalhos práticos.

No dia 20 de setembro de 1947, quando estávamos encaminhando este livro para ser impresso em Buenos Aires, os representantes da Armênia Soviética ainda não haviam chegado ao Brasil, mas já se falava sobre a vinda deles em breve.

Sinopse

Não estaríamos errando se disséssemos que a coletividade armênia do Brasil é uma das menores entre as demais, e conta hoje com 4 mil a 5 mil pessoas. Deve-se confessar, por outro lado, que, por falta de um recenseamento, não é possível determinar um número exato. A questão do censo tem ocupado a liderança da coletividade em períodos distintos, e algumas vezes foram feitas tentativas nesse sentido, mas não foi possível realizar um trabalho pleno. Depois da conclusão dos prédios da coletividade e com a instalação de uma diocese permanente, pode ser que se dê maior atenção e se resolva esse tópico importante.

A maioria absoluta dos membros dessa coletividade é constituída por armênios oriundos da região de Cilícia, ou seja, naturais das cidades de Marach, Hadjin, Zeitun, Sis, Aintab, Urfá, Albistan, Adana. Há também os que vieram de Kharpert, Konia, Akchehir, Esparta, Esmírnia, Yozgat, Sebástia, Cesárea, Erzerum, e alguns de Van e Alepo. Todos eles chegaram ao Brasil depois de 1924; já quanto aos que aqui chegaram antes dessa data, a maioria absoluta veio da região de Kharpert, e são chamados de "velhos armênios". Todos os armênios de fala árabe fazem parte desse grupo e são chamados dessa forma.

Assim como os originários de Marach, que formam a maioria desta coletividade, também os armênios oriundos de outras regiões da Cilícia se comunicam em turco, o que se tornou um hábito entre eles. Os armênios de Marach, Hadjin e Zeitun possuem seus próprios dialetos, mas raramente os usam ao se comunicarem entre si.

Todos os armênios, quase sem exceção, são religiosos, revelam um grande respeito pela Igreja Armênia, zelam por sua existência e preservação, apesar de o número dos frequentadores ser diminuta, sem considerar datas festivas como Natal e Páscoa. Demonstram muito zelo pelas cerimônias de batismo, casamento e noivado, e realizam grandes e dispendiosas festas comemorativas por ocasião de noivados, casamentos e batizados.

Amam a escola, e consideram ser uma desonra ficar sem a escola armênia. A escola inaugurada em 1928 ainda atua, mas seu sustento vem da coletividade, e ela virá enquanto existir a coletividade armênia no Brasil. Em 1944, deu-se início à construção do prédio da escola, e no mesmo terreno será erguida a diocese e o salão de festas. O término da construção desse prédio estava previsto para o ano de 1948; até a sua conclusão, estava previsto um orçamento de aproximadamente

2.000.000 cruzeiros, o qual foi arrecadado pela coletividade, com a participação de todos, indistintamente e com grande carinho. Tanto pela sua dimensão como pela beleza, esse prédio será o orgulho da coletividade armênia do Brasil, e, se não o melhor, será um dos melhores existentes em todas as Américas.

Qualquer evento de cunho comunitário sempre recebeu a aceitação e apoio dessa numericamente pequena coletividade, inclusive as festas organizadas por organizações ideológico-partidárias, associações ou apresentações individuais de artistas, sorteios beneficentes e arrecadações sempre foram incentivadas e tiveram a cooperação do público de forma abundante.

Nos anos de 1945-1946, para citar algumas dessas iniciativas, sob a iniciativa da Cruz Vermelha Armênia do Brasil, a coletividade armênia enviou aos armênios necessitados da Grécia vestimentas no valor de 200.000 cruzeiros, doações essas que foram remetidas através da Comissão de Ajuda aos Armênios Vítimas da Guerra. Para Sua Santidade o Catholicós de Todos os Armênios, a coletividade também enviou roupas e calçados no valor de 400.000 cruzeiros para serem distribuídos entre os necessitados na Armênia. Através da organização Tachnagtsutiun/Ho.Hi.Ta., foi remetida a importância de 150.000 cruzeiros para fins de divulgação da Causa Armênia. E, para o Fundo de Emigração, esta coletividade arrecadou 500.000 cruzeiros. Para a construção dos prédios da coletividade, foram arrecadados 1.400.000 cruzeiros, e pretende-se alcançar 2.000.000 cruzeiros. Como se pode ver, esta pequena coletividade sempre tem se esforçado e oferecido essas grandes quantias, e seus membros são assim distribuídos: 5% possuem média capacidade financeira; 50% são autossuficientes; e 45% são empregados ou profissionais liberais. Esses dados sucintos revelam a situação geral dos membros desta coletividade, cuja maioria não é rica ou abastada.

De uma forma geral, os armênios do Brasil são pessoas diligentes e econômicas, e nessas duas características fundamentais deve-se buscar o segredo de sua prosperidade. Ademais, são patriotas e, se tiverem a oportunidade de receber informações precisas e completas, com exceção de algumas dezenas de armênios alienados ou afastados da coletividade, é bem provável que todo o resto desejará emigrar para a Armênia. E nas condições atuais, se receberem um convite oficial e forem criadas facilidades especiais, certamente 30% dos armênios daqui pretenderão emigrar, e o principal motivo disso é que a coletividade é relativamente nova e os sentimentos patrióticos ainda são muito fortes. Mas é possível que dentro de um quarto de século esse quadro esteja mudado e tome um rumo diferente.

Na medida do possível, os armênios radicados no Brasi tentam manter-se unidos e preferem contrair matrimônio entre si, certos de que este é um dos melhores meios contra o perigo de assimilação. Eles também zelam muito pelos ritos litúrgicos armênios, que devem ser celebrados por padres armênios. Somente alguns armênios católicos e evangélicos, demonstrando absoluta intolerância, procuram pessoas de fora da coletividade para realizarem tais cerimônias, o que tem gerado a insatisfação geral dos membros da coletividade. Não queremos dizer, por outro lado, que toda a coletividade armênia é uma coletânea de santos ou é dotada de pessoas perfeitas, isentas de falhas ou atos abomináveis, pois trata-se do ser humano, e, como tal, as pessoas são passíveis de desvios e erros, assim como é natural que existam casamentos mistos. Porém, para sermos justos, devemos confessar que, em geral, os aspectos negativos são mínimos ou quase imperceptíveis.

Apesar de o Brasil ter oferecido tão generosamente todas as facilidades positivas e até negativas aos jovens, a coletividade armênia, no entanto, mantém em alto patamar o seu prestígio, e a pureza das tradições armênias permanecem vivas. É natural e inevitável que tropeços e acontecimentos abomináveis venham a ocorrer, mas, felizmente, tais fatos indesejados são ínfimos nesta coletividade, e ao menos até o ano de 1947, quando colocávamos o ponto final neste livro, os armênios do Brasil mantinham os valores familiares, com os jovens demonstrando grande respeito aos seus pais, às crianças e amigos.

Não houve nem há pedintes ou mendigos armênios no Brasil. Todos vivem e conseguem obter seus sustentos com o suor do trabalho, e não é pouco o número de famílias em que todos os membros de ambos os sexos, indistintamente, a partir dos 10 anos de idade trabalham para ajudar suas famílias, e isso é algo que lhes causa muito orgulho.

Desde o ano de 1932, existe um fundo de auxílio para os necessitados, com a finalidade de ajudar as viúvas e aqueles que têm reais necessidades. Os recursos desse fundo advêm das contribuições mensais dos membros da coletividade, e também das receitas oriundas das "bandejas" que ficam dispostas à entrada da igreja, por ocasião das missas ou casamentos.

O responsável por essa "bandeja" é o compatriota Hagop Azadian, solteiro, natural de Cesárea, considerado a "alma e sopro" desse fundo. Em 1947, o Sr. Hagop já estava com 70 anos de idade, mas revelava muito vigor, saúde e o dinamismo próprios de um adulto de 40. Azadian foi apelidado como "pai dos pobres" e "anjo benfeitor dos enfermos". É uma pessoa muito querida e respeitada por toda a coletividade.

Por outro lado, podemos afirmar que, exceto algumas pessoas que têm preparo intelectual médio, em geral não existem destacados intelectuais na coletividade armênia do Brasil, e a nova geração não revela tanta aptidão para dedicar-se à área intelectual. Em toda a coletividade, à parte alguns cirurgiões--dentistas e um engenheiro (Gaspar Debelian), quase não há pessoas com formação universitária, e, quando dizemos "quase", é porque Avedis Nahas, um dos primeiros armênios a chegar ao Brasil, proveniente da cidade de Alepo, casou com uma moça não armênia, e seu filho e sua filha concluíram a Faculdade de Medicina e exercem a profissão, mas não aparecem no meio armênio.

Além destes, existem dois jovens universitários, Antranik Manissadjian, filho de uma família natural da cidade de Erzerum, e Antranig (Antônio) Miksian, filho de uma família natural de Aintab. Ambos os jovens são estudantes promissores que falam o idioma armênio e frequentam o círculo da coletividade. Há ainda Hovhannés Israelian, filho de uma família natural da cidade de Kharpert, que estuda química e é também um jovem promissor, e fala bem o idioma armênio. Muitos outros jovens concluíram ou ainda frequentam o curso ginasial. Dos que concluíram o ginásio, alguns optaram pelo curso de contabilidade, visando seus objetivos comerciais; esses formam um número considerável. Quanto à maioria da nova geração, podemos dizer que eles têm se dedicado de corpo e alma ao comércio, querendo enriquecer rapidamente, sem pensar em adquirir uma educação superior. Deve-se confessar, por outro lao, que o ensino superior é muito caro neste país, e nem todos têm suporte financeiro para prover as despesas dos estudos.

Outro detalhe: não se veem pessoas que estejam dedicadas às artes ou outras profissões, pois elas dão preferência ao comércio a outras especializações, e isso tem se transformado numa "doença" generalizada neste país, pela vontade de se enriquecer em curto prazo de tempo. Caso amanhã surja um movimento migratório para a Armênia, a coletividade daqui não teria possibilidade de oferecer especialistas de qualidade; os profissionais continuam no mesmo patamar, isto é, não se empenharam em aprimorar seus conhecimentos, ou, se o fizeram, isso foi tão pouco e inperceptível que sequer merece ser destacado.

Não houve nem há pessoas que pensem em adquirir alguma especialização na esfera artístico-cultural para tornar-se útil à sua mãe-pátria, caso um dia tenha que emigrar à Armênia. Mas isso não quer dizer que temos o direito de repreender esta coletividade, porque:

1) uma pessoa que se preocupa em prover o seu sustento diário e almeja ter uma vida estável e tornar-se rica um dia jamais teria outro pensamento ou desejaria seguir uma ideologia puramente patriótica;

2) a maioria já estava sem esperança de um dia poder voltar à Armênia;

3) ninguém preparou essas pessoas ou deu esclarecimentos quanto à possibilidade de um dia retorna à mãe-pátria.

O grande peso dessa lacuna e a culpa recaem totalmente sobre o governo da Armênia, que tem abandonado completamente as coletividades armênias e as deixado sem orientação e sem um rumo traçado. Assim sendo, não se poderia esperar reação diferente de uma população abandonada, desamparada e espalhada pelos quatro cantos do mundo; não se podia esperar que os armênios das coletividades se preocupassem com outros detalhes, e hoje, passadas dezenas de anos e vivendo em diversos países, caso um dia tenhamos a oportunidade de voltar à Armênia, seremos as mesmas pessoas que fomos anos atrás em nossos casebres, sem possuirmos especialistas qualificados para contribuir com o desenvolvimento da Armênia.

Quanto à preservação dos valores e tradições nacionais, salientemos que o Brasil é um dos países onde é grande o fluxo de miscigenação. Os armênios que aqui aportaram enriqueceram em pouco tempo e continuam a enriquecer, e esse aspecto favorece sua miscigenação. Levemos em consideração, ademais, que a nação brasileira encontra-se na sua fase de formação; aqui não existe distinção racial, quase não existem problemas entre os nativos e os estrangeiros, e nós, armênios, não podemos manter uma vida comunitária por muito tempo num ambiente assim, salvo se o governo da Armênia demonstre maior atenção e crie condições adequadas para acolher os armênios em solo pátrio. Caso contrário, certamente dentro de uns vinte ou 25 anos, independentemente das condições sociopolíticas da Armênia, nenhum armênio desejará sair do Brasil.

Uma das questões mais preocupantes da coletividade armênia do Brasil é a condição dos armênios que usam o idioma árabe. Não é sem tristeza que registramos esse fato nestas linhas, pois em geral, apesar de esses armênios terem alcançado uma posição financeira vantajosa, devido aos seus hábitos e sua comunicação em língua árabe, eles têm se afastado e praticamente não mantêm contatos com o meio armênio. Selam casamentos com famílias da coletividade sírio-libanesa e, apesar de quase todos serem registrados na igreja armênia, contribuírem com suas mensalidades comunitárias (*Azkayin Durk*) e participarem de várias arrecadações comunitárias, seus hábitos e a comunicação, no entanto, os aproxima mais dos círculos árabes que dos armênios. Eles quase não frequentam a igreja armênia, apesar de ainda optarem por realizar os casamentos, batizados e enterros em rito armênio.

Como já citamos, a coletividade armênia do Brasil está sujeita a uma miscigenação acelerada, cujos motivos principais são: a) situação financeira estável; b) vida tranquila; c) estar isenta de quaisquer perseguições.

Consequentemente, e como desfecho deste trabalho, faço votos para que Deus abra os olhos do nosso povo, dê-lhe a oportunidade de um dia retornar à sua mãe-pátria, bem como viabilize que o governo da Armênia crie os meios para receber os seus filhos em solo pátrio. Caso contrário, ao fim de algumas dezenas de anos, tudo estará perdido.

A cúpula central da recém-construída igreja São Jorge

A igreja São Jorge, fotografada de frente. Na parte dianteira, vê-se uma construção em madeira, onde são guardados os equipamenos e o material de construção

O campanário da igreja São Jorge

A porta principal da igreja São Jorge

Como se vê, a construção ainda não terminou, razão pela qual ficamos sem a possibilidade de colocar neste livro uma fotografia completa da igreja. A construção será concluída em dezembro de 1948, e a inauguração oficial ocorrerá na Festa de Natal e Epifania, no dia 6 de janeiro de 1949.

Índice onomástico

A —

Atchabahian Gabriel, 371
Akrabian Nubar, 348
Altebarmakian Sarkis, 369
Apovian Krikor, 248
Apovian Levon, 500
Arakelian Garabed, 349
Artichian Krikor, 556
Asdurian Avedis, 393
Asdurian Mekhitar Der Garabed, 69
Atamian Mardiros, 101
Atamian Rupen, 627
Avakian Dikran, 195
Avanian Garabed, 553
Azadian Hagop, 326

B —

Baghdikian Levon, 231
Baghdoian Sarkis, 575
Baktchedjian Sahag, 615
Balabanian Hampartsum, 568
Balekian Yeghiá, 570
Barsumian Antranig, 341
Basmadjian Meguerditch, 594
Batmanian Sarkis, 364
Bazarian Hagop, 648
Bazarian Karnig, 248
Bazarian Paren, 394

Bertizlian Nichan, 336
Bertizlian Voski, 225
Bogazlian Minas, 562
Borazanian Armenak, 396
Boyadjian Mihran, 463
Boyadjian Nercés, 272
Boyamian Hagop, 554
Brasil Ethien, 95
Budakian Krikor, 343

C —

Camburian Garabed, 285
Chahbazian Manuk, 509
Chirinian Haigazun, 369
Curi Tchalaghanian Emílio, 94
Curi Tchalakanian Apraham, 113

D —

Dadian Garabed, 240
Darakdjian Onnig, 330
Darakdjian Stepan, 239
Debelian Gaspar (Dr.), 547
Demirdjian Hagop, 117
Demirdjian Hovhannés, 294
Demirdjian Levon, 170
Demirdjian Margarid, 217
Derderian Krikor, 303
Der Gabrielian Gaspar (Dr.), 624
Der Parseghian Iknatios, 397

Der Parseghian Sofia, 214
Der Parseghian Timóteos, 39
Distchekenian Hovhannés, 296
Distchekenian Nazaret, 235
Distchekenian Mari, 342
Djanikian Avak, 289
Djanikian Samuel, 567
Djehdian Harutiun, 236
Durguerian Guiragós, 128
Durgerian Varvar, 210

E —

Echrafian Dikran, 363
Ekizian Nahabet, 372
Eminian Ghazar, 389

G —

Gagossian Simon, 566
Gaidzakian Jorge, 590
Gaidzakian Peniamin, 587
Gaidzakian Rosa, 593
Gananian Krikor, 506
Gananian Nichan, 506
Gasparian Armênio, 172
Gasparian Marcos, 74
Gasparian Mardiros, 68
Gasparian Markar, 67
Gazeboyukian Nazar Set, 593
Gebenlian Vertanés, 77
Geukdjian Elisa, 213
Geukdjian Zacaria, 268
Guendjian Garabed, 369
Guludjian Sarkis, 371
Guzelian Hagop, 366

H —

Haleblian Krikor, 302
Hanemian Kevork, 325
Hovaguian Kurken, 581

I —

Israelian Garabed, 110
Israelian Hovhannés, 546

J —

Jafferian Andreas, 522
Jafferian Ester, 216

K —

Kahvedjian Missak, 313
Kahvedjian Rosa, 347
Kaiserlian Hagop, 261
Kalaidjian Harutiun, 387
Kalaidjian Harutiun, 585
Kalaidjian Khatchadur, 58
Kalaidjian Melkon, 147
Kalemkearian Hagop, 242
Kaloustian Apel, 193
Kaloustian Kevork, 282
Kaloustian Makruhi, 591
Kaloustian Sarkis, 385
Karabachian Garabed, 642
Karakhanian Kegham, 357
Kassardjian Diran, 560
Kassardjian Zareh, 561
Katchikian Ohan, 62
Kechichian Harutiun, 395
Kechichian Nazaret, 314
Kehyayan Vahinag (Dr.), 631
Kelekian Mihran, 103
Kerekdjian Mikael, 104
Kerikian Garabed (Pastor), 589
Keutcheian Hagop, 76
Keutenedjian Claudina, 211
Keutenedjian Vahram, 493
Khatchadurian Alexandre R. P., 100
Khatchadurian Isaahag, 385
Khatchadurian Karekin (Arcebispo), 454

Khatchadurian Mari, 504
Kherlakian Manuel, 585
Kherlakian Serop, 586
Kiurkdjian Rupen, 393
Korukian Manuk, 129
Korukian Sarkis, 295
Kouyoumdjian Garabed, 508
Kouyoumdjian Hovhannés, 298
Kouyoumdjian Kevork, 179
Kumruyan Boghos, 246
Kumruyan Manug, 348
Kumruyan Sarkis, 245
Kurkdjian Hagop, 285

L —
Lapoian Mihran, 593
Latif Mihran (Dr.), 49

M —
Mahseredjian Manug, 571
Maksudian Kevork, 508
Manissadjian Antranik, 507
Manissadjian Ardavazt, 382
Mardirossian Hrant, 104
Mardirossian Movsés, 555
Marzbanian Varnatuch, 223
Mghdessian Zefri, 366
Mekhitarian Kiud, 166
Mekhitarian Lúcia, 205
Mekhitarian Yervant, 323
Mikaelian Bedros, 245
Miksian Antranig, 546
Minassian Sarkis, 105
Minassian Vahakn (Dr.), 344
Momdjian Arsen, 475
Mosditchian Diran, 582
Mosditchian Levon, 376
Muradian Apraham, 572
Muradian Kevork, 269

N —
Naccach Elia, 82
Nahas Baidzar, 207
Nahas Karnig, 631
Nahas Mihran, 482
Nazarian Bedros (Pedro), 491
Nazarian Elisa, 209
Nazarian Ghazar, 115
Nercessian Boghos, 103
Nercessian Lia, 232
Nikolian Torkom, 623

P —
Pambukian Boghos, 390
Pambukian Mari, 394
Pambukian Serovpé, 234
Pandjardjian Hovhannés, 304
Partamian Apraham, 594
Pilavjian Berdjanuch, 226
Pilavjian Stepan, 238
Poghassian Ardachés, 550
Poladian Vartevar, 581

S —
Sahakian Manug, 391
Sakli Rizkallah, 151
Samuelian Gabriel (Arcipreste), 436
Samuelian Kevork, 108
Sanossian Krikor, 658
Sanossian Meguerditch, 660
Sayegh Armando, 110
Sayegh Salim, 424
Seraidarian Levon, 315
Setian Manuel, 554
Sukiassian Stepan, 325

T —

Tachdjian Dadjad, 112
Tahanian Alberto Najib, 524
Tahanian Najib Rizkallah Jorge, 515
Tahanian Jorge Rizkallah Jorge, 439
Tahanian Rizkallah Jorge, 538
Tahanian Salim Rizkallah Jorge, 516
Tahanian Zekié, 542
Tarikian Azad, 340
Tateossian Missak, 370
Tateossian Setrak, 586
Tavitian Apraham, 338
Tavitian Boghos, 397
Tavitian Vartkés, 371
Tavitian Vicente (Padre), 584
Tchakerian Asdur, 238
Tchakmakian Kevork, 240
Tchalian Bedros, 569
Tchilian Hagop, 387
Tcholakian Nazaret, 311
Tchorbadjian Apraham, 543
Tchorbadjian Vahan, 384
Tchorbadjian Vartan, 230
Topdjian Krikor, 643
Tovmassian Hovsep, 553
Tufenkdjian Karekin, 471

V —

Vartanian Armenuhi, 353
Vartanian Haig, 191
Vartanian Iskuhi, 27
Vartanian Yeznig (Arcipreste), 42

Y —

Yaghsezian Krikor (Dr.), 201
Yaghsezian Ovsanna, 220
Yakoubian Levon, 648
Yezeguelian Levon, 278

Pesquisa elaborada pelo Arcebispo Datev Karibian, Primaz, 2014.

Anexos

O propósito principal destes anexos é lembrar e incluir personalidades e instituições da Coletividade Armênia que não constam do épico livro do Padre Yeznig Vartanian. Venho assim com o devido respeito ao autor, e aspiramos a preencher uma lacuna na história contemporânea com uma síntese dos armênios do Brasil.

Espero que esta singela síntese possa suprir um contingente de biografias e instituições que exprimam a nossa Coletividade Armênia do Brasil.

Agradeço a todos quantos colaboraram e apoiaram a expressão e o patrocínio daqueles que estão contidos nestes anexos.

As biografias constantes aqui são adesões espontâneas das famílias dos biografados e das instituições, critério que foi adotado para todos os interessados, e ainda homenagens a personalidades feitas pelo coordenador do projeto. Espero, com este trabalho, preservar a identidade armênia.

Ensejo que no futuro sejam produzidos pesquisas e livros semelhantes; são esses os meus votos e desejos.

Prof. Hagop Kechichian
Mestre e Ph.D. em História Social pela
Universidade de São Paulo (USP)
Coordenador do projeto

Homenagem
Dr. Chucri Zaidan

DR. CHUCRI ZAIDAN – O MÉDICO

Não seria justo dizer que, após sua morte, o nome Chucri Zaidan seria totalmente esquecido. Nem tampouco que a posteridade o faria. A única coisa que se pode ressaltar, nesta ocasião, com precisão, é que com o Dr. Chucri Zaidan desapareceu, talvez para sempre, um dos mais belos estados de alma que nossa comunidade já teve, pelo menos nas últimas décadas.

O mais antigo imigrante árabe, que morreu a caminho de seu consultório, aos 75 anos, no cumprimento das tarefas que se impôs, deixou um grande vazio. O Dr. Chucri Zaidan sempre batalhou em prol dos necessitados, tanto no sentido material (remédios, cirurgias etc.) como também no espiritual.

Nascido em Damasco, no ano de 1891, Chucri Zaidan cursou medicina na Universidade de Beirute, quando esta cidade ainda pertencia à Síria, formando-se em 1916. No início da I Guerra Mundial incorporou-se ao Exército Turco (que dominava a Síria). Já à frente de batalha, como oficial-médico, caiu prisioneiro dos ingleses, permanecendo no Egito a serviço dos britânicos até 1920, retornando então a Damasco.

Brasil: novos rumos

Em 1925, veio para o Brasil e a grande vontade de iniciar suas atividades profissionais fez com que, em menos de três meses, acrescentasse mais um idioma aos muitos que já dominava – o português. Porém, somente em 1927 seu diploma foi reconhecido e registrado no Brasil, passando então a exercer sua tão amada medicina para o povo. E sua afeição pelo País já era tão grande que, em 1931, naturalizou-se Cidadão Brasileiro.

Além da medicina Clínica Geral e Cirurgia, aperfeiçoou-se também em Cardiologia e Radiologia e Radioterapia Clínica, o que lhe foi de muita ajuda. Figura bastante conhecida não só pela comunidade armênia, como também pela comunidade geral, o Dr. Chucri Zaidan sempre esteve ao lado da H.O.M. no desempenho de suas atividades. Foi inúmeras vezes homenageado por suas qualidades profissionais, dedicação e amor aos pacientes. Dentre as inúmeras solenidades de que participou, teve a honra de entregar uma bandeja de prata síria ao então Presidente da República, João Batista de Figueiredo, na ocasião de sua primeira visita a São Paulo, em recepção no E. C. Sírio.

Muitas lembranças ficaram, seria difícil enumerá-las. Muitas lições nos foram dadas por ele através de seu espírito humanitário, humildade e caridade. Sua filosofia em relação ao cumprimento de seus deveres de médico ficou marcada para sempre quando proferiu, em agradecimento ao título de Cidadão Paulista, concedido-lhe pela Câmara Municipal de São Paulo em 1966, as seguintes palavras:

"Se o médico trata de seus clientes conforme seu juramento, cumpre sua obrigação, não espera receber agradecimentos ou ser homenageado. Estas palavras: obrigação e juramento são simbólicas; quem quer fazer o bem não precisa de juramento."

E hoje, na impossibilidade de tê-lo ao nosso lado para esta tão importante comemoração, e na tentativa de não deixar em branco o espaço ocupado por ele, dedicamo-lhe esta página como uma pequena amostra de nossa gratidão. Obrigada Dr. Chucri Zaidan.

(Fonte: *Revista da H.O.M*, Jubileu de Ouro 1934-1984, p. 10.)

HOMENAGEM AO DR. CHUCRI ZAIDAN

Na semana de 26 de setembro a 03 de outubro de 1982 realizaram-se as homenagens ao saudoso e ilustre médico. O Clube Armênio e mais 43 entidades das coletividades Árabe e Armênia participaram desta semana. Além das homenagens formais houve um torneio de futebol de salão com a participação dos seguintes clubes: Clube Armênio, Clube Atlético Monte Líbano, Esporte Clube Sírio e Clube Homs.

(Fonte: *Revista da SAMA Clube Armênio*, São Paulo, 1984, p. 20.)

NOSSO ADEUS AO DR. CHUCRI ZAIDAN

A Coletividade Armênia acaba de perder um dos seus maiores benfeitores, expoente que foi da medicina prática, e um de seus mais diletos amigos. Morreu Dr. Chucri Zaidan. Com o seu passamento tomba também um dos que foram sustentáculos da amizade e da confiança das famílias e pessoas da Coletividade Armênia de São Paulo e do Brasil. Era o apoio, o porto seguro e firme nos momentos de dificuldades, dos males do corpo e do espírito, ao ter a palavra e o remédio certo e apropriado nas horas de doenças e desgraças.

Nunca se ausentou, não faltou jamais a todos quantos a ele recorriam e que nele procuravam a busca do alívio para minorar as suas aflições e seus males físicos. Para muitos não morreu apenas o médico humanitário, capaz, mais ainda também desapareceu o amigo fiel das horas incertas, o irmão amoroso, bem como o pai afetuoso, em quem muitos confiavam, não os tendo decepcionado. Sempre se fez presente.

Por mais de meio século, isto é, durante os longos 60 anos da parte de sua vida, serviu como médico e clínico a todos quanto o procuravam e o cercavam. Poucas foram as famílias da coletividade armênia que não passaram por sua clínica, ou que ele não houvesse visitado em seus lares, levando cura e alívio aos pacientes e palavras de ânimo aos parentes e familiares dos enfermos.

O falecimento do ilustre Dr. Chucri Zaidan, figura ímpar e simpática, constitui-se em perda irreparável, não só para a sua família como também para toda a Coletividade Armênia que, pesarosa, sem dúvida sentirá sua ausência do nosso convívio.

À guisa de passagem histórica, quando os armênios perseguidos pelos turcos refugiaram-se, após a guerra de Marach ocorrida em 1920, na Síria, em Damasco (Cham) em 1922, o então jovem médico há alguns anos já exercia a sua medicina social. Lá clinicava, tendo tido nessa ocasião a oportunidade de assistir aos armênios enfermos que o procuravam. Dotado de grande sensibilidade e força de vontade, conhecia a língua e os costumes mais peculiares dos armênios, velhos, jovens e crianças, sentia-lhes a alma e a dor. Por estas e outras razões, sempre granjeou a admiração e o respeito de todos os armênios e seus descendentes, que posteriormente também se estenderam ao Brasil após a chegada dos emigrantes.

Que suas qualidades de homem probo e as suas virtudes possam, emanando-se, perpetuar-se nas novas gerações de médicos e nos profissionais liberais em geral. Que todos, inspirando-se no seu trabalho e na dedicação com que sempre se pautou a figura maior do Dr. Chucri Zaidan, possam seguir suas pegadas e os ensinamentos, as virtudes dos relacionamentos e a compreensão entre os homens.

Sempre dando de si, do seu trabalho e do seu afeto, nunca pedindo nada para si ou muito mesmo reclamando, havia casos em que, além de não cobrar ou receber nada dos honorários pela consulta, ainda fornecia os remédios de que dispunha gratuitamente aos mais necessitados. Era sua forma de ser, o seu estilo inconfundível era sem dúvida o homem Chucri Zaidan, o médico.

Há sem dúvida uma dívida moral e espiritual por parte de grande parcela da coletividade Armênia de São Paulo e do Brasil para com a pessoa e a obra do Dr. Chucri Zaidan. Não poderia deixar de assinalar o doloroso dever de se comunicar o seu falecimento, o registro que se faz na história dos armênios do Brasil, da dignidade do Homem e do Médico (1891-1980).

(Fonte: texto original do Prof. Dr. Hagop Kechichian em homenagem ao médico e benfeitor, na ocasião de seu falecimento.)

Como obituário
Homenagem – Por ocasião do passamento de Sua Eminência Arcebispo Datev Karibian – Primaz

Com nome de batismo Hovhannes, nasceu em Alepo, na Síria, em 15 de abril de 1937. Seus pais eram da região de Zeitun, na Cilícia histórica. Recebeu sua educação fundamental em Alepo, no Colégio dos Jesuítas, Externato São Vartan, concluindo seus estudos em 1952. Durante uma pausa de alguns anos, adiantou seus conhecimentos autodidáticos, sempre participando e atuando nas esferas culturais e artísticas da coletividade armênia de Alepo. Finalmente, satisfazendo a vocação própria que sentia há muitos anos, desde a infância, conseguiu entrar no Seminário do Patriarcado Armênio de Jerusalém, cujo curso superior terminou em 1963, e no dia 21 de julho do mesmo ano, na Festa de Transfiguração do nosso Senhor Jesus Cristo, foi ordenado *Apeghá* (padre celibatário) pelas mãos do saudoso Patriarca de Jerusalém, Arcebispo Yeghiché Derderian, tomando o nome Datev. A partir daí, tornou-se membro da Congregação de São Tiago (Serpots Hagopiants) de Jerusalém, e foi-lhe confiado o cargo de vice-reitor desse seminário, ocupando-o com responsabilidade e competência de 1963 a 1966.

Em 1966, a convite do saudoso Legado Patriarcal para a América do Sul, Arcebispo Papken Abadian, e sob determinação do Conselho Diretivo Superior do Patriarcado de Jerusalém, o Padre Datev, após receber o "grau de doutorado" (*Vartabedagan Asdidjan*) e a "autoridade de uso do báculo" (*Kavazani*

Ichkhanutiun), foi encaminhado para a Argentina, na missão de pastor espiritual (*Hokevor Hoviv*) e pároco da coletividade armênia de Córdoba.

Em 1980, o Conselho Representativo da Comunidade da Igreja Apostólica Armênia do Brasil o elegeu para o cargo de dirigente da Prelazia da Igreja Apostólica Armênia do Brasil. Para tal, foi encaminhado um pedido à Santa Sede de Etchmiadzin, e S. S. Vazken I, através de Bula Patriarcal, oficializou sua eleição e o designou como Prelado Titular dos Armênios do Brasil.

No dia 14 de outubro de 1984, na Santa Sede de Etchmiadzin, o Monsenhor Datev Karibian foi ordenado e consagrado como bispo por S.S. Vazken I, Catholicós de Todos os Armênios, e no mês de janeiro de 1993, através de uma Bula Catholicossal, foi nomeado arcebispo.

Desde a sua chegada ao Brasil, em 1980, o Serpazan Datev atuou com muita persistência, demonstrando uma profunda capacidade administrativa e organizacional.

Como prelado titular, organizou a estrutura da Diocese, dotou a Igreja com dois jovens e dedicados padres, convidando primeiramente o Der Yeznig, em 1982, e a seguir, em 1985, o Der Boghós, ambos bem conhecidos e queridos pela nossa coletividade.

Em 1992, lançou o órgão oficial *Sipan*, da Diocese, que foi publicado regularmente por muitos anos sob sua direção.

Como membro permanente do Conselho e dos Movimentos Fraternais das Igrejas Cristãs (Mofic), participou das reuniões oficiais, bem como de encontros com os dirigentes das demais religiões, representando a Diocese da Igreja Apostólica Armênia do Brasil.

Como reconhecimento dos seus relacionamentos e destacados serviços prestados, o Arcebispo Datev foi homenageado com a Medalha Especial de Mérito da Prefeitura de São Paulo, e em 23 de novembro de 1997, através de uma grande celebração, foram-lhe outorgados a Medalha e o Diploma de "Grã Cruz da Ordem Militar e Hospitalar de São Lázaro de Jerusalém", e o título de Comendador Eclesiástico.

Em 2007, S. S. Karekin II o nomeou membro do Conselho Superior Espiritual da Igreja Apostólica Armênia (Kerakuin Hokevor Khorurt) na Santa Sede de Etchmiadzín, na Armênia.

Em 2009, por ocasião do 25º aniversário de sua ordenação episcopal, foi condecorado em Etchmiadzín por S. S. Karekin II, Patriarca Supremo e Catholicós de Todos os Armênios.

Sua Eminência o Arcebispo Datev Karibian foi um eclesiástico dotado de caráter humilde, franco e comunicativo, usufruindo da amizade e do respeito dos círculos oficiais tanto de autoridades civis e eclesiásticas brasileiras como de organizações armênias locais e estrangeiras.

O saudoso Arcebispo Datev foi membro das Congregações da Santa Sede de Etchmiadizn e do Patriarcado Armênio de Jerusalém, mantendo com ambos laços estreitos, com muito entusiasmo, fidelidade e amor sincero.

Em janeiro de 2013, o Arcebispo Datev Karibian participou da eleição patriarcal em Jerusalém, e seu nome foi postulado como um dos cinco candidatos para o cargo de patriarca. Na ocasião, o Serpazan retirou humildemente a sua candidatura, argumentando motivos de saúde, gesto esse que foi altamente elogiado por todo o colegiado da Congregação.

No dia 19 de setembro 2013, o Arcebispo Datev foi condecorado por S. S. Karekin I, Catholicós de Todos os Armênios, com a medalha de alto grau "Nercés Shnorhali" da Igreja Apostólica Armênia, por ocasião do transcurso dos cinquenta anos de sua ordenação sacerdotal, dos quais 33 anos só no Brasil.

Incentivou a publicação dos seguintes livros: *A Igreja Apostólica Armênia Imagem Moderna e Viva da Igreja Primitiva* (São Paulo, 1987); *Pequeno Dicionário Português Armênio* (São Paulo, 1996); *A Igreja dos Armênios* (São Paulo, 2003); e *Ecos Ressonantes* (São Paulo, 2008).[1]

O seu passamento ocorreu na manhã de quarta-feira, 26 de novembro de 2014, no Hospital Sírio-Libanês, em consequência de uma complicação fatal após um transplante renal.

Por todos os serviços prestados com muito afinco, amor e plena dedicação à Igreja Armênia, à nossa Diocese e a toda a Coletividade Armênia do Brasil, sua boa lembrança permanecerá viva na memória de todos que o conheceram.

(Fonte: texto da Prelazia da Diocese Igreja Apostólica Armênia do Brasil.)

---

1 Este último de sua autoria, enquanto primaz. [Nota do coordenador do projeto]

Biografia
Hampartsun Kiulhtzian (1929-2000)

Hampartsun Kiulhtzian nasceu no ano de 1929 na cidade de Atenas, na Grécia. Seus pais, Stepan e Elisabeth Kiulhtzian, eram provenientes da cidade de Hadjin, na região da Cilícia, parte da Armênia histórica. Hampartsun teve dois irmãos, Lucin e Assadur Kiulhtzian.

Enquanto viviam na cidade de Atenas, o pai de Hampartun, Sr. Stepan, dedicou-se à panificação; eis que era padeiro profissional, e os produtos derivados do trigo representavam importante base de alimentação da população. Montou, daí, uma padaria.

Com o advento da Segunda Guerra Mundial e a invasão da Grécia, Hampartsun e Assadur foram forçados a abandonar seus estudos. Assíduo participante da juventude armênia da cidade de Atenas, Hampartsun fez parte do grupo de escoteiros armênios local.

Finda a Segunda Guerra Mundial, ante a enorme crise que se abateu sobre a Grécia, o pai de Hampartsun, Sr. Stepan, viu-se obrigado a vender todos os seus bens com o objetivo de sair de Atenas, tendo logrado obter visto apenas para a Venezuela, embora sua pretensão fosse viajar para o Brasil com a sua família, com um passaporte restrito para determinado país, expedido pelo governo da Grécia.

Assim como muitos refugiados da guerra, a família Kiulhtzian partiu da Grécia em um navio de carga, na terceira classe, no mês de novembro de 1947, e chegou ao Brasil em 4 de dezembro de 1947, na cidade do Rio de Janeiro, e no dia seguinte o Sr. Stepan e seus filhos seguiram de trem para São Paulo. Contudo, um fato lamentável forçou a separação da família Kiulhtzian. Acontece que a Sra. Elisabeth, mãe de Hampartsun, não foi aprovada no exame de saúde ocular "no bom", exigido pelas autoridades sanitárias do país, e foi impedida de desembarcar, tendo sido obrigada a retornar ao porto inicial da viagem em Marselha, na França. A Sra. Elisabeth retornou após um ano, desembarcando em Buenos Aires, Argentina.

Hampartsun tinha 19 anos quando desembarcou em São Paulo, em 1947. Naquela ocasião, os compatriotas, armênios que já moravam na cidade, sugeriram que o jovem Hampartsun se dedicasse ao comércio varejista de secos e molhados, tendo assim feito, obtendo grande sucesso na empreitada.

Integrou o grupo de associados e do Coral da Sociedade Artística Melodias Armênias, em 1947. Com o convívio social na entidade veio a conhecer a sua futura esposa, Sra. Nuvart (nascida Kechichian), com quem contraiu matrimônio em 1954, e o casal teve dois filhos: Dikran e Elisabeth.[2]

Hampartusun sempre se destacou de forma plena nas atividades sociais da Sociedade Artística Melodias Armênias (SAMA), além de colaborar nos diversos eventos culturais da Coletividade Armênia de São Paulo, atendendo a todas as entidades sociais, religiosas e culturais da cidade.

Criou o jornal mensal *Hayastan*, sendo seu redator e editor, com uma tiragem razoável, sendo impresso em máquina gráfica própria, abordando notícias e eventos da Armênia e da Coletividade como um todo. A gráfica localizava-se na avenida Santos Dumont, em prédio contíguo à Igreja Apostólica Armênia. Ao longo das décadas de 1970, 1980 e 1990, foi correspondente no Brasil do jornal *Armenia*, cuja sede fica na cidade de Buenos Aires, Argentina.

Desde sua chegada à cidade de São Paulo, com sua firme e dedicada convivência no grupo social da comunidade, organizou, criou e incentivou um movimento de escotismo, dirigindo-o e coordenando-o por vários anos.

Em várias oportunidades, viajou aos Estados Unidos da América, Armênia, Artsak (Nagorno-Karabagh), Líbano, França, Argentina, Uruguai com o propósito de aumentar as relações sociais e culturais nessas regiões com a Coletividade Armênia do Brasil. Foi presidente da Associação Cultural Armênia de São Paulo (Acasp), isto é, HO.HI.TA, que dirigiu e administrou com eficiência, apresentando resultados bastante expressivos em suas várias gestões.

Como genro, colaborou com o sogro em atividades comerciais e industriais, quando mantinha contato com fornecedores e compradores, bem como nas vendas dos produtos fabricados. Dedicou-se também ao turismo e, após vários anos, recebeu a patente oficial como agente de turismo, membro da Iata, atuando com profissionalismo e sempre com o espírito aberto, pronto a auxiliar as pessoas que pretendiam viajar ao exterior. Da mesma forma,

---

[2] As informações apresentadas até este ponto derivam de entrevista concedida por Lucin, irmã de Hampartsun, ao coordenador do projeto.

auxiliava as pessoas recém-chegadas, imigrantes e refugiados armênios e de outras nacionalidades, que buscavam um tradutor do árabe para o português, inclusive encaminhando a documentação necessária para a obtenção de suas naturalizações, superando as barreiras burocráticas, principalmente para membros da comunidade armênia da diáspora.

No Clube Armênio, o ministro das Relações Exteriores da República da Armênia, Vartan Oskanian, fez a entrega do passaporte de estatuto especial da República da Armênia ao Sr. Stepan Kiulhtzian – pai do biografado, e ao Sr. Hampartsun Kiulhtzian, carta de agradecimento do ministro e do Consulado Geral da Armênia no Brasil, pela nobre iniciativa de organizar a aquisição de um veículo zero-quilômetro para o Consulado da Armênia.[3]

Após alguns anos dessas atividades, teve sua saúde abalada, e enquanto convalescia foi homenageado no Clube Armênio, quando o cônsul-geral da República da Armênia no Brasil, Ashod Yeghiazarian, outorgou o passaporte oficial do Governo da Armênia ao Hampartsun Kiulhtzian, impossibilitado de dar prosseguimento aos seus projetos sociais e culturais. Faleceu em São Paulo no dia 26 de novembro de 2000.[4]

---

3 "Notícias", *Boletim Informativo do Consulado Geral da República da Armênia em São Paulo*, n. 3/4, 25 jul. 2000.
4 Texto: Prof. Hagop Kechichian – História e memória do biografado.

Biografia
Assadur Jr. Kiulhtzian

Filho de Elisabeth e Stepan Kiulhtzian. Família proveniente de Hadjin — Cilícia (Armênia histórica)

Nasceu na cidade de Atenas, Grécia, em 1938, sendo filho de pais armênios. Veio pequeno para o Brasil, que adotou como sua pátria, e desde sua infância começou a cantar. Iniciou seus estudos de canto com a Profa. Norma Cresto e ainda com o Maestro Donato Santoro Notari. Estudou composição, harmonia, arte dramática e canto, tendo terminado o curso com distinção. Está atualmente sob a orientação do Maestro Marcel Klass.

Cantou várias óperas e recitais de música lírica para o teatro lírico de equipe, e também para a Coletividade Armênia de São Paulo, tendo ainda atuado em vários Estados do Brasil.

Em 1967 "debutou" na temporada oficial de São Paulo com a ópera Guarani, tendo recebido e granjeado elogios favoráveis de toda a crítica especializada, tendo atuado novamente na temporada oficial de 1970.

Antes de viajar para o "Velho Mundo", como despedida do consagrado tenor Assadur Kiulhtzian, realizou-se no mês de março do mesmo ano, no Auditório Villa Lobos, um Recital de Música Lírica com programa constante de solos e duetos, que teve a participação da consagrada soprana lírica grega Nina Voziki, com acompanhamento ao piano do Prof. Maestro Rafael Casalanguida.

Esteve recentemente na Europa – temporada abril de 1971 –, apresentando-se na Itália, onde, com a equipe lírica oficial, representou o nosso Brasil no teatro San Carlo di Napoli, com a ópera Guarani, a qual obteve sucesso.

Continua desenvolvendo suas atividades artísticas, tendo em vista o preparo da presente apresentação e das que já estão programadas, tanto no país como no Exterior.

Está ainda programada para breve uma "tournée" aos países do Prata: Argentina – Buenos Aires – e Uruguai – Montevidéu –, onde fará apresentações constantes do seu vasto e variado repertório de músicas líricas armênias e internacionais, como também de canções populares e folclóricas armênias. Filho de Elisabeth e Stepan Kiulhtzian. Família proveniente de Hadjin – Cilícia (Armênia histórica).

(Fonte: Centro Armênio, Libreto *Noite de Arte*, 22 maio 1971, São Paulo.)

Biografia
Yervant Kissajikian Patriarca (1898-1974)

Filho de Garabet Kissajikian e Trvanda Kissajikian, nasceu no ano de 1898, na Turquia, e possuía terras, onde trabalhava com grande afinco.

Casado com a Sra. Elmast Kissajikian, tiveram quatro filhos, dois nascidos no exterior Garabed e Yerchanik, em Alepo, e dois no Brasil, Maria e André, na cidade de Botucatu.

Em decorrência das guerras que houve, teve que abandonar sua terra natal e deixar seus bens adquiridos com muito esforço para recomeçar praticamente do nada em outro país.

Por motivos que só a vida pode explicar, escolheu o Brasil para fincar raízes. Depois de muita luta, tornou-se empresário.

Foram tempos difíceis num país desconhecido com uma língua desconhecida e cultura diferente.

Com árduo e duro trabalho, conseguiu sucesso nos seus empreendimentos, tendo ajudado várias creches, hospitais, escolas, instituições da Colônia Armênia e outras; em reconhecimento a sua ação benemérita e ao muito que fez, recebeu da Colônia várias homenagens, tendo seu nome numa importante avenida da Zona Sul da capital de São Paulo e numa escola no Uruguai, sendo que dando continuidade à benfeitoria, os seus filhos colaboram com a manutenção do estabelecimento de ensino, para que nada falte, além de outro em São Paulo.

Adiante seus filhos ajudam *in memorian* a diversas instituições da Colônia Armênia e outras.

Aos 76 anos, após muitos anos de luta, no mês de janeiro de 1974, faleceu, deixando uma grande e saudosa família composta de noras, genros, netos, bisnetos, além de uma infinidade de gratos amigos.

(Fonte: texto da família.)

A Fábrica de Sabão

Quando se dirigiam à missa de Natal na Igreja Apostólica Surp Kevork no dia 19 de Janeiro, a família de Ohannes Kissadjikian percebeu que os turcos estavam cavando trincheiras em volta do *konak*, a sede do governo do distrito de Marach. Ohaness Efendi e seus irmãos operavam um estabelecimento que produzia e distribuía sabão e produtos alimentícios derivados do azeite de oliva e da uva. A fábrica, o depósito e os estábulos ficavam no bairro turco logo ao sul da cidadela. De um lado, erguia-se o minarete de Ulú Djami; do outro, havia um banho turco. Os prédios ficavam defronte ao Cheker Deré, que assegurava uma oferta abundante de água. Do outro lado do riacho ficava a Segunda Igreja Evangélica, no bairro armênio. A residência da família era feita de madeira, construída como uma sobreloja em cima dos muros de pedra da fábrica de sabão.

Quando a luta começou, muitos amigos e parentes dos irmãos Kissadjikian vieram à fábrica de sabão em busca de refúgio, e em pouco tempo, quase oitenta pessoas tinham se amontoado na residência espaçosa, onde teriam alimentação suficiente para um longo cerco, pois embaixo estavam os depósitos cheios de frutas secas, azeite de oliva e *tarkhaná* (alimento feito de trigo em grão inteiro fervido em iogurte e secado ao sol).

(Pesquisa histórica com trecho do livro *Os Leões de Marach*, de Stanley E. Kerr.)

Biografia
Família Kissajikian – Nova geração

Yervant Kissajikian e seus irmãos tinham fazendas e uma fábrica de sabonetes em Marach, que levava o nome da família. Em razão da perseguição turca, que culminou com as atrocidades cometidas a esse povo, foram obrigados a abandonar tudo o que haviam realizado.

Tradicional família da região, a família lutou bravamente contra a invasão de seu território. Yervant defendeu até o último momento suas terras para não entregá-las aos turcos. Como um verdadeiro patriota, ajudou a proteger a comunidade armênia, dando abrigo às famílias mais fragilizadas, e pegando em armas para defender seu povo.

Isso teve consequências dramáticas para a família. O irmão de Yervant, em uma emboscada, foi derrubado de seu cavalo e assassinado pelos turcos em frente à sua casa. O próprio Yervant, em um dos confrontos, acabou sendo alvejado, causando-lhe grave limitação nos movimentos de seu braço.

O trágico acidente levou-o a conhecer sua futura esposa, Elmast, jovem ativista na época da invasão que ajudou a socorrer vítimas desses confrontos. Ela assistiu Yervant, ferido, ajudando-o a refugiar-se em uma igreja, nascendo a partir daí o amor entre os jovens.

O massacre levou Yervant e sua família a migrar para Alepo a fim de recomeçar suas vidas.

Tempos depois, Yervant, em busca de uma vida melhor a todos, deixa sua mãe, esposa e dois filhos, Garabed e Yerchanik, em Alepo e migra ao Brasil. Ao passar de um ano, enfrentando grandes dificuldades dignas de um imigrante que sequer conhecia a nova língua, amealhou parcos recursos, porém o suficiente para trazer sua família.

Alguns anos depois a família Kissajikian aumentou com a vinda de Maria e Antranik, estes já nascidos na nova terra.

Yervant, com muito empenho, fez seus filhos estudarem, tornando-os pessoas valorosas e atuantes. O filho caçula, Antranik, advogado de formaçãon e seu irmão, Comendador Yerchanik associaram-se para atuar no mercado financeiro, fundando o Banco Induscred, ativo há mais de setenta anos, *a posteriore* expandindo seus negócios a diversas áreas, principalmente no mercado imobiliário.

A família prestou valoroso serviço na área da educação, construindo e mantendo uma escola armênia no Uruguai e outra brasileira no Brasil, ambas batizadas com o nome do patriarca Yervant Kissajikian.

Várias foram as obras realizadas pela família, entre elas, a saber:

- Antranik e seu irmão, Comendador Yerchanik, colaboraram efetivamente na criação do Clube Armênio.
- Sr. Yervant doou a piscina olímpica desse clube.
- Antranik presidiu o Clube Armênio por mais de uma década, permanecendo no conselho vitalício.
- O Comendador Yerchanik presidiu o Conselho da Igreja e da Escola, no qual permaneceu por vários anos. Nesse período, reformou parte de ambos.

As benemerências à Comunidade Armênia extrapolaram os limites do Brasil.

O Comendador Yerchanik, por sua benemerência, foi reconhecido dentro e fora da Comunidade Armênia, recebendo muitas homenagens e honrarias por sua atuação em vários setores. Dentre elas, destacam-se:

- Na década de 1970, foi agraciado pelo Patriarca Supremo do Santo Sepulcro com a medalha do grau de Comendador.
- Honra ao mérito pelas forças da Marinha, Exército e Aeronáutica, concedida pelo ministro de cada força.
- Medalha Pacificador; Medalha Duque de Caxias; Medalha Santos Dumont e Medalha Tamandaré, entre outras.
- Antranik Kissajikian e Yerchanik Kissajikian foram agraciados com diversos títulos, como: homens do ano por renomada revista financeira; cidadão paulistano pelo governo de São Paulo; e membro honorário de vários hospitais e entidades.

Seguindo os passos de seu irmão comendador, Antranik e seu filho André Kissajikian também foram reconhecidos com uma série de honrarias, entre elas:

- Medalhas Krikor Lussavorich Grau Máximo, recebidas individualmente, em épocas distintas, entregues pelo Patriarca Supremo de Etchmiadzin e Catholicós de Todos os Armênios, Sua Santidade Karekin II.

- Pai e filho foram homenageados como Homem do Ano pela União Geral Armênia de Beneficência em épocas diferentes.
- André Kissajikian ocupa há vários anos a presidência do Conselho da Comunidade da Igreja e da Escola Armênia, nas quais pratica renovações e melhorias.
- No setor desportivo, André Kissajikian, como presidente de honra do comitê brasileiro dos Jogos Pan-Armênios, patrocina há mais de doze anos a delegação brasileira.
- A família idealizou e doou o monumento em homenagem aos Mártires Armênios, recentemente restaurado por André Kissajikian.
- Em 2019, André Kissajikian, entre outros, foi um grande patrocinador da escola de samba que homenageou a Armênia no carnaval.

(Fonte: texto da família.)

Biografia
Antranig Guerekmezian (1909-2005)

Antranig Guerekmezian nasceu em Everek – interior da Turquia – em 1909, filho de Hagop e Erchanik; cresceu junto aos irmãos, em um saudosíssimo ambiente familiar, que às vezes era desprovido da fartura de que gozavam pessoas mais abastadas. O pai, Sr. Hagop, era um mercador de calçados que, mesmo ausente por meses devido à profissão de caixeiro-viajante, sempre fez questão de, ao chegar em casa, aninhar seus rebentos e contar-lhes as histórias de suas andanças pela Turquia e cidades vizinhas.

O avô paterno, Mairam, subia numa carroça e todos iam para a beira de um lago na propriedade da família para fazer um piquenique; essas são as lembranças de Everek e da fazenda que ficaram para trás quando a família resolveu mudar para Istambul, capital do país. Uma das que muito lhe marcou foi a passagem pela escola armênia, onde aprendeu não só a somar, subtrair e a geografia do mundo, mas também o francês.

Foram tempos difíceis os de guerra; na primeira delas, no passado de 1918, Antranig presenciou os horrores e o poder desse tipo de conflito.

Em seu generoso e ardente coração, as tristes e violentas imagens desse período, com ataques aos vilarejos próximos, ficaram bloqueadas. Muitos parentes próximos foram vítimas desse horrível período da história entre turcos e armênios.

Antranig, que sempre teve em mente voltar um dia, visitou Istambul em 1993, em busca da antiga casa onde havia morado.

Quando Antranig tinha 12 anos, seu pai decidiu embarcar com toda a família no navio em direção ao Brasil, após sair da Turquia; nesta época todos já possuíam passaporte. Pelo mar Mediterrâneo, o primeiro pedaço de terra que Antranig e os seus familiares viram foi o porto de Belize, na Itália.

Logo seguiram para mar aberto em um transatlântico no ano de 1923, com mordomias na cabine, pois tinham pagado sua passagem – não eram todos os imigrantes que tinham esse privilégio.

Desceram no porto de Santos e foram direto para Ouro Preto, Minas Gerais, e em seguida para o Rio de Janeiro. Seu primeiro emprego foi no armarinho da família Boghossian, com apenas 12 anos. Certa vez, indo ao trabalho com a marmita embaixo do braço, caiu do bonde, sentindo fortes dores; e ninguém o compreendia, pois só falava francês.

Após dois anos na loja, resolveu sair e tentar um negócio independente com ajuda da avó materna. Confeccionava cintas para meias femininas no quintal da casa em Bonsucesso, no Rio de Janeiro.

Deu muito certo com o tempo, vendendo parte da produção para os Boghossian e alguns esnobes na rua da Alfândega. Nesta época, vendia bilhetes de loteria e era engraxate no bairro de Bonsucesso. Depois de algum tempo, Antranig usou a experiência do pai nessa profissão, afinal, era jovem e tinha muitas perspectivas na vida; estava sempre com novas ideias na cabeça.

Os anos foram passando, e os negócios, prosperando. Entrou como sócio com o cunhado na área de isqueiros. Nessa época, ia constantemente aos Estados Unidos, onde vivia sua irmã mais velha. Na volta, trazia cartas de Baralho Kem – era o final da década de 1930, época em que o jogo no Brasil era permitido.

A proibição dos jogos de azar em casas noturnas só ocorreu em 1946. Novamente mudou de ramo, importando eletrônicos e maquinários para a indústria de plásticos. Sem saber, o já empresário, empreendedor e homem de visão iniciou no setor industrial de plásticos que futuramente iria ajudá-lo a construir o que é hoje a base do sólido patrimônio dos Guerekmezian.

Casou-se em fevereiro de 1946, na igreja síria da rua Basílio Jafet. Em 1948 nasceu o primeiro filho, Hagop – dá o nome em homenagem a seu pai. E assim se passaram dois anos. Então, em uma viagem aos Estados Unidos, Antranig começou a importar carros. Em 11 de março de 1951, nasceram as filhas Diana e Marlene – quem escolheu os nomes foi Antranig. A família morou por dez anos no Rio de Janeiro. Mudar para São Paulo significava começar tudo de novo, mas Dicranui estava no seu limite, com muitas saudades da família.

Em 1956 se desfez dos negócios cariocas, e uma nova fase da vida da família Guerekmezian mais uma vez começaria; foi um recomeço difícil. Voltou a viajar aos Estados Unidos, trazendo blusas de *cotton lycra*, e Dicranui, como sempre companheira, estava pronta a ajudar. Cansado dos poucos lucros, resolveu montar uma pequena fábrica de plásticos na pequena casa em Santana.

Em 25 de junho de 1957, nasceu Sandra, a caçula da família. Enquanto a rotina corria na pequena fábrica, as crianças, já crescidas, também tinham que dar conta de suas responsabilidades.

Após alguns anos, Antranig alugou um armazém perto de casa, comprando máquinas, e deu-lhe o nome de Sandra. E a família, com o tempo, foi crescendo. Antranig presenteou com uma máquina o filho Hagop, com a esperança de que ele iniciasse o próprio negócio.

Em 19 de abril de 1977, foi inaugurada, com muito sacrifício, a Karina. Deu-lhe o nome da primeira neta, de sua filha Marlene, fruto do casamento com o médico cardiologista João Baptista de Bernardes Lima.

Em 13 de fevereiro de 1982, casou Hagop com Regina Nieto Motta, os quais tiveram os gêmeos Hagopinho e Karol em 22 de agosto de 1986. Anos mais tarde, em 25 de julho de 1991, nasceu a filha caçula, Kathllen.

Em 1999 se afastou da empresa – na verdade um afastamento simbólico, já que ainda fazia parte do seu conselho diretivo.

Em 8 de dezembro de 2001, casou a filha Diana com o médico neurologista Mauro Atra – teve então sua esperada festa de casamento, que na cultura armênia simboliza o *status* de rei e rainha do dia conferido ao casal.

No final de março de 2005, Antranig foi hospitalizado com problemas cardiorrespiratórios, ficando vinte dias no Hospital Albert Einstein, e vindo a falecer no dia 5 de abril de 2005, com 94 anos de idade. Foi uma perda irreparável.

(Fonte: texto da família.)

Biografia
Dicranui Guerekmezian (1922-2015)

Dicranui nasceu em Damasco em 1926 – papai (22 anos) e mamãe (18 anos) se casaram em Damasco, em 1922. Em 1926, ano de nascimento de Dicranui, eles saíram com destino ao Brasil através de carta de chamada, para iniciar uma nova vida com muito trabalho e força de vontade.

Paramos no porto de Marselha nesta época. Manuk tinha 3 anos e eu tinha 3 meses. Papai e mamãe ficaram muito doentes, tendo que ser internados durante quinze dias. Eu e Manuk ficamos no orfanato e, em seguida, fomos ao Rio de Janeiro direto para a central para tomarmos o trem com destino a São Paulo. Já havia alguns parentes e amigos nos aguardando. Naquela época, em 1926, havia poucos carros; fomos de carroça até a rua Pajé, onde estavam os amigos que chegavam de Antep e Marsen à cidade natal de meus pais, sendo que Rizkallah Jorge os recebeu de braços abertos, e todos os imigrantes que chegavam eram acomodados. Cada um deles vinha com sua habilidade para sustentar a família.

Numa casa de quatro cômodos moravam quatro famílias, e viviam muito bem, com muito respeito e amor.

Papai trabalhava à noite como engraxate na praça da Sé e durante o dia trabalhava na fábrica de sapatos Ararat com o tio Sarkis. Mamãe trabalhava como pespontadeira nas fábricas de sapato.

Após alguns anos, como papai tinha vários irmãos – Pedro, Gurgiu e Ovsano –, entrou em uma sociedade com o irmão Pedro, dando-lhe o nome de Ararat.

O tempo foi passando e, de dois em dois anos, nasceram Maria, Asen, João, Silvia, Asniv e Suzana, todos na rua Santo André.

Nesta época mamãe parou de trabalhar para criar os oito filhos, e papai já estava bem estabilizado, tanto que ele ajudou muitos armênios que vinham para começar uma vida nova. Todos estudavam na escola armênia Externato José Bonifácio.

Íamos muito nas festas da colônia armênia, pois meu irmão mais velho, Manuk, com 22 anos, era um dos diretores da Comunidade Melodias Armênia e locutor do programa armênio da Rádio Armênia.

Era uma alegria ir para a rádio para acompanhá-lo na rua São Bento. Mamãe comprava as nossas roupas na rua Santa Efigênia e na ladeira Porto Geral, que eram as ruas mais chiques da época.

O clube armênio ficava na rua Paula Souza, onde todos os jovens se reuniam e acabavam se casando muito jovens, entre os descendentes de armênios, já que não era permitido misturar raças.

Foi quando conheci Antranig, em novembro de 1945, na festa do clube. Antranig era do Rio de Janeiro e morava com a mãe Erchanik e a irmã Baidzar. Estav era casada com Miram e o casal tinha dois filhos: Nubar, com 16 anos, e Rosa, com 13 anos.

Não nos falamos na festa, mas ele me olhava muito. No dia seguinte, uma amiga da mamãe, Siranuch, ligou dizendo que Antranig estava interessado em Dicranui. Foi feita uma reunião com os irmãos de papai para conhecê-lo; gostaram muito dele, e foi marcado um encontro em casa com toda a família reunida.

Começamos a namorar. Antranig vinha de quinze em quinze dias do Rio de Janeiro para me ver, se hospedando no Hotel Bardoni, na rua 25 de março. Era muito acanhado, sempre com terno de linho e chapéu de panamá; era muito caprichoso e vaidoso, e foi assim que ele me fez também. Gostava de me ver sempre muito bem arrumada, me comprava muitas roupas elegantes, não tirando o meu chapéu da casa Elite.

Noivamos e casamos em três meses, no dia 24 de fevereiro de 1946, eu, Dicranui Comerian, com 19 anos, e Antranig Guerekmesian com 35 anos. Casamos na igreja Ortodoxa da Síria, na rua Basílio Jafet, pois na época não havia Igreja Armênia. Antranig, na época, trabalhava com importação e exportação.

A festa foi na rua São Caetano, no Clube Marconi. Nessa época não havia farinha em São Paulo, e Antranig a trouxe do Rio. A festa teve muitos convidados. Antranig fez questão de me dar o vestido de noiva da Madame Luci (era uma tradição).

No dia seguinte fomos para o Rio de Janeiro pela companhia real (que estava no início). Foi muito difícil me separar da minha família.

Fui morar com a minha sogra na rua Dona Delfina. A minha casa recebia muitos armênios de São Paulo, pois papai a recomendava para todos os amigos e parentes. Quando faleceu a mãe de Antranig, mudamos para a Justiniano da Rocha, na Vila Isabel.

Após um ano nasceu uma menina, que faleceu com um dia de vida. Demos-lhe o nome de Maria do Céu. Nessa época Antranig importava máquinas e carros dos Estados Unidos e viajava bastante para lá.

Em 1948 nasceu Hagop, nome escolhido por Antranig, dando o nome do pai, batizando-o com três meses na igreja Nossa Senhora da Penha do Rio de Janeiro. Os padrinhos foram a irmã de Antranig, Baidzar, e o marido Miran.

Eu vinha para São Paulo de dois em dois meses e ficava por quinze dias para matar a saudades de todos. Quando Hagop fez 2 anos, fomos para Nova York com a companhia aérea Presidente, e ficamos por três meses.

Antranig tinha uma irmã chamada Siranux que morava em Nova York e alguns primos em Boston e Los Angeles. Voltamos no navio *Morman* com uma novidade: estava grávida das gêmeas Marlene e Diana; ficamos sabendo após quatro meses, pois eu estava muita gorda. Hagop deu muito trabalho nessa viagem; ele era muito levado.

Moramos por dez anos no Rio de Janeiro, e então resolvemos mudar para São Paulo.

Em 1957 nasceu Sandra no Pro Matre; nessa época resolvemos abrir uma fábrica de plásticos, dando-lhe o nome de Sandra. Tudo começou no subsolo da casa na rua Florinea, 38. Trabalhamos juntos: Antranig ficava na parte da produção e eu na parte externa. Foi um grande sacrifício, pois as crianças eram pequenas, mas com o tempo as coisas foram melhorando, até que, em 1961, compramos um imóvel na avenida Leoncio de Magalhães, 1.663, para onde mudamos a fábrica, e o local era bem espaçoso.

Veio então a época dos bailes de carnaval. Eu fazia as fantasias de Marlene e Diana, que ganhavam o primeiro prêmio todos os anos.

Gostava de reunir todos os finais de semana, na minha casa, os meus pais e sete irmãos para comerem as famosas feijoada e lasanha, feitas muito bem por mim.

Em 1967 resolvi ir para os Estados Unidos com a Sandra. Ficamos na casa da cunhada Siranux e, com a família do Antranig, comemoramos o aniversário de 10 anos da Sandra.

Antranig na época queria desistir da fábrica, mas eu insisti porque sabia que seria o futuro de nossos filhos. Com o tempo a fábrica Sandra foi crescendo, com a iniciativa de colocar o filho Hagop no mesmo ramo. Lutamos por longos quarenta anos com a ajuda do primogênito Hagop.

Em 1996, Dicranui e Antranig comemoraram suas bodas de ouro. Eles não quiseram presentes, e sim doações para o Instituto do Câncer e para a escola armênia Externato José Bonifácio, arrecadando no total 47 mil reais.

Após o falecimento de Antranig, encontrou conforto acompanhando o crescimento de seus netos, o que foi a parte mais importante de sua vida. Viveram muito bem o casamento de 59 anos. Para Dicranui, Antranig era seu porto seguro; encontrava em seu relacionamento toda a alegria e a felicidade que desejaria ter na vida.

Com a iniciativa de seus filhos, comemorou-se seu aniversário de 80 anos, em sua própria residência, com o Buffet França, que era o seu predileto.

Em 28 de novembro de 2009, casou a primeira neta, Karina, com Bruno de Oliveira, e após dois anos nasceu a primeira bisneta, Helena, trazendo muita alegria para toda a família.

Dicranui sempre foi uma mulher muito apegada à sua família, reunindo-se sempre com todos eles ao redor de sua mesa, aos finais de semana e em passeios.

Outra grande alegria para Dicranui foi quando sua neta Karol casou-se com João Velloso. Após dois anos, nasceu seu segundo bisneto, João, trazendo mais uma grande felicidade para a família.

Em 15 de novembro de 2015 realizou-se mais um aniversário em sua residência, novamente com o Buffet França, para festejar seus 89 anos, reunindo familiares e amigos.

Em 5 de dezembro de 2015 casou sua neta Karen com Edgard Sayon. Dicranui, apesar das limitações para se locomover, fez questão de cumprimentar todos os parentes que estavam presentes na festa. Para toda a família foi uma grande emoção; ela transmitia muita felicidade.

Em 22 de dezembro de 2015, Dicranui foi hospitalizada no Albert Einstein, deixando toda a família surpresa com o diagnóstico que lhe foi apresentado. Veio a falecer no dia 29 de dezembro desse mesmo ano. Nesse momento a família entendeu por que Dicranui, em um primeiro momento, passou a impressão de estar se despedindo na festa de casamento da Karen, fazendo questão de transmitir muita alegria, amor e carinho para todos os seus entes queridos.

A perda de Dicranui marcou muito a família Guerekmezian. Como matriarca, ela desempenhou um papel muito importante. Uma mulher de garra, entusiasmo, amorosa, determinada, cheia de alegria pela vida. Sempre tinha uma palavra de fé e esperança, e com certeza deixará muitas saudades e afeto a toda a família.

"Dicranui tem uma energia, nunca a ouvi dizer não vou fazer isto ou estou cansada. Antranig sempre dizia não deixe para amanhã o que se pode fazer hoje."

(Fonte: texto da família.)

Biografia
Zaven Der Haroutiounian (1924-2006)

Nascido em 24 de dezembro de 1924, na cidade de Iskenderum (Síria), antiga Alexandreta.

Em 1939, os franceses entregaram a cidade para os turcos e ele foi obrigado a se mudar para Aleppo, na Síria.

Formou-se em Direito Comercial e Contabilidade e trabalhou como tradutor para o exército britânico e francês durante a Segunda Guerra Mundial.

Chegou em 1949 ao Brasil e logo começou a trabalhar em uma fábrica de calçados. Casou-se em 1952 com Nuver Nersessian e juntos tiveram três filhos, Jorge Kevork, Carlos Matheus e Janete, e sete netos.

Após três anos, tornou-se gerente e, logo depois, sócio, trabalhando na área de calçados até 1958, quando entrou no ramo de roupas íntimas e *lingeries*. A rede de lojas Meia de Seda nasceu em 1976 e cresceu por meio do árduo trabalho do Sr. Zaven e de seus filhos.

Participou de diversas entidades e organizações armênias. Tornou-se tesoureiro da União Geral Armênia de Beneficência (Ugab) na década de 1970, vice-presidente em 1981, e foi eleito presidente da filial de São Paulo, cargo que ocupou durante sete anos.

Durante a sua gestão, em 1984 fundou a escola Paren e Regina Bazarian, da Ugab, e o ginásio desportivo, com a colaboração da coletividade armênia no Brasil e no exterior.

Em 1999 a coletividade de São Paulo o escolheu para ser um dos representantes que elegeram S.S. Karekin II, em Etchmiadzin.

Faleceu em 10 de março de 2006.

(Fonte: texto da família.)

Biografia
Karnik Karabet Bogiatzian (1947-2002)

Karnik Karabet Bogiatzian (conhecido como Garbis) nasceu em 29 de outubro de 1947, em Loutra Edipsou, na Grécia. Na condição de emigrante e tido como apátrida na Grécia, após a Segunda Guerra Mundial, em conjunto com a família, decidiu tentar uma nova vida no Brasil, para onde veio de navio. Atracou no Porto de Santos em 1954, acompanhado de seus pais, Hovsep e Iskoui, e de suas irmãs, Meire, Serkoui e Maida. Como muitos conterrâneos, instalaram-se na região da 25 de Março, mais precisamente na rua Carlos de Souza Nazaré. Garbis começou a trabalhar desde cedo e, além da ajuda no ofício dos pais (desde a época da Grécia Barbeiro e Grécia Cabeleireira, de seu pai e de sua mãe, respectivamente), trabalhou no comércio da região. Estudou no Externato José Bonifácio (Hay Askayin Turian Varjaran). Após o infortúnio do falecimento de seu pai, com sua mãe e irmãs, estabeleceu-se no ramo de confecção, tendo o bairro do Bom Retiro como cenário e sua querida Skorpio (nome da empresa e marca) como protagonista.

Ainda assim, desde jovem participou de diversas gestões da Igreja Apostólica Armênia do Brasil, tendo atuado por décadas como conselheiro, diretor, tesoureiro e presidente da diretoria executiva. Casou-se com Anahid Rizian, argentina que adotou também o Brasil como seu lar, e tiveram três filhos, Garbis, Ghirag e Katherin. Ferrenho defensor e difusor da cultura e tradição armênia, esteve envolvido em inúmeras iniciativas e, acima de tudo, conseguiu transmitir esses valores aos seus descendentes.

Teve a honra de representar a Igreja Apostólica Armênia do Brasil na eleição do saudoso Karekin I, Patriarca Supremo de Todos os Armênios. Atuou pela emancipação da nossa igreja em diocese, participou da reforma da fachada da Igreja e do salão social, atuou diretamente na abertura do colegial, além da pré-escola Gregório Mavian (fundada em sua gestão), inovou ao trabalhar pelo lançamento do Cartão Armênia Visa pelo Bradesco (um dos primeiros programas de afinidade do Brasil, em que parte da anuidade revertia-se para a comunidade), entre outros. Por motivos de enfermidade precoce, veio a falecer em 9 de março de 2002. Por fim, um bom filho que desta casa nunca partiu.

(Fonte: texto da família.)

Homenagem
Hildalea Gaidzakian (1930-2016)

Hildalea Gaidzakian, filha dos imigrantes armênios Zabel e George H. Gaidzakian, nasceu em 13 de fevereiro de 1930, em Beirute, Líbano, e veio ao Brasil junto com seus pais e irmão em 1935.

Em São Paulo, estudou e tornou-se uma profissional de alto nível artístico, cantora, maestrina, declamadora, radialista, regente e verdadeira mestra como orientadora; foi detentora de vários prêmios e troféus.

Formada concertista em piano pelo Conservatório Dramático e Musical de São Paulo, em canto pelo Conservatório Anchieta e em educação artística pela Faculdade Mozarteum.

Após concluir no Brasil seus cursos de música, piano, canto, regência, partiu para o exterior, onde cursou canto na Universidade Albany, em Nova York, Estados Unidos. Apresentou-se no Canadá, Líbano, França, Argentina e República da Armênia, sendo sempre elogiada pela sua interpretação, e ficou conhecida como "Rouxinol Armênio".

Foi integrante do Coral Paulistano no Teatro Municipal de São Paulo, onde foi solista também. Foi professora titular de piano e canto no Conservatório Santana e também no Colégio Batista Brasileiro e no Colégio Rainha dos Apóstolos.

Foi professora de técnica vocal da faculdade do Conservatório Dramático e Musical de São Paulo, e também dirigente do Madrigal "Coros Angélicos", o qual se apresentava frequentemente em recitais.

Com uma atuação marcante no meio artístico profissional e na comunidade armeno-brasileira durante quase cinquenta anos, Hildalea Gaidzakian foi uma das legítimas intérpretes da música – tanto a sacra quanto a popular –, da história e da poesia armênia.

Hildalea faleceu dia 25 de abril de 2016, aos 86 anos de idade, deixando cunhada, sobrinhos e primos.

(Fonte: texto da Igreja Central Evangélica Armênia de São Paulo.)

Homenagem
Olga Burjakian (1925-2010)

Descendente de armênios, é natural da cidade de Rio Claro, estado de São Paulo, nascida em 1925, filha de Hovanes Burjakian e Azniv Mizeian Burjakian.

Desde cedo revelou pendores pela arte de dizer. Dizendo e interpretando, encontrou em São Paulo, para onde se transferiu a fim de continuar seus estudos, professores que lhe ensinaram a verdadeira arte de declamar. E, para se aprimorar dela ainda mais, aperfeiçoou-se com um dos mais afamados críticos teatrais, o grande e saudoso Carlo Prima. Estudou com ele três anos de interpretação, que eram aulas de mais de duas horas de estudos rigorosos. E assim, sem receio algum, Olga Burjakian foi contratada no início de carreira para os festejos do IV Centenário da Cidade de São Paulo. Apresentou-se a seguir na Casa de Cervantes, no Instituto Caetano de Campos, na Discoteca Municipal, no saudoso Teatro Colombo, no Teatro Aliança Francesa, em cidades do interior paulista e outros estados. Olga Burjakian encontrou nos poetas de cujos versos se fez intérprete indiscutível a essência artística que a fez vibrar e sentir a verdadeira arte de viver.

Em 1958, Olga criou o programa de rádio *Seleção Musical Armênia*, sendo este transmitindo todos os domingos durante 44 anos. No programa, transmitia as notícias da Armênia, defendia a causa armênia e apresentava músicas tradicionais e folclóricas armênias. Era, portanto, forte defensora da causa armênia e do reconhecimento do genocídio cometido pelo Império Turco Otomano em 1915-1923.

Faleceu aos 85 anos em 23 de novembro de 2010, em São Paulo.

(Fonte: *Libreto Sociedade Brasil-Armênia*, São Paulo, 8 nov. 1968.)

Homenagem
Zabel Vartanian

Informativo do Clube Armênio

Homenagem – Um tributo a Siranouch

30 anos se passaram... Saudades dos "Pic Nic's de 28 de maio"

Festa de Encerramento do Ano Letivo - 1938

Siranouch Kalousdian Vartanian nasceu em 21 de abril de 1904 e emigrou para o Brasil junto com seus irmãos Sarkis e Apel. Casou-se com Arakel Vartanian e foi morar na cidade de Lins, estado de São Paulo.

Fundou em 1936, com um grupo de armênios radicados em Lins, um anexo do Externato José Bonifácio "Hai Askain Turian Varjaran" e foi a única professora, lecionando em armênio.

Vindo para a capital participou ativamente do *HOM* e das reuniões preliminares que culminaram com a fundação da Sama. Fundou a Sociedade Beneficente de Damas Armênias do Rio de Janeiro. Foi uma verdadeira assistente social dos armênios que emigraram para o Brasil na década de 1950, e também para os necessitados descendentes de armênios da nossa cidade de São Paulo.

Faleceu em 27 de julho de 1970, deixou um epitáfio (que representa sua filosofia de vida) aqui publicado, e desejou ser sepultada junto aos seus patrícios, no *Cemitério Chora Menino*.

Informativo do Clube Armênio

Epitáfio

Տանձանքով եկայ, Հանգիստ կը մեկնիմ։
Արցունքով մծցայ, բայց ուրախ կերթամ։
Յիսուսըս եկաւ նստաւ իմ կողքին,
Զիս առաւ, տարաւ Աշխարհը Վերին։

Մենք այս աշխարհի Հյուրեր ենք միայն։
Մեր ծնած օրէն մինչև գերեզման։
Ցաւով ու վշտով Հեղուլ մենք լու գանք,
Յոգնած, ուժասպառ, Հեղուլ այլ կերթանք։

Ճամբորդներ ենք մենք, այս փուլ
աշխարհի։
Կը մնայ մարդուն գործերը բարի։
Երանի անոր որ անցած պա՜Հուն,
կը թողու միայն, Անմա՜Հ, Լաւ Անուն։

Hoje é dia de saudades,
Pois, partiu a guerreira
Forte, valente, destemida e sábia.
Uma guerreira abençoada pelo
Senhor, que ajudou, ensinou e
educou pessoas
Que guardou, protegeu e amou
tantas outras
Ela era forte e olhava por todos nós
Hoje choramos de saudade e
pagamos tributo a ela, que com
seu trabalho e amor ao próximo
abriu caminhos para todos que
dela dependiam ou precisavam.
Sangrando ou não, lutava por
seus entes queridos e por
sua Armênia Unida, Livre e
Independente.
Ela estará sempre ao lado de
todos nós.

Seus familiares

Epitáfio (Traduzido)

Vim sofrendo, vou tranquila
Cresci em lágrimas, mas vou feliz
Jesus veio sentou ao meu lado
Levou-me junto ao mundo celeste.

Nesse mundo somos apenas
visitantes
Do dia que nascemos até o nosso
túmulo
Passamos dores e tristezas
Partindo cansados e sem forças.

Somos viajantes nesse mundo
passageiro
Ficando somente os atos benévolos
Feliz aquele que na hora da sua
passagem
Deixa o seu bom nome para
eternidade.

Genealogia

Siranouch Kalousdian Vartanian
Arakel Vartanian

- Mairam Tamdjian / Hagop Onnig Tamdjian
  - Jamen Onnig Tamdjian
  - David Aram Tamdjian
- Jayro Vartanian / Madalena Vartanian
  - Jayro Vartanian Junior
  - Pedro Raffy Vartanian
  - Sara Mary Vartanian
- Armenuhi Kassabian / Hovannes Kassabian (*in memorian*)
  - Hagop Kassabian
  - Solange Kassabian
  - Tadeus Gilberto Kassabian
- Archaluis Hamparian / Artin Hamparian (*in memorian*)
  - Haig Krikor Hamparian
  - Lucyn Hamparian
  - Alexandre Hamparian

(Fonte: *Informativo SAMA*, vol. 22, ano 6, p. 7, jul. 2001.)

Homenagem
Iskouhie Dadian (1943-2016)

Iskouhie Dadian, nascida em Beirute, no Líbano, em 1943, como todas as famílias armênias da região da Cilicia, em particular os provenientes de Marach e de outras regiões desse antigo Reino Armênio, refugiou-se no país do Oriente Médio após o genocídio de 1915, chegando ao Brasil em 1954. Estabeleceu-se na região da Luz, perto da praça e da estação Armênia, juntamente com seus familiares, onde fundaram uma sapataria.

Para sua subsistência, Iskouhie produzia iguarias orientais, ofício que aprendeu com o seu pai, Haigás Dadian. Entre elas: *basturmá*, carne seca típica do país de origem, coberta com tempero denominado *chaman* e exposta ao sol para secar; e ainda *suchju*, que consiste em uva branca triturada e estendida num lençol branco para secar ao sol, resultando em fina camada gelatinosa. Produzia também o *irishikit*, carne moída embutida com tempero de alho, sal e pimenta-do-reino branca, preparação que é exposta ao sol para secar. O que produzia, fornecia para restaurantes e particulares.

Grande batalhadora, Iskouhie trabalhou pelo reconhecimento do Genocídio Armênio e da identidade do seu povo juntamente com a Associação Cultural Armênia. Para tanto, dedicou-se à Causa Armênia, destacando-se como radialista à frente do programa *Armênia Viva*, veiculado pela rádio Trianon AM nas noites de domingo. Durante as transmissões, divulgava notícias da comunidade local, bem como músicas de seu país. Dedicou-se por mais de 13 anos a esse trabalho, que desempenhava com abnegação de forma voluntária.

No programa, também realizava entrevistas com personalidades, tanto em português como em armênio.

Faleceu em São Paulo, em 2016, aos 73 anos, deixando duas irmãs e cinco sobrinhos.

(Fonte: texto elaborado pelo coordenador do projeto, Prof. Hagop Kechichian — História e memória do biografado.)

Homenagem
Nelly Nalbandian – de professor para professora

Filha de Harutiun e Hripsime Marcarian, nasceu em Montevidéu, Uruguai, em 30 de novembro de 1930. Cresceu em uma família tradicional armênia que sempre participou da vida comunitária.

Em 20 de agosto de 1955, casou-se com Avedis Nalbandian, com quem teve dois filhos, Monica e Gabriel Martin.

Dos 19 aos 75 anos de idade, Nelly dedicou sua vida à educação de crianças. Primeiro, durante 25 anos em escolas públicas, onde chegou ao cargo de diretora, e, a partir de 1973, nas escolas armênias da Ugab.

Sempre colaborou na área educacional da Ugab do Uruguai, mesmo na escola de línguas que mantinha às tardes, na década de 1960.

Em março de 1973, com seu esposo Avedis, iniciou o que se tornaria o maior sonho dos dois: dedicar sua vida à área educacional da Ugab. Foi assim que fundaram o Colégio Nubarian Alex Manoogian, do qual foi diretora até 1981.

Nesse mesmo ano, em São Paulo, a filial da Ugab começava a acalentar o sonho de fundar uma escola, e foi assim que, nos primeiros dias do mês de agosto, o Sr. Zaven Der Haroutiounian, presidente da filial, acompanhado do Sr. Hampartsum Moumdjian, visitou a família Nalbandian em Montevidéu. Assim nascia o convite para vir a São Paulo. Avedis veio em agosto de 1981, Nelly e os filhos se estabeleceram em janeiro de 1982.

Em janeiro de 1983 foram oficialmente iniciados os trabalhos de planejamento para estabelecer uma escola, cujo prédio começou a ser erguido em finais desse ano.

Em outubro de 1984, com a presença do Sr. Alex Manoogian, Presidente Mundial da Ugab e profundo conhecedor do trabalho desenvolvido pelo casal Nalbandian, foi inaugurado o prédio.

Em 25 de fevereiro de 1985, com 8 alunos, começou a funcionar oficialmente a Escola Paren e Regina Bazarian da Ugab, tendo Nelly Nalbandian como sua diretora geral.

Em junho de 1987, mais um sonho de Nelly se concretizou: a Biblioteca da escola foi fundada e recebe o nome de seu falecido marido, Avedis Nalbandian.

Os anos foram passando, o número de alunos crescendo. Nelly conhecia cada um pelo nome e acompanhava seu crescimento escolar.

Em dezembro de 1992 foi a formatura da primeira turma de 8ª série, o que trouxe uma alegria ímpar a Nelly. Mas muito tinha a ser feito. O dia a dia era árduo, mas encontrar os alunos, conversar com eles, às vezes chamar a atenção deles faziam parte do convívio diário. Mais de 400 crianças e jovens passaram pelos corredores e salas da escola.

Muitas foram as visitas ilustres que encontraram estas crianças. Só para lembrar algumas: o Sr. Levon Ter Patrossian, quando Presidente da República da Armênia, o Ministro Raffi Hovannesian, o Ministro Oskanian, o Vice-Presidente Gaguik Haroutiounian, o Presidente de Artsakh Robert Kocharian, SS Karekin I, SS Karekin II, artistas da Armênia e da Diáspora, personalidades da Ugab Mundial, personalidades da Armênia e representantes das Igrejas Armênias Católicas (em três oportunidades diferentes) e Evangélica.

Em 30 de junho de 2006, após 21 anos de existência, fechava definitivamente suas portas a Escola Paren e Regina Bazarian da Ugab. A partir dessa data, Nelly encerrava, aos 75 anos, 56 anos de dedicação ininterrupta à educação, dos quais 31 à frente de escolas da Ugab Mundial.

Descanse em paz, querida *Diguin* Nelly Nalbandian.

(Fonte: *Revista UGAB*, São Paulo, 49º Aniversário, 1964-2013.)

Homenagem
Igreja Evangélica Irmãos Armênios

Հայ Աւետարանական եհբայրութեան Եկեղեցի

Eram poucos, muito poucos. Imigrantes armênios fugidos do terrível genocídio. Em suas malas rotas trouxeram ferramentas já gastas, sonhos e também Bíblias – *Asvadzachuntch*, "o fôlego de Deus", como diziam em armênio, ou *KitabMukhatess*, "o Livro Santo", em turco – e, principalmente, o embrião de uma nova igreja. Trouxeram em especial a fé, fé em um Deus que não muda e também em recomeçar e "fazer a América".

Foi na década de 30, no então longínquo bairro do Imirim, que esses imigrantes armênios e seus descendentes, vindos da Grécia, Líbano, Síria e outros países do Oriente, sentiram a grande necessidade de se reunirem para louvar a Deus e estudar Sua Palavra. Esses irmãos, simples em sua origem, baleiros, barbeiros, pintores de paredes, sapateiros, comerciantes, padeiros, sem muito conhecimento teológico e eclesiástico, souberam, pelo exemplo e prática de vida, transmitir aos outros sua fé no Jesus que salva e transforma vidas.

No início, ainda poucos, congregavam na casa do irmão Moisé Jean Nerssisian, nascido em Marach na Armênia histórica, em 1883, que, em sua fuga da barbárie turca, peregrinou por Tarso e, da Grécia, veio para o Brasil em 1929. Sua casa, na Travessa Clara Camarão, nº 23, construída em 1930, logo se tornou pequena. Na casa do irmão Hagop Chememian, na travessa Clara Camarão, nº 25, pegada à de Moisé, foi redigida uma ata, a ata da fundação da Irmandade Cristã de Santana, que assim registra:

No dia 20 de Junho de 1934, reuniram Ohanes Kutudjian, Krikor Melcon Djamdjian, Avak Davis Avakian, Avark Kalaydjian, Moisé Jean Nerssisian, Waldemar Mamprezian, Hagop Chememian e Haig Adourian, os quais, falando cada um por sua vez, declararam que, concretizando as ideias que sempre mantiveram sobre a fundação e organização de uma Irmandade de caráter religioso e de fins caritativos, organizavam essa associação, à qual davam a denominação de Irmandade Cristã de Santana...

Esses irmãos conquistaram respeito e simpatia. Outros somaram-se aos nossos pioneiros na fé salvadora que há unicamente em Jesus Cristo. Compraram um local que era conhecido pelos armênios do bairro com o nome de *Râsmét* ("Lugar dos Servos"), onde compartilhavam as experiências espirituais e estudavam a Bíblia, a Sagrada Palavra de Deus, e louvavam e adoravam a Deus por meio de muitas, muitas orações. O templo construído na década de 40 não tinha bancos, e, segundo o costume oriental, os irmãos se assentavam em almofadas. As primeiras cadeiras foram feitas de caixas de maçãs da Argentina. Entre os anos de 1950 e 1956, a igreja contou com o trabalho dedicado da *Oriort* (professora) Meiri Tchorbadjian, que pregava para as senhoras e fazia a Escola Dominical para as crianças.

O ano de 1957 registra a última imigração oficial de descendentes de armênios para o Brasil. Os que vinham eram principalmente do Egito, e alguns desses imigrantes vieram para Santana. Entre eles, um dos líderes da Igreja da Irmandade Armênia do Cairo, Garabed Topalian, com 44 anos, e sua família vieram para nossa congregação. A família Aslanian veio no mesmo navio e congregavam no *Râsmét*. Sua filha Mary casou-se posteriormente com o Pastor Alberto.

O irmão Garabed tinha uma história de dedicação ao Senhor, a quem servia desde a adolescência, pois conhecia e vivia os princípios bíblicos; tinha paixão pelas almas perdidas, principalmente dos armênios. Convicto dos sadios princípios bíblicos da doutrina das Igrejas da Irmandade Armênia (*Yeghpairutiun*), que já praticava no Egito, Garabed começou a implantá-los em nossa igreja, respeitando as lideranças e costumes existentes.

Evangelista e visitador, buscava a todos, enfermos e sadios, levando-lhes sempre as mensagens de consolo e de perdão contidas no Evangelho de Cristo, e, assim, conquistou a admiração e a confiança de muitos irmãos de fé. Tinha também o dom de despertar talentos e vocações, e logo os envolvia na obra do Senhor.

Em pouco tempo, Pastor Garabed tornou-se conhecido e respeitado na comunidade armênia de São Paulo, onde era chamado de *Garabed Bireder* ("irmão" Garabed), e pastoreou a igreja de 1957 a 1993, por 36 anos.

Em 1961, inicia, com os irmãos Diran e Pascoal, para os meninos do bairro, o Grêmio Juvenil "Luz", pioneiro na utilização de esportes e ensino de música na evangelização de juniores e adolescentes, incentivando os jovens a conquistar outros. Em 1975, foi iniciado o grêmio para as meninas e adolescentes. Também ajudou a implantar a Mocidade Armênia "Luz", a Escola Dominical Armênia no salão social do Centro Armênio e a ampliação da nossa Escola Dominical no salão do *Râsmét*, dando continuidade ao trabalho da *Oriort* Meiri.

Em 1959, o missionário Alberto Darahdgian, com 27 anos, iniciou um trabalho pioneiro de evangelização dos índios *marubos*, no Amazonas. Ao tomar conhecimento desse trabalho em 1960, por meio de uma visita à irmã Wartanuch, mãe do irmão Alberto, o irmão Garabed organizou uma visita com membros de nossa igreja ao Instituto Bíblico Peniel em Jacutinga, Minas Gerais, e nossa igreja enviou para o Amazonas, em 1961, o irmão *Artemio Pauluci*, recém-formado nesse instituto para estagiar com o missionário *Alberto Darahjian*.

Em 1962, o irmão Alberto voltou do Amazonas para tratamento de saúde e passou a pastorear a igreja, o que faria por 23 anos (1963 a 1986). Juntamente com o irmão Garabed, iniciam a Umas (União Missionária para a América do Sul). A Umas cresceu e em 1982 foi transformada em Missão Evangélica Unida dos Irmãos Armênios da América do Sul (Meudia).

Assim, além de pastorear a Igreja junto com o irmão Alberto, o irmão Garabed visitava os campos missionários e as igrejas e os irmãos do *Yeghpairutiun* espalhados pelo mundo, divulgando e arrecadando fundos para a obra missionária.

O trabalho incessante dos irmãos *Garabed*, *Alberto*, *Diran* e *Pascoal* frutificou e aquele grupo de poucos anciões foi sendo enfeitado com crianças e jovens que traziam novo alento e força para a propagação do evangelho de Cristo em nosso bairro.

Em 1964 tem lugar em Córdoba, na Argentina a primeira reunião dos jovens das Igrejas Evangélicas da Irmandade Armênia na América do Sul (Jeias), servindo para estreitar os laços das Igrejas da Irmandade Armênia em Córdoba, Buenos Aires, Montevidéu e São Paulo.

A partir de 1980, com o crescimento do número de adolescentes na Igreja, Pascoal Nersissian, neto de Moisé, iniciador da nossa Igreja, criou o departamento dos adolescentes e iniciou o *Boletim Lampadinha*. Em 1982, tivemos a ampliação do templo construído na década de 40 e a ordenação do irmão Pascoal Nersissian, que exerceu o pastorado até 1993 (11 anos).

Em 1993, o irmão Garabed partiu para o Senhor, em 30 de agosto, com 81 anos.

Em abril de 1993, as obras do templo atual tiveram início, capitaneadas pelo irmão Artur Yanikian, no terreno comprado em 1986. Após o último culto no antigo *Rasmét*, em 25 de junho de 1995, o imóvel foi entregue e, com o dinheiro da venda, o novo templo foi concluído e inaugurado em 25 de novembro de 1996. No novo templo, pastorearam a Igreja o Pastor Juan Equizian, de Buenos Aires, o Pastor Reginaldo Fernandes e o Pastor Andre Várgas.

A Igreja segue com suas portas abertas a todos, congrega cerca 80 membros e é composta por diversos departamentos, cada qual atuando em faixas etárias específicas, com programações e atividades adequadas, buscando satisfazer às necessidades espirituais, fraternais e sociais do seu grupo, levando sempre avante o objetivo primeiro da nossa Igreja: conhecer, amar e servir a Deus e ao próximo conforme os amplos ensinamentos de Jesus Cristo e registrados meticulosamente na Bíblia.

Perfeitamente inserida e atuante na coletividade armênia do Brasil, se dedica, em conjunto com as demais igrejas e organizações armênias, a manter os vínculos que nos unem ao glorioso passado da Armênia, sua luta em manter viva a fé cristã na Diáspora e em seu presente em franco desenvolvimento.

Agradecemos a Deus pela obra realizada em nossa Igreja. Louvamos a Deus pelos irmãos que a iniciaram e por todos aqueles que têm trazido sua contribuição voluntária para a salvação e edificação de vidas e para a continuidade do sonho dos nossos primeiros imigrantes. A Ele, somente a Ele, seja dada toda glória, honra e louvor, por tudo o que fez, está fazendo e fará em nossas vidas.

(Fonte: texto da Igreja Evangélica Irmãos Armênios.)

Esta obra foi composta em Minion Pro 11 pt e impressa em
papel Offset 90 g/m² pela Lis Gráfica.